नीतिशास्त्र, सत्यनिष्ठा एवं अभिरुचि

Ethics, Integrity and Aptitude

नीतिशास्त्र सत्यनिष्ठा एवं अभिरुचि

Ethics, Integrity and Aptitude

संघ लोक सेवा आयोग एवं राज्य सिविल सेवाओं की परीक्षाओं के लिए समान रूप से उपयोगी

एस.एस. बरेडिया

आई.आर.टी.एस.

एवं

अजब लाल लिल्हारे

संगम बुक्स

नीतिशास्त्र, सत्यनिष्ठा एवं अभिरुचि (Ethics, Integrity and Aptitude)

संगम बुक्स
(द एग्रीकल्चरल डेवलपमेंट कमर्शियल क्रेडिट एंड इंडस्ट्रियल इन्वेस्टमेंट कंपनी प्राइवेट लिमिटेड का इम्प्रिंट)

पंजीकृत कार्यालय
3-6-747/1/A & 3-6-754/1 हिमायतनगर, हैदराबाद 500 029, तेलंगाना, भारत
ई-मेल: info@sangambooks.com

वितरक
ओरियंट ब्लैकस्वॉन प्राइवेट लिमिटेड
3-6-752 हिमायतनगर, हैदराबाद 500 029 (तेलंगाना), भारत
ई-मेल: centraloffice@orientblackswan.com

शाखाएँ
बंगलुरु, चेन्नई, गुवाहाटी, हैदराबाद, कोलकाता,
मुंबई, नई दिल्ली, नोएडा, पटना, विशाखापट्टनम

प्रथम प्रकाशित 2023

ISBN : 978 93 95308 28 1

आवरण एवं पुस्तक सज्जा
द एग्रीकल्चरल डेवलपमेंट कमर्शियल क्रेडिट एंड इंडस्ट्रियल इन्वेस्टमेंट कंपनी प्राइवेट लिमिटेड

401637

टाइपसेट
सुरेश कुमार शर्मा, नई दिल्ली द्वारा वॉकमैन चाणक्य 13/15.6 में टंकणित

मुद्रक
बी.बी. प्रेस, नोएडा

प्रकाशक
संगम बुक्स
(द एग्रीकल्चरल डेवलपमेंट कमर्शियल क्रेडिट एंड इंडस्ट्रियल इन्वेस्टमेंट कंपनी प्राइवेट लिमिटेड का इम्प्रिंट)
3-6-747/1/A & 3-6-754/1 हिमायतनगर, हैदराबाद 500 029, तेलंगाना, भारत
ई-मेल: info@sangambooks.com

विषयानुक्रम

प्राक्कथन

इस पुस्तक को लिखने का उद्देश्य नीतिशास्त्र, सत्यनिष्ठा एवं अभिरुचि विषय पर पाठ्यक्रम के अनुरूप हिंदी भाषा में मानक अध्ययन सामग्री उपलब्ध कराना है। इस पुस्तक के लेखन का विचार मेरे मन में उस समय आया, जब मैंने वर्ष 2016 की सिविल सेवा परीक्षा में अपने माध्यम को हिंदी से बदलकर अंग्रेजी कर लिया था और अंततः सफलता भी प्राप्त की थी। मेरा अनुभव यह रहा कि हिंदी माध्यम में सामान्य अध्ययन के प्रश्नपत्र-IV के लिए बाजार में अध्ययन सामग्री की उपलब्धता का अभाव है, जिसके कारण हिंदी माध्यम से परीक्षा दे रहे अभ्यर्थियों को इस प्रश्नपत्र में उत्कृष्ट मार्गदर्शन प्राप्त नहीं हो पा रहा है।

मेरे मित्र श्री अजब लाल लिल्हारे के बार-बार आग्रह पर मैंने इस पुस्तक को लिखने का मन बनाया और लेखन कार्य आरंभ कर दिया। प्रथम अध्याय लिखने के पश्चात् इस पर अनेक विद्वानों से राय प्राप्त की और उनकी ओर से सकारात्मक प्रतिक्रिया प्राप्त हुई। इस पुस्तक को लिखने में सबसे बड़ी चुनौती थी अध्यायवार पाठ्यक्रम का विभाजन करना और विषयवस्तु को रूप देना। यह प्रश्नपत्र दर्शनशास्त्र, लोक प्रशासन और मनोविज्ञान जैसे विषयों का मिश्रण है। इन विषयों के परीक्षोपयोगी भागों का चयन करना, जो लक्ष्य से इतर न हों, एक दुरूह कार्य था। पुस्तक की विषयवस्तु को अंतिम रूप देना और अध्यायों में बांटना एक अविस्मरणीय अनुभव रहा। प्रस्तुत पुस्तक 'नीतिशास्त्र, सत्यनिष्ठा एवं अभिरुचि' का शीर्षक सिविल सेवा मुख्य परीक्षा के सामान्य अध्ययन प्रश्नपत्र-IV से लिया गया है।

सिविल सेवा में मेरा 13 वर्षों का अनुभव और मेरे शैक्षणिक कार्य में निरंतर बने रहने की प्रक्रिया के फलस्वरूप विषय के सैद्धांतिक पक्षों में प्रायोगिकता का पुट देना संभव हो सका। सिविल सेवा के मेरे अनुभवों को विषय की मांग के अनुरूप परिवर्तित करके इस पुस्तक में समाहित किया गया है, ताकि पाठकों को कठिन अवधारणाएं सरलता से समझ आ सकें और अध्ययन बोझिल न होकर रुचिकर सिद्ध हो।

इस पुस्तक को लिखने में मेरे सह लेखक श्री अजब लाल लिल्हारे की महती भूमिका रही है। साथ ही मेरे परिवार और मित्रों का बड़ा सहयोग रहा है।

प्रस्तावना

इस पुस्तक का उद्देश्य संघ लोक सेवा आयोग द्वारा संपादित सिविल सेवा मुख्य परीक्षा के सामान्य अध्ययन प्रश्नपत्र-IV के संपूर्ण पाठ्यक्रम को अभ्यर्थियों को एक स्थान पर समाधान (One Stop Solution) उपलब्ध कराना है। यह पुस्तक मूलत: भारतीय सिविल सेवा परीक्षा के प्रश्नपत्र को दृष्टिगत रखते हुए लिखी गई है। साथ ही इसमें अतिरिक्त अध्ययन सामग्री भी दी गई है, जिससे यह राज्य सिविल सेवा परीक्षाओं के लिए भी समान रूप से उपयोगी सिद्ध होगी।

बाजार में इस विषय पर हिंदी भाषा में उपलब्ध पुस्तकों और अध्ययन सामग्री से यह पुस्तक इस अर्थ में भिन्न है, क्योंकि उनमें संपूर्ण पाठ्यक्रम उपलब्ध नहीं कराया गया है और यदि सामग्री उपलब्ध है, तो अध्यायों में क्रम और संयोजन का अभाव है।

प्रस्तुत पुस्तक में सिविल सेवा मुख्य परीक्षा के सामान्य अध्ययन प्रश्नपत्र-IV के पाठ्यक्रम को पुनर्व्यवस्थित करके 22 अध्यायों के अंतर्गत रखा गया है। प्रत्येक अध्याय में पिछले वर्षों में पूछे गए प्रश्नों को शामिल किया गया है, जिससे पाठकों को पुस्तक पढ़ने से यह आत्मविश्वास प्राप्त हो सके कि उनका अध्ययन मानक सामग्री पर आधारित होकर सही दिशा में आगे बढ़ रहा है। इस पुस्तक में वर्ष 2013 से 2022 तक के प्रश्नपत्रों में पूछे गए केस अध्ययनों (Case Studies) के आदर्श हल उपलब्ध कराए गए हैं, जो पुस्तक को एक अनूठी कृति के रूप में प्रस्तुत करते हैं। पुस्तक में पारिभाषिक शब्दावली और शब्द संक्षेप भी दिए गए हैं, जिससे अध्यायों में प्रयुक्त तकनीकी शब्दों को समझने में आसानी हो और अवधारणाएं स्पष्ट हो सकें।

सरल और सहज भाषा में लिखी यह पुस्तक सिविल सेवा के अभ्यर्थियों के लिए उपयोगी सिद्ध होगी। पुस्तक के आगामी संस्करण को बेहतर बनाने के लिए पाठकों के सुझावों का हृदय से स्वागत है।

एस.एस. बरेड़िया
अजब लाल लिल्हारे

पारिभाषिक शब्दावली

अंतिम मूल्य (Terminal Values)

अंतिम मूल्य इच्छित और अंतिम उद्देश्य या उस लक्ष्य को धारण करते हैं, जिन्हें व्यक्ति अपने जीवनकाल में प्राप्त करना चाहता है।

अटलता या दृढ़ता (Perseverance)

दृढ़ता को एक ऐसे व्यवहार के रूप में समझ सकते हैं, जिसे रुकावटों और कठिनाइयों के बावजूद लक्ष्य को प्राप्त करने के प्रयास के रूप में प्रदर्शित किया जाता है।

अनुभवात्मक ज्ञान (Empirical Knowledge)

ऐसा ज्ञान जो पांच ज्ञानेंद्रियों के माध्यम से प्राप्त होता है। इस प्रकार का ज्ञान हमें विज्ञान से प्राप्त होता है। वहीं इसके विपरीत तार्किक ज्ञान (Rational Knowledge) गणित से प्राप्त होता है।

अभिरुचि (Aptitude)

अभिरुचि शब्द की उत्पत्ति लैटिन शब्द "Aptus" से हुई है, जिसका अर्थ योग्य या उपयुक्त होने का गुण या तीव्रता के साथ सीखने और समझने की नैसर्गिक प्रवृत्ति, झुकाव, योग्यता तथा प्रतिभा होता है।

अराजकतावाद (Anarchism)

अराजकतावाद एक राजनीतिक सिद्धांत है, जो प्राधिकरण (Authority) और शक्ति (सरकार) की न्यायोचितता पर संदेह करता है।

अस्तित्ववाद (Existentialism)

इसके अनुसार मानव का कोई पूर्व प्रदत्त उद्देश्य या सार नहीं होता, जो ईश्वर या प्रकृति द्वारा प्रदत्त हो। यह स्वयं उसके ऊपर निर्भर करता है कि वह अपने कार्य से अपने अस्तित्व को निर्धारित करे।

आगमनात्मक विधि (Inductive Method)

सामान्य वाक्यों या सिद्धांतों (General Statements) से विशिष्ट/विशेष (Specific) वाक्यों को सृजित करने की विधि होती है।

आभासी हित संघर्ष (Apparent Conflict of Interst)

ऐसी परिस्थिति, जिसमें किसी लोक सेवक के निजी हित अनुचित तरीके से उसके कर्तव्यों को प्रभावित कर सकते हैं।

उच्च मार्ग उपागम (High Road Approach)

यह नैतिक ज्ञान के विकास के माध्यम से आंतरिक नियंत्रण पर बल देता है, जिसके फलस्वरूप लोक सेवक सह नैतिक एजेंटों का सृजन होता है।

उपयोगितावाद (Utilitarianism)

उपयोगितावाद शब्द की उत्पत्ति उपयोगिता अर्थात् अंतिम परिणाम की प्राप्ति में सहयोग करने से संबंधित है। इसके अनुसार, 'ज्यादा से ज्यादा लोगों के लिए ज्यादा से ज्यादा शुभ' प्राप्ति के लिए शुभता की मात्रा को अधिकाधिक बढ़ाना चाहिए।

एकात्म मानववाद (Integral Humanism)

एकात्म मानववाद (Integral Humanism) के दर्शन का एक वृहद् समाजिक आयाम है। दीनदयाल के विचारों के अनुसार, मनुष्य चार तत्त्वों से मिलकर बना है। वे चार तत्त्व हैं– शरीर, मस्तिष्क, बुद्धिमत्ता और आत्मा। एक संपूर्ण मनुष्य एक एकात्म व्यक्ति (Integrated Individual) होता है, जो विकासशीलता (Becoming) से पूर्ण विकसित (Become) की ओर प्रवृत्त होता है। दीनदयाल यह मानते हैं कि चारों तत्त्वों का संतुष्ट और पोषित होना आवश्यक है, तभी व्यक्ति का संपूर्ण विकास हो सकता है।

क्रमिक संपूर्णता (Graded Absolutism)
यह नैतिक संपूर्णताओं (Moral Absolutes) की पदसोपानीय स्थिति की पहचान करती है। यदि दो संपूर्णताओं के बीच विवाद या संघर्ष की स्थिति उत्पन्न होती है, तो उच्चतर संपूर्णता का अनुसरण निम्नतम संपूर्णता को पूरा करने के कर्तव्य से मुक्त करता है।

जी-फैक्टर (G-Factor)
इसे सामान्य बुद्धिमत्ता कारक (General Intelligence Factor) के रूप में स्वीकार किया जाता है, जो किसी व्यक्ति की संपूर्ण बुद्धिमत्ता की व्याख्या करता है।

तत्त्वमीमांसा (Metaphysics)
यह दर्शनशास्त्र की वह शाखा है, जिसके अंतर्गत "वास्तविकता की प्रकृति", "संसार का अस्तित्व", "सृष्टि की रचना", ईश्वर, आत्मा और भौतिक शरीर आदि का अध्ययन किया जाता है।

द्वंद्वात्मक विधि (Dialectic Method)
यह किसी विषय पर दो विरोधी दृष्टिकोणों के बीच चर्चा और वाद-विवाद के माध्यम से तार्किक कथनों द्वारा सत्य को स्थापित करने की विधि है।

दयालु की दुविधा (Samartian's Dilemma)
जेम्स बुकानन (James Buchanan) ने असमानता, रणनीतिक साहस और व्यक्तिगत जिम्मेदारी के बारे में दयालु की दुविधा की अवधारणा प्रस्तुत की है। यह प्रदर्शित करता है कि समानता के प्रोत्साहन के लिए नैतिक साहस कितना महत्त्वपूर्ण होता है।

दृढ़ विश्वास का साहस (Courage of Conviction)
यह ऐसा मूल्य है, जो विरोधों, आलोचनाओं या उत्पीड़न के बावजूद अपने विश्वास या आदर्शों के अनुरूप कार्य करने के लिए प्रोत्साहन प्रदान करता है।

धर्म (Religion)
धर्म शब्द का आधार "Religare" में माना जाता है, जिसका शाब्दिक अर्थ है पुन: जोड़ना (Bind Back) अर्थात् परमसत्ता या ईश्वर के साथ निरंतर संपर्क बनाए रखना।

धर्मसंकट मीमांसा (Casuistry)
यह नीतिशास्त्र के विभिन्न आयामों का प्रयोग करके तार्किकता के आधार पर नैतिक प्रकरणों (मुद्दों) को हल करने का एक उपागम (दृष्टिकोण) है।

निम्न मार्ग उपागम (Low Road Approach)
यह एक लोक सेवक के नैतिक आचरण से संबंधित कार्य प्रणाली या ढांचे की स्थापना से संबंधित होता है।

नियमात्मक नीतिशास्त्र (Normative Ethics)
यह समाज में विभिन्न नियमों की स्थापना से संबंधित है, ताकि इच्छित परिणाम प्राप्त किया जा सके।

नीतिशास्त्र (Ethics)
नीतिशास्त्र मानवीय व्यवहार में शुभ या सही (Good or Right) के निर्धारण से संबंधित अध्ययन है। यह मानवीय जीवन से संबंधित आदर्शों का विज्ञान है। एथिक्स (नीतिशास्त्र) की उत्पत्ति ग्रीक शब्द "इथोस" से हुई है। इथोस का शाब्दिक अर्थ है– नियम, परंपरा, रीति-रिवाज, आचरण इत्यादि।

नीतिशास्त्र/नैतिकता प्रबंधन (Ethics Management)
यहां नीतिशास्त्र की भूमिका बाह्य रोक (External Check) के रूप में होती है, परंतु लोक सेवकों द्वारा नैतिकता को आत्मसात किए जाने पर कोई बल नहीं होता।

नैतिकता (Morality)

नैतिकता शब्द का आधार "Moralitas" में है, जिसका अर्थ है, समुचित व्यवहार (Proper Behavior)। नैतिकता का अर्थ उचित और अनुचित मानवीय व्यवहारों में मानवतावादी दृष्टिकोण से अंतर स्थापित करना है। नैतिकता के अंतर्गत सुख और दुख पर नहीं, बल्कि सही एवं गलत पर विचार किया जाता है, चाहे इसके अनुकरण में किसी भी अनुपात में सुख और दुख उत्पन्न हो रहा हो।

नैतिक उच्चतम (Ethical Maximum)

यह कठोर अनुपालन और उच्च एवं अखंडित सत्यनिष्ठा का आदर्श मिश्रण होता है।

नैतिक दुविधा (Ethical Dilemma)

यह एक प्रकार की मन:स्थिति है, जिसमें किसी व्यक्ति को दो या दो से अधिक उपलब्ध विकल्पों में से किसी एक विकल्प का चयन करना होता है। ये सभी विकल्प नैतिक रूप से सही हो सकते हैं, परंतु यह संभव है कि इन विकल्पों के मध्य विरोधाभास हो।

नैतिक न्यूनतम (Ethics Minimum)

यह न्यून अनुपालन (Low Compliance) और न्यून सत्यनिष्ठा (Low Integrity) पर आधारित मॉडल है।

नैतिक प्रकृतिवाद (Ethical Naturalism)

नैतिक प्रकृतिवाद नैतिक वस्तुओं के वास्तविक अस्तित्व को स्वीकार करता है। नैतिक कथन वास्तविक जगत में सत्यापित किए जा सकते हैं।

नैतिक प्रबंधन (Ethical Management)

यह नैतिकता प्रबंधन का संशोधित रूप है, जिसमें मूल्यों और सत्यनिष्ठा की भूमिका बढ़ जाती है।

परिणाम निरपेक्षी/कर्तव्यवादी सिद्धांत (Deontology)

"Deontology" शब्द की उत्पत्ति ग्रीक शब्द "Deon" से हुई है, जिसका अर्थ होता है कर्तव्य (Duty)। इसे हिंदी में परिणाम निरपेक्षी सिद्धांत कहते हैं, क्योंकि यह परिणाम पर आधारित नहीं होता।

प्रयोजनमूलकता (Teleology)

यह परिणाम पर आधारित होती है न कि माध्यम पर। इसके अनुसार, कोई भी कानून, नियम या विनियम परिणाम की न्यायोचितता का परीक्षण करने में सहायता प्रदान नहीं करता। इसी कारण यह आत्मनिष्ठता और व्याख्यात्मकता पर आधारित सिद्धांत है।

प्रायोगिक नीतिशास्त्र (Applied Ethics)

प्रायोगिक नीतिशास्त्र को वास्तविक जीवन से संबंधित प्रश्नों के उत्तर जानने के लिए नीतिशास्त्र के प्रायोगिक पक्ष के रूप में जाना जाता है।

बिनेट-साइमन परीक्षण (Binet-Simon Test)

इसे समान योग्यताओं वाले बच्चों को समूह के रूप में चुनने के प्रयोग में लाया गया, ताकि उन्हें उनकी संभावनाओं के आधार पर प्रभावशाली ढंग से सूचित किया जा सके।

भावनात्मक बुद्धिमत्ता (Emotional Intelligence)

भावनात्मक बुद्धिमत्ता व्यक्ति की बुद्धिमत्ता का भावनात्मक आधार, जैसे भावनात्मक योग्यताओं द्वारा मापन करती है। ये भावनात्मक योग्यताएं दो वर्गों में विभाजित की जाती हैं, व्यक्तिगत भावनात्मक बुद्धिमत्ता और सामाजिक भावनात्मक बुद्धिमत्ता।

मूल्य (Values)

मूल्यों को किसी वस्तु के महत्त्व (Worth), उपयोगिता, गुण (Merit), वांछनीयता (Desirability) और मानकों के रूप में परिभाषित किया जाता है।

मेटा-नीतिशास्त्र (Meta-Ethics)
मेटा का ज्ञानमीमांसीय अर्थ होता है "के बारे में"। इस प्रकार मेटा-नीतिशास्त्र के अंतर्गत हम नैतिक कथनों के पीछे के कारण का ज्ञान प्राप्त करते हैं। मेटा-नीतिशास्त्र में नैतिक भाषा के अर्थ और उसके प्रयोग का अन्वेषण किया जाता है ।

रहस्यवादी (Mystic)
एक दार्शनिक और धार्मिक आंदोलन के विचारक, जो दैवीय या अंतिम वास्तविकता के सीधे अनुभव पर बल देते हैं।

लोक सेवा एथोस (Public Service Ethos)
एक वैचारिकता के रूप में लोक सेवा एथोस लोक हित को निजी हितों के ऊपर रखते हुए कार्य करने का विचार है, जो सर्वसाधारण के उभयनिष्ठ शुभ के लिए परोपकारितापूर्ण ढंग से कार्य करने से संबंधित है।

लोक सेवा मूल्य (Public Service Values)
लोक कार्यालय को धारण करने वाले के लिए लोक सेवा मूल्य मानक के रूप में होते हैं।

संभावनात्मक हित संघर्ष (Potential Conflict of Interest)
संभावनात्मक हित संघर्ष वह स्थिति है, जो भविष्य में किसी लोक सेवक के निजी हित के लोक हित के साथ टकराव से उत्पन्न हो सकती है।

सर्वोच्च सुख (Eudaimonia)
यह सर्वोच्च सुख से संबंधित अरस्तु की नीतिशास्त्रीय अवधारणा है, यह एकमात्र मानवीय शुभ है, जो इसके स्वयं की प्राप्ति के लिए इच्छित है न कि किसी अन्य परिणाम की प्राप्ति के लिए।

सत्यनिष्ठा (Probity)
नीत्शे "Probity" (Redlichkeit) को आत्मसात किए हुए सत्य के रूप में देखते हैं। "Probity" की चर्चा हम सत्यनिष्ठा शब्द के रूप में करेंगे।

सहायक मूल्य (Instrumental Value)
अंतिम मूल्य की प्राप्ति के साधन से संबंधित होते हैं। ये अंतिम लक्ष्य की प्राप्ति के लिए आवश्यक व्यवहार और आचरण पर आधारित होते हैं।

सिग्मा (Support for Improvement in Governance and Management–SIGMA)
यूरोपीय यूनियन (EU) और आर्थिक सहयोग और विकास संगठन (Organisation for Economic Co-operation and Development–OECD) की संयुक्त पहल है, जो मुख्यत: EU द्वारा वित्त पोषित है। SIGMA सरकारी तंत्रों और महत्त्वपूर्ण सरकारी संस्थाओं पर सावधानीपूर्वक निगरानी रखता है।

सुपर-इगो (Super-Ego)
सिगमंड फ्रायड सुपर-इगो की व्याख्या करते हुए कहते हैं कि यह हमारे व्यक्तित्व का वह हिस्सा है, जो निषेधों, रुकावटों और नैतिक अड़चनों पर गौर करता है तथा अंत:करण का रूप धारण करके आवेगों और मूल भावनाओं पर नकारात्मक आकलित भावनाएं (Negative Evaluative Feelings) उत्पन्न करके नियंत्रण स्थापित करता है, जैसे अहंकार और ग्लानि के विरुद्ध रोष की भावना द्वारा नियंत्रण।

स्व-साक्षीय सिद्धांत (Axiom)
गणित या तर्कशास्त्र में इसे असिद्धेय (Unprovable) नियम या प्रथम सिद्धांत के रूप में स्वीकार किया जाता है, क्योंकि यह स्व-साक्षीय (Self-evident) होता है।

शब्द संक्षेप

APAR ए.पी.ए.आर.	Annual Performance Appraisal Report वार्षिक प्रदर्शन मूल्यांकन रिपोर्ट
ARC ए.आर.सी.	Administrative Reforms Commission प्रशासनिक सुधार आयोग
ATGM ए.टी.जी.एम.	Anti-Tank Guided Missiles एंटी–टैंक गाईडेड मिसाइल
CAG सी.ए.जी./कैग	Comptroller and Auditor General of India भारत के नियंत्रक और महालेखा परीक्षक
CBI सी.बी.आई.	Central Bureau of Investigation केंद्रीय अन्वेषण ब्यूरो
CCI सी.सी.आई.	Competition Commission of India भारतीय प्रतिस्पर्धा आयोग
CEO सी.ई.ओ.	Chief Executive Officer मुख्य कार्यकारी अधिकारी
CMD सी.एम.डी.	Chairman and Managing Director अध्यक्ष और प्रबंध निदेशक
CSR सी.एस.आर.	Corporate Social Responsibility कॉर्पोरेट (निगम) सामाजिक उत्तरदायित्व/कॉर्पोरेट सोशल रिस्पांसिबिलिटी
CVC सी.वी.सी.	Central Vigilance Commission केंद्रीय सतर्कता आयोग
DARPG डी.ए.आर.पी.जी.	Department of Administrative Reforms and Public Grievances प्रशासनिक सुधार और लोक शिकायत विभाग
DDRF डी.डी.आर.एफ.	District Disaster Relief Force जिला आपदा मोचन बल
EC ई.सी.	European Council यूरोपीय परिषद
ECA ई.सी.ए.	Essential Commodities Act अनिवार्य वस्तु अधिनियम
ED ई.डी.	Directorate of Enforcement प्रवर्तन निदेशालय
EFMS ई.एफ.एम.एस.	Electronic Fund Management System इलेक्ट्रॉनिक फंड मैनेजमेंट सिस्टम

FIR एफ.आई.आर.	First Information Report प्रथम सूचना रिपोर्ट
GDR जी.डी.आर.	Global Depository Receipts ग्लोबल डिपोजिटरी रसीद
GeM जी.ई.एम./जेम	Government e Marketplace सरकारी ई बाजार
GPS जी.पी.एस.	Global Positioning System ग्लोबल पोजिशनिंग सिस्टम
HR एच.आर.	Human Resources मानव संसाधन
IAS आई.ए.एस.	Indian Administrative Service भारतीय प्रशासनिक सेवा
ICCPR आई.सी.सी.पी.आर.	International Covenant on Civil and Political Rights सिविल और राजनीतिक अधिकारों पर अंतर्राष्ट्रीय प्रतिज्ञा
IDR आई.डी.आर.	Indian Depository Receipt भारतीय डिपोजिटरी रसीद
ILO आई.एल.ओ.	International Labour Organisation अंतर्राष्ट्रीय श्रम संगठन
IPC आई.पी.सी.	Indian Penal Code भारतीय दंड संहिता
IPO आई.पी.ओ.	Initial Public Offering आरंभिक सार्वजनिक प्रस्ताव
IPR आई.पी.आर.	Intellectual Property Rights बौद्धिक संपदा अधिकार
IRDA आई.आर.डी.ए.	Insurance Regulatory and Development Authority बीमा विनियामक और विकास प्राधिकरण
JAM जे.ए.एम./जैम	JanDhan-Aadhaar-Mobile जनधन-आधार-मोबाइल
MNREGA मनरेगा	Mahatma Gandhi National Rural Employment Guarantee Act महात्मा गांधी राष्ट्रीय ग्रामीण रोजगार गारंटी अधिनियम
NCT एन.सी.टी.	National Capital Territory राष्ट्रीय राजधानी क्षेत्र
NCRWC एन.सी.आर.डब्ल्यू.सी.	National Commission to Review the Working of the Constitution संविधान की कार्य प्रणाली के पुनरीक्षण हेतु राष्ट्रीय आयोग
NESS एन.ई.एस.एस.	National Energy Security Strategy राष्ट्रीय ऊर्जा सुरक्षा रणनीति
NGO एन.जी.ओ.	Non-Governmental Organisations गैर-सरकारी संगठन

NHS एन.एच.एस.	National Housing Scheme राष्ट्रीय आवास योजना
NPA एन.पी.ए.	New Public Administration नव लोक प्रशासन
NPM एन.पी.एम.	New Public Management नव लोक प्रबंधन
NRLM एन.आर.एल.एम.	National Rural Livelihood Mission राष्ट्रीय ग्रामीण आजीविका मिशन
OECD ओई.सी.डी.	Organisation for Economic Co-operation and Development आर्थिक सहयोग और विकास संगठन
PDS पी.डी.एस.	Public Distribution System लोक वितरण व्यवस्था
PMAY-G पी.एम.ए.वाई.-जी.	Pradhan Mantri Awaas Yojana-Gramin प्रधानमंत्री आवास योजना-ग्रामीण
PoS पी.ओ.एस.	Point of Sale बिक्री केंद्र
PPP पी.पी.पी.	Public-Private Partnership सार्वजनिक-निजी भागीदारी
PSUs पी.एस.यू.	Public Sector Undertakings लोक क्षेत्रक इकाइयां
QMS क्यू.एम.एस.	Quality Management System गुणवत्ता प्रबंधन तंत्र
RBI आर.बी.आई.	Reserve Bank of India भारतीय रिजर्व बैंक
RTI आर.टी.आई.	Right to Information सूचना का अधिकार
SBM एस.बी.एम.	Swachh Bharat Mission स्वच्छ भारत अभियान
SDM एस.डी.एम	Sub Divisional Magistrate उप मंडल दंडाधिकारी
SEBI एस.ई.बी.आई./सेबी	Securities and Exchange Board of India भारतीय प्रतिभूति और विनिमय बोर्ड
SECC एस.ई.सी.सी.	Socio Economic and Caste Census सामाजिक आर्थिक और जाति जनगणना
SEZ एस.ई.जेड.	Special Economic Zone विशेष आर्थिक क्षेत्र
SFIO एस.एफ.आई.ओ.	Serious Fraud Investigation Office गंभीर धोखाधड़ी जांच कार्यालय

SIGMA एस.आई.जी.एम.ए.	Support for Improvement in Governance and Management शासन और प्रबंधन में सुधार के लिए समर्थन
UNCAC यू.एन.सी.ए.सी.	United Nations Convention Against Corruption संयुक्त राष्ट्र भ्रष्टाचार विरोधी प्रसंविदा
UNDP यू.एन.डी.पी.	United Nations Development Programme संयुक्त राष्ट्र विकास कार्यक्रम
UPSC यू.पी.एस.सी.	Union Public Service Commission संघ लोक सेवा आयोग

अध्याय

1

नीतिशास्त्र एवं मानवीय सहसंबंध

Ethics and Human Interface

नैतिकता: सारतत्त्व, निर्धारक एवं परिणाम

(Ethics : Essence, Determinants and Consequences)

नीतिशास्त्र दर्शनशास्त्र की एक महत्त्वपूर्ण विषयवस्तु है, जो मनुष्य के दैनिक क्रियाकलापों से सीधे रूप में जुड़ी है। यह किसी समाज के सभी सदस्यों के बीच व्यवहारात्मक संचालन से जुड़े विचारों को प्रतिपादित करता है, जो उस समाज के विकास में मात्रात्मक वृद्धि के अलावा संपूर्ण समृद्धि एवं खुशहाली के लिए आवश्यक हैं। नीतिशास्त्र सही और गलत के बीच अंतर स्थापित करने के लिए प्रायोगिक ज्ञान प्रदान करता है, जो विपरीत मानवीय प्रवृत्तियों के मध्य सामंजस्य स्थापित कर समाज में संतुलन बनाए रखने में सहायक होता है, ताकि समाज का दीर्घकालीन अस्तित्व बना रह सके। मैकेंजी के अनुसार, 'नीतिशास्त्र मानवीय व्यवहार में शुभ या सही (Good or Right) के निर्धारण से संबंधित अध्ययन है। यह मानवीय जीवन से संबंधित आदर्शों का विज्ञान है।' दूसरे शब्दों में, नीतिशास्त्र मानवीय स्वभाव की कमियों को दूर करता है और अस्वीकार्य मानवीय प्रवृत्तियों को परिष्कृत करता है। यह मानवीय आचरण के छोटे-बड़े सभी पहलुओं का परीक्षण करता है और मार्गदर्शी सिद्धांतों को प्रतिपादित करता है। कई बार यह आवश्यकतानुसार समाज के सफलतापूर्वक संचालन के लिए अनेक प्रकार के विराम लगाता है एवं दंड का प्रावधान भी करता है। यह मानव जीवन में हर संभव खुशहाली लाने का प्रयास करता है, जो भविष्य में व्यक्तिगत प्रयासों से वृहद् शुभ के रूप में परिणत हो सकती है। विलियम लिलि के अनुसार, नीतिशास्त्र विभिन्न समाजों में निवास कर रही मानव जाति के आचरण से संबंधित नियमात्मक विज्ञान (Normative Science) है। नीतिशास्त्र वह विषय है, जिसके अंतर्गत नियमों और कानूनों को तथ्यात्मक ज्ञान के आधार पर विकसित किया जाता है। ये किसी समाज विशेष के तथ्यों पर आधारित सामान्यीकृत (Generalised) नियम के रूप में होते हैं। यहां तथ्यों से अभिप्राय समाज के भूतकाल के अनुभवों पर आधारित अनुभवात्मक ज्ञान (Experiential Knowledge) से है। एक लंबा सामाजिक इतिहास नीतिशास्त्र के निर्माण का आधार निर्मित करता है।

वर्तमान समाज में नीतिशास्त्र शब्द का चहुंओर प्रयोग तो किया जाता है, परंतु इसकी अत्यधिक संकीर्ण व्याख्या की जाती है और इसे अनुचित रूप से समझा जाता है। नीतिशास्त्र (Ethics) शब्द को नैतिकता के समानार्थी के रूप में भी प्रयोग में लाया जाता है। नीतिशास्त्र के अध्ययन में आरंभिक विषय यह है कि इसे किस प्रकार उचित रूप में परिभाषित किया जाए। वास्तव में, नीतिशास्त्र को पूर्णत: नैतिकता के रूप में नहीं लेना चाहिए, परंतु इसे नैतिकता पर पर्याप्त विचार किए बिना समझा भी नहीं जा सकता। इसे परिभाषित करने के क्रम में सबसे पहले हम इस शब्द के मूल में जाएंगे। "एथिक्स" यानि नीतिशास्त्र की उत्पत्ति ग्रीक शब्द "इथोस" से हुई है। "इथोस" का शाब्दिक अर्थ है– नियम, परंपरा, रीति-रिवाज, आचरण, इत्यादि। इस प्रकार नीतिशास्त्र वह शास्त्र है, जो किसी समाज विशेष

में नियम, परंपरा, रीति-रिवाज और विश्वास के अध्ययन से संबंधित होता है। कोई भी समाज कुछ विश्वासों और नियमों के आधार पर ही संचालित होता है। उदाहरण के लिए, लोकतंत्र में मताधिकार को नीतिशास्त्रीय संरक्षण प्राप्त है, जबकि राजशाही में राज्य के दैविक अधिकार को इस प्रकार का संरक्षण प्रदान किया जाता है। इसी प्रकार अनेक देशों में मृत्युदंड वर्जित है, जबकि भारत में विरलतम में से विरले मामलों में ही मृत्युदंड का प्रावधान नीतिशास्त्रीय रूप से स्वीकार्य है। इस प्रकार यह कहा जा सकता है कि नीतिशास्त्र की रचना जल्दबाजी में नहीं की जाती, बल्कि इसे पूर्ण रूप से विचार करने के उपरांत नियमों को देशकाल के अनुरूप प्रतिपादित करके पीढ़ी-दर-पीढ़ी विकसित किया जाता है। जॉन डिवी के अनुसार, 'नीतिशास्त्र वह विज्ञान है, जो उन आचरणों से संबंधित है, जिन्हें अभी तक सही या गलत माना जाता रहा है। इस प्रकार विचार में लिए जाने वाले आचरणों के लिए नैतिक आचरण या नैतिक जीवन जैसी शब्दावली उपयुक्त है।'

उपरोक्त सभी परिभाषाएं नीतिशास्त्र की व्याख्या नियमों के विज्ञान के रूप में करती हैं। ये नियम या प्रतिमान मानवीय व्यवहार को नियंत्रित करने के लिए बनाए जाते हैं, ताकि जीवन में शुभ की प्राप्ति की जा सके। कोई भी मानवीय व्यवहार समाज के विभिन्न ऐतिहासिक, सांस्कृतिक और पर्यावरणीय कारकों से नियंत्रित होता है। मानवीय व्यवहार की यह प्रकृति नीतिशास्त्र को स्थिर और गैर-लचीला न बनाकर उसे निरंतर विकासशील बनाती है।

अब हमारे सम्मुख उत्सुकता का विषय यह है कि नीतिशास्त्र इतना महत्त्वपूर्ण विषय क्यों है। धार्मिक आधार पर नीतिशास्त्र प्रथम मानव के जन्म से ही अस्तित्व में आ जाता है। इसका आदम और हव्वा के जीवन में उतना ही महत्त्व था, जितना वर्तमान में मानव के जीवन में है। नीतिशास्त्र का सबसे पहला व्यवस्थित अध्ययन पश्चिमी देशों में हुआ। यद्यपि प्राचीन भारतीय ग्रंथों में इसके अध्ययन के पर्याप्त साक्ष्य मौजूद हैं, परंतु वह एक व्यवस्थित अध्ययन के रूप में नहीं रहा है। सर्वप्रथम ग्रीक दर्शनशास्त्रियों- सुकरात, प्लेटो और अरस्तु आदि ने डेलियन लीग तथा स्पार्टा लीग के मध्य हुए विध्वंसकारी पेलोपोनेसियन युद्ध जैसी स्थितियों से बचने के लिए नीतिशास्त्र का विचार किया था। प्रत्येक व्यक्ति एक सुगम और खुशहाल जीवन जीना चाहता है। नीतिशास्त्र दुख में कमी लाने और सुख में वृद्धि करने के उपाय सुझाता है। मानव यह जानता है कि सुख शाश्वत नहीं है, बल्कि क्षणभंगुर है। सुख की प्राप्ति के साधन या तो जीवित वस्तुएं हैं या अजीवित वस्तुएं और ये दोनों प्रकार की वस्तुएं ही नश्वर हैं। ऊंचे पर्वत, वृहद् नदियां, जीवों और वनस्पतियों की विभिन्न प्रजातियां कुछ भी स्थायी नहीं हैं, मानव निर्मित प्रत्येक संरचना नश्वर है। सुख को इन्हीं वस्तुओं में निहित माना जाता है, परंतु ये वस्तुएं नश्वर हैं। अतः सुख भी अस्थायी हुआ। इन सुखों को स्थायी तो नहीं किया जा सकता, किंतु इनकी अवधि में वृद्धि अवश्य की जा सकती है। सुख को दीर्घकालीन बनाए रखने के लिए नीतिशास्त्र एक विषय के रूप में उभरकर सामने आता है, जो निर्देशों और आदेशों के माध्यम से तथा दंड एवं प्रताड़ना के भय से दुख को दूर रखने का प्रयास करता है। इस प्रकार नीतिशास्त्र मानव के लिए अध्ययन का एक आवश्यक और महत्त्वपूर्ण विषय बन जाता है।

स्पष्ट कीजिए कि आचार नीति समाज और मानव का किस प्रकार भला करती है?

—UPSC 2016

नीतिशास्त्र मानव निर्मित आचरण संहिता है, जो एक सुविचारिक लक्ष्य, सामान्यतः जन कल्याण के लिए अस्तित्व में लाई जाती है। वास्तव में, नीतिशास्त्र वह विषय है, जिसके अंतर्गत सुख और दुख के बीच संतुलन स्थापित करने के उद्देश्य से नियमों और रीतियों का निर्माण किया जाता है। इसे नैतिक दर्शनशास्त्र या नैतिक विज्ञान भी कहा जाता है, क्योंकि इसका अध्ययन नैतिक परीक्षण के अंतर्गत किया जाता है। यहां नैतिकता (Morality) नीतिशास्त्रीय मानकों को परिभाषित करने के लिए उपस्थित होती है। अब यह सवाल उठता है कि किस सीमा तक नैतिकता द्वारा नीतिशास्त्र

को नियंत्रित किया जाना चाहिए। नैतिकता का स्रोत क्या है और नीतिशास्त्र को थोपने का तरीका क्या होना चाहिए? ये प्रश्न नीतिशास्त्रीय अध्ययन को मानविकी के साथ-साथ विज्ञान के एक विषय के रूप में पहचान दिलाते हैं।

मानव जाति स्वहित से संचालित होती है और इच्छाओं की पूर्ति ही इसके लिए सुख की परिभाषा है। प्रत्येक व्यक्ति अपने सुख में वृद्धि करना चाहता है, परंतु सुख प्रदान करने वाले स्रोत सीमित हैं। इससे यह निष्कर्ष निकलता है कि किसी व्यक्ति विशेष को अधिक मात्रा में सुख अन्य व्यक्तियों के सुखों में कमी लाकर ही प्राप्त हो सकता है। यह स्थिति सुख और नैतिकता के मध्य सहसंबंध पर विचार करने के लिए मजबूर करती है। चिरकालीन नैतिक दर्शनशास्त्र (Classical Moral Philosophy) सुख की प्राप्ति के लिए सद्‌गुणी बनने पर बल देता है। यहां 'मैं' और "अन्य" का भेद मूलभूत समस्या उत्पन्न करता है। नैतिकता इन दोनों विचारों को मिलाकर बीच का मार्ग प्रशस्त करती है, जिसमें सुख को परिभाषित करके अधिकतम रूप से सभी में बांटा जा सके। कन्फ्यूशियस, ताओ, ग्रीक, ईसाई और आधुनिक दर्शनशास्त्रियों ने सुख एवं नैतिकता पर गहन विचार दिए हैं। सुख की वर्तमान अवधारणा उन कारकों का परीक्षण करती है, जो "मैं" और "अन्य" के अध्यारोपण से संबंधित शंका से मुक्त स्वतंत्र सुख का प्रावधान कर सकते हैं। हम इस पर आगे के अध्यायों में विस्तार से चर्चा करेंगे।

नीतिशास्त्र अत्यंत सुव्यवस्थित तरीके से वैज्ञानिक आधार पर विकसित होता है। नीतिशास्त्रीय विज्ञान अनुभवात्मक अध्ययन (Empirical Study) के साथ-साथ तर्कवाद (Rationalism) पर भी आधारित होता है। अनुभवात्मक अध्ययन के अंतर्गत तथ्यों को अपरोक्ष अनुभवों (इंद्रियात्मक) से विशेष रूप में एकत्रित किया जाता है, तत्पश्चात् आगमनात्मक विधि (Inductive Method) का प्रयोग करके इन विशेष तथ्यों से सामान्य नियम निष्कासित किए जाते हैं। दूसरी ओर, तर्कवाद तार्किकता पर आधारित होता है, जिसमें निगमनात्मक विधि (Deductive Method) का प्रयोग करके सामान्य वाक्यों (General Premises) में से विशेष वाक्यों (Particulars) का निगमन किया जाता है। नीतिशास्त्र के विकास में प्रयोग में लाई जाने वाली विधियों के संबंध में अनेक पूर्वाग्रह देखे जाते हैं। इसके निर्माण में प्रयोग में लाई जाने वाली प्रक्रियाओं में कई बार एक विशेष प्रक्रिया को प्राथमिकता दी जाती है। नीतिशास्त्र को निर्धारित करने वाले कारकों को निम्नानुसार विभाजित किया जा सकता है–

1. **नैतिक एजेंसी :** नैतिक तंत्र या ढांचे को निर्माणकारी एजेंसी कई अर्थों में प्रभावित करती है। राजशाही में राजा इस संदर्भ में निर्माता होता है, जबकि लोकतंत्र में राजनीतिक व्यवस्था और सत्तासीन दल के आदर्श प्रमुख निर्धारक होते हैं। नैतिक एजेंसी के मूल्य तंत्र और उसकी सामान्य मनोवृत्तियां नैतिकता के निर्माण में बड़ी भूमिका निभाते हैं।
2. **देशकाल :** क्षेत्रीय और कालिक संदर्भ में एक अन्य कारक है, जो किसी व्यवहार के नैतिक होने की स्वीकार्यता को निर्धारित करता है। इसके अंतर्गत क्षेत्र की संस्कृति, संगठनात्मक मूल्य, तत्कालीन परिस्थितियां, संसाधन संपन्नता, विकास का स्तर और इतिहास शामिल हैं।
3. **धार्मिक प्रभाव :** नैतिकता के निर्धारण में धर्म एक अत्यधिक प्रभावशाली कारक माना जा सकता है, परंतु वर्तमान संदर्भ में धर्म नैतिकता के निर्धारण में अपनी उपस्थिति खोता जा रहा है, जिसे अनेक देशों में देखा जा सकता है। हम व्यक्तिगत नैतिकता के निर्माण में धर्म की भूमिका को पूरी तरह नकार नहीं सकते। यह एक चर्चा का विषय है, जिसे हम आगे समझने का प्रयास करेंगे।
4. **प्राचीन ग्रंथ :** ज्ञान का संधारण लिखित रूप में किया जाता है। ये लेख नीति निर्माण के लिए मार्गदर्शक का कार्य करते हैं। हम संसार के प्रत्येक कोने में पाए जाने वाले प्राचीन ग्रंथों के दृष्टांत प्रदान करेंगे, जो नैतिक सिद्धांतों के निर्माण में पर्याप्त आधार प्रस्तुत करते हैं।
5. **सामाजिक आवश्यकताएं :** मूल्यों के मानक किसी समाज विशेष की इच्छाओं और आवश्यकताओं से निर्धारित होते हैं तथा नीतिशास्त्रीय सिद्धांत समाज में सुख की स्थापना के लिए बनाए जाते हैं। सामाजिक आवश्यकताएं किसी नैतिक नियम की उपलब्धता को प्रस्तावित करती हैं। प्राय: यह देखा जाता है कि जन आंदोलन, जन प्रदर्शन और

सार्वजनिक अभियाचना नैतिक एजेंसी को कानून, नियम और विनियम के रूप में नैतिक सुधार लाने के लिए विवश करते हैं। हमें इस बात पर भ्रमित नहीं होना चाहिए कि विधि, नियम और विनियम नैतिकता का निर्धारण करते हैं, बल्कि नैतिकता नियम, विधि एवं विनियमों के निर्माण के लिए प्रेरणा प्रदान करती है।

6. **अंतर्राष्ट्रीय विवशता/दबाव :** अंतर्राष्ट्रवाद में यत्र-तत्र बिखरी नैतिकताओं को एकत्रित कर एक अंतर्राष्ट्रीय नैतिकता को अनेक क्षेत्रों में काफी सीमा तक एकरूपता में लाया गया है, जैसे– मानवीय विकास, बाल मजदूरी, युद्ध और महामारी जैसी परिस्थितियां एवं पर्यावरण समस्याएं, आदि ऐसे क्षेत्र हैं, जहां अंतर्राष्ट्रीय नैतिक एकरूपता दिखाई देती है।

सभी मानव सुख की आकांक्षा करते हैं। क्या आप सहमत हैं? आपके लिए सुख का क्या अर्थ है? उदाहरण प्रस्तुत करते हुए स्पष्ट कीजिए। –UPSC 2014

नीतिशास्त्र और नैतिकता में अंतर (Difference between Ethics and Morality)

नीतिशास्त्र और नैतिकता को समान अर्थों में बार-बार प्रयोग में लाया जाता है, परंतु इन्हें एक नहीं माना जाना चाहिए। नीतिशास्त्र अध्ययन का एक विषय है, वहीं नैतिकता का अर्थ उचित और अनुचित मानवीय व्यवहारों में मानवतावादी दृष्टिकोण से अंतर स्थापित करना है। नैतिकता के अंतर्गत सुख और दुख पर नहीं, बल्कि सही एवं गलत पर विचार किया जाता है, चाहे इसके अनुकरण में किसी भी अनुपात में सुख और दुख उत्पन्न हो रहा हो। नैतिकता के तीन महत्त्वपूर्ण गुणधर्म होते हैं। *पहला*, नैतिकता सार्वभौमिक निष्ठा का समादेश करती है; *दूसरा*, यह गैर-भेदभावपूर्णता (Unbiased) का आग्रह करती है, और *तीसरा*, यह प्रवर्तनात्मक (Enforceable) होती है। यहां सार्वभौमिकता का अभिप्राय उन नैतिक नियमों से है, जो समस्त समुदायों को प्रकार और प्रकृति से इतर उनके पालन हेतु विवश करते हैं। कांट द्वारा प्रतिपादित सुस्पष्ट आदेशात्मकता (Categorical Imperatives) नैतिकता को पूर्णरूपेण नीतिशास्त्रीय मार्गदर्शी सिद्धांतों के निर्माण के आधार पर सुनिश्चित करने पर बल देती है। इन सिद्धांतों को कांट ने "मेक्सिम" कहा है, जो सभी समुदायों के लिए लागू किए जा सकते हैं।

नैतिकता का दूसरा गुणधर्म है नियमों के संबंध में गैर-भेदभावपूर्णता, जो नैतिक सिद्धांतों की उदासीन एवं गैर-पूर्वाग्रहीय भूमिका पर बल देती है, ताकि मानवीय स्वार्थ की प्रवृत्ति से छुटकारा मिल सके। जॉन राल्स अपने "न्याय के सिद्धांत" में "अज्ञानता के पर्दे" के पीछे की युक्ति का सहारा लेते हैं, जिसके अंतर्गत नैतिकता के निर्माण से लाभ की प्राप्ति किसे होगी इसकी अज्ञानता के आधार पर नैतिक नियमों के चयन की व्याख्या की जाती है।

नैतिकता का तीसरा गुणधर्म है स्व-प्रवर्तन (Self-Enforceability)। नैतिकता अपने प्रवर्तन के लिए किसी बाह्य एजेंसी की सहायता की मांग नहीं करती है। नियम के विपरीत जो कि राज्य द्वारा लागू कराए जाते हैं, नैतिकता स्वयं के द्वारा लागू होती है। अंग्रेज विधिवेत्ता जॉन फ्लेचर मोल्टन नैतिकता को परिभाषित करते हुए कहते हैं कि "नैतिकता गैर-प्रवर्तनकारी की आज्ञाकारिता" (Obedience to Unenforceable) से संबंधित होती है। वे मानवीय व्यवहार को तीन वर्गों में विभाजित करते हैं–विधायी, नैतिक और स्वैच्छिक। पहले वर्ग के अंतर्गत पालन किसी प्रवर्तनकारी एजेंसी की उपस्थिति के कारण होता है, जबकि तीसरे वर्ग के अंतर्गत पालन को मानव के संकल्प स्वातंत्र्य (Freedom of Will) पर छोड़ दिया जाता है। इन दोनों वर्गों के बीच मानवीय व्यवहार का एक ऐसा वर्ग है, जहां नैतिकता प्रवर्तन के बजाय कर्तव्यों की चेतना के आधार पर अस्तित्व में आती है।

नैतिकता सही और गलत, अच्छा और बुरा, न्याय सम्मत और अन्यायकारी के विभेद से संबंधित मूल्यों एवं विश्वासों से संबंधित होती है, जबकि नीतिशास्त्र नैतिकता की छानबीन, औचित्यपूर्णता और तार्किक विश्लेषण से संबंधित अध्ययन है। सामान्यत: नैतिकता सार्वभौमिक मानवीय दृष्टिकोण से संबंधित एक वस्तुपरक विचार है। यह कई बार वस्तुनिष्ठ होने के बजाय व्यक्तिनिष्ठ भी हो जाती है, जहां नैतिकता को किसी छोटे समुदाय या व्यक्तियों के छोटे समूह में किसी विशिष्ट देशकाल के संदर्भ में देखा जाता है। उदाहरण के लिए, हत्या वस्तुनिष्ठत: पूरे विश्व में अनैतिक विचार है, परंतु भारत में मृत्युदंड विरले से विरलतम प्रकरणों में व्यक्तिनिष्ठत: स्वीकार्य माना जाता है। मृत्युदंड के आधार पर हत्या नीतिशास्त्र की सीमा में आ जाती है, यद्यपि यह एक अनैतिक व्यवहार माना जा सकता है, जो कि अभी भी एक विवाद का विषय है। इस प्रकार हम कह सकते हैं कि नीतिशास्त्र उस अध्ययन से संबंधित है, जो सामूहिक नैतिकता के दायरे में आता है।

तालिका 1.1 : नीतिशास्त्र और नैतिकता में अंतर

क्र.	**नीतिशास्त्र** (Ethics)	**नैतिकता** (Morality)
1.	यह एक विशिष्ट समूह या संस्कृति से संबंधित होता है।	यह सही एवं गलत की चेतना पर आधारित दृष्टिकोण से संबंधित (सांस्कृतिक नियमों के परे) होती है।
2.	क्षेत्रीय संदर्भ में यह वस्तुनिष्ठ विचार है, जबकि सार्वभौमिक संदर्भ में यह एक आत्मनिष्ठ विचार है।	क्षेत्रीय संदर्भ में यह एक आत्मनिष्ठ विचार है, परंतु सार्वभौमिक संदर्भ में यह वस्तुनिष्ठ विचार है।
3.	यह देश एवं काल पर आधारित है।	यह देश एवं काल से परे होती है।
4.	यह एक सामान्य प्रारूप (General Form) होता है, जो विधि और सुलिखित नियम के निर्माण के लिए मार्गदर्शन प्रदान करता है।	यह किसी तार्किक और मानवतावादी व्यक्ति की अनकही एवं अलिखित भावनाओं से संबंधित होती है, जो सही और गलत का निर्धारण करती है।
5.	ये सुस्पष्ट और व्याख्यायित होते हैं, अत: इन्हें लागू करना आसान होता है।	ये अस्पष्ट और अंतर्निहित प्रकृति की होती हैं, अत: इन्हें लागू करना कठिन होता है।
6.	ये बाह्य स्रोतों पर आधारित होते हैं।	ये आंतरिक स्रोतों, जैसे– सहज ज्ञान (Intuition), अंतर्मन की भावनाओं और चेतनता पर आधारित होती हैं।

नीतिशास्त्र प्रायोगिक महत्त्व के होते हैं, जो कालांतर में प्रयोग में आते-आते मानवीय व्यवहार का अंग बन जाते हैं, जबकि नैतिकता व्यक्ति विशेष की निजी धारणा पर आधारित होती है और यह किसी भी मानवीय व्यवहार को परखने के लिए महत्त्वपूर्ण अस्त्र होती है। निष्कर्षत:, एक व्यवहार समान समय में या तो नीतिशास्त्र सम्मत और नैतिक या नीतिशास्त्र सम्मत परंतु अनैतिक, या नीतिशास्त्र असम्मत परंतु नैतिक, या नीतिशास्त्र असम्मत और अनैतिक हो सकता है।

आगे की व्याख्या में हम नीतिशास्त्र और नैतिकता के बीच के सूक्ष्म अंतर की उपेक्षा करते हुए इसे समानार्थी रूप में प्रयोग में लाएंगे, यद्यपि इन दोनों के मध्य सैद्धांतिक अंतर बना हुआ है।

नीतिशास्त्र का विकास (Evolution of Ethics)

नीतिशास्त्र का संबंध अंतिम लक्ष्य या प्रमुख नैतिक सिद्धांत की खोज के स्थान पर एक ऐसे कार्य व्यवहार का विकास करने से है, जो मूल्य निर्णयन (Value Judgement) के तरीके को परिष्कृत करने में सहयोग कर सके। नैतिक विवेचना परिणाम को ध्यान में रखते हुए निर्णयों को संशोधित करने के लिए प्रतिबिंबात्मक बुद्धिमत्ता के प्रयोग से संबंधित है। इस प्रकार, नीतिशास्त्र का विकास मानव समाज से संबंधित अभीष्ट नियमों की प्राप्ति के लिए उत्तरोत्तर रूप में हुआ है।

जैसा कि हमने पूर्व में चर्चा की है, नीतिशास्त्र का पहला अध्ययन ग्रीस में हुआ, यद्यपि यह अध्ययन बहुत अधिक व्यवस्थित रूप में नहीं था। ग्रीक दर्शनशास्त्रियों के इस परिप्रेक्ष्य में किए गए कार्य बहुतायत में उपलब्ध हैं। इस विषय के प्रमुख दार्शनिकों में सोफिस्ट, सुकरात, प्लेटो, अरस्तु, स्टोइक, एपीक्यूरस और संशयवादी दार्शनिक महत्त्वपूर्ण हैं। इन दार्शनिकों ने दार्शनिक दिशा-निर्देशों के निर्धारण में महती भूमिका निभाई है। इनके द्वारा प्रतिपादित नीतिशास्त्रीय सिद्धांत आज भी न केवल सामान्य मानव जीवन में उपयोगी हैं, बल्कि एक लोक सेवक के लिए भी ये उतने ही महत्त्वपूर्ण हैं। ग्रीक दार्शनिकों के अतिरिक्त, अनेक धर्मशास्त्रीय दार्शनिकों ने भी इस क्षेत्र में अत्यधिक योगदान दिया है। इन दार्शनिकों ने नैतिकता का आधार ईश्वर में माना है। संत ऑगस्टिन की प्रसिद्ध कृति *सिटी ऑफ गॉड* और थॉमस एक्विनास की *समा थियोलॉजिका* (Summa Theologica) ने ईसाई दर्शन को आधार मानकर नैतिकता की नींव को और भी सुदृढ़ करने का कार्य किया। अन्य नैतिक दार्शनिकों में मैकियावेली (द *प्रिंस*), डेकार्ट, हॉब्स (*सोशल कांट्रेक्ट थ्योरी*), एडम स्मिथ और 20वीं शताब्दी के दार्शनिक मूर, कांट, बेंथम तथा मिल महत्त्वपूर्ण हैं। इन सभी ने नीतिशास्त्र को परिभाषित करने के लिए विभिन्न निर्धारकों का प्रयोग किया, जिन्होंने मानव जाति के नैतिक आधार को अत्यधिक प्रभावित किया है।

ताओ के पलायन के उपरांत सद्गुण को आधार मानकर लिया गया।
जब सद्गुण आधारित नैतिकता का पलायन हुआ तो मानवता का सहारा लिया गया।
यह भी खो गई तो न्याय का सहारा लिया गया तथा जब न्याय अनुपस्थित हो गया तो हम रीतियों पर आधारित हो गए।

(Lao Tzu)

धर्म और नैतिकता (Religion and Morality)

धर्म और नैतिकता को हाल के दशकों तक अंतर्संबंधित माना जाता रहा है। इन दोनों विचारों के बीच का अंतर्संबंध सुकरात के काल से ही विवादों में रहा है। सुकरात एक प्रसिद्ध पृच्छा (Enquiry) प्रस्तुत करते हैं, 'शुभता ईश्वर द्वारा पसंद की जाती है क्योंकि यह शुभ है, या शुभता शुभ है क्योंकि ईश्वर इसे पसंद करता है।' सुकरात पूर्व वाक्यांश 'शुभता ईश्वर द्वारा पसंद की जाती है, क्योंकि यह शुभ है' के पक्ष में हैं। यद्यपि अनेक धर्म दर्शनशास्त्री दलीलें देते हैं कि नैतिकता ईश्वर के बिना अकल्पनीय है। जुकरमेन के अनुसार, नैतिक मानकों के पतन में धर्मनिरपेक्षता के बढ़ते प्रभाव की बड़ी भूमिका रही है।

जब हम धर्म और नैतिकता जैसे शब्दों के शाब्दिक अध्ययन की ओर जाते हैं, तो इनके बीच कोई घनिष्ठ संबंध दिखाई नहीं देता है। धर्म (Religion) शब्द का आधार Religare में माना जाता है, जिसका शाब्दिक अर्थ है "पुन: जोड़ना" (Bind Back) अर्थात् परमसत्ता या ईश्वर के साथ निरंतर संपर्क बनाए रखना। दूसरी ओर, नैतिकता शब्द का आधार Moralitas में है, जिसका अर्थ है, "समुचित व्यवहार" (Proper Behavior)। दोनों शब्दों के भिन्न मूल्य तंत्र हैं। नैतिकता तर्क और अंत:प्रज्ञा पर आधारित विचार है, जबकि धर्म आस्था से जुड़ा विचार है। ग्रीन के अनुसार, नैतिकता और धर्म यद्यपि आपस में उलझे हुए हैं, परंतु कम-से-कम अवधारणात्मक रूप से ये भिन्न घटनाएं हैं। धर्म विश्वास, मनोवृत्ति और प्रथाओं पर आधारित है और यह मानव को पारलौकिक सत्ता तथा पवित्र वास्तविकताओं से जोड़ने का प्रयास करता है। इसके विपरीत, नैतिकता समुदाय में लोगों के आचरण को नियंत्रित करने के तरीके से संबंधित विचार है।

नैतिकता और धर्म के बीच संबंध तथा धर्म में नैतिकता की आवश्यकता के बारे में अनेक विचार प्रचलन में हैं। इन विचारों को तीन समूहों में वर्गीकृत किया जा सकता है– 1. धर्म नैतिकता के लिए हानिकारक है। 2. धर्म नैतिकता से दूर से संबंधित है। 3. दोनों एक-दूसरे के पूरक हैं और परस्पर सहयोग के आकांक्षी हैं।

1. पहले कथन के अंतर्गत, धर्म इस दृष्टिकोण की पुष्टि करता है कि मनुष्य मूलत: पापी है। मनुष्य जाति अपने पूर्वजों द्वारा किए गए पाप (पहला पाप या मूल पाप, जो ईश्वर के विरुद्ध जाने के कारण आदम और हव्वा ने किया)

को ढो रही है। "मूल पाप" या "आदम का पतन" एक ईसाई धार्मिक सिद्धांत है, जो यह बताता है कि मानव जाति मूलतः नैतिक एजेंट नहीं है। यह अवधारणा मानवीय चेतना की गरिमा के विरुद्ध है। धर्म एक पारलौकिक जगत के विचार पर बल देता है और भावी जीवन को सुखमय बनाने का विचार प्रतिपादित करता है, जो मानव के वर्तमान को नष्ट करने जैसा है। धर्म मतांधता को प्रसारित करता है, जिसके कारण धर्मयुद्ध, जिहाद और अंतर्धार्मिक विवाद जन्म लेते हैं तथा ये घटनाएं अनैतिक परिणामों को जन्म देती हैं।

2. दूसरा कथन कि धर्म नैतिकता से दूर से संबंधित है, इसका अभिप्राय यह है कि इन दोनों विचारों में अर्थ और परिभाषा के आधार पर कोई संबंध नहीं है। नैतिकता नीतिशास्त्रीय तार्किकता, अतःप्रज्ञा एवं आंतरिक भावनाओं पर आधारित है, वहीं धर्म आस्था, रूढ़िवादिता और दैवीय आदेशों से संबंधित होता है। नैतिकता स्वप्रेरित होती है, जबकि धर्म किसी पारलौकिक सत्ता द्वारा प्रवर्तित होता है।

3. तीसरा कथन, धर्म और नैतिकता के एक-दूसरे के पूरक होने से संबंधित है। इसे इस प्रकार परिभाषित किया जा सकता है कि धर्म भी एक प्रचलन या रीति है, जिसका समाज के एक बड़े हिस्से द्वारा अनुकरण किया जाता है और इस प्रकार यह नैतिकता के समान हो जाता है। धर्म ईश्वरीय आदेश के रूप में नैतिकता को आधार प्रदान करता है। धर्म और नैतिकता दोनों ही मानव में अच्छे आचरण के विकास में सहयोगी हैं तथा मानव जाति में शांतिपूर्ण सहअस्तित्व प्रदान करते हैं। नैतिकता भी अपने प्रवर्तन हेतु एक प्रकार की प्रवर्तनकारी एजेंसी की आवश्यकता महसूस करती है, जो मानव को इसके अनुसार आचरण के लिए बाध्य कर सके। उन व्यवहारों का क्या जिन्हें एकांत में किसी साक्षी की अनुपस्थिति में किया जाता है। इन परिस्थितियों में ईश्वर जैसी पारलौकिक सत्ता जो सर्वव्याप्त, सर्वज्ञ और अनंत शक्तिशाली है, नैतिकता के आधार के निर्माण में सहयोग प्रदान करती है। इसके अतिरिक्त यदि हम यह स्वीकार करें कि अनीश्वरवादिता ही सत्य है और मानव जाति के कृत्यों के लिए कोई जवाबदेह नहीं है, तो नैतिक प्रकृतिवाद के अनुसार परिभाषित वस्तुनिष्ठ नैतिक मूल्य अप्रासंगिक हो जाते हैं।

ईश्वरवादी नैतिकता के स्रोत को ईश्वर में देखते हैं, जो नैतिक जीवन जीने के लिए सामर्थ्य प्रदान करता है। इनकी यह आस्था है कि अच्छे कर्म या प्रतिफल कभी बर्बाद नहीं होते, बुराई को दंडित किया जाएगा और अच्छाई को मुक्ति मिलेगी। यद्यपि यह कह देना जल्दबाजी होगी कि अनीश्वरवादी अच्छे इनसान नहीं हो सकते और वे एक नैतिक जीवन नहीं जी सकते। यदि ईश्वर का अस्तित्व नहीं माना जाता है, तो नैतिकता मात्र मानवीय परिपाटी बनकर रह जाएगी और यह पूरी तरह व्यक्तिनिष्ठता एवं मजबूरी के रूप में उभरकर आएगी। यदि ईश्वर का अस्तित्व नहीं है, तो वस्तुनिष्ठ नैतिक मूल्य भी अपना अस्तित्व खो देगा। इस प्रकार हम सही मायनों में अच्छे नहीं हो सकते। जीवन उद्देश्यहीन हो जाएगा और अच्छे लोगों द्वारा किए गए त्याग एवं बलिदान व्यर्थ हो जाएंगे। दूसरी ओर, नैतिकता को एक वस्तुनिष्ठ विचार माना जाए, तो ईश्वर का अस्तित्व उभरकर आएगा।

मानवीय परोपकारिता और बलिदान को ईश्वर के भय के परिणाम के रूप में देखना अनुचित प्रतीत होता है। मनुष्य अपने सुख और आंतरिक संतुष्टि के लिए अच्छे कर्म करता है। हमारे प्रत्येक आचरण को नैतिक पैमाने पर नहीं मापा जा सकता, वरना जीवन जीना कठिन हो जाएगा।

अभ्यास प्रश्न

1. नीतिशास्त्र को वास्तविक जीवन के उदाहरणों के माध्यम से समझाइए ।
2. नीतिशास्त्र समाज की आवश्यकता थी, भूतकाल में मानव जीवन की घटनाओं का उदाहरण देकर मूल्यांकन कीजिए।
3. नैतिकता क्या है और यह नीतिशास्त्र से किस प्रकार भिन्न है? उपयुक्त उदाहरणों के माध्यम से समझाइए।

4. नैतिकता की रचना मनुष्य ने की है न कि ईश्वर ने, स्पष्ट करें।
5. ईश्वर के बिना कोई नैतिकता नहीं, विस्तार से समझाइए।
6. नैतिकता और धर्म एक-दूसरे के पूरक हैं, व्याख्या करें।
7. सुख की खोज ही नैतिकता की आवश्यकता का आधार है, आलोचनात्मक व्याख्या कीजिए।
8. सभी मनुष्य सुख की आकांक्षा करते हैं। क्या आप सहमत हैं? आपके लिए सुख का क्या अर्थ है? उदाहरण प्रस्तुत करते हुए स्पष्ट कीजिए। (UPSC 2014)
9. मानव जीवन में नैतिकता किस बात की प्रोन्नति करने की चेष्टा करती है? लोक प्रशासन में यह और भी अधिक महत्त्वपूर्ण क्यों है? (UPSC 2014)
10. स्पष्ट कीजिए कि आचार नीति समाज और मानव का किस प्रकार भला करती है? (UPSC 2016)

अध्याय

2

नीतिशास्त्र के आयाम

Dimensions of Ethics

प्रस्तावना (Introduction)

मानव जीवन में नैतिकता की आवश्यकता के संबंध में हम विभिन्न विचारों पर पूर्व में चर्चा कर चुके हैं। नैतिकता का विचार काफी पहले अस्तित्व में आ चुका था। नैतिकता को एक विषय का रूप प्रदान करने हेतु अनेक प्रयास किए गए हैं। आरंभ में नैतिकता (Morality) धार्मिक ग्रंथों, संहिताओं और महाकाव्यों, जैसे– *रामायण, महाभारत* और *मनुस्मृति* के रूप में हिंदू धर्म में और *कुरान* एवं *बाइबल* के रूप में क्रमशः इस्लाम और ईसाई धर्मों में लाई गई। इन ग्रंथों ने नैतिकता को कहानी-किस्सों और ईश्वर के भय के रूप में प्रस्तुत किया। समय के साथ नैतिकता ने एक सुव्यवस्थित विषय का रूप धारण कर लिया, जिसे नीतिशास्त्र (Ethics) कहा जाता है। नीतिशास्त्र के अंतर्गत नैतिक विषयों से संबंधित समस्याओं के समाधान के लिए विभिन्न आयामों में अध्ययन किया जाने लगा। नीतिशास्त्रीय सिद्धांतों के निर्माण के परिप्रेक्ष्य में अनेक विधियों का प्रयोग किया जाता है। अनेक दार्शनिकों ने विभिन्न नैतिक प्रश्नों के उत्तर प्राप्त करने हेतु कई विधियां सुझाई हैं, जो प्रत्यक्ष या अप्रत्यक्ष रूप में मानव जीवन में सुख की प्राप्ति से संबंधित हैं।

इन उपागमों या आयामों को निम्नानुसार वर्गीकृत किया जाता है– 1. नियमात्मक नीतिशास्त्र (Normative Ethics) ; 2. मेटा-नीतिशास्त्र (Meta-Ethics); 3. प्रायोगिक नीतिशास्त्र (Applied Ethics)।

I. नियमात्मक नीतिशास्त्र (Normative Ethics)

जैसा कि इसके नाम से ही विदित है, यह समाज में विभिन्न नियमों की स्थापना से संबंधित है, ताकि इच्छित परिणाम प्राप्त किया जा सके। नियमात्मक नीतिशास्त्र मनुष्य के लिए शुभ एवं अशुभ का अंतर स्पष्ट करता है। यह इस विचार की स्थापना करता है कि लोगों को किस प्रकार का व्यवहार करना चाहिए और किस प्रकार एक उचित परिणाम की प्राप्ति की जानी चाहिए। सभी प्रकार के नियम, रीति-रिवाज, कानून और रीतियां नैतिक दर्शनशास्त्र की इसी शाखा के अंतर्गत निर्मित की जाती हैं। विभिन्न प्रकार के नैतिक सिद्धांतों के प्रतिपादन हेतु नैतिक विचारण के अनेक प्रकार उपयोग में लाए जाते हैं। कुछ महत्त्वपूर्ण नियमात्मक सिद्धांतों को निम्नानुसार वर्गीकृत किया जाता है–

1. कर्तव्यवाद/परिणाम निरपेक्षी सिद्धांत (Deontological Theory); 2. प्रयोजनमूलक सिद्धांत (Teleological Theory); 3. सद्गुण सिद्धांत (Virtue Theory); 4. संबंधात्मक नीतिशास्त्र या परवाह आधारित नीतिशास्त्र (Relational Ethics or Ethics of Care)।

1. कर्तव्यवाद/परिणाम निरपेक्षी सिद्धांत (Deontological Theory)

Deontology शब्द की उत्पत्ति ग्रीक शब्द Deon से हुई है, जिसका अर्थ होता है कर्तव्य (Duty)। इसे हिंदी में

कर्तव्यवाद/परिणाम निरपेक्षी सिद्धांत कहते हैं, क्योंकि यह परिणाम पर आधारित नहीं होता। इस सिद्धांत के अनुसार, हम कुछ निश्चित सिद्धांतों, विधियों, नियमों और विनियमों का पालन करने के लिए बाध्य होते हैं, भले ही उनके पालन के क्रम में कोई भी परिणाम उत्पन्न हो। अब सवाल यह उठता है कि इन नियमों के निर्धारण की शक्ति किसे प्राप्त है और व्यक्ति के किसी विशिष्ट व्यवहार की स्वीकार्यता या अस्वीकार्यता की कसौटियां क्या हैं ?

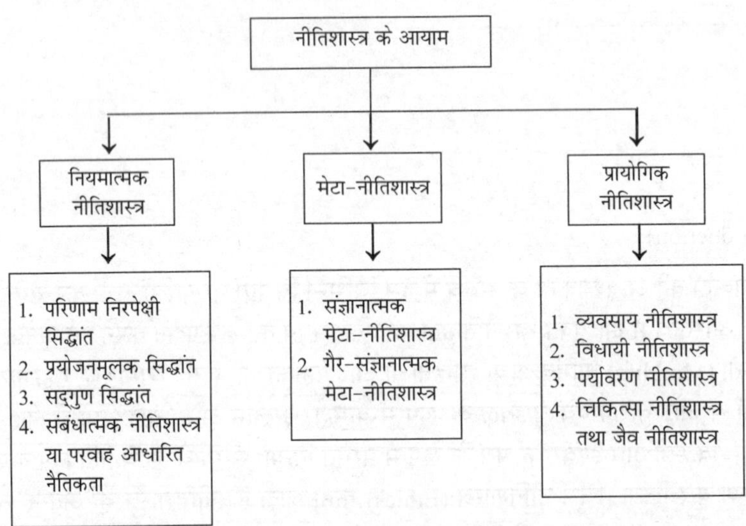

चित्र 2.1 : नीतिशास्त्र के आयाम

सामान्यतः, परिणाम निरपेक्षता किसी भी प्रकार के पूर्वाग्रहों, भावनाओं और परिणामों से मुक्त मानवीय तार्किकता पर आधारित होती है। परिणाम निरपेक्षी नीतिशास्त्र नैतिक सिद्धांतों के प्रतिपादन के लिए उपयुक्त क्रियाविधि की खोज करता है, जो कि ईश्वर की भागीदारी के बिना संभव हो सके। यद्यपि कुछ परिणाम निरपेक्षी/कर्तव्यवादी दार्शनिक इस सिद्धांत की व्याख्या दैवीय आदेशों के आधार पर भी करते हैं, जिन्हें धार्मिक कानूनों के अंतर्गत लिया जाता है। ईश्वर आधारित ऐसी विधि निर्माण प्रक्रिया को धार्मिक परिणाम निरपेक्षता/कर्तव्यवाद के अंतर्गत लिया जाता है। आधुनिक जगत में परिणाम निरपेक्षी नीतिशास्त्र को अधिकतर इसके धर्मनिरपेक्षी रूप में ही स्वीकार किया जाता है।

कांट परिणाम निरपेक्षता/कर्तव्यवाद के सबसे बड़े दार्शनिक माने जाते हैं। यह कहना अतिशयोक्ति नहीं होगी कि कांट का कर्तव्य आधारित नीतिशास्त्र ही परिणाम निरपेक्षी नीतिशास्त्र का आधार है। कांट के नैतिक कानूनों की परिणाम निरपेक्षता के अलावा जॉन राल्स का सामूहिक सहमति आधारित प्रसंविदावाद (Contractarianism of John Rawls) और रॉबर्ट नोजिक का प्राकृतिक अधिकारों का सिद्धांत (Theory of Natural Rights) भी परिणाम निरपेक्षता को आधार प्रदान करते हैं।

परिणाम निरपेक्षता माध्यम पर केंद्रित होती है न कि परिणाम पर। इन माध्यमों का निर्धारण कर्तव्यों के रूप में किया जाता है। कांट अपने कर्तव्य आधारित नीतिशास्त्र को उनकी प्रसिद्ध उक्ति "कर्तव्य मात्र के लिए कर्तव्य" (Duty for Duty Sake) में प्रतिपादित करते हैं। कोई व्यक्ति किसी समय विशेष में विभिन्न प्रकार की निर्मित परिस्थितियों और संबंधों के मध्य स्वयं को घिरा हुआ पाता है, ऐसी स्थिति में उसके लिए कम समय में परिणामों पर विचार करके सही व्यवहार का चयन करना कठिन होता है। इसलिए यह बेहतर विकल्प है कि उसे विभिन्न परिस्थितियों के सापेक्ष व्यवहृत होने के लिए सामान्य नियम उपलब्ध करा दिए जाएं। ये सामान्य नियम, सिद्धांत और रीतियां

उसके कर्तव्य के रूप में आकार लेकर विभिन्न परिस्थितियों में मार्गदर्शन करने के लिए उपलब्ध रहती हैं, जिससे निर्णय लेने में आसानी होती है। कोई भी व्यक्ति किसी लिए गए निर्णय के अनुसार किए गए व्यवहार का दीर्घावधिक परिणाम नहीं जान सकता। अतः प्रत्येक बार अंतिम परिणाम के आधार पर विचार करके निर्णय लेना असंभव हो जाता है। इस प्रकार, परिणाम निरपेक्षता नैतिकता के वास्तविकतावाद (Realism of Morality) पर आधारित एक वस्तुनिष्ठ सिद्धांत है। परिणाम निरपेक्षता के अनुसार, मानवीय व्यवहार के पीछे की प्रेरणा कर्तव्य परायणता पर आधारित होनी चाहिए, जो किसी भी कार्य को करने से पूर्व ही सुविचारित हो चुकी हो। नैतिकता नियमों पर आधारित एक ऐसी क्रियाविधि उपलब्ध कराती है, जो मानव व्यवहार को मार्गदर्शन प्रदान करे और अनुचित व्यवहार पर रोक लगाए।

कर्तव्यवाद/परिणाम निरपेक्षी नीतिशास्त्र को कांट की परिणाम निरपेक्षता और प्रसंविदावाद में वर्गीकृत किया जाता है। कांट के परिणाम निरपेक्षी नीतिशास्त्र को आदेशात्मकता द्वारा जाना जाता है और प्रसंविदावाद को स्केनलन के सामूहिक सहमति और सामाजिक प्रसंविदावाद आधारित नैतिक व्यवहार के रूप में जाना जाता है।

नैतिक कानूनों की सुस्पष्ट आदेशात्मकता से संबंधित कांट का नीतिशास्त्र

(Kantian Ethics of Categorical Imperatives of Moral Laws)

जैसा कि हम पूर्व में चर्चा कर चुके हैं, कांट मानव व्यवहार को नियंत्रित करने के लिए तैयार नियमों पर बल देते हैं। वे इन नियमों को मेक्सिम (Maxims) की संज्ञा देते हैं। इस प्रकार नैतिक कानून मेक्सिमों के समुच्चय होते हैं। ये मेक्सिम सुस्पष्ट होने चाहिए अर्थात् गैर-शर्तात्मक रूप से सुस्पष्ट प्रकृति के, आदेशात्मकता या नियंत्रणात्मकता का पुट लिए हुए होने चाहिए। हम सभी सुस्पष्ट आदेशात्मकता के अनुसार व्यवहार या आचरण करने के लिए बाध्य होते हैं। अपने सुस्पष्ट आदेशों के सिद्धांत के प्रतिपादन के दौरान कांट अपनी प्रसिद्ध कृति *ग्राउंडवर्क ऑफ द मेटाफिजिक्स ऑफ मोरल्स* में नैतिकता निर्माण के तीन सिद्धांत देते हैं, जो निम्नानुसार हैं–

1. 'केवल उस मेक्सिम के अनुसार व्यवहार या आचरण करें कि आप स्वयं उस समय ऐसी इच्छा कर सकें कि यह मेक्सिम निर्विवादित रूप से एक सार्वभौमिक विधि बनना चाहिए।'
2. 'इस प्रकार का व्यवहार या आचरण रखें कि मानवता इस प्रकार व्यवहृत हो कि आपसे संबंधित व्यक्ति या किसी अन्य व्यक्ति द्वारा उसे केवल किसी परिणाम प्राप्ति के माध्यम के रूप में न लिया जाए, बल्कि सदैव एक परिणाम के रूप में लिया जाए।'
3. 'इसलिए, प्रत्येक तार्किक मनुष्य को इस प्रकार आचरण करना चाहिए कि वह अपने द्वारा अपनाए गए मेक्सिम को परिणामों के सार्वभौमिक राज (Universal Kingdom of Ends) के विभागी सदस्य के रूप में स्थान दे सकता है।'

प्रसंविदावाद (Contractarianism)

सामाजिक प्रसंविदा के प्रवर्तन की गारंटी देने वाली एजेंसी का विचार प्रसंविदावाद के सिद्धांत को जन्म देता है। सर्वसम्मति पर आधारित नियम जो परस्पर लाभप्रद हों, नैतिकता का निर्माण करते हैं। इस प्रकार, स्वहित ही नैतिकता को न्यायसंगतता प्रदान करता है।

परंतु जो भी सर्वसम्मत नियम हैं वे मानवीय प्रसंविदा से पूर्व अस्तित्व में नहीं होते हैं अर्थात् नैतिकता को मनुष्य निर्मित करते हैं। नैतिकता का गठन स्व-सुरक्षा और स्वहित के विचारों से उत्पन्न अवरोधों के अंतर्गत हमारे बीच बनने वाली सहमति से होता है। हम प्रसंविदा के होने से पूर्व नैतिक सत्यों के वास्तविक अस्तित्व को नहीं मानते अर्थात् नैतिक नियम (Apriori) नहीं होते। कोई भी आचरण नैतिक या अनैतिक नहीं होता, जब तक कि इस संबंध में प्रसंविदा पर सर्वसम्मति से स्वीकृति नहीं हो जाती अर्थात् नैतिक नियम भूतलक्षी प्रभाव से मुक्त (No Retrospective Effect)

होते हैं। समाज कुछ आचरणों को मना करता है, कुछ को स्वीकृति देता है, कुछ पर अनिर्णय की स्थिति में रहता है और विपक्षी विचारों के साथ निरंतर प्रसंविदा पर बातचीत कर उसे पुनर्विकसित करता है। इसलिए नैतिक परिक्षेत्र निरंतर मोलभाव और शक्ति प्रदर्शन का विचार है, जहां विवादों का निपटारा नैतिक परिचर्चा, राजनीतिक प्रक्रिया या हिंसा द्वारा होता रहता है। हॉब्स अंतिम विकल्प का त्याग करते हैं। इस प्रकार एक सामाजिक प्रसंविदा अस्तित्व में आती है, जो समाज में व्यक्तियों के बीच संबंधों का निर्धारण करती है।

सामाजिक प्रसंविदा सिद्धांत (Social Contract Theory)

सामाजिक प्रसंविदा (समझौता) सिद्धांत के अनुसार, लोग किसी समाज में एक अनुबंध के तहत साथ-साथ जीवनयापन करते हैं। यह अनुबंध आचरण और व्यवहार से संबंधित नैतिक एवं राजनीतिक नियमों की स्थापना करता है। सामाजिक प्रसंविदा के सबसे प्राचीन आदर्शों की खोज के क्रम में सुकरात का उदाहरण सर्वाधिक प्रासंगिक है। सुकरात ने सामाजिक प्रसंविदा को समझाने का प्रयास किया। उन्होंने यह स्पष्ट किया कि किस प्रकार सामाजिक प्रसंविदा विकसित हुई है। प्रसिद्ध दार्शनिक स्टुअर्ट रसेल के अनुसार, 'नैतिकता व्यवहार को नियंत्रित करने वाले नियमों का समुच्चय होती है, जिन्हें तार्किक व्यक्ति इस शर्त पर स्वीकार करते हैं कि अन्य व्यक्ति भी इन्हें स्वीकार कर लेंगे।'

सामाजिक प्रसंविदाएं विधियों, नियमों और विनियमों के समान सुस्पष्ट या आपदा राहत के लिए धन एकत्र करने जैसे कार्यों की तरह अस्पष्ट हो सकती हैं। प्रत्येक देश कुछ ऐसे आदर्शों को स्थापित करता है, जो नागरिकों के मध्य सामाजिक प्रसंविदा को परिभाषित करते हैं। प्रत्येक व्यक्ति जो किसी देश का नागरिक है उससे संबंधित प्रसंविदाओं का अनुकरण करने के लिए बाध्य होता है।

प्रत्येक सामाजिक प्रसंविदा समाज में समरसता लाने में सहयोग करती है। सामाजिक प्रसंविदा को भले ही काफी समय बाद में अध्ययन का विषय बनाया गया हो, परंतु यह अनंतकाल से अस्तित्व में रही है। सुकरात का क्रिटो के साथ किया गया तर्क-वितर्क, सुकरात का कैद में रहना और मृत्युदंड को स्वीकार करने की इच्छा का कारण उनके और राज्य के बीच की सामाजिक प्रसंविदा है। सुकरात के अनुसार, उन्हें मृत्युदंड को स्वीकार करना चाहिए और कैद से भागने का प्रयास नहीं करना चाहिए, क्योंकि वे एक सामाजिक प्रसंविदा से बंधे हैं, जो उनके और एथेंस के मध्य है। वे एथेंस के कानूनों और विचारों को जीवन में अपनाते हैं। वे अपने वैधानिक अस्तित्व का आधार शहर के विभिन्न रीति-रिवाजों, जैसे– उनके माता-पिता का विवाह, उनका वैधानिक जन्म और उनकी शिक्षा एवं देखभाल को मानते हैं, जो कि शहर के कानूनों के बिना संभव नहीं था।

यहां महत्त्वपूर्ण है कि शहर के कानूनों और वहां के नागरिकों के बीच प्रसंविदा का संबंध दबाव पर आधारित नहीं है। नागरिक एक बार बड़े हो जाएं और यह जान लें कि शहर किस प्रकार स्वयं को नियंत्रित करता है, तो फिर वे यह चयन कर सकते हैं कि शहर का त्याग करना है एवं अपने साथ समस्त संपत्ति लेकर चले जाना है अथवा शहर में ही बने रहना है। शहर में बने रहना यह प्रदर्शित करता है कि उन्हें अनुबंध स्वीकार है और वे कानून, नियमों तथा पद्धतियों का पालन करेंगे एवं राज्य द्वारा दिए जाने वाले दंड को स्वीकार करेंगे, जो उन्हें कभी भी दिया जा सकता है। एक अनुबंध जो स्वयं न्यायोचित है, उसे करने के पश्चात् सुकरात यह कहते हैं कि उन्हें उस अनुबंध को मानना पड़ेगा और उनके प्रकरण में यह "बने रहना और मृत्युदंड को स्वीकार करना" है।

ग्लॉकोन (प्लेटो के भाई) *रिपब्लिक* (खंड-II) में "न्याय क्या है?" इस प्रश्न का उत्तर सामाजिक प्रसंविदा के प्रकाश में प्रस्तुत करते हैं। ग्लॉकोन कहते हैं कि एक व्यक्ति उसके कृत्य के एवज में लिए जा सकने वाले बदले के भय की अनुपस्थिति में दूसरों के विरुद्ध अन्याय करने के लिए शक्ति प्राप्त करना चाहेगा और दूसरों द्वारा उस पर किए जा सकने वाले अन्यायपूर्ण व्यवहार से बचना चाहेगा। वे आगे कहते हैं 'न्याय चरम परिस्थितियों से बचने के लिए व्यक्तियों द्वारा निर्मित कानूनों, नियमों और अनुबंधों का परंपरागत परिणाम होता है।' अन्याय करने के बाद माफी प्राप्त हो जाने की अयोग्यता और स्वयं भी अन्याय से कभी भी पीड़ित हो जाने की शंका जैसे विचारों के भय से मनुष्य ने अपने

हित में न्याय की परंपरा के समक्ष आत्मसमर्पण करने का निर्णय लिया। परंतु सुकरात इस विचार को स्वीकार नहीं करते, उनके अनुसार, न्याय स्वयं के कारण इच्छित है और एक न्यायवादी व्यक्ति सबसे सुखी व्यक्ति होता है। इस प्रकार, सुकरात के दृष्टिकोण से न्याय को विवेकपूर्ण मूल्य से अधिक उच्च मूल्यों वाला माना गया है।

उपरोक्त चर्चा से यह स्पष्ट होता है कि सुकरात *क्रिटो* और *रिपब्लिक* में दो विपरीत दृष्टिकोण देते हैं। *क्रिटो* में सामाजिक प्रसंविदा पर आधारित तर्कों का सहारा लेते हुए प्रदर्शित करते हैं कि उनका कारावास में रहना क्यों न्यायपूर्ण है, वहीं *रिपब्लिक* में वे सामाजिक प्रसंविदा को न्याय के स्रोत के रूप में नकार देते हैं। यद्यपि ये दोनों विपरीत विचार आपसी सुलह के योग्य हैं। सुकरात के अनुसार, एक न्यायप्रिय व्यक्ति कानून का पालन करके अपने दायित्वों की पहचान करता है। राज्य नैतिक और राजनीतिक रूप से सर्वाधिक मूलभूत इकाई है तथा व्यक्ति को इसके लिए अपनी सर्वोच्च भक्ति और सर्वाधिक गहरा सम्मान प्रदर्शित करना चाहिए। एक न्यायप्रिय व्यक्ति यह जानता है और तदनुरूप आचरण रखता है। न्याय केवल दूसरों द्वारा इसका अनुकरण करने के बदले में नियमों का पालन करना नहीं है। यह वह स्थिति है, जो एक सुनियंत्रित आत्मा के फलस्वरूप परिलक्षित होती है। इस प्रकार, एक न्यायप्रिय व्यक्ति सदैव एक सुखी व्यक्ति होता है। न्याय साधारण रूप से ग्लॉकोन द्वारा परिभाषित पारस्परिकता पर आधारित कानूनों की आज्ञाकारिता (Reciprocal Obedience to Law) मात्र से बढ़कर है। यह राज्य के प्रति आज्ञाकारिता मात्र से भी बढ़कर है। यह राज्य के प्रति आज्ञाकारिता और कानून के सम्मान पर आधारित है, जो न्याय को धारण करता है। इस प्रकार प्लेटो सामाजिक प्रसंविदा सिद्धांत के प्रकाश में तर्क देने वाले पहले दार्शनिक हुए और सुकरात सामाजिक प्रसंविदा को अंततः वास्तविक न्याय के स्रोत के रूप में नकारने वाले दार्शनिक हुए।

थॉमस हॉब्स सर्वप्रथम इस सिद्धांत को स्थापित करते हैं और इसे राजनीतिक विज्ञान का मूलभूत विचार बनाते हैं। हॉब्स के पश्चात्, जॉन लॉक, और जीन-जैक्स रूसो इस अत्यधिक प्रभावशाली सिद्धांत के प्रमुख प्रणेता माने जाते हैं। आधुनिक पाश्चात्य जगत के इतिहास में यह सर्वाधिक प्रभावशाली नैतिक और राजनीतिक सिद्धांत रहा है। बीसवीं शताब्दी में जॉन राल्स ने नैतिक और राजनीतिक सिद्धांत के क्षेत्र में सामाजिक प्रसंविदा के नए रूप से नई ऊर्जा भर दी। हाल के वर्षों में विभिन्न दार्शनिक शाखाओं द्वारा सामाजिक प्रसंविदा सिद्धांतों की अत्यधिक कड़ी आलोचना की गई है। इनमें नारीवादी दर्शनशास्त्री और नस्ल आधारित चेतनावादी दर्शनशास्त्री प्रमुख रहे हैं। इन दार्शनिकों ने सामाजिक प्रसंविदा की वर्ग प्रभाविता की कमियों को उजागर किया।

2. प्रयोजनमूलक सिद्धांत (Teleological Theory)

कर्तव्यवाद/परिणाम निरपेक्षता के विपरीत प्रयोजनमूलकता परिणाम (Ends) पर आधारित होती है न कि माध्यम (Means) पर। इसके अनुसार, कोई भी कानून, नियम या विनियम परिणाम की न्यायोचितता का परीक्षण करने में सहायता नहीं करता। इसी कारण यह आत्मनिष्ठता (Subjectivity) और व्याख्यात्मकता (Description) पर आधारित सिद्धांत है। इस सिद्धांत के अनुसार, मानवीय चेतना के बाहर किसी भी वास्तविक भौतिक संसार का अस्तित्व नहीं है, जैसा कि परिणाम निरपेक्षता के अनुसार स्वीकार किया जाता है। हमें ऐच्छिक परिणाम पर ध्यान केंद्रित करना चाहिए, जो कि शुभ के संदर्भ में प्राप्त हो। चाहे इसके लिए किसी भी प्रकार के माध्यम को प्रयोग में क्यों न लाया गया हो, क्योंकि परिणाम महत्त्वपूर्ण है न कि माध्यम। प्रयोजनमूलता को उपयोगितावाद (Utilitarianism), परिणामवाद (Consequentialism), स्ववाद (Egoism), परिस्थितिमूलक नीतिशास्त्र (Situational Ethics), बौद्धिकवाद (Intellectualism) और कल्याणवाद (Welfarism) में विभाजित किया जाता है। यह एकमात्र ऐसा सिद्धांत है, जो युद्ध को भी कुछ परिस्थितियों में नैतिक मानता है।

कार्रवाइयों की नैतिकता के संबंध में एक दृष्टिकोण तो यह है कि साधन सर्वोपरि महत्त्व के होते हैं और दूसरा दृष्टिकोण यह है कि परिणाम साधनों को उचित सिद्ध करते हैं। आपके विचार में इनमें से कौन-सा दृष्टिकोण अपेक्षाकृत अधिक उपयुक्त है? अपने उत्तर के पक्ष में तर्क पेश कीजिए।

(150 शब्द) –UPSC 2018

उपयोगितावाद (Utilitarianism)

उपयोगितावाद शब्द की उत्पत्ति उपयोगिता अर्थात् अंतिम परिणाम (Ends) की प्राप्ति में सहयोग करने से संबंधित है। यह नैतिक दर्शनशास्त्र के सर्वाधिक प्रभावशाली उपागमों में से एक है। यद्यपि यह सिद्धांत उन्नीसवीं शताब्दी तक प्रकाश में नहीं आया था, परंतु यह पूरे इतिहास में नीतिशास्त्रीय सिद्धांतों का एक अभिन्न अंग रहा है। चाहे यह प्राचीन ग्रीक दार्शनिक अरस्तु का नैतिक दर्शन अंत:स्थ प्रयोजनमूलकता (Intrinstic Teleology) रहा हो या बेंथम और मिल का नैतिक दर्शनशास्त्र रहा हो, हम उपयोगितावाद के महत्त्व को चहुंओर देख सकते हैं।

यह सिद्धांत सामान्यत: प्रस्तावित करता है कि प्रत्येक व्यवहार के सही या गलत होने की कसौटी, परिमाण और गुणवत्ता के संदर्भ में, उस व्यवहार के परिणाम पर आधारित होती है। इस प्रकार, नैतिक रूप से सही व्यवहार सदैव सर्वाधिक शुभ को जन्म देता है। नैतिकता का उद्देश्य मानव जीवन को बेहतर और सुखी बनाना है। इसके लिए शुभ/सुख (Good/Happiness/Pleasure) की मात्रा में वृद्धि और अशुभ/दुख (Bad/Pain) की मात्रा में कमी लाना आवश्यक है। यह परिणाम निरपेक्षी सिद्धांत (Deontology) का विपरीत सिद्धांत है, जो परिणाम पर अधिक बल देता है न कि माध्यम पर। यह सिद्धांत बने बनाए नैतिक नियमों की उपेक्षा करता है और रीति-रिवाज एवं परंपरा पर आधारित आदेशों या किसी सत्ता (दैवीय या मानवीय) के आदेशों को नकार देता है। इस सिद्धांत को परिणामवाद के एक रूप की तरह देखा जाता है तथा दूसरी ओर यह सुखवाद के समीप प्रतीत होता है।

चिरकालीन उपयोगितावादी विचारक (Classical Utilitarians), जैसे– जेरेमी बेंथम और जॉन स्टुअर्ट मिल शुभ को सुख के रूप में पहचानते हैं। वे मानते हैं कि हमें "ज्यादा से ज्यादा लोगों के लिए ज्यादा से ज्यादा शुभ" प्राप्ति के लिए शुभता की मात्रा को अधिकाधिक बढ़ाना चाहिए। इस प्रकार उपयोगितावादी सिद्धांत प्रत्येक व्यक्ति के लिए शुभ के वितरण की दृष्टि से गैर-पक्षपातपूर्णता (Impartiality) पर आधारित सिद्धांत बन जाता है। यह समाज के प्रत्येक सदस्य के लिए समान मात्रा में शुभ की व्यवस्था करता है। इस विचार का प्रतिपादक है कि "मेरा शुभ दूसरों के शुभ के समान है।"

वर्तमान संदर्भ में इस उद्धरण का आपके विचार से क्या अभिप्राय है?

किसी भी बात को स्वीकार करने या अस्वीकार करने का निर्धारण करने में सही नियम यह नहीं है कि उसमें कोई बुराई है या नहीं, बल्कि यह है कि उसमें अच्छाई से अधिक बुराई है। ऐसे बहुत कम विषय होते हैं, जो पूरी तरह बुरे या अच्छे होते हैं। लगभग सभी विषय, विशेषकर सरकारी नीति से संबंधित, अच्छाई और बुराई दोनों के अविभाज्य संयोजन होते हैं, ताकि इन दोनों के बीच प्रधानता के बारे में हमारे सर्वोत्तम निर्णय की आवश्यकता हमेशा बनी रहे। – अब्राहम लिंकन

–UPSC 2018

उपयोगितावाद के चिरकालीन उपागम
(Classical Approach of Utilitarianism)

जेरेमी बेंथम (1758-1832)

बेंथम पर हॉब्स के मानवीय प्रवृत्ति के विचार और ह्यूम के सामाजिक उपयोगिता के विचारों का अत्यधिक प्रभाव था। इनका लोकप्रिय कथन था कि मनुष्य दो संप्रभु स्वामियों (Sovereign Masters)– सुख (Pleasure) और दुख (Pain) द्वारा शासित होते हैं। हम सुख को ढूंढ़ते हैं और दुख की उपेक्षा करते हैं; ये दोनों हमारे विचारों, शब्दों और व्यवहारों को नियंत्रित करते हैं। किसी आचरण या व्यवहार को इस आधार पर स्वीकृत किया जाता है कि वह सुख को प्रोत्साहित करता है और उसे इस आधार पर अस्वीकृत कर दिया जाता है कि इसमें दुख का कारण बनने की प्रवृत्ति है। बेंथम के अनुसार, कोई आचरण नैतिक रूप से शुभ, सही या सद्‌गुण आधारित है या नहीं यह उसके द्वारा उत्पन्न परिणाम के आधार पर निर्धारित किया जाता है। यह इस आधार पर नैतिक ठहराया जाता है कि यह शुभता या उपयोगिता का कारक है। बेंथम के अनुसार, विधि को स्थैतिक और दृढ़ नहीं होना चाहिए, जैसा कि कर्तव्यवादी मानते हैं। कोई विधि किसी काल विशेष में एक अच्छा कानून हो सकती है, तो किसी अन्य काल में एक बुरा कानून साबित हो सकती है। इस प्रकार, विधि निर्माताओं को बदलती सामाजिक परिस्थितियों के प्रति संवेदनशील रहने की आवश्यकता है।

जॉन स्टुअर्ट मिल (1806-1873)

मिल बेंथम के अनुयायी थे, परंतु वे बेंथम के सुख से संबंधित विचारों से संबंध नहीं रखते थे। मिल बेंथम के सिद्धांत में परिवर्तन चाहते थे। इनका सुखवाद (Hedonism) संपूर्णता आधारित प्रज्ञाओं (Perfectionist Intuitions) पर आधारित था। कुछ सुख ऐसे होते हैं, जो अन्य सुखों पर प्राथमिकता लिए होते हैं, ये बौद्धिक सुख हैं। बौद्धिक सुख (Intellectual Pleasures) उच्च कोटि के सुख होते हैं, जो सामान्यत: पशुओं में पाए जाने वाले इंद्रियात्मक सुखों (Sensual Pleasures) के काफी ऊपर होते हैं। वास्तव में, बौद्धिक सुख को महसूस करने की हमारी क्षमता ही हमें अन्य जंतुओं से पृथक करती है। बेंथम एक तर्कवादी दार्शनिक (Rationalist) थे और उनके अनुसार कोई वस्तु अस्तित्व में है, क्योंकि हम उसे देख सकते हैं। इसका आशय है कि वस्तुओं का अस्तित्व मस्तिष्क आधारित होता है। मिल के अनुसार, मनुष्य सुख (उपयोगितावादी परिणाम) की इच्छा रखते हैं और सामान्य सुख (Common Good) समस्त मानव समूहों का शुभ है।

सिजविक (1838-1900)

हेनरी सिजविक एक अंग्रेज उपयोगितावादी दार्शनिक था। वह अपनी उपयोगितावादी कृति *द मेथड ऑफ एथिक्स* (The Method of Ethics) के लिए जाना जाता है। मानव जाति का औसत सुख एक सकारात्मक मात्रा के रूप में उपलब्ध रहता है। उपयोगितावादियों का एक सामान्य दृष्टकोण है कि सुख का आनंद उठाने वाले व्यक्तियों की संख्या में अधिकाधिक वृद्धि का प्रयास किया जाना चाहिए। परंतु यह एक सामान्य गणित है कि औसत सुख की मात्रा में तभी वृद्धि होगी, जब उसका आनंद उठाने वाले लोगों की संख्या न्यूनतम हो, साथ ही इसका विपरीत भी सत्य है। इस बात की उपयोगितावादी विचारकों ने पूरी तरह उपेक्षा की। यदि हम सुख को एक संपूर्ण रूप में निर्धारित करने के लिए उपयोगितावाद का सिद्धांत प्रयोग में लाएं तो हमें इस बात पर भी विचार करना होगा कि अतिरिक्त लोगों के बढ़ने से औसत सुख की मात्रा में कितनी कमी आई है।

अभी तक हमने उपयोगितावाद की विभिन्न व्याख्याओं पर विचार किया। इनसे यह स्पष्ट हो गया है कि हम किसी भी आचरण या क्रिया का ठीक-ठीक परिणाम कभी भी प्रक्षेपित नहीं कर सकते। किसी क्रिया को करने से पूर्व यह अनुमान लगाना कठिन होता है कि उपलब्ध क्रियाओं के अलग-अलग क्या परिणाम होंगे और इनमें से सर्वश्रेष्ठ परिणाम देने वाली क्रिया कौन-सी होगी। वास्तव में, हम किसी भी क्रिया के परिणाम का आकलन करने में असमर्थ होते हैं। वास्तविक परिणाम अपेक्षित परिणाम से भिन्न हो सकता है। उदाहरण के लिए, किसी व्यक्ति को पानी में डूबकर मरने से बचाना एक नैतिक कार्य है, परंतु वह व्यक्ति यदि भविष्य में हिटलर के रूप में आता है, जो अनेक मनुष्यों की मृत्यु का जिम्मेदार होगा, तो इन परिस्थितियों में अपेक्षित परिणाम वास्तविक परिणाम से (शुभ की मात्रा के उत्पादन की दृष्टि से) बिल्कुल भिन्न हो जाएगा।

क्रिया उपयोगितावाद और नियम उपयोगितावाद (Act Utilitarianism and Rule Utilitarianism)

क्रिया उपयोगितावाद के अनुसार, उपयोगिता के सिद्धांत को सभी संभव क्रियाओं से प्राप्त परिणामों की एक-एक करके तुलना के आधार पर निर्धारित करते हैं। तत्पश्चात् उस क्रिया का चयन करते हैं, जिसने सर्वश्रेष्ठ अंतिम परिणाम उत्पन्न किया है। कोई भी क्रिया जो किसी भी परिस्थिति में सर्वाधिक उपयोगिता को जन्म देगी और माध्यम की नैतिकता से स्वतंत्र अधिकतम सुख प्राप्ति में सहयोग करेगी वह स्वीकार की जाएगी। दूसरी ओर, नियम उपयोगितावाद में सभी संभव नैतिक नियम, जो नीतिशास्त्रीय संहिता के अनुरूप हैं, एकत्रित किए जाते हैं तथा उनके परिणामों की तुलना की जाती है। इनमें से सर्वाधिक सुख उत्पन्न करने वाले नियम को सर्वश्रेष्ठ क्रिया माना जाता है, क्योंकि मानव जाति के लिए इसकी उपयोगिता सर्वाधिक सिद्ध हुई है। नियम उपयोगितावाद कुछ सीमा तक परिणाम निरपेक्षता के समीप दिखाई देता है, परंतु यह उससे पूर्णत: भिन्न है। परिणाम निरपेक्षता का परिणाम से कोई संबंध नहीं होता, जबकि नियम उपयोगितावाद प्राथमिक रूप से परिणाम पर ध्यान केंद्रित करता है और उसके उपरांत उन माध्यमों पर विचार करता है, जो समान परिणाम उत्पन्न करते हैं।

3. सद्गुण आधारित नीतिशास्त्र (Virtue Ethics)

सद्गुण किसी व्यक्ति के चरित्र का सर्वश्रेष्ठ गुण माना जा सकता है, जो उसके भीतर तक समाहित हो और उसके जीवन के प्रत्येक क्षण प्रकट होता प्रतीत हो। एक सद्गुणी व्यक्ति मानसिकता और आदतों के मामले में सामान्य मनुष्यों से बिल्कुल भिन्न होता है। किसी सद्गुण का निष्पादन नियमों और कानूनों के अनुसरण करने अथवा पथभ्रष्टता की स्थिति में मिलने वाले परिणाम के भय से नहीं किया जाता। मनुष्यों में संपूर्णता के विभिन्न प्रयासों के फलस्वरूप विभिन्न सद्गुणों का जन्म होता है। सद्गुण आधारित नीतिशास्त्र का आशय उन मानकों से है, जो मनुष्य द्वारा किए गए आचरण के अनुसार सही या गलत का निर्धारण करते हैं। किसी सद्गुणी व्यक्ति द्वारा किया गया आचरण सदैव नीतिशास्त्र सम्मत और शुभ माना जाना चाहिए। सद्गुण आधारित नीतिशास्त्र नियमात्मक नीतिशास्त्र की तीन वृहद् शाखाओं में से एक है। यह न तो नियमों और कानूनों पर बल देता है, जैसा कि परिणाम निरपेक्षी नीतिशास्त्र द्वारा किया जाता है, और न ही यह किसी क्रिया के अंतिम परिणाम को मापने का प्रयास करता है, जैसा कि प्रयोजनमूलक नीतिशास्त्र के मामले में होता है। नीतिशास्त्र की इस शाखा के अंतर्गत सद्गुणों को ही सिद्धांत का आधार माना गया है और कानून एवं सर्वोच्च सुख (Eudaimonia) यहां पूरक रूप में दिखाई देते हैं।

प्लेटो, अरस्तु और अन्य ग्रीक दार्शनिकों ने पश्चिमी जगत में सद्गुण आधारित नीतिशास्त्र की नींव रखी थी तथा मेंसिअस और कन्फ्यूशियस ने पूर्वी जगत में इस पर कार्य किया। नीतिशास्त्र की यह शाखा उन्नीसवीं शताब्दी को छोड़कर लगभग संपूर्ण इतिहास में महत्त्वपूर्ण बनी रही। उन्नीसवीं शताब्दी के उत्तरार्द्ध में एंग्लो-अमेरिकन दर्शन के साथ यह पुन: अस्तित्व में आ गई, जहां एन्स्कोंब के प्रसिद्ध लेख *आधुनिक नैतिक दर्शन* ने परिणाम निरपेक्षता और प्रयोजमूलकता की कमियों को उजागर कर दिया। इन दोनों प्रचलित नीतिशास्त्रीय विधाओं ने सद्गुण आधारित नीतिशास्त्र के प्रश्नों, जैसे– नैतिक शिक्षा, नैतिक ज्ञान, शुभ और अशुभ, सुख और दुख एवं मनुष्य के आदर्श आचरण, आदि की पर्याप्त विवेचना नहीं की थी।

सद्गुण को मनुष्य के अच्छे गुणों या विशेषताओं के रूप में परिभाषित किया जाता है। परंतु ये सद्गुण तब तक संपूर्ण नहीं माने जा सकते, जब तक कि इनमें नैतिक और प्रायोगिक विवेक (Practical Wisdom) का अभाव है। सद्गुणों में अलोचशीलता या कठोरता कम करने के उद्देश्य से विवेक में प्रायोगिकता लाना आवश्यक है, अन्यथा इसके हानिकारक परिणाम भी उभरकर आ सकते हैं। उदाहरण के लिए में, कुछ परिस्थितियों में दया जैसे सद्गुण आपदा ला सकते हैं, तो कुछ परिस्थितियों में सत्यवादिता जैसे सद्गुण से दूसरों के लिए और बोलने वाले के लिए संकट उत्पन्न हो सकता है। किसी व्यक्ति की सद्गुणों को उपयोग करने की क्षमता, जो कि प्रायोगिक विवेक के माध्यम से सृजित होती है, उसे एक संपूर्ण सद्गुणी व्यक्ति बनाती है।

सद्गुण आधारित नीतिशास्त्र को प्लेटो के सद्गुण नीतिशास्त्र, सर्वोच्च सुखात्मक सद्गुण नीतिशास्त्र (Eudaimonistic Virtue Ethics), एजेंट आधारित सद्गुण नीतिशास्त्र और लक्ष्य केंद्रित सद्गुण नीतिशास्त्र में वर्गीकृत करते हैं। प्लेटो का सद्गुण नीतिशास्त्र सर्वाधिक प्राचीन है। प्लेटो और सुकरात दोनों ने विवेक, साहस, सहनशीलता तथा न्याय, आदि सद्गुणों की विस्तृत व्याख्या की है। परंतु यह विवाद का विषय है कि प्लेटो को एक सद्गुण नीतिशास्त्री माना जाना चाहिए अथवा नहीं, क्योंकि प्लेटो का कार्य अंतस्थ प्रयोजनमूलकता (Intrinsic Teleology) पर अधिक केंद्रित था न कि सद्गुणों पर। परंतु इस विवाद का एक तार्किक जवाब यह है कि जीवन में सुख और शुभत्व की प्राप्ति हेतु मनुष्यों को अपने स्तर को 'स्व से समस्त' की ओर प्रवृत्त करना होता है। कुछ भी, जो चेतना का उदारता, उद्देश्यता और वास्तविकता की ओर मार्गदर्शन करता है, उसे सद्गुण से जुड़ा होना आवश्यक है।

सर्वोच्च सुख आधारित सद्गुण की अवधारणा सद्गुण को सर्वोच्च शुभ (Eudaimonia) से जोड़ती है। सद्गुण वह विशेषता है, जो सर्वोच्च सुख को जन्म देती है। सर्वोच्च शुभ ग्रीक नैतिक दर्शन का अंग है, जिसका अर्थ होता है सुख या कल्याण। सुख का संबंध यहां भौतिक सुख या शारीरिक इच्छाओं की पूर्ति से नहीं है। यद्यपि सद्गुण का सर्वोच्च शुभ को प्रकट करने का सामर्थ्य विवाद का विषय रहा है। अरस्तु के अनुसार, मात्र सद्गुण सुख को जन्म देने में असमर्थ होता है, यह इसके लिए सौभाग्य (Fortune) की सहायता लेता है। दूसरी ओर, प्लेटो और स्टोइक के अनुसार, सद्गुण मात्र ही सर्वोच्च शुभ को जन्म देने के लिए पर्याप्त है।

यह सच है कि व्यक्ति अपने अंदर सद्गुणों को धारण करता है और जो व्यक्ति इन सद्गुणों को धारण करता है यह उसके भीतर की प्रेरणा के स्तर तथा इन सद्गुणों को व्यक्त करने के तरीकों पर निर्भर करता है। किसी आचरण के सही या गलत का निर्धारण व्यक्ति के उद्देश्यों पर आधारित होता है। किसी आचरण या व्यवहार की शुभता उसकी शुभ या अशुभ प्रेरणाओं से परिभाषित होती है। यदि उद्देश्य शुभ है तो आचरण भी शुभ माना जाएगा। इस प्रकार, किसी सद्गुण का परिवर्तनशील प्रेरक गुण के आधार पर दुरुपयोग संभव है। सद्गुण मात्र किसी परिस्थिति में क्रियाशील होने का विचार प्रस्तुत नहीं करता। हम सदैव व्यक्तियों के व्यवहारों के परिणाम के लिए उनकी ओर देखते हैं। किन्हीं परिस्थितियों में व्यक्ति के व्यवहारों का अंतर्संबंध सर्वोच्च शुभ के सृजन हेतु सद्गुणों को परिभाषित करता है।

लक्ष्य केंद्रित व्याख्या के अनुसार, सद्गुण वह व्यवहार है जो ऐच्छिक शुभ के प्रति प्रतिक्रिया करता है या उस शुभ की पहचान कराने से संबंधित होता है। दूसरे शब्दों में, लक्ष्य केंद्रित सद्गुण वह व्यवहार है, जो सद्गुण के उद्देश्यों पर केंद्रित होता है। लक्ष्य पर बल देने की यह प्रक्रिया हमें अनेक शुभ वस्तुओं का अनुसरण करने के लिए बाध्य करती है न कि किसी एक सद्गुण से बंधे रहने पर। एक संपूर्ण लक्ष्य केंद्रित व्यवहार के अनुसार, कोई व्यवहार तभी सही माना जाता है, जब वह सभी प्रकार से सद्गुणात्मक हो और इन परिस्थितियों के अनुकूल सर्वश्रेष्ठ व्यवहार को शामिल करता हो। दूसरे शब्दों में, कोई व्यवहार जब पूर्णरूपेण दोषरहित हो तभी सही माना जाता है।

सद्गुण आधारित नीतिशास्त्र के विचार में अनेक कमियां हैं, जैसे कि यह ठोस एवं स्पष्ट संहितात्मक नियम (Codified Norms) प्रस्तुत नहीं करता। समाज के प्रत्येक व्यक्ति में सद्गुणों का स्तर अलग-अलग होता है। अतः हम उन सबसे यह अपेक्षा नहीं कर सकते कि वे समान रूप से व्यवहार करेंगे। इसके अलावा, यदि कोई व्यक्ति सद्गुणी (Virtuous) नहीं है और इसके बावजूद वह सही व्यवहार कर देता है, तो उसका व्यवहार व्यर्थ माना जाएगा। सही व्यवहार के लिए सद्गुण न तो आवश्यक शर्त है और न ही पर्याप्त शर्त।

4. परवाह आधारित नीतिशास्त्र (Ethics of Care)

परवाह या देखरेख का संबंध मानव अस्तित्व और मानवीय चेतना का आधार है। इस संबंध में दो पक्ष होते हैं। *एक*, "परवाह करने वाला" एवं *दूसरा*, "जिसकी परवाह की जाती है"। दोनों ही पक्षों को पारस्परिक लेन-देन (Quid Pro

Quo) की बाध्यता का पालन करना होता है। परवाह को "तल्लीनता" के एक आचरण के रूप में देखा जाता है, जहां परवाह करने वाला पक्ष अपनी स्वयं की शर्तों के अधीन दूसरे पक्ष, जिसकी परवाह करनी है, के प्रति वचनबद्ध होता है। यहां बलात् रूप से संबंध का संचालन किया जाना स्वीकार्य नहीं है। इसके अलावा, पहला पक्ष अपने स्वार्थपरक उद्देश्यों को त्यागकर दूसरे पक्ष के लिए व्यवहार करता है। इस प्रकार, परवाह आधारित नीतिशास्त्र परवाह की प्राकृतिक भावनाओं के इर्द-गिर्द घूमता नजर आता है। यहां इस बात का स्मरण कि "कोई और मेरी भी परवाह करता है" एक आदर्श स्व (Ideal Self) को जन्म देता है।

इस प्रकार यह नीतिशास्त्र परवाह के संदर्भ में संबंधों में निहित नैतिकता को दर्शाता है। परवाह के अंतर्गत स्वयं और दूसरों की आवश्यकताओं की पूर्ति की धारणा निहित होती है। परवाह आधारित नीतिशास्त्र परवाह की प्रेरणा, संबंधित भावनाओं और नैतिक विचारण में मन के महत्त्व तथा इस संदर्भ में तार्किकता को स्पष्ट करता है। नीतिशास्त्र की इस शाखा को जन्म देने का श्रेय केरोल गिलिगन और नेल नोडिंग्स को जाता है। इन्होंने पुरुष प्रधानता की आलोचना की और न्याय के विचार के विकल्प के रूप में परवाह की आवाज (Voice of Care) की अवधारणा रखी। परवाह आधारित नीतिशास्त्र को कई बार गलत ढंग से नारीवादी नीतिशास्त्र के रूप में प्रयोग में लाया जाता है। परवाह आधारित नीतिशास्त्र की व्यापकता के कारण नारीवादी नीतिशास्त्रियों ने इस पर काफी लिखा है। यद्यपि नीतिशास्त्र की यह शाखा विस्तृत रूप से नारीवादी मुद्दों, पशुओं और पर्यावरण की देखरेख, अंतर्राष्ट्रीय नीति, लोक नीति, जैव नीतिशास्त्र, आदि विषयों को समाहित कर लेती है।

केरोल गिलिगन परवाह आधारित नीतिशास्त्र को एक "भिन्न आवाज" मानती हैं – 'एक आवाज जो स्वयं को किसी संबंध से और भावनात्मकता को तार्किकता से जोड़ती है। इन दो चरम विचारों के परे जाकर इसने मनोवैज्ञानिकता और नैतिक सिद्धांत के निदर्शों को विस्थापित किया है।' प्राकृतिक रूप से मनुष्य प्रत्युत्तरवादी हैं न कि शिथिल, वे तीव्रता से सुनते हैं और उत्तर देते हैं, अपने आपसी जुड़ाव एवं अंतर्निर्भरता के कारण ध्यान देते हैं तथा संबंधों का संचालन करते हैं। परवाह आधारित नीतिशास्त्र नैतिक विरोधाभासों और चयन करने की वास्तविक परिस्थितियों में कारगर होता है। यह ज्ञात करता है कि किस प्रकार मानव नैतिक विवादों में पड़ जाते हैं और कैसे नैतिक भाषा उनके चयन एवं व्यवहार को निर्देशित करती है।

II. मेटा-नीतिशास्त्र (Meta-Ethics)

मेटा का ज्ञानमीमांसीय अर्थ होता है "के बारे में"। इस प्रकार मेटा-नीतिशास्त्र के अंतर्गत हम नैतिक कथनों के पीछे के कारण का ज्ञान प्राप्त करते हैं। मेटा-नीतिशास्त्र में नैतिक भाषा के अर्थ और उसके प्रयोग का अन्वेषण किया जाता है। इसके अंतर्गत कोई व्यक्ति इस बात से संबंध नहीं रखता कि किसी परिस्थिति में नैतिक व्यवहार क्या होना चाहिए, बल्कि इस बात की जांच करता है कि कोई नैतिक व्यवहार क्यों नैतिकता की श्रेणी में आता है। नैतिक दर्शनशास्त्र के इस उपागम के अंतर्गत अध्ययन का केंद्रीय विषय "शुभ (सुख) और अशुभ (दुख) से क्या अभिप्राय है" होता है। यह नियमात्मक नीतिशास्त्र से भिन्न है, क्योंकि नियमात्मक नीतिशास्त्र नियमों और कानूनों के संदर्भ में नैतिक व्यवहार प्रणाली को जन्म देता है। परंतु मेटा-नीतिशास्त्र उन व्यवहारों को नैतिक मानने के पीछे के अर्थ को जानने का प्रयास करता है। उदाहरण के लिए, "इच्छामृत्यु गलत विचार है का क्या अर्थ है" यह कथन मेटा-नीतिशास्त्र का प्रतिनिधित्व करता है, जबकि "क्या इच्छामृत्यु सही विचार है" यह नियमात्मक नीतिशास्त्र से संबंधित कथन है। इस प्रकार मेटा-नीतिशास्त्र ज्ञानमीमांसीय विवेचना को शामिल करता है। यह नैतिक कथनों से संबंधित ज्ञान के प्रकार, उसके स्रोत और ज्ञान की प्राप्ति के तरीकों से संबंधित है। मेटा-नीतिशास्त्र के दो प्रकार हैं–

1. संज्ञानात्मक मेटा-नीतिशास्त्र (Cognitive Meta-Ethics)
2. गैर-संज्ञानात्मक मेटा-नीतिशास्त्र (Non-Cognitive Meta-Ethics)

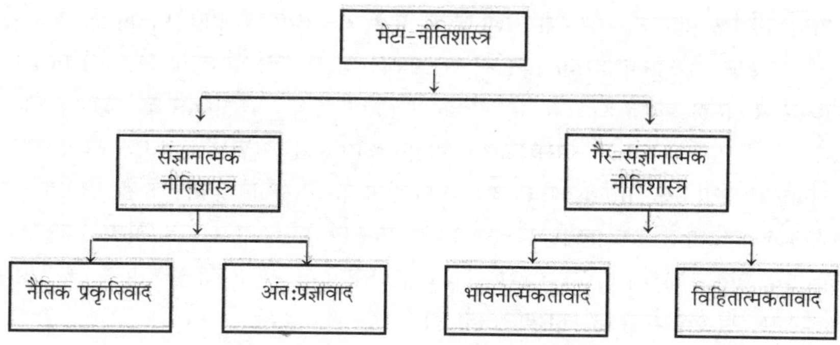

चित्र 2.2 : मेटा-नीतिशास्त्र

संज्ञानात्मक मेटा-नीतिशास्त्र (Cognitive Meta-Ethics)

यह नैतिक संसार के ज्ञान से संबंधित विचार है, जो जानने की प्रक्रिया और व्यवहार, ज्ञान प्राप्ति के तरीके आदि की व्याख्या करता है। यह समझ की मानसिक प्रक्रिया के बारे में बताता है। सामान्य शब्दों में हम कह सकते हैं कि यह व्याख्यात्मक जगत के बारे में ज्ञान के निर्माण की प्रक्रिया को शामिल करता है, अर्थात् जीवित और अजीवित वस्तुओं के बारे में जानकारी एकत्रित करने की मानसिक प्रक्रिया की व्याख्या करता है। संज्ञानात्मक मेटा-नीतिशास्त्र मस्तिष्क से संबंधित है न कि भावनाओं या इच्छा से। यह वस्तुनिष्ठ प्रकार का ज्ञान प्रदान करता है, अत: यथार्थवाद (Realism) पर आधारित है।

संज्ञानात्मक मेटा-नीतिशास्त्र को पुन: नैतिक प्रकृतिवाद और अंत:प्रज्ञावाद के प्रकारों में विभाजित किया जाता है। नैतिक प्रकृतिवाद मस्तिष्क के बाहर नैतिक जगत के वास्तविक अस्तित्व पर आधारित विचार है, जबकि अंत:प्रज्ञावाद मस्तिष्क पर आधारित तार्किक विचारों से निर्मित नैतिकता पर आधारित है।

नैतिक प्रकृतिवाद (Ethical Naturalism)

यह वास्तविकतावाद (Realism) पर आधारित होता है। वास्तविकतावाद भौतिक जगत (Physical World) के मस्तिष्क स्वतंत्र अस्तित्व (Mind Independent Existence) को मानता है। हमारा मस्तिष्क वस्तुओं को सृजित नहीं करता, बल्कि वे वास्तव में अस्तित्व में होती हैं। अत: नैतिक प्रकृतिवाद नैतिक वस्तुओं के वास्तविक अस्तित्व को स्वीकार करता है। नैतिक कथन वास्तविक जगत में सत्यापित किए जा सकते हैं। नैतिकता तथ्यात्मक और वस्तुनिष्ठ होती है। हम भौतिक जगत में किसी विशेष नैतिक स्थिति के विभिन्न उदाहरण देख सकते हैं। नैतिक प्रकृतिवाद नैतिक वास्तविकतावाद, तत्त्वमीमांसीय प्रकृतिवाद और ज्ञानमीमांसीय प्रकृतिवाद को शामिल करता है। नैतिक प्रकृतिवाद के प्रमुख विचारक ब्रेडले हैं।

एफ.एच. ब्रेडले

ब्रेडले के नैतिक प्रकृतिवाद के अनुसार, कोई कथन तभी तथ्यात्मक हो सकता है, अर्थात् इसमें कोई अर्थ तभी निहित होगा, जब इसे अनुभवात्मक रूप से सिद्ध किया जा सके। ब्रेडले का यह कथन बताता है कि नैतिक कथनों को वस्तुनिष्ठ जगत में सत्य या असत्य सिद्ध किया जा सकता है। इस प्रकार, नैतिक कथनों का स्रोत मस्तिष्क नहीं होता। इसका अर्थ है कि नैतिकता का एक वस्तुनिष्ठ जगत होता है, जो देश और काल से स्वतंत्र होता है। यद्यपि लोग कई बार इसे ठीक से पहचान नहीं पाते और इसके बारे में अपनी भिन्न-भिन्न राय देते हैं। एक उपयुक्त और अद्वितीय नैतिक कथन को वास्तविक रूप से अस्तित्व में रहने वाली नैतिक वस्तु को खोजकर सत्यापित किया जा सकता है।

विज्ञान का ज्ञान, जैसे कि भौतिकी और रसायनशास्त्र का ज्ञान, अनुभवात्मक ज्ञान (Empirical Knowledge) होता है। इसी प्रकार नैतिक ज्ञान भी अनुभवात्मक ज्ञान है। इस प्रकार विज्ञान एवं नैतिकता अंतर्संबंधित हैं। हम इसे एक उदाहरण के माध्यम से समझ सकते हैं। एक गैर-नैतिक प्राकृतिक कथन पर विचार करें जो कि सत्य, तथ्यात्मक और सत्यापन योग्य है, "महात्मा गांधी ने असहयोग आंदोलन का नेतृत्व किया।" अब एक अन्य कथन लेते हैं, जो कि नैतिक है, "महात्मा गांधी एक नैतिक व्यक्ति थे।" यहां दोनों कथन समान प्रकार के हैं, क्योंकि दोनों ही कथनों को सत्यापित किया जा सकता है। इस प्रकार नैतिक ज्ञान संज्ञानात्मक हो जाता है। एक अन्य उदाहरण, "अस्पृश्यता अनैतिक है" यह एक नैतिक कथन है, जिसे इस आधार पर सत्यापित किया जा सकता है कि "अस्पृश्यता कुछ व्यक्तियों के जीवन में दुख एवं पीड़ा का कारण बनती है।"

ह्यूम की "है–चाहिए" विभेदता (Is-Ought Distinction of Hume)

ह्यूम अपनी "है–चाहिए" विभेदता के आधार पर नैतिक प्रकृतिवाद की कड़ी आलोचना करते हैं। वे कहते हैं कि नैतिक प्रकृतिवादियों द्वारा वस्तुनिष्ठ प्राकृतिक जगत से समानता बताने के क्रम में प्रयोग में लाए जाने वाले उदाहरणों में प्रयुक्त नैतिक कथन आत्मनिष्ठ हैं। वास्तव में, वे नैतिक कथनों को सिद्ध करते समय यह नहीं समझ पाते कि सत्यापित किए जा रहे कथन नैतिकता का विषय नहीं हैं, बल्कि किसी तथ्य के आत्मनिष्ठ अस्तित्व का विषय हैं। नैतिक कथन सामान्य कथन होते हैं, जो सत्यापन योग्य नहीं हैं। उदाहरण के लिए, "महात्मा गांधी एक महान व्यक्ति थे" एक तथ्यात्मक कथन मात्र है, जो कि इस कथन "महात्मा गांधी के राजनीतिक विचार नैतिक हैं", या अन्य शब्दों में हमें कहना चाहिए कि, "हमें महात्मा गांधी के राजनीतिक विचारों का अनुकरण करना चाहिए" से पूर्णतः भिन्न है। यहां "है" तथ्यात्मक, सत्यापन योग्य और प्राकृतिक ज्ञान का द्योतक है, जबकि "चाहिए" सत्यापित न हो सकने वाले नैतिक सिद्धांतों का द्योतक है। इस प्रकार, नैतिकता वास्तविकतावाद पर आधारित नहीं है।

अंतःप्रज्ञावाद (Intuitionalism)

हमारे ज्ञान का कुछ भाग मस्तिष्क में अपरोक्ष प्रक्रिया के संचालन के फलस्वरूप प्राप्त होता है। यह इंद्रियात्मक अनुभवों पर आधारित नहीं होता जैसा कि वास्तविकतावाद के संबंध में होता है। ऐसे ज्ञान के विषय नैतिक सिद्धांत, विशिष्ट नैतिक कर्तव्य और देशकाल हो सकते हैं। अंतःप्रज्ञात्मक ज्ञान की तीन संभावनाएं हो सकती हैं। *पहली*, यह एक "स्व–साक्षीय" सत्य (Self-evident Truth) हो सकता है। *दूसरी*, यह कोई विशेष नैतिक अनुभव हो सकता है, जो पंच ज्ञानेंद्रियों से प्राप्त अनुभव से भिन्न हो और एक निष्कर्षात्मक प्रक्रिया का परिणाम न हो तथा अंतिम, यह एक सतत नैतिक निर्धारण हो सकता है जो कि एक स्वीकार्य विचार न हो।

नैतिक अंतःप्रज्ञा शब्द का आधार स्व–साक्षीय सिद्धांत (Axioms) नहीं, बल्कि न्याय वाक्य होते हैं, जिन्हें हम एक विशिष्ट देशकाल में सृजित करने के लिए प्रवृत्त होते हैं। अंतःप्रज्ञावाद के प्रमुख दार्शनिकों में मूर, एच.ए. पिकार्ड और रॉस का नाम आता है। मूर अपनी प्रसिद्ध कृति *प्रिंसिपिया एथिका* में कहते हैं कि नैतिकता का आधार प्रज्ञा है। हम जानते हैं कि शुभ क्या है, लेकिन हम इसे परिभाषित नहीं कर सकते। वे मानते हैं कि अंतःप्रज्ञा सदैव सत्य नहीं होती, परंतु हम इंद्रियों का प्रयोग करके किसी वस्तु के शुभ या अशुभ होने की व्याख्या कर सकते हैं। नैतिकता सदैव सही अंतःप्रज्ञा पर आधारित होती है।

पिकार्ड मूर के कार्य को आगे बढ़ाते हैं और सामान्य विचारण एवं नैतिक विचारण में अंतर स्पष्ट करते हैं। सामान्य विचारण तार्किकता है, जो किसी परिस्थिति में तथ्यों का आकलन करने में प्रयोग की जाती है। वहीं, नैतिक विचारण आकस्मिक रूप से उत्पन्न होने वाली अंतःप्रज्ञा (Intiution) पर आधारित होता है। आकस्मिक रूप से अंतःप्रज्ञा की प्राप्ति किसी विशेष परिस्थिति में सही आचरण के संबंध में होती है।

रॉस कहते हैं कि हम किसी परिस्थिति से संबंधित सभी तथ्यों को नहीं जान सकते, क्योंकि समस्त ज्ञान अपूर्ण और आंशिक ही है। अतः हम नैतिक न्याय वाक्यों के सृजन के लिए अंत:प्रज्ञा को आधार मानने के लिए बाध्य हैं।

गैर-संज्ञानात्मक मेटा-नीतिशास्त्र (Non-cognitive Meta-Ethics)

इसे भावनाओं की अभिव्यक्ति के रूप में परिभाषित किया जाता है, न कि जगत की व्याख्या के रूप में। नैतिक कथन आत्मनिष्ठ होते हैं। वे वस्तुनिष्ठ रूप से सत्य कथन या असत्य कथन नहीं होते। गैर-संज्ञानात्मक मेटा-नीतिशास्त्र को भावनात्मकतावाद और विहितात्मकतावाद आदि दो रूपों में बांटा जाता है।

भावनात्मकतावाद (Emotivism)

भावनात्मकतावाद के अनुसार, शुभ या अशुभ मनुष्य की भावना की व्याख्या है। शुभ या अशुभ का विचार उस वातावरण में निहित होता है, जिसमें पलकर संबंधित व्यक्ति बड़ा हुआ है। ए.जे. एयर भावनात्मकतावाद के प्रमुख विचारक हैं। उनके अनुसार, शुभ, अशुभ, सही और गलत का कोई तथ्यात्मक अर्थ नहीं होता है तथा वे केवल स्वीकृति या अस्वीकृति से संबंधित होते हैं। ये केवल भावनात्मक प्रतिक्रियाएं हैं, जो किन्हीं परिस्थितियों में अलग-अलग ढंग से उत्पन्न होती हैं। इस सिद्धांत को बू-हुर्रे (Boo-Hurray) सिद्धांत भी कहते हैं, क्योंकि ये अचानक और तीव्र रूप में प्रकट होते हैं।

विहितात्मकतावाद (Prescriptivism)

आर.एम. हेयर के अनुसार, जब मैं किसी चीज को सही या नैतिक कहता हूं, तो मैं प्रयास करता हूं कि दूसरे भी उस वस्तु के बारे में ऐसा ही सोचें। इस प्रकार विहितात्मकतावाद नैतिक विचारों को दूसरों पर थोपने से संबंधित है। हेयर मेटा-नीतिशास्त्र और नियमात्मक नीतिशास्त्र विशेषकर प्रयोजनात्मक नीतिशास्त्र को युग्मित करना चाहते हैं। वे पुनः इस बात पर बल देते हैं कि सार्वभौमिक विहितात्मकता के आधार पर कांट के कर्तव्यवाद/परिणाम निरपेक्षता (Deontology) और प्रयोजनमूलकता (Teleology) साझा विचारों के साथ उभरकर आ सकते हैं। वे परिणाम निरपेक्षता तथा परंपरागत प्रयोजनमूलकता को एकीकृत करते हैं और कहते हैं कि नीतिशास्त्र से संबंधित अधिकतर मामलों में लोग अंत:प्रज्ञावाद (Intuitionalism) या परिणाम निरपेक्षता का पालन कर सकते हैं और विशेष मामलों में, जिनके घटित होने की संभावना बहुत कम होती है, प्रयोजनात्मक परंपरा का कुछ लोचशीलता के साथ पालन कर सकते हैं।

III. प्रायोगिक नीतिशास्त्र (Applied Ethics)

प्रायोगिक नीतिशास्त्र को वास्तविक जीवन से संबंधित सवालों के जवाब जानने के लिए नीतिशास्त्र के प्रायोगिक पक्ष के रूप में जाना जाता है। यह निम्नलिखित प्रकार के सवालों पर विचार करता है–

1. क्या इच्छामृत्यु के लिए वैधानिक अनुमति देना नैतिक है?
2. क्या सिविल सेवकों द्वारा अंशकालिक (Part Time) नौकरी करना नैतिक है?
3. क्या मृत्युदंड देना नैतिक है?

इस प्रकार, प्रायोगिक नीतिशास्त्र मानव जीवन के विभिन्न व्यावसायिक, अनुशासनात्मक और प्रायोगिक पक्षों को शामिल करता है। प्रायोगिक नीतिशास्त्र की विभिन्न शाखाओं में चिकित्सा नीतिशास्त्र, विधायी नीतिशास्त्र, जैव नीतिशास्त्र और व्यवसाय नीतिशास्त्र, आदि शामिल हैं।

अनेक दर्शनशास्त्रियों ने बीसवीं शताब्दी के उत्तरार्द्ध में नियमात्मक (Normative) और प्रायोगिक (Practical) नैतिक प्रश्नों पर ध्यान केंद्रित नहीं किया। यद्यपि संपूर्ण शताब्दी के दौरान प्रदूषण, मानव अधिकार हनन, मानव क्लोनिंग और गर्भपात जैसे मुद्दे नैतिक चर्चा के विषय रहे।

प्रत्येक नैतिक मुद्दे की जटिलता दर्शनशास्त्रियों को मेटा-नीतिशास्त्र और नियमात्मक नीतिशास्त्र के मूलभूत प्रश्नों पर विचार करने के लिए मजबूर करती है। सामान्यत: प्रायोगिक नीतिशास्त्र के अध्ययन में सबसे अधिक प्रयोग में आने वाले उपागमों में उपयोगितावाद (Utilitarianism) और कर्तव्यवाद/परिणाम निरपेक्षता (Deontology) प्रमुख हैं। इन दोनों ही उपागमों की अविभाज्य प्रकृति से बचने के लिए प्रकरण आधारित तार्किकता का प्रयोग नवीनतम उपागम के रूप में किया जाता है। इस विधि को धर्मसंकट मीमांसा (Casuistry) कहते हैं।

धर्मसंकट मीमांसा (Casuistry)

यह नीतिशास्त्र के विभिन्न आयामों का प्रयोग करके तार्किकता के आधार पर नैतिक प्रकरणों का हल निकालने का उपागम है। इसके अंतर्गत किसी परिस्थिति में विशेष नैतिक बाध्यता को विचार में लेते हुए विभिन्न नैतिक आयामों को प्रयोग में लाया जाता है, जिसमें किसी वास्तविक और यथार्थ प्रकरण से संबंधित सभी समसामयिक तथ्यों पर विचार किया जाता है। यह विधि किसी एक नैतिक सिद्धांत, जैसे– परिणाम निरपेक्षता, परिणामवाद या सद्गुण पर आश्रित नहीं होती, बल्कि यह प्रकरण-दर-प्रकरण सिद्धांतों के सामान्यीकरण पर आधारित विधि है। इस प्रकार निर्मित होने वाले सामान्य सिद्धांत (Maxims) सार्वभौमिक नहीं होते, बल्कि प्रकरण विशिष्ट होते हैं। प्राइस, अल्बर्ट जॉनसन और स्टीफन टूलमिन प्रति-सिद्धांत (Anti-Thesis) और सिद्धांतवाद (Thesis) के द्वंद्व पर आधारित एक तंत्र (Dialectic Method) का निर्माण करते हैं, जो विशेषों (Particulars) को सार्वभौमिक सिद्धांतों से जोड़ता है। धर्मसंकट मीमांसा आगमनात्मक पद्धति पर आधारित होती है। यह विशेष प्रकरणों पर एक-एक कर विचार करती है और आगमनात्मक तार्किकता के आधार पर सामान्य सिद्धांतों का निष्कासन करती है। इस प्रकार यह विज्ञान के समकक्ष है न कि गणित के।

धर्मसंकट मीमांसा किसी भी नैतिक सिद्धांत को लेकर पूर्वाग्रह से ग्रसित नहीं होती है। साथ ही यह नैतिक अंत:प्रज्ञा को अन्य नैतिक नियमों के समकक्ष मानकर उस पर विचार करती है। इस विधा ने नैतिक प्रज्ञा को शामिल करने वाली उपयुक्त विधि के आधार पर सामान्य नियमों को विशेषों से अलग करना शुरू कर दिया है।

जॉनसन और टूलमिन (1988) के अनुसार, धर्मसंकट मीमांसा (Casuistry) नैतिक मुद्दों का प्रतिमानों और समानताओं के आधार पर तर्क करने की प्रक्रिया से संबंधित विश्लेषण है, जो किसी नैतिक बाध्यता के अस्तित्व और उसकी कठोरता के बारे में विशेष राय बनाने में मदद करता है। ये नियमों या मेक्सिमों के रूप में निकलकर सामने आते हैं, जो सामान्य कथन होते हैं। परंतु ये सार्वभौमिक या अपरिवर्तनशील नहीं होते, क्योंकि ये विशिष्ट परिस्थितियों या विशिष्ट एजेंटों के मामले में ही खरे उतरते हैं। धर्मसंकट मीमांसा का विस्तार जैव नीतिशास्त्र में काफी हुआ है। जैव नीतिशास्त्र अन्य नैतिक सिद्धांतों से हटने के लिए पृथक रूप से विकसित हुआ है, जिसमें आगमनात्मक पद्धति (Inductive Method) का प्रयोग किया जाता है। धर्मसंकट मीमांसा तीन चरणों वाली प्रक्रिया का प्रयोग करती है–

1. संदर्भित रूप से उभरे हुए एक प्रकरण की नैतिक दुविधा के बिंदुओं पर जोर डालकर व्याख्या की जाती है।
2. प्रकरण को वर्गीकृत करके और अनुरूपता पर तर्कीकरण (Analogical Reasoning) करके पुराने प्रतिमानों से तुलना की जाती है, ताकि प्रकरण और प्रयुक्त प्रतिमानों के बीच समानता तथा विषमता को वर्गीकृत किया जा सके।
3. आगमनात्मक पद्धति को नैतिक अंत:प्रज्ञा के समावेशन के साथ प्रयोग में लाते हैं और तात्कालिक सामाजिक-सांस्कृतिक मूल्यों के प्रभाव में भूतकाल में हुई घटनाओं पर विचार करते हुए एक बिंदु पर अभिसरण (Convergence) कराने का प्रयास करते हैं। अंतत: एक नैतिक न्याय वाक्य (Moral Judgement) प्राप्त हो जाता है।

नए प्रतिमानों से पुराने प्रकरणों को हर बार उपरोक्त प्रक्रिया अपनाकर प्रतिस्थापित कर दिया जाता है।

व्यवसाय नीतिशास्त्र (Business Ethics)

व्यवसाय नीतिशास्त्र निष्कपट और ईमानदार व्यापार गतिविधियों से संबंधित नैतिक सिद्धांतों एवं नैतिक मुद्दों के परीक्षण से संबंधित है। यह एक सुविचारित तथ्य है कि सभी संसाधन सामूहिक रूप से वहां के नागरिकों की संपत्ति है। जो भी व्यक्ति इन संसाधनों का स्वामित्व रखता है, वह वास्तव में इन संसाधनों का ट्रस्टी मात्र है। अधिकांश व्यापारिक घराने अपने व्यापार का विस्तार जनता की पूंजी से एक पब्लिक लिमिटेड कंपनी के रूप में विकसित होकर करते हैं। इस प्रकार नैतिक मार्गदर्शी सिद्धांतों का निर्माण आवश्यक हो जाता है, जिनके आधार पर ग्राहकों, व्यापारियों और उनके कर्मचारियों को अधिकतम सुख की प्राप्ति हो सके। चेतनता केंद्रित बाजार (Conscience Centric Market) में नैतिक गतिविधियों के प्रयोग की मांग एक उभरती चुनौती के रूप में देखी जा सकती है। व्यापार का वास्तविक उद्देश्य जनता की संतुष्टि में निहित है। इस विचार ने व्यापारिक फर्मों पर नैतिक व्यावसायिक गतिविधियों के प्रयोग का भारी दबाव बनाया है। व्यापारिक गतिविधियों से जुड़े नैतिक मुद्दों में उत्सर्जन नियम, बाल मजदूरों का उपयोग, सुरक्षा मानकों का निर्धारण, आदि महत्त्वपूर्ण हैं। यहां नियमात्मकता से अभिप्राय है कि निगम की गतिविधियां कानूनी परिभाषाओं और मार्गदर्शी नियमों का पालन सुनिश्चित करें, जबकि व्याख्यात्मकता का अर्थ इन गतिविधियों में गैर-आर्थिक, सामाजिक मूल्यों के समावेशन से है। उदाहरण के लिए, वर्तमान में अधिकतर बड़े निगम/फर्में गैर-आर्थिक सामाजिक मूल्यों के अनेक बिंदुओं, जैसे– नैतिक संहिता, सामाजिक जिम्मेदारी के प्रोत्साहन पर बहुत अधिक बल देती हैं। कुछ मामलों में इन फर्मों ने अपने कोर मूल्यों को नैतिक व्यवसाय के विचार के अनुसार पुनर्परिभाषित किया है (जैसे– एक्वाफिना का "हम जितना जल प्रयोग करते हैं, उससे ज्यादा जोड़ते हैं")।

विज्ञापन, लेखांकन और श्रम, जिसमें बालश्रम तथा गलत श्रमिक गतिविधियां भी शामिल हैं, मानव संसाधन प्रबंधन, राजनीतिक योगदान, व्यवसाय अधिग्रहण, जैसे– गलत विलय, उत्पादन में विषैले पदार्थों का प्रयोग, इन्साइडर ट्रेडिंग, बौद्धिक संपदा अधिकारों का दुरुपयोग, आदि नैतिक सवालों पर व्यवसाय नीतिशास्त्र गहन विचार करता है।

विधायी नीतिशास्त्र (Legal Ethics)

विधायी नीतिशास्त्र के अंतर्गत कानूनी कार्यों, जैसे– वकालत और कानूनी परामर्श देने वाले लोगों के आचरण को नियंत्रित करने वाली संहिता को लिया जाता है। भारत में निचली और ऊपर की अदालतों में बार एसोसिएशन का प्रावधान है। इन संस्थाओं ने कई मॉडल नियम जारी किए हैं, जो अनेक न्यायाधिकार क्षेत्रों को प्रभावित करते हैं। ये मॉडल नियम वकील और मुवक्किल के बीच संबंधों, वकील और अन्य व्यक्तियों के बीच संबंधों, विपरीत परिस्थितियों, अदालती गतिविधियों तथा लोक सेवा में विधिवेत्ताओं की संवैधानिक बाध्यताओं और कानूनी पेशे की निष्ठा के बारे में गहन विचार करते हैं। मुवक्किल के विश्वास का आदर करना, दूसरों को कहे जाने वाले कथनों में सत्यवादिता रखना और पेशेवर स्वतंत्रता, आदि विधायी नीतिशास्त्र के महत्त्वपूर्ण गुणधर्म हैं।

पर्यावरणीय नीतिशास्त्र (Environmental Ethics)

पर्यावरणीय नीतिशास्त्र पर्यावरणीय दर्शनशास्त्र का भाग है, जो मनुष्य और प्राकृतिक पर्यावरण के बीच संबंधों पर विचार करता है। यह अनेक विषयों को आधार बनाता है, जिनमें विधि, समाजशास्त्र, धर्मशास्त्र, अर्थशास्त्र, पर्यावरण विज्ञान और भूगोल, आदि शामिल हैं। इससे संबंधित प्रमुख विषयों में वैश्विक तापन (Global Warming), ओजोन परत का क्षय, निर्वनीकरण, प्रदूषण, आदि शामिल हैं। ये विषय गरीबी, संधारणीय विकास, आर्थिक और सामाजिक न्याय जैसे मुद्दों से नजदीकी रूप से जुड़े हैं। चूंकि पर्यावरण समस्याएं किसी राष्ट्र की सीमाओं के परे जाकर भी अपना प्रभाव छोड़ती हैं। अतः ये मुद्दे अंतर्राष्ट्रीय संबंधों और वैश्विक शासन के क्षेत्रों से सीधे रूप से जुड़े हुए हैं (जैसे– संयुक्त राष्ट्र संघ और सी.ओ.पी. कार्यक्रम)।

'पर्यावरणीय नैतिकता' का क्या अर्थ है? इसका अध्ययन करना किस कारण महत्त्वपूर्ण है? पर्यावरणीय नैतिकता की दृष्टि से किसी एक पर्यावरणीय मुद्दे पर चर्चा कीजिए। –UPSC 2015

चिकित्सा नीतिशास्त्र और जैव नीतिशास्त्र (Medical and Bio Ethics)

चिकित्सा नीतिशास्त्र चिकित्सा के क्षेत्र में प्रयुक्त होने वाले नैतिक मूल्यों और निर्णयों से संबंधित होता है। एक अध्ययन के विषय के रूप में चिकित्सा नीतिशास्त्र चिकित्सा के क्षेत्र में प्रायोगिकता के साथ-साथ चिकित्सा विज्ञान के इतिहास, दर्शन (हिपोक्रेटिक शपथ), धर्मशास्त्र और सामाजिक विज्ञान से संबंधित है। चिकित्सा नीतिशास्त्र स्वास्थ्य देखरेख से संबंधित नैतिकता की अन्य शाखाओं के लिए भी नैतिक सिद्धांतों का प्रतिपादन करता है। चिकित्सा नीतिशास्त्र "हिपोक्रेटिक शपथ" से अत्यधिक नियंत्रित होता है। हिपोक्रेटिक शपथ एक प्राचीनतम ऐतिहासिक बाध्यकारी दस्तावेज है। हिपोक्रेट द्वारा लिखित यह शपथ आज भी चिकित्सकों के लिए एक पवित्र दस्तावेज माना जाता है। हिपोक्रेटिक शपथ के कई संस्करण मौजूद हैं। इसका सर्वाधिक प्राचीन संस्करण लुडविग एडेल्सटीन द्वारा ग्रीक मूल दस्तावेज का अंग्रेजी रूपांतरण है। यह प्राचीन संस्करण एक धार्मिक शपथ पर आधारित है, जिसमें ग्रीक पौराणिक देवता अपोलो और अन्य देवताओं को साक्षी माना गया है। अनेक धर्मनिरपेक्ष विचारक इसका विरोध करते आए हैं, बाद में एक धर्मनिरपेक्ष शपथ तैयार की गई, जो अधिक स्वीकार्य रूप में है। हिपोक्रेटिक शपथ का नया संस्करण 1964 में लुईस लसागना द्वारा लिखा गया, जो टफ्ट्स विश्वविद्यालय में चिकित्सा स्कूल के डीन थे।

झूठ तथा नैतिकता (Lie and Ethics)

झूठ को सत्य के अंतर्विरोध के रूप में परिभाषित किया जा सकता है। यह आधारहीन, मनगढ़ंत, अवास्तविक और अतिशयोक्तिपूर्ण वचनों तथा लेखों के रूप में होता है। झूठ किसी व्यक्ति के पूरे जीवन में किया जाने वाला सबसे सामान्य आचरण है। यह एक सामान्य और प्रचलित कथन है कि झूठ सदैव गलत होता है, यदि इसे किसी नेक कार्य के लिए न बोला जाए। यह जानते हुए कि झूठ गलत है और जानबूझकर लोगों को छलने के लिए बोला जा रहा है, फिर भी झूठ कुछ सूचनाएं प्रेषित करता है। प्रत्येक झूठ में निम्नलिखित तीन आवश्यक घटक होते हैं–

1. कुछ सूचनाओं का प्रेषण।
2. छल का इरादा।
3. इस बात का गहरा विश्वास कि जो भी बोला जा रहा है वह असत्य है।

कुछ दार्शनिकों के अनुसार, झूठ बोलने के लिए वचन, लेखन या शारीरिक हावभाव के रूप में कुछ कथनों की आवश्यकता होती है। सिसेला बोक जो कि झूठ के विषय की एक प्रसिद्ध दार्शनिक हैं, झूठ को "एक इरादतन छल करने वाले संदेश" के रूप में परिभाषित करती हैं। झूठ बोलना प्राय: अस्वीकार्य माना जाता है, क्योंकि यह आधारभूत रूप से अनैतिक है और एक अच्छा व्यक्ति इस प्रकार का आचरण नहीं करता है। यह बोलने वाले व्यक्ति की मानसिकता को दूषित करता है और उसे आदतन झूठा बना देता है। यह लोगों के बीच विश्वास को कमजोर करता है और अन्य व्यक्तियों के वचनों एवं लेखों के प्रति संशय पैदा करता है। यह ज्ञान प्राप्ति में भी बाधा उत्पन्न करता है, क्योंकि शब्द प्रमाण को ज्ञान के एक महत्त्वपूर्ण स्रोत के रूप में मान्यता प्राप्त है। झूठ किसी उद्देश्य की पूर्ति के लिए और दूसरों का उपयोग करने के लिए बोला जाता है। अत: यह मानवीय गरिमा के विरुद्ध है। झूठ दोनों ही व्यक्तियों, जो इसे बोलता है और जिसे बोला जा रहा है, के लिए हानिकारक है। जिस व्यक्ति को झूठ बोला जाता है, उसे गलत सूचना की प्राप्ति के आधार पर भविष्य में सही निर्णय लेने से वंचित कर दिया जाता है, जिसकी उस व्यक्ति को महंगी कीमत चुकानी पड़ती है। ऐसे व्यक्ति स्वयं को ठगा हुआ और सत्य के लायक न होना जैसा

महसूस करते हैं। दूसरी ओर, झूठ बोलने वाले व्यक्ति को इससे हानि होती है, क्योंकि भविष्य में पहले बोले गए झूठ से अनुरूपता स्थापित करने के लिए अन्य झूठ भी बोलने पड़ते हैं।

इस्लाम के अनुसार, व्यक्ति को सत्य पर आधारित आचरण करना चाहिए और जो ऐसा आचरण करता है उसे जन्नत में स्थान मिलता है। झूठ बोलने वाला जन्म-मृत्यु के चक्र में फंसा रहेगा और जहन्नुम को भोगता रहेगा। *कुरान* के अनुसार, 'सत्य को छुपाना नहीं चाहिए और जो इसे अपने हृदय में दफन करके रखेगा वह पापी कहलाएगा।' आगे, 'सत्य को असत्य के साथ मिलाना नहीं चाहिए या सत्य को जानते हुए छुपाना नहीं चाहिए।'

क्या झूठ सदैव बुरा प्रभाव छोड़ता है या यह कुछ मामलों में स्वीकार्य है? यह झूठ के दर्शन का मूलभूत प्रश्न है। अनेक प्रसंगों में *बाइबल* के अनुसार, कुछ अवसरों पर मासूम लोगों की रक्षा और युद्ध के दौरान झूठ बोलना ईश्वर की नजर में गलत नहीं है। झूठ को अंदर से टूटे हुए लोगों का आत्मविश्वास बढ़ाने के लिए एक रणनीति के रूप में प्रयोग में लाया जाता है। इस प्रकार का झूठ अन्य व्यक्तियों की भावनाओं और जीवन की रक्षा करता है, अत: यह अनुमत है।

धर्म ग्रंथों में भी अनेक विचार हैं, जो कुछ संदर्भों में झूठ की अनुमति देते हैं। *महाभारत* के "आदि पर्व" में यह वर्णन मिलता है कि यदि किसी के जीवन की रक्षा करने के लिए झूठ बोला जाता है, तो वह स्वीकार्य है। साथ ही, संपत्ति की सुरक्षा, पत्नी को प्रसन्न करने और चुटकुले कहने में झूठ बोलना स्वीकार्य है। यदि किसी के वचन तथ्यात्मक रूप से असत्य हों, परंतु किसी जीवित जंतु को नुकसान न पहुंचाएं, तो वह अस्वीकार्यता की कोटि में नहीं आता। *मुंडकोपनिषद* में "सत्यमेव जयते" सत्य की शक्ति का बोध कराता है, जिसे भारत सरकार ने शासकीय वाक्य के रूप में धारण किया है। तमिल कवि तिरुवल्लुवर के अनुसार, 'झूठ उस स्थिति में अनुमत है, जब वह सत्य के मूल्यों को धारण कर रहा हो तथा न्यूनतम बुराई के साथ शुभ को उत्पन्न कर रहा हो।' शंकाराचार्य के अनुसार, 'जो व्यक्ति झूठ बोलना अपना नियम बना लेता है, वह विश्वास योग्य नहीं होता, परंतु सत्य की रक्षा के लिए झूठ बोलना पाप नहीं है।'

प्लेटो ने अपनी कृति *रिपब्लिक* में "पवित्र झूठ" (Noble Lie) की व्याख्या की है। वे कहते हैं कि कुछ परिस्थितियों में राजकीय व्यक्ति राज्य निर्माण या शिक्षा के साधन के रूप में झूठ का प्रयोग कर सकता है, 'ऐसी नैतिकता जो सत्य बोलना एक कर्तव्य मानती है वह समाज के अस्तित्व को नामुमकिन बना देगी। कर्तव्य और अधिकार एक-दूसरे के पूरक होते हैं। कोई भी व्यक्ति संबंधित अधिकार के बिना कर्तव्य का विचार नहीं कर सकता। सत्य उन लोगों के लिए एक कर्तव्य माना जा सकता है, जो सत्य के हकदार हैं, परंतु वे व्यक्ति जो दूसरों को हानि पहुंचाते हैं, उन्हें सत्य का अधिकार नहीं है।'

कांसटेंट के सत्य के विचार की आलोचना करते हुए कांट कहते हैं कि झूठ सदैव नैतिक रूप से गलत होता है। कांट के अनुसार, 'मनुष्य जन्म से ही एक आंतरिक मूल्य रखता है, जिसे मानवीय गरिमा कहते हैं। यह मानवीय गरिमा तार्किकता, स्वयं के निर्णय लेने की क्षमता और संकल्प स्वातंत्र्य (Freedom of Will) जैसी मानवीय विशेषताओं से निकलकर आती है।' इस प्रकार कांट झूठ को दोहरी गलती मानते हैं, जैसे– यह मनुष्य की नैतिक सक्षमता में गिरावट लाती है और दूसरों को भी गलत सूचना देकर तार्किक ढंग से सोचने से रोकती है। कांट का नीतिशास्त्र झूठ को पूर्णत: अस्वीकृत कर देता है, जो उसके औपचारिक नैतिकता के सिद्धांत के अनुरूप है।

सद्गुण नीतिशास्त्र भी झूठ को गलत ठहराता है, परंतु यह इस मामले में कांट के समान दृढ़ नहीं होता। यह सत्यवादिता के सद्गुण को विकसित करने पर बल देता है। इसके अनुसार, सत्यवादिता सभी नैतिक आचरणों का आधार है और किसी मनुष्य का संपूर्ण नैतिक विकास ईमानदारी और सत्यवादिता के सद्गुण पर ही टिका होता है।

उपयोगितावादी झूठ या सत्य की व्याख्या लाभ और हानि की मात्रा के आधार पर करते हैं। यदि झूठ बोलने से सत्य की तुलना में अधिक लाभ की प्राप्ति संभव है, तो झूठ बोलना पूर्णत: नैतिक है। लाभ की अधिकता को बढ़ाने के उद्देश्य से उपयोगितावादी सत्य के ऊपर झूठ को वरीयता दे देते हैं। यहां उपयोगितावादी व्याख्या की सबसे बड़ी

कमी यह है कि झूठ के परिणाम का सही-सही अनुमान कैसे किया जाए। यह अत्यधिक आकर्षक है कि वे झूठ को परिस्थिति में सुधार करने के लिए एक विकल्प के रूप में देखते हैं। उदाहरण के लिए, एक चिकित्सक रोगी को रोग मुक्त होने की उम्मीद देकर उसे बचे हुए जीवन को गुणवत्तापूर्ण बनाने का अवसर देता है। यदि झूठ बोलने के अलावा कोई विकल्प शेष न रह जाए, तो व्यक्ति को उस झूठ को लेकर नैतिक तर्कसंगतता और आम जनता के विचार के आधार पर इसके एक सत्यतापूर्ण विकल्प की संभावना तलाशनी चाहिए।

नैतिक स्वहितवाद (Ethical Egoism)

मानव जाति स्वहित से संचालित होती है। प्रत्येक व्यक्ति अपने निजी लक्ष्यों अर्थात् स्व-कल्याण को पूरा करने के लिए प्रयासरत रहता है। यह अंतर्निहित स्वभाव जिसे प्रत्येक व्यक्ति के भीतर आसानी से देखा जा सकता है स्वहितवाद (Egoism) कहलाता है। नैतिक स्वहितवाद निर्धारित करता है कि व्यक्ति अपने लक्ष्यों के लिए प्रेरित होता है, और उसके द्वारा किए जाने वाले परोपकार के कार्य स्वहित से संचालित होते हैं। लोग सदैव पारितोषिक (Rewards) और दंड (Punishment) से प्रेरित होते हैं। परंतु मनोवैज्ञानिक स्वहितवाद (Psychological Egoism) की यह संकीर्ण व्याख्या लोगों के कुछ परोपकारी कार्यों और दयालुता की व्याख्या करने में असफल हो जाती है। उदाहरण के लिए, एक सैनिक देश की सेवा करता है, क्योंकि यह उसका कर्तव्य है और इस कार्य के बदले में उसे वेतन प्राप्त होता है, परंतु उसके उन आचरणों के बारे में क्या कहेंगे, जैसे किसी ग्रेनेड या बम के ऊपर स्वयं आ जाना, ताकि निर्दोष नागरिकों की जान बच जाए। मनोवैज्ञानिक स्वहितवाद इसका उत्तर इस प्रकार दे सकता है कि उस परोपकारी सैनिक ने गलती से या भविष्य में ग्लानि से बचने के लिए ऐसा किया होगा।

नैतिक स्वहितवाद के अनुसार, मानव को अपने स्वहित को अधिकतम करने के लिए कार्य करना चाहिए। प्रत्येक व्यक्तिगत व्यवहार लेन-देन पर आधारित सह-अस्तित्व के विचार से प्रेरित होता है। यदि कोई व्यक्ति दूसरों की सहायता नहीं करता तो उसे भी दूसरों से प्राप्त होने वाली सहायता और सहयोग से वंचित होना पड़ेगा। इसलिए लोग अपने कल्याण को अधिकतम करने के लिए त्याग, परोपकार, सहयोग आदि स्वभावों को धारण करते हैं। नैतिक स्वहितवाद के अनुसार, यह अन्य नैतिक सिद्धांतों से अनेक अर्थों में भिन्न है। नैतिक स्वहितवाद किसी कर्तव्य को अन्य कर्तव्यों पर इस आधार पर वरीयता देता है कि वह कर्तव्य उन्हें अधिकतम लाभ प्रदान करता है। मानक नैतिक सिद्धांत जैसे कांट की सुस्पष्ट आदेशात्मकता, प्रयोजनमूलकता, अंतःकरण की आवाज, आदि अधिकतम लाभ पर बल देते हैं और इस बात पर विचार नहीं करते कि यह अधिकतम लाभ किसे प्राप्त होगा, स्वयं को या अन्यों को। सहयोग का विचार बड़े त्याग, जैसे सैनिक का स्वयं बम के ऊपर आ जाना, से होने वाली हानि को उचित सिद्ध करने में असफल है। परंपरागत नैतिक सिद्धांत इस प्रकार के आचरण को प्राथमिकता देते हैं। सहयोग का विचार वहां स्वीकार किया जा सकता है जहां होने वाली हानि अल्पकालीन प्रकृति की हो, जिसका प्रभाव बहुत बड़ा न हो और जिसकी दीर्घकालीन लाभ द्वारा क्षतिपूर्ति संभव हो।

नैतिक स्वहितवाद के अनुसार, स्वहित की प्राप्ति नैतिकता के आधार पर की जानी चाहिए। व्यक्तिगत कल्याण को प्राथमिकता देना सदैव नैतिकता की श्रेणी में आता है और व्यक्ति को इस प्रकार व्यवहार करना चाहिए कि प्रत्येक स्थिति में उसके स्वयं का शुभ पोषित हो। नैतिक स्वहितवाद अन्यों के हित का पोषण कर सकता है, परंतु यह परोपकारिता (Altruism) नहीं है। स्वहितवाद और परोपकारिता भिन्न हैं। कोई आचरण स्वहित से संबंधित माना जाता है यदि यह केवल व्यक्तिगत लाभ पर बल दे न कि अन्यों के हित पर। एक परोपकारी आचरण व्यक्ति के स्वयं के अतिरिक्त कम-से-कम किसी अन्य व्यक्ति के लाभ से संबंधित हो।

दार्शनिकों द्वारा मनोवैज्ञानिक स्वहितवाद की बहुत अधिक अनुशंसा नहीं की जाती। कुछ दार्शनिक, जैसे – थॉमस हॉब्स और जेरेमी बेंथम इसके पक्ष में अपना विचार रखते दिखाई देते हैं। हॉब्स अपनी कृति *लेवियाथन* (Leviathan)

में लिखते हैं कि कोई भी मनुष्य अपने स्वयं के कल्याण के उद्‌देश्य के बिना कोई कार्य नहीं करता। समाज को प्रदान किया जाने वाला कोई भी उपहार शुद्ध रूप से स्वैच्छिक प्रकृति का होता है और प्रत्येक स्वैच्छिक व्यवहार उसके स्वयं के शुभ के लिए किया जाता है। यदि वह महसूस करता है कि इससे अंततः उसे कोई प्राप्ति नहीं होगी बल्कि निराशा हाथ लगेगी, तो परोपकारिता और सहयोग अनुपस्थित हो जाएगा। इसी प्रकार बेंथम कहते हैं कि लोग दो संप्रभु स्वामियों "दुख" और "सुख" से संचालित होते हैं। बेंथम का यह विचार मनोवैज्ञानिक सुखवाद (Psychological Hedonism) को पुष्ट करता दिखाई देता है।

जोसेफ बटलर मनोवैज्ञानिक स्वहितवाद के विरुद्ध अपना लोकप्रिय कथन प्रस्तुत करते हैं। वे कहते हैं कि सभी विशिष्ट इच्छाएं और मनोवेग (Passions) बाह्य वस्तुओं के लिए ही हैं, जो इस बात से परे होती हैं कि वे वस्तुएं कितनी मात्रा में "सुख" और "दुख" उत्पन्न करेंगी। इच्छाओं की पूर्ति से जिस भी मात्रा में "सुख" और "दुख" उत्पन्न होता है वह कुछ भी नहीं होता, बल्कि उस वस्तु के लिए जो हमें सुख प्रदान करेगी उसकी पूर्व इच्छा की पूर्ति का प्रतिफल होता है।

नैतिक सापेक्षतावाद (Moral Relativism)

कोई नैतिक न्याय वाक्य (Judgements) सत्य है या असत्य, इसको सिद्ध करने के संबंध में कभी भी यह लेकर नहीं चल सकता कि वे संपूर्ण प्रकृति (Absolute) के होंगे बल्कि वे देशकाल के सापेक्षिक होते हैं, या दूसरे शब्दों में समाज की परंपरा और संस्कृति के सापेक्षिक होते हैं। नैतिकता को लेकर लोगों की अंत:प्रज्ञा (Intuition) और सलाह (Prescription) अत्यधिक भिन्न होती है। नैतिक सापेक्षतावाद मेटा-नीतिशास्त्र की विषयवस्तु है, इसके अलावा यह नियमात्मक नीतिशास्त्र से भी संबंधित है। यहां तक कि हिरोडोट्स और प्रोटागोरस के कुछ कार्यों में नैतिक सापेक्षतावाद से मिलते-जुलते विचार देखे जा सकते हैं।

नैतिक सापेक्षतावाद नैतिक संदेहवाद (Moral Skepticism) से इस अर्थ में भिन्न है कि नैतिक सापेक्षतावाद नैतिक न्याय वाक्यों के अस्तित्व को नकारता नहीं हैं, परंतु नैतिक संदेहवाद इसे पूर्णतः नकार देता है और घोषणा करता है कि नैतिक ज्ञान का कोई अस्तित्व नहीं होता।

नैतिक सापेक्षतावाद में नैतिक विविधता पर बल दिया जाता है और उससे कठोर असहमति नहीं रखी जाती है। उदाहरण के लिए, "मृत्युदंड नैतिक रूप से गलत है", इसे कोई समाज स्वीकार करता है तो कुछ समाजों में इसे घृणित और क्रूरता माना जा सकता है। यद्यपि इस प्रकार के विरोधाभासी विचारों को हल करने का कोई तार्किक आधार प्राप्त नहीं होता।

नैतिक आत्मनिष्ठतावाद (Moral Subjectivism)

लोगों में नैतिकता को लेकर विरोधाभासी मत होते हैं, इनमें से कोई भी सही नहीं है, क्योंकि नैतिक वाक्यों का कोई तथ्यात्मक (Factual) और सिद्ध करने योग्य (Varifiable) ज्ञान नहीं होता और यही एकमात्र सत्य है कि लोगों की भावनाएं अलग-अलग होती हैं। नैतिक आत्मनिष्ठतावाद के पीछे का आधारभूत विचार है कि कुछ भी वस्तुनिष्ठतः "सही" या "गलत" और "शुभ" या "अशुभ" नहीं होता। नैतिक आत्मनिष्ठतावाद का ही परिष्कृत रूप भावनात्मकतावाद (Emotivism) है।

नैतिकता के संबंध में स्वर्णिम नियम (Golden Rule in Ethics)

नैतिकता से संबंधित स्वर्णिम नियम आदान-प्रदान (Reciprocity) की नैतिकता के विचार पर आधारित है। यह नीतिशास्त्र का सामान्य सिद्धांत है, जिसे प्रत्येक समुदाय और धर्म स्वीकार करता है। स्वर्णिम नियम का केंद्रीय विचार मानव जाति में पारस्परिक सहयोग, पारस्परिकता के मूल्य और लेन-देन (quid-pro-quo) पर अवलंबित है।

स्वर्णिम नियम का सर्वाधिक स्वीकार्य संस्करण है, 'दूसरों के साथ वैसा करो, जैसा आप उनसे अपने लिए करने की इच्छा रखते हैं।' (Do Unto Others as You Would Have Them to Unto You.) इसके अनुसार, एक व्यक्ति को अन्यों के प्रति इस प्रकार का व्यवहार करना चाहिए जैसा वह स्वयं के प्रति चाहेगा। यह नियम लगभग सभी संस्कृतियों, दार्शनिक परंपराओं और धर्मों जैसे कन्फ्यूशियन ग्रंथों, *बाइबल*, ग्रीक दर्शनशास्त्र आदि में समान अर्थों के साथ कुछेक अंतर लिए हुए देखा जा सकता है।

अभ्यास प्रश्न

1. माध्यम पर आधारित नैतिकता परिणाम पर आधारित नैतिकता से किस प्रकार भिन्न है? नियमों की स्थापना में इन दोनों विधियों का प्रयोग किस प्रकार किया जाता है? उदाहरणों के माध्यम से समझाइए।
2. अंत:प्रज्ञा नैतिकता के स्रोत के रूप में, चर्चा करें।
3. नीतिशास्त्र "चाहिए" पर आधारित होता है, न कि "है" पर आधारित। चर्चा कीजिए।
4. सद्‌गुण नीतिशास्त्र को नैतिकता का आधार माना जा सकता है। आलोचनात्मक मूल्यांकन कीजिए।
5. कुछ भी शुभ या अशुभ नहीं है, बल्कि हमारी अपनी सोच इसका निर्धारण करती है। आलोचनात्मक मूल्यांकन कीजिए।
6. विधि द्वारा स्थापित प्रक्रिया और विधि की प्रक्रिया की अवधारणाओं को नैतिकता एवं नीतिशास्त्र के प्रकाश में समझाइए।
7. ईश्वर के अस्तित्व के बिना नैतिकता नहीं हो सकती, आलोचनात्मक व्याख्या करें।

अध्याय 3

निजी और लोक संबंधों में नैतिकता

Ethics in Private and Public Relationships

प्रस्तावना (Introduction)

किसी विषय की सटीक परिभाषा उस विषय की संपूर्ण छानबीन के उपरांत अंत में ही दी जा सकती है, न कि आरंभ में। नीतिशास्त्र का मूल बिंदु आचरण से संबंधित है। आचरण के बारे में आकलन करने से संबंधित वैज्ञानिक विवरण का आशय उन सिद्धांतों का निर्धारण करना है, जो इन आकलनों का आधार हैं। आचरण या नैतिक जीवनशैली के दो आयाम हैं। पहला आयाम किसी उद्देश्य या लक्ष्य (Purpose) की पूर्ति से संबंधित है और दूसरा आयाम प्रकृति (Nature) विशेषकर मानव समाज से संबंधित है। पहले आयाम के अंतर्गत विचार, संवेदना, अनुभव, आदर्श, उद्देश्य, मूल्यांकन और चयन, आदि घटक आते हैं, जबकि दूसरे आयाम के अंतर्गत वे बाहरी घटक आते हैं, जो सामाजिक अस्तित्व से संबंधित होते हैं।

नीतिशास्त्र विभिन्न विज्ञानों का योग मात्र ही नहीं है, बल्कि यह अनेक जटिलताओं को भी शामिल करता है। ये जटिलताएं इसकी स्वयं की उत्पन्न की गई हैं, जो इसकी दोहरी प्रकृति के कारण जन्म लेती हैं। नीतिशास्त्र को इन दोनों आयामों को साथ लेकर चलना होता है। पहला, इसे बाह्य परिस्थितियों, जो कि परिवर्तनशील होती हैं, द्वारा निर्धारित आंतरिक प्रक्रिया का अध्ययन करना पड़ता है और दूसरा, आंतरिक जीवन के उद्देश्य या लक्ष्य द्वारा निर्धारित होने वाले बाह्य व्यवहार या सामाजिक आचरण का अध्ययन भी इसे करना पड़ता है। जीवन का आंतरिक लक्ष्य मनोविज्ञान का विषय है और इस लक्ष्य की पूर्ति की प्रक्रिया में दूसरों के अधिकारों का प्रभावित होना तथा ऐसा होना सही है अथवा गलत इन बातों का निर्धारण करने वाला मानक नीतिशास्त्र है। अंततः, यदि हम नैतिक सिद्धांतों की खोज करने में सफल हो पाते हैं, तो जीवन की अनेक अनसुलझी समस्याओं का हल ढूंढ़ने का मार्ग प्राप्त हो जाएगा। विज्ञान के अन्य विषयों के बारे में जो भी विचार दिए जाते हों, परंतु नीतिशास्त्र के मामले में यह माना जा सकता है कि नीतिशास्त्र के कुछ प्रायोगिक मूल्य अवश्य होने चाहिए।

नैतिकता की कसौटी या शर्त क्या होनी चाहिए, यह सदैव एक प्रश्न रहा है। कई बार हम इस बात पर अधिक बल देते हैं कि "क्या करना" चाहिए अथवा हमारा इरादा "क्या" है और कई बार इस बात पर गौर करते हैं कि किसी आचरण को "कैसे" या "क्यों" करना है। ये दोनों परिप्रेक्ष्य कई बार "पदार्थ" (Matter) और "आकार" (Form) के रूप में या "विषय" (Content) और "मनोवृत्ति" (Attitude) के रूप में भी जाने जाते हैं। हम यहां इन्हें क्रमशः "क्या" (What) और "कैसे" (How) की सरल शब्दावली के रूप में ही प्रस्तुत करेंगे। यदि हम कुछ समय के लिए "कैसे" का त्याग कर दें और "क्या" को ग्रहण करें, तो "क्या" के दो पक्ष उभरकर आते हैं। यह "क्या" उच्चतर कोटि का या निकृष्ट कोटि का हो सकता है। उच्च और निम्न का निर्धारण एक अलग विषय है, जिसे अभी हम चर्चा में नहीं ले रहे हैं। हां, इतना अवश्य है कि ये कोटियां सर्वमान्य होनी चाहिए।

यदि हम "कैसे" पर विचार करें तो "सही" या "शुभ" में भेद करना होगा। यद्यपि ये दोनों शब्द समानार्थी प्रतीत होते हैं, परंतु नैतिकता के निर्धारण में इनको अलग-अलग अर्थों में समझा जाता है। किसी आचरण को "सही" करने का अभिप्राय है कि हम उस आचरण को नैतिक मानक के रूप में मानते हैं और उस मानक को नैतिक कानून के रूप में स्वीकार कर लेते हैं, जिसका पालन करना चाहिए। हम उसकी अधिकारिता (Authority) का सम्मान करते हैं और स्वयं को उसके प्रति उत्तरदायी मानते हैं। यह मानक हमारी इच्छाओं और उत्तेजनाओं को नियंत्रित करने वाला होता है। जो व्यक्ति इस कानून को आत्मसात करता है और इसके अनुरूप आचरण करता है, उसे संवेनदशील, आत्मनियंत्रणकारी, आदर्शों का कठोरता से पालन करने वाला विश्वसनीय व्यक्ति कहते हैं। यदि हम "शुभ" की बात करें तो यह मूल्य पर आधारित होता है। हम क्या इच्छा रखते हैं उसके भी कुछ मानक होते हैं, परंतु ये मानक नियम या कानून पर आधारित नहीं होते, बल्कि परिणाम पर आधारित होते हैं। व्यक्ति किसी वस्तु का चयन करता है न कि उसके द्वारा नियंत्रित होता है। किसी मनुष्य को दंड के भय से नैतिक नहीं होना चाहिए, बल्कि सिद्धांतों के सम्मान और कर्तव्यों की संवेदना के आधार पर उसे नैतिक होना चाहिए।

अरस्तु की महत्त्वपूर्ण उक्ति है, किसी कार्य को करना मात्र ही पर्याप्त नहीं होता, बल्कि महत्त्वपूर्ण यह है कि उसे सही तरीके से किया जाए। आचरण को तीन स्तरों में बांटा जा सकता है। *पहला*, ऐसे आचरण जिनकी उत्पत्ति स्वाभाविक प्रवृत्ति (Instinct) और मूलभूल आवश्यकताओं के फलस्वरूप होती है। ऐसे आचरण नैतिक कानूनों के अनुरूप हो सकते हैं, हालांकि यह आवश्यक नहीं कि वे अनिवार्यत: नैतिक आदेशों से संचालित हों। इस प्रकार के आचरणों में व्यक्ति की मूलभूत आवश्यकताएं, जैसे– रोटी, कपड़ा और मकान (Food, Cloth and Shelter), संभोग (Sex) तथा इनके ऊपर प्रतिष्ठा, वैभव एवं आत्म बोध (Self Actualisation) को शामिल किया जा सकता है।

दूसरे स्तर के आचरण समाज के मानकों (Standards of Society) से निर्धारित होते हैं, जो कुछ सीमा तक चेतना को शामिल करते हुए सामाजिक कल्याण की प्राप्ति से संबंधित होते हैं। इनके अंतर्गत संपूर्ण सामाजिक शुभ या सुख का विचार किया जाता है, जिसमें व्यक्तिगत शुभ/सुख को महत्ता नहीं दी जाती। यह समूह नैतिकता (Group Morality) कहलाती है। ऐसे आचरण व्यक्ति में कुछ सीमा तक आदत के रूप में या अकस्मात ही विकसित और सक्रिय होते हैं तथा कुछ उसकी बौद्धिकता के फलस्वरूप उत्पन्न होते हैं।

इनके अलावा *तीसरे* स्तर के आचरण समाज और तर्क दोनों के आधार पर बनाए गए मानकों से संचालित होते हैं। ये आचरण न केवल मनुष्य के उद्देश्यों में होते हैं, बल्कि वह उन्हें मूल्य के रूप में भी पहचान प्रदान करता है। वह इन आचरणों को करता है, क्योंकि ये सही और शुभ दोनों हैं। इनके चयन में कठिनाई का अनुभव नहीं होता और व्यक्ति मुक्त रूप से इनका चयन करता है।

पारिवारिक जीवन मूलत: आत्म स्वभाव के आधार पर और प्राकृतिक चयन (Natural Selection) की सहायता से अस्तित्व में आता है। पुरुष और महिला के बीच का आकर्षण, मातृत्व एवं पितृत्व की स्वाभाविकता तथा संपत्ति की प्राप्ति की इच्छा जैसी स्वाभाविक प्रवृत्तियां (Instinct) सामाजिक समूह का विकास करते हैं। पारिवारिक जीवन को स्थायित्व प्रदान करने के लिए धर्म, समाज और नैतिकता की शक्तिशाली पाबंदियां पर्याप्त होती हैं। ये पाबंदियां महिला और पुरुष दोनों को सामाजिक रूप से पथभ्रष्ट होने से रोकती हैं। अभिभावकीय देखभाल (Parental Care) अभिभावकों को जोड़कर रखने में महत्त्वपूर्ण कारक है। संतान की लंबी बाल्यावस्था और प्रारंभिक निरीहता अभिभावकों को बच्चों की देखभाल के लिए मजबूर करती है तथा एक प्रकार के अभिभावकीय स्नेह के नैतिक मूल्य को जन्म देती है।

आत्म स्वभाव के प्राकृतिक बल मनुष्य को आपस में जोड़ते हैं। इस जुड़ाव के फलस्वरूप सामाजिक समूह का निर्माण होता है। इस प्रकार के सामाजिक समूह के स्थायित्व के लिए "समूह नैतिकता" अस्तित्व में लाई गई। सामाजिक समूह के सदस्य जिस प्रकार की नैतिकता के माध्यम से नियंत्रित होते हैं, वह परंपरा के रूप में विकसित होती है और "परंपरागत नैतिकता" (Customary Morality or Traditional Morality) के रूप में जानी जाती है। इस

परंपरागत नैतिकता के अंतर्गत स्वीकृत उभयनिष्ठ आचरण एक संस्कृति को जन्म देते हैं। ये आचरण पीढ़ी-दर-पीढ़ी हस्तांतरित होते हैं और सामाजिक समूह के सदस्यों में आदत के रूप में धारण कर लिए जाते हैं। इन आचरणों को समाज के कल्याण के लिए महत्त्वपूर्ण माना जाने लगता है। कोई व्यक्ति इन आचरणों के विपरीत आचरण करता है, तो समूह उसे स्वीकृति प्रदान नहीं करता।

समाज के बुजुर्ग, धर्म गुरु और मुखिया इन परंपराओं के अभिभावक होते हैं। ये इन परंपराओं में छोटे-बड़े सुधार लाते रहते हैं, जो समाज के सभी सदस्यों पर प्रभावशील होते हैं। समाज में इन परंपराओं का प्रसार शिक्षा और पाबंदियों एवं समाजिक नियंत्रणों के माध्यम से होता है। इन आचरणों के संबंध में शुरुआत में कोई सामान्य मानक (Comman Standards) नहीं होते और विभिन्न अवसरों पर समूह के मुखियाओं द्वारा निर्णय एवं मार्गदर्शन दिए जाते हैं। पूर्व निर्णयों (Precedents) के आधार पर ही सामान्य नैतिकता का जन्म होता है अर्थात् एक कानूनी परंपरा अस्तित्व में आने लगती है।

संपूर्ण रूप में नैतिकता का प्रादुर्भाव तब होता है, जब प्रत्येक सदस्य सही (Right) की पहचान करने लगता है, शुभ का चयन मुक्त रूप से करने लगता है और हृदय से प्रगतिशील सामाजिक विकास के बारे में विचार करता है। सामूहिक नैतिकता (Group Morality) अपनी एजेंसियों के माध्यम से आचरण या परंपराओं के मानक तय कर लेती है। हालांकि यह आवश्यक नहीं है कि व्यक्तिगत रूप में समाज के प्रत्येक सदस्य के लिए ये मूल्य के रूप में बने रहें। कई बार जब समाज का एक बड़ा भाग इन्हें मूल्य के रूप में पहचान प्रदान करने से इनकार करने लगे, तो टकराव की स्थिति उत्पन्न हो जाती है। यह टकराव समाज के अधिकरण (Authority) और समूह के हितों के मध्य तथा लोक एवं निजी हितों के मध्य होता है। यह टकराव स्थिर व्यवस्था (Order) और प्रगति (Progress) तथा आदत (Habit) और सुधारों (Reforms) के मध्य भी होता है।

व्यक्ति की अपनी राय होती है और वह अपनी स्वतंत्रता तथा हितों के लिए कुछ विश्वासों को लेकर चलता है, जो कई बार सामूहिक मानकों, हितों और अधिकरण से विरोधाभास की स्थिति में होते हैं। वास्तविक शुभता या सद्गुण स्व (Self) के त्याग से संबंधित होता है। समस्त बुराइयों (Vices), जैसे- हितवाद (Egoism) और स्ववाद (Selfishness) की रोकथाम करना आसान कार्य नहीं है। स्व का त्याग करने वाली नैतिकता कभी भी सतत रूप से संचालित नहीं हो सकती। अधिकतर लोकप्रिय नैतिकता कुछ सीमा तक स्व का बलिदान करने और दूसरों के स्व को शामिल करने के असंतुलित मेल का परिणाम होती है। प्रत्येक स्थान पर स्व को नकारना प्रायोगिक (Practicable) नहीं होता। यह केवल पारिवारिक जीवन और विशेष धार्मिक कर्तव्यों के लिए बना है। सफलता व्यवसाय के क्षेत्र में अंतिम परिणाम के रूप में उभरकर सामने आती है, जो कि स्व की अभिव्यक्ति से संबंधित होती है। अत: प्रायोगिक रूप में किसी क्षेत्र में हित का त्याग और किसी क्षेत्र में स्व की अभिव्यक्ति एक-दूसरे के सहयोगी रूप में होते हैं।

हाल के दशकों में नैतिक अध्ययन में यह सर्वाधिक चर्चा का विषय रहा है कि समस्त नैतिक अनुमानों का आधार व्यक्ति के स्व और अन्य लोगों के स्व का सम्मान करना है। मनुष्य प्राकृतिक रूप से पूरी तरह अपने उद्देश्यों को पूरा करने के लिए ही आचरण करता है और नैतिकता स्वप्रेम से उभयनिष्ठ सामाजिक व्यवस्था की प्राप्ति को समाहित करती है। मनुष्य मूलत: स्वार्थी है और नैतिकता "स्वार्थपरकता का ज्ञान" है। यह दूसरों को विचार में लेकर लोगों के स्व का सम्मान करते हुए सुख की प्राप्ति का साधन है। नैतिकता लोगों के स्वार्थपरक आचरण को कर्तव्य के कानून की परिधि में लाने का प्रयास करती है। लोगों के हित स्वभावत: आंशिक रूप से स्वार्थपरक और आंशिक रूप से सहानुभूति परक होते हैं, जबकि नैतिकता इन प्रवृत्तियों में समझौते की स्थिति लाती है।

एक व्यक्ति का जीवन अन्य व्यक्तियों के साथ विभिन्न प्रकार के संबंधों से संचालित होता है और ये संबंध स्नेह तथा विश्वास के स्तर पर आधारित होते हैं, जो अन्य व्यक्तियों को व्यक्ति की निजता में दखल देने की अनुमति देते हैं। दखल का यह स्तर संबंधों के प्रकार और व्यक्तिगत विचारों के अनुसार परिवर्तनशील होता है। एक व्यक्ति अपने

नजदीकी लोगों को अधिक प्राथमिकता देता है। संबंधों का गणित समझना आसान कार्य नहीं है और कई बार लोग कुछ रिश्तों को निभाने में बड़ी गलतियां कर देते हैं। रिश्ते दार्शनिक रूप से नैतिकता, सामाजिक प्रसंविदाओं और प्रचलित कानूनों, नियमों तथा विनियमों पर आधारित होते हैं। उदाहरण के लिए, विवाह जो एक निजी संबंध है, हिंदू विवाहित जोड़ों में हिंदू विवाह अधिनियम द्वारा अधिनियमित होता है।

लोक संबंध और निजी संबंध

हम व्यापक रूप से रिश्तों को लोक संबंधों और निजी संबंधों में विभाजित कर सकते हैं। लोक संबंध औपचारिक रिश्ते होते हैं, जैसे– शिक्षक और छात्र के मध्य संबंध, ग्राहक और सेवा प्रदाता के मध्य संबंध, एक लोक सेवक और नागरिकों के मध्य संबंध। ये कुछ सुपरिभाषित कर्तव्यों और लेन-देन (Quid-pro-quo) की प्रक्रिया पर आधारित होते हैं। दूसरी ओर, निजी संबंध अत्यधिक त्याग की भावनाओं वाली प्रकृति के होते हैं। निजी संबंधों में संबंधों के संचालन में उत्पन्न होने वाले दावों (Dues) का विचार बहुत अधिक क्रियाशील नहीं होता। उदाहरण के लिए, एक बड़े भाई का अपने छोटे भाई के लिए योगदान कोई कानूनी ऋण उत्पन्न नहीं करता है। इस प्रकार का संबंध किसी कानूनी अवयव के सहारे की खोज नहीं करता। इसका अर्थ है कि लोक संबंधों का ध्यान से संचालन किया जाना चाहिए, जबकि निजी संबंध आसानी से संचालित किए जा सकते हैं। अब प्रश्न यह है कि संबंधों के लौकिक या निजी होने का अनुमान किस प्रकार किया जाना चाहिए। इस प्रश्न के प्रत्युत्तर में हम कह सकते हैं कि लोक संबंध एक कानूनी अधिकरण द्वारा कानूनी तरीकों से नियंत्रित होते हैं, वहीं निजी संबंध नैतिक बाध्यताओं के आधार पर नियंत्रित होते हैं। एक कार्यालय में एक पद को धारण करने वाले व्यक्ति और हितग्राही के मध्य संबंधों का संचालन वैधानिक जवाबदेही पर आधारित होता है, जबकि एक पिता और पुत्र के मध्य का संबंध नैतिक उत्तरदायित्व पर आधारित होता है। पहला संबंध एक कानूनी विवशता पर आधारित है और इसका झुकाव कर्तव्यवाद की ओर अधिक है, वहीं दूसरा संबंध नैतिक विवशताओं पर आधारित है, जिसका झुकाव प्रयोजनमूलकता की ओर है।

लोक संबंधों का एक लोक सेवक के जीवन में अत्यधिक महत्त्व होता है, क्योंकि वे अपने दैनिक कार्यों के रूप में आम जनता से संबंधों का संचालन करते हैं। एक लोक सेवक को आचरण नियमों के अनुसार लोक संबंधों का निर्वहन करना चाहिए। सिविल सेवा आचरण नियम एक लोक सेवक से अपेक्षित आचरण का प्रावधान करते हैं। हम इन आचरण नियमों पर आगे के अध्याय में चर्चा करेंगे। एक लोक सेवक को लोक संबंधों को निजी संबंधों की तरह नहीं लेना चाहिए, क्योंकि यह दृष्टिकोण लोक सेवा मूल्यों, जैसे– गैर-पक्षपातपूर्णता और भेदभावपूर्णता को कमजोर करता है। एक लोक सेवक को अपने अधीनस्थ कर्मचारियों के साथ निजी प्रकार के संबंधों से बचना चाहिए। इसका यह अर्थ कदापि नहीं है कि उसे अपने अधीनस्थों से विलग होकर रहना चाहिए, बल्कि उसे भावनात्मक बुद्धिमत्ता के प्रकाश में संबंधों की एक सीमा रेखा तय करनी चाहिए। यद्यपि निजी संबंध नैतिकता पर आधारित होते हैं, लेकिन समाज के सफल संचालन के लिए ये भी न्यूनतम वैधानिक प्रवर्तन द्वारा नियंत्रित होते हैं। एक पिता और पुत्र के मध्य का संबंध अत्यधिक निजी प्रकार का होता है, लेकिन यदि पिता अपने पुत्र की शिक्षा को लेकर लापरवाह हो जाए और उसे बाल श्रम करने पर मजबूर करे, तो उसी क्षण वैधानिकता अस्तित्व में आ जाती है। इसी प्रकार यदि एक पत्नी अपने पति की शारीरिक आवश्यकताओं की पूर्ति न करे, तो पति अपने अधिकारों के लिए न्यायालय की शरण ले सकता है। हम ऐसे अनेक उदाहरण दे सकते हैं, जहां निजी संबंधों में कानूनी प्राधिकरणों द्वारा हस्तक्षेप किया जाता है, जब ये निजी संबंध सुधार योग्य नहीं रह जाते हैं। सामान्यतः इस प्रकार के विवादों को हल करने के कोई कठोर प्रावधान नहीं हैं और कुछ अपवादों को छोड़कर परामर्श के साधन का प्रयोग करके संबंधित पक्षकारों का मार्गदर्शन किया जाता है।

हमें यह परीक्षण करना है कि लोक संबंधों में कानूनी छानबीन किस सीमा तक नैतिक है। इसको लेकर कोई स्पष्ट मार्गदर्शी सिद्धांत उपलब्ध नहीं है। परंतु इस आशय के लिए समाज की परंपरा, संस्कृति और सामान्य विश्वास सामूहिक रूप से मार्गदर्शन करते हैं, या हम कह सकते हैं कि इस प्रश्न का उत्तर सामाजिक प्रसंविदा में निहित है। परंतु ऐसे अल्पसंख्यक समुदाय, जो विशिष्ट निजी संबंधों को लेकर विपरीत विचार रखते हैं, उनके अधिकारों के हनन की पर्याप्त संभावना बनी रहती है। समलैंगिक अधिकारों और भारतीय दंड संहिता की धारा 377, तीन तलाक, परस्त्री गमन, भारतीय दंड संहिता की धारा 497, सरोगेसी कानून, आदि इस विचार से संबंधित कुछ उदाहरण हैं।

समलैंगिक अधिकारों के परिप्रेक्ष्य में लोक और निजी नैतिकता को लेकर अलग-अलग देशों में मतभिन्नता दिखाई देती है। यदि हम भारत की बात करें, तो भारतीय दंड संहिता की धारा 377 के अंतर्गत समलैंगिकता को अपराध की श्रेणी में माना जाता था। 1861 से 2018 तक लगभग 157 वर्षों की अवधि में भारत में समलैंगिकता के अपराध के लिए 10 वर्षों के कारावास का प्रावधान रहा। वर्ष 2009 में दिल्ली उच्च न्यायालय ने *नाज फाउंडेशन विरुद्ध NCT दिल्ली मामले में* धारा 377 को पहली बार असंवैधानिक घोषित किया। दिल्ली उच्च न्यायालय के अनुसार यह माना गया कि समलैंगिकता को दंडित करना संविधान के अनुच्छेद 21 के निजता और व्यक्तिगत स्वतंत्रता के अधिकारों का हनन है। साथ ही, यह अनुच्छेद 14 -समान व्यवहार का अधिकार (Right to Equal Treatment) और अनुच्छेद 15 -भेदभाव का निषेध (Prohibition of Discrimination) के विरुद्ध है। वर्ष 2018 में उच्चतम न्यायालय की पांच न्यायाधीशों की खंडपीठ ने ऐतिहासिक निर्णय देते हुए समलैंगिकता को अपराध मानने वाले कानून को शून्य घोषित कर दिया।

नैतिकता का मानकीकरण

नैतिकता का मानकीकरण किसी समाज के आर्थिक और आध्यात्मिक विकास के संकेतकों द्वारा निर्धारित होता है। ये मानक राज्य द्वारा नीतिशास्त्र के रूप में विकसित हो जाते हैं। ये मानक अलग-अलग देशों में वहां के सामाजिक, सांस्कृतिक और आर्थिक कारकों के आधार पर अलग-अलग तरीके से विकसित होते हैं। कई बार ये मानक इस संबंध में प्रचलित अंतर्राष्ट्रीय मानकों से विरोधाभास की स्थिति में होते हैं। उदाहरण के लिए, जर्मनी के कानून के अनुसार, बच्चों का छह वर्ष से सोलह वर्ष की आयु तक विद्यालय जाना अनिवार्य है और घर पर शिक्षा पूर्णतः वर्जित है। जर्मनी के सर्वोच्च न्यायालय के दो आदेशों ने बच्चों की शिक्षा को लेकर राज्य को अभिभावकों के समान शक्तियां प्रदान की हैं। इस कानून का आशय यह सुनिश्चित करना है कि बच्चों का उपयुक्त समाजीकरण होना चाहिए। परंतु यह कानून सिविल और राजनीतिक अधिकारों पर अंतर्राष्ट्रीय प्रतिज्ञा (International Covenant on Civil and Political Rights–ICCPR) से सीधे रूप में विरोधाभास रखता है, जबकि जर्मनी ने इस पर हस्ताक्षर किए हैं। ICCPR अभिभावकों को निम्नलिखित स्वीकृतियां प्रदान करता है– 'इस अंतर्राष्ट्रीय प्रतिज्ञा के अंतर्गत आने वाले राज्यों को अभिभावकों की स्वतंत्रता का सम्मान करना चाहिए और जब आवश्यक हो अभिभावकों को उनके विश्वास के अनुरूप अपने बच्चों को धार्मिक और नैतिक शिक्षा सुनिश्चित करने देनी चाहिए।' यह अभिभावकीय स्वतंत्रता गृह शिक्षा के अधिकार को भी शामिल करती है। जर्मनी ने आर्थिक, सामाजिक और सांस्कृतिक अधिकारों पर प्रतिज्ञापत्र (International Covenant on Economic, Social and Cultural Rights) पर हस्ताक्षर किए हैं, जो कहता है कि इस प्रतिज्ञापत्र पर हस्ताक्षर करने वाले सदस्य राज्यों को अभिभावकों की स्वतंत्रता का सम्मान करना चाहिए। उन्हें बच्चों के लिए ऐसे स्कूलों का चयन करने की स्वतंत्रता होनी चाहिए, जो राज्य द्वारा स्थापित स्कूलों से अलग हों। यद्यपि जर्मनी यूरोपियन कन्वेंशन ऑन ह्यूमन राइट्स का भी सदस्य है, जो अभिभावकों के चयन को लेकर अत्यल्प सहानुभूति रखता है। यूरोपियन कोर्ट ऑफ ह्यूमन राइट्स ने एक होम स्कूलिंग देने वाले जर्मन परिवार के विरुद्ध कोनराड मामले (2006) में विरोध में निर्णय सुनाया था।

कोनराड मामले में चार आवेदकों -फ्रिट्ज कोनराड, मेरिआना कोनराड और उनके बच्चों रिबेका एवं जोसुआ ने यूरोपियन कोर्ट ऑफ ह्यूमन राइट्स के समक्ष जर्मनी के विरुद्ध आवेदन किया। आवेदक जर्मनी के हेरबोलजीम (Herbolzheim), शहर के निवासी हैं और ईसाई समुदाय से आते हैं। ये मजबूत रूप से बाइबल से जुड़े हैं और किसी भी प्रकार के निजी या राज्य द्वारा संचालित स्कूलों को अपनाने से इनकार करते हैं। कोनराड दंपति का मानना है कि स्कूली शिक्षा उनकी आस्था के विरुद्ध है, क्योंकि स्कूली शिक्षा में लैंगिक शिक्षा (Sex Education), काल्पनिक देवी-देवताओं, आदि के बारे में पढ़ाया जाता है, जो स्कूली बच्चों में मनोवैज्ञानिक हिंसा की भावना को प्रेरित करता है। अपने बच्चों के माध्यम से कोनराड दंपति ने बच्चों को अनिवार्य स्कूल उपस्थिति से छूट और घर में ही शिक्षा की व्यवस्था करने का आवेदन किया। स्कूल प्रशासन ने उनके आवेदन को स्वीकृत नहीं किया। जुलाई 2001 में फ्रीबर्ग प्रशासनिक न्यायालय ने भी उनके आवेदन को निरस्त कर दिया। कोर्ट ने यह माना कि मूलभूत कानून अभिभावकों को धर्म की स्वतंत्रता और बच्चों को उनकी धार्मिक तथा दार्शनिक मान्यताओं के आधार पर शिक्षा का अधिकार प्रदान करते हैं, जो कि इस नकारात्मक पक्ष को भी शामिल करता है कि बच्चों को ऐसे विश्वासों और मान्यताओं से दूर रखा जाना चाहिए, जो उनकी राय में खतरनाक हैं। इससे राज्य की स्वतंत्रता का हनन होता है, क्योंकि राज्य को अनिवार्य शिक्षा के दायित्वों को पूर्ण करना है। आवेदक दंपति द्वारा घर में एक संरक्षित वातावरण में बच्चों को शिक्षा देने से बच्चों को सीधे रूप में प्राप्त होने वाले अनुभव प्राप्त नहीं हो पाएंगे। इसके अलावा राज्य बच्चों के हितों का भी संरक्षक है, जो कि स्कूली शिक्षा प्राप्त करने में है न कि घर पर शिक्षा लेने में। बच्चों में आयु की अपरिपक्वता के कारण सही निर्णय लेने की क्षमता नहीं होती। अत: राज्य को उनके शिक्षा संबंधी अधिकारों को संरक्षित करना होता है। कोनराड दंपति ने पुन: फेडरल न्यायालय और संविधान न्यायालय में आवेदन किया, परंतु उन्हें निरस्त कर दिया गया।

कोनराड दंपति ने नवंबर 2003 में यूरोपियन कोर्ट ऑफ ह्यूमन राइट्स के समक्ष आवेदन किया। आवेदकों ने कन्वेंशन के प्रोटोकॉल क्र. 01 के अनुच्छेद 8 और 9, साथ ही अनुच्छेद 2 के अंतर्गत शिकायत प्रस्तुत की। आवेदकों ने आरोप लगाया कि उनके बच्चों को घर पर शिक्षा प्रदान करने की स्वीकृति न प्राप्त होना उनके अधिकारों का प्रोटोकॉल क्र. 01 के अनुच्छेद 2 के प्रावधानों के विरुद्ध है। (यह प्रावधान है कि– 'No person shall be denied the right to education.In the exercise of any functions which it assumes in relation to education and to teaching, the state shall respect the right of parents to ensure such education and teaching in conformity whith their own religious and philosophical convictions.') न्यायालय ने सभी पक्षों पर विस्तृत अध्ययन किया और अंतत: शिकायत को आधारहीन मानकर अस्वीकृत कर दिया।

जर्मनी एक उदार लोकतंत्र है। फिर भी राज्य का इस विषय में व्यवहार लोकतंत्र के मूल्यों के विपरीत है। यद्यपि सरकार को बच्चों की शिक्षा की निगरानी करने की शक्तियां प्राप्त हैं, परंतु यह पूर्णत: राज्य के नियंत्रण में नहीं होना चाहिए। अभिभावक अपने बच्चों का भविष्य तय करने के विषय में राज्य के ऊपर हैं, क्योंकि शिक्षा केवल अकादमिक नहीं होती बल्कि उससे अधिक होती है। यह अभिभावकों के सांस्कृतिक और आध्यात्मिक या धार्मिक विश्वासों को बच्चों में उतारने की चयनात्मकता से भी संबंधित है। इस प्रकार की शैक्षणिक स्वतंत्रता के अभाव में बच्चे वास्तव में "राज्य के बंधक" हो जाएंगे। हम नॉर्वे और अन्य यूरोपीय देशों में इस प्रकार के और भी मामले देख सकते हैं। निजी संबंधों में राज्य के हस्तक्षेप का एक अन्य उदाहरण भारत में माता-पिता और वरिष्ठ नागरिकों का भरण-पोषण तथा कल्याण अधिनियम, 2007 है, जो उत्तराधिकारियों को उनके वृद्ध अभिभावकों का भरण-पोषण करने पर बाध्य करता है।

ऐसे कई उदाहरण हैं, जहां निजी और लोक संबंधों द्वारा एक-दूसरे की सीमाओं का उल्लंघन करने का प्रयास किया जाता है तथा कई बार इनमें अंतर कर पाना कठिन होता है। इन परिस्थितियों से बचने के लिए व्यक्ति को अपनी इच्छाओं और सुख का परित्याग करना होगा। उदाहरण के लिए, एक लोक सेवक को अपनी महिला अधीनस्थ

के साथ शारीरिक संबंध बनाने से बचना चाहिए, यदि वह उससे विवाह करने नहीं जा रहा है। हम ऐसी अनेक परिस्थितियों को उजागर कर सकते है जहां ये मार्गदर्शी सिद्धांत मानवीय व्यवहार का आधार बनकर उभरते हैं। गांधी जी द्विस्तरात्मक नैतिकता को चुनौती देते हैं। द्विस्तरात्मक नैतिकता में पहली निजी जीवन के लिए और दूसरी उसके लोक जीवन के लिए है। पहले स्तर की नैतिकता किसी के व्यक्तिगत आचरण से संबंधित है और दूसरे स्तर की नैतिकता सामूहिक आचरण तथा राजनीतिक जीवन से संबंधित है, जिसके काफी गूढ़ अर्थ हैं। यह द्विमानकता का सिद्धांत (Doctrine of Double Standards) कहलाता है। गांधी जी इस सिद्धांत को नकार देते हैं और कहते हैं कि इस सिद्धांत के अंतर्गत संचालित समाज स्व-विनाश और उत्पीड़न का परिचायक है। व्यक्तिगत और राजनीतिक नैतिकता परस्पर सुलह योग्य है तथा इसका विस्तार सभी व्यक्तियों के जीवन के समस्त क्षेत्रों में होना चाहिए। यद्यपि गांधी जी राजनीति को दूषित और पाप मानते हैं, लेकिन उनका यह दृढ़ विश्वास है कि इसका शुद्धीकरण किया जा सकता है। इसके लिए पहला कदम लोक और निजी नैतिकता के भेदभावपूर्ण अर्थ से मुक्त होना या राजनीतिक एवं निजी नैतिकता के अंतर को समाप्त करने की प्रक्रिया की ओर बढ़ना है।

अभ्यास प्रश्न

1. निजी संबंधों में नैतिकता को उपयुक्त उदाहरणों के माध्यम से समझाइए।
2. लोक संबंधों में नीतिशास्त्र की व्याख्या करें।
3. निजी और लोक संबंधों में नीतिशास्त्रीय अंतर विधि निर्माण प्रक्रिया में कठिनाई प्रस्तुत करता है। इसे उपयुक्त उदाहरणों के माध्यम से समझाइए।
4. सिविल सेवकों को निजी और लोक संबंधों की सतत्ता (Continuum) के बारे में जागरूक होना चाहिए, क्योंकि यह लोक जीवन में अत्यधिक गंभीर परिणाम उत्पन्न कर सकता है। समझाइए।
5. क्या आप सहमत हैं कि राज्य को लोगों के निजी जीवन को नियंत्रित करना चाहिए? यदि हां, तो इस संबंध में राज्य के लिए मार्गदर्शी सिद्धांत क्या होना चाहिए?

अध्याय 4

मानवीय मूल्य

Human Values

प्रस्तावना (Introduction)

मूल्यों को किसी वस्तु (Object) के महत्त्व (Worth), उपयोगिता, गुण (Merit), वांछनीयता (Desirability) और मानकों के रूप में परिभाषित किया जाता है। मानवीय मूल्यों के संदर्भ में ये वस्तुएं विचार, शब्द और व्यवहार के रूप में ली जा सकती हैं। विभिन्न व्यक्तियों के लिए इन विचारों, शब्दों और व्यवहारों के चयन के अलग-अलग मानक हो सकते हैं। इस प्रकार हम कह सकते हैं कि मूल्य प्राथमिकताओं या चयन के रूप में देखे जाते हैं। कुछ लोग भौतिक मूल्यों को नैतिक और आध्यात्मिक मूल्यों पर वरीयता देते हैं। यह प्राथमिकता लोगों की अभिवृत्ति/मनोवृत्ति (Attitude) और अभिरुचि (Aptitude) पर निर्भर करती है। मूल्यों की रचना अनेक कारकों पर निर्भर करती है और ये कारक बुद्धिमत्ता (Intelligence) से अधिक मनोवृत्ति पर आधारित होते हैं। मूल्य एक गतिक अवधारणा है, जो चयनात्मकता और प्राथमिकता के साथ बदलती रहती है। किसी छात्र के लिए परीक्षा के समय किताबें अन्य वस्तुओं से अधिक मूल्यवान होती हैं, वहीं परीक्षा की समाप्ति पर इन किताबों का मूल्य उसके लिए कम हो सकता है। इसका अभिप्राय है कि परिस्थितियां और इच्छाएं मूल्यों का मापन करती हैं। कुछ मूल्य सार्वभौमिक रूप से स्वीकार्य होते हैं और मूल्यों के चरम स्थिति में होने जैसी अपवाद वाली स्थितियों में ही इन्हें छोड़ा जा सकता है।

जब हम मानवीय मूल्यों की बात करते हैं, तो हमारा आशय उन व्यक्तिगत कोर मूल्यों से होता है, जो किसी व्यक्ति के आचरण का मार्गदर्शन करते हैं। वास्तव में, कोर मूल्य किसी व्यक्ति को कैसा जीवन जीना है इस बात के निर्धारण में महत्त्वपूर्ण घटक होते हैं। यह इस बात को सुनिश्चित करता है कि हम इस संसार में किस तरह का इनसान बनना पसंद करेंगे। एक व्यक्ति हर पल अनेक निर्णय लेता है। उसके आंतरिक मूल्य किसी विशेष निर्णय को विशिष्ट प्रकार से लेने के लिए उद्देश्य और कसौटियों की आपूर्ति करते हैं। अन्य शब्दों में, कोई व्यक्ति कितनी मात्रा में संतुष्टि प्राप्त करता है यह उसके व्यक्तिगत मूल्य तंत्र (Value System) द्वारा नियंत्रित होता है, क्योंकि अभिप्रेरणा और आचरण व्यक्ति की इस महत्त्वाकांक्षा से कि वह अपने जीवन में क्या बनना चाहता है, अनुरूपता स्थापित करते हैं। व्यक्ति जिस संगठन में कार्य करता है, उसके लिए भी व्यक्तिगत कोर मूल्य महत्त्वपूर्ण होते हैं। अनुसंधानकर्ताओं का ध्यान उन मूल्यों पर अधिक होता है, जो व्यक्तियों के सामाजिक व्यवहार के इर्द-गिर्द घूमते हैं। ये मूल्यों को शक्तिशाली प्रेरक के रूप में देखते हैं, जो मनोवृत्ति को नियंत्रित करते हैं और इन मनोवृत्तियों के लिए औचित्य प्रदान करते हैं। प्रत्येक संगठन स्वयं का मूल्य तंत्र विकसित करता है और ये संगठनात्मक मूल्य उसके लक्ष्यों और प्राथमिकताओं को दर्शाते हैं। अंततः, मूल्यों में एक बड़ा सामाजिक परिवर्तन लाने की संभावना निहित होती है। अनेक अनुसंधानकर्ताओं ने मूल्यों और संगठनात्मक गुणों, जैसे– प्रतिबद्धता, ग्राहकों की संतुष्टि तथा कार्य संस्कृति के बीच सहसंबंध स्थापित करने का प्रयास किया है। संगठनात्मक संस्कृति के मापन और आकलन के लिएं अनेक

उपकरण (Tools) विकसित किए गए हैं, ऐसा ही एक महत्त्वपूर्ण प्रयास मिल्टन रॉकीस द्वारा 1973 में किया गया। यह मूल्य सर्वेक्षण चारों ओर प्रशंसनीय रहा है और आज भी एक अनुसंधान उपकरण के रूप में प्रयोग में लाया जाता है। रॉकीस द्वारा वर्णित मूल्यों को लेकर बहुत कम अस्वीकार्यता है। उनके द्वारा वर्णित इन 36 मूल्यों ने लगभग सभी संगठनात्मक मूल्यों को शामिल किया है।

मूल्य तंत्र (Value System)

नेतृत्व अध्ययन में मूल्य तंत्र के विज्ञान को शामिल किया जाता है। किसी संगठन के कर्मचारियों में प्रेरणा के स्तर और कार्य संस्कृति के प्रति वचनबद्धता का संगठन के मूल्य तंत्र से सीधा संबंध होता है। अंततः, मूल्य ही किसी व्यक्ति को एक नेतृत्वकर्ता बनाते हैं। प्राचीन समय में मूल्यों को अतिरिक्त संसाधन के रूप में माना जाता था, जो प्रतिस्पर्धा में वृद्धि करते थे, लेकिन वर्तमान समय में मूल्यों को किसी संगठन के अस्तित्व का आधार माना जाता है। आज कर्मचारी के कठिन श्रम, कुशलता और गुणों को एक पूर्ण मूल्य तंत्र की अनुपस्थिति में अनुपयोगी माना जाता है। कई विद्वानों ने अपने मूल्य तंत्रों के वर्गीकरण के अंतर्गत विभिन्न मूल्यों की व्याख्या की है, जैसे– रॉकीस के सहायक और आंतरिक स्तर के मूल्य, पोसनर और सिमिट के व्यक्तिगत एवं संगठनात्मक स्तर के मूल्य और हाफ्सटीड के व्यवसायात्मक (Occupational), संगठनात्मक (Organisational) तथा राष्ट्रीय स्तर के मूल्य। ये मूल्य स्तर अनेक मूल्यों का विभिन्न स्तर के संगठनों से सहसंबंध बताते हैं। किसी संगठन में अनेक उपसमूह हो सकते हैं और इन उपसमूहों के मूल्य संगठन के मूल्यों से मेल खाने वाले होने चाहिए। संगठन का प्रत्येक सदस्य संगठन में कुछ मूल्यों को जोड़ता है और यदि व्यक्तिगत मूल्य संगठन के मूल्यों से तालमेल नहीं रखते, तो इससे विसंगति ही पैदा होती है। मूल्य तंत्र को नैतिकता, गुण एवं प्रतिबद्धता से संबंधित मानकों की प्राथमिकता की व्यवस्था के रूप में परिभाषित किया जाता है। प्रत्येक व्यक्ति में अनेक मूल्यों का समावेश होता है, किंतु इन मूल्यों के होने मात्र से कार्य सिद्ध नहीं हो सकता, बल्कि इन मूल्यों का एक पदसोपान (Hierarchy) में रहना भी आवश्यक है।

उच्चतम स्तर वाले मूल्यों की प्राथमिकता अपेक्षाकृत निम्न स्तर वाले मूल्यों से अधिक होती है। इसी प्रकार, संगठनात्मक मूल्य तंत्र में भी यही विचार प्रतिपादित होता है। कोर मूल्य सोपान क्रम में सबसे उच्चतम स्तर पर होते हैं और किसी व्यक्ति या संगठन के व्यवहार तथा कार्य को अत्यधिक प्रभावित करते हैं। स्वार्ज के अनुसार, 'मूल्य वे विश्वास हैं, जो व्यवहार या इच्छित लक्ष्य से संबंधित होते हैं।' मूल्य किसी विशिष्ट स्थिति से उबरने का प्रयास करते हैं, स्थिति का आकलन कर प्राथमिकताओं का निर्धारण करते हैं और अंततः महत्त्व के क्रम का अनुसरण करते हैं।

वुडवार्ड और शफाकत के अनुसार, मूल्यों को मानकों या दिशा-निर्देशी सिद्धांतों के रूप में समझने का प्रयास करना चाहिए। ये अमूर्त (Abstract) और अंतर्राबंधित होते हैं, व्यक्ति इन्हें सीखता है और इस आधार पर ये लंबे समय तक हस्तांतरित होकर सोपान क्रम में अस्तित्व में बने रहते हैं। दूसरे शब्दों में, मूल्यों को विश्वास, मानकों, सिद्धांतों और प्राथमिकताओं के रूप में समझा जाता है।

अंतिम मूल्य और सहायक मूल्य

रॉकीस के अनुसार, 'मूल्य लंबे समय तक बने रहने वाले विश्वास होते हैं, जो किसी विशिष्ट आचरण या अंतिम लक्ष्य (Final Goal) के रूप में विरोधाभासी विचारों पर प्राथमिकता से संबंधित होते है।' रॉकीस मूल्यों के दो समुच्चय (Sets) बताते हैं– अंतिम मूल्य (Terminal Value) और सहायक मूल्य (Instrumental Value)। अंतिम मूल्य उस इच्छित और अंतिम उद्देश्य या लक्ष्य को धारण करते हैं, जिसे व्यक्ति अपने जीवनकाल में प्राप्त करना चाहता है। ये अंतिम मूल्य व्यक्ति और समाज के अनुसार अलग-अलग हो सकते हैं। वहीं दूसरी ओर, सहायक मूल्य अंतिम मूल्य की प्राप्ति के साधन के रूप में होते हैं। ये अंतिम लक्ष्य की प्राप्ति के लिए आवश्यक व्यवहार एवं आचरण पर आधारित होते हैं। रॉकीस के अनुसार, मूल्य एक बार हृदय में धारण हो जाएं, तो वे संगठित मूल्य तंत्र के अभिन्न

अंग बन जाते हैं। यह मूल्य तंत्र कठिन निर्णय लेने की स्थिति में विरोधाभासों और टकरावों को दूर करने के लिए स्वचालित तरीके से कार्य करता है। रॉकीस द्वारा बताए गए दोनों प्रकार के मूल्य एक-दूसरे से बहुत अधिक अलग नहीं हैं, बल्कि कार्यिक (Functionally) रूप से एक को पाने के लिए दूसरे को साधन के रूप में प्रयोग में लाए जाते हैं, इस प्रकार ये दोनों आपस में जुड़े हुए हैं। किसी सहायक मूल्य पर आधारित कोई व्यवहार एक या एक से अधिक अंतिम मूल्यों की प्राप्ति के लिए प्रयोग में लाया जा सकता है, साथ ही अनेक सहायक मूल्य किसी अंतिम मूल्य की प्राप्ति में प्रयोग में लाए जा सकते हैं। ये मूल्य अकेले ही निर्धारक नहीं होते, बल्कि सोपान क्रम में इनकी उपस्थिति या प्राथमिकता महत्त्वपूर्ण भूमिका निभाती है। इसके अतिरिक्त हम यह भी कह सकते हैं कि संगठनात्मक स्तर पर सहायक मूल्यों की स्थिति बदली जा सकती है, परंतु अंतिम मूल्यों की स्थिति अप्रभावित रहती है। विभिन्न मूल्यों की सोपान क्रम में स्थिति लिंग, कार्य संस्कृति और व्यक्ति के पुराने अनुभवों पर आधारित होती है। कोर विश्वास मूल्यों की आपूर्ति करते हैं, जो व्यक्ति के इच्छित जीवन जीने का मार्ग प्रशस्त करते हैं। मूल्य तंत्र का निर्माण बचपन में ही हो जाता है और निश्चित रूप से अभिभावक, शिक्षक, मित्र तथा सामाजिक वातावरण इसे अधिक प्रभावित करते हैं। किसी व्यक्ति के मूल्य निर्धारण में उसका आरंभिक अनुभव बड़ी भूमिका निभाता है।

कोर मूल्य

हमारा व्यवहार और आचरण कोर मूल्यों को दर्शाते हैं। लोग अपने व्यक्तिगत मूल्यों का चयन विभिन्न कसौटियों के अंतर्गत करते हैं। व्यक्ति के मिशन (Mission), दृष्टिकोण (Vision) और मूल विश्वास (Fundamental Believes) उसके कोर मूल्यों के अनुसार ही होते हैं। प्रेरक व्यक्तित्व हमारे कोर मूल्यों को प्रभावित करते हैं। उनके मूल्य तंत्र में अनुसरण करने वाले लोगों के मूल्य तंत्र को प्रभावित करने की क्षमता होती है। व्यक्तिगत कोर मूल्य व्यक्ति के दैनिक निर्णयों को प्रभावित करते हैं। ये कोर मूल्य व्यक्ति के जीवन की दशा और दिशा तय करते हैं। व्यक्तिगत कोर मूल्य अधिक स्थायी होते हैं और ये कुछ सप्ताह या महीनों में परिवर्तित नहीं होते। नए कोर मूल्यों के निर्माण के लिए बहुत अधिक अभ्यास और स्वप्रेरणा की आवश्यकता होती है। मूल्य अर्थपूर्ण जीवन जीने के लिए यंत्र (Tools) प्रदान करते हैं, जो जीवन का उद्देश्य पूर्ण करने में सहायक होते हैं और जीवन में प्रसन्नता एवं आनंद लाते हैं। मूल्यों के विवेकपूर्ण चयन से अनेक प्रकार के लाभ होते हैं। ये अच्छे निर्णय लेने में सहायक होते हैं और व्यक्ति के तनाव के स्तर को कम करते हैं। समान मूल्य रखने वाले लोग एक-दूसरे की ओर आकर्षित होते हैं और परस्पर संगठित होकर जीवन की विपदाओं को कम करते हैं, जिससे जीवन में खुशहाली, संतुष्टि एवं प्रसन्नता का संचार होता है।

अपने कोर मूल्यों का चयन करना एक कठिन निर्धारण है, जो आपकी जीवनशैली में आमूल-चूल परिवर्तन कर सकता है। हमारे जीवन में कुछ निर्णय काफी उलझे हुए होते हैं, ये निर्णय हमें जीवन का लक्ष्य प्रदान करते हैं और हमारे व्यक्तिगत निर्णय के लिए कसौटियों का निर्धारण करते हैं। अपने व्यक्तिगत कोर मूल्यों के अनुसार जीवनयापन करने में एक अलग ही संतुष्टि प्राप्त होती है, क्योंकि ऐसा करने से प्रेरणा और व्यवहार के मध्य एकरूपता बनी रहती है। संगठनात्मक संस्कृति के आकलन के कई तरीके हैं। संभावनाओं के बीच ये यंत्र (Tools) संगठनात्मक मूल्यों के अनुप्रयोग पर बल देते हैं। मूल्यों के वर्गीकरण का सबसे प्रसिद्ध मॉडल रॉकीस (1973) द्वारा दिया गया है। वे इन्हें अंतिम मूल्यों और सहायक मूल्यों में वर्गीकृत करते हैं। यद्यपि यह वर्गीकरण अत्यधिक पुराना हो चुका है फिर भी यह सिद्धांत कई नवीन अध्ययनों का आधार बना हुआ है।

वर्तमान में मूल्य लोक चर्चा का केंद्रीय विषय हैं। लंबे शोधों ने सामाजिक व्यवहार को समझने के लिए मूल्यों को आधार बनाया है। वे स्थापित मूल्यों को एक अमूर्त प्रेरणा के रूप में देखते हैं। ये मूल्य मार्गदर्शन प्रदान करते हैं, नियमों को परिभाषित करते हैं और उन्हें यथोचित ठहराते हैं। प्रत्येक व्यक्ति की अपनी अलग मूल्य प्राथमिकताएं होती हैं और समाज एवं संगठन की भी अपनी-अपनी मूल्य प्राथमिकताएं होती हैं। मूल्यों में व्यक्तिगत, संगठनात्मक

और सामाजिक स्तरों पर सूचनात्मक एवं व्याख्यात्मक क्षमता होती है। इसके अतिरिक्त, मूल्य समाज और राष्ट्र में बड़े परिवर्तन ला सकते हैं। अनेक शोध मूल्यों को सीधे रूप में व्यक्तिगत और संगठनात्मक चरित्र या कारकों, जैसे–प्रतिबद्धता, संतुष्टि एवं संस्कृति से जोड़ते हैं।

1973 में मिल्टन रॉकीस ने एक मूल्य सर्वेक्षण किया, जिसे अत्यधिक समर्थन प्राप्त हुआ। इसे एक अनुसंधान यंत्र (Research Tool) की तरह प्रयोग में भी लाया जाता है। रॉकीस द्वारा वर्णित मूल्यों की सूची इतनी अनिवार्य है कि जब भी हम मूल्यों के विषय में चर्चा करते हैं, तो बहुत कम लोग ही इस मूल्य सूची पर शंका करने का साहस कर पाते हैं। रॉकीस द्वारा वर्णित ये 36 अत्यधिक महत्त्वपूर्ण मूल्य विभिन्न व्यक्तिगत और संगठनात्मक मूल्य प्रकारों के अंतर्गत आते हैं। हम यहां कुछ महत्त्वपूर्ण मूल्यों का उल्लेख करेंगे।

तालिका 4.1 : सहायक मूल्य और अंतिम मूल्य (Instrumental and Terminal Values)

सहायक मूल्य (Instrumental Values)	साहस, क्षमा, ईमानदारी, विनम्रता, आज्ञाकारिता, बौद्धिकता, महत्त्वाकांक्षा, कठोर परिश्रम, खुले विचार, प्रभावशीलता, तार्किकता, आदि।
अंतिम मूल्य (Terminal Values)	समृद्धि, विलासिता, सुंदरता, शांति, समानता, स्वतंत्रता, ज्ञान, मुक्ति, पारिवारिक सुरक्षा, राष्ट्रीय सुरक्षा, आत्मसम्मान, आदि।

संगठनात्मक मूल्य किसी संगठन की प्राथमिक नेतृत्वशीलता से निकटता से जुड़े होते हैं। ये संगठनात्मक संस्कृति के विकास और कर्मचारियों की प्रेरणा के स्तर से भी सीधे रूप में जुड़े होते हैं। हम यह निष्कर्ष निकाल सकते हैं कि मूल्यों को नजरअंदाज करके वर्तमान समय में लोगों का नेतृत्व करना असंभव है। 1990 के दशक से पूर्व संगठनात्मक संस्कृति और मूल्य प्रतिस्पर्धा में बने रहने के लिए संसाधन मात्र होते थे। आज मूल्यों पर आधारित होना संगठन के अस्तित्व को बनाए रखने के लिए आवश्यक है। कर्मचारियों की अभिवृत्ति, प्रेरणा का स्तर और प्रतिबद्धता का महत्त्व निरंतर बढ़ता जा रहा है। मूल्यों से संबंधित अनेक उपागम और परिभाषाएं देखने को मिलती हैं। मूल्यों का विचार बहुगामी प्रकृति का है। इनका वर्गीकरण विभिन्न स्तरों पर सहायक और अंतिम (रॉकीस, 1973), व्यक्तिगत और संगठनात्मक (पोसनर एवं सिमिट, 1992), व्यवसायात्मक, संगठनात्मक और राष्ट्रीय (हाफ्सटीड, 1983) तथा वास्तविक और संचारणात्मक (टिटोव, विरोवियर, मील और क्यूमेट, 2013) के रूप में किया गया है। ये मूल्य स्तर यह प्रदर्शित करते हैं कि कौन-सा व्यक्तिगत मूल्य दूसरों द्वारा संगठनात्मक स्तर या राष्ट्रीय स्तर पर धारण किए गए मूल्यों से मेल खाता है। संगठनात्मक संस्कृति और सफलता के अध्ययन में समूह एवं संगठन के स्तर पर भिन्नता स्थापित करना आवश्यक है। यदि किसी संगठन के अंदर अनेक समूह हैं, तो इन समूहों के मूल्य संगठन के मूल्यों से मेल खाने चाहिए। किसी संगठन में कार्यरत कर्मचारी भी मूल्यों के स्रोत होते हैं। कोई संगठन अपनी पहचान बनाने में तभी सफल होता है, जब कर्मचारियों के मूल्य संगठन के मूल्यों में भागीदारी रखते हों और उनके बीच के कुछेक अंतर आपसी सुलह के योग्य हों। सामान्यत: कोई संगठन किसी विशिष्ट मूल्य को न अपनाकर कुछ अंतर्संबंधित मूल्यों को अपनाता है, जो उस संगठन का मूल्य तंत्र कहलाता है।

किसी मूल्य तंत्र का विचार मूल्यों को प्राथमिकता देने और समाज के किसी सदस्य के लिए या संपूर्ण समाज के लिए उनकी रैंकिंग से संबंधित होता है। मूल्य तंत्र के अंतर्गत समय की मांग के अनुसार मानक, सिद्धांत और कसौटियां निर्मित की जाती हैं।

प्रत्येक व्यक्ति के अनेक मूल्य होते हैं और मात्र सही मूल्यों को धारण करना ही काफी नहीं होता, बल्कि ये मूल्य सोपान क्रम में कितने उच्च स्तर पर स्थापित हैं, यह व्यक्ति के व्यवहार का निर्धारण करने में प्रभावकारी होता है। लेखकों ने मूल्य सोपान क्रम को अपने अनुसार परिभाषित किया है।

स्वार्ज (2012) मूल्यों को परिभाषित करने के क्रम में पांच उभयनिष्ठ गुणधर्मों को रेखांकित करते हैं–

1. ये विश्वास होते हैं।
2. ये व्यवहार या इच्छित लक्ष्य से संबंधित होते हैं।
3. ये विशेष परिस्थितियों से परे होते हैं।
4. ये किसी स्थिति का विश्लेषण या चयन का ज्ञान प्रदान करते हैं।
5. ये महत्त्व के आधार पर एक क्रम का अनुसरण करते हैं।

वुडवार्ड और शफाकत (2014) के अनुसार, मूल्यों से संबंधित विभिन्न उपागम कुछ सामान्य गुण रखते हैं। जैसे– ये पैमाने के रूप में लिए जाते हैं और दिशा–निर्देशी सिद्धांत होते हैं। ये अमूर्त और अनेक विचारों से संबंधित होते है। उनके अनुसार, मूल्य समय के साथ सीखे जाते हैं और दीर्घ अवधि तक अस्तित्व में बने रहते हैं। इन्हें एक सोपान क्रम में रखा जाता है और ये लोगों की प्राथमिकताओं को परिभाषित करते हैं। अनेक शोधकर्ताओं ने मानवीय मूल्यों को विभिन्न प्रकार से वर्गीकृत किया है। हम यहां कुछ महत्त्वपूर्ण वर्गीकरणों की चर्चा करेंगे।

ग्रेव का मूल्य तंत्र (Grave's Value System)

क्लेयर ग्रेव मानवीय मूल्यों को एक मनोवैज्ञानिक प्रक्रिया के रूप में परिभाषित करते हैं, जो समय के साथ उन्नत होते जाते हैं तथा व्यक्ति को अपने चारों ओर की परिस्थितियों का सामना करने योग्य बनाते हैं। वे मूल्य तंत्र के विकास को एक मॉडल द्वारा समझाते हैं, जिसमें नया स्तर समय के साथ पुराने स्तरों को समाहित करके विकसित होता है। यह एक स्तर से दूसरे स्तर की ओर उन्नयन एकरेखीय संचलन न होकर द्विविमीय संचलन होता है। यह स्वकेंद्रीयता (Egocentrism) और समुदाय केंद्रीयता के मध्य का द्विविमीय संचलन होता है। यह गमन विभिन्न मार्गों से अलग–अलग लोगों में स्वकेंद्रीयता और समुदाय केंद्रीयता की ओर झुकाव के विभिन्न परिमाणों के आधार पर होता है।

ग्रेव ने अपने मूल्य तंत्र में नौ स्तरों की पहचान की है। वे व्यक्तिगत झुकाव के अंतर्गत पांच स्तरों और सामुदायिक झुकाव के अंतर्गत चार स्तरों का वर्णन करते हैं। इन स्तरों की निम्नानुसार व्याख्या की गई है–

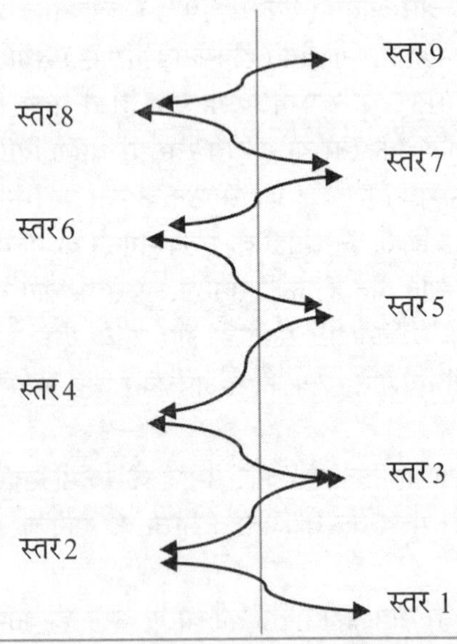

चित्र 4.1: ग्रेव का मूल्य तंत्र

स्तर 1: उत्तरजीविता (Survival)
यह व्यक्तिगत उन्मुखीकरण पर आधारित है और ये पाशविक एवं अभिक्रियात्मक प्रकृति के होते हैं।

स्तर 2: जनजातीय (Tribal)
यह सामुदायिक उन्मुखीकरण पर आधारित है। इसके अंतर्गत निष्ठा, समावेशकता (Inclusivity) और भक्ति (Allegiance) आते हैं।

स्तर 3: शक्ति (Power)
यह व्यक्तिगत उन्मुखीकरण पर आधारित है। इसके अंतर्गत वर्चस्व और नियंत्रण आते हैं।

स्तर 4: न्याय (Justice)
यह सामुदायिक उन्मुखीकरण पर आधारित है। इसके अंतर्गत सत्य, कर्तव्य और संतुलन आते हैं।

स्तर 5: उपलब्धि (Achievement)
पुनः यह व्यक्तिगत उन्मुखीकरण पर आधारित है और सफलता, भौतिकवाद, विजय एवं प्रतिष्ठा इसके अंतर्गत आते हैं।

स्तर 6: लोग (People)
यह सामुदायिक उन्मुखीकरण से संबंधित है और समानता, निष्पक्षता एवं जुड़ाव इसके प्रमुख अवयव हैं।

स्तर 7: तंत्रात्मक (Systemic)
यह व्यक्तिगत उन्मुखीकरण से संबंधित है। ज्ञान (Wisdom), अनेकार्थक (Ambiguity) और गैर-निर्णयात्मकता (Non-Judgemental) इसके प्रमुख अवयव हैं।

स्तर 8: वैश्विक (Global)
यह समुदाय उन्मुख है और वैश्विकता, सार्वभौमिकता एवं संपूर्णता पर आधारित है।

रॉकीस : मानवीय मूल्यों की प्रकृति (Nature of Human Values According to Rokeach)

रॉकीस के अनुसार, मूल्य 'एक स्थायी विश्वास होता है, जो एक विशेष प्रकार के आचरण या अस्तित्व की अंतिम अवस्था (End State of Existence) के रूप में आचरण के विपरीत या अस्तित्व के विरोध में प्राथमिकता लिए होता है। रॉकीस ने दो प्रकार के मूल्य बताए हैं, जिन्हें अंतिम मूल्य और सहायक मूल्य कहते हैं। जैसा कि नाम से ही विदित है, अंतिम मूल्य वे मूल्य होते हैं, जिन्हें व्यक्ति अपने संपूर्ण जीवनकाल के दौरान प्राप्त करना चाहता है, यद्यपि ये समय और संस्कृति के अनुसार अलग-अलग हो सकते हैं। इन्हें अंतिम रूप से ऐच्छिक मूल्य कहते हैं, जिनमें अस्तित्व की अंतिम अवस्था होती है या ये प्रत्येक संदर्भ में संपूर्ण होते हैं। सहायक मूल्य अंतिम मूल्यों की प्राप्ति के लिए प्रस्तावित व्यवहार तथा साधन के रूप में परिभाषित किए जाते हैं। ये व्यवहार की विशिष्ट विधियां होती हैं। ये अंतिम लक्ष्य नहीं होते, बल्कि अंतिम लक्ष्य को पाने के लिए साधन प्रदान करते हैं। अधिकांश सहायक मूल्य चरित्रात्मक गुणों और व्यक्तिगत गुणों से निर्मित होते हैं।

अंतिम मूल्य (Terminal Values)

अंतिम मूल्य अंतिम अवस्था के रूप में होते हैं। ये दो प्रकार के होते हैं– सामाजिक और व्यक्तिगत अंतिम मूल्य। सामाजिक मूल्यों को अन्य लोगों को ध्यान में रखकर ग्रहण किया जाता है और ये व्यापक समुदाय के संबंध में प्रदर्शित किए जाते हैं। इन अंतिम मूल्यों में प्रमुख हैं– विश्व शांति, सुंदर संसार, समानता, पारिवारिक सुरक्षा, स्वतंत्रता, परिपक्व प्रेम, राष्ट्रीय सुरक्षा, सामाजिक सुरक्षा, सामाजिक पहचान और सच्ची मित्रता।

व्यक्तिगत अंतिम मूल्य स्व पर आधारित होते हैं और व्यक्ति के जीवन के उद्देश्यों या लक्ष्यों की प्राप्ति पर केंद्रित होते हैं। कुछ महत्त्वपूर्ण व्यक्तिगत अंतिम मूल्य हैं– एक आरामदायक जीवन, रोमांचक जीवन, संपूर्णता की संवेदना, प्रसन्नता, आंतरिक समरसता, सुख, निर्वाण, आत्मसम्मान और ज्ञान।

सहायक मूल्य (Instrumental Values)

सहायक मूल्य अंतिम मूल्यों की प्राप्ति में सहयोगी होते हैं। ये व्यवहारात्मक होते हैं। ये पुनः नैतिक मूल्यों तथा प्रतिस्पर्धात्मक मूल्यों के रूप में विभाजित किए जाते हैं। नैतिक मूल्य नैतिकता और संबंधों पर केंद्रित होते हैं। कुछ महत्त्वपूर्ण नैतिक मूल्य हैं– वृहद् मानसिकता, क्षमा, सहायता, ईमानदारी, प्रेम, प्रसन्नता, आज्ञाकारिता, विनम्रता और उत्तरदायित्व। प्रतिस्पर्धात्मक मूल्यों का संबंध प्रतिस्पर्धा की भावना के विकास से होता है। इसके अंतर्गत महत्त्वाकांक्षा, सामर्थ्य, स्वच्छता, साहस, कल्पनाशीलता, आत्मनिर्भरता, बुद्धिमत्ता, तर्कशक्ति तथा स्व–नियंत्रण, आदि मूल्य आते हैं।

तालिका 4.2: सहायक मूल्यों और अंतिम मूल्यों के मध्य अंतर

सहायक मूल्य (Instrumental Values)	**अंतिम मूल्य** (Terminal Values)
1. ये कोर मूल्य होते हैं और ये व्यक्तिगत प्रकृति के होते हैं। ये व्यक्तिगत विशेषताओं एवं चारित्रिक विशेषताओं को शामिल करते हैं।	1. ये वे विषय वस्तुएं हैं, जिनके लिए व्यक्ति परिश्रम करता है या सोचता है कि वे उसके लिए सर्वाधिक महत्त्वपूर्ण तथा इच्छित हैं।
2. इन्हें व्यवहार के प्राथमिक प्रकारों के रूप में जाना जाता है। इनके अंतर्गत ईमानदारी, निष्ठा, महत्त्वाकांक्षा और साथ ही कुछ नकारात्मक विशेषताएं भी आती हैं।	2. इनके अंतर्गत प्रसन्नता, आत्मसम्मान, पारिवारिक सुरक्षा, पहचान, आदि विषय आते हैं।
3. ये उन तरीकों का ज्ञान कराते हैं, जिन्हें व्यक्ति अपने जीवन के लक्ष्यों को प्राप्त करने के लिए अपनाना चाहते हैं।	3. ये किसी व्यक्ति के जीवन के लक्ष्यों और उद्देश्यों को प्रदर्शित करते हैं अर्थात् अंतिम रूप से व्यक्ति अपने व्यवहार से क्या प्राप्त करना चाहता है।
4. ये अपरिवर्तनीय होते हैं।	4. इनमें परिवर्तन किया जा सकता है।

वास्तविक सूची में, मूल्यों को व्यक्ति के जीवन में उनके महत्त्व तथा आवश्यकता के अनुसार स्थान प्राप्त होता है। रॉकीस के अनुसार, कोई मूल्य आत्मसात होते ही मूल्यों के संगठित तंत्र का हिस्सा बन जाता है। यह मूल्य तंत्र एक सामान्य योजना की तरह कार्य करता है और विवादों एवं विरोधी परिस्थितियों को हल करता है। यह तंत्र निर्णय लेने में भी सहायता प्रदान करता है। मूल्यों की दो अलग सूचियां कार्यात्मक रूप से एक–दूसरे से अंतर्संबंधित होती हैं, जिसमें समान कार्यात्मक स्वरूप वाले मूल्य संबंधित अंतिम अवस्था वाले मूल्यों की प्राप्ति में सहायक होते है। एक प्रकार का व्यवहार कई अंतिम मूल्यों की प्राप्ति में सहायक हो सकता है, वहीं कई व्यवहार किसी विशेष अंतिम मूल्य की प्राप्ति करवा सकते हैं। रॉकीस पुनः इस बात पर बल देते हैं कि केवल किसी विशिष्ट मूल्य की मांग ही नहीं, बल्कि सोपान क्रम में उसकी स्थिति भी समुदायों एवं व्यक्तियों की तुलना करने में सहायक होती है।

मेग्लिनो और हाफ्सटीड (1994) के अनुसार, किसी व्यक्ति के केवल सहायक मूल्य ही संगठनात्मक स्तर पर परिवर्तित हो सकते हैं और अंतिम मूल्य संगठनात्मक मूल्यों को व्याख्या करने या तुलना करने का अवसर नहीं देते। कोरवाजारवी (2002) के अनुसार, संगठनात्मक मूल्यों के अध्ययन में लिंग को उचित स्थान प्रदान किया जाना चाहिए, क्योंकि यही उस आधार का निर्माण करता है, जो लोगों के व्यवहार और कार्यों तथा व्यक्तिगत मूल्यों एवं संगठनात्मक संस्कृति के मध्य संबंधों, जो पुरुष और महिला के साथ बदलते हैं, के प्रतिरूपों को निर्धारित करता है। विभिन्न मूल्यों का महत्त्व व्यक्ति के लिंग, कार्य स्थिति और कार्य अनुभव के अनुसार बदलता रहता है।

किसी व्यक्ति के कोर विश्वास मूल्यों के महत्त्वपूर्ण स्रोत होते हैं। निश्चित रूप से अभिभावकों, शिक्षकों, मित्रों, महान व्यक्तित्वों और गुरुओं का हमारी चयनात्मकता पर अत्यधिक प्रभाव होता है। जिस किसी को भी हम विश्वसनीय स्रोत मानते हैं, वह हमारे मूल्यों को परिवर्तित या प्रभावित करने में सहायक हो सकता है। साथ ही, हमारे जीवन के अपने अनुभव सबसे शक्तिशाली शिक्षक हो सकते हैं। हमें यह भी जानना होगा कि हमारे जीवन के अनुभव विशेष रूप से बचपन के, गलत हो सकते हैं।

हमारा व्यवहार हमारे समसामयिक कोर मूल्यों का द्योतक होता है। अपने व्यक्तिगत कोर मूल्यों का चयन करते समय उन कसौटियों पर विचार करना महत्त्वपूर्ण होता है, जो चयन का आधार बनेंगी। व्यक्तिगत मूल्यों का निर्णय, इनकी प्राथमिकता तय करना और मूल्यों की सूची बनाना आपके लक्ष्यों एवं स्रोत आवश्यकताओं से संबंधित निर्णयों पर निर्भर करते हैं। व्यक्तिगत कोर मूल्यों के चयन की कसौटियों को निम्नानुसार समझ सकते हैं:–

वे मेरे व्यक्तिगत दृष्टिकोण अभियान और कोर विश्वासों के अनुरूप हों– कोई व्यक्ति इस शर्त को उन मूल्यों को दूर हटाने में प्रयोग में ला सकता है, जो पूर्व में लगातार लिए गए निर्णयों के अनुरूप नहीं हों। किसी व्यक्ति द्वारा पूर्व में लिए गए लगातार निर्णय कुछ अपवादों को छोड़कर उसके मूल्यों के अनुरूप ही लिए गए होते हैं।

प्रेरणादायी– व्यक्तिगत कोर मूल्य व्यक्ति के जीवन के उद्देश्यों को पूरा करने के लिए प्रेरणा प्रदान करने वाले होने चाहिए।

अद्वितीय– आपके मूल्य आपसे वार्तालाप की स्थिति में होने चाहिए। अन्यों से मूल्य प्राप्त करने में कोई झिझक नहीं होनी चाहिए। लेकिन आपके व्यक्तिगत कोर मूल्य आपकी पहचान और अद्वितीयता के द्योतक होने चाहिए। कोर मूल्य आपके जीवन की प्राथमिकताओं को दर्शाने वाले और आपकी कमजोरियों को दूर कर आपके सबल पक्षों पर बल देने वाले होने चाहिए।

मार्गदर्शक– व्यक्तिगत कोर मूल्य आपके दैनिक निर्णयों के बारे में आपका मार्गदर्शन करते हैं। ये आपके जीवन में संबंधों के संचालन में सहायक होने चाहिए।

दीर्घावधिक– व्यक्तिगत कोर मूल्य अनुभव, परिपक्वता और सफलता के संदर्भ में व्यक्ति का विकास करते हैं। ये परिवर्तन कुछ दिनों या महीनों में नहीं होते और यदि ऐसा होता है, तो ये आपके कोर मूल्य नहीं हैं।

अर्थपूर्ण और लाभप्रद– व्यक्तिगत कोर मूल्य अर्थपूर्ण जीवन जीने और मनुष्य होने के उद्‌देश्य को पूर्ण करने में सहायक होते हैं। एक अर्थपूर्ण जीवन जीना हमारे अंदर आनंद की अनुभूति कराता है।

व्यक्तिगत कोर मूल्यों का चयन करना एक आत्मनिष्ठ विचार है। ऐसे अनेक मूल्य होते हैं, जो जीवन के उद्‌देश्यों या मनचाहे जीवन की प्राप्ति में सहायक हो सकते है। कोई व्यक्ति पांच से नौ ऐसे मूल्यों का चयन कर सकता है, जो लंबे समय तक बने रहेंगे और समय के साथ विकसित होंगे। व्यक्ति को मूल्यों के विकल्प के चयन में स्पष्ट दृष्टिकोण अपनाना चाहिए और यह निश्चित कर लेना चाहिए कि कौन-सा विकल्प मूल्यों को चरितार्थ करेगा और कौन-सा नहीं। ऐसा करने के अनेक विकल्प हो सकते हैं। यहां हम कुछ उदाहरणों के माध्यम से इन्हें स्पष्ट करेंगे–

प्रेम– इसके अंतर्गत धैर्य, दया, क्षमा, आस्था, स्वार्थहीनता और सुरक्षा को शामिल किया जाता है।

निष्ठा– इसके अंतर्गत ईमानदारी, सच्चाई, उत्तरदायित्व, देयता, एकरूपता, शिष्टता और समर्पण को शामिल किया जाता है।

परिचारकता (Stewardship)– इसके अंतर्गत संसाधन संपन्नता, दान और परोपकार, आदि आते हैं।

ज्ञान– इसके अंतर्गत बुद्धिमत्ता, तार्किकता, समझ, संज्ञान, सुनिष्कर्षता आधारित दृष्टिकोण, अनुभव और अंत:प्रज्ञा आदि आते हैं।

स्वतंत्रता– इसके अंतर्गत स्वतंत्रता, संकल्प स्वातंत्र्य, स्वायत्तता और स्व-निर्णयन शामिल हैं।

उपलब्धि– इसके अंतर्गत सफलता और कार्य पूर्णता शामिल हैं।

प्रसन्नता– इसके अंतर्गत उल्लास, संतुष्टि, सुख, परम आनंद और हर्ष, आदि शामिल हैं।

शांति– इसके अंतर्गत सद्भाव, एकता, प्रशांति और शांतचित्तता, आदि शामिल हैं।

यहां यह महत्त्वपूर्ण है कि उपर्युक्त के चयन के आधार की स्पष्ट और सटीक व्याख्या का ज्ञान हो, ताकि आप नए अनुभवों एवं सीखों से अपने व्यक्तिगत कोर मूल्यों को परिष्कृत और समृद्ध कर सकें। ये व्याख्याएं आपको कोर मूल्यों के संचार में भ्रामक स्थिति से भी बचाती हैं। मूल्यों का ज्ञान और चयन अनेक लाभ प्रदान करता है, जो निम्नलिखित हैं–

1. तनाव में कमी लाता है।
2. अच्छे निर्णय लेने में सहायक होता है।
3. आपकी महत्त्वाकांक्षाओं में सहयोगी परिवेश और लोगों को खोजने में मदद करता है।
4. हर्ष-उल्लास और सुख की मात्रा में वृद्धि होती है।
5. उन्नति और विकास में सहयोग मिलता है।
6. विवादों और भ्रम की स्थितियों में सहायता मिलती है।
7. योगदान और मूल्य में वृद्धि होती है।
8. अभिप्रेरणा मिलती है।

लोग जानें या न जानें, चयन करें अथवा न करें, किंतु वे उन व्यक्तिगत कोर मूल्यों को सदैव धारण करते हैं, जो असंतुष्टि, विवाद, हतोत्साह और पूर्णता में कमी से बचने में सहयोग करते हैं।

मूल्यों के विकास में परिवार की भूमिका (Role of Family in Inculcating Values)

परिवार को एक सामाजिक व्यवस्था के रूप में लिया जाता है। यह एक सामाजिक समूह है, जो तार्किक रूप से स्वयं के विकास को सामाजिक परिस्थितियों के अनुरूप ढालने का प्रयास करता है। व्यक्ति के मूल्य तंत्र में परिवार का प्रभाव अपरोक्ष तथा परोक्ष दोनों रूपों में देखने को मिलता है। किसी परिवार का सामाजिक व्यवहार शायद ही परिवर्तनशील होता है। यह रीति-रिवाजों और आदतों पर आधारित होता है तथा उन मूल्यों और नियमों के अधीन होता है, जो समाज में स्वीकार्य होते हैं। ये अंतर्क्रियाएं मूल्य तंत्र को स्वजनित बनाती हैं न कि परिवर्तनीय। परिवार की संस्था पारिवारिक मूल्यों को बड़े पैमाने पर प्रभावित करती है। वैज्ञानिक और तकनीकी उन्नति ने पारिवारिक जीवन को नए परिप्रेक्ष्य में रूपांतरित किया है। उत्तर आधुनिक समाज के मूल्यों, जैसे– सहिष्णुता, धर्मनिरपेक्षता और खुलेपन ने परिवार को अत्यधिक प्रभावित किया है। परंतु कुछ नकारात्मक मूल्य भी इसमें प्रवेश कर गए हैं, जिसके कुछ विनाशकारी प्रभाव दृष्टिगोचर हुए हैं। उत्तर आधुनिक विश्व में उच्च आर्थिक विकास के बावजूद समाज मानवीय आवश्यकताओं और संतुष्टि की प्राप्ति में असफल रहा है।

विलासिता के आधुनिक साधनों, जिनमें सूचना और संचार प्रौद्योगिकी भी शामिल है, भौतिक सुख देने वाली वस्तुओं, धन और उपभोग प्रतिरूप ने पारिवारिक जीवन में विवाद एवं असहमति की स्थितियां पैदा कर दी हैं, क्योंकि जीवन के उद्देश्य धूमिल पड़ने लगे हैं और विलासिता उन पर हावी हो गई है। अब परिवार लगातार टूट रहे है, रिश्तों में दूरियां आने लगी हैं, विवाह और परिवार जैसी संस्थाओं से लोगों का मोह भंग होने लगा है एवं परिवार के सदस्यों के बीच विश्वास में कमी आने लगी है। इस समस्या के पीछे के अधिकतर कारक परिवार से बाहर उत्पन्न हो रहे हैं न कि परिवार के भीतर। बाहरी दबाव और घर से दूर पेशे के अच्छे अवसरों ने इस दिशा में अत्यधिक योगदान दिया है। किसी बच्चे को प्रारंभिक शिक्षा उसे घर में ही अभिभावकों से प्राप्त होती है और अभिभावक बच्चों के रोल मॉडल बनते हैं। अभिभावक भावी समाज के अच्छे नागरिकों के निर्माण के लिए प्रमुख एजेंसी की तरह होते हैं। अभिभावकों द्वारा बच्चों को अच्छे मानवीय मूल्य सिखाए जाने चाहिए और समाज में अधिकतम शुभ लाने के लिए बच्चों में सद्गुणों का विकास करना चाहिए। बच्चे अपने माता-पिता पर ध्यान देते हैं और उनका अनुसरण करते हैं।

इस प्रकार यह अत्यधिक महत्त्वपूर्ण हो जाता है कि अभिभावक स्वयं को बच्चों के समक्ष एक नैतिक एजेंट के रूप में प्रस्तुत करें। माता या पिता का व्यवहार ऐसा होना चाहिए, जैसा वे समाज में अपने बच्चों का देखना चाहते हैं। परंतु कभी-कभी कुछ अभिभावक बच्चों के अच्छे पालन-पोषण में असफल हो जाते हैं, यहां तक कि वे बुरे अभिभावक सिद्ध होते हैं और कई बार समाज में बुरे एजेंटों के निर्माण में योगदान दे देते हैं।

बच्चों के लिए परिवार वह स्थान है, जहां वे अनुकूल वातावरण प्राप्त करते हैं, जहां उन्हें सहयोग, सुरक्षा और सोचने-समझने का मुक्त अवसर प्राप्त होता है, जो उनके भावी विकास के लिए आधार बनता है। एक बच्चा किसी परिवार की रचना होती है और पारिवारिक मूल्य उसके आचरण से प्रदर्शित होते हैं। बाल्यावस्था में पारिवारिक मूल्यों का मजबूत प्रभाव होता है, जो उसके संपूर्ण जीवन में संचालित होता है। परिवार के मूल्य उसके सदस्यों द्वारा ही निर्धारित होते हैं।

किसी व्यक्ति को अपने बच्चों को अच्छा नागरिक बनाने के लिए परिवार में गुणवत्तापूर्ण समय देना होगा। महान व्यक्तित्वों, देशभक्तों, सुधारकों और नेतृत्वकर्ताओं का निर्माण उनके परिवार में ही हुआ है, जहां उन्होंने परिवार के मूल्यों को आत्मसात किया और समाज में अपना योगदान दिया। उदाहरण के लिए, महात्मा गांधी अपने अभिभावकों से बहुत अधिक प्रभावित थे, विशेष रूप से अपनी माता पुतली बाई से, जिन्होंने उनके जीवन का आत्मीय विकास किया। उनके जीवन का एक अनुभव हम यहां प्रस्तुत कर रहे हैं, जो उन पर परिवार के प्रभाव को दर्शाता है। गांधी जी ने बचपन में अपने भाई के बाजूबंद से कुछ सोना चुरा लिया था, परंतु वे अपनी चोरी को पिता से छुपाने से स्वयं को रोक नहीं पाए। उन्हें अपने पिता का विश्वास टूटने की अत्यधिक पीड़ा थी। उन्होंने अपना अपराध स्वीकार करने का निर्णय किया और अपने पिता के नाम एक पत्र लिखा। उस पत्र को पढ़ने के बाद उनके पिता की आंखों में आंसू भर आए। गांधी जी का भी यही हाल था। उन्होंने यह कहानी बाद में बताई और कहा, 'एक स्वच्छ स्वीकारोक्ति इस प्रतिबद्धता के साथ कि भविष्य में कभी भी ऐसा पाप दोहराया नहीं जाएगा, जब ऐसे व्यक्ति के समक्ष की जाती है, जिसे इस स्वीकारोक्ति को लेने का अधिकार हो, तो यह सबसे शुद्धतम प्रकार का पश्चात्ताप होता है।' उनकी मां की दिनचर्या, शब्दों और व्यवहार ने गांधी जी के बचपन को अत्यधिक प्रभावित किया था।

सामान्यत: अभिभावक प्रथम व्यक्ति होते हैं, जो बच्चे के मूल्य तंत्र को प्रभावित करते हैं। कोई बच्चा अपने माता-पिता के मूल्यों से सीखकर ही स्वयं के मूल्यों की प्राथमिकता और उनके सोपान क्रम को निर्धारित करता है। बच्चे बचपन से ही अपने अभिभावकों को देखते हैं और उनकी नकल करते हैं। अत: अभिभावकों को सचेत रहना चाहिए, क्योंकि बच्चे उनकी गतिविधियों का अवलोकन करने के साथ-साथ मूल्यों का निर्माण भी करते रहते हैं। प्रारंभिक मूल्य शैक्षणिक संस्थाओं में नहीं सिखाए जा सकते, उन्हें केवल घर पर ही सिखाया जा सकता है। उदाहरण के लिए, गांधी जी अपनी जीवनी में लिखते हैं कि 'यह मेरे लिए अहिंसा का एक पाठ था, जिसमें मैं अपने पिता के प्रेम से अधिक कुछ नहीं पाता, परंतु आज मैं यह जानता हूं कि यह शुद्धतम अहिंसा थी। जब यह अंहिसा पूर्णत: सराबोर कर देती है, तो प्रत्येक वस्तु जिसे यह छूती है उसे रूपांतरित कर देती है। इसकी शक्ति की कोई सीमा नहीं है।' वे अपनी मां के बारे में लिखते हैं, 'मेरी मां द्वारा मुझ पर छोड़ा गया सर्वश्रेष्ठ प्रभाव साधुत्व का प्रभाव था। वे पूर्णत: धार्मिक महिला थीं। उन्होंने अपनी दैनिक प्रार्थना किए बिना कभी भी भोजन ग्रहण नहीं किया।'

मूल्यों के विकास में समाज की भूमिका (Role of Society in Inculcating Values)

मनुष्य का संपूर्ण नैतिक जीवन, उसका उद्देश्य, अर्थ एवं उसके मूल्य अपना स्वरूप आदर्शों और सामाजिक संस्थाओं से ही प्राप्त करता है। सामाजिक विश्व को व्यक्तिगत चेतना के ऊपर रखा जाना अधिक उपयुक्त है, क्योंकि व्यक्तिगत स्व (Individual Self) अपने आप में अपूर्ण होता है और इस "स्व" के वास्तविकीकरण (Realisation) के लिए एक वृहद् पूर्णता की आवश्यकता होती है। यह वृहद् पूर्णता समाज में ही प्राप्त हो सकती है। मनुष्य सामाजिक संपूर्णता (Social Whole) से विलग अस्तित्व में नहीं रह सकता और इसी संपूर्णता के भीतर ही उसका विकास संभव है।

सामाजिक वातावरण का व्यक्ति की चेतना के विकास में महत्त्वपूर्ण योगदान होता है। समाज के अस्तित्व के लिए आवश्यक नियम उस समाज के सदस्यों के लिए दंड और पारितोषिक का निर्धारण करते हैं। समाज द्वारा प्राप्त सुख (Pleasure) और दुख (Pain) व्यक्ति में सामाजिक मूल्यों या आदर्शों का विकास करते हैं। कोई व्यक्ति स्वत: इस स्थिति में नहीं होता कि वह उन मूल्यों का निर्धारण कर सके, जो सामाजिक उन्नति के लिए सकारात्मक हों, अत: समाज के सभी सदस्यों द्वारा निर्धारित सर्वसम्मत मूल्यों को सभी पर लागू किया जाना उचित होता है।

समाज द्वारा स्थापित नैतिक नियमों को "चाहिए" (Ought) के अर्थ में देखा जाता है। "चाहिए" (Ought) या "नैतिक अनिवार्यता" की प्रकृति इस प्रकार होती है कि हमारा आदर्श स्व हमारे वास्तविक स्व (Actual Self) पर कानून थोपता करता है। चूंकि आदर्श स्व तार्किक होता है और इसका एकाकी (Isolation) रूप में वास्तविकीकरण (Realisation) संभव नहीं है, इसलिए किसी मानव समाज में ही इसको वास्तविकता में लाया जा सकता है। हर्बर्ट स्पेंसर के अनुसार, एक आदर्श सामाजिक राज्य में ही एक आदर्श मनुष्य का अस्तित्व संभव है।

एक समाज की न्यायपूर्ण व्यवस्था के अंतर्गत उसके सभी सदस्यों को विकास की अधिकतम संभावनाएं उपलब्ध कराई जाती हैं। समाज में कोई भी गरीब या वंचित न रहे इसके लिए नियम और कानून बनाए जाते हैं। कानून अक्षम होते हैं, यदि समाज के लोगों की प्रकृति कानून की अवहेलना करने वाली हो। अत: लोगों के विचारों और कृत्यों में अच्छी आदतों या सद्‌गुणों का समावेश करने का प्रयास किया जाना चाहिए। लोक विचार धीरे-धीरे विकसित होते हैं और समाज का एक बड़ा हिस्सा इससे अछूता रहता है। संपूर्ण समाज में एकसमान नैतिकता के विकास के लिए ठोस नियम और उनका प्रवर्तन कराने वाली एजेंसी की स्थापना करना आवश्यक होता है। जैसे-जैसे समाज के सदस्य नैतिक आदर्शों के सही अर्थ जानने लगते हैं, कानून के प्रवर्तन की संकीर्ण संकल्पना कमजोर पड़ने लगती है। मनुष्य सर्वप्रथम कानून के भय से आचरण करता है, धीरे-धीरे यह उसकी आदत बन जाती है और इसके पश्चात् वह अपनी सचेतन इच्छा से कानून के अनुसार आचरण करने लग जाता है। कानून पहले आता है, तत्पश्चात् आदत विकसित होती है और अंतत: सद्‌गुणों तथा मूल्यों का विकास हो जाता है।

ऐसे अनेक तरीके हैं, जो मनुष्य को एक समूह के रूप में समाज में जोड़कर रखते हैं। उन्हें इस प्रकार से जोड़े रखने वाले संबंध अत्यधिक नैतिक महत्त्व के होते हैं। इन संबंधों के अंतर्गत परिवार (Family), कार्यस्थल (Workshop), नागरिक समुदाय (Civil Community), प्रार्थना स्थल (Temple), राज्य (State), मित्रता (Friendship), आदि की चर्चा की जा सकती है। किसी समाज में देश और काल (Space and Time) के अनुसार मूल्यों में बदलाव आता रहता है। ये लोगों के समाज के प्रति संबंधित कार्य पर भी निर्भर करते हैं। मूल्यों को स्वयं में विकसित करने के लिए आवश्यक है कि हम पहले दूसरों से जुड़ें। यह जुड़ाव समाज के लिए किसी आवश्यक परिणाम या आदर्श के लिए होता है। सामाजिक जीवन में शामिल नैतिक आदर्श स्वयं के समक्ष ही विभिन्न प्रकार की संस्थाओं को बनाए रखने का प्रयास करते हैं। सामाजिक विकास की अलग-अलग अवस्थाओं में ये संस्थाएं भिन्न-भिन्न हो सकती हैं। उदाहरण के लिए, यहूदियों (Jews) में दस आदेशों (Ten Commandments) को मूल्यों के रूप में देखा गया। ग्रीक लोगों ने मूलत: सद्‌गुणों पर बल दिया और रोम में सामाजिक संस्थाओं की स्थापना को मूल्य के रूप में देखा गया।

किसी समाज में कुछ नैतिक अच्छाइयां या कुछ नैतिक बुराइयां हो सकती हैं। जैसे कि समाज की परंपराओं से यह निर्धारित हो सकता है कि नागरिक नैतिक आदर्शों का पालन करने के लिए स्वयं प्रेरित हों, या यह भी हो सकता है कि नागरिकों को सद्‌गुणों की प्राप्ति ही न हो इसकी पर्याप्त व्यवस्था की गई हो। सभ्यता का अर्थ ऐसी सामाजिक व्यवस्था के निर्माण से है, जहां सद्‌गुणों को प्राप्त करना आसान हो तथा दुर्गुणों को प्राप्त करना कठिन हो।

किसी व्यक्ति के सामाजिक विकास तथा संस्कृतीकरण की प्रक्रिया सामाजिक वातावरण द्वारा निर्धारित होती है। हम लोगों की सामाजिक पृष्ठभूमि का आकलन उनके मूल्यों और व्यक्ति को देखकर आसानी से कर सकते हैं। सामाजिक वातावरण ही व्यक्ति को समाज में प्रचलित मूल्यों के अनुसार मनुष्य बनाता है। यह उस समाज विशेष के

सदस्य के सद्‌गुणों और अवगुणों, शुभ और अशुभ के मापन के लिए पैमाने का कार्य करता है। मूल्य जन्मजात क्षमताएं नहीं हैं, बल्कि इन्हें समाज के भीतर सीखा जाता है। केवल तार्किकता के आधार पर ही किसी वस्तु को सही प्रकार से निर्धारित नहीं किया जा सकता, बल्कि इसके लिए मूल्यों की सहायता लेनी पड़ती है। मूल्य मानवीय व्यवहार के पीछे के उत्प्रेरक होते हैं और ये मूल्य समाज में पीढ़ी-दर-पीढ़ी बहुत छोटे परिवर्तन के साथ हस्तांतरित होते रहते हैं।

वर्तमान सामाजिक परिवेश में यह देखा जा सकता है कि मानवीय मूल्य तेजी से गिरते जा रहते हैं, विशेष रूप से युवाओं में। समाज अपने सदस्यों के सामाजिक व्यवहार की स्वीकार्यता या अस्वीकार्यता का निर्धारण करता है। समाज मानवीय मूल्यों की एक सूची तैयार करता है और इस प्रकार सदस्यों में मूल्यों के समावेशन का दायित्व स्वयं समाज के ऊपर आ जाता है।

वर्तमान में समाज चारों ओर उपद्रवों, अव्यवस्थाओं और अस्थिर जीवन से जूझ रहा है। इसका कारण जीवन में नैतिकता का तेजी से होता पतन है। भूमंडलीकरण, पाश्चात्यकरण और अंतर्राष्ट्रीयकरण के अपने अच्छे परिणाम हैं, परंतु वैश्विक मूल्य के छद्‌म वेश में अनेक सामाजिक बुराइयां भी घर कर गई हैं। कोई समाज तभी अच्छा कहलाता है, जब यह कोर मूल्यों का अच्छी तरह से पीढ़ी-दर-पीढ़ी हस्तांतरण करने में सक्षम हो। पुन: ये कोर मूल्य समाज के सदस्यों का व्यवहार नियंत्रित करने में भी सफल रहें। इसके अतिरिक्त सरकार की लोक नीति में भी विकास तथा वैधानिक नियमों के परिप्रेक्ष्य में कोर मूल्यों का प्रतिनिधित्व आवश्यक है।

मूल्यों के समावेशन में शैक्षणिक संस्थाओं की भूमिका
(Role of Educational Institutions in Inculcating Values)

शिक्षा एक ऐसी प्रक्रिया या अनुभव प्राप्ति का तरीका है, जिसका मनुष्य के मस्तिष्क, चरित्र और शारीरिक योग्यता पर रचनात्मक प्रभाव पड़ता है। शिक्षा सांस्कृतिक रूप से मजबूत व्यक्ति का निर्माण करती है और उसकी योग्यताओं को बढ़ाने में भी अद्वितीय योगदान देती है। यह सांस्कृतिक मजबूती मूल्यों के विकसित होने के फलस्वरूप आकार लेती है। शिक्षा के माध्यम से ये मूल्य पीढ़ी-दर-पीढ़ी हस्तांतरित होते हैं। प्लेटो के अनुसार, शिक्षा का उद्‌देश्य व्यक्ति में ऐसे मूल्यों का सृजन करना है, जो उसमें समाज सेवा की अधिकाधिक योग्यता विकसित कर सके।

विद्यालयों में छात्र यह सीखते हैं कि क्या सही है और क्या गलत। यही मूल्य आधारित शिक्षा या चरित्र आधारित शिक्षा है। विद्यालय में छात्र विश्वसनीयता, जिम्मेदारी, सौंदर्यता, कलात्मकता, सच्चाई, न्याय और साहस जैसे मूल्य सीखते हैं। शैक्षणिक संस्थाओं में ऐसी अनेक क्रियाएं छात्रों से कराई जाती हैं, जो निश्चित रूप से मूल्यों का सृजन करती हैं। विद्यालयों में छात्रों को समरूपता का पाठ पढ़ाया जाता है, सभी को एक जैसी और स्वच्छ वेशभूषा धारण करनी होती है। इससे छात्रों में समानता, एकता, धर्मनिरपेक्षता और स्वच्छता जैसे मूल्यों का सृजन होता है। छात्रों को विद्यालयों में शिष्टाचार और मृदुभाषिता का पाठ पढ़ाया जाता है, जो उनमें सौहार्द के मूल्य विकसित करता है।

विद्यालय में छात्रों को व्यस्त रखा जाता है, वहां उन्हें अपने कार्य स्वयं करने होते हैं। इसके अलावा उन्हें घर पर भी अतिरिक्त अभ्यास करने का कार्य दिया जाता है। इससे छात्रों में स्फूर्ति, कार्यशीलता और आत्मनिर्भरता जैसे मूल्यों का सृजन होता है। विद्यालय में सभी छात्रों को, चाहे वह अमीर हो या गरीब, समान रूप से सभी कार्यों का विभाजन किया जाता है। समय-समय पर श्रमदान जैसे सामाजिक कार्यों के शिविर भी विद्यालयों द्वारा आयोजित किए जाते हैं, जिनमें सभी छात्र समान रूप से श्रमदान करते हैं। इन गतिविधियों से छात्रों को श्रम के गौरव और महत्त्व की पहचान होती है।

सहशिक्षा, जिसमें छात्र और छात्राएं एक साथ अध्ययन करते हैं, के माध्यम से लैंगिक समानता का मूल्य समृद्ध होता है। जैसा कि प्रसिद्ध उक्ति है, 'यत्र नार्यस्तु पूज्यंते रमंते तत्र देवता:' अर्थात् जहां नारियों की पूजा होती है, वहां देवता निवास करते हैं। कक्षा में छात्रों और छात्राओं के मध्य प्रतिस्पर्धा का एक स्वस्थ वातावरण होता है, जिससे महिलाओं के प्रति सम्मान और समानता की भावना फलती-फूलती है।

विद्यालय में स्वतंत्रता दिवस, गणतंत्र दिवस एवं महापुरुषों के जन्म दिवस बड़ी धूमधाम से आयोजित किए जाते हैं। इससे राष्ट्रीयता (Nationalism) और देशभक्ति जैसे महत्त्वपूर्ण मूल्य छात्रों में विकसित होते हैं। विद्यालय में सभी गतिविधियां, जैसे– प्रार्थना और कक्षाओं का आयोजन, खेलकूद गतिविधियां, परीक्षाएं, आदि निर्धारित समय के अनुसार होती हैं। व्यक्ति लंबे समय तक इन शैक्षणिक संस्थाओं से जुड़ा रहता है, जिसके फलस्वरूप वह इन समस्त गतिविधियों का समयानुसार पालन करने में अभ्यस्त हो जाता है और साथ ही उसमें समयबद्धता (Punctuality) का मूल्य समृद्ध हो जाता है।

सी.एस. लुईस (CS Lewis) के अनुसार, मूल्यरहित शिक्षा चाहे जितनी भी उपयोगी क्यों न हो मनुष्य को अधिक चतुर शैतान बनाती है। वर्तमान समय में भूमंडलीकरण, निजीकरण और वैश्वीकरण के दौर में मनुष्य के भीतर मूल्यों का होना अत्यधिक आवश्यक है। विश्वविद्यालय शिक्षा समिति (1948-49) ने नैतिकता के विविध आयामों के रूप में ईमानदारी (Loyalty), साहस (Courage), अनुशासन (Discipline), आत्म-त्याग (Self-sacrifice) और अध्यात्म (Spirituality) को स्थान दिया था। माध्यमिक शिक्षा परिषद (1952-53) ने छात्रों में चारित्रिक मूल्यों–दक्षता (Efficiency), सहयोग (Co-operation), निष्ठा (Integrity) और अनुशासन (Discipline) पर बल दिया। कोठारी आयोग (1964-66) ने स्पष्ट रूप से यह उल्लेख किया कि आधुनिक समाज में शिक्षा का ज्ञान प्रदान करने या उत्पादन क्रिया से कोई बहुत सरोकार नहीं है, बल्कि इसके द्वारा आधुनिक समाज में जिज्ञासा जगाना, रुचि विकसित करना और मूल्य एवं अभिवृत्ति को विकसित करना सर्वाधिक महत्त्वपूर्ण है।

किसी भी देश का विकास उसके नागरिकों के मूल्यों पर आधारित होता है। लोग अपने जीवन का एक लंबा समय शैक्षणिक संस्थाओं के प्रभाव में व्यतीत करते हैं। शिक्षा व्यक्ति में मूल्यों और चरित्र का समावेश कर उसके चहुंमुखी विकास में भागीदार होती है। वृहद् अर्थों में शिक्षा का सामाजिक उत्तरदायित्व लोगों को समाज का प्रभावशाली सदस्य बनाना है। शैक्षणिक संस्थाएं केवल कौशल, तकनीकी ज्ञान और सफलता प्रदान करने के लिए नहीं होतीं, बल्कि इनका एक महत्त्वपूर्ण कार्य शिक्षा तंत्र में मूल्यों को पर्याप्त स्थान देना भी है। अल्बर्ट आइंसटीन के अनुसार, 'एक सफल व्यक्ति बनने का प्रयास मत करो, बल्कि एक मूल्यपरक व्यक्ति बनने की चेष्टा करो।' यह वाक्य प्रदर्शित करता है कि मूल्यरहित शिक्षा अनुपयोगी है। मूल्य आधारित शिक्षा मनुष्य को सही और शुभ का ज्ञान कराती है तथा उसे समानुभूति (Empathy) का गुण प्रदान करती है। मूल्यपरक शिक्षा ज्ञान को मानवता से जोड़ती है और इस बात पर बल देती है कि ज्ञान का उद्देश्य समस्त मानव जाति के लिए समृद्धि एवं समानता लाना है।

मूल्यपरक शिक्षा व्यक्ति के जीवन को दिशा प्रदान करती है तथा उसे संसार को और अधिक बेहतर स्थान बनाने की प्रेरणा देती है। इस संदर्भ में हम अब्राहम लिंकन के जीवन का एक दृष्टांत लेते हैं। लिंकन अपने पुत्र के स्कूल के प्रधानाचार्य को एक पत्र लिखते हैं, जिसमें वे नैतिक मूल्यों की महत्ता पर कुछ प्रकाश डालते हैं। वे लिखते हैं, 'यदि आप पढ़ा सकते हैं, तो उसे यह पढ़ाओ कि एक डॉलर कमाना बिना प्रयास के पांच डॉलर पाने से अधिक मूल्यवान है, उसे हारना सिखाओ और साथ ही विजय का आनंद लेना भी सिखाओ। यदि आप सिखा सकते हो, तो उसे ईर्ष्या से दूर रहना सिखाओ। विद्यालय में उसे सिखाओ कि असफल होना नकल करने से अधिक गरिमामयी है। उसे सभी को सुनना सिखाओ, साथ ही उसे सुने हुए को सत्यता की कसौटी पर परखना और जो कसौटी पर खरा उतरे उसे ग्रहण करना सिखाओ। उसे धैर्य रखने का साहस सिखाओ और साहसी बनने के लिए धैर्यवान बनना सिखाओ। उसे सदैव स्वयं पर आस्था रखना सिखाओ, क्योंकि तभी उसकी मानवता पर आस्था होगी।'

शैक्षणिक संस्थाएं मूल्यपरक शिक्षा की प्राथमिक स्रोत होती हैं। 1964-66 के शिक्षा में आयोग ने भारतीय शिक्षा तंत्र की कमियों को उजागर किया था। आयोग के अनुसार, 'शैक्षणिक गतिविधियों में सबसे गंभीर कमी सामाजिक, नैतिक और आध्यात्मिक मूल्यों पर आधारित शिक्षा का प्रावधान न होना है।' मूल्यपरक शिक्षा में बीमार मस्तिष्क को ठीक करके सकारात्मक विकास में जुट जाने वाले एक उर्वर और मानवतावादी मस्तिष्क में परिवर्तित करने का सामर्थ्य है। आज के बच्चे कल का भविष्य हैं। यह शैक्षणिक संस्थाओं का कर्तव्य है कि उन्हें इस प्रकार शिक्षा दें कि वे चरित्रवान और नैतिक

व्यक्ति बन सकें। भारत में गुरु-शिष्य परंपरा अत्यंत प्राचीन है और यह समाज में गहरी जड़ें जमाए हुए है। शिक्षक की भूमिका समाज के भविष्य को आकार प्रदान करना है। राष्ट्रीय शिक्षा नीति (1986) ने यह स्वीकार किया है कि 'अनिवार्य मूल्यों के पतन और समाज में बढ़ती हुई अविश्वास की भावना ने शैक्षणिक गतिविधियों में सुधार की आवश्यकता को अनिवार्य बना दिया है, ताकि शिक्षा को सामाजिक और नैतिक मूल्यों की स्थापना का एक शक्तिशाली माध्यम बनाया जा सके।'

शैक्षणिक संस्थाओं का प्रमुख कार्य ऐसे नागरिकों को तैयार करना है, जिनमें मजबूत चारित्रिक गुण और स्वस्थ मस्तिष्क का निवास हो। मूल्य वह वस्तु है, जिसे पढ़ाया नहीं जा सकता, बल्कि धारण किया जाता है। यह शैक्षणिक संस्थाओं का कर्तव्य है कि वे इन गुणों को सावधानीपूर्वक धारण करवाएं। इसके लिए शैक्षणिक गतिविधियों में नैतिक शिक्षा को अनिवार्य विषय के रूप में शामिल करना होगा, फिर चाहे वह शिक्षा की कोई भी शाखा हो। कुछ महत्त्वपूर्ण मूल्य, जैसे– बड़ों का आदर करना, कमजोर वर्ग के प्रति दया की भावना रखना और सहिष्णुता, आदि मूल्यपरक शिक्षा से ही आते हैं और इनको शैक्षणिक संस्थान ही सुनिश्चित भी करा सकते हैं। अंतर्व्यक्तिगत संबंध, धार्मिक सद्भाव, टीम भावना, आदि का विकास शिक्षण संस्थाओं में खेल गतिविधियों, सांस्कृतिक गतिविधियों, एन.सी.सी., स्काउटिंग और गाइडिंग, समूह अध्ययन, वाद-विवाद एवं सेमिनार के माध्यम से सुनिश्चित किया जा सकता है। शिक्षण संस्थान राष्ट्रीय पर्वों का आयोजन, महान देशभक्तों की जयंती और पुण्यतिथि का आयोजन जैसे अवसरों के माध्यम से युवाओं में नैतिकता का समावेश करने के लिए प्रयास कर सकते हैं।

अभ्यास प्रश्न

1. कुछ लोगों का मानना है कि मूल्य समय और परिस्थिति के साथ बदलते रहते हैं, जबकि अन्य दृढ़ता से मानते हैं कि कुछ मानवीय मूल्य सर्वव्यापक एवं शाश्वत हैं। इस संबंध में आप अपनी धारणा तर्क देकर बताइए। (UPSC 2013)
2. रक्षा सेवाओं के संदर्भ में, "देशभक्ति" राष्ट्र की रक्षा करने में अपना जीवन उत्सर्ग करने तक ही तत्परता की अपेक्षा करती है। आपके अनुसार दैनिक असैनिक जीवन में देशभक्ति का क्या तात्पर्य है। उदाहरण प्रस्तुत करते हुए इसको स्पष्ट कीजिए और अपने उत्तर के पक्ष में तर्क दीजिए। (UPSC 2014)
3. 'मनुष्यों के साथ सदैव उनको, अपने आप में "लक्ष्य" मानकर व्यवहार करना चाहिए, कभी भी उनको केवल "साधन" नहीं मानना चाहिए।' आधुनिक तकनीकी-आर्थिक समाज में इस कथन के निहितार्थों का उल्लेख करते हुए इसका अर्थ और महत्त्व स्पष्ट कीजिए। (UPSC 2014)
4. 'सामाजिक मूल्य, आर्थिक मूल्यों की अपेक्षा अधिक महत्त्वपूर्ण हैं।' राष्ट्र की समावेशी संवृद्धि के संदर्भ में उपर्युक्त कथन पर उदाहरणों के साथ चर्चा कीजिए। (UPSC 2015)
5. जीवन, कार्य, अन्य व्यक्तियों एवं समाज के प्रति हमारी अभिवृत्तियां आमतौर पर अनजाने में परिवार एवं उस सामाजिक परिवेश द्वारा रूपित हो जाती हैं, जिसमें हम बड़े होते हैं। अनजाने में प्राप्त इनमें से कुछ अभिवृत्तियां एवं मूल्य अक्सर आधुनिक लोकतांत्रिक एवं समतावादी समाज के नागरिकों के लिए अवांछनीय होते हैं।
   a. आज के शिक्षित भारतीयों में विद्यमान ऐसे अवांछनीय मूल्यों की विवेचना कीजिए।
   b. ऐसी अवांछनीय अभिवृत्तियों को कैसे बदला जा सकता है तथा लोक सेवाओं के लिए आवश्यक समझे जाने वाले सामाजिक नैतिक मूल्यों को आकांक्षी तथा कार्यरत लोक सेवकों में किस प्रकार सवंर्धित किया जा सकता है? (UPSC 2016)
6. वर्तमान समय में नैतिक मूल्य का संकट सादा जीवन की संकीर्ण धारणा से जुड़ा हुआ है। विवेचना कीजिए? (UPSC 2016)
7. सामान्यत: साझा किए गए तथा व्यापक रूप से मोर्चाबंद नैतिक मूल्यों और दायित्वों के बिना न तो कानून, न लोकतंत्रीय सरकार, और न ही बाजार अर्थव्यवस्था ठीक से कार्य कर पाएंगे। इस कथन से आप क्या समझते हैं? समकालीन समय के उदाहरण द्वारा समझाइए। (UPSC 2016)

अध्याय

5 महान नेताओं, सुधारकों और प्रशासकों के जीवन एवं उनके उपदेशों से शिक्षा

Lessons from the Lives and Teachings of Great Leaders, Reformers and Administrators

प्रस्तावना (Introduction)

मूल्यों का प्रत्यक्ष आधार विश्वास है। विश्वास ही मनुष्य को किसी निश्चित दिशा में सोचने पर मजबूर करता है, जिसके फलस्वरूप एक मूल्य व्यवस्था का उदय होता है। किसी व्यक्ति के मूल्यों का सृजन महान व्यक्तित्वों, नेताओं, सुधारकों और प्रशासकों के जीवन एवं शिक्षाओं से अत्यधिक प्रभावित होता है। सबसे महत्त्वपूर्ण यह है कि किसी विशेष मुद्दे को लेकर मानसिक प्रशिक्षण के दौरान ये शिक्षाएं कितनी अधिक उपयोगी होती हैं। हम यहां उन महत्त्वपूर्ण व्यक्तित्वों, महान सुधारकों और प्रशासकों के जीवन की चर्चा करेंगे, जिनका मानवता के इतिहास में निर्विवाद रूप से अग्रणी स्थान रहा है और जो पारदर्शिता, सत्यनिष्ठा एवं अनुकरणीय निर्णयों के लिए जाने जाते हैं।

महात्मा गांधी (Mahatma Gandhi)

गांधी जी अपनी नैतिक महानता के लिए जाने जाते हैं। वे नैतिक मूल्यों के आधार पर अपना जीवन संचालित करते थे। उन्होंने अपने भाषणों में अनेक बार लोगों को इस प्रकार का जीवन जीने की सलाह दी। उन्होंने राजनीति, धर्म और यहां तक कि सामान्य जीवन में भी नैतिकता को अपनाया और नैतिकता के विविध आयामों पर चर्चा की। हम यहां केवल उन आयामों की चर्चा करेंगे, जिनका एक सिविल सेवक और एक नेतृत्वकर्ता के जीवन में महत्त्वपूर्ण स्थान होता है। उन्होंने राजनीति के शुद्धीकरण और नैतिक बाध्यता के रूप में मूल्यों एवं सिद्धांतों की आवश्यकता पर बल दिया। गांधी नैतिकता को मानवीय प्रकृति के आलोक में समझने का प्रयास करते हैं। वे चेतना या अंत:करण की आवाज (Conscience) के बारे में गहन और विस्तृत चर्चा करते हैं। सत्याग्रह उनका सर्वाधिक लोकप्रिय शस्त्र है, जो उन्हें जीवन के प्रत्येक क्षेत्र में अजेय बनाता है। चूंकि गांधी जी ने सत्याग्रह पर अत्यधिक कार्य किया था, इसलिए यहां सत्य के दर्शन को उनके विचार से समझना अनिवार्य हो जाता है। उन्होंने "अहिंसा" को भी अपने विचार के रूप में स्थान दिया। "सत्य" और "अहिंसा" दोनों ही विचार एक-दूसरे के पूरक हैं और उनके बीच के संबंध को गांधी जी ने अपनी राजनीतिक गतिविधियों में आश्चर्यजनक रूप से प्रयोग में लिया।

गांधी जी के अनुसार, इस संसार में अशुभ की बहुलता का कारण माया (Illusion), मोह (Affainity), भ्रम (Delusion) और आकर्षण (Attraction) है। इन सभी मानसिक विकारों का काल्पनिक और मादक प्रभाव होता है, जो लंबे समय तक बना रहता है। ये स्थायी सुख प्रदान नहीं करते फिर भी मनुष्य इनके पीछे भागता रहता है।

महात्मा गांधी के अनुसार, वर्तमान दौर में सभ्यता के पतन का कारण राजनीति में आत्मा की अनुपस्थिति है। सभी तरह के राजनीतिक हथकंडे किसी भी कीमत पर सत्ता की प्राप्ति के साधन बनकर रह गए हैं। वे इस मामले में हॉब्स के मनुष्य की शक्ति पाने की मूल प्रवृत्ति के संबंध में दिए गए सिद्धांत से आश्वस्त दिखाई पड़ते हैं। उनके अनुसार, राजनीति में शक्ति का अनुसरण और नैतिकता के मध्य अंतर्संबंध राजनीतिक परिदृश्य में सभी परिस्थितियों के लिए जिम्मेदार है। गांधी जी के अनुसार, राजनीति अनिवार्य और अभिन्न है, परंतु इसका धर्म से संपर्क बने रहना आवश्यक है। अन्यथा यह मृत शरीर के समान है, जिसे अग्नि को समर्पित करना ही ठीक होता है। यहां धर्म का वृहद् अर्थ है जो परंपरागत रूप में लिए जाने वाली धार्मिकता के विचार तक सीमित नहीं है। उदाहरण के लिए, धर्म का अभिप्राय अंत:करण (Conscience) का अनुसरण करना और आंतरिक भावनाओं एवं व्यक्तिगत आस्था के आधार पर संचालित होना होता है। एक राजनेता को स्वैच्छिक रूप से संपत्ति का परित्याग करना चाहिए। गांधी जी का यह मत प्लेटो से समानता रखता है। उनका कहना है कि वे तब तक धार्मिक नहीं कहलाएंगे, जब तक कि वे संपूर्ण मानवता का हिस्सा न बन जाएं और ऐसा केवल राजनीति के माध्यम से ही संभव है। राजनीतिक शक्ति लोगों को बेहतर जीवन प्रदान करने का एक माध्यम है न कि राजनेताओं के स्वयं हित साधन का। गांधी जी के अनुसार, राजनीति सांप्रदायिक मत तक ही सीमित नहीं है। यह विश्व की आदेशित नैतिक सरकार पर आस्था से संबंधित है।

महात्मा गांधी कठोर रूप से राज्य धर्म को वर्जित मानते हैं। वे व्यक्तिगत रूप से धर्म का चयन करने पर बल देते हैं, क्योंकि यह शुद्ध रूप से व्यक्तिगत विषय है। "धर्म तथा इसका राज्य से संबंध" के विषय में गांधी जी अराजकतावादी तथा क्रांतिकारी विचार रखते हैं। राजनीति और धर्म के बारे में उनके विचार विवेकानंद के विचारों से स्पष्ट भिन्नता रखते हैं। वे विवेकानंद द्वारा इस संदर्भ में बताए गए अंतर को पूर्णत: नकार देते हैं। उनका तिलक के साथ भी इस विषय को लेकर सदैव विवाद रहा है। तिलक ने गांधी जी को लिखा था कि राजनीति किसी धर्म द्वारा संचालित नहीं हो सकती। तिलक के अनुसार, राजनीति सांसारिक लोगों के लिए है न कि संतों के लिए। गांधी जी का दृढ़ विश्वास था कि शक्ति दंड के भय से प्राप्त नहीं होती, बल्कि वह इसका परित्याग करने एवं स्वयं को मानवता की सेवा में समर्पित करने से प्राप्त होती है। यह व्यक्ति को सरकार में रहने से प्राप्त शक्ति से अधिक शक्ति प्रदान करता है, क्योंकि एक दिन लोग आपसे प्रेम करेंगे और चाहेंगे कि उन्हें अपना वास्तविक सेवक मिले न कि ऐसा व्यक्ति, जो उन पर शक्ति का प्रयोग करे। वे आगे कहते हैं कि शक्ति का प्रयोग सामाजिक शुभ (सर्वोदय) के लिए रचनात्मक तरीके से अथवा अन्यायकारी कानूनों के शांतिपूर्ण विरोध और राज्य की दमनात्मक शक्तियों के विरोध में किया जाना चाहिए।

गांधी राजनीति तथा धर्म को अलग नहीं करते, उनका धर्म अनिश्चित, आत्मनिष्ठ और कई अर्थों में रहस्यवादी (Mystic) प्रकृति का है। गांधी जी दो स्तर वाली नैतिकता को चुनौती देते हैं, *पहली* व्यक्ति के निजी जीवन से संबंधित और *दूसरी* उसके लोक जीवन से संबंधित। पहली नैतिकता व्यक्ति के निजी आचरण से संबंधित है और दूसरी नैतिकता सामूहिक आचरण और राजनीतिक जीवन से संबंधित है, जिसकी एक वृहद् परिभाषा है। यह द्विमानकता का सिद्धांत कहलाता है। गांधी जी इस सिद्धांत को नकार देते हैं। वे कहते हैं कि इस सिद्धांत के आधार पर संचालित समाज स्व-विनाशी (Self-destructive) और शोषण पर आधारित होता है। राजनीतिक और व्यक्तिगत नैतिकता आपस में सुलह योग्य हैं और इसे व्यक्तियों के जीवन के सभी पहलुओं तक विस्तारित होना चाहिए। यद्यपि गांधी जी राजनीति को अशुद्ध और पापी मानते हैं, परंतु उनका यह दृढ़ विश्वास था कि इसे शुद्ध किया जा सकता है और इसका शुद्धीकरण किया जाना भी चाहिए। इस आशय से किया जाने वाला पहला प्रयास लौकिक और निजी नैतिकता या राजनीतिक और व्यक्तिगत नैतिकता के आधार से छुटकारा पाना है।

अपनी पुस्तक *नीति धर्म* (1912) में गांधी जी कहते हैं, कोई व्यक्ति वास्तव में तभी धार्मिक या नैतिक है, जब वह घृणा और स्वार्थ से मुक्त है तथा स्वार्थ से परे मानवता की सेवा में समर्पित होकर एक पूर्णत: सात्विक जीवन जी

रहा है। गांधी जी के अनुसार, नैतिकता का अभिप्राय कठोर नियमों का पालन करना नहीं है, बल्कि यह परिस्थिति के अनुसार बदलती रहती है। नैतिकता स्वैच्छिक होनी चाहिए और यह मशीन की तरह संचालित नहीं होनी चाहिए। नैतिक व्यवहार अंतःकरण पर आधारित होना चाहिए और किसी प्रकार के भय या दबाव में नहीं होना चाहिए। उनके अनुसार, नैतिकता के पालन में निरंतरता होनी चाहिए। यहां निरंतरता का अभिप्राय समय-समय पर सत्य के अनुसरण से है, हालांकि यह व्यक्ति के स्वयं के पूर्व के आचरण से अलग भी हो सकता है। गांधी जी बल देते हुए कहते हैं, धर्म सर्वोच्च मानव मूल्य है और अन्य तीन-अर्थ (Money), काम (Pleasure) तथा मोक्ष (Liberation) इसके पश्चात् आते हैं। उनके लिए धर्म का मानव जाति की सेवा से इतर अन्य कोई अभिप्राय नहीं है।

महात्मा गांधी का दृढ़ विश्वास था कि राजनीतिक नैतिक दुविधा (Ethical Dilemma) केवल निर्णय लेने के बारे में नहीं है, बल्कि सबसे कठिन कार्य उस समय की प्रायोगिकता से परे दीर्घावधि में मुद्दे का समाधान खोजना है। वे कहते हैं, व्यक्ति को स्वयं को सकारात्मक बोध से निर्देशित करना चाहिए, दूसरों को नकारात्मक प्रेरणा नहीं देनी चाहिए। दूसरों के लिए उदाहरण स्थापित करना नैतिक नियम बनाने से अधिक विश्वसनीयता प्रकट करता है। उनके अनुसार, दूसरों को नैतिकता के उपदेश देना महत्त्वपूर्ण नहीं है, न ही दूसरों को उनकी गलतियां बताना आवश्यक है। बल्कि यह अधिक महत्त्वपूर्ण है कि उन्हें उस तरह से व्यवहार करने के लिए तैयार किया जाए, जैसा वे जानते हैं कि उन्हें करना चाहिए।

गांधी जी कहते हैं, लोगों को स्वयं को पूर्व में प्राप्त किए गए सभी प्रकार के आवेगों (Passions) और पूर्वाग्रहों (Biases) से मुक्त कर लेना चाहिए। वे *नीति धर्म* में कहते हैं, 'व्यक्ति अपने विचारों का उत्पाद होता है, जैसा वह सोचता है वैसा ही बन जाता है।' उनके अनुसार, एक व्यक्ति स्वयं के बारे में जैसा सोचता है वह वैसा ही व्यवहार करने लगता है। वे आगे कहते हैं, 'एक व्यक्ति जो अशुभ या बुराई का विचार करता है उतना ही बुरा होता है, जितना कि कोई व्यक्ति जो बुरा करता है चाहे वह बुरा ना हो।' गांधी जी कांट के ही समान कर्तव्यवादी (Deontologist) हैं। वे कांट के कर्तव्य आधारित स्पष्ट आदेशात्मकता के सिद्धांत के संदर्भ में *गीता* का अनुसरण करते हैं। धर्म का पालन धर्म मात्र के पालन में करना चाहिए। धर्म का सद्गुण सार्वभौमिक है और यह केवल कुछ लोगों से संबंधित नहीं है। धर्म का पालन करने की संवेदना स्वतः होनी चाहिए न कि इसे करने में अधिक प्रयास करना पड़े। उनके अनुसार, नैतिक कानून की सर्वोच्च सत्ता हमें नैतिकता के सिद्धांत सीखने के लिए बाध्य करती है। वे आगे कहते हैं, 'एक सिद्धांत तो सिद्धांत होता है और इसे इसलिए कभी मुरझाना नहीं चाहिए, क्योंकि हम इसका अभ्यास करने के योग्य नहीं हैं। हमें इसे प्राप्त करने के लिए सजग और प्रयासरत रहना चाहिए।'

उन्होंने अंतरात्मा की आवाज के विचार पर विस्तार से चर्चा की। वे यह घोषणा करते हैं कि अंतरात्मा की आवाज प्रत्येक कर्म और विचार के सही होने के बारे में सर्वोच्च सत्ता की आवाज है। वे कहते हैं, कई बार आपको एक पुकार का अनुसरण करना होता है, जो सबसे बढ़कर होती है, अंतरात्मा की आवाज के लिए समाज को लेकर हमारी प्रतिबद्धता परेशानियां उत्पन्न कर सकती है। यहां तक कि अपने नजदीकी प्रियजनों का त्याग भी करना पड़ सकता है। आप जिन्हें दिल के करीब और अपने जीवन के बराबर समझते हैं, उन सब का परित्याग करना पड़ता है। वे पुनः कहते हैं, अंतरात्मा की आवाज के सामने बहुमत के कानून का कोई अस्तित्व नहीं है। अंतरात्मा की आवाज सभी न्यायालयों के ऊपर है। उनके अनुसार, अंतरात्मा की आवाज उच्छृंखलता (Wilfulness) की श्रेणी में नहीं आती। यह कड़े अनुशासन का प्रतिफल होती है। यह केवल कोमल हृदय में ही फलता-फूलती है। गांधी जी दूरखीम द्वारा प्रतिपादित सामूहिक अंतरात्मा की आवाज से वास्ता नहीं रखते, जो समाज के नैतिक उद्देश्यों के लिए किसी समूह को दबाव डालने का कानूनी अधिकार देती है। गांधी जी के अनुसार, अंतरात्मा की आवाज हमें डरपोक बनाती है, लेकिन बिल्कुल अलग अर्थों में यह व्यक्ति को सदैव नम्र, समझौताकारी, ग्रहण करने वाला और स्वीकृति देने वाला बनाती है।

नीतिशास्त्रीय परिचर्चा में माध्यम और परिणाम का विरोधाभास एक आम बात है। माध्यम के विचार का समर्थन करने का अर्थ यह नहीं है कि नैतिक निहितार्थों और अंतिम परिणामों की उपेक्षा की जाए। गांधी जी माध्यम और परिणाम के द्वंद्व को नहीं मानते और इस प्रकार वे राजनीतिक तथा नैतिक विचारकों के मध्य अपवाद के रूप में दिखाई देते हैं। वे कहते हैं, 'मेरे लिए माध्यम का ज्ञान होना काफी है, मेरे जीवन के दर्शन में माध्यम और परिणाम परिवर्तनशील पद हैं। हमारा नियंत्रण सदैव माध्यम पर ही होता है परिणाम पर नहीं। मैं यह महसूस करता हूं कि हमारे लक्ष्य की ओर उन्नति माध्यम की शुद्धता के समानुपात में होगी।' गांधी जी के अनुसार, सात चीजें मनुष्य को बर्बाद करती हैं, ये सात महापाप हैं, जो सामाजिक और राजनीतिक व्यवहार से जुड़े हैं। वे निम्नलिखित गलतियों की चर्चा करते हैं, जिन्हें मनुष्य करता है और जिन्हें करने से बचना चाहिए–

1. कर्म के बिना संपत्ति (Wealth Without Work)
2. चेतना/अंत:करण के बिना सुख (Pleasure Without Conscience)
3. सिद्धांत के बिना राजनीति (Politics Without Principle)
4. चरित्र के बिना ज्ञान (Knowledge Without Character)
5. नैतिकता के बिना व्यापार (Commerce Without Morality)
6. मानवता के बिना विज्ञान (Science Without Humanity)
7. त्याग के बिना पूजा (Worship Without Sacrifice)

गांधी जी के नैतिक मूल्य कमजोर वर्गों की सेवा के विचार से अत्यधिक प्रेरित थे। वे कहते हैं, मैं तुम्हें एक तिलिस्म देता हूं, जब कभी तुम संशय में हो या जब तुम्हारा अहम् बहुत ज्यादा बढ़ जाए, तो इस परीक्षण को लागू करना। सबसे निर्धन और कमजोर पुरुष या स्त्री जिसे तुमने देखा है, उसके चेहरे को याद करो तथा खुद से पूछो, क्या जो कदम तुम उठाने जा रहे हो उसके किसी काम आएगा। क्या वह इससे कोई लाभ प्राप्त करेगा या करेगी? क्या यह उसके जीवन की नियति को नियंत्रित करने में सहायक होगा। अन्य शब्दों में, क्या यह भूखे और आध्यात्मिक रूप से वंचित लाखों लोगों के लिए स्वराज्य प्राप्ति का साधन बनेगा? तब तुम अपने संशय को जान पाओगे और तुम्हारा अहम् दूर होता चला जाएगा।

सरदार वल्लभभाई पटेल (Sardar Vallabhbhai Patel)

सरदार वल्लभभाई पटेल एक महान नेता थे। वे एक दृढ़ नेतृत्वकर्ता और देशभक्त सेवक थे। उन्होंने भारत के स्वतंत्रता आंदोलन में सक्रिय रूप से भाग लिया और स्वतंत्रता के पश्चात् भारत के एकीकरण में अविस्मरणीय भूमिका निभाई। उनका दृढ़ विश्वास था कि धर्म और देशभक्ति को एक-दूसरे से अलग करके नहीं देखा जा सकता, क्योंकि दोनों ही आस्था के विषय हैं। धर्म भावनाओं और जुड़ाव के रूप में देशभक्ति में ही अंतर्निहित होता है। उनके अनुसार, देशभक्ति सर्वोच्च धर्म है। पटेल की ग्रामीण लोगों पर अत्यधिक आस्था थी। उन्होंने ग्रामीण भारत को गतिशील किया और स्वतंत्रता आंदोलनों से जोड़ा। वे भारत के स्वतंत्रता आंदोलन में महिला शक्ति की भागीदारी अनिवार्य मानते थे। इस आशय से उन्होंने बारडोली की महिलाओं को राजनीति में सक्रिय भागीदारी के लिए प्रेरित किया, ताकि भारत को विदेशी शासन से मुक्त कराया जा सके। वे भारतीय समाज में व्याप्त पर्दा प्रथा के कटु आलोचक थे।

पटेल के अनुसार, लोकतंत्र में शासक जनता का विश्वास जीतकर ही शासन कर सकते हैं। उन्हें समय के साथ आगे बढ़ना होगा और जनता के कल्याण के लिए आराम छोड़कर बाहर निकलना होगा तथा प्रशासन के नए एवं उपयोगी प्रयोग करने होंगे। उन्होंने सरकार को सलाह दी कि वह धर्म, जाति या पंथ के आधार पर भेदभाव न करते हुए संपूर्ण जनसंख्या के ट्रस्टी (न्यासी) की भूमिका को भली प्रकार निभाए। इस प्रकार, केवल वह सरकार ही देश पर शासन करने का अधिकार रखती है, जो लोगों के साथ किसी भी प्रकार का भेदभाव नहीं करती। वे आगे कहते हैं, कि शासक जनता के केवल ट्रस्टी हैं और राज्य की सेवा करना उनका कर्तव्य है। वे राज्य के सेवक हैं और

लोग उनके बच्चों की तरह हैं तथा वे अभिभावक की तरह हैं। जनता का कल्याण उनका प्रमुख उद्‌देश्य है। पटेल के ये विचार बताते हैं कि वे भारतीय नागरिकों की सामाजिक और राजनीतिक उन्नति के प्रबल समर्थक थे, जिसे वे संवैधानिक तरीके से शासन की लोकतंत्रात्मक पद्धति को अपनाकर लाने पर बल देते थे। वे एक ओर लोगों के लिए सरकार की भूमिका पर बल देते हैं, तो दूसरी ओर लोगों के राष्ट्र के प्रति कर्तव्य को भी अनदेखा नहीं करते।

पटेल कहते हैं कि लोगों को अपने उत्तरदायित्वों की पहचान होनी चाहिए और उन्हें राज्य के प्रति भक्ति दिखानी चाहिए। लोगों को आपसी सदभावना के साथ रहना चाहिए और धर्म, क्षेत्र, जाति या नस्ल पर आधारित अलगाववादी विचारों को नहीं उकसाना चाहिए। वे आगे कहते हैं कि शासक और शक्तियों को आपसी हितों के अनुरूप पारस्परिक समझ को विकसित करना चाहिए। यह केवल सहनशीलता और बंधुत्व के सद्‌गुणों को विकसित करके ही किया जा सकता है। पटेल को भारतीय नौकरशाही पर अटूट विश्वास था। वे लोकतंत्रात्मक वातावरण में सिविल सेवा के कार्यों में राजनीतिक हस्तक्षेप के पूर्णतः विरोधी थे। उन्होंने कहा, सेवाओं के साथ छेड़छाड़ लोकतंत्र के लिए सर्वाधिक हानिकारक सिद्ध होगी। उन्होंने उन राजनेताओं को आगाह किया, जो नौकरशाहों के प्रशासनिक कार्यों में लगातार हस्तक्षेप करते थे और उनकी दक्षता को बुरी तरह प्रभावित करते थे। साथ ही, उन्होंने नौकरशाहों से भी आग्रह किया कि वे स्वयं को देश में लोकतंत्र के विकास के लिए झोंक दें। उन्होंने इस बात पर बल दिया कि प्रशासकों को अपने अधिकारों का दुरुपयोग नहीं करना चाहिए। वे पुनः राजनेताओं को चेतावनी देते हैं कि नौकरशाहों के साथ बुरे और झगड़े के संबंध नहीं बनने दें, क्योंकि कोई भी व्यक्ति ऐसे काम में नहीं रहना चाहता, जिसमें उसे जनता के सामने लगातार आलोचना का शिकार होना पड़े।

पटेल लोकतंत्र के कट्टर समर्थक होते हुए भी विधायिका में मजबूत विपक्ष को महत्त्व देते थे, ताकि स्थिर और विकासशील राष्ट्र की स्थापना हो सके। सरदार पटेल को अहमदाबाद नगर पालिका का अध्यक्ष रहते हुए सिविल सेवाओं और उनके जटिल कार्यों का लंबा अनुभव प्राप्त हुआ था। वे इस बात से पूरी तरह आश्वस्त थे कि देश को चलाने के लिए अनुभवी सिविल सेवकों की अत्यधिक आवश्यकता है। वे उन भारतीय राजनीतिज्ञों में से एक थे, जो यह मानते थे कि भारत की स्थिरता और अखंडता में सिविल सेवकों का अधिक योगदान है। 20 अप्रैल 1947 को अखिल भारतीय प्रशासनिक सेवा प्रशिक्षण स्कूल में भारतीय प्रशासनिक सेवा के परिवीक्षाधीन अधिकारियों को संबोधित करते हुए उन्होंने कहा, आप भारतीय सेवा में अग्रणी हैं। भारतीय प्रशासनिक सेवा का भविष्य आपके चरित्र, योग्यता और सेवा भावना द्वारा डाली गई नींव पर आधारित होगा।

सरदार पटेल ने ही भारतीय सिविल सेवाओं को देश के प्रशासन के लिए संगठित किया था। उन्होंने 10 अक्टूबर 1949 को संसद में कहा, 'मैं यह चाहता हूं कि इस सदन में यह रिकॉर्ड किया जाए कि पिछले दो या तीन वर्षों में यदि सेवा के अधिकांश सदस्यों ने देश को दक्षतापूर्ण सेवा नहीं दी होती, तो वास्तव में संघ बिखर जाता।' वे अंततः भारत के उस समय के नेताओं को आश्वस्त कर पाए कि पुराने सिविल सेवकों की सेवा निरंतर लेते रहना चाहिए, जबकि नेहरू समेत भारतीय नेताओं की उपनिवेशवादी सेवाओं पर बिल्कुल भी आस्था नहीं थी। सरदार पटेल अपने सचिव के स्वामी से अधिक मित्र थे, ताकि सचिव उन्हें निर्भीक और ईमानदार सलाह दे सके। उन्होंने कहा, 'आज मेरा सचिव मेरे विचारों के विरोध में एक नोट लिख सकता है। मैंने अपने सचिवों को यह स्वतंत्रता प्रदान की है। मैंने कह रखा है कि यदि आप मुझे इस भय के कारण कि मैं नाराज हो जाऊंगा अपनी ईमानदार सलाह नहीं दे सकते, तो कृपया आप चले जाएं। मैं किसी अन्य सचिव को ले आऊंगा।'

सरदार पटेल सिविल सेवकों की समस्या को एकदम अलग तरीके से देखते थे, उनका यह मानना था कि सिविल सेवकों को भयमुक्त होकर अपने कार्य करने के लिए संवैधानिक संरक्षा प्राप्त हुई है। वे विश्वास करते थे कि ग्रामीण भारत का उत्थान केवल शिक्षा के माध्यम से ही हो सकता है। उनके अनुसार, आधुनिक शिक्षा एक तोते को पढ़ाने जैसी है। इस प्रकार की शिक्षा से शरीर और मस्तिष्क न तो जुड़ पाते हैं और न ही पर्याप्त शारीरिक एवं मानसिक

विकास हो पाता है। शिक्षा ऐसी होनी चाहिए, जिससे शारीरिक एवं मानसिक विकास के साथ-साथ आत्मा का सकारात्मक विकास भी हो। यदि घरों में इसको लेकर अनुकूल वातावरण नहीं है, तो स्कूल में चाहे कुछ भी पढ़ा दिया जाए घर जाकर भुला दिया जाएगा और अगले दिन बच्चा स्कूल में खाली मस्तिष्क के साथ आएगा। शिक्षा का उद्देश्य स्कूलों और गांवों को एक-दूसरे का पूरक बनाना होना चाहिए। यदि गांवों को जैसे वे आज हैं वैसे ही रहने दिया जाए, तो न बच्चे और न ही अन्य ग्रामीण शिक्षित हो सकेंगे।

पंडित जवाहरलाल नेहरू (Pt. Jawahar Lal Nehru)

एक महान राजनेता और विश्व के सबसे बड़े लोकतंत्र के प्रथम प्रधानमंत्री पंडित जवाहरलाल नेहरू का समाजवादी दृष्टिकोण था। उन्होंने रावी नदी के तट पर अपने भाषण में यह स्पष्ट किया था, 'मैं एक समाजवादी और गणतांत्रिक हूं।' यद्यपि ब्रिटिश शासन की समाप्ति के उपरांत भारतीय शासन व्यवस्था में अनेक परिवर्तन लाए गए, परंतु वे ब्रिटिश प्रशासनिक व्यवस्था से पूरी तरह मुक्त नहीं थे। नेहरू के नेतृत्व में भारत ने अंग्रेजों से विरासत में प्राप्त प्रशासन व्यवस्था, पुलिस, पैरामिलिट्री और सिविल संस्थाओं को ही आगे बढ़ाया। लेकिन इन्हें उपनिवेशवादी सोच के साथ आगे नहीं बढ़ाया गया। यहां तक कि नेहरू ने पुरानी ब्रिटिशकालीन नौकरशाही के बने रहने का काफी विरोध किया था।

नेहरू केवल राजनीतिक दार्शनिक नहीं थे, अपितु सक्रिय रूप से कार्य करने वाले व्यक्ति भी थे। उन्होंने भारत के विकास के लिए लोकतंत्रात्मक समाजवाद का केंद्रीय विचार रखा। उन्होंने "पंचशील" के विचार और "गुटनिरपेक्षता" की नीति का प्रतिपादन किया, जो भारत के अन्य देशों के साथ अंतर्राष्ट्रीय संबंधों से संबंधित थे। नेहरू के अनुसार, लोकतंत्र को अनेक प्रकार से परिभाषित किया जा सकता है, परंतु निश्चित रूप से इसकी एक परिभाषा राष्ट्र में समुदाय के स्व-अनुशासन के रूप में दी जा सकती है। लोकतंत्र प्रत्येक दृष्टि से जीवन के नैतिक मूल्यों से संबंधित है। वे कहते हैं, 'यदि सरकार बहुसंख्यक लोगों के विचार के अनुरूप है, तो वह लोकतंत्रात्मक सरकार है।'

वे नागरिक स्वतंत्रता के विचार को संपूर्ण रूप में रखते हैं, ताकि आम आदमी के व्यक्तित्व का संपूर्ण विकास हो सके। वे इस बात पर बल देते हैं कि ऐसा मात्र लोकतंत्र में ही संभव है। वे लोकतंत्रात्मक सहनशीलता या सहिष्णुता को लोकतंत्र में विरोधी विचारों में सामंजस्य स्थापित कराने के लिए महत्त्वपूर्ण मानते हैं। वे पूंजीवाद को लोकतंत्र के विरोधी सिद्धांत के रूप में देखते हैं। परंतु यह भी मानते हैं कि पूंजीवाद को राष्ट्र की आर्थिक समृद्धि के लिए शामिल करना अनिवार्य है। लोकतंत्रात्मक सहिष्णुता इस प्रकार के जटिल सामाजिक-आर्थिक संबंधों में एक शांतिपूर्ण विधि के रूप में सभी विरोधाभासों को दूर करने के लिए उभरकर सामने आती है। इसी प्रकार लोकतंत्र और समाजवाद को भी साथ-साथ चलना चाहिए, समाजवाद आर्थिक पक्ष से संबंधित है तथा लोकतंत्र सामाजिक पक्ष से संबंधित है। वे दृढ़ता से कहते हैं कि समाजवाद भारत में लोकतंत्र को चरम में पहुंचाने के लिए आवश्यक है।

नेहरू समाजवाद के कट्टर समर्थक थे। जीवन भर समाजवाद के विचार को अपनाने का आग्रह करते रहे। वे अपने विचारों तथा कार्यों से धर्मनिरपेक्ष व्यक्ति थे। उन्होंने प्रत्येक भारतीय के भीतर धार्मिक रूढ़ियों से मुक्त वैज्ञानिक मानसिकता विकसित करने पर बल दिया। धर्म नागरिकों का व्यक्तिगत विषय होना चाहिए और राज्य को इसमें कोई हस्तक्षेप नहीं करना चाहिए। उन्होंने एक मुक्त धर्मनिरपेक्ष राज्य की स्थापना पर बल दिया, जहां प्रत्येक धर्म के लिए स्थान हो और आदर तथा सम्मान के साथ फलने-फूलने का पर्याप्त अवसर हो। परंतु राज्य किसी भी धर्म के प्रति अपना गैर-पूर्वाग्रहपूर्ण तथा तटस्थ दृष्टिकोण रखेगा। उनके अनुसार, धर्मनिरपेक्षता एक गतिक अवधारणा (Dynamic Concept) है, जो समय के साथ विकसित तथा परिष्कृत होती रहती है। इसे राष्ट्रीय मनोवृत्ति का हिस्सा होना चाहिए और धर्म पर पूर्ण निषेध से संबंधित न होकर प्रेम, त्याग, दया, मानवता, सहयोग, आदि पवित्र विचारों पर आधारित होना चाहिए। एक अवसर पर उन्होंने कहा कि वे राष्ट्र और धर्म के बीच विवादों से परेशान हो चुके हैं। नेहरू के विचार संकीर्ण राष्ट्रवादी सोच तक ही सीमित नहीं थे, बल्कि वृहद् अर्थों में वे उनके अंतर्राष्ट्रवाद के

उपसमुच्चय के रूप में थे। उनके अनुसार, अंतर्राष्ट्रीय मानवता की समृद्धि के लिए अहिंसा अनिवार्य है। उन्होंने अपनी जीवनी में अहिंसा पर अपने विचार व्यक्त किए हैं। नेहरू कहते हैं, उन्हें अहिंसा पर पूर्ण आस्था तो नहीं है, परंतु वे इसे स्वीकार करते हैं और यह उन्हें अत्यधिक आकर्षित भी करती है। उनका दृढ़ विश्वास है कि भारतीय परिप्रेक्ष्य में जीवन जीने का तरीका है–अहिंसा का अभ्यास। केवल इसके महान अनुयायियों के लिए ही नहीं, बल्कि आम नागरिकों के लिए भी यह उतना ही महत्त्वपूर्ण है।

नेहरू एक समाजशास्त्री थे और वे मार्क्स एवं लेनिन के विचारों से अत्यधिक प्रभावित थे। उन्होंने अनेक अवसरों पर स्वीकार किया कि मार्क्सवादी विचार उनके मस्तिष्क में घर कर गए हैं और उन्हें आलोकित करते रहते हैं। वे नाजीवाद और फासीवाद के विरोधी थे। वे कहते थे कि फासीवाद अत्यधिक राष्ट्रवादी है, जबकि साम्यवाद अंतर्राष्ट्रीयवादी है और इस प्रकार फासीवाद अंतर्राष्ट्रीयवाद का विरोधी है। वे फासीवाद को उसकी क्रूरता और हिंसात्मक नीतियों के कारण भी पसंद नहीं करते थे। उन्होंने 1954 में कहा था कि वे युद्ध में शामिल नहीं होंगे, इस कारण किसी भी पार्टी ब्लॉक का सहयोग नहीं करेंगे। वे लोगों के कल्याण के पक्ष में थे, जो विकासात्मक गतिविधियों, जैसे– बांधों, स्कूलों, अस्पतालों, आदि का निर्माण करके और कृषि के लिए उपजाऊ भूमि का क्षेत्र बढ़ाकर ही संभव है।

भीमराव अंबेडकर (Bhimrao Ambedkar)

भीमराव अंबेडकर एक महान विधिवेत्ता, अर्थशास्त्री और राजनीति विज्ञानी थे। उन्हें भारतीय संविधान के निर्माता के रूप में जाना जाता है। वे प्रसिद्ध अमेरिकी दर्शनशास्त्री जॉन डिवी के नीतिशास्त्र के अध्ययन से बहुत प्रभावित थे। व्यक्तिगत रूप से अंबेडकर मानते थे कि नैतिकता समाज की भलाई के लिए मानवता की प्रमुख आवश्यकता है। वे धर्म की आलोचना करते हैं, क्योंकि धर्म ने नैतिकता के वास्तविक स्वरूप को भुला दिया है। वे नैतिकता को बौद्ध दर्शन के "धम्म" शब्द द्वारा परिभाषित करते हैं।

उनका मानना है कि नैतिक विकास के समक्ष सबसे बड़ी चुनौती सामूहिक रीति-रिवाजों, परंपराओं और आदतों से दूर हटकर व्यक्तिगत वैचारिक प्रतिबिंब या अंतरात्मा की आवाज पर आधारित नैतिकता की ओर जाना है। इस प्रकार अंबेडकर मानवीय अंत:करण पर आधारित प्रतिबिंबात्मक नैतिकता (Reflective Morality) पर ध्यान केंद्रित करते हैं। वे प्राचीन जाति व्यवस्था की कड़ी आलोचना करते हैं और इसे सामूहिक नैतिकता मानते हैं। उनके अनुसार, यह व्यक्तिगत अंत:करण (Individual Conscience) के प्रतिबिंबन की विरोधी है। वे कहते हैं, मनुष्य का जीवन सामान्यत: आदतों पर आधारित और चिंतनशील है। वे आगे कहते हैं, चिंतनशील विचार निरंतर, सक्रिय और सुविचारित तरीके से उत्पन्न होते हैं, जो वास्तविकता और अनुभव पर आधारित होते हैं। नैतिक दुविधा की स्थिति में यह चिंतन परिस्थितियों को हल करता है। अंबेडकर इस बात पर बल देते हैं कि चिंतनशील या प्रतिबिंबात्मक नैतिकता भूतकाल से चली आ रही आदतों, रीति-रिवाजों और सही या गलत की परिभाषा की तार्किक विवेचना को उकसाने का कार्य करती है। अंत:करण रीति-रिवाजों और नियमों को सिद्धांतों से प्रतिस्थापित करता है। वे कहते हैं, सिद्धांत चीजों के आकलन की विधियों के लिए उपयोगी हैं, सिद्धांत बौद्धिक होते हैं, जबकि नियम प्रायोगिक होते हैं। इस प्रकार नियम परिस्थितियों के अनुसार बदलते रहते हैं और इनमें समय-समय पर संशोधन होते रहना चाहिए। अंबेडकर कहते हैं, अधिकांश धर्म नियमों द्वारा संचालित हैं और उनका स्वरूप अत्यधिक औपचारिक है। वे कहते हैं, व्यक्तिगत मत या अंत:करण जो कि सामूहिक नैतिकता के विरुद्ध होता है, सुधारों का प्रथम चरण है। इन सुधारों का अस्तित्व समूह के ग्रहण करने की क्षमता और सहनशीलता पर निर्भर करेगा। अंबेडकर दबे-कुचले वर्गों के उत्थान के लिए दो उपागमों (Approaches) को देखते हैं। पहला उपागम इन वर्गों से संबंधित व्यक्ति के आचरण से जुड़ा हुआ है। यदि व्यक्ति बहुत बुरी परिस्थिति में है और आधारभूत आवश्यकताओं से वंचित है, तो यह उसके स्वयं के पापों और बुरे कर्मों का परिणाम है। इस उपागम को ध्यान में रखते हुए व्यक्तिगत सद्‌गुणों को विकसित

करने के लिए शिक्षा और स्वयं द्वारा प्रयास किया जाना चाहिए। अंबेडकर दूसरे उपागम द्वारा इस समस्या का हल प्रस्तुत करते हैं। वे कहते हैं कि कोई व्यक्ति जो यह मान लेता है कि नियति परिस्थितियों और सामाजिक परिवेश द्वारा नियंत्रित होती है, तो वह उन परिस्थितियों में जीने के लिए बाध्य हो जाता है, और यदि वह बुरी स्थिति में है, तो यह प्रतिकूल परिवेश के कारण है।

वे कहते हैं कि अस्पृश्यता लीग (Untouchability League) को व्यक्तिगत प्रकरणों को नहीं देखना है, बल्कि कार्यक्रमों पर ध्यान केंद्रित करना है, जो लोगों के सामाजिक वातावरण में परिवर्तन ला सके। अंबेडकर "प्रबुद्धता की तार्किकता" (Rationalism of Enlightenment) का समर्थन करते हैं, जिसके निम्नलिखित गुण हैं–

1. एक वैध ज्ञान (Valid Knowledge) वैज्ञानिक विधियों पर आधारित होता है। ये विधियां अनुभवात्मक और निगमनात्मक दोनों प्रकृति की होती हैं।
2. तार्किक नैतिकता प्रयोजनमूलकता पर आधारित होती है, जो समतामूलक वितरण (Egalitarian Distribution) के सिद्धांत द्वारा कल्याण, सुख और समान न्याय लाने पर आधारित होती है।

अंबेडकर धर्म के वर्तमान स्वरूप की आवश्यकता को सिरे से नकार देते हैं और इसे "धम्म" (Dhamma) द्वारा प्रतिस्थापित करते हैं। वे घोषणा करते हैं कि 'नैतिकता ही धम्म है और धम्म ही नैतिकता है।' उनके अनुसार, नैतिकता का धर्म में कोई स्थान नहीं है, नैतिकता का धर्म में आना केवल आकस्मिक घटना है। वे कहते हैं कि धर्म मनुष्य की भूमिका की व्याख्या ईश्वर के परिप्रेक्ष्य में करता है तथा दूसरी ओर नैतिकता मनुष्य की भूमिका को अन्य मनुष्यों के परिप्रेक्ष्य में समझाती है। वे कहते हैं कि प्रत्येक धर्म ने नैतिकता का पाठ पढ़ाया है, परंतु नैतिकता अपनी जड़ें धर्म में नहीं पाती। यह धर्म से पूरी तरह मुक्त है और इसका अपना अलग अस्तित्व है।

नेपोलियन बोनापार्ट (Nepoleon Bonaparte)

नेपोलियन बोनापार्ट एक फ्रांसीसी नेता और सेनानायक था, जो बाद में फ्रांस का सम्राट बना। वह एक दूरदर्शी शासक था, जिसके सैन्य कौशल और संपूर्ण यूरोप को जीतने की महत्त्वाकांक्षा ने फ्रांस में एक शक्तिशाली राज्य की स्थापना को संभव बनाया। उसने इस बात पर बल दिया कि महान महत्त्वाकांक्षा महान चरित्र के जुनून से स्थापित होती है, जो ऐसी महत्त्वाकांक्षा रखते हैं वे या तो बहुत अच्छे या बहुत बुरे काम करते हैं, और यह सब उनको निर्देशित करने वाले सिद्धांतों पर आधारित होता है। नेपोलियन के पास अपने लोगों का दिल जीतने की असाधारण क्षमता थी। वह कहता था, 'पूरे संसार में दो ही शक्तियां हैं, तलवार और भाव। आगे चलकर तलवार को सदैव भाव से पराजित होना पड़ता है।' उसकी सैन्य नीति विलक्षण और बेजोड़ थी। उसका नेतृत्वकारी गुण हमें सिखाता है कि नेतृत्व के लिए एक अच्छा दृष्टिकोण चाहिए। किसी नेता को लोगों का नेतृत्व करने से पहले यह पता होना चाहिए कि उसे क्या करना है। नेपोलियन अपने सैनिकों को उनके नाम से जानता था। वह सफलता प्राप्ति के लिए डटे रहने पर विश्वास रखता था। उसकी बार-बार फ्रांस वापसी यह दर्शाती है कि ऐच्छिक सफलता पाने के लिए प्रयास करने की हठ उसकी आदत थी। उसने कहा था, 'असंभव शब्द मेरे शब्दकोश में नहीं है, और यह शब्द मूर्खों के शब्दकोश में ही पाया जाता है।'

नेपोलियन जानता था कि सैनिकों को सारी सुविधाएं मिलनी चाहिए और एक भूखा सैनिक लड़ाई नहीं जीत सकता। वह रसद का परिवहन कराने में सिद्धहस्त था। वह कहता था, 'किसी सैनिक का पहला सद्गुण होता है थकान को सहने की क्षमता, साहस इसके बाद आता है।' वह वित्तीय औचित्य (Financial Propriety) का महत्त्व जानता था। उसने अपने महल के निर्माण कार्य के दौरान गैर-तार्किक बिलों को कई बार अस्वीकार किया था। वह कहता था, 'समृद्धि खजाने को रखने से नहीं आती, बल्कि उसका सही तरीके से प्रयोग करने से आती है।'

नेपोलियन के कुछ प्रसिद्ध उद्धरण निम्नलिखित हैं–

1. 'दृढ़ संकल्प ही सबसे सही ज्ञान है।'

2. 'एक नेता उम्मीदों का सौदागर होता है।'
3. 'परिकल्पना विश्व पर राज करती है।'
4. 'विजय सबसे अधिक सहेज कर रखने योग्य वस्तु है।'
5. 'सोचने के लिए पर्याप्त समय लो, लेकिन जब करने का समय आए, तो सोचना बंद कर दो।'
6. 'मरने से अधिक साहस सहने के लिए आवश्यक है।'
7. 'चार विरोधी समाचार पत्र एक हजार संगीनधारी लोगों से ज्यादा डराने के लिए काफी हैं।'

अब्राहम लिंकन (Abraham Lincoln)

अब्राहम लिंकन का जीवन और संयुक्त राज्य अमेरिका के कठिन समय में उनका नेतृत्व काफी शिक्षाप्रद है। उनकी नेतृत्व कला में नैतिक मानक कूट-कूटकर भरे हुए थे। उनके आधारभूत मूल्यों में स्वतंत्रता, समानता और बंधुत्व प्रमुख थे। वे दिल से इन मूल्यों का पूरी तरह पालन करते थे और यह उनके आचरण में प्रतीत भी होता था। उन्होंने एक अवसर पर कहा था, 'हमें इस बात पर आस्था रखनी चाहिए कि सही होना हमें शक्तिशाली बनाता है और इसी आस्था के अनुरूप पूर्णरूप से हम अपने कर्तव्यों को जैसा हम उचित समझते हैं, पूरा करने का साहस करें।' लिंकन एक अच्छे नियोजक थे और समय पर काम पूरा करने में कुशल थे। वे किसी भी काम को कल के लिए छोड़ने पर विश्वास नहीं रखते थे, जिसे आज ही समाप्त किया जा सकता है। उनके कानूनी सहयोगी विलियम हनडोन लिंकन के बारे में कहते हैं, 'एक छोटा इंजन, जो आराम नहीं जानता।' लिंकन जानते थे कि बड़े कार्य दूसरों के सहयोग से ही पूरे होते हैं। उनके अनुसार, अच्छे संबंध बनाना और सहयोगियों के साथ विश्वास बनाए रखना सफलता के लिए अनिवार्य है। वे एक भाषण में कहते हैं, 'कोई भी जो सही है, उसके साथ खड़े रहो, और जब वह गलत साबित हो जाए, तो उसका हिस्सा बने रहो।' लिंकन वाक्पटुता में माहिर थे। वे एक बेजोड़ वक्ता और प्रभावशाली लेखक थे। लिंकन कहते हैं, 'मैं चुप रहना पसंद करता हूं, चाहे वह बुद्धिमत्तापूर्ण हो या नहीं। कम से कम आजकल यह असामान्य है कि ऐसा व्यक्ति मिल जाए, जो अपनी जुबान पर काबू रख सके।'

अब्राहम लिंकन में निम्नलिखित विशेषताएं थीं, जो उन्हें महान कार्य संपादक बनाती हैं–

1. विरोधी दृष्टिकोण को भी सुनना।
2. पूर्व के अनुभवों से सीखना।
3. सभी सहयोगियों को सफलता का श्रेय देना।
4. असफलता के लिए आरोपों को स्वीकार करना।
5. कमजोरियों को मानना।
6. भावात्मक बुद्धिमत्ता।
7. सामने की पंक्ति से नेतृत्व करना।
8. दृष्टि और मिशन को सब तक पहुंचाने की योग्यता।

लियो टॉलस्टॉय लिंकन के बारे में कहते हैं, 'उनकी महानता के अंतर्गत उनके चरित्र की अखंडता और उनके जीवन का नैतिक ताना-बाना आता है।'

स्वामी विवेकानंद (Swami Vivekanand)

स्वामी विवेकानंद एक अंग्रेजी पढ़े-लिखे भारतीय संत और दार्शनिक थे। वे पाश्चात्य तकनीक लाने के समर्थक थे, परंतु चरमवादी ढंग से नहीं, बल्कि देश के युवाओं को शिक्षित करके। उनके अनुसार, एक नागरिक समाज के लिए मूल्य महत्त्वपूर्ण घटक होते हैं, ये न तो महान चरित्रों, नामों और लोकप्रिय लोगों से संबंधित होते हैं, और न ही ऐतिहासिक नायकों से इनका संबंध है। उनका दृढ़ विश्वास था कि एक दिन विज्ञान और धर्म आपस में मिल जाएंगे

तथा इतिहास और दर्शनशास्त्र एक-दूसरे के पूरक हो जाएंगे। वे कहते हैं, हमारी मनोवृत्ति और आचरण हमारे मूल्यों से नियंत्रित होते हैं। मूल्य पढ़ने या सुनने से नहीं सीखे जा सकते, बल्कि ये तो किसी लक्ष्य का पीछा करने की प्रक्रिया से सीखे जाते हैं। अनेक मूल्यों को लंबे विचार-विमर्श के बाद ही स्वीकार किया जाता है। शिक्षा में मूल्यों को शामिल करना अत्यंत आवश्यक है।

विवेकानंद के अनुसार, सांसारिक समृद्धि को धर्म, अर्थ, काम और मोक्ष के प्रकाश में ही प्राप्त करना चाहिए। अर्थ-आर्थिक मूल्य है और काम-मनोवैज्ञानिक मूल्य है। अर्थ और काम दोनों को धर्म (नैतिक मूल्य) एवं मोक्ष (आध्यात्मिक मूल्य) के मार्गदर्शन में ही प्राप्त करना चाहिए। अर्थ और काम दोनों समाज में योगदान करते हैं, परंतु उन्हें धर्म के मार्ग पर चलकर प्राप्त करना चाहिए। धर्म नैतिक शक्ति है, जो समाज को मार्गदर्शी सिद्धांतों एवं कर्तव्यों के बारे में बताती है। मोक्ष की प्राप्ति अन्य तीनों– अर्थ, काम और धर्म की सहायता से होती है। विवेकानंद प्रेम की व्याख्या करते हुए कहते हैं, 'यह जीवन का एकमात्र कानून है। जो प्रेम करता है, वही जीवित है और जो स्वार्थी है, वह मृतप्राय है।' उनके अनुसार, धर्म का रूढ़ियों से कोई लेना-देना नहीं है। यह तो अंदर के इनसान पर विजय प्राप्त करने से संबंधित है और मानव मस्तिष्क के भीतर की सूक्ष्म गतिविधियों को जानने का साधन है। विज्ञान बाहरी जगत को संचालित करने वाले नियमों का ज्ञान है। इस प्रकार धर्म और विज्ञान एक-दूसरे के पूरक हो जाते हैं। विवेकानंद समाज के भौतिकवादी मूल्यों में रूपांतरण को लेकर गंभीर रूप से चिंतित रहते थे। वे शिक्षा को मानव जाति में सकारात्मक मूल्यों के निर्माण का साधन मानते थे। वे कहते हैं, 'सभी प्रकार की शिक्षा का आदर्श मनुष्य का निर्माण करना है। शिक्षा का तात्पर्य केवल मस्तिष्क में सूचनाओं को भरना नहीं है, जो कि बिना अवशोषित हुए रह जाए और जीवनपर्यंत कोलाहल मचाती रहें।'

विवेकानंद मस्तिष्क की एकाग्रता पर बल देते थे। एकाग्रता निर्भीकता, साहस, प्रेम, दया, आदि गुणों के विकास में सहयोगी है। ये गुण जन्मजात होते हैं, परंतु सुषुप्त अवस्था में बने रहते हैं और मस्तिष्क को केंद्रित करके इन्हें सक्रिय किया जा सकता है। मस्तिष्क के केंद्रीकरण का गुण मनुष्य को पशुओं से अलग करता है और यहां तक कि मनुष्य में आपस में अंतर का कारण भी होता है।

राजा राममोहन राय (Raja Ram Mohan Roy)

> 'राजा राममोहन राय एक ही समय में समाज सुधारक, महान धार्मिक आंदोलन के संस्थापक और महान राजनेता थे। ये तीनों गतिविधियां उनमें इस प्रकार से अंतर्निहित थीं कि वर्तमान में हम में से सर्वश्रेष्ठों के प्रदर्शन भी उनके सामने शर्मसार हो जाते हैं।'
>
> – महादेव गोविंद रानाडे

राजा राममोहन राय मानवता के नायक, महिला मुक्ति के अग्रदूत और भारतीय पुनर्जागरण के जनक के रूप में जाने जाते हैं। उन्होंने भारतीय समाज की दीन-हीन दशा के कारणों का अध्ययन किया और उनका पता लगाया। उन्होंने सदा पुरानी और रूढ़ परंपराओं से मुक्त आधुनिक शिक्षा और स्वतंत्र विचारों पर बल दिया। उन्होंने सभी महत्त्वपूर्ण हिंदू धर्म ग्रंथों, जैसे– *वेद, उपनिषद* और *गीता* पर पूर्ण निपुणता प्राप्त की। उन्होंने बताया कि परम सत्य का ज्ञान बाहरी रीति-रिवाजों और नियमों को मानने से नहीं, बल्कि आत्मा की आंतरिक शुचिता से होता है। उनके लिए परम सत्ता तक पहुंचने का मार्ग मानव जाति की सेवा से होकर जाता है।

उन्हें दृढ़ विश्वास था कि केवल धार्मिक सुधार से सामाजिक उत्थान संभव नहीं है, बल्कि वास्तविक सुधार लाने के लिए शैक्षणिक दृष्टिकोण की आवश्यकता है। इसलिए वे ज्ञान मार्ग पर बल देते थे। उन्हें सत्य, तार्किकता, न्याय और मानव प्रेम पर अटूट विश्वास था। वे मानते थे कि संप्रदायवाद उदार और तटस्थ सृजनकर्ता के ज्ञान तथा उसकी दया से संबंध नहीं रखता। वे धर्म को वैश्विकता की अवधारणा के रूप में देखते हैं, जो हिंदू धर्म में ज्ञान के रूप

में, इस्लाम में एकेश्वरवादी उत्साह के रूप में और ईसाइयत में नैतिक मार्गदर्शन के रूप में दिखाई देता है। वे वेदांत दर्शन के अनुयायी थे, परंतु वे अद्वैत वेदांत के मिथ्यावाद के विचार से संतुष्ट नहीं थे, क्योंकि यह विचार युवाओं को सांसारिक वस्तुओं को भ्रम बताकर उनसे दूर करता है।

राजा राममोहन राय के धार्मिक विश्वास का मुख्य केंद्र एक सच्चे ईश्वर की पूजा करना था, जो वैश्विक धर्म के विचार पर आधारित था। यह मानवता से अंधविश्वासों और घृणा की भावना को हटाता है। वे धर्म और तार्किकता की व्याख्या के आधार पर राष्ट्रवाद को अंतर्राष्ट्रीयवाद से जोड़ते हैं। उनके दर्शन का आधार तर्क और सत्य पर आधारित था, जिसने भारतीय समाज में पुनर्जागरण का मार्ग प्रशस्त किया।

नेल्सन मंडेला (Nelson Mandela)

नेल्सन मंडेला ने रंगभेद के विरुद्ध संघर्ष किया। दक्षिण अफ्रीका के काले लोगों के अधिकारों के लिए अभियान चलाया और अपने जीवन के कई वर्ष कारावास में रहकर बलिदान कर दिए। वे अपने नेतृत्व के तरीके और मानवता हेतु समर्पण के लिए जाने जाते हैं। संयुक्त राष्ट्र महासभा ने सर्वसम्मति से उनके जन्मदिवस, 18 जुलाई, को नेल्सन मंडेला अंतर्राष्ट्रीय दिवस के रूप में घोषित किया है।

नेल्सन मंडेला में एक आंतरिक प्रेरणा थी, जो कमजोर, दबे-कुचले और परेशान लोगों की पीड़ा देखकर रह-रहकर बाहर आती थी। वे कहते हैं, 'पुरुष और स्त्रियां जो मानवीय आवाज को दबाने वालों के विरुद्ध संघर्ष करते हैं, जो बीमारियों से लड़ते हैं, अशिक्षा, अज्ञानता, गरीबी और भूख से जूझते हैं, जिनमें से कुछ पहचान वाले हैं और कुछ नहीं हैं। ये वे लोग हैं, जो मुझे प्रेरित करते हैं।' मंडेला ने अपने मूल्यों से कभी समझौता नहीं किया। उन्होंने जेल से सशर्त रिहा होने के प्रस्तावों को कई बार ठुकराया। उन्होंने कभी भी गोरों के विरुद्ध बदले की भावना और कटुता नहीं रखी। उन्होंने अपने अनुयायियों को भी हिंसा से दूर रहने की सलाह दी।

मंडेला को यह विश्वास था कि बदलाव किसी भी व्यक्ति द्वारा लाया जा सकता है, भले ही उसकी स्थिति या कद कुछ भी हो। एक छोटा-सा दयापूर्वक किया गया प्रयास, जो समरसता और प्रेम लाए तथा लोगों को सम्मानपूर्वक जीवन जीने के लिए अवसर प्रदान करे, वह प्रशंसनीय है। हम मंडेला के जीवन से विश्वास का साहस (Courage of Conviction) और निर्भीकता जैसे मूल्य सीख सकते हैं। वे हमें क्षमा, दया और समावेशिता (Inclusiveness) के गुण भी सिखाते हैं। मंडेला को 1990 में भारत का सर्वोच्च नागरिक सम्मान "भारत रत्न" प्रदान किया गया।

एक ओर, जहां अफ्रीकी देशों के दूसरे नेता सत्ता और ताकत प्राप्त करते ही भ्रष्ट हो गए, वहीं नेल्सन मंडेला उच्च नैतिक मूल्यों का पालन करते रहे और लोगों के लिए बिना रुके कार्य करते रहे। मंडेला ने रंगभेद के विरुद्ध छेड़े गए युद्ध को अपने नैतिक नेतृत्व के बल पर जीत लिया। यह मंडेला के संदेह मुक्त नैतिक चरित्र के बिना संभव नहीं था। मंडेला के राजनीतिक मूल्य लोकतांत्रिक नेतृत्व पर आधारित थे। उन्हें इस बात का दृढ़ विश्वास था कि नस्लभेद और रंगभेद के विरुद्ध लंबी लड़ाई का हल लोकतंत्र में ही निहित है। उन्होंने दक्षिण अफ्रीका में संसदीय व्यवस्था, मूल अधिकार, शक्ति का पृथक्करण और स्वतंत्र न्यायपालिका की स्थापना पर अत्यधिक बल दिया। मंडेला ने अपने अनुयायियों से अपील की 'एक अल्पसंख्यक समुदाय को बहुसंख्यकों द्वारा नष्ट नहीं होने देना चाहिए।' उन्होंने कहा, 'मैंने एक लोकतंत्रात्मक और उदार समाज के आदर्श को पाला है, जहां लोगों के मध्य समरसता और विकास के अवसर में किसी प्रकार का व्यवधान नहीं होगा। मेरे दृष्टिकोण से, मुझे इस आदर्श के लिए ही जीना चाहिए। परंतु मेरे ईश्वर, यदि परिस्थितियां निर्मित होती हैं कि मुझे इस आदर्श के लिए अपना जीवन भी दांव पर लगाना पड़े, तो मैं प्राण देने के लिए भी तैयार रहूंगा।'

मंडेला के अनुसार, असफलताओं के आधार पर किसी मनुष्य की योग्यता का आकलन नहीं करना चाहिए, बल्कि निरंतर असफलताओं को स्वीकार करने का उसका अथक प्रयास उसके गुण का परिचायक होता है। वे कहते हैं, 'मुझे मेरी सफलताओं के आधार पर मत जांचो, मुझे इस आधार पर जांचो कि कितनी बार गिरकर मैं फिर

से उठा।' मंडेला ऐसे मित्र बनाने की सलाह देते हैं, जिनका दृष्टिकोण बहुआयामी हो और समस्या के लिए एक आलोचनात्मक मनोवृत्ति हो। वे कहते हैं, 'मैं उन लोगों को मित्र बनाना पसंद करता हूं, जो स्वतंत्र मस्तिष्क वाले हैं, ताकि वे किसी समस्या पर मुझे सभी पहलुओं पर विचार करने में सहयोग कर सकें।' मंडेला को दृढ़ विश्वास था कि महानता कठिनाइयों के साथ आती है। 'कोई भी कुल्हाड़ी इतनी धारदार नहीं होती, जो उस व्यक्ति के जज्बे को काट सके, जिसे आशा है कि आखिरकार वह उठ खड़ा होगा।' मंडेला शिक्षा को सबसे शक्तिशाली अस्त्र के तौर पर देखते हैं, जिससे पूरे विश्व का कायाकल्प किया जा सकता है। वे बुद्धिमत्ता पर बल देते हैं, परंतु केवल उसी पर जो दया आधारित मनोवृत्ति लिए हुए हो। वे कहते हैं, 'एक अच्छा मस्तिष्क और एक अच्छा हृदय सदैव एक अजेय जोड़ी है।' इस प्रकार वे लोगों के हृदय को प्रेम और दया से जीतना चाहते थे। वे कहते हैं, 'लोगों को घृणा करना सीखना चाहिए, एक बार वे इसमें पारंगत हो गए, तो प्रेम करना भी सीख जाएंगे। प्रेम मानव हृदय से घृणा की तुलना में अधिक प्राकृतिक तरीके से आसानी से निकलकर आता है।'

मार्टिन लूथर किंग जूनियर (Martin Luther King Jr.)

मार्टिन लूथर किंग जूनियर 20वीं शताब्दी के सबसे प्रभावशाली नेताओं में से थे। वे अपनी नैतिक नेतृत्व क्षमता के लिए जाने जाते हैं, जो ईसाई विचारों और उनके अभिभावकों से प्राप्त शिक्षाओं से बहुत प्रभावित थी और जो बाद में उनके व्यक्तिगत मूल्यों के साथ प्रयोगों द्वारा विकसित हुई। वे इस बात की पैरवी करते हैं कि मनुष्य चाहे जो भी करे, जिस प्रकार भी करे उसकी गरिमा का सदैव ध्यान रखा जाना चाहिए। वे कहते हैं, कोई व्यक्ति भले ही गलत आचरण करता है परंतु वह अपमानित किए जाने का पात्र नहीं है। और यदि ऐसा होता है, तो उसे इसके खिलाफ आवाज उठानी चाहिए। चूंकि वे एक अश्वेत थे अत: उन्होंने नस्लभेद और भेदभाव के अनेक मामले देखे थे। एक रात वे अपनी शिक्षक श्रीमती ब्रेडले के साथ बस में बैठकर अटलांटा की यात्रा कर रहे थे। कुछ श्वेत यात्री रास्ते में बस में चढ़े और बस चालक से किंग की सीट खाली कराने को कहा, ताकि वे बैठ सकें। किंग ने सीट नहीं छोड़ी, जिसके कारण चालक ने किंग के प्रति अपना गुस्सा प्रकट किया। अंतत: श्रीमती ब्रेडले ने किंग से सीट छोड़ने का आग्रह किया। किंग स्वीकार करते हैं, 'हमने अटलांटा तक 90 मील का सफर खड़े रहकर पूरा किया। उस रात की स्मृति मेरे मस्तिष्क से नहीं जाती। मैं अपने जीवन में सबसे अधिक क्रोध में उस रात में था।' किंग ने जीवन भर चर्च का अनुसरण किया। वे एक पुजारी के बेटे थे और ईश्वर पर उनकी आस्था ने उनके जीवन को बहुत प्रभावित किया। वे जानते थे कि ईश्वर सर्वशक्तिशाली, सर्वविद्यमान और नैतिकता प्रेमी है।

किंग की वाक्पटुता, उनकी अहिंसा पर आस्था और ईसाई सिद्धांतों के लिए समर्पण उनकी महानता के आधार थे। वे जानते थे कि नागरिक अधिकार आंदोलन के दौरान पहला उत्तरदायित्व श्वेत लोगों को ग्लानि और उनकी अमानवीय प्रकृति की स्वीकारोक्ति कराना था। किंग समझते थे कि धरती से अन्याय मिटाने के लिए नेताओं का यह नैतिक दायित्व है कि वे लोगों के साथ मिलकर काम करें। उन्होंने वियतनाम युद्ध का बड़ा विरोध किया। उन्होंने कहा, 'मैंने विश्वास नहीं खोया है, मैं हतोत्साहित नहीं हूं, क्योंकि मैं जानता हूं कि इस संसार में नैतिक व्यवस्था है। मेरी आस्था समाप्त नहीं हुई है, क्योंकि नैतिक विश्व का चाप काफी लंबा है, परंतु यह न्याय की ओर मुड़ा हुआ है।' उन्हें विश्वास था कि अन्याय बहुत अधिक है और केवल नस्लभेद तक ही सीमित नहीं है। एक नेता का दायित्व है कि वह उन सभी अन्यायों की ओर ध्यान आकृष्ट कराए।

किंग का प्राथमिक मानवीय मूल्य प्रेम था और वे अपने नेतृत्व का स्रोत प्रेम में मानते थे। उनके प्रेम के मूल्य का आधार दैवीय सत्ता से उत्तम कोटि का प्रेम था। किंग के नेतृत्व ने अमेरिका से नस्लवाद और लिंगवाद की बुराइयों की आधिकारिक समाप्ति में महत्त्वपूर्ण योगदान दिया। उनका ऐतिहासिक भाषण, "मेरा एक सपना है" (I Have a Dream), 20वीं शताब्दी का सर्वाधिक मान्यता प्राप्त भाषण है।

इस भाषण के कुछ अंश निम्नलिखित हैं– 'हम यह मानने से इनकार करते हैं कि इस राष्ट्र के अवसर के महान कोषागार में पर्याप्त धन नहीं है, और इसलिए हम इस चेक को भुनाने आए हैं। ऐसा चेक जो हमें मांगने पर स्वतंत्रता की रईसी (Richness) और न्याय की सुरक्षा देगा।'

'विश्राम (Cooling Off) की विलासिता में पड़ने का समय नहीं है या प्रगतिशीलता (Gradualism) को शांत करने वाली औषधि (Tranquilizing Drug) लेने का समय भी नहीं है। अब लोकतंत्र के असली वादों को पूरा करने का समय है।'

'हमें सदैव गरिमा और अनुशासन के उच्चतम स्तर पर अपना संघर्ष करना चाहिए। हमें अपने सृजनात्मक संघर्ष को शारीरिक हिंसा में नहीं बदलना चाहिए।'

'नहीं, नहीं हम संतुष्ट नहीं हैं और संतुष्ट होंगे भी नहीं, जब तक कि न्याय जल के समान नहीं बहने लगे और अच्छाई एक बड़ी धारा की तरह न चलने लगे।'

जॉर्ज वाशिंगटन (George Washington)

जॉर्ज वाशिंगटन एक चरित्रवान और सत्यनिष्ठ व्यक्ति तथा देश के वास्तविक सेवक थे। एक प्रसिद्ध कहानी, "जॉर्ज और चेरी का पेड़" (George and Cherry Tree) बालक वाशिंगटन के नैतिक चरित्र और उसकी आधारशिला के बारे में बताती है। यह कहानी काल्पनिक हो सकती है, परंतु इस कहानी का सार युवा वाशिंगटन के मजबूत चरित्र को देखते हुए शंका के परे है। जॉर्ज की मां का उनकी नैतिक समझ और विश्वास पर गहरा प्रभाव था। वाशिंगटन कहते हैं, 'मेरी मां मेरे द्वारा देखी गई आज तक की सबसे खूबसूरत महिला थी। मैं आज जो भी हूं, अपनी मां के कारण हूं। मेरे संपूर्ण जीवन की सारी सफलताएं उनके द्वारा दी गई नैतिक, बौद्धिक और शारीरिक शिक्षाओं से जुड़ी है।' लालच कभी भी उन्हें छू नहीं सका और वे अपनी निष्ठा को सभी प्रकार से बनाए रख सके। वे कहते हैं, 'मैं आशा करता हूं कि मेरे द्वारा सबसे ज्यादा इच्छा की जाने वाली उपाधियों में से एक है ईमानदार व्यक्ति के चरित्र को धारण करने हेतु आवश्यक दृढ़ता का गुण।' वाशिंगटन नैतिकता को ईसाइयत और ईश्वर पर विश्वास द्वारा प्राप्त करते हैं। वे कहते हैं, 'यह सभी राष्ट्रों का दायित्व है कि वे सर्वशक्तिमान ईश्वर के विधान को उसकी इच्छा जानने, उसके लाभों के लिए कृतज्ञ होने और उसकी संरक्षा एवं सहयोग प्राप्त करने के लिए स्वीकार करें।'

जॉर्ज वाशिंगटन के नैतिक नियम–

वाशिंगटन मानते हैं कि सर्वाधिक स्थापित और सत्यापन योग्य सत्य अनिवार्यत: अर्थव्यवस्था एवं प्रकृति के तरीकों, सद्गुण और सुख के बीच शाश्वत संबंध, कर्तव्य और लाभ के बीच संबंध, एक ईमानदार और वृहद् नीति के खरे नियमों (Genuine Maxims) के बीच संबंध तथा लोक कल्याण एवं सर्वोच्च आनंद के उच्चतम लोकप्रिय सरकार से ही निकलकर आते है। वे परिणत होती हुई प्रतिभा में सद्गुण के महत्त्व को समझते हैं और कहते हैं कि सर्वश्रेष्ठ प्रतिभा और महानतम उपलब्धियां भी सद्गुण और निष्ठा के बिना सम्मान की पात्र नहीं हैं। वे अच्छी संवेदना और ईमानदारी को विरलतम एवं मूल्यवान गुणों के रूप में देखते हैं। वे मानते हैं कि लोगों को महान और सुखी राष्ट्र बनाने के लिए सामान्य ज्ञान और सामान्य ईमानदारी से थोड़ा अधिक होना आवश्यक है। जॉर्ज वाशिंगटन कार्यालय में सजगता (Alertness) और कर्तव्य परायणता को आवश्यक तत्त्वों के रूप में देखते हैं और कहते हैं, मैं अपनी व्यक्तिगत सुविधा के लिए कार्यालयीन कर्तव्यों को प्रभावित नहीं होने दूंगा।

पंडित दीनदयाल उपाध्याय (Pt. Deendayal Upadhyay)

पंडित दीनदयाल उपाध्याय अपनी दक्षिणपंथी हिंदू आदर्शवादिता के लिए जाने जाते हैं। उनके "एकात्म मानववाद" (Integral Humanism) के दर्शन का एक वृहद् सामाजिक आयाम है। उनके अनुसार, मनुष्य चार तत्त्वों से मिलकर

बना है। ये चार तत्त्व हैं– शरीर, मस्तिष्क, बुद्धिमत्ता और आत्मा। पंडित दीनदयाल के अनुसार, ये चारों तत्त्व समान रूप से महत्त्वपूर्ण हैं और एक-दूसरे से जुड़े हुए हैं। यदि इनमें से कोई एक भी तत्त्व अनुपस्थित है या पर्याप्त अनुपात में नहीं है, तो व्यक्तित्व प्रभावित होता है। एक संपूर्ण मनुष्य एक एकात्म व्यक्ति (Integrated Individual) होता है, जो विकासशीलता (Becoming) से पूर्ण विकसित (Become) की ओर प्रवृत्त होता है। पंडित दीनदयाल यह मानते हैं कि चारों तत्त्वों का संतुष्ट और पोषित होना आवश्यक है, तभी व्यक्ति का संपूर्ण विकास हो सकता है। वे मनुष्य को भौतिकवादी लेकिन आध्यात्मिक मानते हैं, क्योंकि वह दोनों प्रकार के तत्त्वों को धारण करता है। उनके विचार अन्य आधुनिक भारतीय दार्शनिकों, जैसे– राधाकृष्णन और श्री अरविंद के समान ही मनुष्य द्वारा सद्गुण धारण करने से संबंधित हैं, परंतु इनमें कुछ अपवाद भी हैं।

राधाकृष्णन मनुष्य को पदार्थ, आत्मा, बुद्धि या उनके युग्मों से परे मानते हैं। श्री अरविंद मानव को उच्चतम विकास, जिसे वे अतिमानस (Supramental) कहते हैं, की ओर विकासशील मानते हैं। पंडित दीनदयाल मानव प्रकृति के पीछे के कारणों का गहन अध्ययन करते हैं और कहते हैं, विपरीत आवेग (Passions), जैसे– क्रोध (Anger), काम (Lust), लालच (Greed), दुख (Sorrow) आदि एक ओर, तथा प्रेम (Love), समर्पण (Devotion), ब्रह्मचर्य (Austerity) एवं आनंद (Pleasure) दूसरी ओर, द्विध्रुवीय सततता (Bipolar Continuum) है, जो असुर भाव एवं दैवीय भाव के मध्य स्थापित होती है। इसमें पहला स्वार्थ से प्रेरित होता है और दूसरा निःस्वार्थ सेवा से प्रेरित होता है।

पंडित दीनदयाल श्री अरविंद से समानता रखते हैं और विकास की प्रक्रिया (Process of Evolution) पर बल देते हैं, जो मनुष्य के भीतर की निहित कमियों का उपचार करती है और वास्तविक प्रकृति वाले महानतम जीव के निर्माण के लिए परिष्कृत करती है। विकास की प्रक्रिया में मनुष्य चेतना के उच्चतम स्तर को प्राप्त करता है, जो भौतिक वास्तविकता के परे होकर संसार का दर्शन कराता है। दीनदयाल मनुष्य के "मैं" के ज्ञान को निरंतर मानवता के ज्ञान और अंततः ईश्वर के ज्ञान में रूपांतरित कराना चाहते हैं। उनके अनुसार, आत्म संपूर्णता (Self Perfection) स्वार्थहीन सेवा द्वारा ही प्राप्त हो सकती है। वे कहते हैं कि मनुष्य समाज के अतिरिक्त अन्य जीवों के प्रति भी कर्तव्यों से बंधा है। वे एकात्मकता (Oneness) की भावना के साथ परस्पर सहयोग पर बल देते हैं, ताकि मानवता का दीर्घकालीन अस्तित्व बना रहे।

पंडित दीनदयाल के अनुसार, मनुष्य सुख का पीछा करता है, जो चार प्रकार की आकांक्षाओं को जन्म देता है और शरीर, मन, बुद्धि तथा आत्मा द्वारा सुख प्रदान करने वाली वस्तुओं से संबंधित होता है। अंतिम रूप से मनुष्य का लक्ष्य अनंत सुख या परम सुख प्राप्त करना होता है, जो सभी मनुष्यों एवं पशुओं में समान रूप से पाए जाते हैं। वे इन्हें राजसुख (Rajasukh) कहते हैं। वे कहते हैं कि दैवीय अनुभव से संबंधित सुख पवित्र लक्ष्यों को पाने का प्रयास करने से मिलता है। वे शारीरिक सुख को नहीं नकारते, परंतु वे मानसिक सुख को सदैव शारीरिक सुख के ऊपर रखते हैं।

पंडित दीनदयाल आगे कहते हैं कि ये चार प्रकार के सुख चार प्रकार के पुरुषार्थों– धर्म, अर्थ, काम और मोक्ष के माध्यम से प्राप्त किए जा सकते हैं। वे पुरुषार्थ को मनुष्य के लाभ के लिए उसके द्वारा किए जाने वाले प्रयास के रूप में परिभाषित करते हैं। पुरुषार्थ की इच्छा मनुष्य की मूलभूत प्रकृति होती है और इनकी प्राप्ति सुख प्रदान करती है। पंडित दीनदयाल के लिए "धर्म" की परिभाषा सामान्य रूप से प्रचलित "धर्म" (Religion) से भिन्न है। धर्म ईश्वर के प्रति समर्पण से बढ़कर है, यह किसी संप्रदाय को मानने और कर्मकांडों एवं रीति-रिवाजों का पालन करने से अधिक है। वे धर्म को एक विचार के रूप में स्वीकार करते हैं, जो समाज के अस्तित्व के लिए आवश्यक आचरणों के समुच्चय (Set) पर केंद्रित होता है। "अर्थ" को वे शारीरिक आवश्यकताओं, जैसे– भोजन, कपड़ा, आश्रय (घर) और विलासिता, आदि की प्राप्ति के माध्यम के रूप में परिभाषित करते हैं। वे "अर्थ" के परिप्रेक्ष्य में चरम स्थितियों की अभाव (Scarcity) और प्रचुरता (Affluence) के रूप में व्याख्या करते हैं, जो कि दोनों ही अस्वीकार्य हैं, क्योंकि वे समाज में परेशानियां उत्पन्न करती हैं। समाज के सभी सदस्यों की आवश्यकताओं की पूर्ति

के लिए "अर्थ" को अनुकूलतम मात्रा (Optimum Quantity) में रहना चाहिए। इस आशय से वे सभी के लिए कार्य की गारंटी की पैरवी करते हैं।

वे "काम" (Kama) को प्राकृतिक इच्छाओं की पूर्ति में सहयोगी मानते हैं। वे "मोक्ष" (Moksha) को चारों प्रकार के पुरुषार्थों में सबसे ऊपर रखते हैं, जिसकी प्राप्ति अन्य पुरुषार्थों के कर्म से विलग (Unattached) रहने और कर्मों के फल की इच्छा न करने के फलस्वरूप होती है। यद्यपि वे सभी पुरुषार्थों को समान स्थान प्रदान करते हैं। पंडित दीनदयाल व्यक्ति और समाज को एक-दूसरे का पूरक मानते हैं। वे कहते हैं कि मनुष्य के लिए परम सुख या आनंद की प्राप्ति समाज के सहयोग के बिना प्राप्त करना असंभव है। मनुष्य अकेला परम सुख के स्रोतों को उत्पन्न नहीं कर सकता, बल्कि वे संपूर्ण समाज के प्रयास से ही उत्पन्न होते हैं।

एकात्म मानववाद (Integral Humanism)

एकात्म मानववाद दीनदयाल उपाध्याय द्वारा प्रतिपादित दर्शन है, जो राजनीतिक, धार्मिक और आर्थिक आदर्शों के बीच की असामंजस्यता को दूर कर सकता है। उनके एकात्म मानववाद की जड़ें भारतीय संस्कृति तथा हिंदुत्व में गहरी जुड़ी हुई हैं। वे पाश्चात्य संस्कृति को नजरअंदाज नहीं करते और न ही उसे नकारते हैं। वे केवल अपने विचार को पश्चिम के "वाद" (Ism) से अलग करते हैं, जो व्यक्ति विशेष पर केंद्रित होता है न कि समाज पर। वे कहते हैं कि पाश्चात्य विश्व द्वारा प्रतिपादित सभी "वाद" व्यक्तिगत स्वतंत्रता और अधिकारों पर आधारित हैं, जिनका उद्भव भौतिकवाद से होता है। वे व्यक्ति विशेष को समाज से अलग नहीं देखते। वे राष्ट्र, महिमामयी इतिहास, राष्ट्रीय आत्मसम्मान और राष्ट्रीय चरित्र जैसे विचारों पर अत्यधिक बल देते हैं। उनके अनुसार, ये विचार व्यक्ति विशेष को मानवता से जोड़ते हैं। वे राष्ट्र की व्याख्या करते हैं, 'जब व्यक्ति विशेषों का समूह किसी लक्ष्य के साथ आगे बढ़ता है, किसी आदर्श, किसी मिशन को अपनाता है और अपनी भूमि, जिसमें वह रहता है, उसे मातृभूमि के नाम से विभूषित करता है, तो यह सामूहिकता एक राष्ट्र का निर्माण करती है।' वे कहते हैं, 'मानव श्रम और आनंद के उपयोग से संबंधित प्रश्न को एक सामूहिक समाज के संदर्भ में लेना चाहिए, या इसे मनुष्य को संपूर्ण रूप में या एकात्म जीव के रूप में मानकर लेना चाहिए, जो पूंजीवादी व्यवस्था में पूर्णत: अनुपस्थित है।' वे समाजवाद की कमियों को उजागर करते हुए कहते हैं, 'समाजवाद पूंजीवाद के विरुद्ध प्रतिक्रिया का परिणाम है, परंतु यह भी मानव जाति को आवश्यक महत्त्व देने में असफल रहा। इसने पूंजी से स्वामित्व छुड़ाकर राज्य के हाथों में दे दिया।'

राम मनोहर लोहिया (Ram Manohar Lohia)

राम मनोहर लोहिया भारत के स्वतंत्रता सेनानियों में से एक थे। वे अपने समय के एक आकर्षक व्यक्तित्व थे। वे गांधी और उनके दर्शन के अनुयायी थे, परंतु कई मामलों में वे गांधी से भिन्न मत रखते थे। उनका व्यक्तित्व साहस, प्रेम, विनम्रता और कमजोर वर्गों के प्रति दया जैसे सद्‌गुणों से ओतप्रोत था। वे अपने तार्किक विचारों और ठोस दलीलों के कारण एक महान प्रभावशाली व्यक्ति थे और समाजवादी विचार रखते थे। उनका दृढ़ विश्वास था कि किसी भी नई विजय के लिए संघर्ष अनिवार्य है। वे नेहरू की नीतियों के कटु आलोचक थे। वे सत्ता के विकेंद्रीकरण को जनता तक करने की वकालत करते थे। वे कहते थे– गांवों को स्वनियंत्रित होना चाहिए और उनके पास स्वयं के लिए योजना बनाने की शक्ति होनी चाहिए।

लोहिया ने सामाजिक और राजनीतिक बुराइयों के विरुद्ध युद्ध छेड़ रखा था। उन्होंने अनेक नारे दिए, जैसे– "सीमित दाम", "जातियां खत्म करो", "भूमि सेवा", "लोक भाषा" और "हिमालय बचाओ", आदि। वे अंग्रेजी भाषा के कठोर विरोधी थे और हिंदी को राष्ट्र की प्रधान भाषा के रूप में लाना चाहते थे। उन्होंने जाति व्यवस्था पर प्रहार किया, नौकरियों में दबे-कुचले और उत्पीड़ित वर्गों के लिए 60 प्रतिशत आरक्षण करने के लिए कहा। उन्होंने महिलाओं और पिछड़े वर्गों को भी इसी 60 प्रतिशत के सूत्र में शामिल किया।

लोहिया का संपूर्ण दर्शन निम्न प्रकार से समझाया जा सकता है–

1. महिला और पुरुष के मध्य समानता।
2. रंगभेद पर आधारित पक्षपात के विरुद्ध संघर्ष।
3. उत्तराधिकार पर आधारित जाति व्यवस्था के विरुद्ध संघर्ष और पिछड़ों के लिए प्रावधान करना।
4. पूंजीवाद के विरुद्ध संघर्ष और योजनागत आर्थिक समानता का प्रावधान।
5. निजी जीवन जीने की स्वतंत्रता, जिसमें लोकतांत्रिक विधियों द्वारा कोई भी अतिक्रमण न हो।
6. सशस्त्र विद्रोह का विरोध और सत्याग्रह का प्रयोग।
7. विदेशी प्रभाव का विरोध।

इन्हें सात क्रांतियों के नाम से जाना जाता था, जिनके माध्यम से लोहिया ने अपना दर्शन और मानव मूल्य रखे।

स्वामी दयानंद सरस्वती (Swami Dayanand Saraswati)

स्वामी दयानंद सरस्वती एक भारतीय समाज सुधारक और दर्शनशास्त्री थे। वे वेदांत दर्शन पर विश्वास रखते थे, जो हिंदू धर्म में व्याप्त विभिन्न कर्मकांडों और रीति-रिवाजों, जैसे– मूर्तिपूजा, बहुदेववाद, तीर्थ यात्रा, आदि की भर्त्सना करता है। वे हिंदू धर्म में प्रचलित बुराइयों, जैसे– बाल विवाह, महिलाओं के विरुद्ध भेदभाव, जाति व्यवस्था और धार्मिक स्थलों पर दान या चढ़ावा, आदि के कटु आलोचक थे। उनकी मूल्य व्यवस्था का मुख्य स्रोत *भगवद्गीता* थी। वे पहले व्यक्ति थे, जिन्होंने "स्वराज" शब्द दिया। दयानंद सरस्वती गीता के श्लोकों को स्पष्ट करते हुए कहते हैं कि "ज्ञान", जिसका प्रयोग गीता में मूल्य के संदर्भ में हुआ है, वह स्व का ज्ञान नहीं है, जैसा कि वेदांत दर्शन कहता है। बल्कि यह तो मस्तिष्क के समस्त गुणों या विशेषताओं का वह संग्रह है, जो "स्व" का ज्ञान कराता है। यदि ये विशेषताएं अनुपस्थित हैं, तो "स्व" का ज्ञान प्राप्त नहीं हो सकता, चाहे वह कोई शिक्षक हो या फिर किसी भी स्तर की विश्वसनीय शिक्षा हो। स्वामी दयानंद के अनुसार, 'ज्ञान को मस्तिष्क की एक स्थिति के रूप में परिभाषित किया जा सकता है, जो सार्वभौमिक मूल्यों और नैतिक मनोवृत्ति को परावर्तित करता है।' ज्ञान या मूल्य मस्तिष्क को वेदांत या स्वज्ञान सीखने के लिए तैयार करते हैं, दोनों पृथक हैं, ज्ञान "स्व" का ज्ञान प्राप्त करने का माध्यम है।

स्वामी दयानंद ज्ञान के संदर्भ में *गीता* में वर्णित चौबीस मूल्यों पर बल देते हैं। उनमें से कुछ मूल्य, जो एक सिविल सेवक के जीवन में महत्त्वपूर्ण होते हैं, निम्नलिखित हैं–

1. स्व-गुणगान या महिमामंडन की अनुपस्थिति (Absence of Self-Worshipfulness)
2. बनावटीपन की अनुपस्थिति (Absence of Pretence)
3. घाव न देना (Non-injury)
4. सीधापन या एक सुर में होना (Straightness)
5. स्थिरता (Steadiness)
6. मस्तिष्क पर नियंत्रण (Mastery Over Mind)
7. अहम् की अनुपस्थिति (Absence of Egoism)
8. स्वामित्व की भावना की अनुपस्थिति (Absense of Sense of Ownership)
9. ऐच्छिक या अनैच्छिक घटनाओं के दौरान भी आपा न खोना
10. स्व के ज्ञान का निरंतर प्रयोग
11. सत्य के ज्ञान के उद्देश्य को ध्यान में रखना

स्वामी दयानंद मूल्य को किसी वस्तु, परिस्थिति या मनोवृत्ति के संबंध में समझाते हैं, जो किसी व्यक्ति के लिए किसी कारण मूल्यवान और सम्मानजनक होती है। वे मूल्य जो मन को वेदांत का अध्ययन करने योग्य बनाते हैं, उन्हें सार्वभौमिक

नैतिक मनोवृत्ति का नाम दिया जाता है। नैतिक मूल्य को "धर्म" के नाम से जाना जाता है। धर्म आचरण का पैमाना है, जो एक परिधि निर्धारित करता है, जिसके भीतर के आचरण किसी व्यक्ति विशेष द्वारा उसके प्रति दूसरों द्वारा किए जाने वाले आचरण स्वीकार्य या वांछनीय (Desirable) माने जाते हैं। इसे एक उदाहरण के माध्यम से समझाया जा सकता है–

मैं चाहता हूं कि मेरे बच्चे मेरा आदर करें।
मैं नहीं चाहता कि मेरे बच्चे मेरा आदर न करें।
माता-पिता का सम्मान करना मेरे लिए धर्म है।
माता-पिता का अनादर मेरे लिए अधर्म है।
धार्मिक ग्रंथ भी इसकी पुष्टि करते हैं कि माता-पिता का आदर करना एक वांछनीय आचरण है।
धार्मिक ग्रंथ अनादर की भर्त्सना करते हैं और इसे अवांछनीय घोषित करते हैं।

इस प्रकार, नैतिक नियम मनमाने नहीं होते, वे मनुष्य द्वारा निर्मित होते हैं, परंतु समाज के सभी सदस्यों के निजी हितों के सामंजस्य के उपरांत निकलकर आते हैं। यह शर्त नैतिक मानकों को प्राकृतिक और सार्वभौमिक बनाती है। ये सार्वभौमिक तो हैं, परंतु परम (Absolute) नहीं। स्वामी दयानंद कहते हैं, 'नैतिक मूल्य विषयवस्तु के रूप में तो सार्वभौमिक होते हैं, परंतु उनके प्रयोग की दृष्टि से सापेक्ष (Relative) होते हैं।' कुछ ऐसे क्षण आ सकते हैं, जहां किसी व्यक्ति के लिए कोई नैतिकता अन्य व्यक्ति के लिए अनैतिक हो, तथा इसका विपरीत भी सत्य है। नैतिक मानक सर्वसम्मति से परिभाषित किए जाते हैं कि किन आचरणों को स्वीकार किया जाना है, परंतु यह सर्वसम्मति कुछ निश्चित परिस्थितियों में वाद योग्य या व्याख्या करने योग्य है। उदाहरण के लिए, घाव न करना (Non-injury) एक मूल्य के रूप में परिवर्तनशील है यदि कोई व्यक्ति स्वैच्छिक रूप से शल्य चिकित्सा करवाता है। परंतु इस मूल्य का कुछ समय के लिए निलंबन "घाव न करने" (Non-injury) के मूलभूत मूल्य को प्रभावित नहीं करता।

सामान्य रूप में, लोग अपने मूल्यों का दूसरों के लिए स्वयं की अपेक्षा अधिक पूर्णता से पालन करते हैं। किसी व्यक्ति के मूल्यों का स्रोत आपसी सामाजिक सहमति में पाया जाता है, जिसे अधिकांशतः पवित्र रखने का प्रयास किया जाता है। दयानंद सरस्वती समझाते हैं कि नैतिक मूल्यों को समाप्त नहीं किया जा सकता। किसी भी व्यक्ति को मूल्यों के पालन से वंचित नहीं किया जा सकता, केवल इस कारण कि इससे अशांति उत्पन्न हो सकती है। उनका यह विचार अपराध कानून में सार्वभौमिक रूप से स्वीकार्य नियम की पुष्टि करता है– 'कोई भी व्यक्ति कानून द्वारा एक सूचना देने वाला बनने के लिए बाध्य नहीं हो सकता, न ही किसी गवाह को न्यायालय में उस प्रश्न का उत्तर देने के लिए बाध्य किया जा सकता है, जो उसे अपराध में लिप्त होने के संबंध में सिद्ध कर रहा हो या उसे किसी प्रकार से दोषी बना रहा हो। दयानंद यह निर्धारित करने के लिए कि स्व का ज्ञान प्राप्त करने की तैयारी में मूल्य मिथ्या हैं या वास्तविक, अपनी व्याख्या देते हैं। मन द्वारा उपयुक्त मूल्यों को धारण करना चाहिए और यदि ये मूल्य मिथ्या मानकर नकार दिए जाते हैं, तो वेदांत का अध्ययन करने के उपरांत कुछ भी प्राप्त नहीं होगा। इस प्रकार वे मूल्यों को मिथ्या नहीं मानते, बल्कि मन के विरोधाभासों से मुक्ति हेतु अनिवार्य मानते हैं। वे व्याख्या करते हैं कि मानसिक द्वंद्व, जैसे– पश्चात्ताप, ग्लानि, अपराध बोध, आत्मविश्वास, आदि से मुक्ति मूल्यों को अपनाने और उनका पालन करके ही संभव है।

दयानंद यह जानना चाहते हैं कि मूल्यों के अनुसरण के पीछे क्या है। वे कहते हैं कि मूल्य का मूल्य अमूल्य है (Value of the Value is Valuable)। मेरी सहज स्थिति ही मेरे मूल्यों का स्रोत है। मैं किसी सार्वभौमिक मूल्य को मानने में असमर्थ होता हूं यदि यह मुझे मूल्यवान प्रतीत नहीं होता, क्योंकि यह मुझे अच्छा अनुभव नहीं कराएगा। दयानंद कहते हैं, किसी व्यक्ति का जीवन उसके द्वारा ग्रहण की गई मूल्य संरचना का प्रतिबिंब होता है। लोग दूसरों के मूल्यों का समय-समय पर अपनी सुविधानुसार पालन करते हैं, परंतु यदि मूल्यों को धारण ही नहीं किया तो वे मूल्य संरचना का भाग नहीं बन पाते और मात्र उपदेशक (Obligator) बनकर रह जाते हैं। ऐसे मूल्य अधिकांशतः (आचरण के

लिए मानक बनने की अपेक्षा) विवाद का कारण बन जाते हैं और हानिकारक हो सकते हैं। ग्रहण न किए गए मूल्य व्यक्तिगत मूल्य संरचना का भाग बन सकते हैं, यदि उनके पीछे भागने का तर्क उन्हें मूल्य तंत्र का हिस्सा बनाने के लिए पर्याप्त रूप से आश्वस्त कर दे। एक बार वे मूल्य तंत्र का भाग बन जाते हैं, तो उन्हें लगातार देखा जा सकता है।

गोस्वामी तुलसीदास (Goswami Tulsidas)

तुलसीदास एक महान रचनाकार और संस्कृत एवं अवधी भाषा के प्रख्यात विद्वान थे। उनकी महान कृति *रामचरितमानस* एक महाकाव्य है, जो भगवान राम के व्यक्तित्व को नैतिक चरित्र और आदर्श सामाजिक व्यवहार के महानतम रूप में प्रदर्शित करता है। उनके द्वारा रचित अन्य महान साहित्यिक रचनाएं *विनय पत्रिका*, *गीतावली*, *कवितावली*, *दोहावली*, *वैराग्य संदीपनी*, आदि हैं। *विनय पत्रिका* में वे "विनय" शब्दावली की व्याख्या करते हैं। वे इस मनोवृत्ति को एक नेतृत्वकर्ता के सद्‌गुण, एक नायक और उद्धारक के चरित्र के रूप में बताते हैं। विनय की मनोवृत्ति नम्रता, शालीनता, आडंबरहीनता और सौम्यता के गुणों को शामिल करती है। वे कहते हैं, जिस प्रकार शरीर का कोई अंग अनेक अंगों से मिलकर बनता है, और एक तत्त्व अनेक तत्त्वों से मिलकर बनता है उसी प्रकार यदि एक व्यक्ति विनय की मनोवृत्ति धारण नहीं करता, तो वह समर्पण का गुण प्राप्त नहीं कर सकता।

तुलसीदास निर्गुण ब्रह्म को सिरे से नहीं नकारते। वे इस बात पर बल देते हैं कि यदि निर्गुण नकारात्मक तत्त्वों को धारण नहीं करता, तो सगुण (Qualified) अस्तित्व में नहीं आता और सगुण की कोई उपयोगिता नहीं होती। निर्गुण और सगुण दोनों ही एक-दूसरे के पूरक हैं।

कबीर (Kabir)

कबीर "निर्गुण ब्रह्म" के उपासक थे। वे 15वीं शताब्दी के एक रहस्यवादी (Mystic) कवि थे। उनकी स्मरणीय कृति *बीजक* (Beijak; the Seedling) में कविताओं का संग्रह है, जिन्हें साखियां कहते हैं। कबीर हिंदुत्व और इस्लाम में प्रचलित तत्कालीन बुराइयों के विरोधी थे। कबीर गरीबों, दबे-कुचले, तिरस्कृत और पीड़ित लोगों के उत्पीड़न को लेकर संवेदनशील थे। ये लोग धर्म और सामाजिक रूढ़ियों के शिकार थे। कबीर वेदांत दर्शन की तरह ही एकेश्वरवादी (Monist) थे। उन्होंने मूर्तिपूजा का विरोध किया और कहा कि ईश्वर हमारे भीतर ही है। जिस प्रकार मृग के शरीर में ही कस्तूरी की सुगंध होती है, परंतु मृग उसे यहां-वहां ढूंढ़ता है, उसी प्रकार मनुष्य भी अपने भीतर के ईश्वर को इधर-उधर देखता है। कबीर आत्म विश्लेषण और आत्मावलोकन पर बल देते हैं न कि दूसरों पर दोषारोपण करने पर। वे कहते हैं–

"बुरा जो देखन मैं चला, बुरा न मिलया कोय।
जो दिल खोजा आपना, मुझसे बुरा न कोय।"

वे कहते हैं, जब मैं अपने हृदय का अवलोकन करता हूं, तो मैं स्वयं को दूसरों की अपेक्षा अधिक बुरा पाता हू। कबीर व्यक्ति की जाति के आधार पर उसके ज्ञानी होने का निर्धारण करने वाले विचार की कठोर भर्त्सना करते हैं। वे कहते हैं, ज्ञान उच्च जाति के लोगों का दास नहीं है और एक संत या ज्ञानी व्यक्ति से उसकी जाति नहीं पूछनी चाहिए, बल्कि उससे ज्ञान की बातें पूछनी चाहिए। वे इसे इस प्रकार प्रदर्शित करते हैं–

"जाति न पूछो साधु की, पूछ लीजिए ज्ञान।
मोल करो तलवार का, पड़ी रहन दो म्यान।"

इसका तात्पर्य है कि तलवार की कीमत होती है उसकी म्यान की नहीं। कबीर सच्चाई (Truthfulness) को सर्वश्रेष्ठ सद्‌गुण का दर्जा देते हैं और झूठ को सबसे बड़ा दुर्गुण मानते हैं। वे समझाते हैं–

"सांच बराबर तप नहीं, झूठ बराबर पाप।
जाके हृदय सांच है, ताके हृदय आप।"

अर्थात् जिसके हृदय में सच्चाई है, ईश्वर उसके साथ है।

कबीर वाणी की गुणवत्ता पर बल देते हैं। उनके अनुसार, मधुर और अच्छे शब्द लोगों के मन को शीतलता प्रदान करते हैं, साथ ही बोलने वाले को भी सुखद अनुभूति देते हैं। वे कहते हैं–

"ऐसी वाणी बोलिए, मन का आपा खोय।
औरन को शीतल करे, आपहुं शीतल होय।"

कबीर की संतुष्टि और लालच का त्याग करने की शिक्षा एक सिविल सेवक के जीवन में महत्त्वपूर्ण है। वे कहते हैं, कि किसी व्यक्ति को अपने परिवार का भरण-पोषण करने और अपने मेहमान को भोजन दे सकने के लिए पर्याप्त धन हो इतनी ही इच्छा रखनी चाहिए।

"साईं इतना दीजिए, जा मे कुटुंब समाय,
मैं भी भूखा न रहूं, साधु न भूखा जाय।"

मौलाना अबुल कलाम आजाद (Maulana Abul Kalam Azad)

मौलाना अबुल कलाम आजाद भारतीय स्वतंत्रता संग्राम सेनानी थे, जिन्होंने अपना जीवन भारत में उपनिवेशवादी शासन के विरोध में न्यौछावर कर दिया। मौलाना आजाद ने स्वयं को इस्लाम के परंपरागत धार्मिक नियमों की जंजीरों से स्वतंत्र कर लिया था। उनका यह विश्वास था कि मानव मन और भौतिक संसार बौद्धिक एवं नैतिक आधार से संबंधित है, भावनात्मक या काल्पनिक आधार से नहीं। वे अपने पारिवारिक मूल्यों के विरुद्ध खड़े हो गए थे, जो उनके "दृढ़ विश्वास का साहस" (Courage of Conviction) के मूल्य को दर्शाता है। वे वैज्ञानिक ज्ञान के महान प्रचारक थे और कहते थे कि एक मनुष्य वास्तविक रूप से शिक्षित तभी कहलाएगा, जब उसने विज्ञान, दर्शनशास्त्र और साहित्य का अध्ययन किया हो। वे यह समझ चुके थे कि मानव जाति के नैतिक और आध्यात्मिक विकास में तकलीद (Taqlid)/नकल (Imitation) द्वारा उत्पन्न अवरोधों से बड़ा कोई अवरोध नहीं है। उन पर सर सैयद अहमद खां के धार्मिक लेखों का अत्यधिक प्रभाव था। इन लेखों ने उन्हें उलेमाओं द्वारा की गई *कुरान* की गलत व्याख्याओं से मुक्त कर इस्लाम का एक सच्चा अनुयायी बनाया। वे इस्लाम की व्याख्या एक उदार और समानतावादी व्यवस्था के रूप में करते थे, जो स्वतंत्रता और लोकतंत्र का संरक्षक है। वे कहते हैं, इस्लाम हमें यह सिखाता है कि सही सही होता है और सर्वोच्च सही केवल सही मात्र होना है न कि शक्तिशाली होना। वे यह विश्वास करते थे कि स्वतंत्रता मनुष्य को ईश्वर का उपहार है और किसी भी व्यक्ति या देश को किसी भी रूप में या परोपकार या पुनर्जागरण लाने के बहाने दूसरे को शोषित करने का अधिकार नहीं है।

मौलाना आजाद ने बहुसंस्कृतिवाद के सद्‌गुण को प्रोत्साहन दिया, लेकिन उन्होंने विभिन्न संस्कृतियों द्वारा अपने भूतकाल को अलग-थलग पुनर्जीवित करने की प्रवृति और साझा संस्कृति (Common Culture) की समृद्ध विरासत की उपेक्षा करने का कड़ा विरोध किया।

रबींद्रनाथ टैगोर (Rabindranath Tagore)

रबींद्रनाथ टैगोर साहित्य के नोबेल पुरस्कार से सम्मानित थे। वे एक प्रख्यात लेखक, चित्रकार और संगीतज्ञ थे। उनके अनुसार, किसी मनुष्य का चरित्र उसके आध्यात्मिक और नैतिक मूल्यों का परिणाम होता है। मनुष्य में ईश्वर के समान बनने की पर्याप्त योग्यता होती है। वे ईश्वर और मनुष्य को समरूप मानते थे। टैगोर कहते हैं, मानवता मानव होने की अनुभूति मात्र है, जो एक आनंद प्रदान करती है। मानव मस्तिष्क वह माध्यम है, जो वस्तुओं के उद्‌देश्यों को व्यक्त करता है। वस्तुओं का जैसा ज्ञान प्राप्त होता है वे वैसी ही होती हैं। उनके धर्म दर्शन में आत्मज्ञान एक आधारभूत विचार का स्थान लिए हुए है।

वे आत्मज्ञान (Self realization) की व्याख्या "स्वयं की चेतना" (Self-consciousness) के स्थान पर "आत्मा की चेतना" (Soul-consciousness) के रूप में करते हैं। उनके लिए "स्व" (Self) किसी व्यक्ति के अहम् का अस्तित्व

है। वहीं "आत्मा" (Soul) व्यक्ति के वैश्विक या सार्वभौमिक परिप्रेक्ष्य में अस्तित्व में होती है। वे आगे कहते हैं, 'मनुष्य युगों-युगों से अपनी आत्मा की संपूर्ण अभिव्यक्ति या उसके ज्ञान के लिए प्रयास करते हुए आगे बढ़ रहा है, आत्मा सांसारिक वस्तुओं, कर्मों और सिद्धांतों से उच्चतर है।' मानव का इतिहास उसकी अनश्वर आत्मा की खोज की यात्रा का इतिहास है। रबींद्रनाथ प्रेम और त्याग को एक-दूसरे के पूरक के रूप में देखते हैं। उनके अनुसार, सच्चा प्रेम स्वामित्व का दावा नहीं करता, बल्कि स्वतंत्रता प्रदान करता है। यह आदान-प्रदान पर आधारित नहीं होता, बल्कि यह "देने और देने" से संबंधित होता है। वे लिखते हैं, 'शक्ति ने उस संसार को नियंत्रित किया, जो उसी शक्ति से संबंधित था और संसार ने उसे तख्त पर कैद कर लिया। प्रेम ने संसार से कहा, वह संसार से संबंधित है। संसार ने उसे अपने घर की स्वतंत्रता दे दी।' रबींद्रनाथ शिक्षा पर बल देते हुए कहते हैं, 'शिक्षा मस्तिष्क को अंतिम सत्य पाने योग्य बनाती है। यह सत्य बंधन से मुक्ति दिलवाने में सहायता करता है और बुद्धत्व (Enligthenement) प्रदान करता है न कि धन, यह प्रेम प्रदान करता है न कि शक्ति।'

मदर टेरेसा (Mother Teresa)

मदर टेरेसा का जन्म मेसीडोनिया के स्कोपजे में हुआ था। उन्होंने कमजोर वर्गों, पीड़ित, दुखी और विभिन्न बीमारियों और अभाव के कारण परेशान लोगों के लिए काम किया। उन्होंने अपने परिवार को त्यागकर मिशनरी के लिए कार्य करना आरंभ कर दिया। वे अंततः भारत आ गईं और अपना संपूर्ण जीवन बंगाल में लोगों की सेवा के लिए समर्पित कर दिया। उन्होंने कहा, 'मैं यह जान चुकी हूं कि मुझे भूखों, नंगों, बेघर, अपंग, अंधों और कोढ़ियों की सेवा करने की पुकार मिली है। वे सभी लोग जो समाज में स्वयं को अनावश्यक, प्रेमहीन, सरोकारहीन अनुभव करते हैं; जो लोग समाज पर भार बन गए हैं और हर कोई जिनसे बचना चाहता है, मुझे उनकी सेवा करने का धर्म प्राप्त हुआ है। उन्होंने मानवता और प्रेम की भूख को उजागर किया, जो कि असहनीय दुख और अकेलेपन के कारण उत्पन्न हुई है। हमें इस अभाव या कमी को पहचान कर इसे दूर करने का प्रयास करना चाहिए। यह भूख रोटी की भूख से भी अधिक मात्रा में है। गरीबी केवल धनहीनता से जुड़ा शब्द नहीं है, बल्कि इसका संबंध अनावश्यक, प्रेमहीन और अकेले लोगों से भी है। व्यक्ति को इस समस्या का समाधान अपने घर से ही आरंभ करना चाहिए। यह आचरण में स्वार्थहीनता को प्रोत्साहित करता है, जो कि एक महानतम मानवीय मूल्य है। वे अच्छी तरह जानती थीं कि संसाधन सीमित हैं, लेकिन उन्होंने इस परिस्थिति से उबरने के लिए एक युक्ति भी दी। उन्होंने कहा, एक समय में सभी के बारे में सोचना बंद करो, समीप के एक व्यक्ति से आरंभ करो और एक-एक करके सभी तक पहुंचो।

मदर टेरेसा परिवार को गुणवत्तायुक्त समय देने की आवश्यकता पर बल देती हैं, क्योंकि यह सामूहिक अर्थों में संसार में सुख का कारण बनता है। वे कहती हैं, 'आज प्रत्येक व्यक्ति भागदौड़ में लगा है, अधिक-से-अधिक विकास प्राप्त करना चाहता है और धनवान बनना चाहता है। बच्चों के पास अपने माता-पिता के लिए समय नहीं है। माता-पिता के पास एक-दूसरे के लिए समय नहीं है और घर से ही विश्व शांति में खलल पड़नी आरंभ हो जाती है।'

मदर टेरेसा मौन रहने को बोलने से अधिक प्रभावशाली मानती हैं। उनके अनुसार, मौन रहना आध्यात्म की नींव है। वे कहती हैं– 'मौन का फल है प्रार्थना, प्रार्थना का फल है आस्था। आस्था का फल है प्रेम, और प्रेम का फल है सेवा।'

मदर टेरेसा के महत्त्वपूर्ण विचार जो प्रत्येक सिविल सेवक को ध्यान में रखने चाहिए और जो जन सेवा से संबंधित हैं, वे इस प्रकार हैं–

लोग प्रायः अतार्किक और स्वार्थी होते हैं, उन्हें माफ करें। यदि आप दयालु हैं, तो लोग आप पर किसी गूढ़ उद्देश्य से ऐसा करने का आरोप लगा सकते हैं, फिर भी दयालु बने रहें। यदि आप ईमानदार हैं, तो लोग आपके साथ धोखा कर सकते हैं, परंतु ईमानदार बने रहें। यदि आप सुखी हैं, तो लोग आपसे ईर्ष्या कर सकते हैं, फिर भी सुखी बने रहें।

आज आप अच्छा करते हो, तो उसे कल भुलाया जा सकता है, फिर भी अच्छा करते रहें। संसार को अपना सर्वश्रेष्ठ दें और यह भी कभी पर्याप्त नहीं होगा, फिर भी अपना सर्वश्रेष्ठ देते रहें।

ए.पी.जे. अब्दुल कलाम (A.P.J. Abdul Kalam)

ए.पी.जे. अब्दुल कलाम एक महान वैज्ञानिक और भारत के अंतरिक्ष कार्यक्रम तथा मिसाइल तकनीक के विकास पुरुष थे। वे "मिसाइलमैन" के नाम से प्रसिद्ध थे। उन्होंने भारत के 11वें राष्ट्रपति के रूप में भी देश को अपनी सेवाएं दीं। उन्होंने अपना पूरा जीवन देश को समर्पित कर दिया। वे अपने मूल्यों, प्रेरणादायी भाषणों और राष्ट्र निर्माण के प्रयासों के लिए जाने जाते हैं। उन्होंने प्रत्येक समूह के लोगों राजनेताओं, वैज्ञानिकों और आम जनता से लेकर बच्चों तक को प्रेरित किया। उन्होंने बच्चों को सदा बड़े सपने देखने की शिक्षा दी। उनका यह दृढ़ विश्वास था कि चीजें तब तक नहीं होतीं, जब तक उन्हें होता हुआ देखने का सपना न देखा जाए। वे कहते हैं, 'तुम्हें अपने सपनों को पूरा होते हुए देखने से पहले उन्हें सपने में देखना होगा।' उन्होंने सदा प्रशिक्षित मस्तिष्क की भूमिका पर बल दिया और कहा कि यह प्रशिक्षण मूल्यों पर आधारित होना आवश्यक है। उन्होंने यह माना कि अभिभावकों और शिक्षकों का कर्तव्य है कि वे युवा मस्तिष्क को प्रशिक्षित करें। वे कहते हैं, 'यदि किसी देश को भ्रष्टाचार मुक्त होना है, और सुंदर मस्तिष्कों वाला राष्ट्र (Nation of Beautiful Minds) बनना है, तो मैं यह मजबूती के साथ अनुभव करता हूं कि तीन मुख्य सामाजिक सदस्य ही यह अंतर ला सकते है। वे हैं–माता, पिता और शिक्षक।'

उन्होंने युवाओं से मुक्त चिंतन का साहस करने, कठोर रास्ता चुनने और कठिन समस्याओं का हल ढूंढ़ने का आह्वान किया। वे नेतृत्व क्षमता को कठिन परिस्थितियों में भय मुक्त रहने और उन परिस्थितियों से निपटने के लिए दृष्टि तथा साहस रखने के रूप में परिभाषित करते हैं। एक नेता को अपने आचरण में निष्ठा (Integrity) भी प्रदर्शित करनी चाहिए। वे कठिनाइयों को जीवन का अनिवार्य अंग मानते हैं, क्योंकि उनका हल ढूंढ़ने की प्रक्रिया में चरम आनंद की अनुभूति होती है। वे कहते हैं कि ईश्वर केवल उनकी सहायता करता है, जो मेहनती होते हैं और समस्याओं का सामना करने के लिए तत्पर रहते हैं। एक सपना देखने वाले मेहनती व्यक्ति को सदा सौभाग्य का सहयोग मिलता है और सारी सृष्टि उसे उत्कृष्ट परिणाम दिलवाने के लिए प्रयासरत रहती है।

अभ्यास प्रश्न

1. तीन महान नैतिक विचारकों/दार्शनिकों के अवतरण नीचे दिए गए हैं। आपके लिए प्रत्येक अवतरण का वर्तमान संदर्भ में क्या महत्त्व है, स्पष्ट कीजिए। (UPSC 2013)
   a. 'पृथ्वी पर हर एक की आवश्यकता की पूर्ति के लिए काफी है, पर किसी के लालच के लिए कुछ नहीं।' –महात्मा गांधी। (150 शब्द)
   b. 'लगभग सभी लोग विपत्ति का सामना कर सकते हैं, पर यदि किसी के चरित्र का परीक्षण करना है, तो उसे शक्ति/अधिकार दे दो।' –अब्राहम लिंकन (150 शब्द)
   c. 'शत्रुओं पर विजय पाने वाले की अपेक्षा मैं अपनी इच्छाओं का दमन करने वाले को अधिक साहसी मानता हूं।' –अरस्तु (150 शब्द)
2. जीवन में नैतिक आचरण के संदर्भ में आपको किस विख्यात व्यक्ति ने सर्वाधिक प्रेरणा दी? उसकी शिक्षाओं का सार प्रस्तुत कीजिए। विशिष्ट उदाहरण देते हुए वर्णन कीजिए कि आप अपने नैतिक विकास के लिए उन शिक्षाओं को किस प्रकार लागू कर पाए हैं? (UPSC 2014)
3. महात्मा गांधी की सात पापों की संकल्पना की विवेचना कीजिए। (UPSC 2016)

4. 'क्रोध और असहिष्णुता सही समझ के शत्रु हैं।' –महात्मा गांधी (150 शब्द) (UPSC 2018)
5. 'नियुक्ति के लिए व्यक्तियों की खोज करते समय आप तीन गुणों को खोजते हैं: सत्यनिष्ठा, बुद्धिमत्ता और ऊर्जा। यदि उनमें पहला गुण नहीं है, तो अन्य दो गुण आपको समाप्त कर देंगे।' –वॉरेन बफेट

   वर्तमान परिदृश्य में इस कथन से आप क्या समझते हैं? स्पष्ट कीजिए। (150 शब्द) (UPSC 2018)
6. 'जहां हृदय में शुचिता है, वहां चरित्र में सुंदरता है। जब चरित्र में सौंदर्य, तब घर में समरसता है। जब घर में समरसता है, तब राष्ट्र में सुव्यवस्था है। जब राष्ट्र में सुव्यवस्था है, तब विश्व में शांति है।' –ए.पी.जे. अब्दुल कलाम। इस उद्धरण के आपके लिए क्या मायने हैं? (UPSC 2019)
7. बड़ी महत्त्वाकांक्षा महान चरित्र का भावावेश (जूनून) है। जो इनसे संपन्न हैं, वे या तो बहुत अच्छे अथवा बहुत बुरे कार्य कर सकते हैं। ये सब कुछ उन सिद्धांतों पर आधारित हैं, जिनसे वे निर्देशित होते हैं। –नेपोलियन बोनापार्ट

   उदाहरण देते हुए उन शासकों का उल्लेख कीजिए, जिन्होंने (1) समाज व देश का अहित किया है, (2) समाज व देश के विकास के लिए कार्य किया है। (150 शब्द) (UPSC 2017)

अध्याय

6

अभिवृत्ति

Attitude

प्रस्तावना (Introduction)

अभिवृत्ति/मनोवृत्ति शब्द का वस्तुत: अर्थ, 'किसी वस्तु या व्यक्ति के लिए कोई भावना या राय या किसी व्यक्ति द्वारा इस प्रकार की भावना या राय के फलस्वरूप किसी वस्तु या अन्य व्यक्तियों के प्रति व्यवहार का तरीका' होता है। परंतु मनोवैज्ञानिक अध्ययन के रूप में, मनोवृत्ति को परिभाषित करना इतना आसान नहीं है। इस पर पहला अध्ययन 1888 में लांजे द्वारा किसी मनोवृत्ति के कारक (Object of Attitude) के प्रति प्रतिक्रिया समय (Response Time) को लेकर किया गया था। मनोवृत्ति सीधे रूप से सामाजिक परिवेश (Social Milieu) पर आधारित मानव व्यवहार के मनोवैज्ञानिक अध्ययन से संबंधित है। मनोवृत्ति को किसी वस्तु के सापेक्ष प्रतिक्रिया के कारण हुई पूर्ववृत्ति (Predisposition) के रूप में परिभाषित किया जाता है। यह पूर्ववृत्ति उस वस्तु विशेष के बारे में ज्ञान और उसको लेकर पसंद या नापसंद पर आधारित होती है। ज्ञान पर आधारित मनोवृत्ति को ज्ञानात्मक मनोविज्ञान (Cognitive Psychology) से जोड़कर देखा जाता है, वहीं पसंद या नापसंद पर आधारित मनोवृत्ति को जैविक मनोविज्ञान (Biological Psychology) से जोड़कर देखा जाता है। सामान्यत: मनोवृत्ति कुछ अपवादों को छोड़कर अन्य व्यक्तियों से सीखी जाती है। इन अपवादों में आनुवंशिक समरूपता धारण करने वाली मनोवृत्ति आती है। इस प्रकार यह सामाजिक मनोविज्ञान और सामाजिक दबाव से संचालित होती दिखाई देती है। सामाजिक दबाव लंबे समय तक बना रहता है और धीरे-धीरे एक विशिष्ट तरीके से स्थायी मनोवृत्ति में बदल जाता है। अनुनय (Persuasion) मनोवृत्ति परिवर्तन में अध्ययन का महत्त्वपूर्ण विषय बनकर उभरता है।

किसी मनोवृत्ति का लक्ष्य या विषयवस्तु कोई व्यक्ति, समूह, वस्तु या विचार हो सकता है। किसी वस्तु के सापेक्ष मनोवृत्ति सामाजिक मनोविज्ञान के अनेक अनुप्रयोगों को शामिल करती है, जैसे– खानपान की आदतें (भोजन के प्रति मनोवृत्ति), वाणिज्य (उत्पादों के प्रति मनोवृत्ति), विज्ञापन, राजनीतिक व्यवहार (राजनीतिक उम्मीदवारों, दलों) या मतदान व्यवहार के प्रति मनोवृत्ति, स्वास्थ्य चिंताएं (शारीरिक कसरत, नई दवाइयों या स्वास्थ्य व्यवस्था के प्रति मनोवृत्ति), आदि। किसी व्यक्ति या समूह के प्रति मनोवृत्ति का परीक्षण अंतर्व्यक्तिगत पसंद और पूर्वाग्रह को शामिल करते हुए किया जाता है। अमूर्त विचारों के प्रति मनोवृत्ति बनाए रखने में कुछ मूल्य शामिल होते हैं और ये मूल्य स्वतंत्रता या समानता को समयानुसार निर्धारित करते रहते हैं।

मनोवृत्ति विशिष्टता बनाम सामान्यता (Specificity vs Generality) के पदों में भी बदलती रहती है। किसी नेता के प्रति व्यक्ति की मनोवृत्ति विशिष्ट होती है (उसका भाषण मस्तिष्क में आता है)। परंतु अनेक मनोवृत्तियां सामान्य होती हैं, उदाहरण के लिए, कुछ व्यक्ति सभी वस्तुओं के लिए सकारात्मक मनोवृत्ति प्रदर्शित करते हैं, वहीं कुछ व्यक्ति अधिकांश वस्तुओं के लिए नकारात्मक मनोवृत्ति प्रदर्शित करते हैं। पुन:, इन मनोवृत्तियों में विशिष्टता और

सामान्यता की कई श्रेणियां होती हैं, जो समय और स्थान के संदर्भ में देखी जाती हैं। उदाहरण के लिए, हाल में नौकरी पाने वाले एक व्यक्ति की बचत की प्राथमिकता एक लंबे समय से बचत नहीं कर रहे नौकरीपेशा और विवाह की योजना बना रहे व्यक्ति की अपेक्षा कम मात्रा में देखी जा सकती है। इसी प्रकार, एक व्यक्ति जिसे जल्दी से ट्रेन पकड़नी है, उसके लिए यह संभव है कि वह अपने पसंदीदा भोजन के लिए उस समय सकारात्मक मनोवृत्ति न दिखाए, क्योंकि उसकी ट्रेन छूट सकती है।

अब प्रश्न यह है, यदि मनोवृत्ति विभिन्न बाहरी (बाह्य संसार का संज्ञानात्मक ज्ञान) और आंतरिक जैविक निर्माणकों (Constructs) का प्रतिफल है तो "क्या मनोवृत्ति को मापा जा सकता है?" मनोवृत्तियों के विभेदन में मनोवृत्ति मापन के अनेक निहितार्थ हैं। मापन की विधियों के विकास के साथ अनुसंधानकर्ताओं के लिए मनोवृत्तियों का अप्रत्यक्ष मापन संभव हो गया है। अन्यथा उन्हें पसंद (Liking) या अनुमोदन (Approval) की बाहरी रेटिंग पर पूर्णत: आश्रित होना पड़ता था। मनोवृत्ति का अप्रत्यक्ष मापन अंतर्निहित मापन कहलाता है, जिसका उद्देश्य ऐसे स्वचालित मूल्यांकन (Automatic Evaluation) करना है, जिनका सामान्यत: स्व-रिपोर्ट के आधार पर मापन कठिन होता है। उदाहरण के लिए, अंतर्निहित मापन की प्रभावशीलता इस बात का प्रमाण है कि वे अधिकांशत: सामान्य मनोवृत्ति से असंगत होते हैं और स्व-रिपोर्ट या बहिर्गत मनोवृत्ति से अलग परिणामों की भविष्यवाणी करते हैं।

अंतर्निहित और सुस्पष्ट अभिवृत्ति (Implicit and Explicit Attitude)

अंतर्निहित (Implicit) और सुस्पष्ट (Explicit) अभिवृत्ति/मनोवृत्ति को आमतौर पर मनोवृत्तियों के दो भिन्न प्रतिनिधियों के रूप में क्रमश: अचेतन (स्वचालित आकलन) और चेतन (नियंत्रित आकलन) प्रक्रियाओं को मापने के लिए प्रयोग किए जाने वाले साक्ष्यों के रूप में विभेदित किया जाता है। अंतर्निहित और बहिर्गत/सुस्पष्ट मनोवृत्तियों के बीच अंतर को सामान्यत: उन साक्ष्यों के रूप में माना जाता है, जो मनोवृत्तियों के दो भिन्न प्रतिनिधियों क्रमश: अचेतन/स्वचालित मूल्यांकन (Automatic Evaluation) तथा चेतन प्रक्रियाओं/नियंत्रित मूल्यांकन (Controlled Evaluation) की माप करते हैं। अंतर्निहित और बहिर्गत मनोवृत्तियों के बीच अंतर्संबंध की अनुपस्थिति का उपयोग इस सुझाव के लिए किया गया है कि प्रत्येक मापन ऊर्ध्वमुखी (Upstream) और अधोमुखी (Down Stream) प्रक्रियाओं को पकड़ता है, विशेषकर समान मनोवृत्ति से संबंधित स्वचालित अनुक्रियाओं (Automatic Responses) और जानबूझकर जोड़े गए निर्णयों को पकड़ता है।

अंतर्निहित और सुस्पष्ट मनोवृत्ति मापन के बीच का अंतर्संबंध संज्ञानात्मक प्रयासों की सुस्पष्ट व स्व-रिपोर्ट (Self-report) लक्ष्य की प्राप्ति के दौरान मात्रा के परिणाम के अनुसार बदलती रहती है। न्यूरोइमेजिंग अध्ययनों ने अंतर्निहित और सुस्पष्ट मनोवृत्ति के बीच इसी प्रकार के अंतर को निरीक्षण में लिया है। उदाहरण के लिए, स्वचालित आकलन के दौरान शामिल होने वाली संरचनाओं में Amygdala, Insula तथा Orbitofrontal Cortex को देखा गया है। इसके विपरीत नियंत्रित आकलन (Controlled Evaluation) के दौरान Anterior Cingulate Cortex, Dorsal Anterior Cingulate Cortex को देखा गया है। अंतर्निहित मनोवृत्तियों को प्रारंभिक (Earlier), सतत (Spontaneous) और स्नेहात्मक प्रक्रियाओं (Affective Processes) के प्रति अनुक्रियाओं (Responses) के रूप में देखा जाता है, जबकि सुस्पष्ट मनोवृत्तियां तात्कालिक लक्ष्यों या सामाजिक अनिवार्यता की चिंताओं के आधार पर जानबूझकर किए गए अधिकाधिक समायोजन का प्रदर्शन करती हैं। कुछ विद्वानों द्वारा यह प्रश्नचिह्न लगाया जाता है कि क्या मनोवृत्तियों को स्थायी वस्तुएं माना जाए या इसके विपरीत, वे तब उत्पन्न होती हैं, जब सामने उपस्थित मनोवृत्ति कारक (Attitude Object) परिवर्तनशील प्रकृति का होता है।

अभिवृत्ति की संरचना/अभिवृत्ति का त्रिस्तरीय मॉडल
(Structure of Attitude /The Tripartite Model of Attitude)

अभिवृत्ति/मनोवृत्ति का जन्म कहां से होता है? मनोवृत्ति के त्रिस्तरीय मॉडल पर अनुसंधान बताते हैं कि मनोवृत्ति तीन प्रमुख स्रोतों पर आधारित हो सकती है (देखें चित्र 6.1)। इस मॉडल का पहला भाग स्नेहात्मक/भावनात्मक घटक (Affective /Emotional Component) है। अन्य दो भाग क्रमशः व्यवहारात्मक घटक (Behavioral Component) तथा ज्ञानात्मक घटक (Cognitive Component) हैं। इस मॉडल को ABC मॉडल भी कहा जाता है, जो इन तीनों घटकों के अंग्रेजी नामों के पहले अक्षर से बना है।

स्नेहात्मक घटक को भावनाओं, मनोदशाओं और लगाव के रूप में देखा जाता है। ये भावनाएं किसी मनोवृत्ति के कारक से जुड़ी होती हैं। एक व्यक्ति जो दौड़ना पसंद करता है, उसके बारे में यह कहा जा सकता है कि उसकी शारीरिक कसरत को लेकर सकारात्मक मनोवृत्ति है। इस व्यक्ति की दौड़ने के दौरान उत्तेजित होने वाली भावनाएं मनोवृत्ति का स्नेहात्मक आधार है। इस प्रकार स्नेहात्मक घटक मनोवृत्ति का भावनात्मक भाग है, जो एक विशेष वस्तु या कारक के लिए होता है। पुनः व्यवहारात्मक घटक का तात्पर्य है कि लक्ष्य के सापेक्ष व्यक्ति किस प्रकार अपनी प्रतिक्रिया देता रहा है या भविष्य में देगा। यदि कोई व्यक्ति लगातार जिम जाता है या दौड़ने जाता है, तो उसकी गतिविधियां उसके लिए व्यवहारात्मक आधार प्रदान करेंगी। अंततः संज्ञानात्मक आधार का तात्पर्य उन विचारों या विश्वासों से है, जो व्यक्ति अपने लक्ष्य के प्रति प्रदर्शित करता है। यदि व्यक्ति सोचता है कि दौड़ना स्वास्थ्य के लिए लाभदायक है, तो ऐसे विचार मनोवृत्ति के संज्ञानात्मक घटक को प्रदर्शित करेंगे।

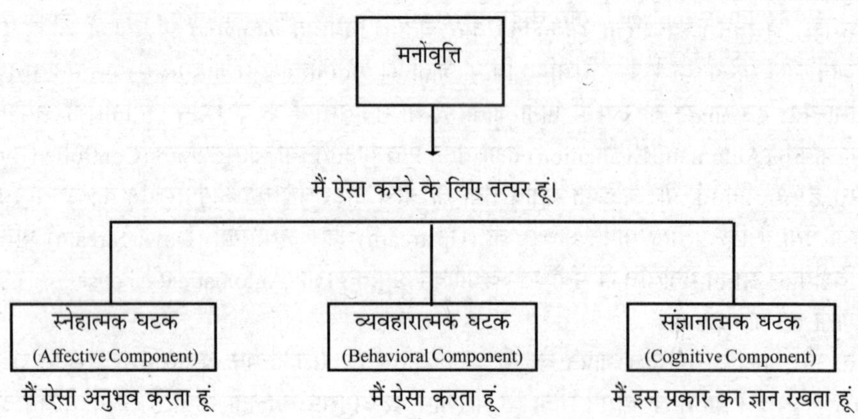

चित्र 6.1 : मनोवृत्ति का त्रिस्तरीय मॉडल

उपरोक्त उदाहरण में मनोवृत्ति के स्नेहात्मक, व्यवहारात्मक और संज्ञानात्मक घटकों को सकारात्मक रूप में लिया गया है, जो दर्शाता है कि व्यक्ति दौड़ने को लेकर एक सकारात्मक मनोवृत्ति रखेगा। यहां दौड़ना मनोवृत्ति का विषय या कारक है। यद्यपि ये तीनों घटक अनिवार्यतः समरूपता प्रदर्शित नहीं करेंगे। अगर कोई व्यक्ति यह मानता है कि चॉकलेट केक बहुत स्वादिष्ट लगता है, तो यह उसका स्नेहात्मक घटक है और इसके अनुरूप वह अधिकतर चॉकलेट केक खाता है, तो यह उसका व्यवहारात्मक घटक है। परंतु वह यह जानता है कि चॉकलेट केक में अत्यधिक मात्रा में कैलोरी और वसा होती है, तो यह उसका संज्ञानात्मक घटक है। इन परिस्थितियों में मनोवृत्ति निर्माण काफी जटिल हो जाता है, और यह निश्चित रूप से कुछ दूसरे घटकों को भी शामिल करता है। यहां यह उल्लेख करना महत्त्वपूर्ण है कि ऐसी परिस्थितियों में मनोवृत्ति अपने सभी घटकों को विभिन्न स्तरों पर प्रभावित करती है।

यह ABC मॉडल एक सिविल सेवक के जीवन में किस प्रकार कार्य करता है और किस प्रकार निर्णयों को प्रभावित करता है, इसे हम एक उदाहरण के माध्यम से समझने का प्रयास करते हैं। मान लीजिए, आप किसी जिले में जिला मजिस्ट्रेट के पद का कार्यभार ग्रहण करते हैं। आपके सम्मुख शस्त्र लाइसेंस के आवेदन स्वीकृति के लिए आए हैं। अब आप इन आवेदनों पर किस प्रकार से निर्णय लेंगे, यह आपकी मनोवृत्ति के ABC घटकों के मध्य की अंतर्क्रिया पर निर्भर करेगा। बंदूक आपको बचपन से ही डर का अनुभव कराती है, बंदूक (मनोवृत्ति का विषय/कारक) के लिए भय की भावना आपके भावनात्मक घटक से संबंधित है। पुनः आपने लाइसेंस वाली बंदूकों के आत्महत्या में प्रयोग के कई उदाहरण देखे हैं। आपको यह दृढ़ विश्वास हो चला है कि बंदूक का दुरुपयोग अधिक होता है और आत्मरक्षा में इसका प्रयोग न के बराबर ही होता है। यह विचार संज्ञानात्मक घटक को प्रदर्शित करता है। अब आप शस्त्र लाइसेंस के समस्त आवेदन निरस्त कर देते हैं, यह आपकी मनोवृत्ति के व्यवहारात्मक घटक का द्योतक है। 1993 में, ईगली (Eagly) तथा चैकन (Chaiken) ने मनोवृत्ति की कार्यात्मकता का वर्णन इन तीनों घटकों के प्रकाश में किया था। वे कहते हैं कि किसी व्यक्ति के स्नेहात्मक, व्यवहारात्मक और संज्ञानात्मक घटक न केवल मनोवृत्ति को उत्पन्न या दिशा-निर्देशित करते हैं, बल्कि ये मनोवृत्ति से प्रभावित भी होते हैं। मनोवृत्ति के त्रिपक्षीय मॉडल के तीनों घटकों को संबंधित मनोवृत्ति का पूर्वगामी और परिणामी दोनों माना जा सकता है अर्थात् मनोवृत्ति और उसके तीनों घटकों के मध्य फीडबैक संबंध निष्पादित होता है।

अभिवृत्ति की विषयवस्तु (Content of Attitude)

अभिवृत्ति/मनोवृत्ति के चार महत्त्वपूर्ण गुणधर्म या विषयवस्तु होती हैं। ये हैं– संयोजकता (Valence), चरमता (Extremeness), साधारणता (Simplicity) और केंद्रीयता (Centrality)। संयोजकता को मनोवृत्ति के विषय (Object) के सापेक्ष झुकाव या अलगाव के रूप में परिभाषित किया जाता है। यह धनात्मक और ऋणात्मक दोनों ही प्रकृति की होती है। चित्र 6.2 में वनस्पति पर आधारित भोजन (शाकाहार) की मनोवृत्ति विषय के प्रति संयोजकता (valence) को प्रदर्शित किया गया है। किसी विशेष मनोवृत्ति के विषय के विभिन्न विशेषणों (Adjectives) के लिए अलग-अलग संयोजकता दिखाई देती है। यहां वनस्पति आधारित भोजन एक मनोवृत्ति का विषय है, जिसके लिए कोई व्यक्ति सकारात्मक संयोजकता प्रदर्शित कर सकता है। परंतु वनस्पति आधारित भोजन की विभिन्न विशेषताओं, जैसे– उसके स्वाद, कीमत, भावनात्मकता, इत्यादि के लिए भिन्न संयोजकताएं या तो सकारात्मक या नकारात्मक देखी जा सकती हैं। लिकर्ट पैमाने (Likert Scale) पर 1 और 2 रेटिंग नकारात्मक संयोजकता दर्शाती है, 4 और 5 रेटिंग सकारात्मक संयोजकता दर्शाती है तथा 3 रेटिंग तटस्थ संयोजकता को दर्शाती है।

किसी विशेष मनोवृत्ति की चरमता (Extremeness) को इस आधार पर परिभाषित किया जाता कि वह विषय के प्रति कितनी अधिक सकारात्मक या नकारात्मक अंकित होती है। रेटिंग 1 और 5 चरम मनोवृत्ति की घोतक है, वहीं रेटिंग 3 तटस्थ मनोवृत्ति को इंगित करती है। चित्र 6.2 में शाकाहारी भोजन के प्रति उसके स्वाद और स्वास्थ्यवर्धक गुणों को लेकर सकारात्मक मनोवृत्ति दिखाई गई है। इसकी कीमत को लेकर तटस्थ मनोवृत्ति है।

सरलता (Simplicity) से अभिप्राय एक विशाल मनोवृत्ति के भीतर मनोवृत्तियों की संख्या से है। उदाहरण के लिए, कोई व्यक्ति जो शाकाहारी भोजन के प्रति सकारात्मक मनोवृत्ति रखता है, वह इसके भीतर भी अनेक मनोवृत्तियां रख सकता है। इस वृहद् मनोवृत्ति को मनोवृत्ति तंत्र कहा जाता है और इसके भीतर उपस्थित बहुत सारी मनोवृत्तियां सदस्य मनोवृत्तियां कहलाती हैं। यदि इन सदस्य मनोवृत्तियों की संख्या बहुत अधिक है, तो तंत्र जटिल हो जाता है, वहीं कम मनोवृत्तियां तंत्र की सरलता की परिचायक हैं। इस मनोवृत्ति के सदस्य भी ABC घटकों को धारण करते हैं।

केंद्रीयता (Centrality) को किसी एक मनोवृत्ति द्वारा मनोवृत्ति तंत्र की अन्य मनोवृत्तियों को नियंत्रित करने के लिए उत्पन्न प्रभाव की मात्रा की विशेषता के रूप में परिभाषित किया जाता है। उदाहरण के लिए, चित्र 6.2 में स्वास्थ्यवर्धकता (Healthiness) शाकाहारी भोजन के लिए अत्यधिक केंद्रीयता प्रदर्शित करती है।

नैतिक अभिवृत्ति (Moral Attitude)

नैतिक अभिवृत्ति/मनोवृत्ति किसी नैतिक वस्तु या विषय के प्रति मनोवृत्ति है, जो यह निर्धारित करती है कि किसी व्यक्ति की एक नैतिक दायित्व के निर्वहन के दौरान कैसी पूर्ववृत्ति (Predisposition) होगी। कोई भी विशेष मनोवृत्ति उसके तीन घटकों पर आधारित होती है और नैतिक मनोवृत्ति के विषय में भी यही सत्य है। हम नैतिक मनोवृत्ति को इसके भावनात्मक (Affective/Emotional), संज्ञानात्मक (Cognitive) और व्यवहारात्मक (Behavioral) घटकों के परिणाम के रूप में समझ सकते हैं। उदाहरण के लिए, किसी व्यक्ति का सड़क पर एक भिखारी से सामना होता है, जो स्वयं को भूखा बताकर कुछ पैसों की भीख मांगता है। इस परिस्थिति में व्यक्ति की भावनाएं मानवीय आधार पर उसे सोचने को मजबूर कर देती हैं और दया एवं सहानुभूति के रूप में भावनाओं का मनोवैज्ञानिक ज्वार उभरकर आता है। इसी प्रकार, उसका भिक्षावृत्ति के विरुद्ध कानून का ज्ञान उसे भीख देने से रोकता है, और उसका सामाजिक योगदान तथा दान के रूप में भिखारियों के पुनर्वास हेतु व्यवहार संयुक्त रूप से उसकी अंतिम मनोवृत्ति का निर्धारण करता है।

नैतिक मनोवृत्ति प्रेम, दया, सौंदर्य जैसी मानवीय भावनाओं से संचालित होती है। इसके अलावा यह कर्तव्यवाद (Deontology), प्रयोजनमूलकता (Teleology) और मेटा-नीतिशास्त्र (Meta-ethics) पर भी आधारित होती है। और अंततः यह सामाजिक सेवा, सामाजिक कार्यों के लिए दान, आदि व्यवहारों से भी संचालित होती है।

अभिवृत्ति मापन (Attitude Measurement)

यदि मनोवृत्ति किसी व्यक्ति के निजी और व्यावसायिक जीवन में प्रदर्शन को निर्धारित करने में इतनी महत्त्वपूर्ण है, तो इसके मापन की विधियां खोजना आवश्यक हो जाता है। अनुसंधानकर्ताओं ने इसके मापन के लिए अनेक यंत्र विकसित किए हैं। इनके लिए प्रयोग में लाई जाने वाली दो महत्त्वपूर्ण विधियां लिकर्ट पैमाना (Likert Scale) और शब्दार्थ अवकलन पैमाना (Semantic Differential Scale) है। किसी व्यक्ति की मनोवृत्ति को पकड़ने के प्रयास में अनुसंधानकर्ताओं द्वारा अनेक मार्गदर्शी सिद्धांतों का प्रयोग किया जाता है, ताकि त्रुटियां न्यूनतम हों। इनमें से एक मार्गदर्शी सिद्धांत है– कुछ बिंदुओं के लिए कोड को नकारात्मक बनाकर विपरीत क्रम में कर दिया जाए, जैसा कि चित्र 6.2 तथा 6.3 में तीसरे तथा पांचवें बिंदुओं के लिए किया गया। ऐसा करने से दो उद्देश्यों की पूर्ति होती है। पहला, यह किसी व्यक्ति द्वारा समय और संज्ञानात्मक संसाधनों को बचाने के प्रयास में संपूर्ण युक्ति में साधारण रूप से सबसे बाएं या सबसे दाएं बॉक्स को चिह्नित करने की घटना से बचाता है। कोई व्यक्ति ऐसा करने से बचेगा, यदि उसे यह ज्ञात हो जाए कि अनेक बिंदुओं को विपरीत क्रम में कोड किया गया है। इसी प्रकार, यदि केवल सबसे बाएं या सबसे दाएं बॉक्स ही चिह्नित किए गए हैं, तो अनुसंधानकर्ता यह जान जाएगा और परिणामों को उसी प्रकार विचार में लेगा।

कुछ अनुसंधान यह बताते हैं कि प्रवृत्तियों को पांच से सात विकल्प देने से अधिक सटीक आंकड़े प्राप्त होते हैं। पांच से कम विकल्प होने पर उतने शुद्ध आंकड़े प्राप्त नहीं होंगे, जबकि सात से अधिक विकल्प दिए जाने से अतिरिक्त परेशानियां उत्पन्न हो जाएंगी, जिनसे शुद्धता के साथ आंकड़े प्राप्त नहीं होंगे।

कृपया इंगित करें कि किस सीमा तक निम्नलिखित कथन आपकी प्रकृति से संबंधित हैं।

1. मेरे विचारों के अनुरूप नहीं हैं।
2. मेरे विचारों से कुछ सीमा तक अनुरूपता नहीं रखते।
3. मेरे विचारों के न ही अनुरूप हैं और न ही प्रतिकूल।
4. मेरे विचारों से कुछ सीमा तक अनुरूपता रखते हैं।
5. मेरे विचारों से अत्यधिक अनुरूपता रखते हैं।

1. वनस्पति आधारित भोजन अधिक स्वास्थ्यवर्धक होता है।	5
2. वनस्पति आधारित भोजन अधिक स्वादिष्ट होता है।	5
3. वनस्पति आधारित भोजन सस्ता होता है।	2
4. वनस्पति आधारित भोजन सुखकर होता है।	5
5. वनस्पति आधारित भोजन गंदा दिखाई देता है।	3

चित्र 6.2 : लिकर्ट पैमाना (Likert Scale)

वनस्पति आधारित भोजन

स्वास्थ्यवर्धक	...√...	......	......	......	......	अस्वास्थ्यवर्धक
स्वादिष्ट	...√...	......	......	......	......	अस्वादिष्ट
महंगा	......	......	...√...	......	......	सस्ता
सुखकर	...√...	......	......	......	......	असुखकर
गंदा	......	......	......	...√...	......	साफ

चित्र 6.3 : शब्दार्थ अवकलन पैमाना (Semantic Differential Scale)

लिकर्ट और शब्दार्थ अवकलन पैमाने (Semantic Differential Scale) का प्रयोग बहुलता के साथ किया जाता है। छात्र सेमेस्टर के अंत में अपने प्राध्यापकों के मूल्यांकन में लिकर्ट पैमाने का प्रयोग करते हैं और विभागों तथा विश्वविद्यालयों द्वारा इन मूल्यांकनों से प्राप्त आंकड़ों का प्रयोग अपने निर्णयों में करते हैं। कंपनियां भी इस प्रकार की तकनीकों का प्रयोग उपभोक्ताओं की उनके उत्पादों और सेवाओं के प्रति मनोवृत्ति जानने में करती हैं। यह जानकर कि कंपनी की कौन-सी चीज उपभोक्ताओं को पसंद है या पसंद नहीं है, कंपनी के प्रबंधक कंपनी के कमजोर पक्षों की ओर संसाधन झोंकते हैं। संक्षेप में, किसी व्यक्ति या व्यक्तियों के समूह को एक समरूप समूह मानकर उनकी पसंद या नापसंद को मापा जा सकता है। किसी व्यक्ति या समूह का व्यवहार मनोवृत्ति के माप के आधार पर ज्ञात किया जा सकता है।

मनोवृत्ति दो विचारों–विश्वास (Belief) और मूल्य (Value) से भिन्न है। विश्वास मनोवृत्ति का एक घटक है, जो संज्ञान (Cognition) से संबंधित है और यह मनोवृत्ति को आधार प्रदान करता है, जबकि मूल्य विश्वास है, साथ ही मूल्य मनोवृत्तियां भी हैं, जिन्हें विवशता के साथ ग्रहण किया जाता है। मूल्य किसी व्यक्ति के भीतर प्रचलित विश्वास और मनोवृत्ति के पदों में निर्मित होने के उपरांत कर्तव्य के आरोपण (Imposition of Ought) से संबंधित होते हैं।

व्यवहार, विश्वास, उद्देश्य और लक्ष्यों के मध्य संबंध
(Relation Between Behaviour, Beliefs, Intentions and Goals)

मनोवृत्ति के मनोवैज्ञानिक अध्ययन के अलावा व्यवहार, विश्वास, उद्देश्य और लक्ष्य, आदि कुछ महत्त्वपूर्ण अवधारणाएं हैं, जिन्हें मनोवृत्ति की धारणा की अर्थपूर्ण व्याख्या के लिए समझना आवश्यक है। व्यवहार को किसी व्यक्ति के व्यक्त आचरण (Overt Act) के रूप में परिभाषित किया जाता है और सामान्यत: इसे मनोवृत्ति में से विकसित होते देखा जाता है। विभिन्न अनुसंधानकर्ताओं के अध्ययन यह बताते हैं कि मनोवृत्ति-व्यवहार संबंध अपरिहार्य है और मनोवृत्ति मजबूत अंतर्संबंध के साथ व्यवहार की भविष्यवाणी करने में सक्षम है। उद्देश्यों (Intentions) को व्यवहार के निष्पादन की इच्छा के रूप में परिभाषित किया जा सकता है। ऐजन और फिशबेन के अनुसार, उद्देश्यों की जड़ें अंतिम लक्ष्य के भीतर रहती हैं, जो कि ऐच्छिक अंतिम अवस्था (Desirable End State) के अर्थ में काफी व्यापक प्रकृति के होते हैं। उद्देश्यों को बाहरी सहायता या संसाधनों के अतिरिक्त सतत व्यवहार और अनेकानेक प्रयासों द्वारा प्राप्त किया जा सकता है। ये अंतिम परिणाम अधिकांशत: नियंत्रण के बाहर होते हैं। उदाहरण के लिए, लोग शारीरिक गतिविधियां बढ़ाने का लक्ष्य रखते हैं, ताकि शरीर का वजन कम रहे, परंतु यह लक्षित व्यवहार किया ही

जाए, इसकी कोई गारंटी नहीं होती। इसके लिए निरंतर प्रयास एवं बाहरी संसाधनों की भी जरूरत होती है। मनोवृत्ति की तरह लक्ष्य भी विशिष्ट और सामान्य दोनों प्रकृति के होते हैं। परंतु अधिकतर अनुसंधान जो लक्ष्य और उद्देश्यों के मध्य अंतर्संबंध स्थापित करते हैं, वे कुछ विशिष्ट लक्ष्यों पर ही किए गए हैं, जैसे– धूम्रपान छोड़ने का लक्ष्य। एक बार कोई लक्ष्य निर्धारित हो जाए, तो उसकी पूर्ति हेतु कार्य करने के उद्देश्यों से इसका अनुसरण प्रारंभ हो जाता है, जो लक्ष्य की प्राप्ति में सहयोगी हो सकते हैं, जैसे– धूम्रपान छोड़ने से संबंधित वस्तुओं को छोड़ना या धूम्रपान करने वाले मित्रों से दूरी बनाना। यहां हम धूम्रपान छोड़ने या इसी प्रकार के अन्य लक्ष्य को प्राप्त करने के उद्देश्य को वास्तविक व्यवहार के पूर्व सूचक के रूप में देख सकते हैं। ऐजन और फिशबेन के अनुसार, 'कोई विश्वास उससे संबंधित अन्य विषयों और मूल्य तंत्र, धारणा या गुणधर्म के साथ अंतर्क्रिया के परिणामस्वरूप किसी संबंध के होने की प्रायिकता (Probability) होता है। यह लोगों की स्वयं के बारे में समझ और जिस वातावरण में वे रहते हैं, उसकी समझ को प्रभावित करता है।'

अभिवृत्ति के कार्य (Functions of Attitude)

लोग अनेक कारणों से भिन्न-भिन्न मनोवृत्तियां रखते हैं। वास्तव में, ये मनोवृत्तियां जीवन में अनेक कार्य करती हैं। हम इनके कार्यों को यहां विभिन्न वर्गों के अंतर्गत देखेंगे। काज (Katz) मनोवृत्ति के निम्नलिखित मुख्य कार्य बताते हैं– 1. सामंजस्य, 2. अहम् रक्षात्मकता, 3. मूल्य प्रदर्शन, और 4. ज्ञान प्रदान करना।

1. सामंजस्य (Adjustment Function)

एक व्यक्ति के अंदर किसी समाज विशेष, जैसे– कार्य स्थल, शिक्षण संस्थानों, राजनीतिक और धार्मिक विचारों के प्रति विरोधी मनोवृत्ति देखी जा सकती है। विरोधाभासी परिस्थितियों से निपटने के लिए लोग अपनी मनोवृत्ति का सामंजस्य उन परिस्थितियों के अनुरूप करते हैं। दूसरे शब्दों में, हम सामाजिक दबाव में ऐसी मनोवृत्ति धारण करते हैं, जो दूसरों के लिए सुखद और स्वीकार्य हो। यह एक प्रकार से मनोवृत्ति का उपयोगितावादी कार्य है, जिसके अंतर्गत कोई व्यक्ति पारितोषिक (Awards) को बढ़ाना चाहता है और दंड की मात्रा को कम करना चाहता है।

2. अहम् रक्षात्मकता (Ego-Defensive Function)

प्रत्येक व्यक्ति के अंदर अपने अहम् या आत्मसम्मान की रक्षा करने की प्रवृत्ति पाई जाती है। वह अपराध बोध से बचने के लिए अपने गलत कामों को भी सही मानने का प्रयास करता है। वास्तव में, हम स्वयं से अपने आप को बचाने का प्रयास करते हैं और एक ऐसी मनोवृत्ति प्रदर्शित करते हैं, जो अहम् की रक्षा (Ego-defence) करती है। उदाहरण के लिए, किसी व्यक्ति के भीतर सिविल सेवा में आने की मजबूत इच्छा है, परंतु अयोग्यता या असफलता के कारण वह सिविल सेवा के प्रति अपनी नकारात्मक मनोवृत्ति प्रदर्शित करने का प्रयास करता है। ऐसा करने से एक मनोवैज्ञानिक आवाज उत्पन्न होती है और ऐसी मनोवृत्ति हमारी आत्म छवि की रक्षा के लिए सकारात्मक रूप से हमारी ओर झुकाव रखती है। इस उपागम का विचार है कि मनोवृत्ति व्यक्ति की अपनी आवश्यकताओं, जिन्हें अभिव्यक्ति स्व-रक्षण के रूप में देखा जा सकता है और बाहरी संसार की आवश्यकताओं, जिन्हें ज्ञान और सामंजस्य के रूप में देखा जा सकता है, दोनों के बीच मध्यस्थता का काम करती है।

3. मूल्य प्रदर्शन (Value-Expression)

काज (Katz) के अनुसार, मनोवृत्ति व्यक्ति के कोर मूल्यों को प्रदर्शित करती है और व्यक्ति को संबंधित मनोवृत्ति को रखते हुए इन मूल्यों का प्रदर्शन करने में बहुत अधिक प्रयास नहीं करने होते। एक सिविल सेवक के जीवन में अनेक परिस्थितियां उत्पन्न होती हैं, जहां उसकी मनोवृत्ति अन्य लोगों को उसके कर्तव्य पालन के तरीके के बारे में पर्याप्त जानकारी प्रदान कर देती है। वास्तव में, यह बताता है कि हम क्या हैं और हमें हमारे मूल्यों, जैसे– सत्यनिष्ठा, देशभक्ति, गैर-भेदभावपूर्णता और पारदर्शिता के संदर्भ में पहचान प्रदान करता है।

4. ज्ञान प्रदान करना (Knowledge Function)

मनोवृत्ति आवश्यकतानुसार सही प्रकार का ज्ञान प्राप्त करने में सहायता करती है। यह संसार सूचनाओं से भरा पड़ा है और व्यक्ति का अनेक प्रकार की सूचनाओं से प्रत्यक्ष या परोक्ष रूप में सामना होता रहता है। व्यक्ति की किसी विशेष विषय को लेकर मनोवृत्ति ज्ञान को फिल्टर करने में सहायक होती है। मनोवृत्ति दूसरों (स्रोत या प्रेषक) को अनावश्यक सूचनाएं प्रेषित करने से रोकती है और आवश्यक सूचना देने के लिए प्रोत्साहित करती है। इस प्रकार कुछ मनोवृत्तियां संसार का अधिकतम ज्ञान कराती हैं और लोगों को घटनाओं का कारण जानने में सहायक होती हैं, साथ ही अन्य लोगों और परिस्थितियों की विशेषताओं के आधार पर उनकी ओर ध्यान केंद्रित कराती हैं। उदाहरण के लिए, रूढ़िवादिता को मनोवृत्ति के ज्ञानात्मक फलन (Knowledge Function) के रूप में देख सकते हैं। रूढ़िवादिता मानसिक संरचना होती है, जो हमें विभिन्न लोगों और वस्तुओं की विशेषताओं की संभावना निर्धारित करने देती है।

अभिवृत्ति और व्यवहार (Attitude and Behaviour)

व्यवहार किस सीमा तक मनोवृत्ति से समानता प्रदर्शित करता है, यह सामाजिक मनोविज्ञान में वर्षों से अध्ययन का विषय रहा है। 1930 के प्रारंभिक दशकों में लेपियर (Lapiere) ने इस मनोवैज्ञानिक प्रश्न पर अपने अध्ययन किए।

लेपियर का अध्ययन (Lapiere's Study)

लेपियर ने यह जानने के लिए प्रयोग किया कि किसी व्यक्ति की दूसरी नस्ल के व्यक्तियों के प्रति मनोवृत्ति उसके व्यवहार से किस प्रकार मेल खाती है। रिचर्ड लेपियर ने संयुक्त राज्य अमेरिका में 1930 के दशक में, जब बड़े पैमाने पर प्रवसन ने अमेरिकी लोगों में अत्यधिक पूर्वाग्रह को जन्म दिया था, उस समय चीनी प्रवासी लोगों के प्रति पूर्वाग्रह को जानने के लिए अध्ययन किया। लेपियर ने कैलीफोर्निया के एक छोटे कस्बे में अपने एक चीनी छात्र के साथ होटल में किराए पर कमरा लेते समय यह पूर्वाग्रह रखा कि कहीं ऐसा न हो कि उन्हें कमरा देने से इनकार कर दिया जाए, परंतु उन्हें बिना किसी ऐसी परेशानी के होटल में जगह मिल गई। कुछ महीनों बाद, लेपियर ने होटल में टेलीफोन कॉल किया और पूछा, क्या वह होटल उसके एक करीबी चीनी व्यक्ति को कमरा देगा और उसे होटल से नकारात्मक उत्तर मिला, जो चौंकाने वाला था। इस घटनाक्रम ने लेपियर को मनोवृत्ति–व्यवहार अंतर्संबंध का परीक्षण करने के लिए प्रेरित किया। लेपियर ने अपने एक चीनी छात्र और उसकी पत्नी के साथ, जिन्हें अमेरिकी अंग्रेजी उच्चारण नहीं आता था, यात्रा प्रारंभ की। चीनी दंपति ने सभी आरक्षण औपचारिकताएं पूरी कीं और हैरान कर देने वाली बात यह है कि उनकी यात्रा के दौरान 66 होटलों में से केवल एक होटल ने उन्हें जगह देने से मना किया। शेष सभी स्थानों पर उन्हें बेहतरीन सुविधाएं और सेवाएं प्राप्त हुईं। लेपियर ने अनुसंधान के उद्देश्य से चीनी दंपति को अवगत नहीं कराया था। 6 महीने बाद लेपियर पहले जिन होटलों में चीनी दंपति के साथ रुके थे, उन्हें एक प्रश्नावली भेजी, जिसमें यह पूछा कि, 'क्या आप अपने होटल में चीनी अतिथियों को स्वीकार करेंगे?' 251 में से केवल 128 से उत्तर प्राप्त हुए, जो चौंकाने वाले थे। 92 प्रतिशत होटलों से जवाब मिला "नहीं"।

ऐसा लगता है कि कुछ लोग जो बोलते हैं वह उनके व्यवहार में प्रायः दिखाई नहीं देता है। लेपियर अंततः इस निष्कर्ष पर पहुंचे कि प्रदर्शन और आत्मविश्वास नस्ल से ज्यादा महत्त्वपूर्ण होता है। यह बड़ा ही असामान्य है कि लोग स्वयं को नस्लवादी मानते हैं, जबकि उनके व्यवहार में नस्लवाद दिखाई नहीं देता। वर्तमान में यह विचित्र प्रकार का पाखंड अधिक चिंताजनक है। इस अध्ययन से ज्ञात होता है कि मनोवृत्तियां सदैव व्यवहार से तालमेल नहीं रखतीं। इस अध्ययन की सबसे बड़ी आलोचना यह की जाती है कि होटल प्रबंधन द्वारा अपनी मनोवृत्तियों को छुपाने के लिए प्रश्नावली के उत्तर गढ़े जा सकते थे।

अभिवृत्ति कब व्यवहार का मार्गदर्शन करती है?

(When does Attitude Guide Behaviour)

हम देख चुके हैं कि अभिवृत्ति/मनोवृत्ति और व्यवहार के बीच कुछ न कुछ अंतर्संबंध अवश्य होता है। यह अंतर्संबंध विभिन्न कारकों पर निर्भर करता है। ये कारक नियंत्रक कारक (Moderating Factors) कहलाते हैं, क्योंकि ये मनोवृत्ति और व्यवहार के मध्य के संबंध को नियंत्रित करते हैं। कुछ महत्त्वपूर्ण नियंत्रक कारकों में व्यवहार, व्यक्ति, परिस्थिति, समय दबाव (Time Pressure), मनोवृत्ति की गुणवत्ता और मनोवृत्ति तक पहुंच (Attitude Accessibility) आते हैं।

व्यवहार की गुणवत्ता (Qualities of the Behaviour)

किसी व्यक्ति की मनोवृत्ति को जानकर समाज मनोविज्ञानी उस व्यक्ति के व्यवहार की भविष्यवाणी कर सकते हैं। यह व्यवहार अत्यधिक विशिष्ट (Very Specific), जैसे– मैं श्रीमान A को शस्त्र का लाइसेंस जारी करूंगा क्योंकि यह एक विशेष मामला है, से लेकर अत्यधिक सामान्य, जैसे– मैं किसी भी व्यक्ति को शस्त्र का लाइसेंस जारी नहीं करूंगा, हो सकता है। ऐजन और फिशबेन (1977) ने एक अत्यधिक प्रभावशाली विश्लेषण के आधार पर मनोवृत्ति मापन और व्यवहार मापन के महत्त्व को विशिष्टता के समान स्तर पर इंगित किया। कोई विशिष्ट व्यवहार या क्रिया (Action) को लेकर उस विशिष्ट मनोवृत्ति से संबंधित प्रश्न (Attitudinal Question), क्रिया का लक्ष्य (Goal), संदर्भ (श्रीमान A के प्रकरण में किसी वरिष्ठ अधिकारी की व्यक्तिगत सिफारिश) और क्रिया का समय या परिस्थिति (मुझे उस वरिष्ठ अधिकारी से अपनी वार्षिक प्रदर्शन मूल्यांकन रिपोर्ट, APAR लिखवानी है), आदि के आधार पर अच्छी तरह से जाना जाता है।

इसके विपरीत, व्यवहार का सामान्य प्रतिरूप सामान्य मनोवृत्ति मापन द्वारा श्रेष्ठ तरीके से ज्ञात किया जा सकता है। एक अध्ययन में, प्रतिभागियों के धार्मिक होने को लेकर सामान्य मनोवृत्ति का प्रयोग यह ज्ञात करने में किया गया कि वे 100 विशिष्ट धार्मिक व्यवहारों में से प्रत्येक को पूरा करते हैं (उदाहरण के रूप में, भोजन से पहले और भोजन के बाद प्रार्थना करना, धार्मिक संस्थानों को दान देना, आदि) तथा इन 100 विशिष्ट धार्मिक व्यवहारों से एक संयुक्त सामान्य मापन ज्ञात किया गया।

हम यहां तालिका 6.1 की सहायता से मनोवृत्ति और व्यवहार के मध्य सहसंबंध को समझने का प्रयास करेंगे। शस्त्र लाइसेंस देने को लेकर सामान्य मनोवृत्ति और किसी विशिष्ट एकल क्रिया (श्रीमान A के विशेष प्रकरण में) के मध्य का सहसंबंध न्यूनतम रहेगा। इसके विपरीत, मनोवृत्ति और सामान्य व्यवहार प्रतिरूप (जैसे–शस्त्र लाइसेंस के सभी आवेदन निरस्त कर देना) के मध्य सहसंबंध अधिकतम होगा। दूसरी ओर, विशिष्ट मनोवृत्ति (विरलतम प्रकरणों में थोड़े-बहुत शस्त्र लाइसेंस जारी करना) और विशिष्ट व्यवहार (लाइसेंस जारी करना) के मध्य उच्चतम सहसंबंध रहेगा।

तालिका 6.1 मनोवृत्ति-व्यवहार सहसंबंध

मनोवृत्ति (ATTITUDE)	व्यवहार (BEHAVIOUR)	सहसंबंध (CORRELATION)
सामान्य (General)	विशिष्ट (Specific)	न्यूनतम (Low)
विशिष्ट (Specific)	विशिष्ट (Specific)	उच्चतम (High)
सामान्य (General)	सामान्य (General)	उच्चतम (High)

व्यक्ति की विशेषताएं (Qualities of a Person)

कुछ लोग दूसरों की तुलना में मनोवृत्ति-व्यवहार अंतर्संबंध में अपेक्षाकृत अधिक निरंतरता दर्शाते हैं। सामान्यतः, दो प्रकार के लोगों पर विचार किया गया है, *पहले* वे जो अपनी आंतरिक भावनाओं को पहचानते हैं और उन भावनाओं द्वारा

नियंत्रित भी होते हैं तथा दूसरे वे जो परिस्थितियों में प्राप्त संकेतों के आधार पर नियंत्रित होते हैं और यह निर्धारित करते हैं कि किस प्रकार उन्हें रास्ता निकालना है। जो लोग अपने अंदर की भावनाओं से अवगत होते हैं, वे मनोवृत्ति-व्यवहार अंतर्संबंध में अत्यधिक निरंतरता प्रदर्शित करते हैं। जबकि जो लोग परिस्थितियों से प्राप्त संकेतों पर आधारित होते हैं वे मनोवृत्ति और व्यवहार के मध्य अपेक्षाकृत कम अंतर्संबंध प्रदर्शित करते हैं। किसी व्यक्ति का कोई व्यवहार उसकी आंतरिक भावनाओं और बाहरी संकेतों दोनों द्वारा निर्देशित होता है। बड़ी संख्या में व्यक्तिगत पैमानों का विकास किया गया है और उन्हें यह आकलन करने में सफलतापूर्वक प्रयोग में लाया गया है कि कोई व्यक्ति किस एक प्रकार के संकेत से अधिक प्रभावित होता है या अन्य संकेतों से अधिक प्रभावित होता है। यद्यपि व्यक्तित्व की विशेषताओं के मध्य कुछ महत्त्वपूर्ण अंतर पाए जाते हैं, जिन्हें मनोवृत्ति-व्यवहार संबंध में संभव नियंत्रकों के रूप में देखा गया है। मनोवृत्ति और व्यवहार के मध्य के संबंध को नैतिक तार्किकता के स्तर द्वारा प्रभावित होते देखा जाता है। अधिक प्रगतिशील नैतिक तार्किकता की विशेषता आदर्शों के रूप में देखी जाती है और सिद्धांतवादी तथा नैतिक रूप से जिम्मेदार तार्किकता व्यक्ति की नैतिक क्रियाओं के सिद्धांतों पर आधारित होती है। निकृष्ट नैतिक तार्किकता सामाजिक और कानूनी नियमों से बंधी होती है, जो अपने अंतिम परिणाम की प्रकृति पर बल देती है। जो व्यक्ति नैतिक न्याय वाक्य के निर्माण के लिए अपनी भावनाओं और सिद्धांतों पर निर्भर रहते हैं, वे अपनी मनोवृत्तियों के साथ अधिक निरंतरता स्थापित करते हुए नैतिक क्रिया या व्यवहार करते हैं। जबकि बाह्य मानकों के आधार पर नैतिकता तय करने वाले लोग मनोवृत्ति और व्यवहार के मध्य अपेक्षाकृत कम सहसंबंध प्रदर्शित करते हैं।

मनोवृत्ति-व्यवहार के संबंध में सर्वाधिक ध्यान आकर्षित करने वाला व्यक्तित्व का आयाम स्व-निरीक्षण (Self-monitoring) है। स्व-निरीक्षण पैमाने पर कम स्कोर यह प्रदर्शित करता है कि आंतरिक भावनाओं के आधार पर अधिक नियंत्रण होता है। वे लोग इस बात को मानते हैं कि उनका व्यवहार सामान्यतः वास्तविक भावनाओं, वास्तविक मनोवृत्तियों और विश्वासों का प्रदर्शन होता है। दूसरी ओर, स्व-निरीक्षण पैमाने पर अधिक स्कोर परिस्थितियों की मांग के अनुसार उनके व्यवहार के प्रायोगिक अर्थ के अनुरूप होता है। वे स्वीकार करते हैं कि बिल्कुल भिन्न परिस्थितियों में भिन्न लोगों के साथ, वे बिल्कुल अलग तरह से व्यवहार करते हैं, जो उनकी यथार्थ प्रकृति से बिल्कुल अलग होता है। ये लोग दूसरों पर अपने प्रभाव की निगरानी करते रहते हैं, और दूसरों की उम्मीदों की पूर्ति के लिए अपने व्यवहार को तदनुसार समायोजित करते रहते हैं।

अनेक अध्ययनों से ज्ञात होता है कि न्यून स्व-निरीक्षण वाले लोग अपनी मनोवृत्ति के अनुरूप व्यवहार करते हैं, जबकि उच्च स्व-निरीक्षण करने वाले लोग अपेक्षाकृत अपनी मनोवृत्ति के अनुरूप व्यवहार कम करते हैं।

परिस्थिति की गुणवत्ता (Qualities of the Situation)

अनेक परिस्थितिजन्य चरों (Situational Variables) द्वारा भी मनोवृत्ति-व्यवहार संबंध की मजबूती प्रभावित होती है। इन चरों के अंतर्गत नियमात्मक कारक (Normative Factors) और समय दबाव को किसी निर्णय तक पहुंचाने के लिए शामिल किया जाता है।

नियमों का प्रभाव (The Effect of Norms)

कोई नियम या विश्वास कि किस प्रकार कोई व्यक्ति किसी परिस्थिति में व्यवहार करेगा, व्यवहार पर शक्तिशाली प्रभाव डालता है। फिशबेन और ऐजन (1975) ने एक प्रतिदर्श (Model) प्रस्तुत किया, जो नियमों के व्यवहार पर अत्यधिक प्रभाव को प्रदर्शित करता है। इस दृष्टिकोण के अनुरूप अनेक प्रमाण प्राप्त हुए हैं। लोग प्रायः वैसा व्यवहार करते हैं जैसा अन्य लोग उनसे आशा करते हैं। नियम किसी व्यक्ति के व्यवहार में उस बिंदु पर अवरोध उत्पन्न कर सकता है, जहां व्यक्ति अप्रत्याशित रूप से अपनी मनोवृत्ति के अनुरूप व्यवहार करेगा (चित्र 6.4)। वास्तविक अर्थों

में, नियम पर्याप्त शक्तिशाली हो सकते हैं और इस प्रकार वैश्विक रूप से स्वीकार भी होते हैं कि कोई भी व्यक्ति उसकी मनोवृत्ति से तटस्थ उन नियमों के अनुरूप व्यवहार करने से मना नहीं करता।

समय दबाव (Time Pressure)

समय के दबाव में लोग प्राय: अपने निर्णयों का आधार अपनी मनोवृत्ति को बनाते हैं, क्योंकि उनकी मनोवृत्ति त्वरित निर्णय लेने में सहायता प्रदान करती है। यह प्रतीत होता है कि समय का दबाव लोगों को उपलब्ध सूचनाओं के परीक्षण से दूर करता है और पूर्वधारित मनोवृत्ति पर निर्भरता की ओर ले जाता है।

अभिवृत्ति की गुणवत्ता (Qualities of the Attitude)

कुछ मनोवृत्तियां दूसरी मनोवृत्तियों से अपेक्षाकृत अधिक शक्तिशाली होती हैं। यहां शक्तिशाली शब्द का तात्पर्य है– इस प्रकार की मनोवृत्ति की व्यवहार को प्रभावित करने की क्षमता अधिक होती है।

कई बार मनोवृत्ति का निर्माण प्रत्यक्ष व्यवहारात्मक अनुभव द्वारा होता है और कई बार अपरोक्ष एवं गैर-व्यवहारात्मक अनुभव द्वारा होता है। उदाहरण के लिए, एक बच्चा किसी खिलौने के साथ खेलते हुए (प्रत्यक्ष अनुभव) मनोवृत्ति का निर्माण कर सकता है, या वह उस खिलौने के प्रति अपने मित्र द्वारा बताई गई व्याख्या या खिलौने के विज्ञापन (परोक्ष अनुभव) के आधार पर मनोवृत्ति का निर्माण कर सकता है। प्रत्यक्ष अनुभव पर आधारित मनोवृत्ति आगामी व्यवहार की अधिक स्पष्ट पूर्वसूचना प्रदान करते देखी गई है।

अभिवृत्ति तक पहुंच (Attitude Accessibility)

प्रत्यक्ष और परोक्ष मनोवृत्तियों के बीच अंतर का कारण मनोवृत्ति तक याददाश्त की पहुंच का स्तर और गुणवत्ता होती है। यहां पहुंच का अभिप्राय है कि मस्तिष्क में मनोवृत्ति का प्रतिबिंब कितनी आसानी से निर्मित होता है। कुछ मनोवृत्तियां मस्तिष्क में बिना किसी चेतन प्रयास के आ जाती हैं। जब लोग सांप को देखते हैं, तो भय की प्रतिक्रिया तत्काल मस्तिष्क में आ जाती है। यह मनोवृत्ति स्मृति में बहुत आसानी से पहुंच रखती है। परंतु कई बार किसी विषय के प्रति मनोवृत्ति को जानने के लिए अत्यधिक मानसिक प्रयास करना पड़ता है। यदि आपसे यह पूछा जाए कि कौन-सी कार सर्वश्रेष्ठ है, तो संबंधित मनोवृत्ति स्मृति से पूरी तरह ज्ञात नहीं होगी। प्रत्यक्ष अनुभव पर आधारित मनोवृत्ति अधिक सुगम होती है या तेजी से स्मृति से प्राप्त कर प्रदर्शित की जा सकती है।

अभिवृत्ति किस प्रकार व्यवहार को निर्देशित करती है
(How does Attitude Guide Behaviour)

एजेन और फिशबेन का सिद्धांत (Aizen and Fishbein's Theory)

एजेन और मार्टिन फिशबेन की तार्किक गणना का सिद्धांत इस धारणा पर आधारित है कि हम अपनी मनोवृत्ति के आधार पर पूरी तरह से सही व्यवहार नहीं करते, बल्कि हमारा व्यवहार नियमों, विश्वासों और योग्यता के रूप में मनोवृत्ति धारण करने की प्रेरणा पर आधारित तार्किकता के साथ समायोजित होता है। वे पुन: व्याख्या करते हैं कि व्यवहार उद्देश्यों के माध्यम से संचालित होता है। लोगों की किसी विशेष व्यवहार के साथ संलिप्तता सुतार्किक और सुविचारित होती है।

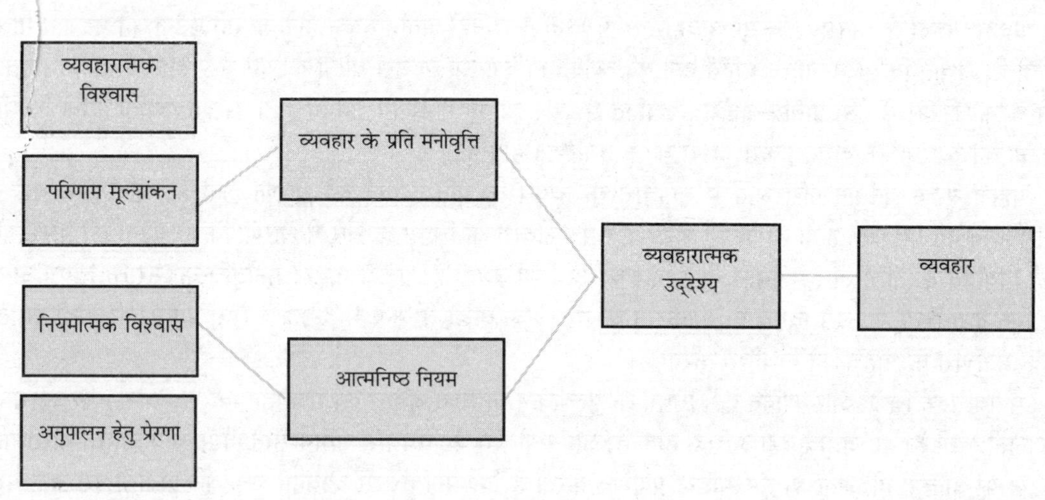

चित्र 6.4 : तार्किक व्यवहार का सिद्धांत
स्रोत : Dillard. J. P. & Pfau. M. (2002) The Persuasion Handbook. Sage Publications.

यह उपागम तार्किक गणना का सिद्धांत कहलाता है। हम यह मानते हैं कि हमारे व्यवहार सामाजिक सरोकारों से संबंधित होते हैं। इस सिद्धांत के अनुसार, व्यवहारात्मक उद्देश्य व्यक्ति के अंतिम व्यवहार की सर्वश्रेष्ठ भविष्यवाणी करते हैं। यह सिद्धांत किसी व्यक्ति द्वारा दो घटकों पर विचार करने के बारे में बताता है–

1. चर्चा में आए व्यवहार के प्रति मनोवृत्ति
2. उस व्यवहार से संबंधित व्यक्तिनिष्ठ नियम

यहां पहला घटक व्यवहार के प्रति मनोवृत्ति है। यह व्यक्ति की विषय से संबंधित सामान्य मनोवृत्ति से बिल्कुल भिन्न होता है। दूसरे घटक के अंतर्गत व्यक्ति का यह विश्वास शामिल होता है कि उसे अन्य लोगों की अपेक्षाओं के अनुरूप व्यवहार करना है। यहां दूसरों की इच्छा पूर्ण करने की प्रेरणा सर्वाधिक महत्त्वपूर्ण है। उदाहरण के लिए, प्रेम विवाह करने का निर्णय लेते समय कोई व्यक्ति यह विचार कर सकता है कि उसके माता-पिता प्रेम विवाह के बारे में किस प्रकार के विचार रखते हैं, साथ ही उसके माता-पिता की इच्छा के अनुरूप कार्य करना उसके लिए कितना महत्त्वपूर्ण है।

फाजियो का अभिवृत्ति-व्यवहार प्रक्रम मॉडल
(Fazio's Attitude-to-Behaviour Process Model)

तार्किक व्यवहार का सिद्धांत कहता है कि अभिवृत्ति अथवा मनोवृत्ति तार्किक प्रयास के माध्यम से व्यवहार के निहितार्थों एवं परिणामों को शामिल करते हुए उसका मार्गदर्शन करती है। इसके विपरीत फाजियो का प्रक्रम मॉडल कहता है कि मनोवृत्ति बिना तर्क किए किसी व्यक्ति के व्यवहार का लगातार मार्गदर्शन कर सकती है। उदाहरण के लिए, जब कोई व्यक्ति कॉकरोच को देखता है, तो उसके गंदे होने का विचार मन में नहीं आता। हम यह भी नहीं सोचते कि अन्य लोग कॉकरोच को मारने के व्यवहार के बारे में क्या सोचेंगे। यदि कोई व्यक्ति इस प्रकार की तार्किक क्रियाओं में उलझ गया तो उसके इस परिस्थिति में निर्णय लेने से पहले ही कॉकरोच गायब हो जाएगा। दूसरे शब्दों में, प्रक्रम मॉडल के अनुसार, किसी व्यक्ति की कॉकरोच के प्रति मनोवृत्ति इस परिस्थिति में गंदा होने का विचार करेगी और व्यक्ति गंदगी के प्रति अपनी भावनाओं के आधार पर प्रतिक्रिया करेगा।

प्रक्रम मॉडल के अनुसार, किसी व्यवहार का पूर्ववर्ती कुछ नहीं होता, बल्कि होने जा रही घटना की पहचान मात्र होती है, अर्थात् किसी घटना के घटित होने की व्यक्तिगत व्याख्या या उस घटना के बारे में प्रतिक्रिया होती है। एक ही घटना के बारे में ऐसी प्रतिक्रियाएं एक व्यक्ति से दूसरे व्यक्ति में अलग-अलग होती हैं। यह दर्शाता है कि किसी घटना की व्याख्या के दौरान प्रक्रम के दो घटक उपस्थित होते हैं।

पहला घटक वर्तमान परिस्थिति में मनोवृत्ति के विषय के प्रति व्यक्ति की धारणा होती है, और दूसरा घटक परिस्थिति की परिभाषा होती है। किसी परिस्थिति में मनोवृत्ति के विषय के बारे में धारणा किसी घटना की परिभाषा को नियंत्रित करती है और मनोवृत्ति के प्रभाव को अर्थपूर्ण करती है। प्रक्रम मॉडल मनोवृत्ति को उसके विषय और व्यक्ति द्वारा किए गए उस विषय के आकलन के बीच एक कड़ी के रूप में देखता है। इस प्रकार की कड़ी स्मृति तक मनोवृत्ति की पहुंच को निर्धारित करती है।

मनोवृत्ति के विषय और व्यक्ति द्वारा विषय के मूल्यांकन के मध्य जुड़ाव की मजबूती प्रकरण (केस) के अनुसार बदलती रहती है। यह जुड़ाव वहां अधिक होता है, जहां मनोवृत्ति के विषय से सामना होते ही मूल्यांकन तुरंत मस्तिष्क पटल पर अंकित हो जाता है। यह मॉडल प्रदर्शित करता है कि मनोवृत्ति से व्यवहार तक की प्रक्रिया इस बात पर निर्भर करती है कि मनोवृत्ति मस्तिष्क से सक्रिय हुई है अथवा नहीं। ऐसी मनोवृत्ति जिसमें मजबूत विषय-आकलन जुड़ाव शामिल होता है, उसे स्मृति से आसानी से प्राप्त किया जा सकता है और यह स्वत: मस्तिष्क में सक्रिय हो जाती है। इसके सक्रिय होने के लिए अतिरिक्त प्रयास नहीं लगते, बल्कि मनोवृत्ति के विषय को देखते ही यह प्रक्रिया आरंभ हो जाती है।

मोड मॉडल (The Mode Model: An Integration)

हम मनोवृत्ति-व्यवहार अंतर्क्रिया से संबंधित दो भिन्न प्रक्रम मॉडलों पर चर्चा कर चुके हैं। पहला विचार योजना और तार्किक क्रिया पर बल देता है तथा दूसरा विचार प्रक्रम मनोवृत्ति के प्रभाव पर बल देता है, जो आवश्यक नहीं कि मानसिक प्रतिबिंब के रूप में उत्पन्न हो। मोड (Mode–Motivation, Opportunity and Determination) मॉडल ऊपर वर्णित दोनों प्रक्रमों को जोड़ता है और प्रेरणा (Motivation) तथा अवसर (Opportunity) को शामिल करते हुए उन्हें एकल ढांचे के रूप में निर्मित करता है। तार्किक क्रिया का सिद्धांत मस्तिष्क में अत्यधिक संज्ञान की आवश्यकता की मांग करता है। इतनी अधिक मात्रा में मानसिक कसरत सदैव कुछ न कुछ प्रेरणा की मांग करती है, जिससे व्यक्ति तर्क प्रक्रिया में शामिल होने के लिए आकर्षित हो सके। प्रेरणा का शामिल होना उस परिस्थिति में अत्यधिक आवश्यक है, जहां व्यवहारात्मक क्रिया के महत्त्वपूर्ण परिणाम उत्पन्न होने हों। यदि एक गलत निर्णय से अधिक कीमत चुकानी पड़े, तो व्यक्ति को तार्किक प्रक्रिया में शामिल होने के लिए सावधान रहना होगा। प्रेरणा मात्र किसी व्यक्ति को यह मजबूर करने के लिए पर्याप्त नहीं है कि वह एक कठिन तर्क प्रक्रिया में शामिल हो, बल्कि ऐसी प्रक्रिया हेतु अवसर भी उतना ही महत्त्वपूर्ण है। मोड (Mode) मॉडल यह तर्क देता है कि तार्किक क्रिया का सिद्धांत तभी पूरा होगा, जब परिस्थिति किसी व्यक्ति को की जाने वाली क्रिया के लिए प्रेरित करे और उसे ऐसा करने का अवसर प्रदान करे।

मोड (Mode) मॉडल के अनुसार, जब कोई व्यक्ति अत्यधिक प्रेरित होता है और विचार करने के लिए प्राप्त अवसर का सावधानीपूर्वक प्रयोग करता है, तो वह मनोवृत्ति के बारे में प्राप्त हो रही सूचनाओं पर ध्यान केंद्रित करता है। दूसरी ओर, यदि वह व्यक्ति पर्याप्त रूप से प्रेरित नहीं है और परिस्थिति पर विचार करने के अवसर से भी वंचित है, तो वह अपनी सामान्य मनोवृत्ति के अनुरूप ही व्यवहार करेगा न कि किसी प्रभाव के अंतर्गत। सामान्य रूप से हम कह सकते हैं कि जब प्रेरणा के कारक और सावधानीपूर्वक विचार करने के अवसर दोनों ही अधिक मात्रा में हों, तो इस प्रयास में शामिल व्यक्ति को स्मृति से विशिष्ट जानकारियां प्राप्त करनी पड़ती हैं।

मोड (Mode) मॉडल पर किए गए अनेक प्रयोग यह दर्शाते हैं कि निर्णय तेजी से लिए जाते हैं और व्यवहार का निर्णय सामान्य तरीके से उपलब्ध मनोवृत्ति के अनुसार ही किया जाता है। यदि तर्क करने और विचार करने की निर्णय लेने में अत्यधिक भूमिका है, तो उपलब्ध मनोवृत्ति व्यवहार की भविष्यवाणी करने में सहायक नहीं होगी।

अभिवृत्ति निर्माण और अभिवृत्ति परिवर्तन

(Attitude Formation and Attitude Change)

अभिवृत्ति/मनोवृत्ति निर्माण मनोवैज्ञानिकों के लिए लोकप्रिय विषय रहा है। साधारण रूप में मनोवृत्ति अनुभव के विभिन्न माध्यमों द्वारा सीखने का एक विषय है। दूसरे शब्दों में, ABC घटकों का निर्माण ज्ञान (प्रत्यक्ष या परोक्ष) के विभिन्न माध्यमों द्वारा होता है। यह प्रक्रिया जुड़ाव, पारितोषिक या दंड, अवलोकन (मॉडलिंग), सांस्कृतिक नियम (नीतिशास्त्र) और विषय से संबंधित सूचनाओं के संकलन द्वारा सीखने की क्रियाओं को शामिल कर सकती है। मनोवृत्ति निर्माण को प्रभावित करने वाले कारक निम्नलिखित हैं– 1. परिवार और शैक्षणिक पृष्ठभूमि, 2. संदर्भ समूह, 3. व्यक्तिगत अनुभव, और 4. मीडिया।

मनोवृत्ति निर्माण की प्रक्रिया मनोवृत्ति परिवर्तन का मार्ग भी प्रशस्त करती है। नवजात, अवयस्क और कमजोर मनोवृत्ति में आसानी से परिवर्तन हो जाता है। जबकि स्थापित और स्थिर मनोवृत्ति में परिवर्तन कठिन कार्य है। मनोवृत्ति परिवर्तन से संबंधित तीन प्रमुख सिद्धांत निम्नलिखित हैं–

1. संतुलन का सिद्धांत (The Theory of Balance)

इस सिद्धांत का प्रतिपादन फ्रिट्ज हीदर (Fritz Heider) ने P-O-X त्रिभुज की धारणा की व्याख्या करके किया, जो मनोवृत्ति के तीन आयामों को प्रदर्शित करता है। ये हैं– वह व्यक्ति, जिसकी मनोवृत्ति का अध्ययन किया जाना है (P), अन्य व्यक्ति (O), और मनोवृत्ति का विषय (X), जिसे लेकर व्यक्ति (O) व्यक्ति P की मनोवृत्ति का अध्ययन करेगा। इस अध्ययन का विचार P-O, O-X, और P-X अंतर्क्रिया के दौरान मनोवृत्ति में उत्पन्न असंतुलन से संबंधित है। जब त्रिभुज P-O-X की तीनों भुजाएं इस प्रकार की स्थिति में न हों कि सभी तीनों भुजाएं सकारात्मक हों, या दो भुजाएं सकारात्मक और एक भुजा नकारात्मक हो, तो असंतुलन उत्पन्न होता है।

हम इसे शस्त्रों के प्रति मनोवृत्ति के एक उदाहरण से समझ सकते हैं। यहां इस मनोवृत्ति के विषय को X द्वारा दर्शाया जाता है। मान लीजिए कोई व्यक्ति P एक शस्त्र का लाइसेंस प्राप्त करना चाहता है (O-X सकारात्मक)। वह इसके लिए आवेदन करता है, परंतु इसके लिए उपयुक्त अधिकृत व्यक्ति O है, जो शस्त्र का लाइसेंस जारी करने के लिए नकारात्मक मनोवृत्ति रखता है (O-X नकारात्मक), तब P-O मनोवृत्ति की विशेषताएं क्या होंगी और परिस्थिति किस प्रकार संतुलन में आएगी। मान लीजिए अधिकृत व्यक्ति O व्यक्ति P को पसंद करता है, तब तालिका 6.2 के अनुसार मैट्रिक्स प्राप्त होगी।

तालिका 6.2: P-O-X त्रिभुज

P-O	O-X	P-X	
+	+	+	संतुलित
-	+	+	असंतुलित
+	-	-	संतुलित
+	-	+	असंतुलित

उपरोक्त परिस्थितियों में तीनों मनोवृत्तियों में से किसी एक को परिवर्तित होना चाहिए तभी संतुलन स्थापित होगा। यह परिवर्तन इस प्रकार हो सकता है कि P-X नकारात्मक (P शस्त्रों से घृणा करना प्रारंभ कर दे) हो जाए, या O-X

सकारात्मक हो जाए (लाइसेंस जारी करने वाला अधिकृत व्यक्ति शस्त्रों को पसंद करना प्रारंभ कर दे)। दूसरे शब्दों में, कोई मनोवृत्ति परिवर्तन (इस प्रकरण में P की शस्त्रों के प्रति नकारात्मक मनोवृत्ति में परिवर्तन) तब होता है, जब सभी संबंध सकारात्मक हों, या दो नकारात्मक तथा एक सकारात्मक संबंध हो।

2. संज्ञानात्मक मतभेद का सिद्धांत (The Cognitive Dissonance Theory)

इस सिद्धांत का प्रतिपादन लियोन फेसटिंगर ने किया था। यह सिद्धांत इस बात पर बल देता है कि किसी मनोवृत्ति के संज्ञानात्मक घटकों को समरूप या एक-दूसरे से तार्किकत: संरेखित होना चाहिए। यदि कोई भी घटक मतभेद प्रकट करता है, तो इसमें पुन: समरूपता या मतैक्यता में आने की प्रवृत्ति होती है। उदाहरण के लिए–

संज्ञान 1. शस्त्र आत्महत्या का कारण बन सकते हैं।

संज्ञान 2. मैं शस्त्र पसंद करता हूं।

इन दोनों में से किसी भी एक संज्ञान को मतैक्यता प्राप्ति हेतु बदलना पड़ेगा। इस प्रकार, संतुलन सिद्धांत और संज्ञानात्मक मतभेद का सिद्धांत संज्ञानात्मक सततता से संबंधित है। संज्ञानात्मक सततता का अभिप्राय है मनोवृत्ति के घटकों में अनुरूपता होनी चाहिए और वे तार्किक रूप से एक-दूसरे के सहयोगी होने चाहिए। यदि यह सततता विफल हो जाती है, तो व्यक्ति मानसिक असहजता की स्थिति में आ जाता है। इस मानसिक परेशानी से बचने के लिए तार्किक सततता संज्ञानात्मक सततता की प्राप्ति का प्रयास करती है।

3. द्विपद सिद्धांत (The Two Step Theory)

यह सिद्धांत एस.एम. मोहसिन ने दिया था, जो एक भारतीय मनोवैज्ञानिक थे। वे कहते हैं, मनोवृत्ति परिवर्तन दो पदों में पूरा होता है। पहला, परिवर्तन के लक्ष्य को स्रोत के साथ पहचाना जाता है। लक्ष्य वह व्यक्ति है, जिसकी मनोवृत्ति में परिवर्तन लाना है और स्रोत वह व्यक्ति है, जिसके प्रभाव से परिवर्तन होना है। यहां पहचान से अभिप्राय है कि लक्ष्य स्रोत को पसंद करता है और उससे लगाव रखता है। दूसरे शब्दों में, लक्ष्य के पास स्रोत को पसंद करने के लिए भावनाएं होनी चाहिए। स्रोत भी लक्ष्य के प्रति सकारात्मक मनोवृत्ति रखेगा और इस प्रकार, लक्ष्य का स्रोत के लिए लगाव और स्रोत का लक्ष्य के लिए आकर्षण एक परस्परता को जन्म देता है।

दूसरे पद में, स्रोत मनोवृत्ति के विषय के प्रति परिवर्तित मनोवृत्ति का प्रदर्शन करता है। मनोवृत्ति में यह परिवर्तन लक्ष्य द्वारा स्रोत को पसंद करने के लिए उसकी नकल करने के संदर्भ में दिखाई देता है और इसी प्रकार मनोवृत्ति के विषय में परिवर्तन उसी तरह से होता है, जैसा कि स्रोत द्वारा किया गया।

अभिवृत्ति परिवर्तन को प्रभावित करने वाले कारक
(Factors Controlling Attitude Change)

अभिवृत्ति अथवा मनोवृत्ति में परिवर्तन का स्तर इसकी विशेषताओं पर निर्भर करता है। दूसरे शब्दों में, मनोवृत्ति की सकारात्मक या नकारात्मक संयोजकता (Valence), चरमता (Extremeness), सरलता (Simplicity) और केंद्रीयता (Centrality) मनोवृत्ति परिवर्तन को निर्धारित करती हैं। यदि किसी व्यक्ति की विषय के प्रति सकारात्मक संयोजकता है, तो परिवर्तन सरल होता है, वहीं नकारात्मक संयोजकता के मामले में मनोवृत्ति परिवर्तन कठिन होता है। चरम मनोवृत्तियों और अधिकतम केंद्रीयता वाली मनोवृत्तियों में परिवर्तन आसान नहीं होता है। यह भी देखा जाता है पिछली मनोवृत्ति की दशा में मनोवृत्ति परिवर्तन आसान होता है। इसी प्रकार मनोवृत्ति में सरलता का गुण उसे परिवर्तन के प्रति अधिक सहज बना देता है। यदि किसी सकारात्मक मनोवृत्ति को अनुकूल दिशा दी जाए, तो यह और अधिक सकारात्मक हो सकती है। यह विचार समान रूप से नकारात्मक मनोवृत्ति के लिए भी सत्य है, अर्थात् नकारात्मक मनोवृत्ति को और अधिक नकारात्मक बनाया जा सकता है। इसे मनोवृत्ति में समरूप या संगत परिवर्तन (Congruent

Change) कहते हैं। मनोवृत्ति परिवर्तन असमरूप या विसंगत भी हो सकता है। इसके लिए विपरीत दिशा में परिवर्तन लाने हेतु अधिक प्रयास करने पड़ते हैं।

अधिकांशतः, मनोवृत्ति के अनुकूल सूचना विषय के प्रति मनोवृत्ति में सकारात्मक परिवर्तन में सहयोग करती है। परंतु यह देखा गया है कि ऐसी सूचना, जो अत्यधिक भय उत्पन्न करती है, उसे सुनने वाला या ग्राही (Receiver) अनसुनी कर देता है, जिसका परिणाम न्यून या शून्य अनुनय के रूप में प्राप्त होता है। मनोवृत्ति परिवर्तन इस कारक द्वारा भी प्रभावित होता है कि "संदेश का स्रोत कौन है"। यदि संदेश का स्रोत विश्वसनीय और आकर्षक व्यक्तित्व का धनी है, तो परिवर्तन की संभावना बढ़ जाती है। सूचना या संदेश की विषयवस्तु (Content) भी परिवर्तन की मात्रा को निर्धारित करती है। सूचना या संदेश के बारे में जानकारी पर्याप्त होनी चाहिए, न ही बहुत अधिक हो और न ही बहुत कम। तभी संदेश अधिक प्रभावी होता है। संदेश में ग्राही को आकर्षित करने के लिए तार्किक और भावनात्मक अपील भी होनी चाहिए। संदेश में छिपा उद्देश्य भी ग्राही का ध्यान अपनी ओर आकर्षित करता है। अंततः, स्रोत से ग्राही तक संचार का माध्यम भी मनोवृत्ति परिवर्तन के परिमाण को निर्धारित करता है। सामान्यतः, प्रत्यक्ष संचार अप्रत्यक्ष संचार की अपेक्षा अधिक प्रभावी होता है। ग्राही का अनुनय के प्रति रुझान, पूर्वाग्रह, स्वाभिमान और तार्किक योग्यता भी उसकी मनोवृत्ति में परिवर्तन की मात्रा को निर्धारित करती है। जो लोग संकोची प्रकृति के, कम खुले, जिद्दी और तार्किक होते हैं, वे परिवर्तन के प्रति कम संवेदनशील होते हैं, वहीं, खुले, लोचशील और कम तार्किक लोग आसानी से परिवर्तन का शिकार बन जाते हैं।

अभिवृत्ति परिवर्तन की विधियां (Methods of Attitude Change)

चिरकालीन अनुकूलन या पेवलोव अनुकूलन (Classical Conditioning or Pavlovian Conditioning)

ईवान पेवलोव (1849-1936) एक रूसी वैज्ञानिक थे, जो स्तनपायी (Mammals) जीवों के पाचन तंत्र के अध्ययन में रुचि रखते थे। उन्होंने कुत्तों और उनके पाचन तंत्र से संबंधित अनेक सूचनाएं जुटाईं। उन्होंने यह रिकॉर्ड किया कि कौन-सी शर्त कुत्तों में लार बहाने की क्रिया को उत्तेजित करती है। यह एक वैज्ञानिक तथ्य है कि लार भोजन के पाचन हेतु उसके विखंडन में सहायक होती है और कुत्तों को भोजन परोसने के दौरान वे ऐसा व्यवहार प्रदर्शित करते हैं। इसके अलावा कुत्तों के लार बहाने से संबंधित एक अन्य मनोवैज्ञानिक प्रेक्षण ने व्यवहारात्मक विज्ञान के नए द्वार खोल दिए। जो लोग पेवलोव के कुत्तों को भोजन देते थे वे लैब कोट पहनते थे। यह देखा गया कि जब भी कुत्ते लैब कोट को देखते थे लार बहाना शुरू कर देते थे चाहे भोजन दिया जा रहा हो अथवा नहीं। पेवलोव को यह आश्चर्य हुआ कि कुत्ते मात्र भोजन को देखकर ही नहीं, बल्कि लैब कोट को देखकर भी लार बहाने लगते हैं। पेवलोव ने एक प्रयोग आरंभ किया, जिसमें वह जब भी कुत्तों को भोजन देता था तो घंटी बजाता था। आश्चर्यजनक रूप से, बहुत कम दिनों में ही कुत्तों ने घंटी की आवाज के साथ लार बहाना प्रारंभ कर दिया। कुत्तों का यह व्यवहार चिरकालीन अनुकूलन (Classical Conditioning) को स्पष्ट करता है। उन्होंने इसे निम्नानुसार स्पष्ट किया है–

दो प्रकार के उद्दीपक (Stimulus) होते हैं, पहला, गैर-शर्तकारी उद्दीपक (Unconditional Stimulus) तथा दूसरा, तटस्थ उद्दीपक (Neutral Stimulus)। यहां गैर-शर्तकारी उद्दीपक भोजन है और तटस्थ उद्दीपक घंटी है। दूसरा उद्दीपक कुत्तों द्वारा लार बहाने को लेकर एक गैर-शर्तकारी प्रतिक्रिया का कारण नहीं बनता, जबकि पहला उद्दीपक इस घटना के पीछे का मूल कारण है। यद्यपि दोनों उद्दीपकों का एक ही स्थान पर एक साथ घटित होना कुत्तों को घंटी और भोजन के मध्य संबंध का ज्ञान कराता है। कुछ समय बाद तटस्थ उद्दीपक के कुत्तों के सामने आने पर लार गिरने की प्रक्रिया शुरू हो जाती है। घंटी बजने के बाद कुत्तों में लार गिरने की घटना को अनुकूलित प्रतिक्रिया (Conditioned Response) कहते हैं। यह प्रयोग बताता है कि एक गैर-शर्तकारी प्रतिक्रिया पूरी तरह तटस्थ होती है, जबकि एक अनुकूलित प्रतिक्रिया निरंतर पुनरावृत्ति होने वाले प्रेषण को प्राप्त करके सीखी जाती है।

अपरोक्ष अनुभव (Direct Experience)

ज्ञान का निर्माण संवेदी अंगों (Sense Organs) के माध्यम से प्राप्त होने वाले सीधे अनुभवों पर आधारित होता है। किसी मनोवृत्ति के बनने में सर्वाधिक मूलभूत और स्पष्ट तरीका अपरोक्ष अनुभव ही है। यह अनुभव मनोवृत्ति को उद्दीप्त करने के लिए पर्याप्त प्रभाव डालने में सक्षम होता है। एक प्रयोग में कुछ उम्मीदवारों को कुछ पहेलियां हल करने के लिए दी गईं। ये पहेलियां उन्होंने कभी हल नहीं की थीं और उनका इनके साथ पहला अनुभव शक्तिशाली अपरोक्ष अनुभव उत्पन्न कर रहा था। दूसरी ओर, कुछ उम्मीदवारों को ऐसी पहेलियां दी गईं, जिन्हें पहले ही कई अन्य व्यक्ति हल कर चुके थे, इसने कमजोर अपरोक्ष अनुभव उत्पन्न किया। बाद में सभी उम्मीदवारों से पूछा गया कि उन्हें पहेलियां कितनी रुचिकर लगीं। उम्मीदवारों के उत्तरों से प्राप्त परिणाम उनके द्वारा ली गई रुचि की रेटिंग पर आधारित थे। इससे यह स्थापित होता है कि मनोवृत्तियां अपरोक्ष अनुभव की दशा में वास्तविक व्यवहार की शक्तिशाली संकेतक होती हैं।

फाजियो और उनके सहयोगियों के अनुसार, अपरोक्ष अनुभव शक्तिशाली मनोवृत्ति–व्यवहार सहसंबंध का कारण बनता है, क्योंकि अपरोक्ष अनुभव से निर्मित मनोवृत्ति स्थायी स्मृति से अधिक आसानी से प्राप्त हो जाती है। इस प्रकार बार–बार व्यक्त या रिपोर्ट की जाने वाली मनोवृत्ति अपरोक्ष अनुभव जैसी प्रतीत होती है। यदि मनोवृत्ति और व्यवहार का आधार एक न हो, तो अपरोक्ष अनुभव शक्तिशाली ढंग से मनोवृत्ति–व्यवहार संवाद में योगदान देते प्रतीत नहीं होते। उदाहरण के लिए, वीडियो गेम खेलने से मिलने वाले सुख की अनुभूति पर आधारित मनोवृत्ति वीडियो गेम बनाने को पेशे के रूप में चुनने की मनोवृत्ति शायद ही निर्मित करे।

जब सभी शर्तें समान हों, तो अपरोक्ष अनुभव परिणामी मनोवृत्ति के उपयोग को भविष्य में होने वाले व्यवहार का आधार बनाने के लिए उद्वेलित करता है। यद्यपि, यह कई बार किसी वस्तु की आवश्यकता के बारे में मिले–जुले साक्ष्य प्रदान करता है। आभासी वास्तविकता (Virtual Reality) के वर्तमान युग में आभासी अनुभव आवश्यक है। उदाहरण के लिए, कोई व्यक्ति विभिन्न प्रकार की हेयर स्टाइल के लिए कंप्यूटर आधारित प्रतिबिंबात्मकता का चयन करता है, न कि सैलून में वास्तविक रूप से हेयर कट कराता है, ताकि किसी विशेष हेयर स्टाइल के लिए सकारात्मक मनोवृत्ति बनाई जा सके। एक अध्ययन में ग्रिफिथ और चेन (2004) के अनुसार, फिल्म और संगीत जैसे कुछ उत्पाद जिन्हें आसानी से डिजिटल रूप में बदला जा सकता है, उन्हें यदि एक विज्ञापन के साथ डिजिटल रूप में प्रस्तुत किया जाता है, तो वह अपरोक्ष अनुभव के समान ही प्रभाव उत्पन्न करता है जैसा कि वास्तविक उत्पाद को देखकर उत्पन्न होता है।

अनावरण मात्र (Mere Exposure)

अनावरण मात्र एक ऐसी घटना है, जिसमें किसी उद्दीपक (Stimulus) के प्रति मनोवृत्ति अधिक अनुकूल हो जाती है, क्योंकि उद्दीपक के अनावरण की आवृत्ति बढ़ जाती है। यहां अनावरण मात्र प्रतिमान (Paradigm) के सबसे पुराने उदाहरण की चर्चा करते हैं। अंग्रेज सहभागियों को अज्ञात चीनी चिह्न (Characters) शून्य से पच्चीस बार दिखाए गए। सहभागियों ने उन चिह्नों को अधिक पसंद किया, जो उन्हें सबसे ज्यादा बार दिखाए गए। एक अन्य अध्ययन में सहभागियों को दस विभिन्न प्रकार के बहुभुज दिखाए गए, फिर उनसे पूछा गया कि दिखाए गए बहुभुजों में से सर्वाधिक प्राथमिकता वाला कौन–सा है। बहुभुज की पहचान करने की प्रायिकता 48 प्रतिशत से कम रही, परंतु पुराने बहुभुजों की प्राथमिकता अधिक (60 प्रतिशत) पाई गई।

पिछले कुछ वर्षों में अनावरण मात्र के प्रभाव से संबंधित बहुत से शोध किए गए। एक अनुमान के अनुसार 1968 और 1987 के मध्य 134 लेखों के 208 प्रायोगिक अध्ययनों में मध्यम प्रभाव आकार पाया गया। यह प्रभाव कुछ उद्दीपकों, जैसे– ध्वनि, आइडियोग्राफ, निरर्थक शब्दों /चिह्नों, चित्रों, अर्थपूर्ण शब्दों/नामों, वास्तविक व्यक्तियों/ वस्तुओं और बहुभुज, आदि के लिए सही है।

इसके अलावा यह प्रभाव तब अधिक मजबूत होता है, जब विषमांगी बनाम समांगी उद्दीपकों का युग्म प्रस्तुत किया जाता है। अनावरण का समय कम होता है, यदि उद्दीपक के अनावरण और आकलन में कुछ समय का अंतर हो और जब सहभागी 12 वर्ष से अधिक आयु के हों।

मूल्यांकित अनुकूलन (Evaluative Conditioning)

मूल्यांकित अनुकूलन (EC) पेवलोवियन अनुकूलन के ही समान होता है। पेवलोवियन अनुकूलन तब स्थापित होता है, जब शर्तकारी उद्दीपक (CS) सतत रूप से गैर-शर्तकारी उद्दीपक (US) के साथ उपस्थित होते हैं। EC क्लासिकल अनुकूलन (Classical Conditioning) से कई अर्थों में अलग होता है, जैसे– क्लासिकल अनुकूलन CS और US का पर्याप्त ज्ञान तथा उनके मध्य सहअस्तित्व की जानकारी की मांग करता है, जबकि मूल्यांकित अनुकूलन इन जानकारियों के बिना भी स्थापित हो सकता है।

इसके अलावा, EC को लक्ष्य आश्रित माना जाता है और यह प्रक्रिया के दौरान सक्रिय लक्ष्य पर आश्रित हो सकता है। EC को CS-US धारणीयता के पदों में भी अलग करके देखते हैं। जैसे ही यह सहअस्तित्व समाप्त हो जाता है, वैसे ही क्लासिकल अनुकूलन भी समाप्त हो जाता है, जबकि मूल्यांकित अनुकूलन CS के बिना US के साथ 5 से 10 पुनरावृत्ति के बाद भी बना रहता है।

सामाजिक अनुमान सिद्धांत (Social Judgement Theory)

सामाजिक अनुमान अपने आसपास के लोगों की मनोवृत्ति के अनुसार अपनी मनोवृत्ति का सरेखण करने की प्रक्रिया है। सामाजिक अनुमान सिद्धांत के अनुसार, मनोवृत्ति परिवर्तन सामाजिक परिवेश की धारणा का परिणाम होता है। जब आपसी वार्तालाप के दौरान ग्राही की मनोवृत्ति से समानता स्थापित होने लगती है, तो लोग वार्तालाप के विषय के लिए बनाई जाने वाली धारणा की स्थिति के नजदीक आने का प्रयास करते हैं। इसके बाद अपनी मनोवृत्ति को संचालित मनोवृत्ति में सरेखित करते हैं। दूसरी ओर, विरोधाभास की स्थिति में जहां वार्तालाप उनकी मनोवृत्तियों से आत्मनिष्ठत: काफी दूर होता है और वार्तालाप में तालमेल नहीं होता तो लोग तत्काल अपनी वास्तविक स्थिति में परिवर्तन ले आते हैं तथा वार्तालाप से तालमेल स्थापित करने वाली मनोवृत्ति को धारण कर लेते हैं। इस बात को लेकर अनेक विचार हैं कि सामाजिक अनुमान के अंतर्गत किस सीमा तक मनोवृत्ति परिवर्तन हो सकता है। मनोवृत्ति इस बात पर भी आधारित होती है कि सामाजिक परिवेश से संबंधित वार्तालाप की स्वीकार्यता की सीमा क्या है। जब सूचना व्यक्ति की स्वीकार्यता की सीमा के भीतर होती है, तो वह आवश्यकतानुसार अपनी मनोवृत्ति में परिवर्तन कर लेता है, अन्यथा विरोधाभास की स्थिति में मनोवृत्ति परिवर्तन संभव नहीं हो पाता।

चयनात्मक अनावरण (Selective Exposure)

चयनात्मक अनावरण एक मनोवैज्ञानिक सिद्धांत है, जो पहले से मौजूद विचारों का अनुसरण करने वाले वार्तालाप या सूचनाओं की पुष्टि करने की प्रवृत्ति से संबंधित है। यह विरोधाभासी सूचनाओं या प्रतिकूल साक्ष्यों को पूर्णत: अनदेखा कर देता है। यह "अनुकूल पूर्वाग्रह" (Congeniality-bias) या "संपुष्टि पूर्वाग्रह" (Confirmation-bias) के नाम से भी लोकप्रिय है। प्रत्येक व्यक्ति में उसके उद्देश्य, मनोवृत्ति, पुराने विश्वास और सूचना की विषयवस्तु से संबंधित अनावरित सूचनाओं के कुछ पहलुओं का चयन करने की प्रवृत्ति होती है। किसी व्यक्ति की मनोवृत्ति परिवर्तन के संदर्भ में सर्वव्यापक रूप से मजबूत दलीलें और विश्वासप्रद साक्ष्य प्रस्तुत किए जाते हैं। यह उन सूचनाओं को अनदेखा करता है, जो चुनौती दे सकती हैं और अनुकूल सूचनाओं की ओर ध्यान देता है, क्योंकि लोग आंतरिक संतुष्टि की खोज में रहते हैं। उपरोक्त वर्णित विसंगति स्वाभाविक असंतुष्टि को जन्म देती है। इस प्रकार यह वास्तविक या मूल मनोवृत्ति की सुरक्षा करता है। इसका अभिप्राय यह है कि लोगों में अपने मूल विश्वास में परिवर्तन को लेकर भय

व्याप्त रहता है। यह सिद्धांत संज्ञानात्मक मतभेद सिद्धांत (Cognitive Dissonance Theory) से संबंधित है, जो इस बात पर बल देता है कि विरोधाभासी विचारों से सामना होने पर एक मानसिक सुरक्षा प्रणाली अस्तित्व में आ जाती है, जो पहले से अस्तित्व में रहने वाले विश्वास को सुरक्षा प्रदान करती है। यह सुरक्षा प्रणाली व्यक्तिगत मानसिक प्रतिबिंबों और सामाजिक परिवेश से प्राप्त सूचनाओं के मध्य समरसता या संज्ञानात्मक संतुलन स्थापित करती है।

संज्ञानात्मक मतभेद सिद्धांत (Cognitive Dissonance Theory)

इसमें चयनात्मक अनावरण (Selective Exposure) की प्रक्रिया शामिल है और आधुनिक चयनात्मक अनावरण सिद्धांत लियोन फेस्टिंगर के संज्ञानात्मक मतभेद पर किए गए व्यापक कार्य पर आधारित है। फेस्टिंगर को आधुनिक सामाजिक मनोविज्ञान का जन्मदाता माना जाता है, जिस प्रकार फ्रायड को क्लीनिकल मनोविज्ञान और पिगेट को विकासात्मक मनोविज्ञान का जन्मदाता मानते हैं। संज्ञानात्मक मतभेद सिद्धांत के अनुसार, विरोधाभासी मनोवृत्तियां, सूचनाएं और विश्वास अपनाने से मानसिक असंतुष्टि या असहजता का जन्म होता है।

एक व्यक्ति सरल और सहज जीवन जीना पसंद करता है और विरोधाभासी सूचनाओं के कारण उत्पन्न होने वाली असहजता से भी बचना चाहता है। पहले से स्थापित विचारों और नवीन विरोधाभासी सूचनाओं के बीच संघर्ष के परिणामस्वरूप दुख और प्रतिकूल स्थिति उत्पन्न करने वाली उत्तेजना से व्याप्त भय की स्थिति निर्मित होती है, जो चयनात्मक अनावरण के माध्यम से इसमें कमी लाने को प्रोत्साहन देती है। लोग अपनी मूल स्थिति के पक्ष में होने वाली सूचनाओं को प्राथमिकता देते हैं और विरोधाभासी सूचनाओं की अनदेखी करते हैं। वे अपनी मूल स्थिति के पक्ष में प्रामाणिक सूचना प्रस्तुत करते हैं और मतभेद में कमी लाने के लक्ष्य को पाने का प्रयास करते हैं। वास्तव में, मतभेद तनाव की एक मनोवैज्ञानिक स्थिति है, जो प्रत्येक व्यक्ति के लिए अवांछित होती है।

लक्ष्य और मनोवृत्ति परिवर्तन (Goal and Attitude Change)

मूल मनोवृत्ति में परिवर्तन या नवीन मनोवृत्ति का निर्माण अनेक प्रकार के लक्ष्यों और उद्देश्यों से प्रभावित होता है। ये लक्ष्य सही होने और एकरूपता रखने की प्रेरणा हो सकते हैं तथा एक न्यायसम्मत संसार के ज्ञान की प्रेरणा दे सकते हैं। अंततः यह अत्यधिक ज्ञानात्मक अभ्यास से बचने से संबंधित होता है। ये लक्ष्य या तो विशिष्ट प्रकार के होते हैं या सामान्य होते हैं। एक बार कोई विशिष्ट लक्ष्य प्रारंभ हो जाए, तो व्यक्ति का ध्यान लक्ष्य अनुरूप सूचनाओं की ओर आकर्षित होने लगता है। जो लोग यथास्थिति (Status-quo) बनाए रखना चाहते हैं और मूल स्थिति से चिपके रहते हैं, वे यथास्थिति की पुष्टि करने वाली सूचनाओं को प्राथमिकता देते हैं। दूसरी ओर, जो लोग यथास्थिति को समाप्त करने के लिए प्रेरित होते हैं, वे यथास्थिति से संबंधित नकारात्मक सूचनाओं को प्राथमिकता देते हैं।

सामान्य व्यवहारात्मक लक्ष्यों के प्रकरण में ये एक बार सक्रिय हो जाएं, तो मनोवृत्ति परिवर्तन में चौंकाने वाले और शक्तिशाली प्रभाव डालते हैं। सामान्य क्रिया लक्ष्य वे लक्ष्य होते हैं, जिनकी अंतिम अवस्था क्रियात्मक स्तर की चरम अवस्था होती है।

नैतिक, राजनीतिक और नौकरशाही अभिवृत्ति

(Moral, Political and Bureaucratic Attitude)

1. नैतिक अभिवृत्ति (Moral Attitude)

नैतिक अभिवृत्ति (मनोवृत्ति) किसी नैतिक विषयवस्तु के लिए प्रदर्शित मनोवृत्ति होती है। यह मनोवृत्ति किसी व्यक्ति द्वारा नैतिक बाध्यताओं को पूरा करने के तरीके का बोध कराती है। कोई विशेष मनोवृत्ति तीन घटकों पर निर्भर करती है और नैतिक मनोवृत्ति के विषय में भी यह सत्य है। हम नैतिक मनोवृत्ति का अध्ययन, 1. भावनात्मक, 2. ज्ञानात्मक

और 3. व्यवहारात्मक घटकों के फलन के रूप में करने का प्रयास करते हैं। उदाहरण के लिए, कोई व्यक्ति सड़क पर एक स्थिति से गुजरता है, जिसमें कोई भिखारी भूखे होने की बात कहकर कुछ पैसों की भीख मांगता है। इस परिस्थिति में व्यक्ति की भावनाएं उसे सोचने पर विवश करती हैं और उसके भीतर दया एवं समानुभूति उत्पन्न होती है। दूसरी ओर, भिक्षावृत्ति के विरुद्ध कानून का ज्ञान उसे भीख देने से रोकता है और उसके द्वारा भिखारियों का पुनर्वास करने वाली संस्थाओं को योगदान करने से संबंधित व्यवहार भिखारी के प्रति उसकी अंतिम मनोवृत्ति को निर्धारित करेगा। नैतिक मनोवृत्तियां मानव प्रेम, दया, सौंदर्य प्रेम, आदि भावनाओं और प्रयोजनमूलकता, कर्तव्यपरायणता, नीतिशास्त्र के ज्ञान एवं त्याग, नैतिक आचरण तथा सामाजिक सेवा, आदि विभागों पर आधारित होती हैं।

नैतिक मनोवृत्ति ज्यादातर अंतस्थ (Intrinsic) प्रकृति की होती हैं, परंतु नैतिक दुविधा की स्थिति में ये उजागर होने लगती हैं। नैतिक मनोवृत्तियां अपेक्षाकृत अधिक स्थायी और नियत होती हैं तथा बार-बार परिवर्तित नहीं होतीं, परंतु व्यक्ति विशेष और प्रकरण विशेष के अनुसार अलग-अलग हो सकती हैं।

2. राजनीतिक अभिवृत्ति (Political Attitude)

राजनीतिक मनोवृत्ति किसी व्यक्ति का राजनीतिक व्यवहार है, जो संबंधित राजनीतिक वातावरण और किसी विशेष राजनीतिक व्यवस्था के प्रति भावनात्मक झुकाव पर आधारित होता है। राजनीतिक मनोवृत्ति राजनीतिक कार्य प्रणाली, कार्य प्रदर्शन और जनता द्वारा किए गए आकलन के ज्ञान का एक महत्त्वपूर्ण सूचक होती है। किसी राष्ट्र की राजनीतिक मनोवृत्ति वहां की राजनीतिक प्रक्रिया के आधार पर आकार ग्रहण करती है, जैसे– भारतीय राजनीतिक वातावरण में लोकतांत्रिक विचारों का विकास, रूस और चीन में समाजवादी विचारों तथा जर्मनी में नाजीवाद का उदय।

प्रत्येक समाज ने प्रशासन के संचालन और कानून व्यवस्था को बनाए रखने के लिए व्यवस्था की स्थापना की है। समाज द्वारा एक प्रभावशाली शासन व्यवस्था समाज पर राज्य द्वारा सरकारी यंत्रों (Tools) की सहायता से चुनाव प्रक्रिया या अन्य माध्यमों से राज्य द्वारा शक्ति के संचालन के लिए विकसित की जाती है। राजनीतिक मनोवृत्ति का निर्माण उस प्रक्रिया के अंतर्गत होता है, जिसमें राष्ट्र निर्माण का इतिहास, राजनीतिक व्यवस्था का विकास और राष्ट्र के मूल्य महती भूमिका निभाते हैं। उदाहरण के रूप में, भारत में राजनीतिक मनोवृत्ति राजनीतिक दलों और उनकी सहयोगी एजेंसियों की स्वतंत्रता संग्राम में भूमिका, संविधान निर्माण में योगदान और आपातकालीन परिस्थितियों में क्रियाकलापों से अधिक निर्देशित होती है। राजनीतिक मनोवृत्ति परिवर्तन के प्रति अत्यधिक कठोर प्रकृति लिए होती है और प्रचार-प्रसार एवं लालच के माध्यम से इसे परिवर्तित करना मुश्किल होता है।

प्रारंभिक राजनीतिक रुझान परिवार में ही विकसित होता है। किसी राजनीतिक दल के प्रति बाल्यकाल में विकसित मनोवृत्ति लंबे समय तक चलती है। हम राजनीतिक परिवारों में यह देख सकते हैं कि राजनीतिक आदर्श पीढ़ी-दर -पीढ़ी हस्तांतरित होते हैं। परिवार के अलावा हमारा परिवेश, जिसमें कोई व्यक्ति मित्र समूह, सामाजिक समूह और किसी नेता के प्रभाव में आता है, वह भी राजनीतिक मनोवृत्ति को प्रभावित करता है।

राजनीतिक मनोवृत्ति भावनात्मक और तार्किक समुच्चय है, जिसके साथ कोई व्यक्ति राजनीतिक मुद्दों का सामना करता है और जो व्यक्ति के व्यवहार को नियंत्रित करता है। व्यक्ति की राजनीतिक मनोवृत्ति उसकी राजनीतिक विचारधारा की द्योतक होती है। हम सभी सरकार के कार्यों से प्रभावित होते हैं। सरकार के प्रशासनिक तरीकों, विचारधारा, सामाजिक-राजनीतिक बुद्धिजीवी वर्ग के बीच और अंतर्राष्ट्रीय मंच पर सरकार की छवि से हम सभी प्रभावित होते हैं। कुछ गिने-चुने लोग ही राजनीतिक नेतृत्व के प्रदर्शन का विश्लेषण करने में सक्षम होते है और अधिकांशत बाह्य कारक ही व्यक्तियों की राजनीतिक मनोवृत्ति के लिए जिम्मेदार होते हैं। वे घटक जनसामान्य की राजनीतिक मनोवृत्ति को नियंत्रित करते हैं। अगली सरकार और राष्ट्र के अगले मुखिया का निर्धारण करते हैं। कई बार यह मनोवृत्ति अधिक मुखर हो जाती है और राष्ट्र के भावी राजनीतिक परिदृश्य को व्यक्त करने लगती है।

मीडिया, सामाजिक नेटवर्किंग मंच, समाचार पत्र, टेलीविजन और रेडियो, आदि राजनीतिक सूचना के प्रमुख स्रोत होते हैं। राजनीतिक मनोवृत्ति का सही सामंजस्य इन एजेंसियों की ईमानदार कार्य प्रणाली पर निर्भर करता है। लोग कार्य स्थल के राजनीतिक वातावरण, समकक्ष समूह, नौकरशाही क्रियाकलापों और प्रशासकीय एजेंटों के आगतों (Inputs) से भी बहुत प्रभावित होते हैं। कुछ संगठनात्मक एजेंट, जैसे– धार्मिक समूह, सामाजिक रूप से सक्रिय समूह और विभिन्न प्रकार के संगठन, विशेषकर व्यावसायिक लोगों, समानांतर हितों वाले और नौकरीपेशा लोगों के संगठन, भी एक विशेष राजनीतिक मनोवृत्ति धारण करने के लिए बाध्य करते हैं।

भारत में एक विशाल जनसंख्या सही सूचना प्राप्त करने से वंचित रहती है, जो कि गलत राजनीतिक मनोवृत्ति के निर्माण का कारण बनता है। अधिकतर लोग दबाव समूह के प्रभाव में आकर एक निश्चित प्रकार का राजनीतिक व्यवहार करते हैं। भारत में महिलाओं को राजनीतिक मनोवृत्ति का निर्माण करने के लिए अनुकूल वातावरण और स्वतंत्रता प्राप्त नहीं होती है। महिलाओं का राजनीतिक मत व्यवहार (Voting Behaviour) प्रायः उनके परिवार के पुरुष सदस्य निर्धारित करते हैं। इसी प्रकार पिछड़े और गरीब लोगों को धन तथा अन्य सहयोग से लाभान्वित करके उनके मत व्यवहार को नियंत्रित किया जाता है। किसी राजनेता के भाषण को सुनने के लिए भारी भीड़ अपनी इच्छा से नहीं उमड़ती, बल्कि उन्हें विभिन्न प्रकार के प्रलोभन देकर एकत्रित किया जाता है। राजनीतिक मनोवृत्ति निर्माण के परिणामों को निम्नानुसार देख सकते हैं–

1. राजनीतिक मनोवृत्ति स्वस्थ राजनीतिक संस्कृति के निर्माण में सहयोगी होती है, जिसे पीढ़ी–दर–पीढ़ी स्थानांतरित करके प्राप्त किया जाता है।
2. राजनीतिक मनोवृत्ति एक व्यक्ति से प्रारंभ होती है और एक वृहद् सामाजिक मनोवृत्ति का रूप धारण कर लेती है। राजनीति में लोकतांत्रिक मूल्यों के विकास में इसकी महती भूमिका है।
3. राजनीतिक मनोवृत्ति को एक सूचक की तरह भी प्रयोग में लाया जा सकता है, जो नियंत्रणकारी सिद्धांतों में संशोधन या उनकी निरंतरता की आवश्यकता को प्रदर्शित करता है।

3. नौकरशाही अभिवृत्ति (Bureaucratic Attitude)

ब्यूरोक्रेसी शब्द लैटिन के "ब्यूरो" (Bureau) शब्द से बना है, जिसका अर्थ होता है डेस्क और "क्रेसी" एक ग्रीक शब्द है, जिसका अर्थ होता है नियम (Rule)। ब्यूरोक्रेसी या नौकरशाही को एक कार्य प्रणाली के रूप में परिभाषित कर सकते हैं, जो व्यवस्थित पदसोपान पर आधारित होती है। इसमें निर्णय विभिन्न स्तरों पर नियमानुसार शक्तियों के प्रत्यायोजन (Delegation of Power) के अनुसार लिए जाते हैं। लोकप्रिय नौकरशाही की अवधारणा वेबर की नौकरशाही के सिद्धांत से ली जाती है। वेबर नौकरशाही व्यवस्था की तुलना मशीन से करते हैं। वेबर के मॉडल के अनुसार, नौकरशाही यदि मशीन की तरह तटस्थ और भावना मुक्त नहीं रहती है, तो प्रशासनिक दक्षता और प्रभावशीलता का क्षरण हो सकता है।

पीटर एम. ब्लॉव (Peter M. Blav) के अनुसार, 'नौकरशाही एक प्रकार का संगठन है, जिसे अनेक व्यक्तियों के कार्यों के बीच व्यवस्थित समन्वय स्थापित कर बड़े पैमाने पर प्रशासकीय लक्ष्यों को पूरा करने के लिए बनाया गया है।' नौकरशाही मनोवृत्ति इस प्रकार प्रदर्शित होती है–

1. निरंतर कार्यालयीन क्रियाकलाप, जो कठोर रूप से प्रत्येक व्यक्तिगत पद को सौंपे गए कर्तव्यों एवं शक्तियों के अनुसार हों।
2. उन अनुरोधों पर शून्य प्रतिक्रिया, जो संबंधित अधिकरण (Authority) के कार्य क्षेत्र से संबंधित नहीं हैं।
3. राजनीतिक कार्यपालकों (Political Executive) के साथ कार्य करते हुए राजनीतिक रूप से तटस्थ मनोवृत्ति रखना।

4. सभी कार्य लिखित कागजातों और फाइलों के साथ करना।
5. अधिकारों और शक्तियों का प्रदर्शन।

नौकरशाही, विशेष रूप से भारत में परंपरागत रूप में जानी जाती है, जिसने अधिकांश विशेषताओं को वेबर के मॉडल से प्राप्त किया है। इसका उद्देश्य लोगों की महत्त्वाकांक्षाओं को पूर्ण करना नहीं होता, बल्कि यह अंतिम परिणाम से इतर कठोर नियमों और नीतियों के पालन में ही व्यस्त रहती है। यद्यपि इस प्रकार की कार्य प्रणाली के लिए अनेक कारक जिम्मेदार हैं। नौकरशाही मनोवृत्ति की सर्वाधिक उल्लेखनीय विशेषता के रूप में लालफीताशाही (Redtapism) को लिया जा सकता है, जो सभी सरकारी विभागों द्वारा प्रयोग में लाई जाती है। लालफीताशाही प्रशासनिक निर्णय लिए जाने की दुष्कर प्रक्रिया है, जिसमें कागज पर पदसोपान क्रम में फाइलों का संचलन (Movement) किया जाता है और कठोर नियमों एवं नीतियों के प्रकाश में निर्णय लिए जाते हैं। नौकरशाही प्रक्रिया के प्रति अधिक प्रतिबद्धता प्रदर्शित करती है न कि उद्देश्य के प्रति। यद्यपि यह मनोवृत्ति राजनीतिक कार्यपालकों और नौकरशाही के बीच संतुलन स्थापित करने में सहायक होती है। नौकरशाहों में स्वहितों को निरंतर बनाए रखने के लिए परिवर्तन के विरुद्ध प्रतिरोधकता बनाए रखने की प्रवृत्ति होती है, यदि परिवर्तन तात्कालिक कार्य संस्कृति के विरुद्ध हो, या नए कौशल सीखने से संबंधित हो। प्रशासकीय सुधारों में नए प्रयासों की असफलता का कारण नौकरशाही व्यवहार है। नौकरशाही मनोवृत्ति सरकार में प्रबंधन की प्रणाली सहित सभी संबंधित व्यवधानों, राजनीतिक हितों, सूक्ष्म प्रबंधन और नौकरशाहों की स्वप्रेरित मनोवृत्तियों पर रोक लगाने के लक्ष्य आदि का प्रतिफल होती है।

नौकरशाही मनोवृत्ति को दो सिद्धांतों के अंतर्गत समझाया जा सकता है। *पहले* सिद्धांत के अनुसार, नौकरशाही के आर्थिक और संगठनात्मक दृष्टिकोण से नौकरशाहों के निर्णयन में तार्किकता पर बल दिया जाता है। *दूसरा* सिद्धांत नौकरशाही को एक संस्था, रीति या प्रणाली (Ethos) के रूप में देखता है, जो मुख्य रूप से लोक प्रशासन के साहित्य (Literature of Public Administration) से प्राप्त होता है। ये दोनों सिद्धांत नौकरशाही व्यवहार को समझने का आधार प्रदान करते हैं। *पहला* सिद्धांत नौकरशाही को एक नौकरशाह की व्यक्तिगत मनोवृत्ति के रूप में मानता है न कि एक सामूहिक मनोवृत्ति के रूप में। व्यक्तिगत रूप से एक नौकरशाह आबद्ध तार्किकता (Bounded Rationality) के अनुसार कार्य करता है, जिसके अंतर्गत वह स्वहितों में कुछ बंधन और जटिल पेशेवर वातावरण में वृद्धि लाने का प्रयास करता है। यहां स्वहित संगठन के प्रकार, जिसमें वह कार्य करता है और उसके व्यक्तिगत मूल्यों से परिभाषित होते हैं। दूसरे शब्दों में, स्वहित के अंतर्गत वेतन में वृद्धि, सुविधाओं में वृद्धि, वर्चस्व, शक्ति, दक्षता, प्रभावशीलता, सुविधा, विलासिता, सरकारी कार्यों में सुविधा, न्यून पारदर्शिता, न्यूनतम राजनीतिक हस्तक्षेप, आदि शामिल किए जा सकते हैं। *दूसरा* सिद्धांत नौकरशाही मनोवृत्ति को सर्वोत्तमता का संज्ञान (Sense of Superiority), शक्ति केंद्र और तानाशाही के रूप में देखता है। उन्हें स्वयं के नियंत्रणकारी अधिकरण होने का ज्ञान रहता है। भारतीय प्रशासनिक सेवा के अधिकारी स्वयं को सर्वश्रेष्ठ सेवा का सदस्य मानते हैं। इसी प्रकार की मनोवृत्ति अन्य सेवाओं में देखी जाती है, जहां सामान्य विशेष के ऊपर होने का दावा करता है। हम नौकरशाही मनोवृत्ति की जड़ें सिविल सेवा की उपनिवेशकालीन विरासत में देख सकते हैं। स्वतंत्रता के पश्चात् भारतीय संविधान में सिविल सेवकों के संरक्षण के लिए प्रावधान किए गए। ये संरक्षी प्रावधान सिविल सेवकों द्वारा भयमुक्त कार्य पालन, प्रशासनिक मामलों में निर्णय, और राजनीतिक रूप से तटस्थ निर्णय लेने के लिए अनिवार्य थे। नौकरशाह सरकार चलाने में राजनीतिक कार्यपालकों की सहायता करते हैं। उनकी राजनीतिक तटस्थता समाज के सभी वर्गों के मध्य समतामूलक कल्याण के वितरण के लिए आवश्यक है। विवाद की स्थिति में नौकरशाहों को राजनीतिक सत्ता के प्रहार से संरक्षण आवश्यक है।

भारतीय संविधान के अनुच्छेद 309 से अनुच्छेद 323 इस संबंध में यथोचित प्रावधान करते हैं। ब्रिटेन में परंपरागत रूप से एक सिविल सेवक सम्राट के प्रसादपर्यंत कार्यालय धारण करता है। सम्राट किसी लोक सेवक की निरंतर सेवा और कार्यकाल की सुरक्षा के लिए बाध्य नहीं है। प्रसादपर्यंतता के सिद्धांत (Doctrine of Pleasure) की प्रक्रिया

में आधुनिक शासन में विस्तार किया गया है। प्रसादपर्यंतता के सिद्धांत में अनेक विधायी प्रावधानों ने, जो रोजगार के संरक्षण, श्रम संबंधों और सामाजिक सुरक्षा से संबंधित रहे हैं, कटौती की है। यह अवधारणा लोक सेवकों के विरुद्ध मनमानी कार्रवाई से सुरक्षा के विचार को जन्म देती है। प्रसादपर्यंत के सिद्धांत से बचने के लिए नौकरशाही में तटस्थता के निर्धारण के लिए और भयमुक्त वातावरण के निर्माण हेतु अनेक प्रावधान किए गए हैं। उच्च स्तर की सुरक्षा का कई बार स्थापित सिविल सेवकों द्वारा दुरुपयोग किया जाता है। यह स्थिति भी कुछ सीमा तक नौकरशाही मनोवृत्ति के लिए जिम्मेदार है। सिविल सेवकों के लिए उपलब्ध विभिन्न संवैधानिक सुरक्षात्मक प्रावधान निम्नलिखित हैं–

1. प्रसादपर्यंतता के सिद्धांत (Doctrine of Pleasure) पर रोक
2. अनुच्छेद 311 स्थायी और अस्थायी दोनों प्रकार के लोक सेवकों के लिए अनुपयोगी है
3. अनुच्छेद 311(2) का बहिर्गमन
4. अनुच्छेद 300(1) द्वारा संप्रभुतात्मक प्रतिरक्षा तंत्र (Sovereign Immunity) के प्रावधान।

अनुच्छेद 311 सिविल सेवकों के विरुद्ध किसी भी मनमानी कार्रवाई, जो उसके द्वारा धारित पद से उसे बर्खास्त कर सकती है, से उसे प्रभावकारी संरक्षा प्रदान करते हैं। अनुच्छेद 311(1) के अनुसार, किसी व्यक्ति को जो संघ की सिविल सेवा का, या अखिल भारतीय सेवा का, या राज्य की सिविल सेवा का सदस्य है, अथवा संघ या राज्य के अधीन कोई सिविल पद धारण करता है, उसकी नियुक्ति करने वाले प्राधिकारी के अधीनस्थ किसी प्राधिकारी द्वारा पदच्युत नहीं किया जाएगा, या पद से नहीं हटाया जाएगा। यथापूर्वोक्त किसी व्यक्ति को, ऐसी जांच के पश्चात् ही, जिसमें उसे अपने विरुद्ध आरोपों की सूचना दे दी गई है और उन आरोपों के संबंध में सुनवाई का युक्तियुक्त अवसर दे दिया गया है, पदच्युत किया जाएगा या पद से हटाया जाएगा या रैंक में अवनत किया जाएगा, अन्यथा नहीं।

अपराध प्रक्रिया संहिता (CrPC) की धारा 45(1), 132(1) तथा 197 में अनेक प्रावधान किए गए हैं, जो सिविल और अपराध न्यायालयों को मानव अधिकारों के हनन के मामलों में अधिकारों का प्रयोग करने से रोक लगाते हैं। जहां मामले लोक सेवकों और सशस्त्र बलों के सदस्यों से संबंधित हों और वे अपने कर्तव्यों के निर्वहन के दौरान ऐसा करते पाए जाते हैं, साथ ही न्यायालय इस हेतु सरकार से पूर्व अनुमति प्राप्त कर चुका हो।

हाल ही में शामिल नवीन भ्रष्टाचार निवारण (संशोधन) अधिनियम, 2018 की धारा 17(।) के अनुसार, 'कोई भी पुलिस अधिकारी पूर्व अनुमति के बिना इस अधिनियम के अंतर्गत किसी लोक सेवक द्वारा किए गए कृत्य को अपराध मानकर कोई जांच प्रारंभ नहीं कर सकता, यदि वह कृत्य उस लोक सेवक द्वारा अपने कर्तव्य के निर्वहन के फलस्वरूप किया गया है।'

अभिवृत्ति परिवर्तन के लिए विश्वास संवर्धन के मॉडल के रूप में अनुनय

(Persuasion as Model of Belief Correction for Attitude Change)

अभिवृत्ति/मनोवृत्ति परिवर्तन एक जटिल घटना है, जिसमें सफलता की दर न्यून होती है, क्योंकि इसे केवल मनोवृत्ति की विषयवस्तु के बारे में सूचना प्रदान करके सरलतम तरीके से क्रियान्वित नहीं किया जा सकता। मनोवृत्ति के बारे में सामान्यतः प्रचलित विचार यह है कि मूल मनोवृत्ति नवीन मनोवृत्ति के विरोध में एक शक्तिशाली प्रतिरोधकता रखती है और बहुत बार अनुनय असफल हो जाता है। मूल मनोवृत्ति के प्रति स्थायी विश्वास के पीछे का विज्ञान क्या है? परिवर्तन और अस्वीकृति मूल मनोवृत्ति एवं विश्वास को परिवर्धित करने में असफल क्यों होते हैं? यहां हम इन प्रश्नों से संबंधित मुद्दों पर विचार करेंगे। इस पहेली से संबंधित एक सरल उदाहरण के रूप में मूर्ति पूजा को ले सकते हैं। एक मूर्ति पूजक "निर्गुण और निराकार" ब्रह्म की अवधारणा को स्वीकार करता है, परंतु वह कभी भी मूर्ति पूजा की मनोवृत्ति का त्याग नहीं कर पाता। यद्यपि वह एक निराकार, सर्वव्याप्त और एक ईश्वर पर आस्था रखता है। अनुनय या मनोवृत्ति परिवर्तन एक व्यवहारात्मक विज्ञान है, जो उच्च गुणवत्ता की शुद्धता की मांग करता है, जैसे–

अनुनय करने वाला कौन है, कितनी मात्रा में सूचना प्रस्तुत की जानी है और अनुनय के क्रियान्वयन के लिए निश्चित विषयवस्तु तथा अनुकूल समय क्या होगा।

हम अनुनय के मॉडल को समुदाय आधारित संपूर्ण स्वच्छता (Community Led Total Sanitation) या CLTS कार्यक्रम से समझने का प्रयास करते हैं, जो भारत सरकार के स्वच्छ भारत मिशन से संबंधित है। स्वच्छ भारत मिशन देश को खुले में शौच मुक्त करने से संबंधित कार्यक्रम है, जिसे बांग्लादेश में प्रो. कमल कार द्वारा सफलतापूर्वक क्रियान्वित किया गया था। यह देखा जाता है कि वयस्क व्यक्ति किसी विषय को नाममात्र ही विचार में लेते हैं, यदि उस विषय या लक्ष्य से संबंधित पूर्व सूचना अनुपस्थित हो। कुंडा (1990) के अनुसार, लोग किसी निष्कर्ष तक उससे संबंधित ठोस और तार्किक निर्णय के उपरांत ही पहुंचते हैं। मनुष्य ज्ञानात्मक रूप से कंजूस (Coginitive Miser) होता है और ज्ञानात्मक क्रिया के लिए उसे एक प्रेरणा की आवश्यकता होती है। अनुनय की एक संपूर्ण प्रक्रिया अनेक चरणों में पूरी होती है। सबसे पहले एक रक्षात्मक ज्ञान प्रक्रिया अस्तित्व में आती है, जो सक्रिय रूप से मूल मनोवृत्ति और विश्वास की सुरक्षा करती है। यह प्रक्रिया उस समय शक्तिशाली ढंग से कार्य करती है, जब स्व-रक्षात्मक प्रेरणा अपनी चरमावस्था में होती है और यथार्थता या सटीकता से संबंधित प्रेरणा निम्नतम स्तर पर होती है। एक उच्च, बल्कि अतार्किक दृश्य सूचना पहले से धारित मनोवृत्ति और विश्वास को परिवर्तित करने के लिए अनिवार्य है। प्रेरित ज्ञान प्रक्रिया यद्यपि एकमात्र प्रक्रिया नहीं है, जो मनोवृत्ति और विश्वास के स्थायित्व की व्याख्या करती है। ट्वर्स्की तथा काह्नेमान (1974) के अनुसार, ध्यान केंद्रण और समायोजन (Anchoring and Adjustment) मनोवृत्ति और विश्वास परिवर्तन की कठिनाई को समझने के लिए महत्त्वपूर्ण है। प्रारंभिक ध्यान केंद्रण (Anchoring) की स्थिति स्थापित करने के लिए प्रारंभिक मनोवृत्ति और विश्वास महत्त्वपूर्ण हैं और मनोवृत्ति में सुधार के लिए आरंभिक स्थिति से अलगाव आवश्यक है। आरंभिक स्थिति से अलगाव से नई सुधरी हुई स्थिति को प्राप्त करने के लिए उस सीमा तक या उस परिमाण में सही ज्ञान की आवश्यकता होती है, जिस सीमा या परिमाण तक गलत सूचना उपस्थित रही थी।

अनुनय की प्रक्रिया एक चरणबद्ध प्रक्रिया है और इसके अंतर्गत तीन प्रमुख घटक होते हैं–

1. अनुनयात्मक सूचना की विषयवस्तु (Content of Persuasive Information)
2. सूचना का स्रोत (Sources of Information)
3. सूचना ग्राही (Receiver of Information)

प्रेषित किए जाने हेतु सूचना की विषयवस्तु स्पष्ट और संगठित होनी चाहिए, जो प्रारंभिक स्थिति से भटकाव के लिए आवश्यक मांग पर आधारित हो। विषयवस्तु में विभिन्न मूल्य, जैसे– भय, शंका, पुरस्कार, दंड, आदि का पुट होना चाहिए। विषयवस्तु की मात्रा या सूचना की लंबाई भी अनुनय की सफलता का निर्धारण करती है। कुछ मनोवैज्ञानिक इस बात पर बल देते हैं कि लघु सूचना में कम परिवर्धनात्मक क्षमता होती है, जो ग्राही को स्वयं तर्क करने का अवसर देती है, ताकि वह अपनी स्थिति में परिवर्तन ला सके। परंतु कुछ दूसरों के द्वारा अति परिवर्धनात्मक सूचना का अत्यधिक उपयोग मनुष्य को ज्ञानात्मक रूप से कंजूस मानकर किए जाने का पक्ष लेता है। निम्न परिवर्धन और अति परिवर्धन दोनों ही संभव हैं, क्योंकि शुद्ध रूप में समायोजन तार्किक और तथ्यपूर्ण दोनों ही प्रकार के ज्ञान की मांग रखता है।

एपले और गिलोविक के अनुसार, निम्न परिवर्धन (Under Correction) का अपर्याप्त समायोजन अति परिवर्धन (Over Correction) से अधिक सफल होता है, क्योंकि लोगों में ज्ञान के संरेखण या समायोजन की प्रवृत्ति धीमी दर से होती है। यह धीरे-धीरे निम्न गुणवत्ता वाले स्वनिर्मित मूल्य से आरंभ होती है और अंतिम समायोजन तक तर्कपूर्ण मूल्य की प्राप्ति के आधार पर पहुंचती है। यदि व्यक्ति अधिकतम शुद्ध मूल्य की प्राप्ति की इच्छा न करे तो निम्न परिवर्धन के रूप में परिणाम प्राप्त होंगे, जो अंततः गलत सूचना के प्रभाव को निरंतर रखेगा। निर्णय समायोजन पर पुराने अध्ययन मूलतः निम्न परिवर्धन पर बल देते हैं। कॉब और उनके सहयोगियों द्वारा किए गए अध्ययन (2013) यह बताते हैं कि निम्न परिवर्धन और अति परिवर्धन दोनों ही कारगर हैं। यह प्रस्तुत की जाने वाली सूचना

पर आधारित होते हैं। अनेक संज्ञानात्मक घटक होते हैं, जो सतत रूप से मनोवृत्ति के बने रहने के लिए जिम्मेदार होते हैं और साथ ही भ्रामक सूचना की व्याख्या करते हैं। भ्रामक सूचना को सही ठहराने के लिए आवश्यक तर्क उत्पन्न करने की प्रवृत्ति मूल मनोवृत्ति को बनाए रखने की प्रवृत्ति को जन्म देती है, जबकि विकल्पों की उत्पत्ति इसे कम करती है। विपरीत या विरोधाभासी कथन विपरीत विश्वास के आधार पर उत्पन्न नहीं होते, बल्कि वे मेटा-संज्ञानात्मक अनुभवों से भी संचालित होते हैं, जो तर्क करने की प्रक्रिया को शामिल करते हैं। सूचना पर कार्य करने में सहूलियत या कठिनाई का स्तर मेटा-संज्ञानात्मक अनुभव का एक उदाहरण है। लोग उन प्रासंगिक सूचनाओं पर विश्वास करते हैं, जिन्हें आसानी से मस्तिष्क में लाया जा सकता है। पहले से स्थापित किसी विश्वास के विरुद्ध उत्पन्न होने वाले कथन तब अधिक कारगर सिद्ध होते हैं, जब वे सारगर्भित और धाराप्रवाह (Fluent) हों न कि कठिन और असंबद्ध (Incongruent)। एक अन्य मेटा-संज्ञानात्मक (Meta-cognitive) अनुभव नई सूचना के प्रसंस्करण (Processing) में आने वाली कठिनाई या सरलता का स्तर है। पूर्व विश्वास से असंबद्ध या विपरीत सूचना यदि टुकड़ों में होती है, तो उसका प्रसंस्करण कम धाराप्रवाही होता है, जबकि पूर्व सूचना से तारतम्यता रखने वाली सूचना का प्रसंस्करण अधिक तेजी से होता है। धाराप्रवाहिता (Fluency) का तात्पर्य संगतता (Congruency) से है और ऐसी सूचना जो धाराप्रवाहिता के साथ प्रसंस्करित हो सकती है वह अधिक जानी-समझी और सत्य प्रतीत होती है और न्यूनतम छानबीन की मांग करती है। लोग तार्किक कथनों पर विचार करना अधिक पसंद करते हैं चाहे वह असत्य ही क्यों न हो और यह पुष्टीकरण तर्क दोष (Confirmatory Fallasy) हमारी पहले की मनोवृत्ति को बदलने की योग्यता में कमी लाता है। लोग ऐसी मनोवृत्ति या विश्वास को झुठला देते हैं, जिनके लिए सकारात्मक कथन या तर्क उत्पन्न करना कठिन होता है।

विचार करने और तर्क करने संबंधी पुराने सिद्धांत जो संज्ञानात्मक प्रक्रम पर प्रकाश डालते हैं, वे बदले जाने लगे हैं। मस्तिष्क के संदर्श तर्कीकरण (Mental Model Reasoning) के अनुसार, लोग मस्तिष्क संदर्शों का एक जाल बुन लेते हैं, जहां से वे निष्कर्ष प्राप्त करते हैं। जैसे ही नई सूचना निकलकर आती है, लोग नए संदर्शों का या पहले से स्थापित संदर्शों का विस्तार करने लगते हैं। परंतु वे मुख्य सूचनाओं को अलग-थलग करने में अनिच्छा भी प्रदर्शित करते हैं यदि इससे उत्पन्न रिक्त स्थान को भरने के लिए कोई तार्किक विकल्प मौजूद न हो। इसलिए पूर्णतः व्याख्यायित मस्तिष्क संदर्शों का एक सकारण विकल्प प्रदान करके विश्वास परिवर्तन किया जा सकता है। मनोवृत्ति परिवर्तन को एक द्वियात्मक प्रक्रम के अंतर्गत समझा जा सकता है। *पहले* प्रक्रम के अंतर्गत तीव्र और भावनात्मक तर्कीकरण को शामिल किया जाता है, जबकि *दूसरे* प्रक्रम के अंतर्गत धीमी, अधिक विचार करके और अधिक तर्कीकरण करके की जाने वाली प्रक्रिया को शामिल किया जाता है। दूसरा प्रक्रम टिकाऊ परिणाम उत्पन्न करता है, और अधिक स्थायी मनोवृत्ति परिवर्तन करता है। कोवाल्स्की (Kowalski) और टेलर (Taylor) (2009) ने दूसरे प्रक्रम का प्रदर्शन करके दिखाया, जहां एक असत्य विचार का नियंत्रित और ध्यानपूर्वक किया गया विश्लेषण सही सूचना तक पहुंचा देता है। असत्य सूचना का त्याग मनोवृत्ति और विश्वास में परिवर्तन लाने में अधिक सफल रहा। इसी प्रकार वे संदेश जो श्रोताओं के लक्ष्य से अधिक संगत थे, उनकी स्वीकार्यता अधिक देखी गई।

फजी-ट्रेस थ्योरी (Fuzzy-Trace Theory) तर्कीकरण की एक द्वियात्मक खोज है, जो अवधारणा निर्माण, विश्वास की समझ और मनोवृत्ति के स्थायित्व की समझ की अच्छी व्याख्या करती है। इस मॉडल के अनुसार, लोग सारगर्भित सूचनाओं पर कार्य करने में अधिक रुचि लेते हैं। फजी प्रतिनिधित्व (Fuzzy Representations) प्रायः अपने आप ही सक्रिय हो जाता है और उन संदेशों से अधिक तीव्र होता है, जो अत्यधिक विवरण प्रदान करते हैं। जब सार और विस्तारित सूचना किसी विश्वास से जुड़ जाते हैं और स्मृति को खोजने में प्रतिस्पर्धा करते हैं, तो सारगर्भित (Gist) सूचना अधिक तीव्रता से सफल होती है। पुराना विश्वास इसलिए बना रहता है, क्योंकि विवरण रणनीतिक रूप से नहीं खोजा जाता। परंतु सार अधिक रुचिकर और याद रखने योग्य होने के कारण आसानी से निकलकर आ जाता है। हाल के अध्ययनों से यह पता चलता है कि सूचनाओं के भावनात्मक पुट भी परिवर्तन को प्रभावित करते हैं।

सामाजिक प्रभाव (Social Influence)

प्रत्येक व्यक्ति लोगों के एक समूह का सदस्य होता है, जो उसे अनेक प्रकार से सहयोग प्रदान करता है। किसी व्यक्ति की उन्नति इस बात से बहुत अधिक निर्धारित होती है कि वह किस प्रकार के समूह से जुड़ाव रखता है। सूक्ष्म स्तर पर यह समूह कार्यालय में साथ काम करने वाले लोगों का या महाविद्यालय में साथ पढ़ने वाले मित्रों का एक छोटा-सा समूह हो सकता है। यह बड़े स्तर पर एक बड़े समाज के रूप में, जैसे– नौकरशाहों का समूह, सजातीय लोगों का समूह, विदेशी भूमि पर सदेशीय लोगों का समूह भी हो सकता है। किसी समूह को अनेक लोगों का एक तंत्र माना जा सकता है, जो आपस में एक-दूसरे से संवाद की स्थिति में होते हैं और किसी उभयनिष्ठ उद्देश्य की पूर्ति के लिए परस्पर आश्रित होते हैं। साथ ही ये सभी कुछ उभयनिष्ठ नियमों का पालन करते हुए अपने व्यवहार को नियंत्रित रखते हैं। समानता पर आधारित यह समूह एक सामाजिक वातावरण का निर्माण करता है। समाज का कोई सदस्य अपने विभिन्न स्वहितों की पूर्ति के लिए किसी समूह या सामाजिक वातावरण में शामिल होने के लिए मजबूर होता है। ये स्वहित उसके व्यक्तिगत और परिवार की सुरक्षा के निर्धारण, अपना स्तर बनाए रखने, आत्म गौरव का अनुभव करने के लिए और कुछ लक्ष्यों को प्राप्त करने से संबंधित होते हैं। सामाजिक वातावरण किसी व्यक्ति की मनोवैज्ञानिक, बौद्धिक और अन्य आवश्यकताओं को पूरा करता है। परिणामस्वरूप सामाजिक प्रभाव सामाजिक समूह के सदस्यों की मनोवृत्ति को नियंत्रित करने वाला मूल कारण बन जाता है। ये सामाजिक समूह विभिन्न कारकों द्वारा निर्मित होते हैं, जैसे- पड़ोस, स्तर और प्रकृति में समानता, समान प्रकार की रुचियां या अरुचियां, उभयनिष्ठ उद्देश्य या लक्ष्य, आदि।

यहां हम किसी व्यक्ति पर सामाजिक प्रभाव का परीक्षण करने के उद्देश्य से चर्चा करेंगे, जो कि समाज का सदस्य है या सदस्य बनने की इच्छा रखता है। समाज मनोविज्ञानी यह बताते हैं कि व्यक्ति जिन गुणों में श्रेष्ठ है सामाजिक उपस्थिति उनसे संबंधित प्रदर्शन को और बेहतर करने की प्रेरणा देती है। जब संपूर्ण समूह के प्रदर्शन की बात आती है और जहां किसी सदस्य विशेष के प्रदर्शन का आकलन नहीं होता, वहां सदस्यों में प्रेरणा की कमी देखी जाती है। निम्न प्रदर्शन की घटना सामाजिक उदासीनता (Social Loafing) कहलाती है।

सामाजिक उदासीनता का तात्पर्य समाज के सदस्यों द्वारा एक टीम के रूप में कार्य करते हुए निम्नतम योगदान देने की प्रवृत्ति से है, जबकि टीम के प्रदर्शन का श्रेय संपूर्ण टीम को जाना हो न कि किसी व्यक्ति विशेष के प्रयास को। सरकार में सामाजिक उदासीनता एक सामान्य समस्या है, क्योंकि वहां किसी के व्यक्तिगत प्रदर्शन के मापन और पहचान की कोई पारदर्शी तथा बेजोड़ प्रक्रिया नहीं है। एक समूह के रूप में कार्य करते हुए प्रदर्शन में कमी आने के मूल कारण निम्नलिखित हैं–

1. टीम के सदस्य व्यक्तिगत उत्तरदायित्व की उपेक्षा करते हैं और इसे संपूर्ण टीम पर स्थानांतरित कर देते हैं, जो कि एक चेहराविहीन (Faceless) तथा छद्म संरचना होती है।
2. किसी सदस्य के वृहद् प्रयासों की पहचान के बहुत कम अवसरों का होना भी प्रेरणा में कमी लाता है।
3. प्रदर्शन के स्तर की तुलना के लिए किसी अन्य समान प्रकार के समूह का न होना।
4. सदस्यों के मध्य तालमेल का अभाव होना।
5. सदस्यों का समूह के साथ जुड़ाव महसूस न करना, क्योंकि सदस्य आपस में जुड़ाव नहीं रखते और एकत्रीकरण मात्र होते हैं।

सामाजिक प्रभाव ध्रुवीकरण प्रभाव (Polarization Effect) भी उत्पन्न करता है, अर्थात् किसी व्यक्ति विशेष का निर्णय संपूर्ण समूह के विचार से अनुरूपता धारण करने हेतु विवश होता है। किसी विषय पर समूह का विचार चरम रूप में लिया जाता है और समूह के सदस्य संपूर्ण समूह को एक मानकर उससे प्रभावित दिखाई देते हैं। जो सदस्य समूह के समान विचार रखते हैं, वे समूह के भीतर माने जाते हैं और आसानी से पहचान में आते हैं।

व्यक्ति का समूह उसे संपूर्ण रूप से प्रभावित करता है और समूह के अन्य सदस्य व्यक्तिगत रूप से एक-दूसरे को अपने समान बनाने के लिए दबाव बनाते रहते हैं। इसे सामाजिक प्रभाव के रूप में जाना जाता है। हम सामाजिक

प्रभाव को एक प्रक्रिया के रूप में परिभाषित कर सकते हैं, जिसमें मनोवृत्ति और व्यवहार दूसरों की आभासी या वास्तविक उपस्थिति से प्रभावित होता है। कई बार यह सामाजिक प्रभाव इतना अधिक हावी हो जाता है कि हम अपनी मूल प्रकृति के विपरीत व्यवहार करना प्रारंभ कर देते हैं। इसके विपरीत, यदि हम सामाजिक प्रभाव को नकारते हैं, तो हम अपना प्रभाव समूह पर डाल सकते हैं। इस प्रकार सामाजिक प्रभाव के फलस्वरूप समरूपता, अनुपालन और आज्ञाकारिता का प्रादुर्भाव होता है।

समरूपता (Conformity) : यह जानते हुए भी कि नियम मात्र का पालन करने से कोई इच्छित परिणाम प्राप्त होने वाला नहीं है, लोग नियमों का पालन करते हैं और समूह से बंधे रहते हैं। यह माना जाता है कि नियमों का पालन एक प्राकृतिक घटना है और इसका तार्किकता से कोई सरोकार नहीं है। पहले ही हम चर्चा कर चुके हैं कि किसी व्यक्ति के लिए सामाजिक वातावरण की आवश्यकता क्यों होती है। नियमों का पालन करते रहने से समाज का सुचारु रूप से संचालन होता रहता है और अनुकूल सामाजिक वातावरण बना रहता है।

अन्य शब्दों में, समूह से अलग होना एक प्रकार की मनोवैज्ञानिक असहजता उत्पन्न करता है। सबसे भयावह स्थिति होती है, "लोग मेरे बारे में क्या सोचेंगे?" नियमों का पालन करने से समाज के अन्य लोगों के बहिष्कार से बचे रहते हैं। नियमों को समाज के अधिकतर लोगों की इच्छा तथा बिना अतिरिक्त विचार के सही व्यवहार करने से संबंधित माना जाता है। मनुष्य ज्ञानात्मक रूप से कंजूस (Cognitive Miser) होता है और उसकी यह प्रकृति उसे समाज के बहुमत के अनुरूप व्यवहार करने के लिए मजबूर करती है। यह समरूप व्यवहारात्मकता समूह के आकार पर भी निर्भर करती है। इसके अलावा अल्पसंख्यकों की आवाज की स्वीकार्यता, समाज के लक्ष्य की प्रकृति, व्यवहार का लोक या निजी प्रदर्शन, व्यक्तित्व का प्रकार, आदि भी समरूप व्यवहारात्मकता को प्रभावित करते हैं

अनुपालन (Compliance) : इसका तात्पर्य नियमों के अभाव में दूसरों द्वारा किए गए निवेदन के प्रत्युत्तर में किए गए व्यवहार से है। अनुपालन को आश्चर्यजनक रूप से मूल मनोवृत्ति के विपरीत व्यवहार के रूप में भी देखा जाता है। व्यक्ति अप्रिय स्थिति से बचने के लिए भी ऐसा करता है। अनुपालन का निर्धारण किसी नियम के बिना भी अनेक मनोवैज्ञानिक तरीकों का प्रयोग करके किया जा सकता है। ऐसी ही एक तकनीक को "फुट इन दि डोर" (Foot-in-the Door) के नाम से जाना जाता है। इस तकनीक के अंतर्गत एक छोटी प्रकृति का निवेदन किया जाता है, जिसे कोई भी व्यक्ति ठुकरा न सके। एक बार उस निवेदन का अनुपालन हो जाए, तो तुलनात्मक रूप से एक बड़ा निवेदन प्रस्तुत कर दिया जाता है। चूंकि पहले ही एक निवेदन का अनुपालन कर लिया गया है, अत: अन्य निवेदन को मानने से इनकार करना असहजता का अनुभव कराता है और इस असहजता से बचने के लिए इसे भी मान लिया जाता है। अनुपालन की सुनिश्चितता स्थापित करने की दूसरी तकनीक को "डेडलाइन तकनीक" (Deadline Technique) कहा जाता है। इस तकनीक के अंतर्गत बहुत कम समय उपलब्ध होने का बहाना करके प्रस्तुत प्रस्ताव का अनुपालन कराना आसान होता है। इससे संबंधित एक अन्य तकनीक को "डोर इन दि फेस तकनीक" (Door-in-the-Face Technique) के नाम से जाना जाता है, जिसमें एक वृहद् निवेदन किया जाता है और जब इसका अनुपालन न हो रहा हो तो एक अपेक्षाकृत छोटा निवेदन प्रस्तुत कर दिया जाता है, जो कि वास्तव में इच्छित और अधिकांशत: स्वीकार योग्य हो।

आज्ञाकारिता (Obedience) : इसे एक उच्च अधिकरण या सम्माननीय व्यक्ति के आदेश के प्रत्युत्तर में अपेक्षित व्यवहार के रूप में समझा जाता है। आज्ञाकारिता के पीछे का कारण दंड का भय होता है, जो कि इसे अनुपालन से अलग भी करता है। लोग यह मानते हैं कि अधिकरण (Authority) के पास अपने आदेश का पालन कराने के प्रभावी साधन उपलब्ध होते हैं। आज्ञाकारिता इसके परिणाम को विचार में नहीं लाती, क्योंकि यहां उत्तरदायित्व का भार अधिकरण के ऊपर होता है, जिसने आज्ञा दी है। लोग भिन्न-भिन्न कारणों से सामाजिक वातावरण का हिस्सा बनते हैं। लोगों के बीच परस्पर अंतराकर्षण एक प्रकार की प्रतिस्पर्धा और सहयोग दोनों को विकसित करता है। जब सामाजिक समूह के सदस्य किसी उभयनिष्ठ लक्ष्य की प्राप्ति के लिए एकजुट हो जाते हैं, तो सहयोग की भावना

अपने आप उभरकर सामने आती है। दूसरी ओर, व्यक्तिगत प्रभाव में वृद्धि लाने की होड़ और स्वहित की पुष्टि का विचार प्रतिस्पर्धा को जन्म देता है। सहकारिता पर आधारित एक समूह ऐसा सामाजिक प्रभाव रखता है, जो बंधुत्व और सामूहिकता को प्रोत्साहन देता है, परंतु व्यक्तिगत पहचान को हतोत्साहित करता है। दूसरी ओर, एक प्रतिस्पर्धात्मक समूह ऐसा सामाजिक प्रभाव लिए हुए होता है, जो प्रतिस्पर्धा को प्रोत्साहित करता है और स्वहित को पुष्ट करता है। एक प्रतिस्पर्धात्मक समूह वैमनस्य, विवाद तथा असमरसता को आकर्षित करता है। इन सबके बावजूद इसमें बड़े परिणाम देने की क्षमता होती है, जो कि प्रक्रिया, अंतर्व्यक्तिगत संवाद और विनिमय की शर्तों पर आधारित होता है।

अभ्यास प्रश्न

1. सामाजिक समस्याओं के प्रति व्यक्ति की अभिवृत्ति के निर्माण में कौन-कौन-से कारक प्रभाव डालते हैं? हमारे समाज में अनेक सामाजिक समस्याओं के प्रति विषम अभिवृत्तियां व्याप्त हैं। हमारे समाज में जाति प्रथा के बारे में क्या-क्या विषम अभिवृत्तियां आपको दिखाई देती हैं? इन विषम अभिवृत्तियों के अस्तित्व को आप किस प्रकार स्पष्ट करते हैं? (UPSC 2014)
2. 'ज्ञान के बिना ईमानदारी कमजोर और व्यर्थ है, परंतु ईमानदारी के बिना ज्ञान खतरनाक और भयानक होता है।' इस कथन से आप क्या समझते हैं? आधुनिक संदर्भ से उदाहरण लेते हुए अपने अभिमत को स्पष्ट कीजिए। (UPSC 2014)
3. सामाजिक प्रभाव और समझाना-बुझाना स्वच्छ भारत अभियान की सफलता के लिए किस प्रकार योगदान कर सकते हैं? (UPSC 2016)
4. नैतिक आचरण वाले तरुण लोग सक्रिय राजनीति में शामिल होने के लिए उत्सुक नहीं होते हैं। उनको सक्रिय राजनीति में उत्प्रेरित करने के लिए उपाय सुझाइए। (150 शब्द) (UPSC 2017)
5. मनोवृत्ति की संरचना को नौकरशाही मनोवृत्ति के संदर्भ में एक उदाहरण की सहायता से समझाइए।
6. मनोवृत्ति किस प्रकार व्यवहार का मार्गदर्शन करती है? एक उदाहरण के माध्यम से समझाइए।
7. अनुनय से आप क्या समझते हैं? विकास प्रशासन में अनुनय एक उपयोगी यंत्र की तरह किस प्रकार कार्य करता है? समझाइए।
8. नौकरशाही मनोवृत्ति क्या होती है? इस प्रशासनिक अशुभ के पीछे के कारणों को स्पष्ट कीजिए।

अध्याय 7 अभिरुचि

Aptitude

प्रस्तावना (Introduction)

अभिरुचि (Aptitude) शब्द की उत्पत्ति लैटिन शब्द "aptus" से हुई है, जिसका अर्थ योग्य या उपयुक्त होने का गुण या तीव्रता के साथ सीखने और समझने की नैसर्गिक प्रवृत्ति, झुकाव, योग्यता तथा प्रतिभा होता है। कामकाज के प्रत्येक क्षेत्र में विशेष प्रकार की योग्यता व्यक्तित्व में होनी अनिवार्य है, ताकि संबंधित सेवा प्रदाय में निहित अपेक्षाओं को पूरा किया जा सके। यह योग्यता निजी क्षेत्र (Private Sector) और लोक क्षेत्र (Public Sector) दोनों में आवश्यक है। यहां हम अभिरुचि के उन पक्षों का परीक्षण करेंगे, जो सिविल सेवाओं से संबंधित हैं और लोकतंत्रात्मक सरकार, भारत के संविधान की आत्मा, लोक प्रशासन में अंतर्राष्ट्रीय रूप से मान्य क्रियाविधियों और अंतत: एक कल्याणकारी शासन व्यवस्था की स्थापना पर आधारित है।

भारत में सिविल सेवाएं प्रशासन की रीढ़ होती है। सिविल सेवक वृहद् रूप में जनता के लिए और विशिष्ट रूप में राजनीतिक और प्रशासनिक उच्चाधिकारियों के प्रति उत्तरदायी होते हैं। एक सिविल सेवक की भूमिका निर्णयन और सेवा प्रदाय के पदों में बहुआयामी (Multi Dimensional) तथा सहज (Spontaneous) प्रकृति की होती है। यद्यपि यह सत्य है कि दैनिक कार्य अधिकांशत: परिणाम निरपेक्षता (Deontology) पर आधारित होते हैं, परंतु सिविल सेवकों को उस समय एक महती भूमिका का निर्वहन करना होता है, जब नियम और कानून मौन हो जाते हैं एवं विवेकाधीनता (Discretion) अनिवार्य हो जाती है। अभिरुचि की आवश्यकता दोनों ही परिस्थितियों में होती है– जहां पूर्व निर्धारित प्रक्रियाओं के लक्ष्यों को तेजी से प्राप्त करना हो एवं विवेकाधीन विषयों पर तेजी से निर्णय लेना हो। यह विषय देखने में जितना सरल प्रतीत होता है यह उतना सरल नहीं है। कार्य क्षेत्र की परिधि के भीतर विधि के शासन की स्थापना सुनिश्चित करते हुए एक सुलह योग्य स्थिति में आने के लिए वास्तव में अभिरुचि बहुत आवश्यक है। हमारी नौकरशाही शिथिलता और गैर-जिम्मेदार व्यवहार के लिए बदनाम है।

भारत में अनेक सेवाएं हैं, जैसे– अखिल भारतीय सेवाएं, केंद्रीय सिविल सेवाएं, रक्षा सेवाएं, राज्य सिविल सेवाएं और केंद्र सरकार एवं राज्य सरकारों की अन्य लोक सेवाएं। इनमें से प्रत्येक सेवा का विशेष प्रकार का कार्य है। ये सभी सेवाएं कुछ उभयनिष्ठ अभिरुचियों की मांग करती हैं, जैसे– प्रशासनिक सक्षमता और मूल्य, आदि। यह उभयनिष्ठता सर्वाधिक महत्त्वपूर्ण है एवं इसी को आधार मानते हुए उम्मीदवारों का सामान्य परीक्षण किया जाता है। कुछ सेवाएं विशिष्ट विशेषताओं की मांग करती हैं, जैसे कि भारतीय पुलिस सेवा में दृष्टिबाधिता को अनुमति नहीं है, वहीं इसके लिए कुछ शारीरिक मापदंड भी हैं। यहां हम उन्हीं उभयनिष्ठ विशेषताओं पर चर्चा करेंगे, जो किसी उम्मीदवार के सिविल सेवा में प्रवेश के लिए अनिवार्य मानी जा सकती हैं।

सिविल सेवा के लिए अनिवार्य सामान्य अभिरुचियां–

1. बोध पठन (Reading Comprehension)
2. संख्यात्मक योग्यता (Quantitative Ability)
3. तार्किक योग्यता (Reasoning Ability)
4. आंकड़ों की व्याख्या और विश्लेषण (Data Interpretation and Analysis)
5. लेखन कौशल (Writing Skill)
6. वैज्ञानिक प्रवृत्ति (Scientific Temperament)
7. भूगोल, राजव्यवस्था, इतिहास, सामाजिक विज्ञान, दर्शन शास्त्र और मानविकी के विषयों का ज्ञान
8. नैतिक दर्शनशास्त्र का ज्ञान
9. शारीरिक योग्यता आदि।

उपरोक्त अभिरुचियों का परीक्षण एक कठिन प्रक्रिया द्वारा किया जाता है, जिसमें सभी पहलुओं को ध्यान में रखा जाता है। अब प्रश्न यह उठता है कि अभिरुचि जन्मजात होती है या इसे अभ्यास के माध्यम से विकसित किया जा सकता है। अधिकतर मनोवैज्ञानिक अभिरुचि को आनुवंशिक योग्यता के रूप में देखते हैं, जबकि कुछ मनोवैज्ञानिक इस एक पक्षीय दृष्टिकोण को नकार देते हैं। अभिरुचि को किसी खास विशेषता या गुणों को धारण करने के रूप में समझा जाता है, जिसे प्रशिक्षण के माध्यम से आवश्यकतानुसार आकार दिया जा सके। एक व्यक्ति जिसमें जन्मजात अभिरुचि होती है वह उत्कृष्टता के मानकों को आसानी से प्राप्त कर सकता है, वहीं किसी अन्य व्यक्ति को जिसमें संबंधित अभिरुचि नहीं है अत्यधिक प्रयास करने पड़ते हैं। अभिरुचि कौशल से अलग अवधारणा है। कौशल को भूतकाल में सीखी गई चीजों के रूप में जाना जाता है, जबकि अभिरुचि किसी कौशल की प्राप्ति को आसान बनाती है। अब हम विभिन्न प्रकार की अभिरुचियों की एक-एक करके चर्चा करेंगे।

1. बोध पठन : एक सिविल सेवक के लिए सर्वाधिक महत्त्वपूर्ण अभिरुचि है। एक सिविल सेवक को अत्यधिक संख्या में पत्रों, फाइलों, नियमावलियों, आदि को पढ़ना होता है। साथ ही समय-समय पर विभागों और मंत्रालयों द्वारा प्राप्त निर्देश पढ़कर समझने होते हैं।

2. संख्यात्मक योग्यता : एक सिविल सेवक के लिए संख्यात्मक अभिरुचि का होना भी अनिवार्य है, क्योंकि उसे दैनिक प्रशासन चलाने और सटीक निर्णय लेने के लिए अनेक गणनाएं करनी होती हैं। अधीनस्थ कर्मचारियों के प्रदर्शन का विश्लेषण करने, कार्य विभाजन और लक्ष्यों का विभाजन करने, कार्य की प्रगति का मापन करने, आदि क्रियाओं में गणितीय ज्ञान की आवश्यकता होती है।

3. तार्किक योग्यता : एक अन्य अभिरुचि है तार्किक योग्यता, जिसे निर्णय या तर्क के निर्माण की योग्यता के रूप में समझा जाता है। एक सिविल सेवक के कार्य में निर्णय लेने की प्रक्रिया के दौरान अनेक आत्मनिष्ठताएं उपस्थित होती हैं, यहां तार्किक योग्यता का अत्यधिक महत्त्व हो जाता है। विभागीय जांच, उच्च अधिकारियों के मौखिक आदेश, राजनीतिक आकांक्षाएं और लोक सेवा प्रदाय प्रक्रिया जैसे विषय अत्यधिक तार्किक क्रियाओं को शामिल करते हैं। किसी व्यक्ति को प्रदत्त अत्यधिक शक्तियों और स्वविवेकाधिकारों को देखते हुए उसके व्यवहार का नियंत्रित होना अत्यंत आवश्यक है। तार्किकता का गुण व्यक्ति को उसके व्यवहार को नियंत्रित रखने में सहायता प्रदान करता है। जैसा कि सुकरात ने कहा है, "एक गैर-परीक्षित जीवन जीने योग्य नहीं है"। एक सिविल सेवक के आचरण का परीक्षण स्वयं उसकी तार्किक योग्यता द्वारा ही संभव है।

4. आंकड़ों की व्याख्या और विश्लेषण : आंकड़ों का विश्लेषण करने और उनका प्रस्तुतीकरण करने की योग्यता सरकार में कार्यों की प्रगति का निरीक्षण तथा परीक्षण करने के लिए अनिवार्य है। आंकड़े विभिन्न संसूचकों के माध्यम से प्रदर्शन के विभिन्न आयामों की व्याख्या करते हैं। वर्तमान समय में प्रत्येक शासकीय विभाग के पास

अपना ऑनलाइन पोर्टल तथा वेबसाइट है। ये पोर्टल विभिन्न प्रकार की रिपोर्ट निकालते हैं, जो कार्यों की प्रगति से संबंधित जमीनी स्तर पर डाले गए आंकड़ों से तैयार होती हैं। उदाहरण के लिए, भारत सरकार के मनरेगा (Mahatma Gandhi National Rural Employment Guarantee Act– MNREGA) पोर्टल से विभिन्न रिपोर्ट निकलती हैं, जैसे– मानव श्रम दिवसों का सृजन, विभिन्न वर्गों के नए कार्यों की शुरुआत, जियोटैग चित्रों के साथ कार्यों की प्रगति का चरण, पूर्ण हो चुके कार्य तथा प्रगतिरत कार्यों का विवरण, आदि। बेहतर और दक्ष निगरानी तंत्र पर आधारित सॉफ्टवेयर का निर्माण आंकड़ों के प्रदर्शन और तार्किकता की मांग करता है। सुशासन का आधार साप्ताहिक, मासिक तथा त्रैमासिक आधार पर योजनाओं का पुनरीक्षण है। एक मजबूत पुनरीक्षण व्यवस्था आंकड़ों के प्रदर्शन की अभिरुचि पर निर्भर करती है। आंकड़ों का प्रदर्शन विभिन्न सरकारी योजनाओं की प्रगति बताने, अन्य सहायक कारकों को उजागर करने में जो सकारात्मक या नकारात्मक रूप से प्रगति को प्रभावित कर रहे हैं, व्यय और कार्य अवधि की जानकारी प्रस्तुत करने के लिए आवश्यक है।

5. लेखन कौशल : नौकरशाहों का शस्त्र होता है, परंतु यह एक कटु सत्य है कि इसकी आलोचना लालफीताशाही के रूप में की जाती है। यहां हमारा आशय ऐसे लेखन कौशल से नहीं है, जो कार्यों की प्रगति में बाधा उत्पन्न करे या उच्चाधिकारियों को भ्रमित करे। यह स्पष्ट, संक्षिप्त, सारगर्भित और विषय की बहुआयामी व्याख्या से संबंधित है।

6. वैज्ञानिक दृष्टिकोण : समय की आवश्यकता है, ताकि समय पर कार्य को पूरा किया जा सके और विकास के कार्य में आने वाली बाधाओं की पहचान करके कानून व्यवस्था बनाए रखते हुए आगे बढ़ा जा सके।

7. महत्त्वपूर्ण भौगोलिक और मानवीय विशेषताओं के ज्ञान के आधार पर सफल हो सकने योग्य नीतियां बनाई जा सकती हैं तथा जमीनी स्तर पर उनका क्रियान्वयन किया जा सकता है।

8. नैतिकता और नीतिशास्त्र का ज्ञान भी अत्यधिक महत्त्वपूर्ण है, इसकी चर्चा हम अन्य अध्ययनों में विस्तार से कर चुके हैं।

9. शारीरिक योग्यता : लोक सेवकों का शारीरिक रूप से स्वस्थ एवं ऊर्जावान होना भी आवश्यक है, तभी वे सघन दौरे, निरीक्षण और जनसंवाद जैसी गतिविधियां कर सकेंगे। इन गतिविधियों से प्राप्त अनुभव ही सफल नीति निर्माण में सहयोगी होते हैं।

बुद्धिमत्ता (Intelligence)

बुद्धिमत्ता को परिभाषित करना अत्यधिक कठिन कार्य है, ऊंचाई या भार आदि से भिन्न व्यक्ति की बुद्धिमत्ता का मापन करना आसान कार्य नहीं है। बुद्धिमत्ता के अनेक अर्थ होते हैं, जो संस्कृति, आयु समूह और कौशल समुच्च्यों (Sets) पर निर्भर करते हैं। हमें इस बात पर विचार करना है कि बुद्धिमत्ता को कौन-से कारक प्रभावित करते हैं न कि बुद्धिमत्ता क्या है? बुद्धिमत्ता की अवधारणा के पदों में हम यह प्रयास करते हैं कि इसका मापन किस प्रकार किया जाए? क्या यह मानव मस्तिष्क की एकमात्र सामान्य योग्यता है या यह अनेक प्रकार की योग्यताओं और अभिरुचियों को शामिल करती है? साथ ही क्या अन्य प्रकार की बुद्धिमत्ता भी होती है, जैसे कि भावनात्मक बुद्धिमत्ता।

व्याख्या में यह कठिनाई, अंतहीन प्रश्न और उनके संभव उत्तर जैसे कारक बुद्धिमत्ता को मनोविज्ञान का सबसे चर्चित विषय बनाते हैं। फ्रांसिस गाल्टन पहले व्यक्ति थे, जिन्होंने लोगों का बुद्धिमत्ता के आधार पर मानकीकरण करना आरंभ किया था। परंतु उनका कार्य पूर्णत: सैद्धांतिक पक्षों पर आधारित था, जिसका प्रायोगिकता से कोई संबंध नहीं था। गाल्टन ने चार्ल्स डार्विन की तरह सिद्धांत दिया कि बुद्धिमत्ता का संबंध जैविकता से है और बुद्धिमान लोगों के चयनात्मक प्रजनन (Selective Breeding) के फलस्वरूप अधिक बुद्धिमान नस्ल उत्पन्न की जा सकती है। गाल्टन इसे यूजेनिक्स (Eugenics) का नाम देते हैं। इस दौरान पेरिस में फ्रांसीसी सरकार ने सभी बच्चों को विद्यालय भेजने और शिक्षा देने का निर्णय लिया था। बिनेट और उनके सहयोगी साइमन ने बिनेट-साइमन परीक्षण (Binet-Simon

Test) तैयार किया, जिसे समान योग्यताओं वाले बच्चों को समूह के रूप में चुनने के प्रयोग में लाया गया, ताकि उन्हें उनकी संभावनाओं के आधार पर प्रभावशाली ढंग से सूचित किया जा सके। गाल्टन से भिन्न, बिनेट जन्मजात बुद्धिमत्ता को स्वीकार नहीं करते और इसे एक ऐसी विशेषता के रूप में देखते हैं, जिसे अभ्यास के माध्यम से विकसित किया जा सकता है। उन्होंने इस परीक्षण को यह जानने के लिए विकसित किया कि किन बच्चों पर अधिक ध्यान देने की आवश्यकता है। यह दुर्भाग्यपूर्ण था कि इस परीक्षण का उपयोग विभाजन में होने लगा। इस परीक्षण से प्राप्त परिणामों का उपयोग कमजोर प्रदर्शन करने वाले बच्चों की पहचान करने में होने लगा, जिससे उन्हें प्राप्त होने वाले अवसर समाप्त हो गए। विलियम स्टर्न ने बिनेट-साइमन परीक्षण के आयामों को लेकर प्रसिद्ध बुद्धिमत्ता गुणांक परीक्षण प्रतिपादित किया।

बुद्धिमत्ता गुणांक (Intelligence Quotient) = (Mental Age/Chronological Age)×100

यह परीक्षण तब उपयोगी होता है, जब इसका प्रयोग उन बच्चों पर किया जाता है, जिन्होंने विकास के लक्ष्यों को छुआ है। परंतु यह वहां उपयोगी नहीं रह जाता, जहां वयस्कों के बीच उम्र का अंतर काफी कम हो। उदाहरण के लिए, 30 वर्ष की मानसिक आयु और 31 वर्ष की मानसिक आयु में अधिक अंतर नहीं होता। यद्यपि लुइस टरमेन, जो उस समय स्टेनफोर्ड विश्वविद्यालय में कार्यरत थे, ने संयुक्त राज्य अमेरिका की सरकारों को वयस्क अमेरिकी नागरिकों और प्रवासियों का वृहद् स्तर पर बुद्धिमत्ता परीक्षण करने के लिए प्रोत्साहित किया। इस परीक्षण के परिणाम एक ओर जहां प्रायोगिक कारणों से उपयोग में लाए गए, जैसे– प्रथम विश्व युद्ध के दौरान सेना के लोगों को कार्य आवंटित करना। दूसरी ओर न्यून प्रायिकता वाले कारणों से भी उपयोग में लाए गए, जैसे– वृहद् स्तर पर युवा अशिक्षित महिलाओं की नसबंदी करना। इस प्रकार बुद्धिमत्ता का मापन विध्वंसकारी सिद्ध हुआ। बीसवीं शताब्दी के आरंभ में यह अत्यधिक स्वीकार्य अवधारणा बन चुकी थी कि लोगों में बुद्धिमत्ता, अभिरुचि और योग्यता के स्तर में अंतर होता है। चार्ल्स स्पीयरमेन के अनुसार, यद्यपि हम सभी में अलग-अलग व्यक्तिगत अभिरुचियां होती हैं, ये अभिरुचियां बुद्धिमत्ता के जी-फैक्टर (G-Factor) पर निर्भर करती हैं। स्पीयरमेन का कार्य फ्रांसिस गाल्टन के कार्य पर आधारित था। फ्रांसिस गाल्टन ने एक सांख्यिकीय प्रक्रिया को विकसित किया, जिसे फैक्टर विश्लेषण कहा जाता है, जिसके आधार पर किसी एक अभिरुचि योग्यता को दूसरों के साथ सहसंबंधित करके योग्यताओं का समूह विकसित किया जा सकता है, जिसे एक साथ जी-फैक्टर के अंतर्गत रखा जा सकता है। यह जी-फैक्टर सामान्य बुद्धिमत्ता कारक (General Intelligence Factor) के रूप में स्वीकार किया जाता है, जो किसी व्यक्ति की संपूर्ण बुद्धिमत्ता की व्याख्या करता है। उदाहरण के रूप में, एक उच्च जी-फैक्टर वाला व्यक्ति तेजी से सीखता है। यद्यपि किसी व्यक्ति की बुद्धिमत्ता को एकल संख्या का लेबल देना उस समय और आज भी समस्या उत्पन्न करता है। इस आधार पर स्पीयरमेन की अवधारणा को बहुत अधिक चुनौतियां दी गई। एक ऐसे ही चुनौती प्रस्तुत करने वाले अमेरिकी मनोवैज्ञानिक थर्सटोन थे, जिन्होंने लोगों पर 56 बुद्धिमत्ता परीक्षण किए और सात मानसिक योग्यताओं के निष्कर्ष पर पहुंचे तथा कहा कि एक में उच्च स्कोर लाना किसी अन्य में भी उच्च स्कोर की गारंटी नहीं देता और इस प्रकार स्पीयरमेन के जी-फैक्टर सिद्धांत को नकार दिया। यद्यपि थर्सटोन के अध्ययन को जब आगे प्रयोग में लाया गया, तो यह ज्ञात हुआ कि किसी बुद्धिमत्ता के एक पक्ष में उच्च स्कोर अन्य पक्षों में भी लगभग समान स्कोर की प्रवृत्ति पाई जाती है। इन परिणामों ने जी-फैक्टर के सिद्धांत की किसी-न-किसी रूप में पुष्टि अवश्य की है।

इसके बावजूद स्पीयरमेन का सिद्धांत सीखने वालों और उनकी बुद्धिमत्ता में व्यक्तिगत अंतर नहीं करता। उदाहरण के लिए, गणित की अल्प अभिरुचि वाले परंतु प्रदत्त कलाकार (Gifted Artist) के प्रकरण में, या मध्यम भाषायी कौशल वाले संगीतकार के प्रकरण में ये प्रश्न उभरकर सामने आते हैं – क्या हम एक व्यक्ति की कुछ अभिरुचियों मात्र के

आधार पर यह निष्कर्ष निकाल सकते हैं कि वह बुद्धिमान है अथवा नहीं? क्या कुछ अभिरुचियां अन्य अभिरुचियों से अधिक महत्त्वपूर्ण होती हैं? आगे, क्या बुद्धिमत्ता से परे भी कोई व्यक्तिगत अंतर होते हैं, जो सीखने की योग्यता को प्रभावित करते हैं? क्या व्यक्ति की बुद्धिमत्ता का किसी एक परीक्षण के स्कोर के आधार पर आकलन करना समस्या उत्पन्न करता है? ये प्रश्न वहां प्रासंगिक नहीं होते, जहां किसी विशेष प्रकार के व्यक्ति, जैसे– प्रदत्त प्रतिभा के धनी या सीखने की क्षमता बिल्कुल भी न रखने वाले छात्र को विचार में लिया जाता है। एक उच्च रूप से योग्य छात्र, जिसमें अपवाद स्वरूप अत्यधिक गणितीय योग्यता है, वह भाषा जैसे अन्य विषय को सीखने में औसत योग्यता ही प्रदर्शित करता है। इस प्रकार के प्रकरणों के आधार पर गार्डनर ने यह सिद्धांत प्रतिपादित किया कि स्पीयरमेन के जी-फैक्टर से परे बहुत सारी बुद्धिमत्ताएं होती हैं। ये अनेक प्रकार की बुद्धिमत्ताएं न केवल परंपरागत बुद्धिमत्ता के आयाम को समाहित करती हैं, बल्कि अंतर्व्यक्तिगत बुद्धिमत्ता को भी समाहित करती जो महान नेतृत्वकर्ता तथा कुशल खिलाड़ी या नर्तक बनने के लिए आवश्यक है। बुद्धिमत्ता के विषय से संबंधित अधिकतर आधुनिक सिद्धांत इस बात पर सहमत हैं कि बुद्धिमत्ताएं एक से अधिक संख्या में होती हैं और ये सिद्धांत शिक्षकों को कक्षा में भांति-भांति की प्रतिभाओं को प्रेरित करने की अनुमति देते हैं।

सीखने की प्रक्रिया में व्यक्तित्व की भूमिका (Role of Personality in Learning)

यह कतई आश्चर्यजनक नहीं है कि व्यक्तित्व सीखने की प्रक्रिया को प्रभावित करता है। सामान्यत: अनुसंधान के क्षेत्र में व्यक्तित्व संबंधी पांच महत्त्वपूर्ण गुणों– 1. बहिर्मुखता (Extraversion), 2. सहमतता (Agreeableness), 3. सुदृढ़ मनोस्थिति (Neuroticism), 4. खुलापन (Openness) और 5. अंत:करण का होना (Conscientiousness) – को मापा जाता है। चमोरो प्रेम्यूजिक (Chamorro Premuzic) तथा फर्नहैम (Furnham) (2003) ने विश्वविद्यालय के छात्रों पर कुछ अनुसंधान अध्ययन किए और परीक्षा में उनके अकादमिक प्रदर्शन एवं वर्षांत परियोजना (End of Year Project) के परीक्षण को व्यक्तित्व से संबंधित परिणाम माना। उन्होंने पाया कि अंत:करण सर्वाधिक प्रभावशाली घटक था और इसकी परिणति कड़ी मेहनत, संगठित चरित्र तथा महत्त्वाकांक्षा में होती है, जो सीखने के क्षेत्र में उत्कृष्ट करने के लिए अनिवार्य है। दृढ़ मनोस्थिति (Neuroticism) दूसरा महत्त्वपूर्ण प्रभावकारी घटक है, जो मस्तिष्क के स्थायित्व को निर्धारित करता है। यह प्रदर्शन की अन्य माप को प्रभावित करता है और कई बार इसे एक ऐसे तत्त्व के रूप में माना जाता है, जो चिंता को बढ़ावा देता है तथा परीक्षा जैसी स्थितियों में प्रदर्शन को खतरे में डाल देता है।

खुलापन (Openness) भी प्रदर्शन को प्रभावित करता है। यह व्यक्तित्व का वह गुण है, जो बाहरी संसार को लेकर कल्पनाशीलता और जिज्ञासा की विशेषताओं से संबंधित होता है। सामान्यत: मनोविज्ञान के छात्र अधिक खुले हुए होते हैं। अत्यधिक खुले लोग अधिक साहसी और सृजनात्मक होते हैं तथा दूसरी ओर इस मामले में कम खुले लोग परंपरागत सोच वाले होते हैं। 2003 के इस अध्ययन में लेखकों ने अकादमिक व्यवहार, जैसे– अनुपस्थित रहना और शिक्षक की भविष्यवाणी, आदि को भी शामिल किया। यह प्रतीत होता है कि इनमें से कोई भी प्रभावशाली शक्ति के रूप में व्यक्तित्व के बराबर नहीं है।

कुछ शोधों के अनुसार, बुद्धिमत्ता सीधे रूप से अंत:करण से संबंधित है। व्यक्तित्व का अंत:करण से संबंध काफी हद तक स्व-व्याख्यायित है और खुलेपन से संबंधित परिणाम सौंदर्य तथा विचारों के स्तर के मध्य के सहसंबंध द्वारा समझे जा सकते हैं। अब यह काफी सीमा तक स्पष्ट हो चुका है कि बुद्धिमत्ता और सीखने के मध्य के संबंध को अतिशयोक्तिपूर्ण ढंग से लिया जाता रहा है। यद्यपि बुद्धिमत्ता को पूर्णत: नकारा नहीं जा सकता। परंतु यदि हम लगभग समान बुद्धिमत्ता वाले लोगों की बात करें तो व्यक्तित्व बड़ी भूमिका निभाता है।

प्रेरणा (Motivation) व्यक्तित्व का एक अन्य घटक है, जो उचित शिक्षण के लिए जिम्मेदार है। प्रदर्शन और उपलब्धि के निर्धारण में प्रेरणा महत्त्वपूर्ण भूमिका निभाती है। हम अनेक उदाहरण देख सकते हैं, जिनमें प्रेरणा आंतरिक रूप से

व्यक्तित्व से संबंधित घटकों से विभिन्न प्रकार से जुड़ी होती है, जो सीखने वालों द्वारा धारण की जाने वाली व्यक्तिगत प्रकार की प्रेरणा पर आश्रित होती है। प्रेरणा से संबंधित अधिकतर सिद्धांत अल्प प्रेरणा से लेकर अत्यधिक उच्च प्रेरणा तक की विविधता को एकल अवधारणा के रूप में देखते हैं। यद्यपि कुछ सिद्धांतों के अनुसार, यह इतने सामान्य रूप में एकल प्रकार की नहीं है, बल्कि अभिविन्यास (Orientation) और इसके प्रकार पर आधारित होती है। यह एक सवाल उठाता है कि किसी चीज को क्यों किया जाना है, तो इसके उत्तर में प्रेरणा का स्तर और प्रकार परिदृश्य में उभरकर आते हैं। स्व-निर्धारण सिद्धांत कहता है कि प्रेरणा का अभिविन्यास विभिन्न प्रकार के उद्देश्यों और तर्कों से संबंधित होता है, जो किसी क्रिया को शामिल करते हैं तथा इस प्रश्न का उत्तर प्रस्तुत करते हैं कि क्यों किसी क्रिया को किया जाना है। उदाहरण के लिए, एक सिविल सेवक किसी सरकारी कार्यक्रम को चलाने के लिए अत्यधिक प्रेरित है, क्योंकि यहां उसका व्यक्तिगत हित है कि उसे ऐसा करके अपने सहकर्मियों और उच्चाधिकारियों से लोकप्रियता प्राप्त होगी। इस उदाहरण में हो सकता है कि प्रेरणा की मात्रा परिवर्तनशील न हो, क्योंकि यह उसका दायित्व है, परंतु प्रेरणा का अभिविन्यास परिवर्तनशील हो सकता है, जो कार्य में गुणवत्ता का स्तर प्रदान करता है।

प्रेरणा के दो प्रकार होते हैं– आंतरिक प्रेरणा और बाह्य प्रेरणा (Deci and Ryan, 1985)। आंतरिक प्रेरणा (Intrinsic Motivation) को स्व-निर्धारण उपागम (Self-determination Approach) के अनुसार परिभाषित किया जाता है। आंतरिक प्रेरणा का आगमन तब होता है, जब साधारण रूप में स्वसंतुष्टि और सुख प्राप्त करने का प्रयास किया जाता है। योग्यता तथा स्व-निर्धारण के लिए जन्मजात लालसा को पूर्ण करना ही वह चीज है, जो आंतरिक प्रेरणा को निर्धारित करती है। एक सिविल सेवक जो अपने कर्तव्यों को पूरा करने के लिए आंतरिक रूप से प्रेरित है वह स्वेच्छा से ही कार्य करता है और नए कौशल को अपनी वर्तमान योग्यता के लिए चुनौती की तरह लेता है। आंतरिक रूप से प्रेरित एक सिविल सेवक उन गतिविधियों को करने में अधिक प्रसन्नता प्राप्त करता है, जो उनको करने के दौरान उत्पन्न उसकी सकारात्मक भावनाओं से संबंधित हों। इस प्रकार गतिविधि या विषय में रुचि महत्त्वपूर्ण घटक है, जो प्रगति करने के अर्थ में ली जाती है (Deci and Ryan, 1985)।

इसके अलावा, वे नौकरशाह जो निरंतर सीखने और अपने शैक्षणिक स्तर को बनाए रखना चाहते हैं, आंतरिक रूप से अधिक प्रेरित होते हैं। इस प्रकार वे सीखने के लिए सीखते हैं परंतु वे नौकरशाह बाह्य रूप से प्रेरित होते हैं, जो उच्च शिक्षा को अन्य साध्यों की प्राप्ति का माध्यम समझते हैं, जैसे कि स्वयं की प्रोफाइलिंग करना। एक सिविल सेवक भी पारितोषक और दंड द्वारा प्रेरित होता है, जो उसकी कार्य में सफलता या असफलता पर निर्भर करता है। आरंभ में यह माना जाता था कि बाह्य प्रेरणा (Extrinsic Motivation) स्व-निर्धारण (Self-determination) से रिक्त होती है। यद्यपि हाल के वर्षों में यह माना जाने लगा है कि बाह्य प्रेरणा के तीन स्तर होते हैं।

सीखने और स्व-निर्धारण के संदर्भ में बाह्य प्रेरणा के तीन स्तर निम्नलिखित हैं–

1. बाह्य (External) : प्रेरणा संबंधी व्यवहार व्यक्ति से बहिर्गत होता है, उदाहरण के रूप में डिग्री प्राप्त करने के उद्देश्य मात्र के लिए किसी विशिष्ट कोर्स को करना तथा भविष्य में पेशेवर उन्नति के लिए इसे व्यक्तिगत प्रोफाइल में जोड़ना।

2. अंत:क्षेपित नियंत्रण (Introjected Regulation) : प्रेरणा का कारण कुछ विशेष प्रकार के दबाव के कारण भी होता है, जैसे अपने कौशल से लोगों को प्रभावित करने का दबाव। सिविल सेवकों की ऐसी छवि है कि वे देश की चुनिंदा प्रतिभाएं हैं और कार्य क्षेत्र में उन्हें तुलनात्मक रूप से महारत हासिल होती है। इस प्रकार सीखने की क्रिया केवल तभी आरंभ नहीं होती है, जब नौकरशाह स्व-अतिशयोक्ति की आवश्यकता अनुभव करें, बल्कि जब वह कौशल न होने और संपूर्ण रूप में टास्क मास्टर न होने की ग्लानि का अनुभव करता है, तब भी शुरू होती है।

3. चिह्नित नियंत्रण (Identified Regulation) : एक सिविल सेवक किसी विशेष तरह का व्यवहार करता है, क्योंकि वह इसे व्यक्तिगत रूप से महत्त्वपूर्ण मानता है। उदाहरण के लिए, वह कॅरियर में उच्च अध्ययन के मूल्य

को अनुभव करता है और उसे सकारात्मक मूल्य देता है। इस प्रकार उसकी सीखने की प्रक्रिया तब तक बनी रहती है, जब तक वह इसे मूल्यवान मानता है

यह माना गया है कि आंतरिक प्रेरणा और बाह्य प्रेरणा परस्पर विरोधी होती हैं। इस प्रकार सीखने के लिए रुचि का होना, जो उच्च शिक्षा का एक ध्येय भी है (आंतरिक प्रेरणा), अच्छी प्रोफाइल और कॅरियर में उन्नति को निर्धारित करे (बाह्य प्रेरणा) आवश्यक नहीं है।

अभिरुचि और मनोवृत्ति (Aptitude and Attitude)

अभिरुचि को किसी विषय को सीखने की योग्यता के रूप में परिभाषित किया जाता है और यह किसी व्यक्ति विशेष में विभिन्न मात्रा में पाई जाती है। अभिरुचि को अधिक मात्रा में परिवर्तित नहीं किया जा सकता, यह लगभग नियत होती है। परंतु सही मनोवृत्ति की सहायता से इसका काफी अधिक दोहन किया जा सकता है। कोई अभिरुचि कौशल में परिवर्तित होगी, यह उस व्यक्ति की मनोवृत्ति पर निर्भर करता है। सही मनोवृत्ति के अभाव में अभिरुचि अकेले कोई चमत्कार नहीं कर सकती। भावना, ज्ञान और किसी व्यक्ति का व्यवहार अभिरुचि का दोहन करने के लिए अनुकूल वातावरण प्रदान करता है। निष्क्रिय अभिरुचि किसी उपयोग की नहीं है तथा अभिरुचि को सक्रिय करने में मनोवृत्ति महत्त्वपूर्ण भूमिका निभाती है। अभिरुचि शुद्ध रूप से एक मात्रात्मक विचार है, जबकि मनोवृत्ति का संबंध गुणात्मकता से है। अभिरुचि को किसी औपचारिक या अनौपचारिक परीक्षण के बिना ज्ञात नहीं किया जा सकता, परंतु मनोवृत्ति स्वयं में प्रदर्शित होती है। मूल अंतर यह है कि आप लोगों में अभिरुचि की कमजोरी का उपचार करने के लिए उन्हें प्रशिक्षित कर सकते हैं, परंतु मनोवृत्ति की कमजोरी का उपचार कठिन कार्य है। दूसरे शब्दों में, लोगों को व्यवहारात्मक समस्या के लिए प्रशिक्षित करना कठिन कार्य है। मनोवृत्ति व्यक्ति के अंदर होती है। आप किसी व्यक्ति को परिवर्तित होने के लिए प्रेरित नहीं कर सकते, बल्कि उसे इसके लिए अपने आप को प्रेरित करना होता है।

मनोवृत्ति (ATTITUDE)			
	2. प्रशिक्षण के माध्यम से सुधार योग्य	4. औसत प्रदर्शक	6. स्टार प्रदर्शक
	1. अत्यधिक अयोग्य	3. अनियमित प्रदर्शक	5. दुष्ट प्रतिभा
			अभिरुचि (APTITUDE)

चित्र 7.1 : अभिरुचि–मनोवृत्ति संबंध

सरकार में निचले पदसोपान के नौकरशाहों (Street Side Bureaucrats) का एक भाग न्यूनतम अभिरुचि और निकृष्ट मनोवृत्ति की श्रेणी में आता है। वास्तव में कार्यक्रम का क्रियान्वयन करने वाले लोग अत्यधिक अप्रतियोगी (Incompetent) व्यवहार को प्रदर्शित करते हैं। इनकी नियुक्ति प्रक्रिया में अनेक नीतिगत कमियां हैं और प्रशिक्षण की या तो कोई व्यवस्था नहीं है या फिर घटिया गुणवत्ता का प्रशिक्षण दिया जाता है। ऐसे लोग जिनकी अभिरुचि न्यून है परंतु उच्च स्तर की मनोवृत्ति को धारण करते हैं, उन्हें अच्छा प्रदर्शन करने वाले कार्य बल के रूप में तैयार किया

जा सकता है। नेतृत्वकर्ताओं ने इसी प्रकार के कार्य बल का प्रयोग करके आश्चर्यजनक प्रदर्शन किए हैं। सरकार में अधिकतर पेशेवर मध्यम अभिरुचि और न्यून मनोवृत्ति वाले होते हैं तथा इसीलिए वे अनियमित ढंग से प्रदर्शन करते हैं। भारत में मध्यम स्तर के प्रबंधकों (Middle Line Managers) का एक बड़ा हिस्सा इसी प्रकार का है।

ऐसे लोग जिनमें मध्यम अभिरुचि और उच्च मनोवृत्ति होती है, वे सरकार में महत्त्वपूर्ण पद प्राप्त करते हैं। वे वास्तव में औसत प्रदर्शक हैं और अधिकांशत: परिणाम उत्पन्न करने में नियमित होते हैं। परंतु हम उनके कार्यों से कोई क्रांतिकारी परिवर्तन प्राप्त नहीं कर सकते। इस प्रकार के नौकरशाह राजनीतिक कार्यपालकों की पहली पसंद होते हैं। हम प्रशासन के क्षेत्र में कई नाम सुनते हैं, जो अपने प्रदर्शन के लिए जाने जाते हैं। वे प्रदर्शन के लिए अधीनस्थों पर शक्ति का प्रयोग करते हैं और दंड के भय से उनसे काम लेते हैं। वे कम समय में परिणाम उत्पन्न करने के लिए प्रसिद्ध होते हैं, परंतु ऐसे परिणाम दीर्घकालीन नहीं होते। कई बार उनके परिणाम आंकड़ों में ही प्रतीत होते हैं, जबकि जमीनी वास्तविकता कुछ और ही होती है।

उच्च अभिरुचि और उच्च मनोवृत्ति वाले स्टार प्रदर्शक समय की मांग है, क्योंकि वे दीर्घकालीन परिणाम उत्पन्न करते हैं और इतिहास बनाते हैं। वे लोग व्यवस्थित सुधारों पर विश्वास रखते हैं और मात्रात्मक परिणाम मात्र के लिए जल्दबाजी नहीं करते।

अभ्यास प्रश्न

1. मूल्यों व नैतिकताओं से आप क्या समझते हैं? व्यावसायिक सक्षमता के साथ नैतिक भी होना किस प्रकार महत्त्वपूर्ण है? (UPSC 2013)
2. अभिरुचि और मनोवृत्ति अंतर्क्रिया किस प्रकार किसी पेशेवर के प्रदर्शन को प्रभावित करती है? आलोचनात्मक व्याख्या कीजिए।
3. अभिरुचि से आप क्या समझते हैं? वे कौन-से कारक हैं, जो किसी व्यक्ति की अभिरुचि को निर्धारित करते हैं?
4. किसी व्यक्ति द्वारा अभिरुचि के दोहन में सामाजिक प्रभाव किस सीमा तक निर्धारक घटक होता है?
5. व्यक्तित्व के पांच महत्त्वपूर्ण गुणधर्म कौन-से हैं? व्याख्या कीजिए।
6. किसी सिविल सेवक के लिए अनिवार्य अभिरुचियों का विवरण दीजिए और उन्हें कुछ उदाहरणों के माध्यम से समझाइए।

अध्याय 8

भावनात्मक बुद्धिमत्ता

Emotional Intelligence

प्रस्तावना (Introduction)

हमारे सम्मुख महान नेताओं, जाने-माने प्रशासकों और अच्छे लोक सेवकों के अनेक उदाहरण हैं, जिनके पास बड़े बिजनेस स्कूलों और प्रसिद्ध शैक्षणिक संस्थानों की डिग्रियां नहीं रही हैं। हम ऐसे उदाहरण भी देख सकते हैं, जहां अनेक छात्र जिनके पास प्रसिद्ध शैक्षणिक संस्थानों से प्राप्त डिग्रियां थीं, किंतु वे अपने जीवन में कोई महान कार्य नहीं कर सके। सफलता का राज अकादमिक ज्ञान, तकनीकी योग्यता और वर्षों का अनुभव नहीं होता, बल्कि जो चीज सबसे ज्यादा मायने रखती है और एक स्टार प्रदर्शक को साधारण प्रदर्शक से दूर करती है वह है भावनात्मक बुद्धिमत्ता। भावनात्मक बुद्धिमत्ता वास्तव में कौशल का एक ऐसा सेट है, जिसे कोई भी प्राप्त कर सकता है। डेनियल गोलमेन इसकी पहचान करते हैं, इसके महत्त्व को बताते हैं कि किस प्रकार इसे विकसित किया जा सकता है। किसी व्यक्ति की संगठन में स्थिति जितनी उच्च होती है उसके भीतर भावनात्मक बुद्धिमत्ता की आवश्यकता उतनी ही अधिक होती है।

सफल नेतृत्वकर्ता बनने के लिए यह एक अनिवार्य घटक है। किसी भी क्षेत्र में ऊंचाई पर बने रहने के लिए और यहां तक कि यांत्रिक प्रकृति के उच्च तकनीकी पेशे में भी यह अत्यंत आवश्यक है। ऐसे संगठन जो भावनात्मक बुद्धिमत्ता के आधार पर चलते हैं, वे ही आज के प्रतिस्पर्धात्मक बाजार में टिके रह सकते हैं। भावनात्मक बुद्धिमत्ता वह यंत्र है, जो किसी व्यक्ति के पेशेवर जीवन की सफलता का द्योतक होता है। यह किसी व्यक्ति के पारिवारिक जीवन तथा सामाजिक वातावरण का भी द्योतक होता है। यह केवल निजी क्षेत्र में ही उपयोगी नहीं है, बल्कि लोक क्षेत्र या सरकारी संगठनों में दैनिक कार्यों की प्रगति में भी महत्त्वपूर्ण है। सरकार में कामकाज के तौर-तरीकों में तेजी से परिवर्तन हुआ है। लोक सेवकों को नए पैमानों के आधार पर मापा जाता है; न केवल इस आधार पर कि वे कितने होशियार या अच्छे हैं, वे अपने कार्य में कितने कुशल है, बल्कि यह भी कि वे लोगों को और स्वयं को किस प्रकार नियंत्रित करते हैं। यह पैमाना तेजी से एक आधार के रूप में उभर रहा है, जिसे महत्त्वपूर्ण पदों पर लोगों की नियुक्ति करते समय देखा जा रहा है। किसे रखना है, किसे हटाना है, किसकी पदोन्नति करनी है और किसे यथावत रहने देना है इन निर्णयों में संबंधित कर्मचारी की भावनात्मक बुद्धिमत्ता का स्तर काफी मायने रखने लगा है।

इन चीजों का इस बात से बहुत कम सरोकार है कि हमने स्कूल में क्या सीखा और इन नए मानकों के सामने अकादमिक योग्यताओं की प्रासंगिकता तेजी से कम हुई है। ये नए मानक व्यक्ति की बौद्धिक क्षमता और तकनीकी ज्ञान की उपेक्षा करते हैं तथा इनके स्थान पर उसकी व्यक्तिगत विशेषताओं, जैसे- नेतृत्व क्षमता, समानुभूति, अनुकूलनता और अनुनय क्षमता, आदि पर अधिक बल देते हैं। ये उन गुणों पर बल देते हैं, जो व्यक्ति की नेतृत्व क्षमता के लिए महत्त्वपूर्ण होते हैं और व्यवस्था में परिवर्तन लाने की क्षमता रखते हैं। व्यक्ति को अपनी प्रतिभा

और बौद्धिक गुणांक (Intelligence Quotient) को पूर्णत: उपयोग में लाने के लिए भावनात्मक योग्यता को धारण करना अनिवार्य है।

हम लोगों की संपूर्ण क्षमता का दोहन नहीं कर पाते इसके पीछे का कारण हमारे और उनके भीतर भावनात्मक योग्यता का अभाव होता है। नेतृत्व करने और दैनिक कार्यों से हटकर किसी कार्य को करने के लिए आवश्यक योग्यता हममें से अधिकतर लोगों में नहीं होती, क्योंकि हमारी बौद्धिक या ज्ञानात्मक योग्यता और भावनात्मक योग्यता के बीच बड़ा अंतर होता है। कुछ योग्यताएं शुद्धतम बौद्धिक या ज्ञानात्मक (Cognitive) होती हैं, जैसे– तार्किक क्षमता या तकनीकी निपुणता और कुछ योग्यताएं भावनात्मक होती है, जैसे– संपूर्ण विचार तथा भावनाएं, इन्हें ही भावनात्मक योग्यता कहते हैं। यह भावनात्मक बुद्धिमत्ता पर आधारित क्षमता या योग्यता होती है, जो कार्य क्षेत्र में उत्कृष्ट प्रदर्शन के रूप में परिणत होती है। क्या विज्ञान और दर्शनशास्त्र मिलकर विनाशकारी भावनाओं, जैसे– नफरत, सर्वश्रेष्ठता का ज्ञान, लालसा और धार्मिक कट्टरवादिता की पहचान करने में सक्षम हैं? यदि हां, तो क्या वे उन भावनाओं को मानवता की समृद्धि में लगाने के लिए परिवर्तित कर सकते हैं? जैसा कि दलाई लामा कहते हैं, विज्ञान के हमारे जीवन, धर्म और आध्यात्मिकता पर बढ़ते प्रभाव के साथ इसने हमें हमारी मानवता को याद दिलाने में बड़ी भूमिका निभाई है।

अरस्तु की रचना द *निकोमेकिअन एथिक्स* (The Nichomachean Ethics) में एक महत्त्वपूर्ण चुनौती प्रस्तुत की गई है। इसके अनुसार, क्रोधित होना आम बात है और आसान भी। परंतु सही व्यक्ति पर, सही मात्रा में, सही समय पर, सही उद्देश्य के लिए तथा सही तरीके से क्रोध दिखाना आसान नहीं होता। अरस्तु की यह चुनौती आज भी उतनी ही प्रासंगिक है, जितनी उस समय ग्रीक समाज में रही होगी। इसे इस रूप में समझा जा सकता है कि मानवीय भावनाओं का उमड़ना सामान्य-सी प्रक्रिया है, परंतु इन मानवीय भावनाओं पर नियंत्रण स्थापित करना और सकारात्मक दिशा में उनका प्रयोग करना कठिन कार्य है।

आधुनिक वैज्ञानिक अध्ययनों में मानवीय भावनाओं को लेकर अनेक शोध हुए हैं। नई ब्रेन इमेजिंग तकनीकी के प्रयोग से मस्तिष्क की गतिविधियों को जानना संभव हो चुका है। विभिन्न परिस्थितियों में भावनाओं की उत्पत्ति किस प्रकार होती है इसे समझा जा सकता है। विचारों, अनुभवों, कल्पनाओं और सपनों के चलने से मस्तिष्क की कोशिकाएं किस प्रकार कार्य करती हैं इसे देखा जा सकता है। इन चित्रणों (Mapping) ने बुद्धिमत्ता के बारे में चले आ रहे परंपरागत संकीर्ण विचारों पर पुन: विचार करने पर बाध्य किया है। यह माना जाता रहा है कि बुद्धिमत्ता गुणांक (IQ) आनुवंशिक होता है तथा इसे जीवन के अनुभवों द्वारा परिवर्तित नहीं किया जा सकता। इस प्रकार किसी भी व्यक्ति के जीवन में उपलब्धियां बुद्धिमत्ता गुणांक की माप के आधार पर सीमित होती दिखाई देती हैं। परंतु हम ऐसे अनेक उदाहरण भी देखते हैं, जब अपेक्षाकृत अच्छे बुद्धिमत्ता गुणांक वाले लोग अपेक्षाकृत कम बुद्धिमत्ता गुणांक वाले लोगों से बेहतर उपलब्धियां हासिल नहीं कर पाते।

वर्तमान सामाजिक परिवेश में अनेक ऐसी बुराइयां और कमियां विकसित हो गई हैं, जो सामाजिक जुड़ाव को छिन्न-भिन्न कर रही हैं। स्वहितवाद, भेदभाव, लालच और हिंसात्मक गतिविधियों ने समुदाय में घृणा तथा उदासी का माहौल विकसित किया है। ऐसी परिस्थितियों में भावनात्मक बुद्धिमत्ता की भूमिका अधिक महत्त्वपूर्ण हो रही है। भावनात्मक बुद्धिमत्ता का नैतिक आचरण से सीधा संबंध है। एक उच्च भावनात्मक गुणांक (Emotional Quotient) धारण करने वाला व्यक्ति अपनी नकारात्मक भावनाओं पर आसानी से नियंत्रण स्थापित करने में सक्षम होता है। परोपकारिता (Altruism) का आधार ही समानुभूति (Empathy) है।

सामाजिक जीव वैज्ञानिकों ने इस बात पर सदैव बल दिया है कि महत्त्वपूर्ण पलों में हृदय हमेशा मस्तिष्क पर हावी होता है। हमारी भावनाएं हमें महत्त्वपूर्ण कार्य करने के लिए प्रेरित करती हैं और ऐसे अवसरों पर तार्किकता या बुद्धिमत्ता को अलग-थलग रख दिया जाता है। ये महत्त्वपूर्ण अवसर जीवन पर खतरे, किसी विशेष लक्ष्य की प्राप्ति और पारिवारिक जीवन से संबंधित होते हैं।

अब हम इस बात पर चर्चा करेंगे कि इन भावनाओं की व्याख्या किस प्रकार की जाए। क्रिया (Act) करने के लिए आवेगों (Impulses) को ही भावनाओं का नाम दिया जाता है। भावना (Emotion) शब्द का आधार "Motion" है। यह शब्द लैटिन क्रिया "Motere" से बना है, जिसका अर्थ है "आगे बढ़ना" (To Move)। इस प्रकार किसी भी क्रिया में भावना छुपी हुई होती है। किसी विशेष अवसर पर व्यक्ति में विशेष प्रकार की भावना उत्पन्न होती है, जो आंतरिक रूप से व्यक्ति को उससे संबंधित शारीरिक क्रिया करने के लिए प्रेरित करती है। उदाहरण के लिए, क्रोध (Anger) की भावना उत्पन्न करने वाली परिस्थितियों में क्रोध की भावना व्यक्ति के हाथों में रक्त का संचार बढ़ा देती है, जो व्यक्ति को अपने शत्रु पर प्रहार करने के लिए शस्त्र पकड़ने की क्रिया को आसान बना देता है। इसी प्रकार भय (Fear) की भावना वृहद् अस्थि-मांसपेशियों में रक्त का संचार बढ़ा देती है, जिससे व्यक्ति को भागने में सहायता मिलती है।

भावनात्मक बुद्धिमत्ता का वर्गीकरण (Classification of Emotional Intelligence)

भावनात्मक बुद्धिमत्ता व्यक्ति की बुद्धिमत्ता के भावनात्मक आधार, जैसे भावनात्मक योग्यताओं का मापन करती है। ये भावनात्मक योग्यताएं दो वर्गों में विभाजित की जाती हैं– व्यक्तिगत भावनात्मक बुद्धिमत्ता और सामाजिक भावनात्मक बुद्धिमत्ता।

व्यक्तिगत भावनात्मक बुद्धिमत्ता (Personal Emotional Intelligence)

पहले वर्ग की भावनात्मक बुद्धिमत्ता के रूप में व्यक्तिगत योग्यताएं स्व-जागरूकता (Self-awareness), स्व-नियंत्रण (Self-regulation) और प्रेरणा (Motivation) को शामिल करती हैं, जो यह निर्धारित करती है कि हम किस प्रकार स्वयं का प्रबंधन करते हैं।

1. स्व-जागरूकता (Self-awareness) यह व्यक्ति की आंतरिक मानसिक स्थिति, प्राथमिकता या चयनात्मकता, उसके पास उपलब्ध संसाधन तथा अंत:प्रज्ञा को जानने पर बल देती है। स्व-जागरूकता की योग्यता भावनात्मक जागरूकता, सटीक स्व-आकलन और आत्मविश्वास को शामिल करती है। आत्मनिष्ठ धाराओं (Subjective Currents) को पढ़ने की अंतर्निहित क्षमता की जड़ें मानव के विकास (Evolution) से जुड़ी हुई हैं। आंतरिक अनुभवों (Gut Feelings) में शामिल होने वाले मस्तिष्क के भाग का विकास नियो कार्टेक्स (Neo-cortex), जो तार्किक चिंतन का केंद्र है, से पहले हुआ था। अंत:प्रज्ञा (Intuition) और आंतरिक अनुभव (Gut Feeling) हमारी भावनात्मक याददाश्त के आंतरिक संग्रह से सूचनाओं की संवेदना प्राप्त करने की क्षमता प्रदान करते हैं, जो ज्ञान और निर्णय का हमारा अपना संग्रह होता है। मस्तिष्क की यह योग्यता स्व-जागरूकता की धुरी के रूप में होती है और स्व-जागरूकता तीन भावनात्मक योग्यताओं– भावनात्मक जागरूकता, सटीक स्व-आकलन और आत्मविश्वास के लिए महत्त्वपूर्ण आधारभूत कौशल होती है।

पहली नजर में ज्ञात होता है कि हमारी भावनाएं स्वाभाविक (Obvious) होती हैं। अधिक सूक्ष्मता से विचार करने पर यह स्पष्ट हो जाता है कि हम जो महसूस करते हैं, उस पर हमारा ध्यान ही नहीं जाता। मनोविज्ञानी विचार की प्रक्रिया के बारे में जागरूक या सजग होने को "मेटा संज्ञान" (Meta Cognition) कहते हैं और व्यक्ति के स्वयं के अनुभवों के बारे में जागरूक होने को "मेटामूड" (Metamood) कहते हैं। व्यक्ति की आंतरिक स्थिति के बारे में इन सभी जागरूकताओं को सम्मिलित रूप से स्व-जागरूकता कहा जा सकता है। स्व-जागरूकता को संक्षेप में व्यक्ति की स्वयं की मानसिक स्थिति और उस स्थिति से संबंधित विचारों की जागरूकता के रूप में परिभाषित किया जा सकता है। स्व-जागरूकता आंतरिक स्थिति के प्रति गैर-क्रियाशील (Non-reactive), गैर-अनुमानात्मक (Non-judgemental) रहती है।

भावनाओं के बारे में जागरूक होना और उन भावनाओं को बदलने का प्रयास करना ये दोनों ही भिन्न स्थितियां हैं। प्रायोगिक उद्देश्य में इन दोनों को साथ-साथ चलना चाहिए। कुछ लोग पूर्णत: भावनात्मक रूप से संचालित होते हैं

और उनसे उबरने में दक्ष नहीं होते। उनकी मानसिक स्थिति उन पर हावी हो जाती है। इन लोगों का उनके भावनात्मक जीवन पर कोई नियंत्रण नहीं होता। जबकि कुछ लोग इस बात को लेकर पूर्णतः स्पष्ट होते हैं कि वे क्या महसूस कर रहे हैं, वे अपनी मानसिक स्थिति को स्वीकार करते हैं। इस तरह लोगों में भी दो वर्ग पाए जाते हैं। पहले वे लोग जो अपनी मानसिक स्थिति को बदलने का प्रयास करते हैं और दूसरे वे जो इसे बदलने का बिल्कुल भी प्रयास नहीं करते तथा उसे ऐसे ही छोड़ देते हैं। नकारात्मक भावनाओं के फलस्वरूप ये लोग अवसाद का शिकार हो जाते हैं।

भावनात्मक जागरूकता (Emotional Awareness) : हमारी भावनाएं और किस प्रकार से ये भावनाएं हमारे प्रदर्शन को प्रभावित करती हैं, इनसे सबंधित सूचना (Acknowledgement) तथा निर्णयन में हमारे मूल्यों का प्रयोग करने की योग्यता इसकी परिधि के अंतर्गत आती है।

सटीक स्व-आकलन (Accurate Self-assessment) : यह हमारी व्यक्तिगत योग्यताओं और सीमाओं के ज्ञान से संबंधित है। यह हमें हमारे मजबूत और कमजोर पक्षों की स्पष्ट संवेदना प्रदान करता है तथा हमें कमजोर पक्षों से उबरने का ज्ञान भी प्रदान करता है। यह अनुभव से सीखने की हमारी योग्यता से भी संबंधित होता है।

आत्मविश्वास (Self-confidence) यह वह साहस है, जो व्यक्तिगत मजबूती, परीक्षण की जा चुकी योग्यताओं, मूल्यों और लक्ष्यों का आश्वासन देता है।

2. स्व-नियंत्रण (Self-regulation) : यह आंतरिक मनोस्थिति, उत्कंठाओं, आवेगों और संसाधनों को नियंत्रित करने से संबंधित है। इसके अंतर्गत स्व-नियंत्रण, धर्म (सही), शुद्ध अंतःकरण अनुकूलन और नए विचार आते हैं। तनाव युक्त स्थिति में मस्तिष्क इस प्रकार कार्य करता है कि भावनाएं इसके कार्य को बुरी तरह प्रभावित करने लगती हैं। उदाहरण के लिए, कोई व्यक्ति आलोचक श्रोताओं के सम्मुख भाषण देता है, तो भावनात्मक मस्तिष्क उसके प्रदर्शन को बुरी तरह प्रभावित करता है।

कार्यात्मक स्मृति (Working Memory) समझने, तर्क करने, दीर्घकालीन आयोजना (Perspective Planning) और सीखने की क्रियाओं में महत्त्वपूर्ण भूमिका का निर्वहन करती है। जब मस्तिष्क शांत होता है तो यह अधिक बेहतर तरीके से कार्य करती है। परंतु आपातकालीन परिस्थितियों में मस्तिष्क स्व-रक्षात्मक स्थिति में आ जाता है और बारंबार कार्यात्मक प्रतिरूप (Frequently Functioning Module) में जटिल वैचारिक प्रक्रिया को शामिल किए बिना कार्य करता है, जैसा कार्यात्मक स्मृति के प्रकरण में देखा जाता है। मस्तिष्क में यह न्यूरल सर्किटिंग क्रियाविधि मानव जाति के विकास के दौरान ही विकसित हुई, इसलिए जब कभी भी कोई आपातकालीन स्थिति उत्पन्न होती है, तो हमें कष्टकारी भावनाओं, जैसे– चिंता, उत्साहहीनता, गुस्सा, आदि का सामना करना पड़ता है।

स्व-नियंत्रण का अभिप्राय अपनी मानसिक स्थिति का स्वामी होने से है। ग्रीक दर्शन में भी संयम (Temperence) को एक सद्‌गुण माना गया है। संयम का तात्पर्य भावनात्मक चरमता (Emotional Extremeness) से दूर रहना होता है। यहां उद्‌देश्य भावनाओं को दबाना नहीं, बल्कि उनमें संतुलन स्थापित करना होता है। एक जोशहीन जीवन मृतप्राय है। भावनाएं जब शांत अवस्था में होती हैं, तो जीवन शिथिल और निराशाजनक हो जाता है, तथा जब अति उत्तेजित स्थिति में होती हैं, तो अत्यधिक चिंता, क्रोध और आंदोलन की स्थिति उत्पन्न होती है।

3. प्रेरणा (Motivation): यह एक भावनात्मक तीव्रता है, जो हमें किसी लक्ष्य को प्राप्त करने के लिए रास्ता दिखाती है और हमसे तीव्रता से कार्य करवाती है। इसके अंतर्गत उपलब्धियों को प्राप्त करने की इच्छा, समर्पण, सक्रियता और आशा आदि आते हैं।

सामाजिक भावनात्मक बुद्धिमत्ता (Social Emotional Intelligence)

सामाजिक योग्यता या सामाजिक भावनात्मक बुद्धिमत्ता के अंतर्गत समानुभूति (Empathy) और सामाजिक कौशल आते हैं, जो यह निर्धारित करते हैं कि हम संबंधों को किस प्रकार नियंत्रित करते हैं।

1. समानुभूति (Empathy) : समानुभूति को किसी अन्य व्यक्ति की भावनाओं की सूचना प्राप्ति के रूप में समझा जा सकता है। अन्य व्यक्तियों के मस्तिष्क में किसी परिस्थिति में चल रही तर्कीकरण की प्रक्रिया और उस तर्कीकरण के पीछे का कारण भी समानुभूति के घटक हैं। समानुभूति के अंतर्गत स्थिति की जागरूकता (Awareness), संस्कृति, राजनीतिक विचार, सामाजिक वातावरण का ज्ञान, विविधता का सम्मान करना और अन्यों के प्रति दया का भाव रखना, आदि आते हैं। यह आपसे दूसरों की अपेक्षाओं के संदर्भ में उनकी भावनाओं को जानने से संबंधित है।

समानुभूति का निर्माण स्व-जागरूकता की नींव पर ही होता है। हम अपनी भावनाओं के प्रति जितना सजग रहते हैं, उतना ही हम भावनाओं को समझने में पारंगत होने लगते हैं। अन्य व्यक्ति किस प्रकार का अनुभव करता है इसे जानने की योग्यता जीवन के कई परिदृश्यों में काम में आती है। जीवन के लगभग सभी पक्ष कहीं न कहीं इस योग्यता से प्रभावित होते हैं, चाहे वह सहकर्मियों के साथ संबंध को लेकर हो या पारिवारिक संबंधों को लेकर हो। यहां तक कि अजनबी लोगों के साथ वार्तालाप या अंतर्क्रियाओं के दौरान संचालित हो रहे संबंध हों। लोगों की भावनाएं शब्दों में बहुत कम प्रदर्शित होती हैं, अधिकतर उन्हें कुछ शारीरिक संकेतों के माध्यम से ही प्रदर्शित किया जाता है। इन शारीरिक संकेतों को समझने में प्राय: अनदेखी कर दी जाती है, जो भावनात्मक बुद्धिमत्ता में स्पष्ट रूप से कमी का कारण बनती है। अन्य व्यक्तियों की भावनाओं की संवेदना का ज्ञान प्राप्त करने में गैर-वाचिक माध्यमों (Non-verbal Channels), जैसे– आवाज का लहजा, भाव-भंगिमाएं, चेहरे के भाव, आदि को पढ़ने की योग्यता महत्त्वपूर्ण भूमिका निभाती है। भावनात्मक मस्तिष्क जब शरीर में शक्तिशाली अनुक्रिया करता है, जैसे– रोष या क्रोध की उत्तेजना, तो इन परिस्थितियों में समानुभूति न के बराबर ही संभव होती है। समानुभूति के लिए पर्याप्त रूप से शांत और ग्राह्य स्वभाव की आवश्यकता होती है।

समानुभूति और नैतिकता में सीधा संबंध है। दूसरों की भावनाओं का ध्यान रखना वास्तव में उनकी देखभाल जैसा है। नैतिक विषयों के निर्धारण में समानुभूति बारंबार परिदृश्य में आती है। प्रायोगिक नीतिशास्त्र के विषयों के अध्ययन में समानुभूति की महती भूमिका होती है। इच्छामृत्यु जैसे मामलों में किसी निर्णय तक पहुंचना इसका एक अच्छा उदाहरण हो सकता है। इच्छामृत्यु की स्वीकृति प्रदान करने से संबंधित तर्कों का समानुभूति के बिना निर्मित हो पाना संभव नहीं है। इसके साथ ही परोपकारिता (Altruism) की भावना भी समानुभूति से सीधे रूप से संबंधित होती है।

2. सामाजिक कौशल (Social Skills) : यह दूसरों में ऐच्छिक प्रतिक्रिया प्रेरित करने की दक्षता है। इसके अंतर्गत अन्य लोगों को प्रभावित करने के लिए व्यक्ति द्वारा अपने आभामंडल का उपयोग करना, अनुनय आधारित संचार या बातचीत, विवाद प्रबंधन और नेतृत्वशीलता, आदि शामिल हैं। यह परिवर्तन को प्रोत्साहन देने वाले गुण, जुड़ाव का निर्माण, तालमेल बनाने का कौशल, सहयोग और सामूहिक प्रयास, आदि को भी शामिल करता है।

लोगों द्वारा अपनी भावनाओं को बेहतर तरीके से प्रदर्शित करने की क्षमता को एक महत्त्वपूर्ण सामाजिक योग्यता या दक्षता के रूप में लिया जाता है। पॉल एकमेन "प्रदर्शन नियम" (Display Rules) शब्दावली को प्रयोग में लाते हैं, जिसका अभिप्राय किन भावनाओं को, कब, सही तरीके से प्रदर्शित करने से संबंधित सामाजिक सहमति से है। प्रदर्शन नियम के अनेक प्रकार हो सकते हैं, जैसे कुछ परिस्थितियों में भावनाओं की न्यूनतम प्रस्तुति करना और कुछ मामलों में भावनाओं को बढ़ा-चढ़ाकर प्रदर्शित करना। इनके अलावा भावनाओं का प्रतिस्थापन भी एक महत्त्वपूर्ण प्रदर्शन नियम है, जो प्राय: शासकीय सेवकों द्वारा बड़े पैमाने पर प्रयोग में लाया जाता है। उदाहरण के रूप में, यदि किसी व्यक्ति को मना करना अविनम्रता की श्रेणी में आ सकता है, तो उसे मना करके झूठा आश्वासन दे देना। लोग इन नियमों का कितने बेहतर तरीके से प्रयोग कर पाते हैं, यह उनकी भावनात्मक बुद्धिमत्ता की माप पर निर्भर करता है।

भावनाएं संक्रामक प्रकृति की होती हैं। भावनाओं का संक्रमण अत्यंत सूक्ष्म होता है। हम समाज में एक-दूसरे से भावनाओं का विनिमय करते हैं। इनमें से कुछ सकारात्मक अनुभव देती हैं, तो कुछ नकारात्मक रूप से प्रभावित

करती हैं। प्रत्येक मानवीय अंतर्क्रिया के दौरान भावनात्मक सूचनाओं का प्रेक्षण होता है और ये सूचनाएं अंतर्क्रिया में भाग लेने वाले प्रत्येक व्यक्ति को प्रभावित करती हैं। भावनात्मक बुद्धिमत्ता के अंतर्गत इन नियमों को नियंत्रित किया जाता है। जो व्यक्ति आसानी से इस प्रकार का नियंत्रण स्थापित करने की योग्यता रखते हैं, वे समाज में लोकप्रिय होते हैं। इस प्रकार की अंतर्व्यक्तिगत बुद्धिमत्ता के प्रमुख घटकों के रूप में समूह को संगठित करना, समस्या का हल ढूंढ़ने के लिए वार्ता करना, व्यक्तिगत संबंध स्थापित करना और सामाजिक विश्लेषण करने को महत्त्वपूर्ण माना जाता है। समूह को संगठित करना एक नेतृत्वकर्ता की पहचान होती है। इस योग्यता के साथ व्यक्ति आसानी से लोगों को एक सूत्र में बांधने में सफल हो जाता है।

इसे सिविल सेवक में एक महत्त्वपूर्ण गुण के रूप में देखा जाता है। किसी समस्या का हल ढूंढ़ने के लिए वार्ता में मध्यस्थ की भूमिका निभाना भी एक महत्त्वपूर्ण अंतर्व्यक्तिगत बुद्धिमत्ता है। यह गुण समाज में विवादों को जन्म नहीं लेने देता। इस प्रकार की योग्यता विदेश नीति में महत्त्वपूर्ण स्थान रखती है।

लोगों से व्यक्तिगत संबंध स्थापित कर पाने की योग्यता भी महत्त्वपूर्ण अंतर्व्यक्तिगत बुद्धिमत्ता है। एक टीम के सदस्य के रूप में कार्य करने और टीम के सभी सदस्यों को जोड़कर रखने से लक्ष्य की प्राप्ति आसान हो जाती है। एक सिविल सेवक में यह बुद्धिमत्ता भी महत्त्वपूर्ण स्थान रखती है। लोगों की भावनाओं को समझना, उनके हितों और उद्देश्यों की जानकारी प्राप्त करना सामाजिक विश्लेषण कहलाता है। एक अच्छे सामाजिक विश्लेषक के लिए सरकारी कार्यक्रमों को सफल बनाने की असीम संभावनाएं होती हैं। सरकारी नीति निर्माण में भी सामाजिक विश्लेषण की अंतर्व्यक्तिगत बुद्धिमत्ता महत्त्वपूर्ण भूमिका निभाती है।

भावनात्मक बुद्धिमत्ता को कैसे प्राप्त करें? (How to Achieve Emotional Intelligence?)

भावनात्मक बुद्धिमत्ता के विषय से संबंधित शैक्षणिक कार्यक्रमों को किसी-न-किसी रूप में लगभग विश्व के सभी देशों में न्यूनाधिक प्रभाव के साथ देखा जा सकता है। इस कार्यक्रम को "स्व-विज्ञान" (Self-science), "सामाजिक विकास" (Social Development), "जीवन कौशल" (Life Skills), "सामाजिक और भावनात्मक सीख" (Social and Emotional Learning) आदि नामों से चलता हुआ देखा जा सकता है। भावनात्मक साक्षरता (Emotional Literacy) से संबंधित शिक्षण कार्यक्रम की उत्पत्ति 1960 के दशक में चले स्नेहात्मक शिक्षा आंदोलन से मानी जा सकती है। यह आंदोलन इस विचार को लेकर चला था कि मनोवैज्ञानिक और प्रेरक शिक्षाएं तब अधिक आत्मसात होती हैं, जब जो भी पढ़ाया जा रहा है उसे तत्काल अनुभव भी किया जाए। इस प्रकार स्व-विज्ञान के विषय से संबंधित कक्षाओं का संचालन तो होता रहा है, परंतु तब इनकी संख्या वर्तमान की संख्या के बराबर नहीं थी। वर्तमान समय में भावनात्मक बुद्धिमत्ता से संबंधित कार्यक्रमों में क्रोध प्रबंधन (Anger Management), समानुभूति विकास (Empathy Development), समय प्रबंधन (Time Management) और विवाद निराकरण (Conflict Resolution), आदि अत्यधिक प्रचलन में हैं।

अपने में भावनात्मक बुद्धिमत्ता विकसित करने के तरीकों को निम्नलिखित रूप में समझा जा सकता है–

भावनात्मक स्व-जागरूकता (Emotional Self-Awareness) में पारंगत होने के लिए अपनी भावनाओं को पहचानने, उन्हें नाम देने की योग्यता में सुधार करने, इन भावनाओं के पीछे के कारणों को बेहतर तरीके से जानने और भावनाओं एवं क्रियाओं के बीच अंतर की पहचान करने जैसी विशेषताएं विकसित करने का प्रयास करना होता है।

भावनाओं के प्रबंधन के लिए निराशा को सहना, क्रोध प्रबंधन को बेहतर तरीके से करना, बिना किसी झगड़े के क्रोध को प्रकट करने के तरीके सीखना, सौम्य व्यवहार विकसित करना, स्वयं के बारे में सकारात्मक भावनाएं लाना और एकाकीपन से दूर रहना, आदि विशेषताएं विकसित करनी चाहिए।

भावनात्मक उत्पादकता (Emotional Productivity) का दोहन करने के लिए जवाबदेही लेना, लक्ष्य के प्रति केंद्रित रहना और नियंत्रित व्यवहार करने जैसे गुणों को विकसित करना चाहिए।

समानुभूति को विकसित करने के लिए अन्य व्यक्ति के दृष्टिकोण से सोचने का अभ्यास करना, दूसरों की भावनाओं के प्रति संवेदनशील होना और दूसरों को सुनने की आदत विकसित करनी सीखनी चाहिए।

संबंधों का प्रबंधन भावनात्मक बुद्धिमत्ता को बढ़ाने में संबंधों का प्रबंधन भी महत्त्वपूर्ण होता है। रिश्तों को समझना, उनका विश्लेषण करना, रिश्तों में आ रही समस्याओं का निराकरण करना सीखना होता है। वार्तालाप में कुशलता प्राप्त करना, लोगों का चहेता बनना और लोगों की परवाह करना तथा उन्हें लोकतांत्रिक ढंग से व्यवहार में लाना, आदि सीखकर भावनात्मक बुद्धिमत्ता को और अधिक तीक्ष्ण किया जा सकता है।

जैसा कि हम पूर्व में चर्चा कर चुके हैं उच्च बौद्धिक गुणांक (Intelligence Quotient) मात्र किसी व्यक्ति के जीवन में, विशेष रूप से सिविल सेवक के जीवन में, आश्चर्यजनक परिणाम उत्पन्न नहीं कर सकता। हमारी वर्तमान शिक्षा व्यवस्था का भावनाओं की शक्ति का प्रयोग करने से कोई संबंध नहीं है। भावनात्मक बुद्धिमत्ता का सामान्य बुद्धिमत्ता की तुलना में यह फायदा है कि इसे किसी भी व्यक्ति द्वारा किसी भी उम्र में विकसित किया जा सकता है, और इसका आनुवंशिकता से भी कोई संबंध नहीं है। अब हम यह जानने का प्रयास करेंगे कि भावनात्मक बुद्धिमत्ता के गुण को प्राप्त करने के व्यवस्थित चरण क्या हो सकते हैं।

1. भावनाओं को पहचानना।
2. भावनाओं में अंतर स्थापित करना और उनका परीक्षण करना।
3. अपनी भावनाओं पर चिंतन करना और उनकी उत्पत्ति के कारण का ज्ञान होना।
4. अपनी भावनाओं को नियंत्रित करना।
5. दूसरों की भावनाओं को नियंत्रित करना।

पहली आवश्यकता है भावनाओं की सूचना का ज्ञान (Acknowledgement)। उन्हें पहचानने के लिए हमें सतर्क रहना पड़ता है, साथ ही हमें समानुभूति का गुण भी प्रदर्शित करना पड़ता है और अच्छे श्रोता तथा उत्सुक अवलोकनकर्ता होने का परिचय देना पड़ता है। अगला चरण यह ज्ञात करना है कि प्राप्त होने वाली भावनाएं वास्तविक हैं या नकली। यह एक अच्छे सिविल सेवक की सबसे प्रभावी विशेषता होती है। यह गुण अनुभव के साथ प्राप्त होता है। आपके भीतर नकली या झूठे व्यक्ति और वास्तविक पीड़ित व्यक्ति के बीच अंतर करने की दृष्टि होनी चाहिए। बहुत से सिविल सेवक यहां गलती कर देते हैं, जो उन्हें जीवनपर्यंत लोक जीवन में निर्णय लेने से डराती रहती है। अनेक सिविल सेवक नेक इरादों से राजनीतिक प्रभाव में लिए गए निर्णयों के भुक्तभोगी हो जाते हैं। हम एक ही समय में अनेक भावनाओं से परिचित होते हैं, परंतु हमें उनके पीछे के कारण पर विचार करना चाहिए। एक बार हम कुछ निश्चित भावनाओं के समूह की उत्पत्ति का कारण जान लेते हैं, तो हमें भविष्य में उन्हें नियंत्रित रखने के लिए तैयार रहना चाहिए।

अगला चरण सर्वाधिक कठिन है जो भावनाओं को नियंत्रित करने से संबंधित है। चूंकि हमारे पास दूसरों को नियंत्रित करने से अधिक स्वयं को नियंत्रित करने का अधिकार होता है, अतः यह बेहतर है कि पहले हम अपनी भावनाओं को नियंत्रित करें उसके बाद दूसरों की। निश्चित प्रकार की भावनाओं को जानकर हम उनकी आपूर्ति को नियंत्रित कर सकते हैं। पाठ्येतर गतिविधियां (Extra-curricular Activities), जैसे– खेल, ध्यान और समूह गतिविधियां हमें अपनी तथा अन्यों की भावनाओं को नियंत्रित करना सिखाती हैं। यह एक कठिन कार्य है, जो मनोवृत्ति परिवर्तन और अनुनय की विभिन्न मनोवैज्ञानिक विधियों को शामिल करता है।

सरकार में भावनात्मक बुद्धिमत्ता के अनुप्रयोग

(Application of Emotional Intelligence in Government)

शासन और प्रशासन में भावनात्मक बुद्धिमत्ता का अनुप्रयोग आज के नव लोक प्रबंधन (New Public Management) उपागम के दौर में अनिवार्य हो गया है। भावनात्मक बुद्धिमत्ता व्यक्तिगत योग्यता से आगे बढ़कर संपूर्ण संगठन के

टीमवर्क या सामूहिक प्रयास के रूप में किस प्रकार परिणत होती है? नेताओं और उत्कृष्ट नौकरशाहों को उनके IQ के आधार पर या उनकी कार्यकुशलता के आधार पर नहीं जाना जाता, बल्कि उनकी भावनात्मक बुद्धिमत्ता अर्थात् किस प्रकार वे भावनाओं का प्रबंधन करते हैं, लोगों से संचार स्थापित करते हैं, के आधार पर जाना जाता है। विश्व के 500 से अधिक निगमों, सरकारी एजेंसियों और गैर-लाभकारी संस्थाओं के विश्लेषण के आधार पर यह निर्णय लिया गया है कि भावनात्मक बुद्धिमत्ता किसी भी कार्य को उत्कृष्टता से किए जाने का मापक है। विस्तृत व्यक्तिगत योग्यताएं, जो स्व-नियंत्रण पर आधारित हैं (जैसे– सटीक स्व-आकलन, स्व-नियंत्रण, पहल करना और आशावादिता) तथा मुख्य संबंध कौशल (जैसे– सेवा उन्मुखता, दूसरों का विकास करना, विवाद प्रबंधन और संबंध निर्माण) इस आशय के लिए सर्वाधिक महत्त्वपूर्ण हैं।

शासन एक जटिल प्रक्रिया है, जो लोक समस्याओं से बार-बार सामना होने से संबंधित है। ये समस्याएं अधिकतर यांत्रिक न होकर भावनात्मक होती हैं और अत्यधिक परिस्थितिजन्य होती हैं। एक कार्यपालक के पास इन समस्याओं का कोई पूर्व निर्मित हल नहीं होता है। ये समस्याएं अत्यधिक मात्रा में भावनात्मक जटिलताओं को शामिल करती हैं, जो जनता की समझ के अलग-अलग स्तर के आधार पर उनकी अपेक्षाओं, नैतिकताओं, जनप्रतिनिधियों की राजनीतिक आकांक्षाओं और नौकरशाही मनोवृत्ति से संबंधित होती हैं। वर्तमान शासन व्यवस्था नागरिक संतुष्टि और सुशासन के विभिन्न यंत्रों पर आधारित है, जैसे– सिटीजन चार्टर, द्वार पर सरकार, स्वामी-दास संबंध से सेवा प्रदाता-उपभोक्ता/ग्राहक संबंध में रूपांतरण, पारदर्शिता और विकर्ण जवाबदेही (Diagonal Accountability) अत्यधिक भावनात्मक बुद्धिमत्ता नियंत्रित विषय हैं।

सरकारी विभाग श्रम बल (Man Power) और धन की कमी की समस्याओं से जूझ रहे हैं। इस कमी को भावनात्मक बुद्धिमत्ता द्वारा पूरा किया जा सकता है। एक प्रशासक को संसाधनों का आवंटन उसकी योग्यता और आत्मविश्वास के आधार पर करना चाहिए। उसे अपनी विभिन्न भावनाओं और उनके पीछे के कारण को समझना चाहिए। उदाहरण के लिए, उसे अपनी प्राथमिकताओं का ज्ञान होना चाहिए और यदि प्राथमिकताएं उसकी कर्तव्य सूची से अलग हैं, तो अवश्य ही कोई समस्या है। भावनात्मक बुद्धिमत्ता लोक निधि के दुरुपयोग को रोकने में सहायक होती है। यह प्रेरणा और राजनीतिक मूल्यों, प्रशासनिक दक्षता, अनुभव, मानसिक तथा शारीरिक स्तर का ज्ञान कराती है। इन विशेषताओं का ज्ञान लेकर एक व्यक्ति अपने कर्तव्य के साथ न्याय कर सकता है और सामाजिक कल्याण के कार्यों में नवाचार लाने में सफल हो सकता है। वह अपनी नकारात्मक भावनाओं को समझ सकता है। ये नकारात्मक भावनाएं भय, जल्दबाजी, क्रोध, लालसा, धन, स्तर (Status) और अनुचित कॅरियर प्रगति के रूप में हो सकती हैं। भावनात्मक बुद्धिमत्ता एक नौकरशाह को उसके भ्रष्ट व्यवहार का ज्ञान कराती है और उसे किसी दुखद परिस्थिति से बचाती है।

भावनाओं का ज्ञान होना मात्र ही पर्याप्त नहीं है, बल्कि इन भावनाओं को कर्तव्य और नैतिकता की दृष्टि से देखना भी आवश्यक है। एक नौकरशाह को अपने भीतर भावनाओं को नियंत्रित करने का गुण विकसित करना चाहिए। यहां भावनाओं के नियंत्रण से अभिप्राय नकारात्मक भावनाओं को दूर रखने और सकारात्मक भावनाओं को बढ़ाने से है। दूसरे शब्दों में, यह व्यवहार में संपूर्ण निष्ठा (Integrity) को बनाए रखने और किसी परिस्थिति में अति आत्मविश्वास एवं अति दयालुता से उबरने से है। भावनात्मक रूप से संचालित परंतु पर्याप्त रूप से नियंत्रित एक लोक सेवक अपने मार्ग से भटक सकता है और सरकार के सुनियोजित कार्यक्रमों को असफल कर सकता है। एक नौकरशाह को कभी भी जनता का चेहरा नहीं बनना चाहिए और लोकप्रियता प्राप्त करने से बचना चाहिए। उसे सरकार की योजनाओं की सफलता का श्रेय नहीं लेना चाहिए। उसे विधायी रूप से पहचान न मिलने वाले अपने एजेंडे पर लोक निधि का व्यय नहीं करना चाहिए। सरकार में कार्य वातावरण अनुकूल नहीं होता। एक सिविल सेवक को कई बार दूर-दराज के इलाकों में रहकर कार्य करना पड़ता है, जहां परिस्थितियां विषम हो सकती हैं। यह उसके अंदर की प्रेरणा ही

है, जो उसे इन परिस्थितियों में भी डटे रहने देती है। सरकारी योजनाओं का क्रियान्वयन और भ्रष्टाचार को दूर रखना दुरूह कार्य होता है।

एक सिविल सेवक सरकार में सारे कार्य अकेले ही संपन्न नहीं कर सकता। उसे कार्यों का बंटवारा करना होता है और अपने अधीनस्थों से कार्य संपन्न कराने होते हैं। उसे जनता को सरकारी योजनाओं का अधिकाधिक लाभ दिलाने के लिए जनता को गतिशील करना पड़ता है। एक सिविल सेवक, जो कानून और व्यवस्था को देख रहा है या अर्ध-न्यायिक प्रकृति के कर्तव्यों को धारण कर रहा है, उसे भावनात्मक रूप से बुद्धिमान होना चाहिए। उसे अपने अधीनस्थों, राजनेताओं, स्थानीय दबाव समूहों (Pressure Groups), समुदाय पैरोकारों (Community Advocates) और आम जनता की भावनाओं को नियंत्रित करना पड़ता है। उसके भीतर सहानुभूति का गुण ही उसे सेवा उन्मुख बनाता है। यह उसे कमजोर तबके के लोगों के प्रति चिंतित बनाता है।

ऐसी अनेक शासकीय योजनाएं होती हैं, जिनकी सफलता आम जनता की बराबर भागीदारी से ही सुनिश्चित हो सकती है। इन योजनाओं का सफल क्रियान्वयन सामाजिक कौशल (social skills) से ही संभव है। केवल प्रबंधकीय कौशल (Managerial Skills) से इन योजनाओं को सफल नहीं बनाया जा सकता। इसके लिए नेतृत्वशीलता (leadership) का गुण होना अनिवार्य है।

यहां टीम वर्क अधिक महत्त्वपूर्ण हो जाता है। उदाहरण के लिए, भारत में मनरेगा (MNREGA), स्वच्छ भारत अभियान (SBM) तथा प्रधानमंत्री आवास योजना (ग्रामीण) (PMAY-G) जैसी योजनाओं में अधिकाधिक जन सहयोग की आवश्यकता होती है। इन योजनाओं का क्रियान्वयन हितग्राहियों की भावनाओं को सकारात्मक रूप से नियंत्रित करके ही संभव है। ग्राम-नगर प्रवासन, शहरी गंदी बस्तियों का विकास, खुले में शौच, आदि समस्याएं नीति निर्माण के स्तर की समस्याएं नहीं हैं, बल्कि नीतियों के क्रियान्वयन की समस्याएं हैं।

कुछ लोग, यहां तक कि नौकरशाह भी, प्रशासनिक कार्यों को केवल प्रबंधकीय कौशल के माध्यम से संपन्न करने की गलती करते हैं, जबकि भारत जैसे देश में एक लोक सेवक को अपनी टीम का नेतृत्व करना होता है न कि प्रबंधन। नेतृत्वशीलता (Leadership) प्रबंधन का पूरक है। एक मजबूत संगठन के लिए मजबूत नेतृत्वशीलता और अच्छा प्रबंधन दोनों ही आवश्यक हैं।

तालिका 8.1 : एक प्रबंधक और एक नेतृत्वकर्ता के बीच अंतर

प्रबंधन (Management)	**नेतृत्वशीलता** (Leadership)
1. किसी संगठन में जटिलताओं को हल करने से संबंधित है।	1. यह प्रतिस्पर्धा में खरे उतरने से संबंधित है।
2. अच्छा प्रबंधन गुणवत्ता और लाभ प्राप्ति जैसे महत्त्वपूर्ण क्षेत्रों में निरंतरता और व्यवस्था को प्राप्त करने से संबंधित होता है।	2. यह तकनीक में आमूलचूल परिवर्तन, नए अंतर्राष्ट्रीय नियंत्रण और उभरते हुए तरीकों से सामना करते हुए प्रदर्शन करने से संबंधित है।
3. यह कार्य बल को कार्य के आवंटन और निगरानी के माध्यम से लक्ष्य की प्राप्ति से संबंधित है।	3. यह लोगों को सरेखित करने, उनकी मानसिकता को ठीक करने और उनके भीतर लक्ष्य को समाहित करने से संबंधित है।

सामान्यत: नेतृत्वशीलता की विषयवस्तु सरकारी तंत्र में लगभग अनुपस्थित होती है और अचानक एक नेतृत्वकर्ता का आगमन होता है तब वह चमत्कारिक व्यक्तित्व के रूप में लोकप्रिय हो जाती है। यह समझना आवश्यक है कि नेतृत्वशीलता का शक्तिशाली और चमत्कारिक व्यक्तित्व से कोई संबंध नहीं है। वे रहस्यात्मक ढंग से कार्य नहीं करते, बल्कि सामान्य व्यक्ति होते हैं, जो चुनौतियों से उबरने के लिए सभी संभावनाओं का दोहन करने का पूरा प्रयास करते हैं।

भावनात्मक बुद्धिमत्ता की उपयोगिता (Utility of Emotional Intelligence)

हमारी भावनाएं विचारों, निर्णय लेने और व्यक्तिगत सफलता में बड़ी भूमिका का निर्वहन करती हैं। डेनियल गोलमेन भावनात्मक बुद्धिमत्ता को एक ऐसी विशेषता के रूप में परिभाषित करते हैं, जिसे IQ परीक्षण के माध्यम से नहीं मापा जा सकता है। यह कौशल का एक समुच्चय (Set) होता है, जो व्यक्ति को अंतर्व्यक्तिगत संबंधों के मामले में मनोवेगों, स्वप्रेरणा, सहानुभूति और सामाजिक योग्यता को नियंत्रित करने में सक्षम बनाता है। यद्यपि गोलमेन के अनुसंधान से संबंधित सर्वेक्षण ज्ञानात्मक (Cognitive) और भावनात्मक विकास को शामिल करता है, जो इस बात के लिए आश्वस्त नहीं करता कि यह सुस्पष्ट रूप से पहचानने योग्य और सुपरिभाषित मनोवृत्ति को पकड़ लेता है। फिर भी उनकी रिपोर्ट भावनाओं पर काबू पाने के लिए मार्गदर्शन अवश्य करती है। यह कार्य स्थल पर प्रकट हो जाती है। उदाहरण के रूप में, उच्चाधिकारी अपने अधीनस्थों को सृजनात्मक रूप से उनके प्रदर्शन पर फीडबैक देता है, तो यह उभरकर सामने आती है। हमारे मस्तिष्क की सभी प्रकार की क्रियाओं को लेकर सामाजिक गतिकी (Social Dynamics) पर आधारित साक्ष्य यह स्पष्ट कर देते हैं कि हम अपने सबसे अंतरंग संबंधों, दैनिक जीवन और हमारी सामान्य वास्तविकता को दुखी करने वाली यादों एवं विचारों का दमन किस प्रकार करते हैं। यह स्व-छल (Self-Deception) हमारे मानसिक स्व-रक्षण का एक तरीका है, जो संपूर्ण समाज के ताने-बाने में उत्तरजीविता बनाए रखने में सहयोग करता है। यह स्व-छल कई बार हानि रहित होता है, परंतु कई बार घातक और जीवन बर्बाद करने में सक्षम होता है।

क्या मन द्वारा शरीर का उपचार संभव है? इसका उत्तर है हां, और अब अनेक पाश्चात्य वैज्ञानिक भी इसे मानने लगे हैं। *हीलिंग इमोशंस* (Healing Emotions) नामक पुस्तक में दलाई लामा और प्रसिद्ध पाश्चात्य मनोवैज्ञानिकों, चिकित्सकों तथा ध्यान (meditation) शिक्षकों के मध्य का वार्तालाप दर्ज है, जो मन-शरीर के संबंधों पर नया प्रकाश डालता है। यह पुस्तक भावनात्मक बुद्धिमत्ता के विभिन्न आयामों, जैसे– दया का औषधि के रूप में प्रयोग, चेतना की प्रकृति, स्वाभिमान और मन, शरीर तथा आत्मा के मिलन, आदि पर भी प्रकाश डालती है। भावनात्मक योग्यता कार्यपालकों तथा नेतृत्वकर्ताओं के लिए अनिवार्य घटक है। प्रतिरूप की पहचान (Pattern Recognition) और वृहद् चित्र विचारण (Big Picture Thinking) ऐसी विशेषताएं हैं, जो एक नेतृत्वकर्ता को उसके आसपास की सूचनाओं से अर्थपूर्ण प्रवृत्तियों का ज्ञान प्राप्त करने में सहायता करती है। सफल नेतृत्व में बौद्धिक और तकनीकी श्रेष्ठता की कोई भूमिका नहीं होती। उच्च स्तर के कार्यपालकों में बौद्धिक कौशल एक निश्चित सीमा तक ही आवश्यक होता है, परंतु उनमें श्रेष्ठ होना मात्र ही एक लोकप्रिय नेता नहीं बनाता, बल्कि भावनात्मक योग्यता औसत नेतृत्वकर्ताओं और उच्च स्तरीय नेतृत्वकर्ता में अंतर स्थापित करती है।

अभ्यास प्रश्न

1. "भावनात्मक बुद्धिमत्ता" क्या होती है और यह लोगों में किस प्रकार विकसित की जा सकती है? किसी व्यक्ति को नैतिक निर्णय लेने में यह कैसे सहायक होती है? (UPSC 2013)
2. a. क्रोध एक हानिकारक नकारात्मक संवेग है। यह व्यक्तिगत जीवन एवं कार्य जीवन दोनों के लिए हानिकर है।
   (i) चर्चा कीजिए कि यह किस प्रकार नकारात्मक संवेगों और अवांछनीय व्यवहारों को पैदा कर देता है।
   (ii) इसे कैसे व्यवस्थित एवं नियंत्रित किया जा सकता है?

   b. प्रशासनिक पद्धतियों में भावनात्मक बुद्धिमत्ता का आप किस तरह प्रयोग करेंगे? (UPSC 2017)
3. संवेगात्मक बुद्धि आपके अपने संवेगों से आपके विरुद्ध कार्य करने के बजाय आपके लिए कार्य करवाने का सामर्थ्य है। क्या आप इस विचार से सहमत हैं? विवेचना कीजिए। (UPSC 2019)

अध्याय 9

सिविल सेवकों के लिए बुनियादी मूल्य

Foundational Values for Civil Servants

प्रस्तावना (Introduction)

मूल्य संगठनात्मक संस्कृति के अनिवार्य घटक होते हैं और संगठन में आचरण को खोजने, मार्गदर्शन करने तथा सूचित करने में महत्त्वपूर्ण भूमिका निभाते हैं। नौकरशाही में उच्च स्तर के लोक सेवा मूल्य जनता के विश्वास को बढ़ाने में सहायक होते हैं। इसके विपरीत कमजोर और अनुचित मूल्य लोकतंत्रात्मक शासन व्यवस्था के लिए हानिकारक होते हैं। लोक सेवा के कोर मूल्य लोक प्रशासन के सुचारु संचालन के लिए अनिवार्य तत्त्व हैं।

लोक प्रशासन की गतिक प्रकृति के कारण लोक सेवा के प्रकारों में तेजी से परिवर्तन आया है। भिन्न-भिन्न प्रकार की लोक सेवाओं के लिए विशिष्ट प्रकार के मूल्यों की आवश्यकता देखी जा सकती है। परंतु लोक सेवा के कोर मूल्य लगभग नियत हैं। नव लोक प्रबंधन (New Public Management) और सुशासन जैसी अवधारणाओं ने नई तकनीकी के आगमन के साथ लोक सेवा मूल्यों में विविधता की मांग की है। वर्तमान आधुनिकीकरण के दौर में नए या अपरंपरागत मूल्यों को शामिल किया गया है। उदाहरण के लिए, सरकारी कार्यालयों के कॉर्पोरेट स्वरूप में आने से शासकीय खर्चों में मितव्ययिता (Economy) का मूल्य कुछ सीमा तक उपेक्षित हुआ है, वहीं कुछ मामलों में जैसे कि श्रम बल में कमी लाकर खर्चे में कटौती करने जैसे मामलों में इस मूल्य पर अधिक बल दिया जा रहा है। यह एक सर्वमान्य तथ्य है कि लोक सेवक लोक सेवा मूल्यों से पूर्णत: अवगत होते हैं और वे परंपरागत कोर मूल्यों में ढील देकर आवश्यकतानुसार नए मूल्यों को ग्रहण करने के लिए सदैव तत्पर रहते हैं। समस्या यह है कि रणनीतिक शीर्ष नेतृत्व उन्हें इसके संबंध में स्पष्ट मार्गदर्शन प्रदान करने में असफल रहता है, जिससे परंपरागत और नए मूल्यों के बीच संघर्ष की स्थिति उत्पन्न होने लगती है। उदाहरण के लिए, शीर्ष नेतृत्व नवाचार लाने और विलासितापूर्ण लोक सुविधा विकसित करने के लिए बड़े व्यय की नीति पर कार्य करता है। परंतु कई बार लोक सेवकों द्वारा परंपरागत लोक सेवा मूल्यों, जैसे– मितव्ययिता, लोक धन के व्यय का औचित्य (Value for Money) के भ्रम में आकर अवरोध की स्थिति भी उत्पन्न कर दी जाती है।

लोक सेवा में मूल्यों के निर्धारण हेतु अलग-अलग प्रकार की लोक सेवाओं के लिए विशिष्ट आचरण नियम बनाए जाने चाहिए, जो आवश्यकतानुसार और क्षेत्र विशिष्ट (Sector Specific) हों। जो लोक सेवा मूल्य पुलिस सेवा में कारगर होंगे वे हो सकता है रेलवे या कर सेवा में कारगर न रहें। अत: आधुनिक लोक सेवाओं में उनकी प्रकृति के अनुरूप मूल्यों की पहचान करना बहुत आवश्यक है।

ऐसे मूल्य, जो संगठन के प्रदर्शन को सकारात्मक रूप से बढ़ाने के लिए आवश्यक हों उन्हें उस संगठन में कार्यरत लोक सेवकों के आचरण नियम का हिस्सा बनाया जाना चाहिए। संगठन के शीर्ष प्रबंधन और वरिष्ठ अधिकारियों द्वारा नए मूल्यों की पहचान की जानी चाहिए तथा उन्हें इन मूल्यों को मध्य स्तर के प्रबंधकों (Middle Line Managers) तक पहुंचाने की जिम्मेदारी सौंपी जानी चाहिए।

मूल्य और नैतिकता के बीच घनिष्ठ संबंध होता है, परंतु नीति निर्माण में इनकी भूमिका अलग-अलग होती है। कनाडा, न्यूजीलैंड, ऑस्ट्रेलिया और ब्रिटेन जैसे देशों ने प्रशासनिक सुधारों तथा आधुनिकीकरण के संदर्भ में परंपरागत लोक सेवा मूल्यों का पुनरीक्षण और सुधार करके नवीन लोक सेवाओं (New Public Services) को लाने का प्रयास किया है।

लोक प्रशासन सिद्धांत की अन्य अवधारणाओं के समान मूल्यों की कोई सार्वभौमिक रूप से स्वीकार्य परिभाषा उपलब्ध नहीं है। यद्यपि मूल्य लोक क्षेत्र की सभी गतिविधियों का आधार हैं फिर भी इनको लेकर सैद्धांतीकरण (Theorisation) अत्यंत अल्प मात्रा में पाया जाता है। लोक प्रशासन में मात्र मूल्यों की पहचान की गई है और आचरण नियमों के संदर्भ में उनकी थोड़ी-बहुत व्याख्या की गई है। नैतिक दर्शनशास्त्र में मूल्यों के स्रोत को लेकर काफी विवाद है। इसी प्रकार संगठनात्मक सिद्धांत में भी मूल्यों का स्रोत विवाद का विषय रहा है। एक विचार के अनुसार, मूल्यों की उत्पत्ति और विकास समय के साथ प्राकृतिक प्रक्रिया से धीरे-धीरे होता है। इसके विपरीत संस्थागत संरचना और परिवर्तन के माध्यम से मूल्यों को तत्काल आकार दिया जा सकता है।

मूल्य और नैतिकता प्राय: समानार्थी रूप में प्रयोग में लाए जाते हैं। भ्रष्टाचार और कुप्रशासन के विषयों पर इन्हें एक-दूसरे के समानार्थी मानकर खूब प्रयोग में लाया जाता है। परंतु इनके पर्याप्त भेद हैं। मूल्यों की कोई एजेंसी या कार्यकारी संस्था नहीं होती अर्थात् मूल्य वास्तव में निष्क्रिय होते हैं। बल्कि मूल्यों से संबंधित नैतिक संहिता (Ethical Code) के अनुप्रयोग के फलस्वरूप कोई विशेष व्यवहार या आचरण आकार लेता है। इस प्रकार नैतिकता (Ethics) ऐसे नियम हैं, जो मूल्यों को दैनिक जीवन में उतारने का कार्य करते हैं। नैतिकता सही (Right), गलत (Wrong), शुभ (Good) या अशुभ (Bad) के निर्धारण से संबंधित है, वहीं मूल्य व्यक्ति को यह चुनने में सहायता करते हैं कि किसका चयन करना है और किसका नहीं।

वान वार्ट (Van Wart) के अनुसार, नैतिकता मूल्यों का उपसमुच्चय (Sub Set) होती है और ये मूल्य हमारे वृहद् और सामाजिक रूप से संचालित नैतिक मानकों को आकार देते हैं। गोर्टनर (Gortner) के अनुसार, 'चयन में मूल्यों की भूमिका का ज्ञान लोक प्रशासन में नैतिकता से संबंधित अनेक मुद्दों को स्पष्ट करता है।'

किसी संगठन में विशेष कार्य संस्कृति स्थापित करने और उस संगठन के सदस्यों के आदर्श आचरण को सुनिश्चित करने के लिए संगठन के कुछ मूल्य तय किए जाते हैं। किसी लोक सेवा संगठन में ये मूल्य और अधिक महत्त्वपूर्ण हो जाते हैं, क्योंकि लोक संगठन राष्ट्र के संवैधानिक मूल्यों पर आधारित होते हैं और इन मूल्यों का संगठन में समावेश तथा संगठन द्वारा आचरण में इनका परिलक्षित होना संवैधानिक तथा कानूनी जवाबदेही हो जाती है। हाल के दशकों में "लोक सेवा मूल्यों" (Public Service Values) को सरकार और प्रशासन के सभी पक्षों के आधार स्तंभ के रूप में पहचान मिली है। बेक जोरगेनसेन (Bech Jorgensen) और बोजमेन (Bozeman) के अनुसार, 'लोक प्रशासन और नीति के अंतर्गत लोक मूल्यों से अधिक महत्त्वपूर्ण कोई अन्य विषय नहीं है।'

सरकार में लोक सेवा मूल्यों के महत्त्व की सार्वभौमिक स्थिति के बावजूद इस विषय पर सटीक अध्ययन की कमी अभी भी महसूस की जा सकती है। इसका कारण है कि लोक सेवा मूल्यों को संगठन के व्यवहार के स्तर पर सफलतापूर्वक लाने की क्रियाविधि विकसित कर पाना कठिन कार्य है। ये मूल्य अमूर्त प्रकृति के होते हैं, इनके कई अर्थ होते हैं और कई बार परस्पर विरोधाभास की स्थिति उत्पन्न हो जाती है, जिससे इन मूल्यों के निर्धारण में जटिलता पैदा होती है।

पिछले कुछ दशकों में लोक सेवा संगठनों को ऐसी परिस्थितियों में कार्य करना पड़ा है, जो अत्यधिक गतिक (Dynamic) और परिवर्तनशील प्रकृति की रही हैं। इसका मूल कारण नव लोक प्रबंधन (New Public Management) का लोकप्रिय होना, नागरिकों में जागरूकता आना, लोक संस्थाओं पर मांग आधारित और बाजार आधारित गुणवत्तापूर्ण सेवाएं प्रदान करने के लिए सरकार तथा उच्च प्रबंधन का दबाव होना है। इस प्रकार की परिवर्तनशील परिस्थितियों

में "लोक सेवा" (Public Service) का ढांचागत और कार्यात्मक संरूपण हुआ है। यदि लोक सेवा के प्रदर्शन में मूलभूत मूल्यों की उपेक्षा होती है, तो यह जनता की आस्था खो देगी।

लोक प्रशासन के सिद्धांत की अन्य अवधारणाओं के समान ही लोक सेवा मूल्यों की कोई सर्वमान्य परिभाषा उपलब्ध नहीं है। एक विचार संप्रदाय यह मानता है कि लोक सेवा मूल्य नैसर्गिक प्रक्रिया के अनुरूप समय के साथ उत्पन्न और विकसित होते हैं, जबकि एक अन्य विचार संप्रदाय मानता है कि लोक सेवा मूल्यों को संस्थागत ढांचे में परिवर्तन लाकर कोई भी आकर प्रदान किया जा सकता है। लोक जीवन में नैतिकता और भ्रष्टाचार के मुद्दों पर आर्थिक सहयोग और विकास संगठन (OECD) के अध्ययन (1996) में मूल्यों को इस प्रकार परिभाषित किया गया है, 'शुभ (Good) या सही/उपयुक्त (Proper) के बारे में निर्धारण करने से संबंधित मार्गदर्शन प्रदान करने वाले व्यक्तिगत सिद्धांतों और मानकों को मूल्यों के रूप में परिभाषित किया जा सकता है।'

किसी लोक संगठन के लिए लोक सेवा मूल्यों की पहचान करना आवश्यक है। लोक सेवक विविध प्रकार के प्रशासनिक कार्यों में संलिप्त होते हैं और अनेक जिम्मेदारियों का निर्वहन करते हैं, परंतु उनके शासकीय क्रियाकलापों में कुछ उभयनिष्ठ तत्त्व अवश्य होते हैं। 1996 में संयुक्त राष्ट्र ने "लोक सेवकों के लिए अंतर्राष्ट्रीय आचरण संहिता" को अपनाया, जिसके सामान्य सिद्धांत निम्नलिखित हैं–

1. देश की विधि द्वारा घोषित एक लोक कार्यालय विश्वास की स्थिति (Position of Trust) को बनाए रखेगा और लोक हित में कार्य करेगा। इस प्रकार लोक अधिकारियों की अंतिम प्रतिबद्धता देश की सरकार की लोकतांत्रिक संस्थाओं के माध्यम से प्रदर्शित होने वाले लोक हितों के लिए होगी।
2. लोक अधिकारियों द्वारा कर्तव्य का निर्वहन दक्षता, प्रभावपूर्णता और सत्यनिष्ठा के साथ किया जाए। लोक संसाधनों का व्यय नियमों, कानूनों और नीति सम्मत तरीकों से दक्षतापूर्ण तथा प्रभावशाली होना चाहिए।
3. लोक सेवकों को पारदर्शी और निष्पक्ष रूप से लोक कर्तव्यों का निर्वहन करना चाहिए। लोक सेवकों को बिना किसी भेदभाव के निष्पक्ष होकर कार्य करना चाहिए।
4. लोक सेवकों को प्रदत्त शक्तियों का दुरुपयोग नहीं करना चाहिए।

उपरोक्त सिद्धांतों के आधार पर लोक सेवा की गुणवत्ता सुनिश्चित करने के लिए लोक सेवकों को कार्यकाल की सुरक्षा (Security of Tenure), मेरिट आधारित पेशेवर संवृद्धि (Merit Based Career Growth) तथा पेंशन जैसे लाभ दिए जाने आवश्यक प्रतीत होते हैं। वर्तमान परिदृश्य में लोक सेवा का पुराना ब्यूरोक्रेसी वाला ढांचा कई अर्थों में अप्रासंगिक हो चुका है। अब लोक सेवकों को एक गतिज प्रकृति की सेवा प्रदाय एजेंसी के रूप में कार्य करना पड़ता है, जो गुणवत्तापूर्ण, ईमानदार और निष्पक्ष परिणामों से युक्त हो तथा विवादों से परे हो। इस प्रकार की गुणवत्तापूर्ण लोक सेवा मूल्यों के व्यापक समूह को समाहित करने के लिए बाध्य होती है। ये मूल्य लोक सेवा में मूलभूत रूप में तो लगभग उभयनिष्ठ होते हैं, परंतु लोक सेवाओं की विविध प्रकृति के अनुसार विशिष्ट रूप से अलग-अलग होते हैं।

लोक सेवकों के लिए कौन-से मूल्यों को कोर मूल्य या आधारभूत मूल्य के रूप में पहचाना जाए यह विचार लंबे समय से चर्चा का विषय रहा है। लोकतांत्रिक सरकार में लोक सेवकों को कार्य करना होता है अत: राजनीतिक तटस्थता और पक्षपात रहितता (Non-partisanship) को कोर मूल्य माना जाना चाहिए। साथ ही, लोक सेवक लोक हित में कार्य करते हैं अत: निष्पक्षता और पारदर्शिता को कोर मूल्यों के रूप में शामिल किया जा सकता है। इस प्रकार के उभयनिष्ठ मूल्य सार्वभौमिक रूप से स्वीकार किए जा सकते हैं, परंतु इन वैश्विक लोक सेवा मूल्यों (Global Public Service Values) के अतिरिक्त लोक सेवा की विशिष्टता और प्रकृति के आधार पर कुछ स्थानीय मूल्यों (Local Values) को भी शामिल किया जाना चाहिए। उदाहरण के लिए, सिविल सेवाओं के लिए जो मूल्य आवश्यक हैं हो सकता है कि उनमें से बहुत से मूल्य तकनीकी सेवाओं के लिए औचित्यपूर्ण न हों। जिन सेवाओं का जनता

से सीधा जुड़ाव है, उनके लिए मूल्यों का एक बड़ा समुच्चय हो सकता है, जबकि तकनीकी सेवाओं के लिए छोटे मूल्य समूह ही कारगर हो सकते हैं। उपयुक्त मूल्य समुच्चयों (Value Sets) की पहचान करना, और विभागवार एवं परिस्थिति अनुसार उनकी प्राथमिकता निर्धारित करना किसी भी संगठन के लिए कठिन होता है।

ब्रिटेन में लोक जीवन में मानकों को लेकर नोलन समिति (Nolan Committee on Standards in Public Life) ने सांसदों, मंत्रियों और सिविल सेवकों के लिए सात सिद्धांतों की सिफारिशें की थीं। ये सात सिद्धांत निम्नलिखित हैं–

1. स्वार्थहीनता (Selflessness)

लोक कार्यालय धारण करने वाले अधिकारी को लोक हित में ही सारे निर्णय लेने चाहिए। स्वयं के लिए, परिवार या मित्रों के लिए किसी भी प्रकार के आर्थिक या अन्य लाभ से प्रेरित होकर लोक कार्य नहीं करना चाहिए।

2. सत्यनिष्ठा (Integrity)

लोक कार्यालय धारण करने वाले अधिकारी स्वयं को बाहरी व्यक्तियों या संस्थाओं के प्रति किसी भी प्रकार की वित्तीय या अन्य अनिवार्यता (Obligations) में नहीं रखेंगे, जिससे कि उसके शासकीय कर्तव्यों पर प्रभाव पड़े।

3. वस्तुनिष्ठता (Objectivity)

सार्वजनिक नियुक्तियां करने, ठेके देने या लाभ या पुरस्कार के लिए लोगों के नाम की अनुशंसा करने में लोक अधिकारी को मेरिट (प्रवीणता) को आधार बनाना चाहिए।

4. जवाबदेही (Accountability)

लोक कार्यालय धारण करने वाला अपने निर्णयों और कार्यों के लिए जनता के प्रति जवाबदेह होता है। उसे कार्यालय के लिए उपयुक्त किसी भी प्रकार की छानबीन के लिए स्वयं को प्रस्तुत करने के लिए तैयार रहना चाहिए।

5. खुलापन (Openness)

लोक कार्यालय धारण करने वाले अधिकारी को अपने निर्णयों और कार्यों में जितना हो सके खुलापन रखना चाहिए। उसे अपने निर्णयों के पीछे के तर्क स्पष्ट करने चाहिए तथा केवल उसी स्थिति में सूचनाओं को अवरोधित करना चाहिए जब वृहद् लोक हित के लिए ऐसा अनिवार्य हो।

6. ईमानदारी (Honesty)

लोक अधिकारी को अपने लोक कर्तव्यों से जुड़े सभी निजी हितों का खुलासा करना चाहिए और लोक हितों की सुरक्षा के लिए उत्पन्न हो रहे सभी विवादों का समाधान करने के लिए उचित कदम उठाने चाहिए।

7. नेतृत्वशीलता (Leadership)

लोक कार्यालय धारण करने वाले लोक सेवक को नेतृत्वशीलता और उदाहरणों के माध्यम से उपरोक्त सिद्धांतों को प्रोत्साहित और सुदृढ़ करना चाहिए।

सिविल सेवक किसी भी देश में शासन व्यवस्था में महत्त्वपूर्ण भूमिका निभाते हैं। सिविल सेवक देश में नीति निर्माण से लेकर नीतियों के क्रियान्वयन तक विभिन्न चरणों में अपना योगदान देते हैं। विभिन्न राष्ट्रों में सिविल सेवकों के चयन और भर्ती को लेकर अलग-अलग तरीके अपनाए जाते हैं, लेकिन इन सिविल सेवकों के लिए अपेक्षित कोर मूल्य लगभग समान हैं। सिविल सेवकों में अत्यधिक मात्रा में अधिकार और विवेकाधीन शक्तियां निहित होती हैं, जो उन्हें लोक वस्तुओं (Public Goods) और लोक सेवाओं (Public Sevices) की निरंतर एवं दक्षतापूर्ण आपूर्ति सुनिश्चित करने के लिए प्रदान की जाती हैं। यह नितांत आवश्यक है कि सिविल सेवकों द्वारा प्रदत्त अधिकारों का दुरुपयोग न हो और इसे रोकने के लिए विभिन्न प्रकार के यथोचित बंधनों का उपबंध किया जाए। सिविल सेवकों को

कुछ मूलभूत मूल्यों पर आधारित आचरणों को धारण करना और उनका प्रदर्शन करना चाहिए, जो सुशासन, नैतिक प्रशासनिक क्रियाकलापों और दक्षतापूर्ण लोक सेवा प्रदाय हेतु अनिवार्य हैं। उन्हें अपने आचरणों के लिए जवाबदेही (Accountability) के विभिन्न आयामों के अंतर्गत उत्तरदायी बनाया जाता है।

भारत में सिविल सेवकों की भर्ती एक पारदर्शी और खुली प्रतिस्पर्धा द्वारा मेरिट के आधार पर होती है। ये सिविल सेवाएं– अखिल भारतीय सिविल सेवाएं, केंद्रीय सिविल सेवाएं और राज्य सिविल सेवाएं भारतीय प्रशासन की रीढ़ हैं। सरदार वल्लभ भाई पटेल द्वारा यह इंगित किया गया था, 'सबसे ऊपर, मैं आपको यह सलाह दूंगा कि आप प्रशासन को सर्वोच्च पारदर्शी और भ्रष्टाचार मुक्त बनाए रखें। एक सिविल सेवक को किसी भी स्थिति में राजनीति में भाग नहीं लेना चाहिए। न ही उसे सांप्रदायिक मामलों में हिस्सेदारी करनी चाहिए।' भारत में सिविल सेवाओं के अधिकारियों की पेशेवर ब्यूरोक्रेट के रूप में भर्ती करने की प्रक्रिया को स्वतंत्रता के बाद भी निरंतर रखा गया। कुछ ऐसे मूलभूत मूल्य या कोर मूल्य हैं, जो सभी सिविल सेवकों को धारण करने चाहिए, जैसे– सत्यनिष्ठा (Integrity), वस्तुनिष्ठता (Objectivity), निष्पक्षता (Impartiality) और राजनीतिक तटस्थता अथवा पक्षपात रहितता (Non-partisanship), आदि। ये कोर मूल्य उनको प्रतिबद्धता और लगन के साथ कार्य करने में सहायता प्रदान करते हैं। साथ ही प्रशासन के क्षेत्र में उच्च मापदंडों को सुनिश्चित करने में सहायक होते हैं। इन कोर मूल्यों का पालन करने से राजनीतिक कार्यपालकों (मंत्रियों), विधायिका और सामान्य नागरिकों का विश्वास तथा आदर प्राप्त होता है।

सिविल सेवक मंत्रियों के प्रति जवाबदेह होते हैं। साथ ही, वे अपने उच्चाधिकारियों और जनता के प्रति भी जवाबदेही रखते हैं। यह जवाबदेही अनेक आयामों के अंतर्गत सुनिश्चित की जाती है। मंत्रीगण अंततः संसद के प्रति जवाबदेह होते हैं। ये कोर मूल्य सिविल सेवक के रूप में कर्तव्यों का पालन करने के लिए अनिवार्य हैं। सत्यनिष्ठा स्वहितों से ऊपर उठकर लोक सेवा के प्रति वचनबद्धता सुनिश्चित करती है। ईमानदारी सत्यनिष्ठा और खुलापन होने से संबंधित है। वस्तुनिष्ठता का अभिप्राय साक्ष्यों को ध्यान में रखते हुए सलाह देने या निर्णय लेने से है तथा निष्पक्षता मामले के गुण-दोषों के आधार पर निर्णय लेने से संबंधित है। सिविल सेवकों के अपेक्षित व्यवहारों के लिए कोड या संहिताएं बनाई गई हैं। ये सहिताएं विधायिकाओं द्वारा निर्मित की गई हैं, जो पूरी तरह कोर मूल्यों पर आधारित हैं। अलग-अलग विभागों के स्वयं के सेट किए गए मिशन, विजन और मूल्यों पर आधारित आचरण से संबंधित अन्य मापदंड भी होते हैं।

सत्यनिष्ठा (Integrity)

सत्यनिष्ठा का वस्तुतः अर्थ होता है, "मानवीय मूल्यों के संदर्भ में संपूर्ण तथा एकल स्वरूप में होना" (The State of Being Whole and Individual)। सत्यनिष्ठा का अर्थ है शब्दों, विचारों और क्रियाओं में अविभाजित तथा पथभ्रष्ट न रहना। एक व्यक्ति सत्यनिष्ठ व्यक्ति कहलाएगा, 'यदि जो वह सोचता है, जो वह कहता है, और जो वह करता है उन सभी में एकरूपता हो।' सिविल सेवा के संदर्भ में एक मूल्य के रूप में सत्यनिष्ठा वर्तमान सरकार की सोच के अनुरूप विचार रखना, नियमों और कानूनों के अनुसार बोलना तथा निर्देश देना है। एक सिविल सेवक को अपने उच्चाधिकारियों, अधीनस्थों और आम नागरिकों से नियमों, कानूनों, सरकारी नीतियों, कार्यक्रमों तथा शासकीय लिखित निर्देशों के माध्यम से वार्तालाप करना चाहिए। उसका व्यवहार या आचरण वैधानिक प्रक्रिया के अंतर्गत सरकार की इच्छा के अनुरूप होना चाहिए। एक सिविल सेवक को अपने अधीनस्थों को निर्देश देते समय या लिखते समय तथा अपने वरिष्ठ अधिकारियों को उत्तर देते समय परिस्थितियों की वास्तविक समझ के अनुसार ही कार्य करना चाहिए, न कि तथ्यों को तोड़-मरोड़कर प्रस्तुत करना चाहिए। इस प्रकार सत्यनिष्ठा के अंतर्गत सिविल सेवकों के आचरण के संबंध में अनेक निहितार्थ हैं।

सत्यनिष्ठा को सामान्यतः ईमानदारी या भ्रष्टाचार रहितता के रूप में देखा जाता है। परंतु इसके असीमित निहितार्थ हैं। यह मात्र ईमानदारी तक ही सीमित नहीं है, बल्कि उससे कहीं अधिक है। यह सिविल सेवकों का सर्वाधिक

संवेदनशील कोर मूल्य है, इसलिए प्रत्येक सिविल सेवक की वार्षिक प्रदर्शन मूल्यांकन रिपोर्ट (APAR) में सत्यनिष्ठा रिपोर्ट का प्रावधान है, जो संदेह के परे होना अनिवार्य है। सत्यनिष्ठा के अनेक अर्थ हैं। हम यहां इससे संबंधित सकारात्मक और नकारात्मक आचरणों की एक सूची प्रस्तुत कर रहे हैं–

1. उसे अपने कर्तव्यों और दायित्वों का निर्वहन जिम्मेदारी से करना चाहिए।
2. उसे एक पेशेवर की तरह कार्य करना चाहिए और अपने उच्चाधिकारियों, विधायिका, मंत्रीगणों तथा जनता के विश्वास को बनाए रखना चाहिए।
3. उसे लोक निधि और संसाधनों का उपयोग सावधानीपूर्वक करना चाहिए तथा जिम्मेदारियों को संवेदनशील तरीके से निभाना चाहिए।
4. उसे मीडिया के सामने कोई भी वक्तव्य तभी देना चाहिए, जब वह ऐसा करने के लिए नियमानुसार अधिकृत हो।
5. उसे प्रासंगिक मुद्दों से संबंधित तथ्यों को अपने उच्चाधिकारियों के समक्ष सच्चाई से रखना चाहिए।
6. उसके द्वारा कार्यालयीन योग्यता के अंतर्गत प्राप्त सूचना का अपने लाभ के लिए और दूसरों के लाभ के लिए दुरुपयोग नहीं किया जाना चाहिए।
7. उसके द्वारा किसी भी प्रकार का उपहार, लाभ या किसी भी प्रकार का धन लाभ स्वीकार नहीं किया जाना चाहिए, जो उसके लोक हित में किए जाने वाले कार्यों को प्रभावित करने में सक्षम हो।
8. उसके द्वारा अपने उच्चाधिकारियों, मंत्री और विधायिका को जानबूझकर भ्रमित नहीं किया जाना चाहिए।
9. उसे किसी भी प्रकार के भय या लालच के प्रभाव में नहीं आना चाहिए।

वस्तुनिष्ठता (Objectivity)

वस्तुनिष्ठता को निर्णय लेने में एकलता (Singularity) के रूप में परिभाषित किया जाता है, जहां आत्मनिष्ठता का पूर्ण अभाव हो और अत्यंत सामान्य मत (Most Common Opinion) के ऊपर स्वयं का मत प्रभावी न हो सके। वस्तुनिष्ठता को अपने निजी हित से प्रेरित व्यक्तिगत मत की अनुपस्थिति के रूप में भी परिभाषित किया जाता है। एक सिविल सेवक को किसी पूर्वाग्रह से ग्रसित हुए बिना तटस्थ तरीके से सोचना चाहिए। उसका मत आंकड़ों और तार्किकता पर आधारित होना चाहिए तथा इसमें उभयनिष्ठता का गुण इस तरह से होना चाहिए कि इस स्थिति में कोई दूसरा सिविल सेवक होता, तो वह भी समान निर्णय लेता।

वस्तुनिष्ठता को निम्न प्रकार से रेखांकित कर सकते हैं–

1. एक सिविल सेवक द्वारा अपने मंत्री को साक्ष्यों पर आधारित आंकड़ों और तर्कों के आधार पर सलाह देनी चाहिए। जैसा कि सरदार पटेल एक अवसर पर समझाते हुए कहते हैं, 'आज मेरा सचिव मेरे दृष्टिकोण और मत के विरोध में नोट लिख सकता है। मैंने यह स्वतंत्रता अपने सभी सचिवों को प्रदान की है। मैंने उन्हें कह रखा है कि यदि आप अपनी ईमानदार राय इस भय से नहीं दे पा रहे हैं कि यह आपके मंत्री को नाराज कर सकती है, तो बेहतर होगा कि आप चले जाएं। मैं कोई दूसरा सचिव ले आऊंगा।'
2. एक सिविल सेवक को साक्ष्यों के आधार पर निर्णय लेना चाहिए और मार्गदर्शी नियमों का पालन करते हुए ही कार्य करना चाहिए। उसके निर्णय एक ही प्रकार की परिस्थितियों में प्रकरण-दर-प्रकरण परिवर्तित नहीं होने चाहिए।
3. उसके द्वारा प्रकरणों में विशेषज्ञ राय और पहले के नियमों को विचार में लेना चाहिए, ताकि आत्मनिष्ठता को दूर रखा जा सके।
4. एक सिविल सेवक द्वारा ऐसी बाधाओं और परेशानियों को अनदेखा नहीं किया जाना चाहिए, जो निर्णय प्रक्रिया को प्रभावित कर सकती हैं।

5. एक सिविल सेवक को सरकार द्वारा निर्धारित की गई नीति के क्रियान्वयन को हतोत्साहित करने का प्रयास नहीं करना चाहिए।

निष्पक्षता और पक्षपात रहितता (Impartiality and Non-partisanship)

निष्पक्षता और पक्षपात रहितता लगभग समान प्रकार के विचार प्रतीत होते हैं, परंतु सिविल सेवा के संदर्भ में इनके भिन्न-भिन्न अर्थ हैं। निष्पक्षता गैर-भेदभावपूर्ण मनोवृत्ति से संबंधित है, जबकि पक्षपात रहितता किसी भी प्रकार के राजनीतिक पूर्वाग्रह से प्रभावित न होने से संबंधित है। निष्पक्षता धर्म, जाति, वंश, क्षेत्र या किसी समूह से जुड़ाव के आधार पर भेदभाव न करने के चरित्र से संबंधित है। सिविल सेवकों द्वारा निर्णय लेते समय या मंत्री को अपनी राय देते समय निष्पक्षता के गुण का प्रदर्शन करना चाहिए। निष्पक्षता सीधे रूप से वस्तुनिष्ठता से संबंधित है। यह समानता और विविधता का सम्मान करने से संबंधित विचार भी है। पक्षपात रहितता राजनीतिक तटस्थता से संबंधित है। एक सिविल सेवक को किसी जनप्रतिनिधि के साथ इस आधार पर पक्षपात नहीं करना चाहिए कि वह किसी विशेष राजनीतिक पार्टी का सदस्य है। अर्थात् एक सिविल सेवक को किसी सांसद, विधायक या अन्य निर्वाचित राजनेता को उनके पदानुक्रम के अनुसार समान आदर देना चाहिए, चाहे वह सत्तारूढ़ दल का सदस्य हो या फिर विपक्ष का सदस्य अथवा निर्दलीय हो। उसे सभी जनप्रतिनिधियों के साथ समान व्यवहार करना चाहिए, ताकि यदि भविष्य में कोई अन्य राजनीतिक दल अपनी सरकार बनाए तो कोई परेशानी उत्पन्न न हो। एक सिविल सेवक को, जो किसी मंत्री के निजी सचिव या विशेष कर्तव्य अधिकारी के रूप में कार्यरत है, या मंत्री के सचिव के रूप में पदस्थ है, किसी भी प्रकार के राजनीतिक एजेंडे में अपनी सलाह संबंधित मंत्री को नहीं देनी चाहिए। उसका उद्देश्य कभी भी मंत्री को राजनीतिक लाभ प्राप्ति हेतु सलाह देने या सहायता करने का नहीं होना चाहिए, बल्कि उसे केवल जनता के कल्याण से संबंधित मुद्दों पर ही शासकीय सलाह प्रदान करनी चाहिए। उसे शासकीय और कार्यालयीन स्रोतों का उपयोग राजनीतिक उद्देश्य से कदापि नहीं करना चाहिए। एक सिविल सेवक को राजनीतिक मामलों में संलिप्त नहीं होना चाहिए। एक सिविल सेवक को अपने राजनीतिक विचार जनता के समक्ष नहीं रखने चाहिए, यद्यपि उसे अपने व्यक्तिगत अधिकार के रूप में मत देने के अधिकार का प्रयोग करने की स्वतंत्रता है, परंतु उसने किसे अपना मत दिया इसका खुलासा नहीं करना चाहिए।

समानुभूति (Empathy)

समानुभूति को दूसरे व्यक्तियों की भावनाओं और विचारों को अनुभव करने और समझने की विशेषता के रूप में प्रदर्शित किया जा सकता है। इसे लोगों की वर्तमान मानसिक परिस्थिति के परिणामस्वरूप हो सकने वाले व्यवहार का अनुमान लगाने की क्षमता के रूप में भी समझा जा सकता है। यह दूसरों की मन:स्थिति के काल्पनिक प्रक्षेपण की योग्यता भी है। अन्य शब्दों में हम कह सकते हैं कि यह विचारों को सुनने, सुख या दुख को महसूस करने और दूसरों की रुचि जानने से संबंधित है, जिसके अंतर्गत व्यक्ति स्वयं को दूसरों के स्थान पर रखकर विचार करता है। अधिकतर ये विचार, भावनाएं और रुचियां बहुत अधिक स्पष्ट नहीं होती तथा गैर-संचारित होती हैं। इसलिए व्यक्ति को इन्हें जानने के लिए अपनी भावनात्मक बुद्धिमत्ता का प्रयोग करना चाहिए। एक सिविल सेवक, जिसके पास सही मनोवृत्ति होती है, समानुभूति की योग्यता का आसानी से दोहन कर सकता है। वास्तव में, यह व्यक्ति की मनोवृत्ति ही होती है, जो अपने भावनात्मक, व्यवहारात्मक और ज्ञानात्मक घटकों की अंतर्क्रिया के दौरान प्रासंगिक एवं अर्थपूर्ण सूचनाएं फिल्टर कर लेती है। समानुभूति एक शक्तिशाली यंत्र है, जो वास्तविक जीवन की समस्याओं में तीव्र निर्णय लेने की क्षमता में वृद्धि करता है। समानुभूति की सहायता से सरकारी योजनाओं में कमियों, उनके दुरुपयोग की संभावनाओं और संबंधित जन शिकायतों को जानना आसान हो जाता है। समानुभूति की विशेषता सरकार में नई योजनाओं और कार्यक्रमों को जनता की उम्मीदों के अनुरूप बनाने में सहायता प्रदान करती है। समानुभूति सरकारी मशीनरी की राज्य में शांति व्यवस्था बनाए रखने में भी सहायता करती है।

एक सिविल सेवक को सरकारी योजनाओं के क्रियान्वयन के लिए अत्यधिक अधिकार और शक्तियां प्रदान की जाती हैं। बहुत सारे लोग सरकारी अधिकारियों से गलत लाभ लेने के लिए अनेक साधनों का प्रयोग कर उन्हें प्रभावित करने का प्रयास करते हैं। एक तीक्ष्ण समानुभूति का धनी सिविल सेवक आसानी से ऐसे लोगों को पहचानने में सक्षम होता है और उनसे स्वयं को बचाए रखने में सफल रहता है। समानुभूति व्यक्तिगत और पेशेवर जीवन के मध्य संतुलन बनाए रखने में भी सहायक होती है। एक सिविल सेवक को अपने नजदीकी और घनिष्ठ लोगों से उत्पन्न होने वाले भावनात्मक भटकाव से भी बचे रहना चाहिए। समानुभूति ऐसी अप्रिय स्थितियों से बचने में, जहां नैतिक सीमाएं उन्हें सहायता प्रदान करने से रोकती हैं, अत्यधिक सहायक होती है। समानुभूति व्यक्ति को अपने पेशेवर और व्यक्तिगत कर्तव्यों को पूरा करने के लिए संबंधित सूचनाएं प्रदान करने का एक शक्तिशाली यंत्र है। कोई व्यक्ति अपने प्रदर्शन के दौरान अपने व्यवहार को इस आधार पर समायोजित कर सकता है कि इसका दूसरों पर क्या प्रभाव पड़ेगा। समानुभूति दूसरों की भावनाओं को जानने, अन्य लोगों की आवश्यकता और अच्छे या बुरे मंतव्यों के आधार पर निर्णय लेने में सहायक होती है। सामान्यत: लोग स्वकेंद्रित होते हैं और अधिकांशत: अपने एजेंडे को पूरा करने में ही लगे रहते हैं। वे दूसरों की भावनाओं की परवाह नहीं करते। समानुभूति अर्जित करने में समय लगता है, क्योंकि इसके लिए थोड़ा विराम लेकर स्वयं को दूसरे व्यक्ति के स्थान पर रखकर उसकी परिस्थितियों के अनुरूप विचार करना होता है। अनुभव मात्र से काम नहीं चलता, यदि व्यक्ति को उस प्रकार की भावनाओं का पर्याप्त पूर्व अनुभव नहीं है तथा तार्किक ढंग से उसके अर्थ का ज्ञान नहीं है। समानुभूति का अर्थ भावुक होकर बहना नहीं है, बल्कि इसका तात्पर्य भ्रष्ट आचरण से बचने या सूचनाओं को प्राप्त करके अपने जन व्यवहार को ठीक करने से है।

लोक सेवाओं के लिए प्रतिबद्धता (Dedication to Public Services)

प्रतिबद्धता का अभिप्राय किसी उद्देश्य के लिए पर्याप्त समय देने, पूरा ध्यान देने और अपना संपूर्ण प्रयास करने से है। लोक सेवकों को जनता की सेवा की जिम्मेदारी दी जाती है, जो एक वृहद् कार्य है तथा उच्च स्तर की प्रतिबद्धता की मांग करता है। एक लोक सेवक को अपने कर्तव्य में चौबीसों घंटे लगे रहना होता है। पूरी तत्परता के साथ जनता की सेवा में समर्पित रहना ही प्रतिबद्धता है। लोक सेवाओं के लिए प्रतिबद्धता एक महत्त्वपूर्ण कोर मूल्य है। भारत में लोक सेवा के लिए तत्परता समाज के कमजोर वर्गों और दबे-कुचले लोगों का जीवन स्तर ऊंचा रखने के लिए आवश्यक है। एक सिविल सेवक को लोक सेवा के उद्देश्य को पूरा करने के लिए अपने सारे प्रयास, तकनीकी ज्ञान और कौशल झोंक देना चाहिए। प्रतिबद्धता के मामले में एक लोक सेवक को आंतरिक रूप से प्रेरित होना चाहिए। एक सिविल सेवक को इस प्रकार का आचरण नहीं रखना चाहिए, जो किसी व्यक्ति विशेष या विशेष हित को पुष्ट करने के लिए गलत सहयोग या भेदभाव पर आधारित हो।

सरकार में संसाधनों का अभाव होता है और उन संसाधनों का प्रयोग करने की लोचशीलता (Flexibility) सीमित होती है। ऐसी स्थिति में व्यक्तिगत प्रयासों द्वारा ही समाज में एक बड़ा परिवर्तन संभव होता है। हम ऐसे अनेक उदाहरण देख सकते हैं, जहां सिविल सेवकों ने सामुदायिक भागीदारी द्वारा सरकारी धन को खर्च किए बिना ही अनेक नवाचार किए हैं। यह मानसिकता लोक सेवा के प्रति वास्तविक प्रतिबद्धता दर्शाती है। लेकिन सिविल सेवकों को अपनी लोकप्रियता बढ़ाने के उद्देश्य से ऐसा नहीं करना चाहिए, बल्कि बिना किसी प्रदर्शन के प्रयास करना चाहिए। यह औसत और संतुष्ट जीवन जीते हुए एक पेशेवर ब्यूरोक्रेट बनकर समाज में योगदान देने का तरीका है। यह एक पेशा मात्र नहीं है, बल्कि उससे बढ़कर है जहां पैसा और प्रतिष्ठा अप्रभावी होते हैं तथा देश की सेवा मुख्य लक्षण होता है।

सहनशीलता (Tolerance/Fortitude/Forbearance)

सहनशीलता को अन्य लोगों के विरोधी या कमजोर दृष्टिकोणों को सहन करने की विशेषता के रूप में परिभाषित

किया जा सकता है। भारत जैसे विविधतापूर्ण देश में यह एक महत्त्वपूर्ण मूल्य हो जाता है। यदि समाज के किसी वर्ग में गलत रीतियां और त्रुटिपूर्ण विश्वास प्रचलित हैं, तो एक लोक सेवक को उनकी भर्त्सना न करके संवैधानिक तरीकों से उनमें सुधार लाने का प्रयास करना चाहिए। एक सिविल सेवक को यह मान लेना चाहिए कि यदि समाज का कोई वर्ग ज्ञान और जीवन स्तर के मामले में पिछड़ा हुआ है, तो यह सरकार की असफलता के अतिरिक्त और कुछ नहीं है। इसे सुधारने के लिए लक्ष्य निर्धारित कर जुट जाना चाहिए। हमारा संविधान भी देश में व्याप्त विविधता के सम्मान का सुझाव देता है। इस प्रकार सहनशीलता एक संवैधानिक मूल्य भी बन जाता है।

महान शक्ति के साथ महान उत्तरदायित्व भी आते हैं। घमंड, द्वेष या असंतुलित मानसिक स्थिति के प्रभाव में शक्ति का दुरुपयोग सिविल सेवाओं के उद्देश्यों और ऊर्जा को विचलित कर सकता है। एक सिविल सेवक को विरोधी या दोयम दर्जे के दृष्टिकोण के जवाब में प्रतिक्रिया नहीं देनी चाहिए। यदि कोई व्यक्ति सही विचारों, शिक्षित दृष्टिकोणों को धारण नहीं कर सकता और अस्वीकार्य रीतियों को आत्मसात करता है, तो यह केवल उसकी गलती नहीं है, बल्कि यह समाज में संसाधनों के असमान वितरण और शिक्षा के अभाव का परिणाम है। यह एक सिविल सेवक का दायित्व है कि वह इन लोगों को सावधानीपूर्वक परामर्श दे और इस रिक्त स्थान को भरने का प्रयास करे। एक सिविल सेवक को समाज के प्रत्येक वर्ग के प्रति सकारात्मक मनोवृत्ति रखनी चाहिए। उसके स्वयं के किसी धर्म, विश्वास, जाति या नस्ल से संबंधित विचारों के प्रभाव के कारण उसकी तटस्थता से समझौता नहीं किया जाना चाहिए। उसे लोकप्रिय सरकार के दिशा-निर्देशों के अनुरूप ही कार्य करना चाहिए, चाहे वह दक्षिणपंथी, वामपंथी या कोई अन्य सरकार हो। उसका उद्देश्य केवल लोगों का कल्याण और राष्ट्र की प्रगति होना चाहिए।

कमजोर वर्ग के प्रति दया (Compassion Towards Weaker Section)

यह ज्ञात तथ्य है कि समाज का एक बड़ा हिस्सा बुरी अवस्था में है, क्योंकि उनकी सेवाओं के बदले में उन्हें मिलने वाले देय निश्चित नहीं हुए हैं। ये देय कमजोर वर्ग की बुरी स्थिति के लिए उत्तरदायी हैं। समाज के कमजोर वर्ग को विशेष प्रशासनिक सहयोग की आवश्यकता है। उन्हें सहानुभूतिपूर्वक देखना चाहिए। भारत में जाति और धर्म के आधार पर भेदभाव ने वंचित लोगों के एक बड़े वर्ग को जन्म दिया है। वे इन कमजोरियों को पीढ़ी-दर-पीढ़ी हस्तांतरित कर रहे हैं। स्वतंत्रता के पश्चात् सरकार ने इन लोगों की स्थिति में सुधार के लिए अनेक कदम उठाए। यह सिविल सेवकों का उत्तरदायित्व है कि वे इन लोगों पर ध्यान दें। सिविल सेवकों को सरकारी कार्यक्रमों के प्रभाव का आकलन करना चाहिए और आवश्यक सुझाव देने चाहिए, ताकि नीतियों में संशोधन किया जा सके।

एक सिविल सेवक को कमजोर वर्ग से आने वाले अपने अधीनस्थ कर्मचारियों के प्रति सहानुभूतिपूर्ण दृष्टिकोण रखना चाहिए। उन्हें छोटी-छोटी गलतियों के लिए कठोर दंड नहीं देना चाहिए। यहां तक कि कुछ सरकारों ने ये नियम बनाए हैं कि अनुसूचित जाति और अनुसूचित जनजाति के शासकीय कर्मचारियों को उनकी गैर-इरादतन की गई छोटी गलतियों के लिए दंड नहीं दिया जाना चाहिए। उन्हें अपना कार्य अच्छे तरीके से कराने के लिए प्रशिक्षण दिया जाना चाहिए। यह वरिष्ठ अधिकारियों का उत्तरदायित्व है कि वे उन्हें जनता की सेवा करने के मूल्य सिखाने का प्रयास करें। यह सिविल सेवकों का उत्तरदायित्व है कि वे कमजोर वर्गों के लिए आवंटित शासकीय धन का लोक कल्याणकारी और विकास कार्यों में व्यय सुनिश्चित कराएं तथा सामंतवादी मानसिकता वाले शक्तिशाली लोगों द्वारा उस धन का दुरुपयोग न होने दें। यह भारत में एक सामान्य घटना है कि राजनीतिक और वित्तीय रूप से सुदृढ़ लोग शासकीय कार्यक्रमों का लाभ उठा ले जाते हैं, जबकि वास्तविक हितग्राही वंचित रह जाते हैं।

एक लोक सेवक को समाज के कमजोर वर्गों के प्रति दया भाव प्रदर्शित करना चाहिए। उसके द्वारा सरकारी कार्यक्रमों को पूर्ण दक्षता और समावेशिता (Inclusivness) के साथ लागू कराना चाहिए। एक लोक सेवक को सदैव

अपने दिमाग में यह बात रखनी चाहिए कि उसकी सेवाएं सरकार में तभी तक आवश्यक हैं, जब तक वह समाज की सेवा करने लिए तत्पर है।

दृढ़ विश्वास का साहस (Courage of Conviction)

यह ऐसा मूल्य है जो विरोध, आलोचना या उत्पीड़न के बावजूद अपने विश्वास या आदर्शों के अनुरूप कार्य करने के लिए प्रोत्साहन प्रदान करता है। सिविल सेवकों को अनेक उत्तरदायित्व दिए जाते हैं, जिनमें से कुछ में उन्हें स्पष्ट दिशा-निर्देश प्राप्त होते हैं तथा कुछ उनके विवेक पर आधारित होते हैं। कुछ मामलों में एक सिविल सेवक को कोई भी संबंधित पूर्व उदाहरण (नजीर), दृष्टांत और दिशा-निर्देश उपलब्ध नहीं होते, यहां तक कि उसके वरिष्ठ अधिकारी या सह-अधिकारी भी इस संबंध में मार्गदर्शन प्रदान करने में अक्षम होते हैं। उदाहरण के रूप में, एक प्रवर्तन अधिकारी (Enforcement Officer) को यह सूचना मिलती है कि एक शक्तिशाली राजनेता और कुछ अधिकारियों की सांठगांठ से कुछ गैर-कानूनी गतिविधियां चल रही हैं। वह इस रैकेट को समाप्त करना चाहता है। परंतु उसके पास पर्याप्त सबूत नहीं हैं, दूसरी ओर, वह दोषी व्यक्तियों के कोप का भाजन भी बन सकता है। यहां दृढ़ विश्वास अत्यधिक महत्त्वपूर्ण है। एक अधिकारी में यह गुण होना चाहिए कि वह बिना संशय के एक नतीजे तक पहुंच सके। इस प्रकरण में उसकी अंत:प्रज्ञा (Intuition) को उसके निर्णय के सही होने का विश्वास प्रदान करना चाहिए तथा इस विश्वास के प्रत्युत्तर में पहल करने के लिए साहसी होना। दिए गए उदाहरण में सूचनाओं के आधार पर गैर-कानूनी गतिविधियों के चलने की निश्चितता और उनके विरुद्ध कदम उठाने को लेकर स्वयं को सही ठहराना ही दृढ़ विश्वास है। दृढ़ विश्वास का साहस उन गैर-कानूनी गतिविधियों के विरुद्ध बिना किसी भय के और गलत होने के विचार के बिना कार्रवाई आरंभ करने से संबंधित गुण है।

लोगों के पास दृढ़ विश्वास के लिए तार्किक मस्तिष्क होता है, परंतु कुछ लोगों के पास ही उसके अनुरूप व्यवहार करने का पर्याप्त साहस होता है। जब भी दृढ़ विश्वास के साहस का प्रश्न आता है, तो कुछ ही लोग सामने आ पाते हैं। सिविल सेवा में अच्छी पद स्थापना का आकर्षण, यथास्थिति बने रहने की इच्छा और असफलता को स्वीकार करने की मनोस्थिति, आदि कुछ ऐसे घटक हैं, जो दृढ़ विश्वास के साहस के मूल्य में रुकावट पैदा करते हैं। एक सिविल सेवक को अपने उच्च अधिकारियों और राजनीतिक प्रमुखों के सामने अपना मत बिना किसी झिझक के प्रस्तुत करना चाहिए। उसे अपनी तार्किक योग्यता पर पूरा विश्वास होना चाहिए। दृढ़ विश्वास के साहस में कमी का एक कारण सिविल सेवकों में जमीनी वास्तविकताओं के ज्ञान का अभाव होता है। हमारे सिविल सेवक लोगों से मिलने, दौरा करने, फीडबैक लेने और समस्याग्रस्त क्षेत्रों में प्रवास करने से दूर भागते हैं। उन्हें सरकारी योजना के हितग्राहियों का विश्वास जीतना चाहिए तथा उसी क्षण उनकी समस्याओं का निवारण करने का प्रयास करना चाहिए।

एक सिविल सेवक को अपने उच्चाधिकारियों और राजनीतिक प्रमुखों को लिखित रूप में या व्यक्तिगत रूप से न हो सकने योग्य कार्य को मना करने का साहस दिखाना चाहिए।

अटलता या दृढ़ता (Perseverance)

दृढ़ता को एक ऐसे व्यवहार के रूप में समझ सकते हैं, जो रुकावटों और कठिनाइयों के बावजूद लक्ष्य को प्राप्त करने के प्रयास के रूप में प्रदर्शित किया जाता है। लोरिमेर तथा लेचनर के अनुसार, 'यह एक ऐसा मूल्य है, जिसे किसी वस्तु की भौतिक या नैतिक सुंदरता, उपयोगिता, विरल उपलब्धता, आदि के कारण उसकी इच्छा की तीव्रता की माप के रूप में देखा जा सकता है। विशेषत: इसे प्रयासों और धन के संदर्भ में व्यक्त किया जाता है, जिसे कोई व्यक्ति उस वस्तु को प्राप्त करने और अपने स्वामित्व में बनाए रखने के लिए धन खर्च करने के लिए तैयार रहता है।'

दृढ़ता को सिविल सेवा के एक मूल्य के रूप में लोक हित के लक्ष्य की प्राप्ति या जनता तक सार्वजनिक वस्तुओं की पहुंच को सुनिश्चित कराने के रूप में समझा जा सकता है। लोक सेवकों को यह ज्ञात होना चाहिए कि

कठोर नियमों और प्रावधानों के फलस्वरूप सेवा प्रदाय में क्या अवरोध उत्पन्न हो सकते हैं। साथ ही, राजनीतिक हस्तक्षेप, सरकारी मशीनरी की कम इच्छाशक्ति और समाज की बेहतरी के लिए निरंतर संघर्ष जैसे कारकों का ज्ञान भी होना चाहिए। उच्च पदों पर आसीन लोक सेवकों का चयन विभिन्न प्रकार के परीक्षणों के उपरांत होता है और उनमें परिणाम उत्पन्न करने के लिए अनिवार्य सद्‌गुण होते हैं। परंतु इसके विपरीत कुछ गिने-चुने लोक सेवक ही जन आकांक्षाओं पर खरे उतरते हैं। इसका कारण दृढ़ता के गुण का अभाव है। दृढ़ता के निम्न स्तर के कारण निम्नलिखित हैं–

1. विलंबन (Procrastination) : यह दृढ़ता का सबसे बड़ा शत्रु है। प्रशासन के क्षेत्र में अनेक मुद्दे प्रतिदिन आते-जाते रहते हैं, कुछ महत्त्वपूर्ण मुद्दे उनकी प्राथमिकताओं के अव्यक्त रहने के कारण बुरी तरह प्रभावित होते हैं। कई बार महत्त्वपूर्ण कार्य बार-बार टालने के कारण प्रभावित होते हैं, जो उसकी असफलता का कारण बनता है।

2. उत्साहहीनता (Discouragement) : परिवर्तन लाने के लिए किए गए प्रयास एक सिविल सेवक के सेवाकाल के आरंभिक दिनों में अनुभव की कमी के कारण असफल हो सकते हैं। अधिकतर सिविल सेवक उनकी असफलता की आलोचना के भय से हतोत्साहित हो जाते हैं।

3. शिथिलता (Laziness) : सिविल सेवा ऊर्जावान और चतुर अधिकारियों की मांग करती है। शारीरिक रूप से तंदुरुस्त और मानसिक रूप से दृढ़ अधिकारी ही सफलता की कहानी गढ़ते हैं। शिथिल और धीमे अधिकारी शासन की गुणवत्ता में कमी का कारण बनते हैं, क्योंकि उनमें परिवर्तन लाने के लिए तथा सफलता को बनाए रखने के लिए आवश्यक ऊर्जा एवं उत्साह का अभाव होता है।

प्रेरणा का अभाव (Lack of Motivation)

सरकार में अच्छे कार्य के लिए वेतन बढ़ाने और पदोन्नति देने का प्रावधान नहीं होता। एक लोक सेवक उतना ही वेतन प्राप्त करता है, चाहे वह उत्कृष्ट कार्य करे या औसत दर्जे का। दूसरे शब्दों में, सरकार में बाहरी प्रेरणा का अभाव होता है।

एक सिविल सेवक को दृढ़ता के कुछ सूत्रों का पालन करना चाहिए, ताकि वह नकारात्मक कारकों से बचा रहे। दृढ़ता के निम्न स्तर के विभिन्न कारण निम्नलिखित हैं–

1. तब तक हार मत मानो, जब तक आपको यह विश्वास है कि आप सही हैं।
2. यदि एक बार आपने यह ठान लिया कि विषम परिस्थितियों से संघर्ष करके सफलता प्राप्त करनी है, तो अनुकूल वातावरण मिलते रहने के लिए आशावादी बने रहो।
3. चुनौतियों के समक्ष साहसी और समर्थ बने रहो।
4. उन लोगों से मत डरो, जो आपको रोकने का प्रयास करते हैं।
5. सभी भौतिक सीमाओं और समस्याओं से उबरने का प्रयास करो।
6. काम को समाप्त करने के प्रयास में जुटे रहो।
7. सदैव मस्तिष्क में यह बात रखें कि विषम परिस्थितियों को हराकर ही सफलता प्राप्त होती है।

मूल्य संघर्ष (Value Conflicts)

वर्तमान लोक सेवा जिन परिस्थितियों में कार्य कर रही है, वह बहुआयामी और जटिल प्रकृति की है। एक दिशा में सोचने या एकल मूल्य व्यवस्था के आधार पर दक्षतापूर्ण लोक सेवा प्रदाय सुनिश्चित नहीं किया जा सकता। लोक सेवा में सूचना प्रौद्योगिकी और नई तकनीकों का समावेश, बढ़ती जन आकांक्षाओं, सरकारी उपक्रमों का निगमीकरण, लोक सेवा में निजी क्षेत्रकों का प्रवेश, सार्वजनिक-निजी भागीदारी (PPP) और भूमंडलीकरण, आदि के कारण लोक सेवकों को कई बार मूल्य संघर्ष की स्थिति से गुजरना पड़ता है। मूल्य संघर्ष को प्रायः तीन वर्गों में विभाजित करके

समझा जा सकता है। *पहला*, अंत:व्यक्तिगत मूल्य संघर्ष (Intrapersonal Value Conflict), जिसके अंतर्गत व्यक्ति को स्वयं के प्रतिस्पर्धी मूल्यों का सामना करना पड़ता है। *दूसरा*, अंतर्व्यक्तिगत मूल्य संघर्ष (Interpersonal Value Conflict), जो संगठन के भीतर भिन्न लक्ष्यों और महत्त्वाकांक्षाओं वाले लोक सेवकों में आपसी वैचारिक टकराव के फलस्वरूप उत्पन्न होते हैं तथा *तीसरा*, व्यक्तिगत-संगठनात्मक मूल्य संघर्ष (Individual-Organisational Value Conflict), जो लोक सेवक के व्यक्तिगत मूल्यों और संगठन के मूल्यों के मध्य टकराव के फलस्वरूप उत्पन्न होता है।

लोक सेवकों को अनेक प्रकार के मूल्य संघर्षों से सामना करना पड़ता है, जो निम्नलिखित प्रकार के हो सकते हैं–

1. लोक सेवकों के आचरण और शक्तियों को नियंत्रित करने की आवश्यकता तथा लोक सेवकों को विवेकाधीन शक्तियां प्रदान करने की आवश्यकता के मध्य संघर्ष;
2. मितव्ययिता (Economy) और संयम (Austerity Measure) की आवश्यकता तथा बढ़ती हुई लोक आकांक्षाओं को पूरा करने के मध्य संघर्ष;
3. संगठनात्मक मूल्यों और राजनीतिक आकांक्षाओं के बीच संघर्ष;
4. मुक्त बाजार अर्थव्यवस्था और जवाबदेही (accountability) के बीच संघर्ष;
5. सूचना के अधिकार (Right to Information) और निजता एवं गोपनीयता के बीच संघर्ष;
6. लोक सेवा और राजनीतिक सेवा के बीच संघर्ष।

अभ्यास प्रश्न

1.(a) लोक सेवा के संदर्भ में निम्न शब्दों से आप क्या समझते हैं? (UPSC 2013)

I. सत्यनिष्ठा
II. अध्यवसाय
III. सेवा भाव
IV. प्रतिबद्धता
V. साहसपूर्ण दृढ़ता

(b) दो ऐसे अन्य गुण बताइए, जिन्हें आप लोक सेवा के लिए महत्त्वपूर्ण समझते हैं। अपने उत्तर का औचित्य समझाइए।

2. 'केवल कानून का अनुपालन ही काफी नहीं है। लोक सेवक में अपने कर्तव्यों के प्रभावी पालन करने के लिए, नैतिक मुद्दों पर एक सुविकसित संवेदन शक्ति का होना भी आवश्यक है।' क्या आप सहमत हैं? दो उदाहरणों की सहायता से स्पष्ट कीजिए, जहां (i) कृत्य नैतिकत: सही है, परंतु वैध रूप से सही नहीं है तथा (ii) कृत्य वैध रूप से सही है, परंतु नैतिकत: सही नहीं है। (UPSC 2015)

3. विश्वसनीयता और सहनशक्ति के सद्‌गुण लोक सेवा में किस प्रकार प्रदर्शित होते हैं। उदाहरणों के साथ स्पष्ट कीजिए। (UPSC 2013)

4. क्या कारण है कि निष्पक्षता और अपक्षपातीयता को लोक सेवाओं में, विशेषकर वर्तमान सामाजिक-राजनीतिक संदर्भ में, आधारभूत मूल्य समझना चाहिए? अपने उत्तर को उदाहरणों की सहायता से सुस्पष्ट कीजिए। (UPSC 2016)

5. समझौते से पूर्ण रूप से इनकार करना सत्यनिष्ठा की एक परख है। इस संदर्भ में वास्तविक जीवन से उदाहरण देते हुए व्याख्या कीजिए। (150 शब्द) (UPSC 2017)

6. सिविल सेवा के संदर्भ में निम्नलिखित की प्रासंगिकता का परीक्षण कीजिए। (150 शब्द) (UPSC 2017)

(1) पारदर्शिता
(2) जवाबदेही
(3) निष्पक्षता तथा न्याय

(4) दृढ़ विश्वास का साहस

(5) सेवा भाव

7. 'अच्छा कार्य करने में, वह सब कुछ अनुमत होता है, जिसको अभिव्यक्ति द्वारा या स्पष्ट निहितार्थ द्वारा निषिद्ध न किया गया हो।' एक लोक सेवक द्वारा अपने कर्तव्यों का निर्वहन करने के संबंध में, इस कथन का उपयुक्त उदाहरणों सहित परीक्षण कीजिए। (150 शब्द) (UPSC 2018)
8. सिविल सेवाओं के संदर्भ में सार्विक प्रकृति के तीन आधारभूत मूल्यों का वर्णन कीजिए और उनके महत्त्व को उजागर कीजिए। (150 शब्द) (UPSC 2018)

अध्याय

10 भारत और विश्व के नैतिक विचारकों तथा दार्शनिकों का योगदान

Contribution of Moral Thinkers and Philosophers from India and the World

प्रस्तावना (Introduction)

नैतिकता, मूल्य और अभिवृत्ति के संबंध में भारत और विश्व के नैतिक दार्शनिकों का योगदान उल्लेखनीय रहा है। उन्होंने अपने दर्शन के आधार पर नीतिशास्त्र के विभिन्न जटिल विषयों की चर्चा की है। इन भारतीय दार्शनिकों में कौटिल्य, सर्वपल्ली राधाकृष्णन, श्री अरविंद, संत तिरुवल्लुवर का नाम उल्लेखनीय है। विश्व के दार्शनिक जिन्होंने नीतिशास्त्र पर विस्तृत विश्लेषण किया, उनमें प्रमुख हैं– सुकरात, प्लेटो, अरस्तु, स्टोइक, एपिक्यूरस, संत थॉमस एक्विनास, हॉब्स, लॉक, रूसो इत्यादि। आगे हम इन पर विस्तार से चर्चा करेंगे।

भारतीय विचारक और दार्शनिक

कौटिल्य (Kautilya)

कौटिल्य की रचना उन अनेक नैतिक प्रश्नों को आकर्षित करती है, जो भारतीय राजनीतिक वातावरण से संबंधित रहे हैं और लंबे समय से महत्त्व के विषय रहे हैं। कौटिल्य "अर्थ" को एक महत्त्वपूर्ण पुरुषार्थ के रूप में लेते हैं। वे गरीबी को इनसान के पतित होने का महत्त्वपूर्ण कारण मानते हैं और इसे नैतिक आचरण से विमुख होने के पीछे के आधार के रूप में देखते हैं। उनके लिए, अर्थशास्त्र और नीतिशास्त्र आंतरिक रूप से संबंधित विषय हैं तथा उनका ऐसा विचार उनके अर्थशास्त्र को एडम स्मिथ के "वेल्थ ऑफ नेशन" से अलग करता है।

कौटिल्य ने सभी के लिए उभयनिष्ठ और सामान्य कर्तव्य की एक व्यवस्था दी है, जिसमें अहिंसा, सत्य, शुचिता, दया एवं सहिष्णुता महत्त्वपूर्ण हैं। राजा का पहला कर्तव्य अपनी प्रजा के सुखों का ध्यान रखना है। उसका शुभ उसकी प्रजा के शुभ पर निर्भर करता है। इस प्रकार, राजा एक सुपरिभाषित प्रसंविदा/समझौते (Contract) के तहत लोक सेवक के रूप में स्थापित हो जाता है। कौटिल्य के अनुसार, राजा के स्वयं के हित लोक हितों के प्रतिकूल नहीं होने चाहिए। साथ ही राजा के हित नैतिकता के अनुरूप भी होने आवश्यक है। कौटिल्य भ्रष्टाचार मुक्त और स्वच्छ प्रशासनिक व्यवस्था के पक्षधर थे। उन्होंने नैतिकता, अनैतिकता, लोक हित, लोक हित विरोधी, राजा का स्वार्थ और राजा के हित के विपरीत जैसे विशेषणों के सभी संभव युग्मों पर विचार किया। उन्होंने यह निष्कर्ष निकाला कि

कोई वस्तु जो नैतिक है और लोक हित में है उसे प्रचलन में आना चाहिए, चाहे वह राजा के हितों को पूरा करती हो अथवा नहीं। यहां तक कि वे नैतिकता के सामान्य रूप से प्रचलित विचार के परे जाकर कहते हैं कि कोई वस्तु जो अनैतिक है, परंतु लोक हित और राजा के स्वयं के हित की पूर्ति करती है, वह भी प्रचलन में बनी रह सकती है। कौटिल्य के अनुसार, संयम, नेतृत्वशीलता और स्व-नियंत्रण एक राजा के लिए अनिवार्य सद्गुण हैं। एक राजा को ऋषि के समान ज्ञानी होना चाहिए, इसे वे राजर्षि कहते हैं और राजा का अपनी इंद्रियों या विरोधी प्रलोभनों पर नियंत्रण होना चाहिए। उन्होंने इस बात पर अत्यधिक बल दिया कि कानून के अनुसार शासन चलाया जाना चाहिए।

कौटिल्य आगे कहते हैं कि एक राजा को कभी भी सांसारिक जीवनशैली का पूर्णरूपेण त्याग नहीं करना चाहिए, बल्कि संयम का रास्ता अपनाना चाहिए। यहां संयम (Moderation) का अभिप्राय आनंद प्राप्ति के साधनों में अत्यधिक लिप्त होने से बचना और पूर्ण साधुत्व से दूर रहना है। एक राजा को स्वयं को अपनी प्रजा के लिए आदर्श के रूप में स्थापित करना चाहिए और उसे अपनी प्रजा से अपनी नेतृत्वशीलता के माध्यम से सम्मान प्राप्त करना चाहिए न कि शक्ति के माध्यम से। वे लिखते हैं, 'यदि राजा ऊर्जावान है, तो प्रजा भी ऊर्जावान रहेगी। यदि राजा अपने कर्तव्यों के पालन में शिथिल है, तो प्रजा भी ऐसा ही करेगी और राजा की संपत्ति पर बैठकर खाएगी। साथ ही, शिथिल राजा अपने शत्रुओं के हाथों पराजित होगा।' कौटिल्य के अनुसार, एक राजा अपने अच्छे कार्यों और न्यायपूर्ण प्रशासन जैसे सद्गुणों के माध्यम से लोगों का समर्थन प्राप्त करता है। एक शक्तिशाली और अजेय साम्राज्य को बनाए रखने के लिए लोगों का समर्थन महत्त्वपूर्ण है। कौटिल्य सलाह देते हैं कि राजा को बच्चों, वृद्धों, बेघर, अकाल के मारे लोगों और संतानहीन महिलाओं, आदि का ध्यान राज्य के खर्चे पर रखना चाहिए। वे कहते हैं कि यदि कोई शासकीय सेवक कर्तव्य पर होते हुए मृत्यु को प्राप्त हो जाता है, तो उसके बच्चों और उसकी पत्नी को वेतन एवं भोजन भत्ते प्राप्त होने चाहिए। उनके अनुसार, एक सुविकसित और न्यायपूर्ण दंड व्यवस्था प्रजा को धर्म, अर्थ और काम के प्रति वचनबद्ध बनाती है। वहीं एक कठोर शासक प्रजा की घृणा का पात्र होता है और उसके कोप का भाजन बनता है।

कौटिल्य के अनुसार, लालच व्यक्ति की बौद्धिकता का शत्रु होता है। एक लालची व्यक्ति न केवल लोक हित को नुकसान पहुंचाता है, बल्कि अपने हितों को भी खतरे में डालता है। वे कहते हैं कि नैतिकता चरित्र निर्माण में महती भूमिका निभाती है और बुरे कर्मों से उत्पन्न होने वाले परिणामों की आशंका व्यक्त करने के लिए तार्किकता प्रदान करती है। वहीं, वैधानिक उपागम नियमों, विनियमों और सामान्य निर्देशों को मानवीय आचरण के अनुरूप विकसित करने में सहायक होता है।

कौटिल्य एक राजा के कर्तव्यों को अत्यधिक कठोर तरीके से परिभाषित करते हैं। वे कहते हैं कि एक राजा सवैतनिक लोक सेवक होता है। उनके अनुसार, यदि एक राजा अपनी प्रजा के कल्याण का ध्यान नहीं रखता, तो वह अपनी प्रजा के पापों को अपने ऊपर ले लेता है। कौटिल्य जीवन के आचरण से संबंधित अनेक सवाल उठाते हैं और उनका जवाब देने का प्रयास करते हैं। वे कहते हैं कि प्रत्येक व्यक्ति को अपने परिवार और अपने पर निर्भर लोगों का ध्यान रखना चाहिए। उसे उन्हें अव्यवस्थित छोड़कर जाने की अनुमति नहीं दी जा सकती। वे ऐसा करने वाले व्यक्तियों के लिए दंड का प्रावधान भी करते हैं। वे आगे कहते हैं कि ऐसे माता-पिता, जो अपने बच्चों के लिए शिक्षा की व्यवस्था नहीं करते अपने बच्चों के शत्रु जैसे हैं। कौटिल्य के अनुसार, लोगों का अनैतिक व्यवहार नियमों, विनियमों और दंड के प्रावधानों से नहीं रोका जा सकता, बल्कि इसे केवल उनके चरित्र को आकार देकर और उन्हें व्यावहारिक मूल्य, जो अडिग नैतिक मनोवृत्ति प्रदान करते हैं, सिखाकर ही किया जा सकता है। इस प्रक्रिया में ऐसे मूल्य शामिल हैं, जिनमें न्याय करने की क्षमता, ग्राह्यता, सहृदयता, दूरदर्शिता और परिस्थिति के अनुसार लोगों की स्थिति को समझने की क्षमता होती है।

कौटिल्य लोक सेवकों द्वारा भ्रष्टाचार के प्रभाव में आने के संबंध में अत्यधिक प्रायोगिक दृष्टिकोण रखते हैं। वे कहते हैं, 'कोई व्यक्ति चाहे इच्छा करे या न करे, जीभ पर रखने पर शहद या विष का स्वाद लिए बिना नहीं रह

सकता। इसी प्रकार, शासकीय अधिकारी द्वारा भ्रष्टाचार या लोक निधि की चोरी भी कम या अधिक मात्रा में होती रहती है।' वे आगे बल देते हुए कहते हैं कि शासन में अधिकारियों द्वारा की जाने वाली गलत कार्य प्रणाली का कारण उनके ज्ञान और कौशल का अभाव, शिथिलता, अतिलिप्तता, क्रोध, लालच, भय तथा अधिकारों का दुरुपयोग है। एक शासकीय सेवक को अपनी इन प्रवृत्तियों पर नियंत्रण रखना चाहिए।

सर्वपल्ली राधाकृष्णन (Sarvepalli Radhakrishnan)

राधाकृष्णन नैतिकता को आत्मनिष्ठ मानते हैं। वे परंपरागत नैतिकता की वकालत नहीं करते। उनके लिए नैतिक जीवन ज्ञान प्राप्ति हेतु अनिवार्य शर्त है। वे इस बात को स्वीकार करते हैं कि आध्यात्म की प्राप्ति नैतिकता के सभी पक्षों का अनुसरण करके ही हो सकती है, जैसा कि भारत की सभी धार्मिक पुस्तकों में बताया गया है। नीतिशास्त्र (Ethics) जीवन में उच्चतम परिणाम की प्राप्ति का माध्यम है। उनके अनुसार, हम स्वार्थी विश्व में जीते हैं, जहां लोग तार्किक ढंग से सोचते हैं और अपने आराम एवं अपनी पाशविक इच्छाओं की पूर्ति के लिए अर्थशास्त्र के सिद्धांतों द्वारा अत्यधिक संचालित होते हैं। उनके लिए सर्वोच्च नैतिक आदर्श है "मोक्ष" या "आध्यात्मिक प्राप्ति"। वे ग्रीक विचार, "मनुष्य समस्त वस्तुओं का मापक है" (Homo Mensura) से विरोध रखते हैं और इसे व्यावहारिक एवं साम्यवादी मानवता की स्थापना के लिए आवश्यक मूल्यों की उपेक्षा या अज्ञानता के रूप में देखते हैं।

राधाकृष्णन के अनुसार, कर्म क्षेत्र में अध्यात्म का अभ्यास और प्रज्ञा के आधार पर अध्यात्म की प्राप्ति ही सार्वभौमिक बंधुता की स्थापना कर सकती है। इस प्रकार, मनुष्य के जीवन में भौतिक उन्नति और आध्यात्मिक विकास साथ-साथ चलना चाहिए। वे नैतिकता को उसके कठोर स्वरूप में स्वीकार नहीं करते, जो सामाजिक रूप से आदरणीय आचरण को सही ठहराता है, बल्कि वे नैतिकता को विकासशील विचार के रूप में देखते हैं, जो वास्तविक नैतिक शुभ की खोज के लिए सहायक है। भगवान राम और जीसस क्राइस्ट द्वारा किए गए नैतिक पराक्रम नैतिकता की सीमा को परिभाषित नहीं करते, क्योंकि प्रत्येक व्यक्ति के पास इस तरह की अंतर्दृष्टि और नैतिक अनुशासन नहीं होता।

वे आगे कहते हैं कि सद्गुण ही स्वर्ग है और दुर्गुण ही नरक है। शुभ और अशुभ अपने परिणामों को क्रमशः पुरस्कार तथा दंड के रूप में धारण करते हैं। सद्गुण अंतिम सामाजिक लक्ष्य की ओर ले जाता है, जबकि दुर्गुण व्यक्तिगत संतुष्टि की ओर ले जाता है। वे धर्म को नीतिशास्त्र और धर्म का युग्म मानते हैं। उनके लिए धर्म कोई पंथ (Cult) या अनुनय (Persuasion) नहीं है, बल्कि यह जीवन संबंधी विधि तथा भौतिक प्रसन्नता और मुक्ति की प्राप्ति से संबंधित है। वे धर्म को गतिक और विकासशील परंतु अनादि (Eternal) प्रकृति का मानते हैं। यह नैतिक दिनचर्या हमें पूर्ण संतुलन बनाए रखने का मार्गदर्शन करती है। दूसरे शब्दों में, धर्म उन आदर्शों, संस्थाओं और लक्ष्यों को धारण करता है, जो किसी समाज में उपयुक्तता हेतु मनुष्य के चरित्र का निर्माण करते हैं।

वे "सत्य" (Truthfulness) और "अहिंसा" (Compassion) को आध्यात्मिक जीवन की दो बड़ी विशेषताएं मानते हैं। एक व्यक्ति जो दूसरों से प्रेम करता है धीरे-धीरे नैतिक मनोवृत्ति विकसित करने के योग्य हो जाता है। यह प्रेम शब्दों, विचारों और कर्मों में परिलक्षित होना चाहिए। वे कहते हैं कि हमारा शत्रु भी हमारी ओर से प्रेम का पात्र है और प्रेम में विवादों को हल करने की शक्ति निहित है। राधाकृष्णन सत्य को सर्वोच्च मूल्य के रूप में देखते हैं और कहते हैं कि इसे संकुचित स्वार्थपरकता को भूलकर एवं स्व-केंद्रीयता के परे जाकर प्राप्त किया जा सकता है। वे कहते हैं कि सत्य का ज्ञान "स्वयं" को व्यक्तिगतवाद या "स्व" (Individualism) की कैद से मुक्त करके ही प्राप्त हो सकता है। उनके अनुसार, देवत्व (Divinity) का आधार मानवीय एकत्व (Human Oneness) में होता है और यह एकत्व व्यक्ति को समर्पण तथा दयालुता की विशेषताओं को धारण करने में मार्गदर्शन करता है।

राधाकृष्णन कहते हैं कि शुभ और अशुभ वास्तव में अस्तित्व में नहीं हैं, बल्कि ये मानव निर्मित हैं। शुभ व्यक्ति के स्वयं के लिए और दूसरों के लिए लाभकारी आचरण या कर्म से संबंधित है, वहीं अशुभ ऐसे लाभों से वंचित करने या उनकी प्राप्ति के मार्ग में व्यवधान से संबंधित है। वे कर्म के सिद्धांत को स्वीकार करते हैं। साथ ही मनुष्य

के संकल्प स्वातंत्र्य को उसके जीवन की दशा से संबंधित मानते हैं। वे कहते हैं कि भूतकाल के कर्म व्यक्ति की वर्तमान परिस्थिति के लिए जिम्मेदार होते हैं और व्यक्ति के वर्तमान कर्म भविष्य को निर्धारित करते हैं। वे कहते हैं कि शुभ से शुभ और अशुभ से अशुभ का जन्म होता है तथा भविष्य को निखारने के लिए बुरे कर्मों को छोड़ने में कोई देरी नहीं करना चाहिए।

श्री अरविंद (Sri Aurobindo)

श्री अरविंद मानते हैं कि मानव में उच्चतम आत्मा के रूप में विकसित होने की प्रक्रिया के माध्यम से उच्चतर लक्ष्यों को प्राप्त करने का पर्याप्त सामर्थ्य है। उनके अनुसार, नीतिशास्त्र का उद्देश्य जीवन में प्रेम, शुद्धता और मानवीय सामर्थ्य के साथ समरसता का प्रादुर्भाव करना है। नीतिशास्त्र मानव जीवन द्वारा उच्चतर सत्ता या ईश्वर की भूमिका को जानने का माध्यम है। वे आगे कहते हैं कि नीतिशास्त्र शुभ के नियम को प्रस्तुत करता है, जो ईश्वर के नियम में अंतर्निहित है, जो पृथ्वी के समस्त कानूनों के ऊपर है। नीतिशास्त्र उस आत्मा से संबंधित है, जो नैतिक गतिविधियों में सक्रिय रूप से भागीदारी के लिए उत्सुक रहती है। इस प्रकार, यह कर्म से संबंधित है, जो ज्ञान मात्र से काफी दूर है। नीतिशास्त्र अनुमति और निषेध से संबंधित विचारों को परिभाषित करता है तथा आचरण में कुछ चरित्रों का समावेश करता है, जैसे– प्रेम, त्याग, सच्चाई, समर्पण और पुण्य कार्य, आदि।

श्री अरविंद नैतिकता के परंपरागत सिद्धांतों का विरोध करते हैं, क्योंकि उनमें अमूर्तता (Abstract) की कमजोरियां निहित हैं। वे कहते हैं, नैतिक प्रेरणा अंतर्मन से कर्तव्य के रूप में उत्पन्न होती है, जो बाद में कानून के संदर्भ में समझी जाती है। दूसरे शब्दों में, कानूनों का उनकी वैधता के आधार पर बिना सवाल किए पालन किया जाता है। परंतु बाद में मनुष्य की तार्किकता कानून की उपयुक्तता और नैतिकता पर सवाल करना आरंभ कर देती है। एक बार जब इन सवालों का संतोषजनक जवाब प्राप्त हो जाता है, तो वे नैतिक विचारों का रूप धारण कर लेते हैं। यह संपूर्ण प्रक्रिया पूर्वाग्रहों से छुटकारा दिलाकर विरोधाभासी नैतिकताओं का हल करती है और अंततः नैतिक आचरण के तंत्र को व्यवस्थित करने का कार्य करती है। नैतिक उन्नति मनुष्य जाति में दैवीय चरित्र के रूप में परिवर्तित होती है। इस अवस्था में मानव की आंतरिक प्रकृति नैतिकता को धारण करती है न कि उसके आचरण को। कार्य या आचरण शंकास्पद हो सकते हैं, परंतु इन्हें नैतिक मानना पड़ता है, क्योंकि ये नैतिक सत्ता से संबंधित हैं। इस प्रकार, मनुष्य को नैतिक होने के लिए जानबूझकर प्रयास नहीं करने पड़ते, बल्कि वह प्राकृतिक रूप से बिना प्रयास के नैतिक होने का सद्गुण प्राप्त कर लेता है। यहां श्री अरविंद सद्गुण नीतिशास्त्र (Virtue Ethics) के समर्थक प्रतीत होते हैं।

श्री अरविंद कहते हैं, नैतिक प्रकृति (Ethical Nature) प्राप्त करने के लिए मनुष्य को आध्यात्मिक रूप से परिवर्तित होना होगा। दैवीय जीवन (Divine Life) का आधार मानवीय भाव (Human Spirit) है, जो तार्किकता, इच्छाशक्ति और अंत:प्रज्ञा से बढ़कर है। दिव्यता का अंकुर नैतिक भाव (Ethical Spirit) के बीज से प्रस्फुटित होता है। वे आगे कहते हैं, दैवीय संरूपण की यह प्रक्रिया व्यक्ति से आरंभ होनी चाहिए और आगे उस व्यक्ति को इसे पूरे समुदाय में स्थानांतरित कर देना चाहिए। श्री अरविंद के अनुसार, सभी प्रकार के राजनीतिक अस्त्र किसी भी रूप में स्वतंत्रता/मोक्ष (Liberty), समानता और बंधुत्व में परिवर्तित नहीं हो सकते। मानवतावाद और मानव जाति की सेवा पर आधारित एक सच्चे धर्म का सृजन समय की मांग है। श्री अरविंद एक मानववादी दार्शनिक हैं और वे ईश्वर को मनुष्य में एक सार्वभौमिक सत्य एवं एक प्रेरक के रूप में पाते हैं, जो "अतिमानस" (Supramental) के रूप में विकसित होने के लिए आधार प्रदान करता है।

कांट के कर्तव्य सिद्धांत (Duty Theory)– "कर्तव्य मात्र के लिए कर्तव्य" (Duty for Duty Sake) के विपरीत श्री अरविंद "ईश्वर मात्र के लिए कर्तव्य" (Duty for God Sake) पर बल देते हैं। वे तटस्थ, उद्देश्य रहित एवं पूर्वाग्रह मुक्त कार्यों को ईश्वर के नाम पर और उच्चतम स्व या सार्वभौमिक इच्छा (Universal Will) के नाम पर करने की

आवश्यकता पर बल देते हैं। श्री अरविंद सामान्य मानव के विकास के विचार को माध्यमिक अवस्था यानि "उच्च मानव" (Overman) से होते हुए सर्वोच्च अवस्था यानि "अतिमानस" (Supramental Being) के रूप में देते हैं। उनके अनुसार, "अतिमानस" सभी प्रकार की परंपरागत नैतिकताओं से ऊपर है। अतिमानस चेतन, उद्देश्य रहित और बंधन मुक्त होता है, जो मानवता की सेवा में अपना संपूर्ण जीवन न्यौछावर कर देता है। अतिमानस के स्तर को प्राप्त करने के आरोहण की प्रक्रिया के लिए श्री अरविंद चार मूल आचरणों का अनुसरण करने को कहते हैं, जो निम्नलिखित हैं–

1. व्यक्ति की प्राथमिकता या लालसा;
2. विधि, स्वीकार्य शुभ और समाज के रीति-रिवाज;
3. एक आदर्श नैतिकता;
4. प्रकृति का उच्चतम पारलौकिक कानून।

वे आगे कहते हैं कि भौतिक और नैतिक लालसाओं के रूप में उपस्थित व्यक्तिगत इच्छाओं को संतुष्ट करना चाहिए। इस प्रकार की संतुष्टि का प्रयास आचरण का मूल सिद्धांत होना चाहिए। व्यक्तिगत संतुष्टि की सीमा समुदाय के कानूनों द्वारा निर्धारित होनी चाहिए। व्यक्तिगत संतुष्टि का विचार और समाज के कानून के परे अस्तित्व में रहने वाली एक आदर्श नैतिकता व्यक्तियों तथा समाज को अध्यात्म के आदर्श आचरण के हित में नियंत्रित करती है। अंततः, सभी सामाजिक कानूनों और व्यक्तिगत मूल्यों के ऊपर एक दैवीय कानून है, जो प्राकृतिक कानून से सार्वभौमिक कानून की ओर बढ़ने का अंतिम लक्ष्य है। यह सार्वभौमिक कानून सामूहिक आध्यात्मिक जीवन के आचरण को निर्धारित करता है।

शुभ और अशुभ का विचार श्री अरविंद के दर्शन का महत्त्वपूर्ण अंग है। वे शुभ को दैवीय संपूर्णता की प्राप्ति में सहयोगी के रूप में परिभाषित करते हैं। वहीं, उनके अनुसार अशुभ इस प्रकार की प्रगति में बाधा उत्पन्न करता है। अशुभ या मिथ्या अज्ञानता या गलत ज्ञान का प्रतिफल है। यह अज्ञानता आध्यात्मिक ज्ञान या सत्य की प्राप्ति के साथ ही समाप्त हो जाती है। वे आगे अशुभ को शुभ और शुभ को अशुभ का नाम देने की विसंगति की व्याख्या परिवर्तनशील देश और काल के आधार पर करते हैं, जो मानव जीवन में ब्रह्मांडीय शक्तियों के प्रभाव के फलस्वरूप मानवीय मानसिकता में उत्पन्न एक अवस्था का परिणाम है। ये शुभ और अशुभ जीवन में असामंजस्य के फलस्वरूप उत्पन्न होते हैं।

श्री अरविंद के अनुसार, किसी व्यक्ति का "स्व" से "समस्त" के लक्ष्य की ओर धीमा परिवर्तन या दूसरे शब्दों में, स्व-रहित दिव्यता की ओर स्व-त्याग के विचार की प्रगतिशीलता नैतिक उन्नति को जन्म देती है। नैतिकता परिणाम, उद्देश्यों या लक्ष्यों पर आश्रित नहीं होती, बल्कि यह स्व-अभिव्यक्ति के रूप में चेतना के विकास पर आधारित होती है। श्री अरविंद पारितोषिक (Reward) और दंड को नैतिक प्रेरक के रूप में स्वीकार नहीं करते और वे "कर्म के सिद्धांत" (Law of Karma) के लोकप्रिय रूप को भी अस्वीकार कर देते हैं। वे मानते हैं कि आत्मा इस कानून का प्रयोग एक यंत्र के रूप में करती है और कर्म का यह कानून एकाकी रूप से आत्मा की नियति निर्धारित नहीं करता।

श्री अरविंद के अनुसार, मानव का अंतिम लक्ष्य स्वयं को अतिमानस के रूप में विकसित करना और दूसरों को भी इस लक्ष्य की प्राप्ति कराने में सहयोग करना है। सभी राजनीतिक और सामाजिक संगठनों को इस अतिमानस चेतना के विकास के लिए एकजुट होकर प्रयास करना चाहिए।

तिरुवल्लुवर (Thiruvalluvar)

तिरुवल्लुवर चौथी शताब्दी के एक तमिल कवि और दार्शनिक थे। उनकी उत्कृष्ट कृति *तिरुक्कुरल* नीतिशास्त्र, अर्थशास्त्र और मानव प्रकृति पर रचित पंक्तियों का संग्रह है। *तिरुक्कुरल* में नैतिकता को उच्चतम आदर्श के रूप में बताया गया है। तिरुवल्लुवर के अनुसार, सुख प्रत्येक व्यक्ति का अधिकार है, परंतु यह नैतिक कर्मों द्वारा प्राप्त होना चाहिए। वे बल देकर कहते हैं कि नैतिकता का स्थान सुख के ऊपर है, मानव जीवन महान उद्देश्यों के लिए है और

इसे छोटे घेरे के भीतर संकुचित करके नहीं रखना चाहिए। मानव जीवन को अपनी सीमाओं में विस्तार करना चाहिए और नैतिक सामाजिक व्यवस्था प्राप्त करने के लिए प्रयत्नशील रहना चाहिए। वे नैतिकता को इन अर्थों में मापते हैं कि यह तब उत्पन्न होती है, जब मानव मस्तिष्क सभी प्रकार की ग्लानियों और अशुद्धियों से मुक्त हो जाता है। एक स्वच्छ मस्तिष्क शुद्ध विचारों को जन्म देता है, जो व्यक्ति के शब्दों और कर्मों में प्रदर्शित होते हैं। कोई व्यक्ति तब अनैतिक माना जाएगा जब उसके विचार उसके शब्दों और कर्मों के अनुरूप न हों।

वे आगे कहते हैं कि व्यक्ति को जब भी उसकी योग्यता के अनुसार संभव हो सके नैतिकता की दिशा में कार्य करते रहना चाहिए। तिरुवल्लुवर के अनुसार, नैतिकता किसी परिवार में अनिवार्य तथा महत्त्वपूर्ण स्थान रखती है। व्यक्ति अपने परिवार के भीतर ही नैतिकता का अभ्यास कर सकता है। वे धार्मिक रीति-रिवाजों और भोजन के लिए जीवों की हत्या करने से बचने की चेतावनी भी देते हैं। वे तीन प्रकार के महत्त्वपूर्ण सद्‌गुणों की चर्चा करते हैं–अध्यात्म, दान और प्रेम। उनके लिए आध्यात्मिकता दिव्य बौद्धिकता (Divine Intelligence) का लगातार अनुस्मरण करना है। उनके अनुसार, दान वह सद्‌गुण है जो मानव जीवन को परिष्कृत करता है और मानव प्रकृति में शुद्धता लाता है। वे दान के सद्‌गुण पर बल देकर कहते हैं, 'अत्यधिक मात्रा में धन एकत्रित करना और बिना बांटे अकेले खाना भीख मांगने से भी बुरा है।' वे पारिवारिक जीवन में प्रेम के महत्त्व पर भी बल देते हैं।

तिरुक्कुरल (कुरल) में व्यवसाय नीतिशास्त्र के बारे में काफी लिखा गया है। जो सम्मान के साथ धन प्राप्त कराए वही आचरण नैतिक माना जाता है, इसलिए व्यवसाय में नैतिकता अनिवार्य है। इसमें पारदर्शिता और सत्यता की व्यावसायिक गतिविधियों में भूमिका पर भी बल दिया गया है। एक व्यवसायी को अच्छे व्यवहार और शिक्षा से युक्त होना अनिवार्य है।

तिरुक्कुरल में धार्मिकता (Righteousness) की "आरम" (Aram) के रूप में व्याख्या की गई है। वे आरम की व्याख्या करते हुए कहते हैं कि आरम की प्राप्ति चार बुराइयों से बचकर की जा सकती है। वे बुराइयां हैं– ईर्ष्या (Envy), क्रोध (Anger), लालसा (Desire) तथा कटु शब्द (Harsh Word)। आरम को सर्वश्रेष्ठ मूल्य के रूप में लिया जाता है। इसे तमिल शब्द "पोरुल" (Wealth) और "इन्बाम" (Happiness) के समान माना गया है। तिरुवल्लुवर की आरम पर दृढ़ आस्था है। उनके अनुसार, लोगों को आरम पर गंभीर रूप से विचार करना चाहिए, क्योंकि धर्म उन लोगों को समाप्त करने की शक्ति रखता है, जो दूसरों को नुकसान पहुंचाना चाहते हैं। आरम व्यक्ति और समाज के बीच की कड़ी है और यह समाज में समृद्धि लाने के लिए समाज के अभिभावक की तरह कार्य करता है।

धर्म में नैतिकता (Ethics in Religion)

नीतिशास्त्र केवल धार्मिक उपदेश और धर्म से संबंधित शिक्षाएं नहीं हैं और न ही यह उस सत्ता के वचन मात्र हैं। धर्म नीतिशास्त्र के बेहतर पालन के लिए आधार प्रदान करता है। सभी धर्म नैतिक अनुदेशों को धारण करते हैं, जिनका तार्किक परीक्षण करके कुछ सीमा तक पालन किया जा सकता है। हमने यहां कुछ महान धर्मों और उनके नैतिक उपदेशों की चर्चा की है।

बौद्ध नीतिशास्त्र (Buddhist Ethics)

गौतम बुद्ध का भारत के नीतिशास्त्रीय विद्वानों में प्रमुख स्थान है। बौद्ध धर्म मन की शुचिता (Purity) और दया की भावना पर विशेष बल देता है, ताकि मानव समाज में प्रेम का विकास हो सके। बौद्ध धर्म यह बताता है कि दुख (Suffering) का कारण होता है, जिसकी खोज किए जाने की आवश्यकता होती है और इस कारण (Cause) को मध्यम मार्ग को अपनाकर दूर किया जा सकता है। इसे चरम मार्ग (Extreme Path) का त्याग किए जाने के आशय में लिया जाना चाहिए। इस मध्यम मार्ग को अत्यधिक अनुशासन और उच्च श्रेणी के आध्यात्मिक विकास द्वारा प्राप्त किया जा सकता है। यद्यपि बौद्ध धर्म नैतिकता के लिए किसी विशेष शब्दावली का प्रयोग नहीं करता। परंतु इसकी

"शील" (Sila) की अवधारणा नैतिकता के अर्थ के काफी करीब है। बौद्ध धर्म में नैतिक अनुशासन का संग्रह दस सद्कर्मों के अंतर्गत (दस कुशल काम मार्ग) किया गया है, जिसे दस बुरे कर्मों से दूर रहने के सद्गुण के रूप में समझा गया है। ये दस बुरे कर्म हैं– 1. हिंसा (Killing), 2. चोरी (Stealing), 3. व्यभिचार (Adultary), 4. झूठ (Lying), 5. पृथककारी वचन (Divisive Speech), 6. कठोर वचन (Harsh Speech), 7. निष्क्रिय वार्तालाप (Inactive Conversaton), 8. धन का लालच (Greed of Wealth), 9. द्वेष (Malice) और 10. गलत दृष्टिकोण (Wrong View)।

बौद्ध धर्म का महायान संप्रदाय जीवन में छह संपूर्णताओं (Perfections) को प्राप्त करने का विचार प्रतिपादित करता है, जो निम्नानुसार हैं–

1. दान (Generosity or Charity), 2. शील (Moral Discipline), 3. धैर्य (Patience), 4. अटलता या दृढ़ता (Perseverance), 5. ध्यान (Meditation), 6. प्रज्ञा (Wisdom)।

इन संपूर्णताओं के अलग-अलग अर्थ हैं और विभिन्न संदर्भों के अंतर्गत इनका प्रयोग किया जाता है। दान (Generosity) वंचितों और गरीबों को देने से संबंधित है। धैर्य (Patience) का आशय शांत चित्त से है। यह गैर-प्रतिक्रियात्मक होने और भय, क्रोध तथा प्रतिशोध, जैसे आवेशों से दूरी बनाए रखने से संबंधित है। अटलता या दृढ़ता (Perseverance) प्रयास को वृहद् उद्देश्यों के लिए संरचनात्मक कार्यों में लगाने का कौशल है। ध्यान की स्थिति निर्णयन में जल्दबाजी से बचने में महत्त्वपूर्ण भूमिका निभाती है। यह सही मार्ग से भटकाव को भी रोकती है। प्रज्ञा (Wisdom) सत्य और असत्य का ज्ञान है। बौद्ध लेखों में सही और गलत में भेद के विचार का उल्लेख अनेक प्रसंगों में किया गया है। उदाहरण के लिए, सही शारीरिक क्रिया की पहचान के संबंध में बुद्ध व्याख्या करते हैं कि यह ऐसी क्रिया है जो किसी व्यक्ति को स्वयं को या दूसरे को नुकसान नहीं पहुंचाती। बौद्ध धर्म नीतिशास्त्र से संबंधित कोई नियमात्मक (Normative) सिद्धांत नहीं देता। परंतु हम विभिन्न बौद्ध ग्रंथों और लेखों के आधार पर यह निष्कर्ष निकाल सकते हैं कि यह प्रेरणा पर आधारित सैद्धांतिक पुनर्निर्माण पर बल देता है न कि परिणाम पर। जैसा कि अनेक बौद्ध ग्रंथों में ऐसी व्याख्या है कि नेक इरादे से किया गया कोई कार्य नेक (Good) होगा, वहीं बुरे इरादे से किया गया कोई कार्य बुरा ही होगा। यहां तक कि अधिक मात्रा में अशुभ से प्रेरित क्रिया निम्न कोटि के अशुभ से प्रेरित क्रिया से अधिक बुरी होगी, क्योंकि पूर्व वाली क्रिया अधिक मात्रा में कर्म संबंधी क्षति (Karmic Damage) पहुंचाएगी।

बौद्ध नीतिशास्त्र को सद्गुण आधारित नीतिशास्त्र मान सकते हैं। बौद्धों का "निर्वाण" (Nirvana) ग्रीक युडेमोनिया (Eudaimonia)/उच्चतम शुभ (Highest Good) या नीतिशास्त्र की विभिन्न प्रतिपादक संस्थाओं द्वारा परिभाषित "शुभ" के समान है। महायान लेखों में यह बताया गया है कि किसी व्यक्ति के कर्मों का परिणाम वृहद् अर्थों में सर्व के कल्याण से संबंधित होना चाहिए। इसमें चारित्रिक परिणामवाद के एक प्रकार की झलक दिखाई देती है। बौद्ध धर्म की अनेक सैद्धांतिक संरचनाएं हैं और ये सभी नीतिशास्त्र के विभिन्न उपागमों को धारण करती हैं, जो आज भी विद्वानों के बीच वाद-विवाद का विषय है।

जैन नीतिशास्त्र (Jaina Ethics)

जैन नीतिशास्त्र के अनुसार, सद्गुणों को धारण करने के फलस्वरूप महान साधु या ईश्वर समान महामानव के रूप में पुनर्जन्म की प्राप्ति होती है। जबकि दुर्गुणों को धारण करने के फलस्वरूप पतित और दुखदायी पुनर्जन्म की प्राप्ति होती है। जीवन का अंतिम लक्ष्य सभी प्रकार के आवेगों (Passions) से मुक्ति प्राप्त करना है। जैन नीतिशास्त्र के अनुसार, व्यक्ति को ऐसे प्रत्येक कर्म से छुटकारा प्राप्त कर लेना चाहिए, जो बंधन का कारण बनता है चाहे वह कर्म कितना भी शुभ क्यों न हो। यद्यपि ऐसे मनुष्य के लिए जो सांसारिक प्रसंगों में लिप्त है ऐसा करना संभव नहीं हो पाता है। व्यक्ति को स्व-त्याग और आवेगों से जीवनपर्यंत मुक्त होकर शुभ कर्म करते रहना चाहिए। स्वहित के लिए समाज में विभेदनकारी क्रियाएं करना गलत है। जैन साधक त्रिरत्न (Pah of Three Jewels) की व्याख्या करते हैं, जिन्हें

1. सम्यक विश्वास (Right Faith), 2. सम्यक ज्ञान (Right Knowledge) तथा 3. सम्यक चरित्र (Right Conduct) के नाम से जाना जाता है। सम्यक विश्वास या सम्यक दर्शन का अभिप्राय किसी विचार के साथ मन को संतुष्ट रखना है। उनके अनुसार, सम्यक चरित्र के बिना ज्ञान अनुपयोगी एवं अंधा है, और सम्यक ज्ञान के बिना चरित्र अनुपयोगी है। जैन पंच अणुव्रतों के महत्त्व की व्याख्या करते हैं। ये पंच अणुव्रत हैं– 1. अहिंसा (Non-violence), 2. सत्य, 3. अस्तेय (Non-stealing), 4. ब्रह्मचर्य (Celibacy) और 5. अपरिग्रह (Renunciation of Wealth)। वे कहते हैं कि व्यक्ति पंच अणुव्रतों का पालन करते हुए अपने भीतर के आवेगों को समाप्त कर सकता है।

जैन नीतिशास्त्र के अनुसार, हिंसा सर्वप्रथम उस व्यक्ति के लिए प्रलयकारी होती है, जो दूसरों को दुख पहुंचाने के लिए हिंसा के आवेग से प्रेरित होता है। जैन सांसारिक वस्तुओं से मुक्त होने पर अत्यधिक बल देते हैं और इसका चरम रूप जैनों में सालेखना के विचार के रूप में देखा जाता है, जो जैन मुनियों द्वारा भोजन और जीवन के लिए अनिवार्य अन्य वस्तुओं का जीवन से धीरे-धीरे त्याग करने तथा पूर्णरूपेण आध्यात्मिकता पर ध्यान केंद्रित करके आत्म जीवन त्याग देने की प्रक्रिया है। इस प्रक्रिया में वे कर्म और पुनर्जन्म के चक्र से मुक्त होने का प्रयास करते हैं। यह समस्त प्रकार के आवेगों और भावनाओं से मुक्ति पाने के लिए की जाने वाली शुद्धीकरण की पूर्ण प्रक्रिया है।

कुछ विद्वान सालेखना की अवधारणा की भर्त्सना करते हैं और इसे अपराध की श्रेणी में रखते हैं। परंतु इसे आत्महत्या की संज्ञा देना भ्रामक है। आत्महत्या सामान्यत: स्व कर्मों का परिणाम होती है और यह स्थिति प्राय: व्यक्ति स्वयं निर्मित करता है। आत्महत्या करने वाला व्यक्ति मानसिक रूप से कमजोर होता है, जबकि सालेखना की प्रक्रिया में भाग लेने वाला साधु आध्यात्मिक रूप से मजबूत और मानसिक रूप से शांत होता है, जो सभी प्रकार के सांसारिक मोह से मुक्त हो चुका होता है। सालेखना का अभ्यास सामान्य मनुष्य के लिए नहीं बना है, क्योंकि यह सम्यक ज्ञान को धारण करने की अनिवार्यता की शर्त पर आधारित है, जिसे कठोर अनुशासन और मन की पवित्रता द्वारा ही प्राप्त किया जा सकता है। अहिंसा जैन नीतिशास्त्र की आधारशिला है। इसके अनुसार मिथ्या, चोरी, अनुचित हिस्सेदारी लेना, इंद्रिय सुख में अत्यधिक लिप्त रहना और स्वामित्व की भावना (Possessiveness) हिंसा के आयाम हैं।

हिंदू नीतिशास्त्र (Hindu Ethics)

हिंदू धर्म में नीतिशास्त्र का अध्ययन उस प्रकार से नहीं हुआ है, जैसा कि हम ग्रीस और यूरोप में देखते हैं। हम वेदों और अन्य ग्रंथों में नैतिक सिद्धांतों से संबंधित लेख देख सकते हैं। परंतु इनमें किसी नैतिक प्रसंग का व्यवस्थित, तार्किक तथा वैज्ञानिक परीक्षण के रूप में अध्ययन नहीं किया गया है। हिंदू धर्म में नैतिकता को वेदों और अन्य धर्म ग्रंथों के पदों में लिया गया है। यहां दैनिक जीवन में शामिल होने वाले नैतिक आदर्शों का प्रार्थना (Hymns) के रूप में वर्णन किया गया है। उदाहरण के रूप में, *अथर्ववेद* की सर्वाधिक प्रभावशाली प्रार्थना है, एक पुत्र को अपने पिता के प्रति आज्ञाकारी होना चाहिए और अपनी मां के स्वभाव से मेल खाने वाला स्वभाव धारण करना चाहिए। एक पत्नी को मधुर और लाभकारी वचन बोलने चाहिए। भाइयों को एक-दूसरे से घृणा नहीं करनी चाहिए और बहनों को आपस में समरसता बनाए रखनी चाहिए। *अथर्ववेद* में कुछ आचरणों को पाप की संज्ञा दी गई है, जैसे–झूठे वादे, पांसे के खेल में धोखा, व्यभिचार, कर्ज चुकाने में असफल होना, आदि। धर्म के अर्थ में नीतिशास्त्र हिंदुत्व में मानवता की आधारशिला है। हिंदू धर्म में नीतिशास्त्र को *वेदों, उपनिषदों, भगवद्गीता, नीतिशतक* (भर्तृहरि रचित), *पंचतंत्र* और *हितोपदेश* जैसे ग्रंथों में ढूंढा जा सकता है। भर्तृहरि अपने *नीतिशतक* में कहते हैं कि आदर्श मनुष्य अपने स्वहित को त्यागकर अन्य मनुष्यों के लिए शुभ करता है। आम व्यक्ति वह है जो दूसरों के लिए अपने स्वहित की तुष्टि के अनुसार कार्य करता है। ऐसे मनुष्य जो अपने हितों की पूर्ति के लिए दूसरों के शुभ को नुकसान पहुंचाते हैं, वे मनुष्यों के बीच राक्षसों के समान हैं। उन्हें क्या कहें जो अकारण ही दूसरों को हानि पहुंचाते हैं।

यह एक महत्त्वपूर्ण तथ्य है कि गंभीर दार्शनिक शंकाओं, जैसे– सत्य क्या है, सत्यवादिता की आवश्यकता क्यों है, आदि को हिंदू नीतिशास्त्र में व्याख्या के विषय के रूप में नहीं लिया गया है। शंकराचार्य के दर्शन को छोड़कर हिंदू नीतिशास्त्र पूर्ण, अंतिम और सार्वभौमिक नहीं है, बल्कि स्वयं हिंदू धर्म में ही सापेक्षिक प्रकृति का है। शंकराचार्य एकमात्र ऐसे भारतीय दार्शनिक हैं, जो सिद्धांत और अभ्यास के मध्य विभेद नहीं करते। *रामायण* और *महाभारत* नैतिक दुविधाओं के अनेक प्रसंग उठाते हैं तथा परिस्थितियों के अनुसार उनका हल सुझाते हैं। वेदों में सत्य (Truthfulness) को अनेक बार महिमामंडित किया गया है। वेद लोगों को स्पष्ट रूप से समझाते हैं, "सत्य बोलो और सत्य के अनुरूप कर्म करो।" *तैत्तिरीय उपनिषद* में यह स्पष्ट लेख है कि सत्य वचन बोलना चाहिए और सद्गुणों का पालन करना चाहिए। यह अध्ययन सत्य और सद्गुणों से पृथक न होने का सुझाव भी देता है। *छांदोग्य उपनिषद* में ब्रह्मचर्य, दान और अहिंसा के साथ धर्म का पालन करने पर बल दिया गया है। *भगवद्गीता* नैतिकता के बारे में अधिक योगदान देती है न कि कर्मकांडों पर, और इसमें अनेक बार सद्गुणों के महत्त्व पर भी बल दिया गया है। यह उन सद्गुणों का वर्णन है, जो व्यक्ति को दैवीय प्रकृति प्रदान करने में सक्षम होते हैं। ये गुण हैं– निर्भीकता (Fearlessness), सत्यवादिता (Truthfulness), आत्मा की शुद्धता, ज्ञान के लिए प्रतिबद्धता, दान, ब्रह्मचर्य, अहिंसा, दया, संयम (Abstinence), काम (Desire) तथा मोक्ष (Liberation)। धर्म सामाजिक व्यवस्था को बनाए रखने की कुंजी है और मानवता के अस्तित्व का आधार है। *महाभारत* धर्म को इसकी प्रायोगिकता (Practicality) के रूप में वर्णित करता है। *महाभारत* के कर्ण पर्व में धर्म की व्याख्या इस प्रकार की गई है– धर्म समाज का अस्तित्व बनाकर रखता है। यह सामाजिक व्यवस्था को बनाए रखता है। यह मानवता के कल्याण और विकास को सुनिश्चित करता है तथा व्यक्ति को समृद्धि प्रदान करता है। *मनुस्मृति* में धर्म को अहिंसा, सत्य, पवित्रता, अनुचित साधनों से धन अर्जन न करना और अपनी इच्छाओं पर नियंत्रण रखने के रूप में परिभाषित किया गया है।

पाश्चात्य एवं ग्रीक दार्शनिक (Western and Greek Philosophers)

नीतिशास्त्र का व्यवस्थित अध्ययन ग्रीक दार्शनिकों, जैसे– सुकरात, प्लेटो, अरस्तु और अन्य लोगों द्वारा किया गया था। ग्रीक दार्शनिकों के अलावा ईसाई दार्शनिकों ने नैतिकता के अध्ययन में अपना योगदान दिया। ग्रीक दार्शनिकों ने सद्गुण नीतिशास्त्र (Virtue Ethics) और प्रयोजनमूलकता पर तथा ईसाई दार्शनिकों ने धर्म नीतिशास्त्र और परिणाम निरपेक्षता के क्षेत्र में कार्य किया एवं विधि (law) के रूप में नैतिकता को विकसित करने का प्रयास किया।

ग्रीक दार्शनिकों ने सामान्यतः प्रयोजनमूलक उपागम को अपनाया। वे अंतिम शुभ (Final Good) पर बल देते थे और उसे ही सुख के कारण के रूप में वर्णित करते थे। ग्रीक प्रयोजनमूलकता दैवीय प्रयोजनमूलकता से भिन्न है, वे अंतस्थ प्रयोजनमूलकता का अवलंबन करते हैं। वे सुख के विचार को अंतिम लक्ष्य और सद्गुणों को इस सुख प्राप्ति का साधन मानते हैं।

सोफिस्ट (Sophists)

सोफिस्ट पेशे से शिक्षक थे, जो युवा और धनी ग्रीक लोगों को सशुल्क शिक्षा देते थे। ये राजसी सद्गुणों का पाठ पढ़ाते थे, ताकि युद्ध नायकों को तैयार किया जा सके। इन सोफिस्ट द्वारा पढ़ाए जाने वाले सद्गुणों को "एरीट" (Arete) कहा जाता था। ग्रीक इतिहास के आरंभिक चरण में इस "एरीट" का संबंध साहस और शारीरिक शक्ति से था। परंतु ग्रीस में राजनीतिक जागरूकता बढ़ने के साथ ही शारीरिक बल पर आधारित "एरीट" शब्दों की योग्यता के रूप में परिवर्तित होने लगी, जो नागरिकों का ध्यान अपनी ओर आकर्षित करके लोकप्रियता प्राप्ति के लिए उपयोग में लाई जाने वाली भाषायी योग्यता थी। सोफिस्ट यह जानते थे कि मानव की नैसर्गिक प्रकृति और सामाजिक नियंत्रणकारी व्यवस्था के बीच निरंतर विवाद रहता है। दूसरे शब्दों में, सांसारिक वस्तुओं की आंतरिक प्रकृति और समाज के नियमों

एवं कानूनों, जिन्हें मानवीय प्रकृति के अनुसार आचरण को नियंत्रित करने के लिए बनाया गया है, के बीच आंतरिक विवाद बना रहता है। इन विरोधी विचारों को "फाइसिस" (Physis) अर्थात् वस्तुओं (जीवित और जड़) की प्रकृति तथा "नोमोस" (Nomos) अर्थात् परंपरा या रीति-रिवाज के रूप में विभेदित किया गया। ये फाइसिस को विकसित होने की प्रवृत्ति या विविध प्रकार के विकास की प्राप्ति के उद्देश्य से होने वाले आंतरिक परिवर्तन के प्रति झुकाव के रूप में परिभाषित करते हैं। नोमोस को ये रीति-रिवाज, नियम-कानून, परिपाटी, आदि के रूप में परिभाषित करते हैं। ये नोमोस ही फाइसिस को नियंत्रित करने के माध्यम हैं।

नोमोस को परिभाषित करते हुए हेराक्लाइटिस इसे दो प्रकारों में विभाजित करते हैं। पहला, मानवीय नोमोस (Human Nomos) और दूसरा, दैवीय नोमोस (Divine Nomos)। मानवीय नोमोस की व्याख्या मानव निर्मित नियमों के रूप में की गई, जबकि दैवीय नोमोस की व्याख्या अति प्राकृतिक (Super Natural) या दैवीय नियमों के रूप में की गई। हेराक्लाइटिस व्याख्या करते हैं कि नोमोस संसार की जड़ और चेतन वस्तुओं की नैसर्गिक प्रकृति को नियंत्रित करने का आधार है। अब बहस का विषय यह है कि नोमोस (विशेष रूप से मानवीय नोमोस) की प्रकृति और सीमा का निर्धारण किस प्रकार किया जाए। यही निर्धारण नीतिशास्त्र के विकास को आधार प्रदान करता है। इस प्रकार नीतिशास्त्र को सामाजिक नियमों के रूप में रचा गया, जो मानवीय आचरण को नियंत्रित करते हैं और समाज में सुख का अस्तित्व बनाए रखते हैं।

एंटीफोन फाइसिस और नोमोस के बीच के द्वैत (Dichotomy) की व्याख्या करते हुए कहते हैं, 'नोमोस के आधार पर न्याय सम्मत विचार पूर्णतः न्याय सम्मत नहीं हो सकते, क्योंकि वे सदैव फाइसिस से विवाद की स्थिति में रहते हैं।' वे आगे कहते हैं कि नियम और कानून मानव निर्मित हैं तथा उनके स्वयं के लिए हैं। ये नियम और कानून मानव की नैसर्गिक प्रकृति के कारण सुख की खोज की प्रवृत्ति को नियंत्रित करते हैं। प्रोटागोरस (Protagoras) का प्रसिद्ध कथन है, "होमो मेनसुरा" (Homo Mensura) अर्थात् "मनुष्य समस्त वस्तुओं का मापक है" (Man is the Measure of All Things)। यह कथन प्रदर्शित करता है कि सोफिस्ट दर्शन सापेक्षता के विचार पर आधारित दर्शन है। यह व्याख्या करता है कि मूल्य का अंतिम स्रोत ईश्वर या कोई नैतिक कानून नहीं है, बल्कि इसका स्रोत मानव द्वारा की गई इसकी व्यक्तिगत व्याख्या है। इस प्रकार मानव स्वयं परिस्थिति के अनुसार मूल्य को निर्धारित करने का पैमाना है। प्रोटागोरस द्वारा प्रदर्शित सापेक्षता नैतिकता की आत्मनिष्ठता पर बल देती है। आगे, सोफिस्ट वाक् शक्ति (Power of Speech) को महत्त्व देने लगे थे, क्योंकि उस समय तक ग्रीस में लोकतांत्रिक नेतृत्व का विचार विकसित हो चुका था। सोफिस्ट वाक् शक्ति को "लोगोस" (Logos) की संज्ञा देते हैं। उनके अनुसार भाषण में शक्तिशाली प्रभाव होता है, जो मानवीय भावनाओं, जैसे– पीड़ा, तनाव, खुशी, भय, आदि को नियंत्रित कर सकता है, इसी कारण वे यह शिक्षा देते हैं कि वाक् शक्ति से लोगों को कैसे मनाया जाता है। सोफिस्ट लोगोस को एक सद्गुण (Arete) की संज्ञा देते हैं। लोगोस किसी वाक्य के पीछे का तर्क होता है, जो वाक्यों और साक्ष्यों के सहयोग से श्रोताओं का अनुनय करने में सक्षम होता है।

सुकरात (Socrates)

सुकरात एक महान दार्शनिक थे, जो नैतिक अध्ययन से संबंधित अपनी शिक्षाओं और शिक्षण पद्धति के लिए जाने जाते हैं। सुकरात से पहले ग्रीक दर्शनशास्त्री तत्त्वमीमांसीय अध्ययन में पूरी तरह लिप्त थे, जो कि वास्तविकता की मूलभूत प्रकृति के अध्ययन से संबंधित होता है और मन (Mind) एवं पदार्थ (Matter) के अस्तित्व के बीच सहसंबंध को उजागर करता है। सुकरात के ऊपर पेलोपोनेसियन युद्ध की भयावहता का गहरा प्रभाव पड़ा था। उन्होंने युद्ध के परिणाम और समाज के बीच पल रहे वैमनस्य के फलस्वरूप होने वाली हानि पर पर्याप्त अध्ययन किया था। वे जीवन को सर्वश्रेष्ठ तरीके से जीने और अनैतिक कार्यों को छोड़कर नैतिकता को अपनाने के लाभ, चाहे इसके बदले में

अल्पकालिक हानि हो जाए, जैसे विचारों को निर्धारित करने के लिए उत्सुक थे। सुकरात ने एक निष्कर्ष निकालने का प्रयास किया कि क्या सुख इच्छाओं की पूर्ति से संबंधित है या यह भौतिक सुखों को छोड़कर सद्गुण आधारित आचरण से संबंधित है। सुकरात के अनुसार, जीवन का लक्ष्य सुख की प्राप्ति है और अंतिम लक्ष्य को पाना पूर्णत: व्यक्ति के हाथों में होता है। कोई व्यक्ति अपने प्रयासों से सुख को प्राप्त कर सकता है। सुकरात के लिए सुख का अर्थ शारीरिक सुख नहीं है, बल्कि एक दैवीय अनुभूति या एक आध्यात्मिक स्थिति है, जो सांसारिक घटनाओं से अप्रभावित रहती है। इस स्थिति को शारीरिक इच्छाओं पर नियंत्रण स्थापित करके और आत्मा के विभिन्न भागों में समरसता स्थापित करके प्राप्त किया जा सकता है। सुकरात निम्नलिखित दो मूल बिंदुओं को निर्धारित करना चाहते थे–

1. सभी मनुष्यों का अंतिम लक्ष्य शर्त रहित सुख (शुभ) है।

2. सुख (अंतिम इच्छा) बाह्य वस्तुओं पर आश्रित नहीं होता, बल्कि इस बात पर आश्रित होता है कि इन वस्तुओं को अंतिम सुख की प्राप्ति में किस प्रकार प्रयोग में लाया जाता है। यहां बाह्य वस्तुओं का अभिप्राय किसी गुण, विशेषता, शारीरिक प्रतीती, शारीरिक शक्ति और धन, आदि वस्तुओं से है, जो सदैव लोगों द्वारा इच्छित होती है। उदाहरण के लिए, एक समझदार व्यक्ति धन का सही उपयोग करके अपने जीवन को सुखी बना सकता है, परंतु एक मूर्ख और अज्ञानी व्यक्ति इसका दुरुपयोग करता है, तथा अंतत: वह पहले से भी बुरी स्थिति में आ जाता है। इसी प्रकार, शारीरिक सुंदरता और बौद्धिकता का दुरुपयोग गलत कार्यों में किया जा सकता है। सुकरात सही ज्ञान की खोज और अज्ञानता की समाप्ति के प्रयासों में लगे रहे। सुकरात द्वारा अज्ञानता को व्यक्त करने और सही ज्ञान को प्राप्त करने से संबंधित प्रश्न करने की विधि (Method of Questioning) उन्हें उस समय के सर्वाधिक ज्ञानी व्यक्ति के रूप में स्थापित करती है। प्रश्न करने की यह विधि स्वत:ज्ञान (Self Knowledge) को उत्पन्न करती है। यह विधि पूर्वाग्रहों, कही-सुनी बातों और गलत तर्कों को हटा देती है।

वे कहते हैं कि ज्ञान (Wisdom) सुख की ओर ले जाता है। वे सद्गुणों को ज्ञान (स्वत:ज्ञान) के रूप में परिभाषित करते हैं। सुकरात के अनुसार, सदगुण और सुख अवियोज्य हैं। सद्गुण और ज्ञान को धारण करने से प्राप्त सुख उच्च कोटि का होता है, जो पाश्र्विक इच्छाओं को संतुष्ट करने से प्राप्त सुख से काफी ऊपर है। उनके अनुसार, लोग सुख को गलत तरीके से अंतिम लक्ष्य मान लेते हैं, बल्कि यह तो जीवन में सद्गुणों का अभ्यास करते हुए अभिन्न अंग के रूप में बना रहता है। यह सद्गुण आधारित आचरण करने से प्राप्त संतुष्टि और आंतरिक सुख है। सुकरात के अनुसार, "एक परीक्षणहीन जीवन जीने योग्य नहीं है" (An Unexamined life is Not Worth Living)।" उनकी प्रश्नात्मक विधि में मूलभूत सिद्धांत यह है कि वे कुछ नहीं जानते अर्थात् उनका ज्ञान शून्य है। एक परीक्षणहीन जीवन जीने योग्य नहीं है, यह उक्ति प्लेटो की *एपोलोजी* (Apology) से ली गई है, जो सुकरात पर चल रहे मुकदमे के दौरान उनके भाषण का संग्रह है और सुकरात एथेंस से देश निकाला को स्वीकार करने की अपेक्षा मृत्युदंड को गले लगाना स्वीकार करते हैं। इसके अनुसार, एक प्रोत्साहन पूर्णत: मानवीय होना चाहिए और अपने अस्तित्व को ऊपर उठाने के लिए उच्च विकसित तार्किकता का प्रयोग पशु समान होने से ऊपर है। वे कहते हैं कि एक यांत्रिक जीवन गैर-विचारण वाली दिनचर्या रखता है, क्योंकि वह किसी अन्य के शासन के अधीन होने के कारण विचारण नहीं करता और कभी भी यह परीक्षण नहीं करता कि वह वास्तव में इस दिनचर्या के अंतर्गत जीना चाहता है अथवा नहीं। ऐसा जीवन एक पल भी जीने योग्य नहीं है।

प्लेटो (Plato)

प्लेटो सुकरात का शिष्य था तथा अरस्तु प्लेटो का शिष्य था। प्लेटो का नीतिशास्त्र एक आदर्श नगर की अवधारणा के इर्द-गिर्द घूमता नजर आता है। प्लेटो उन संबंधों को खोजने का प्रयास करते हैं, जो किसी नगर की उत्पत्ति का कारण बनते हैं। वे कहते हैं कि कोई नगर इसलिए अस्तित्व में आता है, क्योंकि हम स्वयं में पूर्णत: आत्मनिर्भर नहीं हैं।

हमारे जीवन की अनेक आवश्यकताएं हैं और ये आवश्यकताएं हमें दूसरों से सहायता लेने के लिए बाध्य करती हैं। लोग एक-दूसरे के निकट भागीदार और सहायक के रूप में एकत्रित होते हैं। आरंभ में यह मिलाप आर्थिक उद्‌देश्यों, जैसे– भोजन, वस्त्र, आवास और आवश्यक उपकरणों (Tools) के उद्‌देश्य से होता है। लोगों की आधारभूत आवश्यकताओं को पूरा करने के लिए एक न्यूनतम नगर (Minimal City) अस्तित्व में आता है। लोग अपनी योग्यता के आधार पर और मांग एवं आपूर्ति पर आधारित आर्थिक दक्षता को अधिकतम करने के लिए कार्य विभाजन के सिद्धांत को अपनाते हैं।

वे आगे "अधिकतम राज्य" (Maximal State) के निर्माण को अपने आत्मनिर्भर न्यूनतम नगर की अवधारणा के उदाहरण के माध्यम से समझाते हैं। यहां प्लेटो नगर में समाज के विभिन्न भागों को अलग-अलग कार्य आवंटित करते हैं। प्लेटो का यह नियम "एक व्यक्ति एक कार्य" (One Person One Job) का नियम कहलाता है। वे नगर के निवासियों को "अधिकतम राज्य" के अंतर्गत तीन वृहद् वर्गों में विभाजित करते हैं–

1. दार्शनिक शासकों और शासिकाओं का एक वर्ग;
2. एक पेशेवर सेना;
3. शेष नागरिक।

किसी धनी और विलासितापूर्ण नगर की आंतरिक एवं बाह्य सुरक्षा के लिए एक प्रशिक्षित पेशेवर सेना की आवश्यकता होती है। प्रत्येक व्यक्ति भिन्न योग्यताओं के साथ जन्म लेता है। अत: उसे एक सुसंचालित राज्य में पूर्व निर्धारित कार्यों में उसकी योग्यतानुसार लगाना चाहिए। यही एक व्यक्ति एक कार्य का नियम है।

इस नियम की व्याख्या करने के लिए प्लेटो कार्य विभाजन की अवधारणा देते हैं, जो न्याय के सिद्धांत पर आधारित एक न्यायपूर्ण समाज की स्थापना करती है। न्याय का सिद्धांत कहता है "अपना-अपना कार्य करें" (Doing Your Own Things) अर्थात् व्यक्ति को दूसरे के कार्य में हस्तक्षेप किए बिना अपना कार्य करना चाहिए। प्लेटो की संपूर्ण सामाजिक व्यवस्था की योजना और राजनीतिक संस्थाओं की स्थापना उसके मनोवैज्ञानिक सिद्धांत पर आधारित है। वे बल देकर कहते हैं कि शिक्षा और नैतिक मनोविज्ञान को सुप्रशिक्षित सेना द्वारा धारण किया जाना चाहिए, ताकि आंतरिक शांति और बाह्य सुरक्षा को बनाए रखा जा सके। शासक और सेना के सदस्य अभिभावक के समान हैं। सेना द्वारा अपने नागरिकों के प्रति मित्रतापूर्ण और दया का भाव रखना चाहिए। परंतु उसी दौरान उनके शत्रुओं के प्रति दार्शनिक शासक या शासिका के मार्गदर्शन में कठोर रुख अपनाना चाहिए। वे दृढ़ता से कहते हैं कि एक शासक या शासिका का दार्शनिक होना बहुत आवश्यक है, क्योंकि सेना के प्रशिक्षण का पाठ्यक्रम तैयार करना उनका काम है। यह प्रशिक्षण शारीरिक प्रशिक्षण के साथ-साथ सही तरीके की कला, जैसे– कविता, संगीत और अन्य कलाओं को सैनिकों की मनोवृत्ति में डालने का प्रयास करने में सक्षम होना चाहिए।

शिक्षा का पर्यवेक्षण करने का कार्य शासक वर्ग का है। शासकों का चयन सैनिकों के बीच में ज्ञान के परीक्षण (दार्शनिक राजा) और चरित्र के आकलन के माध्यम से होना चाहिए। शासकों को यह दृढ़ विश्वास होना चाहिए कि उनका कल्याण प्रजा के कल्याण में निहित है। प्लेटो शासक वर्ग और सैन्य वर्ग के लिए कठोर आचरण नियमों का प्रावधान करते हैं, जो उनके नागरिक कर्तव्यों (Civic Duties) से जुड़ी मनोवृत्ति से संबंधित है, यहां तक कि उन्हें बिना किसी निजी आवास, परिवार और संपत्ति के एक सामुदायिक जीवन जीने की सलाह देते हैं। प्लेटो एक राजनीतिक व्यवस्था की स्थापना के उद्‌देश्य से किसी वर्ग विशेष के सुख को संपूर्ण नगर के सुख के लिए बलिदान कर देते हैं। यहां प्लेटो के विचार उपयोगितावादी (Utilitarian) दृष्टिकोण के समीप प्रतीत होते हैं।

प्लेटो सद्‌गुण को परिभाषित करते हुए निम्नलिखित चार मूल सद्‌गुणों (Cardinal Virtues) का वर्णन करते हैं–

1. बौद्धिकता (Wisdom) : एकमात्र ज्ञानात्मक सद्‌गुण है और यह सद्‌गुण केवल शासक वर्ग के अधिकार या नियंत्रण में रहता है। एक शासक के पास बौद्धिकता का होना बहुत आवश्यक है। प्लेटो के अनुसार, एक दार्शनिक राजा समाज पर शासन करने के लिए सबसे उपयुक्त होता है।

2. साहस (Courage) : साहस सैन्य विशिष्ट सद्गुण है। एक साहसी सैनिक अपने राज्य की रक्षा कर सकता है और एक डरपोक सैनिक राज्य के लिए खतरा पैदा कर सकता है।

3. संयम (Moderation) : व्यवस्था में सहयोग प्रदान करने के विश्वास से संबंधित है। यह एक साझा मत या दृढ़ विश्वास है कि नागरिकों के सुख या इच्छाओं को निर्धारित करने का अधिकार पूर्णतः शासक के हाथों में है।

4. न्याय (Justice) : जिसे उपरोक्त तीनों सद्गुणों अर्थात् बौद्धिकता, साहस और संयम के आदर्श संतुलन के रूप में परिभाषित किया जाता है। यह इस बात से प्रदर्शित किया जाता है–"अपना-अपना कार्य करना" (Doing Your Own Thing) जो एक अत्यधिक सक्रिय मानसिक दशा है और जिसके अंतर्गत किसी भी नागरिक को किसी अन्य नागरिक के स्वामित्व वाली वस्तु पर अधिकार करने या किसी नागरिक को उसके स्वामित्व वाली वस्तु से वंचित करने से संबंधित बातों के उपस्थित न होने का ध्यान रखा जाता है। दो वर्गों के पास इतनी अधिक शक्तियां हैं कि वे न्याय के संतुलन को भंग कर सकते हैं। सही शिक्षा ही उनकी इस भूख को नियंत्रित कर सकती है, जो उन्हें उनके कर्तव्यों से आगे बढ़ने से रोक सकती है।

प्लेटो नगर के त्रिस्तरीय विभाजन की मानवीय आत्मा से समरूपता स्थापित करते हैं। उनके अनुसार आत्मा भी नगर के समान निम्नलिखित तीन वर्गों में विभाजित है–

1. तार्किक भाग (Rational Part);
2. साहस संबंधी भाग (Spirited Part);
3. क्षुधा संबंधी भाग (Appetitive Part)।

आत्मा का तार्किक भाग शासक वर्ग के समरूप है। साहस संबंधी भाग सैन्य वर्ग और क्षुधा संबंधी भाग शेष लोगों से समरूपता स्थापित करता है। प्लेटो के अनुसार, न्याय नागरिकों में इन तीन घटकों के आनुपातिक प्रतिनिधित्व की स्थिति है। यदि इनमें से कोई एक घटक हावी हो जाए, तो न्याय की स्थिति खतरे में पड़ जाती है।

अरस्तु (Aristotle)

अरस्तु अपनी पुस्तक *निकोमेकियन एथिक्स* (Nichomachean Ethics) में नैतिकता की व्याख्या करते हैं और कहते हैं कि नैतिकता का अर्थ शुभ (Good) का ज्ञान होना नहीं है, बल्कि शुभ को प्राप्त करने की आदत को विकसित करना है। वे बल देकर कहते हैं कि ज्ञान अकेला शुभ को उत्पन्न नहीं कर सकता, बल्कि सद्गुण आधारित व्यवहार करने की आदत शुभ को जन्म देती है। इस प्रकार वे शुभ वस्तुओं की सूची बनाने में रुचि नहीं रखते। कठिनाई इस बात में है कि शुभ वस्तुओं में से किसे किसके ऊपर प्राथमिकता दी जाए। वे उच्चतम प्राथमिकता वाले शुभ को निर्धारित करने की प्रक्रिया में सर्वोच्च शुभ तक पहुंच जाते हैं। वे सर्वोच्च शुभ को युडेमोनिया (Eudaimonia) के रूप में लेते हैं, जिसमें निम्नलिखित तीन विशेषताएं पाई जाती हैं–

1. यह स्वयं के लिए इच्छित है। (It is Desirable for Itself)
2. यह किसी अन्य शुभ के लिए इच्छित नहीं है। (It is Not Desirable for the Sake of Some Other Good)
3. अन्य समस्त शुभ इसकी प्राप्ति के लिए इच्छित होते हैं। (All Other Goods are Desirable for Its Sake)

मानव के भीतर एक तार्किक आत्मा का वास होता है। किसी मानव के लिए शुभ उसके मानव होने से संबंधित होता है और यही चीज उसे पृथ्वी पर अन्य प्राणियों से अलग करती है। यह हमें तर्क करने की क्षमता प्रदान करता है, जो बेहतर जीवन जीने का मार्गदर्शन देता है। यह तार्किक क्षमता हमें सद्गुण आधारित आचरण करने की आदत विकसित करने के लिए प्रोत्साहन देती है। परंतु यदि अन्य शुभ अनुपस्थित हों, तो ये सद्गुण पर्याप्त नहीं माने जा सकते। किसी व्यक्ति के भीतर पर्याप्त मात्रा में आवश्यक शुभ उपस्थित होने चाहिए, जो उसे निरंतर सद्गुणी बने रहने के लिए पर्याप्त भाग्यशाली बनाते हैं। अरस्तु जीवन में सर्वोच्च शुभ (Highest Good) की प्राप्ति के लिए सौभाग्य के होने पर

अत्यधिक बल देते हैं। उनके अनुसार, एक दुर्भाग्यशाली व्यक्ति सर्वोच्च शुभ की प्राप्ति के लिए अनिवार्य सद्गुणों की कसौटी को पूरा करने में असमर्थ होता है। यहां सौभाग्य से अभिप्राय अच्छे माता-पिता, मित्र, जीवन साथी और साथी नागरिकों के होने से है।

आगे, वे सद्गुण को दो दुर्गुणों या बुराइयों (Vices) के बीच के स्वर्णिम माध्य (Golden Mean) के रूप में परिभाषित करते हैं। सद्गुण वह स्थिति है, जब चरम रूप से दो विपरीत विचार (Two Opposite Extreme Ideas) संतुलन की अवस्था को प्राप्त करते हैं। उदाहरण के लिए, साहस वह सद्गुण है, जो चरम रूप से दो विपरीत बुराइयों– कायरता और दुस्साहस के बीच है। अरस्तु सद्गुण को निम्नलिखित दो रूपों में वर्गीकृत करते हैं–

1. बौद्धिक सद्गुण (Intellectual Virtue)
2. नैतिक सद्गुण या चरित्र संबंधी सद्गुण (Ethical Virtue or Virtue of Character)

पहले प्रकार का सद्गुण आत्मा के उस भाग से संबंधित है, जो तार्किकता को शामिल करता है और *दूसरे* प्रकार का सद्गुण आत्मा के उस भाग से संबंधित है, जो स्वयं तो तर्क करने में असमर्थ है, परंतु तर्कों का अनुसरण करने के योग्य है। बौद्धिक सद्गुणों को आगे सैद्धांतिक (Theoretical) और प्रायोगिक सद्गुणों (Practical) के रूप में वर्गीकृत किया जाता है। सभी स्वतंत्र व्यक्ति जन्म से ही नैतिक रूप से सद्गुणी और प्रायोगिक रूप से ज्ञानी बनने की योग्यता धारण करते हैं। बचपन में उन्हें उचित आदतें विकसित कर लेनी चाहिए और जब उनकी तार्किक क्षमता पूरी तरह विकसित हो जाए, तो उन्हें प्रायोगिक ज्ञान प्राप्त कर लेना चाहिए। अरस्तु एक संन्यासी का जीवन जीने की वकालत नहीं करते, क्योंकि मानवीय इच्छाओं का पूर्ण रूप से दमन करना असंभव है। एक तार्किक मनुष्य अपनी इच्छाओं को नियंत्रित करता है और उनके बीच के एक सद्गुण के माध्य को बनाए रखता है।

स्टोइक नीतिशास्त्र (Stoic Ethics)

स्टोइक जीवन के उद्देश्य की व्याख्या प्रकृति के साथ सामंजस्य बनाए रखने के रूप में करते हैं। वे मानव के अंतिम लक्ष्य को युडेमोनिया (Eudaimonia) अर्थात् सुख की संज्ञा देते हैं। इस प्रकार युडेमोनिया प्रकृति से अनुबंधित होकर जीने से संबंधित है। यहां प्रकृति का आशय ब्रह्मांडीय प्रकृति (Cosmic Nature) और जीवित एवं अजीवित वस्तुओं की प्रकृति से है। यहां ब्रह्मांडीय प्रकृति का अभिप्राय ईश्वर की इच्छा के अनुरूप तार्किक ढंग से प्रायोजित विश्व के अनुसार घटित होने वाली घटनाओं से है। इस प्रकार स्टोइक अपनी प्रकृति की परिभाषा के आधार पर प्रयोजनमूलक विचारक (Teleologist) बन जाता है।

समायोजन का सिद्धांत (Theory of Appropriation) : स्टोइक के अनुसार, आरंभिक आयु में सभी जीवित प्राणियों के भीतर स्वप्रेम का जन्मजात आवेग (Passion) होता है न कि सुख की प्राप्ति का। बाद की आयु में जीवित प्राणी विशेष रूप से मानव दूसरों के साथ सामाजिक संबंध बनाना प्रारंभ करता है। मानव के पास तार्किकता की विशिष्ट योग्यता है, जो उसे उसके वास्तविक शुभ का ज्ञान कराने में सहयोग करती है। स्टोइक के अनुसार, सद्गुण एकमात्र वास्तविक शुभ है। अतः यह सुख की प्राप्ति के लिए अनिवार्य और पर्याप्त शर्त है। अरस्तु के विपरीत स्टोइक यह मानते हैं कि सौभाग्य का सुख से कोई संबंध नहीं है। सद्गुण पर आधारित जीवन उन समस्त मानवीय आवेगों (Passions) से मुक्त होता है, जो आत्मा को दूषित करने की प्रवृत्ति रखते हैं। सद्गुण आधारित जीवन के अंतर्गत उपयुक्त भावनात्मक प्रतिक्रिया, जो तार्किकता द्वारा अनुकूलित होती है और व्यक्ति की व्यक्तिगत, पेशेवर तथा नागरिक उत्तरदायित्व को पूरा करने की इच्छाशक्ति शामिल है। तार्किक योग्यता धीरे-धीरे प्राप्त होती है और समय के साथ विकसित होकर यह संपूर्णता को प्राप्त हो जाती है। एक बार व्यक्ति ने तार्किकता विकसित कर ली, तो उसके व्यवहार यथोचित व्यवहार (Appropriate Action) हो जाते हैं। एक यथोचित व्यवहार वह है, जो तर्क के आधार पर किया जाता है। एक व्यक्ति जो स्वास्थ्य की तार्किकता को विकसित कर लेता है वह सुबह की सैर पर

जाने लगता है। यह स्वास्थ्य के लिए सजग एक व्यक्ति का यथोचित व्यवहार है। जब व्यक्ति के भीतर पूर्ण तार्किकता विकसित हो जाती है, तो तार्किकता के आधार पर किया जाने वाला उसका व्यवहार संपूर्ण व्यवहार (Perfect Act) कहलाता है। यह संपूर्ण व्यवहार (Perfect Act/Disposition) ही सद्‌गुण है। इस प्रकार, यथोचित व्यवहार सद्‌गुण के लिए अनिवार्य शर्त है, परंतु संपूर्ण व्यवहार सद्‌गुण के लिए अनिवार्य तथा पर्याप्त शर्त है। अर्थात् सद्‌गुण आधारित व्यवहार मानव के यथोचित व्यवहार का द्योतक है परंतु इसका विलोम सत्य नहीं है, जबकि सद्‌गुण आधारित व्यवहार संपूर्ण व्यवहार का द्योतक है और संपूर्ण व्यवहार सद्‌गुण आधारित व्यवहार का द्योतक है।

स्टोइक शुभ, अशुभ और तटस्थ (Indifferent) को परिभाषित करते हैं। स्टोइक के अनुसार, किसी तार्किक मनुष्य के लिए शुभ (Good) प्रकृति के अनुसार संपूर्ण वस्तु या विचार है। दूसरी ओर, विकृत तार्किकता जो कष्ट, अशुभ और बुराई की इच्छा रखती है वह दुर्गुण है। इस प्रकार सद्‌गुण जहां शुभ को जन्म देता है, वहीं दुर्गुण (Vice) अशुभ को जन्म देता है। अन्य वस्तुएं जो न ही शुभ हैं और न ही अशुभ वे तटस्थ हैं। यह तटस्थता तर्क न करके किए जाने वाले व्यवहार का परिणाम होती है। यद्यपि समस्त मनुष्यों के पास संपूर्ण तार्किकता (Perfect Reason) हो सकती है, परंतु उनका व्यवहार उनकी तार्किकता से भटक सकता है। यह स्थिति मनोवैज्ञानिक असंतुलन के कारण उत्पन्न होती है। स्टोइक इसे आवेग की संज्ञा देते हैं। वे चार प्रकार के आवेग (Passions) बताते हैं– 1. सुख (Pleasure), 2. क्षुधा (Appetite), 3. कष्ट (Distress) और 4. भय (Fear)। ये आवेग तार्किक व्यवहार में गलत बदलाव लाते हैं। एक सद्‌गुणी व्यक्ति की आत्मा तीन शुभ अवस्थाओं या भावनात्मक प्रतिक्रियाओं को धारण करती है; 1. उल्लास अथवा हर्ष (Joy), 2. सजगता (Caution) और 3. शुभेच्छा (Wish)। एक सद्‌गुणी व्यक्ति में भी आवेग होते हैं, वह मृत समान भावनाहीन नहीं होता, बल्कि वह सद्‌गुण और दुर्गुण को समझता है और उनमें अंतर स्थापित करता है। यहां स्टोइक अरस्तु के स्वर्णिम माध्य को मानते हुए प्रतीत होते हैं।

एपिक्यूरस (Epicurus)

एपिक्यूरस हेलेनिस्टिक काल के बड़े दार्शनिकों में से थे। वे वस्तुवादी (Materialistic) तथा अनुभववादी (Empiricist) दार्शनिक थे। उनका नीतिशास्त्र सुखवाद (Hedonism) पर आधारित है। एक वस्तुवादी दार्शनिक होने के कारण वे मूल पदार्थ की खोज करते हैं और सूक्ष्मतम कण के रूप में परमाणु (Atom) की खोज करते हैं। वे प्राकृतिक घटनाओं की व्याख्या अपने परमाणु के यंत्रवादी सिद्धांत की सहायता से करते हैं और ईश्वर पर आधारित प्रयोजनमूलक (Teleological) सिद्धांत को प्रतिस्थापित करते हैं। इस प्रकार वे अनीश्वरवादी हो जाते हैं एवं ईश्वर के भय पर रोक आरोपित करते हैं। वे अरस्तु की अंतस्थ प्रयोजनमूलकता (Intrinsic Teleology) की भी आलोचना करते हैं।

एपिक्यूरस का नीतिशास्त्र आत्मनिष्ठ सुखवाद पर आधारित है, अर्थात् कोई वस्तु आंतरिक रूप से मूल्यवान है यदि वह व्यक्ति को सुख प्रदान करती है और अन्य वस्तुएं मूल्यवान हैं, क्योंकि वे व्यक्ति को सुख प्रदान कराने में सहयोगी हैं। परंतु उनका नीतिशास्त्र पूर्णतः सुखवाद पर आधारित नहीं है, क्योंकि वे सुख प्राप्त करने के लिए एक सद्‌गुणी और औसत संन्यासी जीवन जीने को सर्वश्रेष्ठ तरीका बताते हैं। वे सुख को दो समूहों में परिभाषित करते हैं, *पहला* गतिमान सुख (Moving Pleasure) और *दूसरा* स्थिर सुख (Static Pleasure)। गतिमान सुख ऐसा सुख धारण करता है, जो किसी इच्छा को संतुष्ट करने की प्रक्रिया के दौरान प्राप्त होता है। उदाहरण के लिए, भोजन के दौरान स्वादेंद्रियों को प्राप्त होने वाला सुख गतिमान सुख है। दूसरी ओर, स्थिर सुख इच्छा या लालसा की पूर्ति से प्राप्त सुख होता है।

एपिक्यूरस का सुख का दर्शन तीन वस्तुओं की उपस्थिति पर आधारित होता है– अच्छे मित्र, स्वतंत्रता और एक विश्लेषणात्मक जीवन (विचारण के लिए पर्याप्त समय एवं स्थान)।

न्याय (Justice) : एपिक्यूरस उन दार्शनिकों में से हैं, जिन्होंने न्याय से संबंधित एक सुविकसित प्रसंविदा सिद्धांत (Contract Theory) दिया। उनके अनुसार न्याय "न तो नुकसान पहुंचाओ और न ही नुकसान सहो" (Neither to

Harm Nor be Harmed) का अनुबंध है तथा न्याय उन सभी लोगों के बीच प्रसंविदा है, जो अपने लाभ के लिए एक-दूसरे के समीप आते हैं।

मित्रता (Friendship) : एपिक्यूरस के लिए मित्रता अत्यंत महत्त्वपूर्ण और कीमती है। वे मित्रता को अत्यधिक उच्च मूल्य देते हैं। उनके अनुसार, "मित्रता का नृत्य सारी दुनिया में देखा जा सकता है" (Friendship Dances Around the World)। वे कहते हैं कि एक ज्ञानी व्यक्ति ही मित्रता के मूल्य को जानता है और कई बार मित्र के लिए बलिदान करने, यहां तक कि जीवन देने के लिए भी तैयार होता है।

ईसाई दर्शनशास्त्री (Christian Philosophers)

ईसाई दर्शनशास्त्रियों, जैसे– संत ऑगस्टिन और थॉमस एक्विनास ने ईश्वर के आदेश (Commandments), सद्गुण, न्याय, आस्था और प्रेम को नैतिकता से जोड़कर अपनी चर्चा में लिया। संत ऑगस्टिन कहते हैं कि ईश्वर हमें शुभ और अशुभ को चुनने के लिए पूर्ण स्वतंत्रता प्रदान करता है। वे एक उद्धरण के माध्यम से बताते हैं कि आदम ने अशुभ (Evil) को चुना, और उसे अपनी प्रकृति को खराब करने के बदले में न्यायपूर्ण ढंग से दंड प्राप्त हुआ। आदम द्वारा किया गया पाप और उस पाप का प्रभाव पीढ़ी-दर-पीढ़ी मानव जाति में प्रवाहित हो रहा है। आदम के वंशज इस भ्रष्ट प्रकृति के पाप को ढो रहे हैं, जो उन्हें सही (Right) को चुनने के अयोग्य बना देता है। सभी मनुष्य आवश्यक रूप से मूलतः पापी हैं। परंतु ईश्वर ने अपने दया के गुण के कारण मनुष्य को इस पाप से उबारने के लिए अपने पुत्र को भेजा।

सात मूल पाप (Seven Cardinal Sins) : सात मूल पाप या दुर्गुण शक्तिशाली आवेग (Passions) हैं, जो मनुष्य की मानसिक शक्ति को भ्रष्ट कर देते हैं। विभिन्न ईसाई मतों द्वारा लंबे विचार-विमर्श के बाद ईसाई परंपरा में इन्हें एक समूह के रूप में शामिल किया गया है। यद्यपि दुर्गुणों (Vices) का विचार अरस्तु ने अपने काल में ही स्वर्णिम माध्य के सिद्धांत में दे दिया था, जिसमें वे दो भिन्न दुर्गुणों को एक सद्गुण से जोड़ने का प्रयास करते हैं। ये सात मूल पाप चौथी शताब्दी में ग्रीस के एक साधु इवेगरियस पोंटिकस (Evagrius Ponticus) द्वारा दी गई आठ अशुभों की प्रारंभिक सूची के रूप से ही निकलकर आए हैं। इस सूची को बाद में पोप ग्रेगरी-I ने सात पापों की सूची में परिमार्जित किया। संत थॉमस एक्विनास ने अपनी पुस्तक *समा थियोलॉजिका* (Summa Theologica) में इस सूची का वर्णन किया और इन्हें वृहद् पापों (Capital Sins) की संज्ञा दी। सात मूल पाप हैं– वासना (Lust), खाऊपन (Gluttony), लालच (Greed), आलस्य (Sloth), क्रोध (Wrath), ईर्ष्या (Envy) तथा गर्व (Pride)। प्रत्येक पाप की एक वृहद् व्याख्या है, परंतु हम यहां इनका अध्ययन सिविल सेवा के दृष्टिकोण को ध्यान में रखकर करेंगे।

1. वासना (Lust) : वासना का अर्थ है भौतिक और इंद्रिय सुख के लिए तीव्र इच्छा का होना। दांते (Dante) वासना को किसी व्यक्ति के लिए विकृत लगाव के रूप में परिभाषित करते हैं, जो अस्थिर तूफान के समान अनियंत्रित होता है और भौतिक तथा इंद्रिय सुख को भोगने की प्रवृत्ति रखता है। एक सिविल सेवक के संदर्भ में यह माना जा सकता है कि उसे सदैव पद की लालसा से दूर रहना चाहिए और किसी स्थान विशेष में कार्य करने का लालच नहीं पालना चाहिए। सरकार में समयानुसार तबादले और स्थान परिवर्तन के प्रावधान के माध्यम से इस प्रवृत्ति पर रोक लगाई जाती है। ऐसे अनेक उदाहरण देखे जा सकते हैं, जब किसी सिविल सेवक ने बार-बार एक ही पद पर एक ही स्थान पर बने रहने में सफलता प्राप्त की, परंतु इसके अत्यधिक गंभीर परिणाम सामने आए। ऐसा व्यवहार हित संघर्ष (Conflict of Interest) और लोक सेवा मूल्यों के पतन जैसी स्थितियां उत्पन्न करता है।

2. खाऊपन (Gluttony) : इसे किसी वस्तु के अतिभक्षण की स्थिति के रूप में परिभाषित किया जाता है। Gluttony का वस्तुतः अर्थ है भोजन का अतिभक्षण। परंतु वृहद् अर्थों में इसे दूसरों के हितों के ऊपर अपने हित को रखने की प्रवृत्ति के रूप में लिया जाता है। सिविल सेवक अल्प वेतन पर कार्य करते हैं। यह स्थिति भविष्य की

वित्तीय आवश्यकताओं की पूर्ति न हो पाने की असुरक्षा को उत्पन्न कर सकती है। लोक सेवा एक पवित्र कार्य है, जो एक नौकरी मात्र नहीं है, बल्कि जनता के कल्याण और राष्ट्र निर्माण के लिए प्रतिबद्धता से संबंधित है। वित्तीय कमी का भय कई बार शासकीय सेवकों के मन पर हावी हो सकता है, जो जनता के धन में से चोरी की प्रवृत्ति का कारण बनता है। एक लोक सेवक को अपनी आवश्यकताओं को सीमित रखना चाहिए और अत्यधिक महंगी जीवनशैली से बचना चाहिए।

3. लालच (Greed) **:** यह लोभ, लालसा और लोलुपता का समानार्थी है। यह भौतिक वस्तुओं को अपने स्वामित्व या नियंत्रण में लेने की इच्छा से संबंधित है। यह वासना से इस अर्थ में भिन्न है कि वासना निरंतर भोग विलास और उसमें लीन रहने से संबंधित है, जबकि लालच अतिसंलिप्तता और भोग से संबंधित न होकर बिना सोचे-समझे मात्र संग्रह करने की प्रवृत्ति है। लालच की विशेषताओं के अंतर्गत वस्तुओं का संग्रह करना, चोरी करना और शक्ति का दुरुपयोग करके लूटना जैसी क्रियाएं आती हैं। लोक सेवकों को इस प्रकार की मनोवृत्ति से दूर रहना चाहिए। लालच के कारण अधिकारों का दुरुपयोग, अधीनस्थों और आम नागरिकों का उत्पीड़न होने की संभावना होती है। लोक जीवन में भ्रष्टाचार का यह एक महत्त्वपूर्ण कारण है। यह सिविल सेवाओं में संस्थागत मूल्यों के पतन के लिए काफी हद तक जिम्मेदार है। लालच राष्ट्र और समाज दोनों के लिए एक बड़ा खतरा है ।

4. आलस्य (Sloth) **:** आलस्य को शिथिलता की आदत या थकान वाली क्रियाओं में अरुचि के रूप में परिभाषित किया जा सकता है। धार्मिक दृष्टिकोण से आलस्य की व्याख्या ईश्वर के प्रति कर्तव्यों में कमी और प्रतिबद्धता के अभाव, जैसे– प्रार्थना में उपस्थित न होना, चर्च न जाना और दूसरों की सहायता न करना, आदि के रूप में की जाती है। आलस्य जिम्मेदारियों को भूलने का एक गंभीर कदाचार है। इसे संसार के लिए भावनात्मक कमी और लोगों के लिए यहां तक कि स्वयं के लिए भावनाओं की अनुपस्थिति की अभिव्यक्ति के रूप में माना जा सकता है। यह मनुष्य को सही कार्य करने से रोकता है और मानवीय समानुभूति के लिए खतरा है। आलस्य सिविल सेवकों का सबसे बड़ा शत्रु है। सिविल सेवकों का एक बड़ा वर्ग काम करना बंद कर देता है, क्योंकि उनमें लोक सेवा के लिए प्रतिबद्धता हेतु प्रेरणा का अभाव हो जाता है। यह माना जाता है कि एक सिविल सेवक को सेवा से बाहर का रास्ता दिखाना उनके सेवा में प्रवेश से अधिक कठिन है। अधिकांश सिविल सेवक संविधान द्वारा प्राप्त इस विशेषाधिकार का दुरुपयोग करते हैं। यदि यह मनोवृत्ति सेवाकाल के आरंभिक समय में ही विकसित हो गई, तो सिविल सेवक का कार्य ज्ञान कमजोर रह जाता है और वह जमीनी अनुभवों से वंचित हो जाता है। आगे चलकर यह कमजोरी व्यवस्था को बुरी तरह से प्रभावित करती है।

5. क्रोध (Wrath) **:** यह गुस्सा और घृणा से संबंधित अनियंत्रित आवेग है। यह बदला लेने की भावना से संबंधित प्रवृत्ति है। हिंसा करना, यातना और कष्ट देना क्रोध की विशेषताएं हैं। यह भावना अपने प्रिय लोगों के कष्ट को देखकर और इन कष्टों का जिम्मेदार कोई निश्चित व्यक्ति है इस बात का दृढ़ विश्वास होने के फलस्वरूप उत्पन्न होती है। डोरोथी एल. स्लेयर ने दांते की कृति *डिवाइन कॉमेडी II परजेटरी* का अनुवाद करते हुए लिखा है– 'न्याय के लिए प्रेम प्रतिशोध और बैर (Spite) के रूप में पथभ्रष्ट होता है।'

एक सिविल सेवक को शांत चित्त होना चाहिए और उसे क्रोध तथा घृणा जैसे आवेगों (Passions) से मुक्त रहना चाहिए। उनमें अत्यधिक अधिकार और शक्तियां निहित होती हैं, जिनका दुरुपयोग आवेग में आकर संभव है। हम अनेक उदाहरण देख सकते हैं, जिनमें उच्च अधिकारियों द्वारा क्रोध से प्रेरित होकर अधीनस्थों को गैर-आनुपातिक दंड दे दिया जाता है। अनुशासनात्मक कार्रवाइयां क्रोध और बदले की भावना से ओतप्रोत होकर नहीं की जानी चाहिए। शक्तियों का विरलतम मामलों में ही प्रयोग करना चाहिए।

6. ईर्ष्या या द्वेष (Envy) **:** यह अन्य व्यक्ति के गुणों, उनके स्तर और योग्यताओं के प्रति जलन तथा उन्हें प्राप्त करने की अत्यधिक इच्छा से संबंधित आवेग है। दांते ईर्ष्या की व्याख्या इस प्रकार करते हैं– 'अन्य व्यक्तियों की चीजों

से उन्हें वंचित कराने की इच्छा।' यह दूसरों की अवनति देखकर प्राप्त सुख से भी संबंधित है। संत थॉमस एक्विनास के अनुसार, ईर्ष्या के तीन चरण हैं, *पहला* अन्य व्यक्ति के स्तर में कमी लाना, *दूसरा* अन्य व्यक्ति के दुर्भाग्य को देखकर प्रसन्नता और *अंतिम* उस व्यक्ति के प्रति घृणा। ईर्ष्या एक सिविल सेवक के जीवन के लिए शत्रु के समान है। एक सिविल सेवक को अपने साथी सिविल सेवक के कॅरियर की उन्नति देखकर ईर्ष्या नहीं करनी चाहिए। अपने साथी अधिकारी के उभरते हुए कॅरियर से ईर्ष्या करके उसके विरुद्ध सतर्कता जांच (Vigilance Enquiry) कराना और उसकी मनगढ़ंत शिकायतें कराने का षड्यंत्र रचना आजकल आम बात हो गई है। यह सिविल सेवा बंधुत्व की भावनाओं के विरुद्ध है और सिविल सेवा की छवि के लिए भी घातक है।

7. गर्व (Pride) : यह किसी व्यक्ति का स्वयं को दूसरों से अधिक अच्छा तथा महत्त्वपूर्ण होने का अतार्किक विश्वास है। अलेक्जेंडर पोप के अनुसार, 'एक कमजोर दिमाग मजबूत पूर्वाग्रहों के अधीन गर्व करने लगता है, जो मूर्खों में पाया जाने वाला अकाट्य दुर्गुण है।' यह सिविल सेवकों में पाई जाने वाली सबसे बड़ी समस्या है। एक सिविल सेवक जो स्वयं के भीतर गर्व पालने लगता है और अपने अधिकारों के फलस्वरूप स्वयं के निर्णयों, तर्कों तथा कार्यों को सदैव सही बताने लगता है उसका विकास रुक जाता है। वह अन्य लोगों को दोयम दर्जे का समझने लगता है और अधीनस्थों की सही राय की भी अनदेखी करता है।

थॉमस एक्विनास (Thomas Aquinas)

संत थॉमस एक्विनास का नीतिशास्त्र दो विरोधी परंपराओं का मिश्रण है– अरस्तु की सर्वोच्च शुभ (Eudamonism) की अवधारणा और ईसाई धर्मशास्त्र। एक ओर, वे अरस्तु के विचार को अपनाते हैं, जिसके अनुसार कोई व्यवहार सही या गलत, अच्छा या बुरा है यदि वह हमें उपयुक्त मानवीय लक्ष्य तक क्रमशः पहुंचाता है या उससे दूर करता है। प्रयोजन या अंतिम लक्ष्य समस्त मानव जाति का उद्देश्य है। प्रयोजन (The Telos) सर्वोच्च शुभ या सुख है। सुख को प्राप्त करने के लिए अत्यधिक बौद्धिकता एवं नैतिक सद्गुणों की आवश्यकता होती है। दूसरी ओर, एक्विनास यह मानते हैं कि सद्गुण मात्र से जीवन में अंतिम सुख की प्राप्ति या ईश्वर से मिलन संभव नहीं है। यह अंतिम स्थिति केवल मानवीय प्रयासों से प्राप्त नहीं की जा सकती, बल्कि इसके लिए ईश्वर की कृपा की भी आवश्यकता होती है। ईश्वर हमें दैवीय परमानंद (Divine Beatitude) की प्राप्ति के योग्य बनने के लिए प्रेरणा प्रदान करता है। एक्विनास की ईसाइयत पर दृढ़ आस्था थी और वे आदम द्वारा किए गए पाप को मानव जाति की विरासत मानते हैं। यह पाप आज भी मानव जाति में बसा हुआ है और मानव को पथभ्रष्ट करता रहता है। ईश्वर की इच्छा के विरुद्ध मानव द्वारा संकल्प स्वातंत्र्य (Freedom of Will/Liberum Arbitrium) के दुरुपयोग की संभावना अत्यधिक रूप में बनी रहती है। इस प्रकार हम शुभ को बनाए रखने के लिए और अशुभ से बचने के लिए ईश्वर की दया के आकांक्षी होते हैं।

एक्विनास का मेटा-नीतिशास्त्र : एक्विनास अपनी कृति *समा थियोलॉजिका* (Summa Theologica) में समझाते हैं कि तर्क की दो शक्तियां होती हैं, ज्ञानात्मक शक्ति (Coginitive Power) तथा क्षुधात्मक शक्ति (Appetitive Power)। ज्ञानात्मक शक्ति हमें वस्तुओं को जानने और उनके भीतर के शुभ को समझने की बौद्धिकता प्रदान करती है। क्षुधात्मक शक्ति इच्छा (Will) कहलाती है। वे इच्छा को ज्ञानात्मक शक्ति द्वारा जाने गए शुभ की लालसा के रूप में परिभाषित करते हैं। अर्थात् यह बुद्धि द्वारा शुभ या चयन करने योग्य वस्तु के निर्णयन की प्रतिक्रिया से संबंधित भूख है। इच्छा से प्रेरित सभी क्रियाएं (Actions) बुद्धि की पूर्व क्रियाओं पर निर्भर करती हैं। बुद्धि इच्छित वस्तु की इच्छा की आपूर्ति करती है और बदले में वह वस्तु इच्छा को अंतिम कारण के रूप में गति प्रदान करती है, क्योंकि जाना गया शुभ ही इच्छित वस्तु है और इसे एक अंतिम लक्ष्य के रूप में गतिशील करती है। मानवीय व्यवहार वे क्रियाएं हैं, जिन पर मानव का पूर्ण नियंत्रण होता है, जो अतार्किक पशुओं से इतर हैं। मानव अपने व्यवहार का चयन

तार्किक आधार पर करते हैं, जिसे वे शुभ मानते हैं। मानवीय व्यवहार हमारे स्वयं के संकल्प स्वातंत्र्य का उत्पाद नहीं है, जिनका क्रियान्वयन बुद्धि (Intellect) तथा संकल्प (Will) दोनों का फलन (Function) होता है। एक्विनास यह मानते हैं कि विचार में लिया जा रहा शुभ ही वास्तव में अंतिम लक्ष्य है।

एक्विनास सद्‌गुण की अनेक परिभाषाएं प्रतिपादित करते हैं। उनके अनुसार, सद्‌गुण एक आदत है, जो अपनी यथोचित क्रिया के लिए किसी एजेंट को प्रेरित करती है। सद्‌गुण एक आदत है, जो हमें सही तर्क करने के लिए बाध्य करती है। वे निम्नलिखित सद्‌गुणों के बारे में बताते हैं–

1. विवेक : यह नैतिक निर्णय लेने से संबंधित सही तर्कों के निर्धारण से संबंधित ज्ञान है। यह दो प्रकार का ज्ञान प्रदान करता है–

1. सामान्य नैतिक सिद्धांत, जो व्यवहार का मार्गदर्शन करते हैं।
2. विशिष्ट परिस्थितियां, जिनमें कोई निर्णय आवश्यक है।

2. संयम (Temperance) **:** इसकी दो विशेषताएं होती हैं। पहला, मध्यम प्रकृति का होने का गुण जो प्रत्येक नैतिक सद्‌गुण में अत्यधिक चरमता से परहेज के अर्थों में पाया जाता है। संयम का अर्थ भौतिक सुखों की मध्यमता (Moderation) से है, जो खाने, पीने और लैंगिक सुख से संबंधित है। हम इन अल्पकालिक वस्तुओं के लिए स्व-कल्याण का त्याग करने की प्रवृत्ति भी प्रदर्शित करते हैं। हमें कुछ सद्‌गुणों की आवश्यकता होती है, जो हमें उन आवेगों से दूर रखें, जो सुखद वस्तुओं की इच्छा और हानिकारक वस्तुओं से दूरी बनाने की मनोवृत्ति प्रदान करते हैं। संयम का दूसरा अर्थ है भौतिक संतुष्टि के लिए सीमित इच्छा मात्र का होना। संयम हमारे भीतर ही शारीरिक सुख की इच्छाओं का दमन नहीं कर सकता। संयम की परिभाषा के अंतर्गत अनेक सहयोगी सद्‌गुण आते हैं, जैसे– पवित्रता (Chastity), सादगी (Sobriety), परहेज (Abstinance), आदि।

3. साहस (Courage) **:** साहस को परिभाषित करते हुए एक्विनास ऐसी इच्छा के बारे में बताते हैं, जिन्हें पूर्ण करना कठिन कार्य होता है। साहस वह सद्‌गुण है, जो इस प्रकार की कठिनाई से प्राप्त होने वाली इच्छाओं को अपने सहयोगी सद्‌गुणों के माध्यम से परिमार्जित कर देता है। कई बार किसी वस्तु को प्राप्त करने या उससे दूर रहने के लिए कठिनाई का सामना करना पड़ता है। यह कठिनता कुछ सीमा तक भय का वातावरण निर्मित कर देती है और तार्किकता का अनुसरण करने से हतोत्साहित करती है। इन प्रकरणों में हम दुख को सहन करने से मना कर सकते हैं या उपयुक्त मानवीय शुभ की प्राप्ति के लिए अनिवार्य असहजताओं को अस्वीकार कर सकते हैं। भय तार्किकता से पूर्णतः विरोध नहीं रखता। अंततः कुछ ऐसी परिस्थितियां हैं, जिनसे हमें डरना पड़ता है, जैसे– असामयिक मृत्यु या बुरी छवि का बनना।

इन प्रकरणों में हमें एक ऐसे सद्‌गुण की आवश्यकता होती है, जो अधिक साहसिक कार्यों को करने से रोकने की प्रवृत्ति में कमी लाए, एक्विनास के अनुसार साहस वही सद्‌गुण है। हमें भय से उबरने के लिए साहस की आवश्यकता होती है, ताकि हम अपने ऊपर मंडरा रहे संकटों से डटकर मुकाबला कर सकें। साहस न केवल हमारे भय को कम करता है, बल्कि हमें अतार्किक रूप से अधिक उत्साह में आने से रोकता भी है। इस प्रकार हमें अत्यधिक भय और अतार्किक दुस्साहस के बीच संतुलन स्थापित रखने के लिए साहस की आवश्यकता पड़ती है।

4. न्याय (Justice) **:** न्याय का सद्‌गुण दूसरों के साथ हमारे रिश्ते को संचालित करने से संबंधित है। यह प्रत्येक व्यक्ति को उसके गुणों या विशेषताओं के आधार पर टिकाऊ ढंग से या निरंतर शामिल रखने की इच्छा से संबंधित है। थॉमस एक्विनास अपनी पुस्तक *समा थियोलॉजिका* में न्याय को दो वर्गों के अंतर्गत परिभाषित करते हैं–

1. कानूनी (सामान्य) और विशिष्ट न्याय (Legal/Genaral and Particular Justice)
2. विनिमयात्मक और वितरणमूलक न्याय (Commutative and Distributive Justice)

कानूनी न्याय का उद्देश्य हमारे व्यवहार को संचालित और नियंत्रित करना है, ताकि उभयनिष्ठ शुभ की प्राप्ति हो सके। न्याय एक सामान्य सद्गुण है, जो व्यक्तिगत लाभ से नहीं अपितु सामुदायिक कल्याण से संबंधित है। प्रत्येक व्यक्ति जो किसी समुदाय का सदस्य है, वह उस समुदाय के लिए उसके एक अंश के रूप में उपस्थित रहता है। जो कुछ भी उस अंश को प्रभावित करता है, वह संपूर्ण को भी प्रभावित करेगा। अतः एक व्यक्ति के लिए जो शुभ है वह समुदाय के लिए भी शुभ होगा। इस कारण समुदाय के सदस्यों को संचालित करने के लिए कानून का निर्माण करना पड़ता है, जो प्रत्येक सदस्य के हित में हो। समुदाय के कल्याण पर बल देने वाली कानूनी व्यवस्था, सामान्य न्याय या कानूनी न्याय के नाम से जानी जाती है। यह वह सद्गुण है, जो नागरिकों के बीच व्यक्तिगत अंतराकर्षण को नियंत्रित करता है। सामान्य न्याय के विपरीत विशिष्ट न्याय हमें समुदाय के शुभ की ओर निर्देशित न करके व्यक्तिगत शुभ, पड़ोसी, सहकर्मी और नजदीकी व्यक्तियों मात्र के शुभ की ओर निर्देशित करता है। हमें व्यक्तिगत आवश्यकताओं का ध्यान रखना चाहिए। इसलिए एक्विनास यह आग्रह करते हैं कि विशिष्ट न्याय का संबंध उभयनिष्ठ शुभ से नहीं है, बल्कि व्यक्तियों के निजी शुभ से है।

अरस्तु का अनुसरण करते हुए एक्विनास दो प्रकार के विशिष्ट न्याय की पहचान करते हैं–विनिमयात्मक न्याय (Commutative Justice) और वितरणमूलक न्याय (Distributive Justice)। ये दोनों प्रकार के न्याय लोगों को उनके देय (Dues) प्रदान करके समानता लाने का प्रयास करते हैं। ये देय अनेक प्रकार के हो सकते हैं। विनिमयात्मक न्याय नागरिकों के परस्पर व्यक्तिगत संबंधों पर विचार करता है। विशेषकर, यह सुनिश्चित करने का प्रयास करता है कि जो लोग खरीदने या बेचने का कार्य आपस में कर रहे हैं उन्हें अपना कार्य उचित तरीके से संपादित करना चाहिए। इस संदर्भ में, देय एक प्रकार की समानता है, जहां एक व्यक्ति द्वारा दूसरे व्यक्ति को वापस इतना भुगतान करना है जितना वह दूसरे व्यक्ति की वस्तु प्राप्त करके धनी बना है। वितरणमूलक न्याय इस बात पर विचार करता है कि सामूहिक वस्तुएं और उत्तरदायित्व सभी लोगों के बीच उचित रूप से वितरित होने चाहिए, जो उस सामाजिक समुदाय का हिस्सा हैं।

तालिका 10.1 : विभिन्न दार्शनिकों के अनुसार न्याय

क्रम	दार्शनिक	न्याय
1	प्लेटो	बुद्धिमत्ता, साहस और संयम के मध्य उचित संतुलन
2	थॉमस एक्विनास	कानून और विशिष्ट, विनिमयात्मक और वितरणमूलक
3	एपिक्यूरस	न तो नुकसान पहुंचाओ न ही नुकसान भोगो
4	जॉन राल्स	निष्पक्षता के साथ न्याय (Justice as Fairness)

वितरणमूलक न्याय के परिप्रेक्ष्य में देय (Dues) परिमाण (Magnitude) के रूप में परिभाषित नहीं होते, बल्कि "उचित अनुपात" (Due Proportion) के रूप में परिभाषित होते हैं। यहां देय किसी व्यक्ति की उन आवश्यकताओं के सापेक्ष है, जिन आवश्यकताओं की पूर्ति करने की वह योग्यता रखता है या जिनका पूर्ण होना अनिवार्य है और जो उसके प्रयासों तथा जीवन की परिस्थितियों पर निर्भर करता है। उदाहरण के लिए, गरीब और भूखे लोगों की भोजन तक पहुंच सुनिश्चित होना। लोक रोजगार के संबंध में आरक्षण का प्रावधान वितरणमूलक न्याय के अंतर्गत आता है।

तालिका 10.2 : विभिन्न दार्शनिकों के अनुसार सद्‌गुण की परिभाषा

क्रम	दार्शनिक	सद्‌गुण (Virtue)
1	सोफिस्ट	"एरीट" (Arete) – साहस या शारीरिक बल से संबंधित जो कालांतर में वाक् क्षमता के रूप में लिया जाने लगा।
2	सुकरात	बौद्धिकता (Wisdom)
3	अरस्तु	स्वर्णिम माध्य (Golden Mean)
4	स्टोइक	संपूर्ण क्रिया (Perfect Act) – तार्किकता के अनुसार, समस्त मनोवेगों (passion) से मुक्त
5	थॉमस एक्विनास	प्रधान सद्‌गुण – विवेक, संयम, साहस, न्याय

5. प्राकृतिक विधि या कानून (Natural Law) : एक्विनास एक प्राकृतिक विधि विचारक थे। उनके अनुसार, प्रत्येक विधि अंततः शाश्वत विधि या कानून (Eternal law) से निकलकर आती है। शाश्वत विधि का अभिप्राय उस विधि से है, जो संसार की समस्त सृजित वस्तुओं को उनके अंतिम लक्ष्य तक पहुंचाने के उद्‌देश्य से ईश्वर द्वारा स्थापित विवेकपूर्ण क्रमिकता (Providential Ordering) से संबंधित होती है। एक्विनास के अनुसार, एक कानून मनुष्य के कृत्यों का पैमाना (Measure) या नियम होता है, जिसके अंतर्गत किसी व्यक्ति को कृत्य करने के लिए प्रेरित किया जाता है या रोका जाता है। इस प्रकार, कोई क्रिया शुभ है या नहीं यह इस बात पर निर्भर करता है कि वह प्रासंगिक कानून के अनुरूप है अथवा नहीं। उनके अनुसार, एक मानवीय क्रिया शुभ या अशुभ है यह इस पर निर्भर है कि वह तर्कसंगत है या नहीं। अन्य शब्दों में, तर्क वह पैमाना है, जिसके माध्यम से हम मानवीय क्रिया का मूल्यांकन करते हैं। एक्विनास यह मानते हैं कि कानून मानवीय क्रियाओं को संचालित करता है, जो कि तार्किकता की ही अभिव्यक्ति होती हैं।

उनके अनुसार, प्रत्येक कानून अंततः शाश्वत कानून से निकलकर आता है। शाश्वत कानून ईश्वर द्वारा स्थापित विवेकपूर्ण क्रमिकता है, जो संसार की समस्त सृजित वस्तुओं को उनके अंतिम लक्ष्य की ओर प्रेरित करता है। हम उस दैवीय व्यवस्था में भाग लेते हैं। हमारी भागीदारी का आधार हमारे भीतर शुभ की लालसा और इसे प्राप्त करने की योग्यता है, जो ईश्वर हमें प्रदान करता है। वे इस योग्यता को "प्राकृतिक तर्क का प्रकाश" कहते हैं। उनके अनुसार, 'शाश्वत कानून में तार्किक जीवों द्वारा की गई भागीदारी ही प्राकृतिक कानून (Natural Law) कहलाती है।' इस प्रकार, प्राकृतिक कानून शाश्वत कानून का ही प्रसार है। ईश्वर ने हमें अंतिम सुख प्रदान करने के लिए दो चीजें – सामान्य ज्ञान और शुभता की ओर झुकाव – प्रदान की हैं।

उल्लेखनीय है कि प्राकृतिक कानून प्राधिकार का कोई बाह्य स्रोत नहीं है। न ही यह एक सामान्य नियम है, जिसमें से विशिष्ट नियम निकलते हों। प्राकृतिक न्याय एक मूलभूत सिद्धांत है, जो हमारी प्रकृति में रचा बसा है।

सामाजिक प्रसंविदा सिद्धांत (Social Contract Theory)

सामाजिक प्रसंविदा सिद्धांत यह व्याख्या करता है कि लोग एक साथ समाज में उस समझौते के अंतर्गत रहते हैं, जो आचरण और व्यवहार के लिए नैतिक एवं राजनीतिक नियम बनाता है। हम सामाजिक प्रसंविदा के प्राचीन आदर्शों को खोज सकते हैं, जैसे सुकरात ने यह बताया था कि किस प्रकार उस समय सामाजिक प्रसंविदा अस्तित्व में थी। दार्शनिक स्टुअर्ट रसेल के अनुसार, नैतिकता उन नियमों का समुच्चय है, जो ऐसे व्यवहार का संचालन करते हैं, जिन्हें लोग इस आधार पर स्वीकार करते हैं कि अन्य लोग भी उन्हें स्वीकार करेंगे।

सामाजिक प्रसंविदा उसी प्रकार सुस्पष्ट हो सकती है, जिस प्रकार कानून, नियम और विनियम स्पष्ट होते हैं। उदाहरण के रूप में, आपदा राहत के लिए निधि का संग्रह करना, गरीबों की सहायता करना, आदि स्पष्ट सामाजिक प्रसंविदाए हैं। प्रत्येक देश कुछ आदर्श स्थापित करता है, जो उसके नागरिकों के बीच सामाजिक प्रसंविदा का निर्धारण करते हैं। प्रत्येक व्यक्ति, जो प्रसंविदा का भाग है, वह उसका पालन करने के लिए बाध्य होता है। सामाजिक प्रसंविदा स्पष्ट हो या अंतस्थ प्रकृति की, वह समाज में समरसता लाने के लिए महत्त्वपूर्ण व्यवस्था प्रदान करती है।

सामाजिक प्रसंविदा उतनी ही प्राचीन है, जितना पुराना दर्शनशास्त्र विषय है। लोगों की नैतिक और राजनीतिक प्रतिबद्धता उनके बीच हुए समझौते या प्रसंविदा पर आधारित होती है। *क्रीटो* (Crito) को समझाने के लिए सुकरात सामाजिक प्रसंविदा से मिलता-जुलता तर्क देते हैं कि उन्हें क्यों कारावास में रहना और मृत्युदंड को स्वीकार करना चाहिए। यद्यपि सामाजिक प्रसंविदा वास्तव में आधुनिक नैतिक और राजनीतिक सिद्धांत है तथा इसकी संपूर्ण व्याख्या थॉमस हॉब्स द्वारा की गई है। अन्य विद्वानों जैसे– जॉन लॉक तथा जीन-जैक्स रूसो ने भी इस सिद्धांत को समृद्ध करने में महत्त्वपूर्ण योगदान दिया। बाद में वर्षों में बीसवीं शताब्दी के दौरान एक महान दार्शनिक जॉन राल्स का आगमन हुआ। राल्स ने कांट के सुस्पष्ट आदेशात्मक के सिद्धांत पर आधारित अपना सामाजिक प्रसंविदा का सिद्धांत दिया, जिसे आगे चलकर डेविड गोथीयर और अन्य विद्वानों द्वारा परिष्कृत किया गया। हाल के वर्षों में विभिन्न मुद्दों के सामने आने से समाज में सामाजिक प्रसंविदा सिद्धांत की कमियों को उजागर होते देखा गया है। इन कमियों को लेकर अनेक विद्वानों ने नारीवादी और नस्ल चेतनावादी विचारों के आधार पर सामाजिक प्रसंविदा सिद्धांत की कटु आलोचना की है।

सुकरात कहते हैं कि उन्हें मृत्युदंड को स्वीकार करना चाहिए और कारावास से नहीं भागना चाहिए, क्योंकि वे एक सामाजिक प्रसंविदा से बंधे हुए हैं, जो सदैव उनके और एथेंस के बीच बनी रहती है। वे एथेंस के कानूनों से मन, वचन और कर्म से बंधे हुए हैं। उनका वैधानिक अस्तित्व नगर के अनेक रीति-रिवाजों, जैसे– उनके माता-पिता का विवाह, उनके जन्म की वैधानिकता, उनकी शिक्षा-दीक्षा और पालन-पोषण नगर के कानून के अंतर्गत ही संभव हो सका है। महत्त्वपूर्ण यह है कि नागरिकों और नगर के कानूनों के बीच की प्रसंविदा पर आधारित यह संबंध बलपूर्वक संचालित नहीं है। नागरिक जब बड़े हो जाते हैं और यह जानने लगते हैं कि नगर किस प्रकार विकसित हो रहा है या नियंत्रित हो रहा है, तो वे यह चयन करने के लिए स्वतंत्र होते हैं कि उन्हें नगर में ही रहना है या उसे छोड़कर जाना है। वहां बने रहने का अभिप्राय है कि कानूनों, नियमों और परंपराओं से समझौते में बने रहना तथा उन दंड को स्वीकार करना जो वैधानिक रूप से प्राप्त होते हैं। सुकरात इस बात पर बल देते हुए कहते हैं कि उन्हें समझौते को अक्षुण्ण रखना होगा और कानून को मानते हुए मृत्युदंड को स्वीकार करना होगा।

ग्लोकोन (प्लेटो के भाई) *रिपब्लिक* (अंक-II) में "न्याय क्या है?" इस प्रश्न का उत्तर सामाजिक प्रसंविदा के प्रकाश में प्रस्तुत करते हैं। वे व्याख्या करते हैं कि यदि प्रति हिंसा का भय समाप्त हो जाए, तो एक व्यक्ति दूसरों के विरुद्ध अन्याय की योग्यता रखने की इच्छा रखेगा। दंड से मुक्ति के बिना स्वयं के आहत होने की स्थिति के भय से मनुष्य ने यह निर्धारित किया कि न्याय की व्यवस्था के समक्ष आत्मसमर्पण करना ही हितकर है। सुकरात इस दृष्टिकोण को नहीं मानते। उनके अनुसार, न्याय अपनी स्वयं की विशेषताओं के कारण ऐच्छिक है और एक न्याय आधारित मनुष्य सुखी होता है। इस प्रकार, सुकरात के दृष्टिकोण से न्याय में ग्लोकोन द्वारा वर्णित न्याय के विवेक आधारित मूल्य की तुलना में कहीं अधिक मात्रा में उच्च मूल्य निहित हैं। वे कहते हैं कि न्याय कानून और प्रसंविदाओं का परंपरागत परिणाम है, जो मानव को चरमपंथी होने से बचाता है।

सुकरात *क्रीटो* तथा *रिपब्लिक* में दो विरोधी विचार देते हैं। *क्रीटो* में वे सामाजिक प्रसंविदा पर आधारित तर्क का प्रयोग करते हुए यह प्रदर्शित करने का प्रयास करते हैं कि उनके द्वारा कारावास को स्वीकार करना क्यों न्यायोचित है, वहीं दूसरी ओर *रिपब्लिक* में वे सामाजिक प्रसंविदा को न्याय के स्रोत के रूप में अस्वीकार करते हैं, यद्यपि

ये दोनों विचार आपस में सुलह योग्य हैं। सुकरात के अनुसार, एक न्यायसंगत व्यक्ति यह जानता है और उसी के अनुसार व्यवहार करता है। न्याय यद्यपि केवल कानूनों का पालन करना नहीं है, बल्कि यह एक सुनियंत्रित आत्मा की अवस्था है। न्यायसंगत मनुष्य सदैव एक सुखी मनुष्य होता है। अतः न्याय केवल ग्लोकोन द्वारा बताए गए कानून की आज्ञाकारिता से संबंधित नहीं है, बल्कि यह राज्य और कानून जो इसे स्थापित करते हैं, उनकी आज्ञाकारिता को भी शामिल करता है। इस प्रकार सुकरात अंततः इस विचार को नकार देते हैं कि सामाजिक प्रसंविदा न्याय का वास्तविक स्रोत है।

हॉब्स (Hobbes)

हॉब्स ने सोलहवीं और सत्रहवीं शताब्दी के दौरान पश्चिमी विश्व का मध्यकाल से आधुनिक काल की ओर संक्रमण देखा था। नई दुनिया की खोज, वाणिज्य और उद्योगों का विकास, वैज्ञानिक सोच का विकास तथा ईसाइयत के पतन के साथ-साथ धर्मनिरपेक्षता का उदय जैसी चीजों ने पाश्चात्य सभ्यता का कायाकल्प कर दिया था। इस काल में प्राकृतिक कानून के सिद्धांत का परीक्षण आरंभ हो गया था।

उस काल के प्रमुख दार्शनिकों– डेकार्ट (Descartes), स्पीनोजा (Spinoza), लॉक (Locke), लेबनीज (Leibnitz), आदि ने नई सामाजिक व्यवस्था की परंपरागत ईसाई नैतिकता से सुलह कराने का प्रयास किया। परंतु इनमें से सर्वाधिक क्रांतिकारी धर्मनिरपेक्ष दार्शनिक हॉब्स थे, जिन्होंने यह आलोचना प्रस्तुत की, 'नैतिक नियम ईश्वर की ब्रह्मांडीय योजना (Cosmic Plan) से संबंधित नहीं, बल्कि हमारी सामाजिक और राजनीतिक सर्वसम्मति पर आधारित होते हैं।' उन पर पेलोपोनेसियन युद्ध के परिणाम का अत्यधिक प्रभाव था, साथ ही उन्होंने चार्ल्स-II का सिर कलम होते देखा था। युद्ध से बचे रहने की उनकी इच्छा ने उनके नैतिक और राजनीतिक विचारों के लिए प्रेरणा का कार्य किया। हॉब्स का दर्शनशास्त्र "बिना नैतिकता की दुनिया कैसी होगी" इस विचार के साथ आरंभ होता है। वे इस स्थिति को "प्रकृति की अवस्था" (State of Nature) का नाम देते हैं। वह मानव के लिए निरंतर भय और वीभत्स मृत्यु के खतरे के बने रहने की स्थिति होगी, वहां मानव जीवन एकाकी, घृणित, गरीब, क्रूर तथा अल्पायु होगा। वहां कला, साहित्य, वाणिज्य, उद्योग और संस्कृति के विकास के लिए कोई स्थान नहीं होगा। वे इस प्रकार की परिस्थिति को अनिवार्य वस्तुओं की मांग और आपूर्ति के आधार पर उचित ठहराते हैं। संसाधन सीमित हैं और लोक शक्ति के आधार पर लगभग समकक्ष हैं। इस प्रकार सीमित संसाधनों को प्राप्त करने के लिए भीषण युद्ध छिड़ जाएगा और प्रकृति की अवस्था कुछ और नहीं बल्कि युद्ध की अवस्था है।

नैतिकता का सिद्धांत (Theory of Morality) : सामाजिक प्रसंविदा के अनुपालन की गारंटी देने वाली बलात् एजेंसी (Coercive Agency) का विचार हॉब्स के राजनीतिक सिद्धांत को जन्म देता है। नैतिकता का गठन सर्वसम्मत नियमों और परस्पर लाभकारी परंपराओं के माध्यम से होता है। इस प्रकार, स्वहित का विचार नैतिकता को सही या गलत ठहराता है। परंतु जो भी सर्वसम्मत नियम हैं, वे मानवीय प्रसंविदा से पहले अस्तित्व में नहीं रहे हैं। हम नैतिकता का निर्माण स्व-सुरक्षा और स्वहित के आधार पर आपसी सहमति से करते हैं। हम प्रसंविदा के उत्पन्न होने से पहले इससे संबंधित नैतिक सत्यता का कोई प्रमाण नहीं ढूंढ़ते। कोई भी क्रिया प्रसंविदा से पहले नैतिक या अनैतिक नहीं होती अर्थात् यह भूतलक्षी प्रभाव से मुक्त होती है। समाज कुछ आचरणों को सहमति प्रदान नहीं करता, कुछ पर सहमत होता है तथा कुछ आचरणों के बारे में अनिश्चितता या ठहराव की स्थिति में होता है।

हॉब्स का दर्शनशास्त्र इस विचार से प्रारंभ होता है कि बिना नैतिकता के संसार किस प्रकार का होगा। वे इसे "प्रकृति की अवस्था" की संज्ञा देते हैं। वे बिना नैतिकता के संसार की व्याख्या करने के लिए "प्रकृति के नियम" (Law of Nature) का अपना दूसरा विचार प्रस्तुत करते हैं। इस दूसरे विचार के अनुसार "प्रकृति की अवस्था" के दौरान व्यक्तियों के व्यवहार को बाधित करने वाला कोई नैतिक नियम अस्तित्व में नहीं होता। प्रकृति की अवस्था

हमारी उत्तरजीविता (Survival) से मेल नहीं खाती इसलिए स्व-सुरक्षा और अच्छे जीवन की लालसा जो असमय मृत्यु से मुक्त हो, हमें शांति के सर्जन का रास्ता दिखाती है। यह प्रकृति का कानून (Law of Nature) प्राकृतिक कानून (Natural Law) के मध्यकालीन विचार से पूर्णत: भिन्न है। दूसरे शब्दों में, नैतिकता नियमों का समुच्चय है, जो शांतिपूर्ण जीवन को संभव बनाती है।

आगे, हॉब्स अपने सिद्धांत में विस्तार करते हुए कहते हैं, यद्यपि यह हमारे अपने स्वहित में है कि हम "शांति के अनुच्छेदों" पर सहमति लेकर आएं, परंतु यह तर्कसंगत प्रतीत नहीं होता कि हम किसी बलात् एजेंसी की अनुपस्थिति में इन अनुबंधों का पालन करेंगे। व्यक्तियों के बीच होने वाला यह अनुबंध, जो कानून की स्थापना करता है, सामुदायिक जीवन को संभव बनाता है और इन कानूनों को प्रभावी बनाने वाली एजेंसी सामाजिक प्रसंविदा कहलाती है।

जॉन लॉक (John Locke)

जॉन लॉक लिखते हैं, 'एक कानून के लिए आवश्यक सभी चीजें प्राकृतिक कानून में पाई जाती हैं।' लॉक नैतिकता हेतु कानूनी ढांचे की स्थापना के लिए उन सभी बातों को विचार में लेते हैं, जो कानून का गठन करती हैं–

1. कानून की स्थापना एक उच्च सत्ता की इच्छा पर आधारित होनी चाहिए।
2. कानून का कार्य आचरण से संबंधित नियमों की स्थापना से संबंधित होना चाहिए।
3. कानून मनुष्यों पर बाध्यकारी होना चाहिए।

उच्चतर सत्ता या प्राधिकार (superior authority), जो कानून की स्थापना करता है, उसके प्रति कानून को मानने का कर्तव्य प्रत्येक मनुष्य का होता है।

प्राकृतिक कानून उपरोक्त तीनों शर्तों का पालन करता है, अत: वह वास्तव में कानून की श्रेणी में आता है। लॉक के अनुसार, नैतिकता सार्वभौमिक है और वह विषयवस्तु है, जिसे मानव तर्क द्वारा स्पष्ट रूप से समझा जा सकता है। प्राकृतिक कानून पर आधारित नैतिकता को तर्क के आधार पर ज्ञात किया जा सकता है। यह गणित के ज्ञान के समान निगमनात्मक (Deductive) ज्ञान है। नैतिक सिद्धांतों का निर्माण करने के लिए मानव को इससे संबंधित अनुभवात्मक ज्ञान प्राप्त करने के लिए भटकना नहीं पड़ता। इस प्रकार, प्राकृतिक कानून को मानव प्रकृति, ईश्वर और समाज से संबंधित स्पष्ट तथा सुपरिभाषित विचारों पर तार्किक सिद्धांतों के कठोर प्रयोग द्वारा प्राप्त किया जा सकता है।

कानून की स्थापना के लिए लॉक नैतिक प्रेरणा का विचार प्रस्तुत करते हैं। वे दो प्रकार की नैतिक प्रेरणाओं की चर्चा करते हैं–

1. पारितोषिक (Reward) और दंड (Punishment);
2. नैतिकता की धार्मिकता (The Righteousness of Morality)।

पहले प्रकार की नैतिक प्रेरणा के अंतर्गत वे कहते हैं कि एक कानून में उसके उल्लंघन के लिए दंड के प्रावधान का भय निहित होना चाहिए। यह विचार मानवीय प्रेरणा से संबंधित जड़वादी सिद्धांत पर आधारित है। अपने नैतिक प्रेरणा के सिद्धांत के अंतर्गत वे कहते हैं कि सुख और दुख समस्त मानवीय विचारों और क्रियाओं के लिए मूल प्रेरणा स्रोत है। शुभ और अशुभ कुछ नहीं हैं बल्कि वे वस्तुएं हैं, जो हमें क्रमश: सुख और दुख प्रदान करती हैं। एक शुभ सुख को उत्पन्न करता है और दुख में कमी लाता है तथा एक अशुभ दुख को उत्पन्न करता है और सुख में कमी लाता है। पारितोषिक वह परिणाम है, जो अधिकृत विधायी व्यक्ति के आदेश से प्राप्त होता है। नैतिक कानून का प्रायोगिक बल तब उत्पन्न होता है, जब हम अपनी क्रियाओं की इन कानूनों से तुलना करने लगते हैं, यह जानने का प्रयास करते हैं कि हमारा व्यवहार या क्रिया किस सीमा तक इन कानूनों से समरूपता रखता है और यह विचार करते हैं कि हमें इन क्रियाओं के फलस्वरूप कितनी मात्रा में सुख या दुख प्राप्त होगा। लॉक के लिए दूसरों के ऊपर

प्राधिकृत विधायी शक्ति की सीमा इस बात पर निर्भर करती है कि कितनी प्रभावशीलता के साथ दूसरों पर रोक का आरोपण किया जा सकता है।

लॉक के अनुसार, ईश्वर ही प्राधिकृत उच्च सत्ता है। उसके भीतर दंड एवं पारितोषिक को अनंत परिणाम में तथा अनंत समय तक यहां तक कि दूसरे जीवन (Rebirth) में भी प्रदान करने की शक्ति है, जिसके द्वारा वह हमारे व्यवहार को नियंत्रित करता है। दूसरी नैतिक प्रेरणा नैतिकता की धार्मिकता (Righteousness of Morality) है। लॉक कहते हैं कि उच्चतर प्राधिकरण के कानून की आज्ञाकारिता दो प्रकार की होती है और यह दो प्रकार की प्रतिबद्धताओं पर आधारित होती है– *पहला*, आधिकारिक प्राधिकार आज्ञाकारिता के लिए एक आधार प्रदान करता है, और *दूसरा* अंत:करण मात्र के आधार पर व्यवहार बनाम भय के फलस्वरूप व्यवहार दूसरा आधार प्रदान करता है।

नीत्शे (Nietzsche)

फ्रेडरिक नीत्शे एक जर्मन दार्शनिक थे। वे दावा करते हैं कि वर्तमान समय में लागू नैतिकता औसत दर्जे की व्यवस्था को प्रोत्साहित करती है, जो मजबूत और नैतिक रूप से सुविकसित मानवों को विकसित नहीं होने देती। नैतिकता आदर्श रूप में मानव जीवन को पुष्ट करने का सामर्थ्य रखती है। वे ईसाई नीतिशास्त्र को नैतिक दायरे में वृद्धि करके उच्चतम नैतिक विकास में रुकावट के लिए जिम्मेदार ठहराते हैं, क्योंकि ईसाइयत औसत नैतिकता में अधिकाधिक वृद्धि के प्रयास में रहती है। औसत दर्जे की नैतिकता की स्थापना उच्च आदर्शों की प्राप्ति में बाधक है। उनके अनुसार, परंपरागत नैतिकता की नींव पर उच्चतर आदर्शों की स्थापना संभव नहीं है। इस प्रकार, वे वर्तमान समय में प्रचलित नैतिक मूल्यों की आलोचना करते हैं और उच्चतर नैतिकता का आह्वान करते हैं।

नीत्शे कहते हैं कि लोग किसी चीज को इस आधार पर नैतिक मान लेते हैं, क्योंकि वह नैतिक मूल्यों को धारण करती है। वे यह प्रश्न नहीं करते कि यह वास्तव में नैतिक रूप से स्वीकार्य है अथवा नहीं। नैतिकता को "क्या करना है, क्या नहीं करना है" के अर्थ में स्वीकार किया जाता है। कर्तव्य आधारित या नियम आधारित यह नैतिकता मनुष्य को संवर्धित करने के लिए है, परंतु नीत्शे इस थोपी गई नैतिकता को उन्नति में बाधक मानते हैं, जो विशेष प्रकार के व्यक्तियों को जन्म देती है। नीत्शे इसकी आलोचना करते हुए कहते हैं, 'एक पशु को पालने की क्रिया को उसमें सुधार लाने का नाम देना मजाक की तरह है।' इस अर्थ में नीत्शे स्वयं को अनैतिक व्यक्ति की संज्ञा देते हैं, क्योंकि वे ऐसे लोगों से घृणा करते हैं जो इस आधार पर अच्छे माने जाते हैं कि वे परंपराओं और रीतियों का पालन करते हैं। वे इस प्रकार की नैतिकता को स्वीकार नहीं करते और अनैतिक बन जाते हैं। इसका यह अर्थ कदापि नहीं है कि नीत्शे वास्तविक अर्थों में अनैतिक हैं। वे तो श्रेष्ठ कुलीन नैतिकता (Noble Aristocratic Morality) को लाने का प्रयास करते हैं, जो मानव का दमन न करे, बल्कि उन्हें औसत दर्जे से ऊपर उठने में सहायता करे।

नीत्शे अपनी पुस्तक *जीनेलॉजी* (Genelogy) में परंपरागत नैतिकता का स्रोत किसी पारलौकिक सत्ता या मानव से इतर सर्वोच्च सत्ता को नहीं मानते। वे परंपराओं और रीति-रिवाजों के विकास को *जीनेलॉजी* की विधि के अंतर्गत समझाते हैं। यहां जीनेलॉजी एक नाजुक प्रक्रिया है, जो यह स्पष्ट करती है कि सभी मूल्यों और आदर्शों का विकास ऐतिहासिक परिस्थितियों का परिणाम है। वे अपनी पुस्तक *जीनेलॉजी* में यह स्पष्ट करते हैं कि शुभ (Good) और अशुभ (Evil) अच्छे (Good) तथा बुरे (Bad) से क्रमश: मालिक और गुलाम नैतिकता (Master and Slave Morality) के रूप में अलग हैं। वे कहते हैं कि अच्छे और बुरे का अंतर समाज के शासक वर्ग के अंदर हुआ है। कालांतर में, यह अंतर कमजोर तबकों या गुलामों के अंदर भी पनपने लगा। शासक वर्ग की नैतिकता में शुभ (Good) साहस, बदला, नायक बनने और प्रभावशाली बनने जैसे सद्‌गुणों से संबंधित है। शासक वर्ग की नैतिकता के प्रत्युत्तर में गुलाम वर्ग की नैतिकता ने भी शुभ निर्धारित करने का प्रयास किया, जो कि शासक वर्ग की नैतिकता के संदर्भ में शुभ से पूर्णत: विपरीत था। इस प्रकार उपरोक्त शासक वर्ग की नैतिकता से जुड़ा शुभ का मूल्य गुलाम वर्ग की नैतिकता के

अंतर्गत बुरे में परिवर्तित हो गया, जैसे– लोगों को नुकसान पहुंचाना, प्रतिशोध, उदार न होना, आदि। अशुभ का विचार ईसाइयत द्वारा विकसित किया गया है, जिसकी जड़ें मानव के प्रथम पूर्वज की पतित स्थिति में थीं। अशुभ मूल्य वे हैं, जो मानव को ईश्वर से दूर करते हैं। शुभ और अशुभ मूल्यांकन पर आधारित थे, जो कमजोरों और गुलामों के लिए बने हैं। कमजोरों के लिए "शुभ" यह है कि वे ऐसी वस्तुओं से दूर रहें, जो उनकी योग्यता से परे हैं।

आगे नीत्शे *जीनेलॉजी* में ग्लानि के अंतःकरण (Conscience of Guilt) की उत्पत्ति को स्पष्ट करते हैं। वे कहते हैं कि प्रत्येक समाज के कुछ रीति-रिवाज होते हैं और समाज के ऐसे सदस्यों को अपने व्यक्तिगत कर्तव्यों का पालन न करने की स्थिति में ग्लानि की भावना को साथ लेकर चलना होता है। कोई व्यक्ति जो समाज के रीति-रिवाजों का पालन नहीं करता उसे दंड का भागी होना पड़ता है। नीत्शे अपनी पुस्तक *जीनेलॉजी* में गुलामी आधारित नैतिकता (Slave Morality), अशुभ, ग्लानि का अंतःकरण तथा संन्यासी आदर्शों को नकारते नहीं हैं, बल्कि वे उन तरीकों का विरोध करते हैं, जिनके आधार पर उपरोक्त आदर्शों का नैतिकीकरण किया गया है।

नीत्शे आम लोगों द्वारा पालन की जा रही परंपरागत नैतिकता को झुंड नैतिकता (Herd Morality) की संज्ञा देते हैं और इसकी कठोर आलोचना करते हैं। झुंड नैतिकता धर्म और पैगंबरों द्वारा दी गई शिक्षाओं पर बने नियमों और कानूनों पर आधारित होती है। यह नैतिकता लोगों को झुंड का हिस्सा बना देती है और लोग अपनी योग्यताओं का आकलन किए बिना झुंड का अतार्किक ढंग से अनुसरण करने लगते हैं। झुंड नैतिकता लोगों को गिराकर औसत दर्जे का बना देती है और समतामूलक समाज बनाने का प्रयास करती है। यह लोकतांत्रिक विचारों की तरह है, जहां सभी को समान मानकर व्यवहार किया जाता है। लोग योग्यता के आधार पर समान नहीं हैं परंतु झुंड नैतिकता उन्हें उच्च आदर्शों का अनुसरण करने से रोक देती है और कमजोर मूल्यों को प्रोत्साहित करती है, जो आसानी से धारण किए जा सकते हैं।

नीत्शे के अनुसार, दास नैतिकता (Slave Morality) और झुंड नैतिकता के अर्थ अलग हैं। दास नैतिकता उन दासों के बीच पल रहे असंतोष का परिणाम है, जो अपने स्तर में परिवर्तन लाना चाहते हैं। दूसरी ओर, झुंड नैतिकता संतुष्टि का परिणाम है, जहां व्यक्ति अपने स्तर को बनाए रखने का प्रयास करते हैं और स्थापित परंपराओं के विरोध में होने वाले परिवर्तन से भयभीत रहते हैं।

नीत्शे की नैतिकता की व्याख्या निरंकुश नैतिकता के रूप में की जाती है, जो सभी शक्तिशाली नैतिक मूल्यों, जैसे– साहस, प्रतिशोध, प्रभाव, स्व-प्रदर्शन, आदि की वकालत करती है। वे दया और विनम्रता जैसे मूल्यों को नकार देते हैं, जो ईसाई नैतिकता के आधार के रूप में जाने जाते हैं। वे दावा करते हैं कि दया वह मूल्य है जो मानव को एक पशु के स्तर पर स्थापित करता है और उसके स्तर को एक सृजनकर्ता के स्तर तक पहुंचने नहीं देता। वास्तव में, यह मनुष्य की स्थिति को बदतर करता है न कि उसमें कोई सुधार लाता है। दया मानव जाति को समाप्त कर रही है और उस खतरनाक विष की तरह है, जो मानव जीवन को समाप्त कर सकता है।

नीत्शे दया को एक सकारात्मक नैतिक मूल्य के रूप में महिमामंडित करने से इनकार कर देते हैं। इसका यह अर्थ कदापि नहीं है कि लोगों को हृदयविहीन और क्रूर हो जाना चाहिए। वे तो दया को नैतिकता का आधार न मानने के पक्षधर हैं, क्योंकि दया उस व्यक्ति के दुख को दूर करती है जिस पर दया की जाती है, जबकि दुख तो मानव की महानता का कारण है, जिससे उबरने का प्रयास करना चाहिए न कि समाप्त करने का। उनके अनुसार, दया प्राकृतिक चयन (Natural Selection) के मार्ग में रोड़ा है, जिसमें योग्यतम की उत्तरजीविता सुनिश्चित होती है। इस अर्थ में दया योग्य व्यक्तियों के साथ अन्याय करती है।

नीत्शे स्थायी नैतिक मूल्यों पर आधारित परिणाम निरपेक्षता (Deontology) के कठोर विरोधी हैं और इसलिए वे कांट के सुस्पष्ट आदेशात्मकता के सिद्धांत को नकार देते हैं। वे कहते हैं कि कांट का यह सिद्धांत ईसाई नैतिकता की ही निरंतरता है। यद्यपि कांट नैतिकता का आधार ईश्वर को नहीं मानते, परंतु वे नैतिकता को सार्वभौमिक तार्किकता

का परिणाम मानकर स्थापित करते हैं, जिसे सभी लोगों द्वारा स्वीकार किया जाना चाहिए। नीत्शे कांट को एक कुटिल ईसाई मानकर उसकी आलोचना करते हैं और उसकी वस्तुनिष्ठ नैतिकता को मानव जीवन का स्तर उठाने के बजाय मानव की आंतरिक क्षमता को कमजोर बनाने के लिए जिम्मेदार मानते हैं।

चीनी दर्शनशास्त्री (Chinese Philosophers)

कन्फ्यूशियस (Confucius)

कन्फ्यूशियस चीन के एक प्रसिद्ध दर्शनशास्त्री, शिक्षक और सुधारक थे। राजशाही चीन में कन्फ्यूशियस एक नैतिक प्रशिक्षक, विद्वान और अनुदेशक के रूप में जाने जाते थे, जिन्होंने नौकरशाही का प्रचार-प्रसार किया। उन्होंने शासकों के लिए महत्त्वपूर्ण रीतियों और उपयुक्त आचरण पर बल दिया। वे चीन के प्रथम दार्शनिक के रूप में यूरोप में 18वीं शताब्दी में चर्चा में आए। उनकी कृति *एनालेक्ट्स* (Analects) और *थिकेट ऑफ सेयिंग्स* (Thicket of Sayings) के कुछ भाग एक भद्र पुरुष द्वारा अपनाए जाने वाले आदर्श आचरण से संबंधित हैं। वे पांच आचरण जो *एनालेक्ट्स* में प्रमुख माने गए हैं इस प्रकार हैं– परोपकारिता (Benevolance) इसे रेन (Ren) कहा गया, धर्मानुरूपता (Righteousness) इसे यी (Yi) कहा गया, रीति-रिवाज आधारित (Ritual Propriety) इसे ली (Li) कहा गया, बौद्धिकता (Wisdom) इसे झी (Zhi) कहा गया और विश्वासपात्रता (Trustworthiness) इसे शिन (Xin) कहा।

1. परोपकारिता (Benevolence) : परोपकारिता का सद्‌गुण उस व्यवहार से संबंधित है, जो दूसरे के लिए लाभकारी हो। *एनालेक्ट्स* में परोपकारिता को प्रायः "दूसरों की चिंता करने" के अर्थ में समझाया गया है। यह परोपकारिता को विशेष परिस्थितियों में समझाती है, जैसे सड़क पर लोगों को महत्त्वपूर्ण अतिथियों के समान देखना, स्वयं की बड़ाई न करना, कुटिल तरीके से बातचीत न करना, कार्य क्षेत्र में दूसरों का आदर करना और रिश्तों में ईमानदार रहना। यह महानतम सद्‌गुण है और एक भद्र पुरुष को मृत्यु का आलिंगन कर लेना चाहिए लेकिन इन सद्‌गुणों के साथ समझौता नहीं करना चाहिए। कन्फ्यूशियस के बाद के विद्वानों ने भी परोपकारिता की चर्चा की थी। मेंसियस (ईसा पूर्व चौथी शताब्दी) कहते हैं, परोपकारिता दूसरे व्यक्ति की पीड़ा के ज्ञान के फलस्वरूप उत्पन्न दया की भावनात्मक अभिव्यक्ति है। *एनालेक्ट्स* के अनुसार, परोपकारिता का विकास परिवार में और रीति-रिवाजों को मानने के दौरान होता है।

2. धर्मानुरूपता (Righteousness) : *एनालेक्ट्स* में धर्मानुरूपता को लोक उत्तरदायित्व को शामिल करने वाली स्थितियों के सापेक्ष परिभाषित किया गया है। इस संदर्भ में, सत्यनिष्ठा और पारदर्शिता उभरकर सामने आती है। कन्फ्यूशियस के अनुसार, धर्मानुरूपता का विचार एक भद्र पुरुष को ऐसी स्थिति में करना चाहिए, जब उसके सम्मुख लाभ प्राप्ति की स्थिति हो और इसे बिना गलत क्रिया के ही प्राप्त करना हो। इस प्रकार धर्मानुरूपता स्वार्थहीन और लालच के सम्मुख दृढ़ होती है। कन्फ्यूशियस के लिए धर्मानुरूपता का सार एक मूल्य व्यवस्था को जन्म देना है, जिसकी सहूलियत या लाभ के लिए कभी भी अवहेलना न हो।

कई बार परोपकारिता को धर्मानुरूपता के विरोधी विचार के रूप में भी देखा जाता है। "रिकॉर्ड ऑफ रिचुअल" में इन दोनों मूल्यों के बीच अंतर को स्पष्ट किया गया है। 'किसी के घर में दया धर्मानुरूपता पर भारी पड़ती है, वहीं घर के बाहर धर्मानुरूपता दया को हटाकर हावी हो जाती है।'

3. रीति-रिवाज आधारित (Ritual Propriety) : इसे किसी व्यक्ति की समाज के प्रति संवेदनशीलता और उत्तरदायित्वों के निर्वहन से संबंधित रीति-रिवाजों की व्याख्या के रूप में देखते हैं। यहां कन्फ्यूशियस पुराने रीति-रिवाजों और परंपराओं पर बल देते हैं। वे रीतियों के अनुसार आचरण करने पर बल देते हैं। यद्यपि वे ऐसे रीति-रिवाजों के पीछे के तर्क पर भी बल देते हैं।

4. बौद्धिकता (Wisdom) : यह एक ऐसा सदगुण है, जो किसी भद्र पुरुष को अन्य व्यक्तियों के बनावटी या सही व्यवहार को परखने के योग्य बनाता है। यह उन लोगों का भेद कराता है जो सुधरने योग्य हैं और जो सुधरने योग्य नहीं हैं। इस प्रकार कन्फ्यूशियस बौद्धिकता को अन्य लोगों को जानने का सद्‌गुण बताते हैं। एक बौद्धिक व्यक्ति कभी भी भ्रमित व्यक्ति नहीं होता है।

5. विश्वासपात्रता (Trustworthiness) : यह सद्‌गुण एक व्यक्ति को किसी शासक का सलाहकार या एक शासक या प्रमुख व्यक्ति जो लोगों का प्रबंधन करता है, बनने की योग्यता प्रदान करता है। *एनालेक्ट्स* में कन्फ्यूशियस विश्वासपात्रता की व्याख्या करते हुए कहते हैं, 'यदि कोई व्यक्ति विश्वासपात्र है, तो लोग उसे उत्तरदायित्व प्रदान करेंगे।' विश्वासपात्रता सच्ची मित्रता की अभिव्यक्ति है। इन उपरोक्त पांच सद्‌गुणों के अलावा कन्फ्यूशियस अन्य सद्‌गुणों की व्याख्या करते हैं, जैसे– ईमानदारी (Zhong), साहस (Yong), आदि।

ताओवाद (Taoism/Daoism)

ताओवाद कन्फ्यूशियसवाद के साथ-साथ चलता है। ताओवाद मुख्यत: झुआंगझी (Zhuangzi), (ईसा पूर्व चौथी शताब्दी) के दर्शन पर आधारित है। ताओवाद तत्त्वमीमांसा और नीतिशास्त्र से संबंधित है। झुआंगझी को ताओवाद का प्लेटो कहते हैं और लाओझी (Laozi) को ताओवाद का सुकरात कहते हैं। प्राचीन चीनी विचारक ताओ के तीन प्राथमिक घटकों की व्याख्या करते हैं–

1. मानवीय ताओ या सामाजिक ताओ (Human Tao or Social Tao)
2. तियान (प्राकृतिक) ताओ (Tian Tao)
3. महान ताओ (Great Tao)

मानवीय ताओ नियमात्मक (Normative) देश-काल संरचना से संबंधित है। प्राकृतिक ताओ को पारलौकिक ताओ के रूप में समझाते हैं, जो घटनाओं के घटित होने की व्याख्या करता है। वहीं महान ताओ संपूर्ण इतिहास में वैश्विक घटनाओं के घटित होने की निरंतरता की व्याख्या करता है। मानवीय ताओ परिवर्तनशील है और व्याख्या करने योग्य है। अन्य दो ताओ नियत हैं।

ताओ शब्द के अनेक अर्थ हैं और इसे तौर-तरीकों या नियम के रूप में परिभाषित कर सकते हैं। ताओ प्राकृतिक घटनाओं के सापेक्ष पूर्ण निष्क्रियता पर बल देता है। व्यक्ति को अपने चारों ओर घटित हो रही घटनाओं और उपस्थित वस्तुओं में किसी भी प्रकार का परिवर्तन करने का प्रयास नहीं करना चाहिए, बल्कि उसे धारण करने का प्रयास करना चाहिए।

ताओवाद के अनुसार, "सर्वोच्च गुण भी सद्‌गुण नहीं है, इसलिए इसके पास सद्‌गुण है" (The Highest Virtue is Not Virtuous, Therefore It has Virtue)। ताओवाद के अर्थ में सद्‌गुण परंपरागत नैतिकता के अनुरूप क्रिया करना नहीं है। लाओझी ज्ञान और मूल्य के सापेक्षिक होने पर बल देते हैं और कहते हैं कि दो चरम अवस्थाएं तभी अर्थपूर्ण हैं, जब ये परस्पर संबंधित हों अन्यथा सामान्य रूप में ये अर्थहीन ही हैं।

अभ्यास प्रश्न

1. 'असत्य भी सत्य का स्थान ले लेता है, यदि उसका परिणाम निष्कलंक सार्वजनिक कल्याण हो।' –तिरुक्कुरल। व्याख्या करें। (150 शब्द) (UPSC 2018)
2. भारत के संदर्भ में सामाजिक न्याय की जॉन राल्स की संकल्पना का विश्लेषण कीजिए। (UPSC 2016)

3. 'एक अपरीक्षित जीवन जीने योग्य नहीं है।' –सुकरात। व्याख्या करें। (150 शब्द) (UPSC 2019)
4. 'भ्रष्टाचार सरकारी राजकोष का दुरुपयोग, प्रशासनिक अदक्षता एवं राष्ट्रीय विकास के मार्ग में बाधा उत्पन्न करता है।' कौटिल्य के विचारों की विवेचना कीजिए। (UPSC 2016)
5. 'अत्यधिक धन संचय करना और दूसरों के साथ साझा किए बिना अकेले उपभोग करना भीख मांगने से भी बुरा है।' समझाइए।
6. एक अच्छे मनुष्य को गलती से भी झूठ नहीं बोलना चाहिए, क्योंकि यह उसकी अच्छी उपलब्धियों को नष्ट कर देता है। कुछ उदाहरणों के माध्यम से व्याख्या कीजिए।
7. सद्गुण और सुख अवियोज्य हैं। समझाइए।
8. न्याय का संबंध अपना काम करना और दूसरों के काम में हस्तक्षेप न करना है। लोक प्रशासन के परिदृश्य में इसकी व्याख्या कीजिए।
9. न्याय की अवधारणा को विभिन्न दार्शनिकों के विचारों की सहायता से समझाइए।
10. कथन की व्याख्या करें, 'कमजोर मस्तिष्क शक्तिशाली पूर्वाग्रहों के साथ घमंड का शासन करता है, जो मूर्खों की कमजोरी है।' –एलेक्जेंडर पोप
11. सद्गुण की अवधारणा को उदाहरणों के माध्यम से समझाइए।
12. पारितोषिक और दंड नैतिक प्रेरणा की तरह कार्य करते हैं। कुछ उदाहरणों के माध्यम से समझाइए।

अध्याय

11 लोक प्रशासन में नैतिकता

Ethics in Public Administration

स्थिति और समस्या (Status and Problem)

लोक प्रशासनिक संस्थाएं देश के संवैधानिक मूल्यों और परंपराओं का प्रतिबिंब होती हैं। इन संस्थाओं के पास असीम शक्तियां और लोक संसाधन होते हैं। इनका नियमानुसार समाज के सदस्यों के मध्य वितरण करने की जवाबदेही भी इनकी होती है। इन संस्थाओं को कार्यकुशल और दक्ष बनाने के लिए उच्च नैतिक मानकों को आधार बनाया जाना अति आवश्यक होता है। लोक सेवकों द्वारा उच्चस्तरीय मूल्यों, जैसे– सत्यनिष्ठा, ईमानदारी, वस्तुनिष्ठता, पारदर्शिता, पक्षपातहीनता का पालन कराए जाने हेतु लोक प्रशासन में नैतिकता के विषय का आगमन होता है। लोक सेवकों के लिए निर्धारित किए गए कोर मूल्य लोक प्रशासन में नैतिकता को शामिल करके सक्रिय किए जाते हैं। वास्तव में, नैतिकता वह क्रियाशील बल (Driving Force) है, जो निष्क्रिय कोर मूल्यों को सक्रियता प्रदान करता है और लोक प्रशासन में उच्च मानकों को सुनिश्चित करता है।

नैतिकता के बारे में हम पर्याप्त चर्चा कर चुके हैं। यहां हम लोक प्रशासन के संदर्भ में नैतिकता की व्याख्या करेंगे। चेस्टर बर्नार्ड (Chester Bernard) नैतिक आचरण को परिभाषित करते हैं, 'नैतिक आचरण विश्वास के आधार पर संचालित होता है, या इस भावना से संचालित होता है कि स्वहित को परे रखकर और तात्कालिक परिणाम पर विचार किए बिना क्या सही है और क्या गलत है।' सिविल सेवा में नीतिशास्त्र (Ethics) नैतिकता से संबंधित पेशेवर संहिता पर बल देता है। ये नियम सिविल सेवकों के आचरण को नियंत्रित करते हैं। ये नियम या नैतिक कोड रूढ़ियों, पूर्ववर्ती परंपराओं और मानकों पर आधारित होते हैं, जिनका पालन सिविल सेवकों को करना होता है। सिविल सेवकों से यह अपेक्षा की जाती है कि वे अपने आचरण में उच्चतम नैतिक मानकों को स्थापित करें और समाज के सम्मुख आदर्श उदाहरण प्रस्तुत करते रहें। हम इन मांगों को "प्रशासनिक नैतिकता" (Administrative Ethics) की संज्ञा दे सकते हैं। सरल शब्दों में नियम, कानून और विनियम जो लोक सेवकों के आचरण से संबंधित हैं, उन्हें प्रशासनिक नैतिकता के अंतर्गत शामिल किया जाता है।

पॉल एच. एपलबी (Paul H. Appleby) अपनी पुस्तक *मोरलिटि एंड एडमिनिस्ट्रेशन इन डेमोक्रेटिक गवर्नमेंट* (Morality and Administration in Democratic Government) में नीतिशास्त्र (Ethics) शब्द के स्थान पर नैतिकता (Morality) शब्द के प्रयोग को प्राथमिकता देते हैं। उनके अनुसार, नैतिकता (Morality) और प्रशासन अवियोज्य है। वे कहते हैं कि बड़ी सरकार मायने नहीं रखती, प्रशासन में नैतिकता मात्र के होने से बेहतर सरकार सुनिश्चित हो सकती है। इस बात पर कोई संशय नहीं कि लोक सेवा के बुनियादी मूल्यों द्वारा प्रशासन में नैतिकता कायम रहती है। एक नैतिक प्रशासक के भीतर निम्नलिखित गुण होने चाहिए–

1. जिम्मेदारी का भाव;
2. लोगों से संवाद स्थापित करने की कला;
3. संस्थागत संसाधनों को बढ़ाने और उपयोग करने की योग्यता;

4. समस्याओं को हल करने की तत्परता;
5. नवाचार;
6. लोगों की आवश्यकताओं को समझने और उनके प्रति संवेदनशील होने का भाव।

प्रशासन में नैतिकता या नीतिशास्त्र का महत्त्व इसलिए है, क्योंकि सिविल सेवकों को दिए गए अधिकारों और शक्तियों का मनमाने ढंग से प्रयोग रोका जा सके। सिविल सेवकों के आचरण में प्रशासनिक नैतिकता के आने से सिविल सेवा और नागरिकों के मध्य स्वस्थ संवाद स्थापित होने में सफलता मिलती है, जो बेहतर शासन को सुनिश्चित करता है। प्रशासनिक नैतिकता लोक प्रशासनिक संस्थाओं की विश्वसनीयता को बढ़ाती है और प्रशासनिक कार्यों में दक्षता तथा प्रभावशीलता का समावेश करती है।

लोक प्रशासन में नैतिकता का विकास अनेक ऐतिहासिक, सामाजिक, राजनीतिक और वैधानिक कारकों के आधार पर धीरे-धीरे हुआ है। लोक प्रशासन के सिद्धांतों का कालक्रम के अनुसार भिन्न-भिन्न विचारों को लेकर विकास हुआ है। वुडरो विल्सन द्वारा लोक प्रशासन को जब से राजनीति से अलग हटकर देखने की वकालत की गई, तब से लोक प्रशासन ने स्वयं को स्वतंत्र विषय के रूप में मजबूती के साथ स्थापित किया है। लोक प्रशासन के विकसित होने की प्रक्रिया के समांतर ही लोक प्रशासन में नैतिकता अलग-अलग रूप में प्रवेश करती रही। वेबर की नौकरशाही का सिद्धांत, वैज्ञानिक लोक प्रशासन का विचार और नव लोक प्रशासन की अवधारणा ने लोक प्रशासन में नैतिकता को समय की मांग के अनुसार स्थान दिया है। इन सिद्धांतों के माध्यम से लोक प्रशासन में नैतिकता के समावेश के लिए जिन कारकों ने महती भूमिका निभाई है, वे हैं– राजनीतिक कारक, वैधानिक कारक, सामाजिक और सांस्कृतिक कारक, निगमीकरण, पूर्व अनुभव तथा प्रशासन में सूचना प्रौद्योगिकी का तेजी से होता प्रवेश।

विभिन्न लोक प्रशासनिक विचारधाराओं ने लोक प्रशासन में नैतिक संहिताओं के समावेश पर बल दिया। 1960 के दशक में सिविल सेवकों के लिए आदर्श आचरण संहिताओं की स्थापना का क्रम तेजी से शुरू हुआ और भारत में केंद्र सरकार तथा राज्य सरकारों के अधीन कार्य कर रहे सिविल सेवकों के लिए सिविल सेवा आचरण नियमों को संहिताबद्ध करके लागू कर दिया गया।

लोक सेवा में मूल्यों को मजबूती के साथ स्थान देने में 1995 में प्रकाशित नोलन समिति की पहली रिपोर्ट की महती भूमिका रही। ब्रिटेन के प्रधानमंत्री टोनी ब्लेयर के प्रयासों से लॉर्ड नोलन की अध्यक्षता में 1994 में एक समिति का गठन किया गया था। इस समिति ने लोक सेवकों के नैतिक आचरण से संबंधित सात सिद्धांतों को प्रस्तुत किया, जिनकी चर्चा विस्तार से पिछले अध्याय में की जा चुकी है। इसी क्रम में आर्थिक सहयोग और विकास संगठन (The Organisation for Economic Co-operation and Development–OECD) ने एक नैतिक अधोसंरचना की आवश्यकता पर बल दिया, जिसके अंतर्गत लोक सेवकों के अस्वीकार्य आचरणों को रोकने, भ्रष्टाचार पर अंकुश लगाने तथा लोक सेवकों में आदर्श आचरणों को प्रोत्साहित करने के लिए कुछ सुझाव प्रस्तावित किए गए। OECD द्वारा आठ बिंदुओं का एक चार्टर विकसित किया गया, जो निम्नानुसार था–

1. नैतिक शासन व्यवस्था के लिए राजनीतिक प्रतिबद्धता।
2. प्रभावशाली वैधानिक कार्य योजना का निर्माण।
3. एक प्रभावशाली जवाबदेही प्रक्रिया का विकास।
4. एक प्रायोगिक आचरण संहिता का निर्माण।
5. नैतिक लोक प्रशासन और मूल्य तंत्र को सुनिश्चित करने के लिए प्रशिक्षण की व्यवस्था।
6. केंद्रीय नैतिक समिति का सृजन।
7. एक प्रतिबद्ध सिविल सोसाइटी के विकास की संस्कृति को आरंभ करना।
8. लोक सेवा शर्तों को अनुकूल बनाना।

लोकतंत्र में प्रत्येक लोक सेवक अंततः जनता के प्रति जवाबदेह होता है। इस जवाबदेही को सुनिश्चित करने के लिए विधायी तौर पर अनेक यंत्र विकसित किए गए हैं। नैतिकता कानूनों, नियमों और नियंत्रणकारी उपायों के सृजन हेतु आधार प्रदान करती है। लोक कार्यपालक जनता के न्यासी (Trustees) होते हैं और उन्हें लोगों की देखभाल की जिम्मेदारी दी जाती है, जिसे वे अपने अधिकारों का प्रयोग करके पूरी करते हैं। लोक प्रशासन में नैतिकता के कई आयाम हैं। नैतिकता की प्रमुख भूमिका को निम्नानुसार दिया जा सकता है–

1. नैतिक नियमों और कार्य प्रणालियों को संहिताबद्ध करना।
2. हित संघर्ष की स्थिति से उबरने के लिए कार्य प्रणाली का निर्धारण।
3. संबंधित संहिता को लागू कराने के लिए क्रियाविधि का सृजन।
4. किसी लोक सेवक की लोक कार्यालय के लिए अर्हता के निर्धारण या अनर्हता के संबंध में नियमों का निर्माण।

लोक प्रशासन का विकास

लोक प्रशासन अध्ययन के एक विषय के रूप में 1887 में आरंभ हुआ था, जिसका श्रेय वुडरो विल्सन (Woodrow Wilson) को जाता है। यह विषय विभिन्न प्रतिरूपों (Paradigms) के अंतर्गत कालानुसार विकसित हो रहा है। निकोलस हेनरी ने अपनी पुस्तक *पब्लिक एडमिनिस्ट्रेशन एंड पब्लिक अफेयर्स* (Public Administration and Public Affairs) में लोक प्रशासन के विकास की व्याख्या की है। हेनरी लोक प्रशासन के विकास को निम्नलिखित पांच क्रमागत प्रतिरूपों में बताते हैं– 1. राजनीति–प्रशासन द्वैतवाद (The Politics-Administration Dichotomy) 1887–1926; 2. प्रशासन का सिद्धांत (The Principle of Administration) 1927–1937; 3. राजनीति विज्ञान के रूप में लोक प्रशासन (Public Administration as Political Science) 1950–1970; प्रबंधन के रूप में लोक प्रशासन (Public Administration as Management) 1956–1970; 4. लोक प्रशासन के रूप में लोक प्रशासन (Public Administration as Public Administration) 1970 के पश्चात्।

1. राजनीति–प्रशासन द्वैतवाद (1887–1926) (The Politics-Administration Dichotomy)

वुडरो विल्सन पहले विद्वान थे, जिन्होंने अपने निबंध *द स्टडी ऑफ एडमिनिस्ट्रेशन* (The Study of Administration) (1887) में लोक प्रशासन का अध्ययन एक अलग विषय के रूप में किए जाने पर बल दिया। उन्होंने राजनीति और प्रशासन के मध्य विभेद की बहस को जन्म दिया, जिसे प्रसिद्ध रूप से राजनीति–प्रशासन द्वैतवाद के रूप में जाना जाता है।

विल्सन के दृष्टिकोण को पुनः फ्रैंक जे. गुडनो (Frank J.Goodnow) द्वारा आगे बढ़ाया गया। गुडनो के अनुसार, 'राजनीति का संबंध राज्य की नीतियों और विचारों से है, जबकि प्रशासन इन नीतियों के क्रियान्वयन से संबंधित होता है।' पुनः लियोनार्ड डी. व्हाइट ने बल दिया कि राजनीति को प्रशासन में घुसपैठ नहीं करनी चाहिए। एक जर्मन समाजशास्त्री और राजनीतिक अर्थशास्त्री मेक्स वेबर (1864–1920) नौकरशाही प्रबंधन (Bureaucratic Management) के विचार को आगे लेकर आए। वेबर की नौकरशाही की निम्नलिखित विशेषताएं थीं–

1. परिभाषित सेवाओं का प्रावधान और इसी कारण सक्षमता का निर्धारण कानूनों, नियमों और विनियमों द्वारा किया जाना।
2. पेशेवर नौकरशाहों का प्रावधान, जिन्हें दूसरे पेशे में संलग्न रहने की अनुमति नहीं है।
3. पदसोपान आधारित संगठन व्यवस्था, जिसमें अधीनस्थ सेवाओं और प्रबंधन के पदों का प्रावधान हो।
4. नौकरशाहों की भर्ती खुली प्रतिस्पर्धात्मक परीक्षा के माध्यम से।
5. निश्चित वेतन और सेवानिवृत्ति का प्रावधान।

6. अधीनस्थों को नियंत्रित करने के लिए उच्चाधिकारियों द्वारा अनुशासनात्मक कार्रवाई की सुव्यवस्थित प्रक्रिया।
7. वस्तुनिष्ठ शर्तों के आधार पर पदोन्नति का प्रावधान।
8. कार्य का वितरण और उसे करने वालों के मध्य विभेद।

2. प्रशासन का सिद्धांत (1927-1937) (Principle of Administration)

इस प्रावस्था में यह माना गया कि लोक प्रशासन के क्षेत्र में कुछ निश्चित सिद्धांत हैं जिस प्रकार विज्ञान के अन्य विषयों में होते हैं। इन सिद्धांतों की खोज की जा सकती है और इन्हें व्यवस्थित तरीके से प्रतिपादित किया जा सकता है। एक प्रशासक को इन सिद्धांतों में सिद्धहस्त होना चाहिए और इन्हें लोक प्रशासन के क्षेत्र में लागू करना चाहिए। इस प्रावस्था में सार्थक कार्य करने वाले प्रमुख विद्वानों में मेरी पार्कर फॉलेट, हेनरी फेयोल, लूथर गुलिक और लिंडाल उर्विक थे। ये विद्वान सिद्धांत निर्माण की आगमनात्मक विधि (Inductive Method) के पक्षधर थे, जिसके अंतर्गत मानव संगठनों के अध्ययनों से सिद्धांत को निष्कासित किया जाता था। एफ.डब्ल्यू. टेलर (F.W. Taylor) इस हद तक सिद्धांतों के निर्माण में संलिप्त थे कि उन्होंने मानवीय घटकों को अति सामान्यीकृत कर दिया और वैज्ञानिक प्रबंधन का सिद्धांत दिया। इसे "लोक" (Public) शब्द के अनुचित अध्ययन के रूप में लिया जाता है।

3. राजनीति विज्ञान के रूप में लोक प्रशासन (1950-1970)
(Public Administration as Political Science)

वर्ष 1938 में चेस्टर आई. बर्नार्ड ने दो विचार प्रस्तुत किए। *पहला*, उसने लोक प्रशासन में द्वैतवाद को खारिज कर दिया और *दूसरा*, लोक प्रशासन में वैज्ञानिकता की कमियों को उजागर किया। उसके अनुसार, लोक प्रशासन को राजनीति से अलग नहीं किया जा सकता, क्योंकि प्रशासन केवल उन नीतियों के क्रियान्वयन से संबंधित नहीं है, जिन्हें राजनेता बनाते हैं बल्कि उन नीतियों के निर्माण में भी प्रशासन की महती भूमिका होती है। 1950 के पश्चात् लोक प्रशासन दो तरीकों से एक विषय के रूप में विकसित हुआ। *पहला*, इसके अंतर्गत केस अध्ययनों का अत्यधिक उपयोग होने लगा और *दूसरा*, विकास प्रशासन पर अधिक बल दिया जाने लगा।

4. लोक प्रशासन एक स्वतंत्र विषय के रूप में (1970 के पश्चात्)
(Public Administration as an Independent Discipline)

इस अवधि में लोक प्रशासन का विकास राजनीति, अर्थशास्त्र और संगठनात्मक सिद्धांत के संगम के साथ अंतर्विषयगत रूप में हुआ। एक अन्य प्रगति नव लोक प्रशासन (New Public Administration–NPA) के प्रादुर्भाव के रूप में देखी गई, जिसमें दक्षता और प्रभावशीलता की अपेक्षा मूल्यों पर अधिक बल दिया गया। एन.पी.ए. उद्देश्य प्रशासन को अधिकाधिक लोक रूप प्रदान करना और उसे सलाहकारी (Prescriptive) तथा ग्राहक उन्मुख (Client Oriented) बनाना था। बाद में 1980 के दशक के अंत में नव लोक प्रबंधन सिद्धांत (New Public Management–NPM) का प्रादुर्भाव हुआ। डेविड ऑसबोर्न और टेड गेबलर ने अपनी पुस्तक *रीइन्वेंटिंग गवर्नमेंट* (Reinventing Government) में लिखा कि जनता को ग्राहक मानकर व्यवहार करना चाहिए। एन.पी.एम. को प्रत्येक देश की सरकार ने सभी स्तरों पर स्वीकार किया। जेनेट और रॉबर्ट डेनहार्ट ने पुनः एन.पी.एम. को डिजिटल युग की सरकार के रूप में प्रशासन में सूचना प्रौद्योगिकी की क्षमताओं का दोहन करने के लिए प्रस्तुत किया।

सरकार में नैतिक सरोकार (Ethical Concern in Government)

एक सिविल सेवक का लोक और निजी जीवन आसान नहीं होता। यद्यपि इससे संबंधित पर्याप्त नियम, नियंत्रणकारी उपाय और मार्गदर्शी सिद्धांत बने हुए हैं कि किस प्रकार प्रशासनिक निर्णय लिया जाना चाहिए। फिर भी प्रतिदिन काफी संख्या में ऐसे अवसर आ जाते हैं, जिन पर नियम मूक हो जाते हैं और स्वविवेक का प्रयोग करना पड़ता है।

पूर्व के निर्णयों (Precedents) और रूढ़ियों (Conventions) के आधार पर इन समस्याओं का हल काफी हद तक हो जाता है। परंतु जब व्यक्तिगत अंत:प्रज्ञा एवं तार्किकता इन पूर्व निर्णयों और रूढ़ियों को स्वीकार न कर रही हो तो दुविधा उत्पन्न होती है। हम ऐसे अनेक उदाहरण देख सकते हैं, जिनमें पुराने अभ्यासों को अलग कर नवाचार आधारित निर्णयों को लिया गया, ताकि सुशासन को मजबूती प्रदान की जा सके। इन परिस्थितियों में कौन-सी क्रिया शामिल होती है यह एक अध्ययन का विषय है। बहुत अधिक मात्रा में मस्तिष्क के प्रयोग का इससे लेना-देना नहीं है, बल्कि नैतिक प्रतिध्वनि (Ethical Echo) का संज्ञान होना अधिक महत्त्वपूर्ण है। नैतिक मुद्दों को ऐसी परिस्थितियों के रूप में जाना जाता है, जिनमें विधि, कर्तव्य और नैतिकता के पर्याप्त प्रश्न निहित हों। परंतु उपयुक्त मार्गदर्शी नियमों के अभाव में एक सिविल सेवक निर्णय लेने में कठिनाई महसूस कर रहा हो। एक ओर ये निर्णय कठोर नैतिक परीक्षण से गुजरते हैं तो दूसरी ओर दृढ़ विश्वास के साहस की कमी, भय, आज्ञाकारिता, लाभ, सम्मान, दया, आदि कारक ऐसे मुद्दों पर कोई निर्णय लेने की स्थिति को प्रभावित करते हैं। इस प्रकार की परिस्थितियों का सामना सभी स्तर के नौकरशाहों– निम्न स्तर (Street Side Bureaucrats), मध्यम स्तर के प्रबंधक (Middle Line Managers) से लेकर रणनीतिक उच्च स्तर (Strategic Apex) तक को सामना करना पड़ता है।

जैसी भी परिस्थितियां हों, एक लोक सेवक को नियमानुसार ही कार्य करना चाहिए। किसी दुविधा का हल ढूंढ़ने के अनेक तरीके हो सकते हैं। परंतु ऐसी कई परिस्थितियां उत्पन्न हो सकती हैं, जहां नियम मूक हो जाते हैं और स्वविवेक का प्रयोग करना पड़ता है। विवेकाधीन शक्तियों का प्रयोग सावधानीपूर्वक ढंग से जिम्मेदारी के साथ किया जाना चाहिए। ये नैतिक सरोकार नीतिशास्त्रीय अध्ययन के विभिन्न उपागमों की मांग करते हैं, जैसे– परिणाम निरपेक्षता (Deontology), प्रयोजनमूलकता (Teleology), सद्गुण नीतिशास्त्र (Virtue Ethics), आदि। प्रशासन में नैतिक अध्ययन के विषय के साथ विडंबना यह है कि ये विषय बड़े पदों पर आसीन प्रशासकों के आसपास ही घूमते रह जाते हैं और जमीनी स्तर के कार्यपालक इससे अछूते रहते हैं। यह एक स्वीकार्य मत है कि नीति निर्माण का कोई संकट नहीं है, बल्कि असली संकट तो नीतियों के क्रियान्वयन का है। नौकरशाहों का एक बहुत बड़ा हिस्सा, जो नीतियों को जमीनी स्तर पर लागू करवाता है, वह या तो राज्य सिविल सेवाओं से आता है या फिर अखिल भारतीय सिविल सेवा या केंद्रीय सिविल सेवाओं के युवा अधिकारियों के रूप में होता है। जैसा कि हम सभी जानते हैं भारत गांव में निवास करता है और वास्तविक विकास तभी माना जा सकता है, जब वह ग्रामीण क्षेत्रों में दिखाई दे। पंचायती राज व्यवस्था विकेंद्रीकृत स्थानीय स्वशासी व्यवस्था (Decentralised Local Self Government System) है। जमीनी स्तर की समस्याओं का सामना तहसील और ब्लॉक स्तर के अधिकारियों को करना पड़ता है। वास्तविक विकास इन निचली रैंक के नौकरशाहों के प्रदर्शन पर निर्भर करता है। यद्यपि इनका अधिकार क्षेत्र सीमित होता है, फिर भी इनके उत्तरदायित्वों की उपेक्षा नहीं की जा सकती। वास्तविक रूप में राजनीतिक और प्रशासनिक अवरोधों को यहां महसूस किया जाता है। यदि हम जमीनी स्तर से नैतिक उपेक्षा को समाप्त नहीं करते तो आशातीत प्रगति प्राप्त करना असंभव है।

हमारी संघीय सिविल सेवाएं प्रतिभाओं को आकर्षित करने में कमजोर सिद्ध हो रही हैं। साथ ही अधिकारियों को गुणवत्तायुक्त प्रशिक्षण प्रदान करने में भी असफल रही हैं। सेवा शर्तें अत्यधिक कमजोर हैं और उन्नति के अवसर बहुत ही सीमित हैं। उनके लिए उपयुक्त वैज्ञानिक प्रशिक्षण व्यवस्था का अभाव है और सेवा के मिशन दृष्टिकोण तथा मूल्यों पर कोई बल नहीं है। स्थानांतरण और पदस्थापना का व्यापार, पदोन्नति के लिए उत्कृष्ट सेवा रिकॉर्ड का संघर्ष और यथास्थिति आधारित प्रदर्शन बनाए रखने जैसी चीजों ने निम्न स्तर की नौकरशाही को अत्यधिक कमजोर किया है। यही कारण है कि हमारी संघीय सिविल सेवा (Federal Civil Service) भारत की स्थानीय अर्थव्यवस्था को बढ़ावा देने के लिए पर्याप्त प्रेरित नहीं है। मूल समस्या की अच्छी तरह से पहचान हो चुकी है, जो यह है कि नौकरशाही कमजोर, दक्षतारहित, अप्रेरित और गैर-जिम्मेदाराना है। यह भय और अनुचित लाभ के लिए कार्य करती

है। अब प्रश्न यह है कि इस नकारात्मक मनोवृत्ति, कमजोर अभिवृत्ति और दोयम दर्जे के लोक सेवा मूल्यों से किस प्रकार छुटकारा पाया जाए। इन विषयों पर किसी भी व्यक्ति का ध्यान नहीं जाता, क्योंकि इन विषयों को बेकार और निरर्थक माना जाता है तथा इन पर प्रयास करने से कोई व्यक्तिगत लाभ होने वाला नहीं है। पूरी नौकरशाही मात्र संख्यात्मक लक्ष्यों को पूरा करने में जुटी है और कोर मूल्यों में परिवर्तन करने वालों को अव्यावहारिक तथा नौसिखिया माना जाता है। अधिकांश चर्चित और अच्छा प्रदर्शन करने वाले अधिकारी वे हैं, जो भय और कठोर दंड के माध्यम से प्रगति लाते हैं। वे सुधारों को व्यर्थ मानते हैं। परंतु भय आधारित सरकारी व्यवस्था ही हमारे देश में कमजोर नौकरशाही के लिए जिम्मेदार है।

जॉन एडम्स के अनुसार, 'संविधान एक मानक होता है, इसे समझा जाए, स्वीकार किया जाए और इससे प्रेम किया जाए तो यह एक स्तंभ का तथा जोड़ने का कार्य करता है। परंतु इस प्रकार की बौद्धिकता और जुड़ाव के अभाव में यह हवा में उड़ती पतंग या गुब्बारे के समान सिद्ध होता है।' जॉन एडम्स का यह कथन संवैधानिक मूल्यों को आत्मसात करने पर बल देता है। "नव लोक प्रशासन" उस तरीके को ज्ञात करने का सैद्धांतिक आधार प्रदान करता है, जो नैतिकता और लोक सेवा को एकीकृत कर सकता है। जब प्रशासनिक स्वविवेकाधीन शक्तियों की बात करते हैं, तो इसके अंतर्गत लिए गए निर्णयों में नैतिक मूल्य झलकने चाहिए। लोक प्रशासन में नैतिकता के अनेक उपागम हैं। इन्हें दो भागों के अंतर्गत रखा जाता है, *पहला* निम्न मार्ग उपागम (Low Road Approach) है, जो कानूनों, नियमों और नियंत्रणकारी उपबंधों का औपचारिक तरीकों से पालन करने पर बल देता है तथा *दूसरा* उच्च मार्ग उपागम (High Road Approach) है, ज़ो सामाजिक समानता पर बल देता है।

1. **निम्न मार्ग उपागम** (Low Road Approach)

यह उपागम लोक प्रशासन में ऐसे नैतिक मुद्दों को देखता है, जो नियमों और विनियमों से संबंधित होते हैं। यह न्यूनतम मानकों के निर्माण से संबंधित है, जिनके परे लोक सेवकों का आचरण नहीं जाना चाहिए। यह एक लोक सेवक के नैतिक आचरण से संबंधित कार्य प्रणाली या ढांचे की स्थापना से संबंधित होता है। भारतीय संदर्भ में केंद्रीय सिविल सेवा आचरण नियम और केंद्रीय सिविल सेवा वर्गीकरण, नियंत्रण और अपील नियम निम्न मार्ग उपागम के अंतर्गत निर्मित यंत्रों के उदाहरण हैं। नियमावलियों और मार्गदर्शिकाओं में सरकारी संसाधनों के कार्यालयीन उपयोग में लेने तथा निजी उपयोग में न लेने से संबंधित नियमों को स्पष्ट किया गया है। यह उपागम लोक सेवकों के अनैतिक व्यवहारों पर रोक लगाता है। परंतु यह एक लोक सेवक के व्यक्तित्व को एक नैतिक एजेंट के रूप में प्रोन्नत नहीं करता, बल्कि उसे न्यून आत्मविश्वासी, संसाधनहीन, जंजीरों में जकड़ा हुआ, शक्तिहीन और कार्यालयीन बालक की छवि के रूप में स्थापित करता है, जो आत्मसम्मान तथा नैतिक उत्कृष्टता के क्षरण का कारण बनता है।

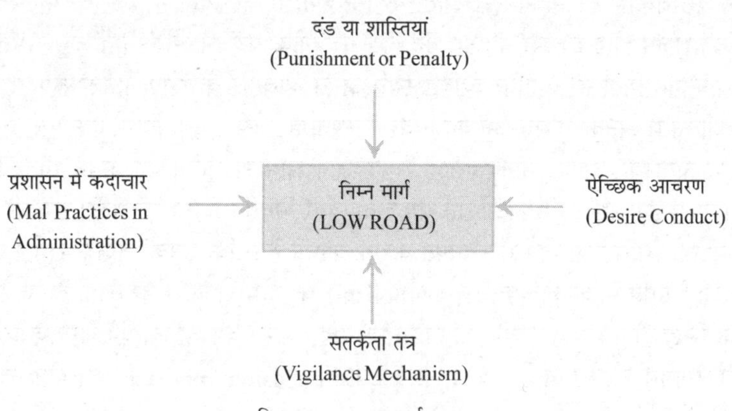

चित्र 11.2 : उच्च मार्ग उपागम

यह साझा मूल्यों से हीन होता है। यह भ्रष्टाचार की संभावना की जांच-पड़ताल को लोक हित में कमी की कीमत पर स्थापित करता है। यह अनुपालन उपागम है, जो कानूनों, नियमों और नियंत्रणकारी विनियमों के रूप में बाह्य नियंत्रण पर बल देता है। यह बाह्य नियंत्रण और न्यूनतम स्तर वाली नैतिकता पर आधारित होता है। ये कठोर नियम पेशेवर सिविल सेवक की झूठी छवि को सुदृढ़ करते हैं, क्योंकि ये तुच्छ और बेतुके आचरणों पर अधिक बल देते हैं तथा लोक सेवकों में नैतिक रूप से सार्थक आयामों की अनदेखी करते हैं।

2. उच्च मार्ग उपागम (High Road Approach)

उच्च मार्ग उपागम के अंतर्गत दो आयामों पर बल दिया जाता है, पहला "सामाजिक समानता" (Social Equity) और दूसरा "नव लोक प्रशासन" (New Public Administration) के विषय से संबंधित होता है। सामाजिक मूल्यों को दक्षता (Efficiency), प्रभावशीलता (Effectiveness) और मितव्ययिता (Economy) (3Es) से योजित करना चाहिए। दूसरे शब्दों में, एक नैतिक प्रशासन द्वारा कमजोर और दबे-कुचले लोगों की स्थिति में सुधार लाने के लिए सक्रिय रूप से भागीदारी सुनिश्चित की जानी चाहिए। उनके राजनीतिक और आर्थिक कल्याण के प्रयास किए जाने चाहिए, जो परंपरागत लोकतांत्रिक व्यवस्था की गति में उपेक्षित सा हो गया है और जिसका कारण अनेक व्यवस्थागत कमियां हैं। यह उपागम नियमात्मक राजनीतिक सिद्धांत (Normative Political Theory) तथा मानवतावादी मनोविज्ञान (Humanistic Psychology) पर आधारित है।

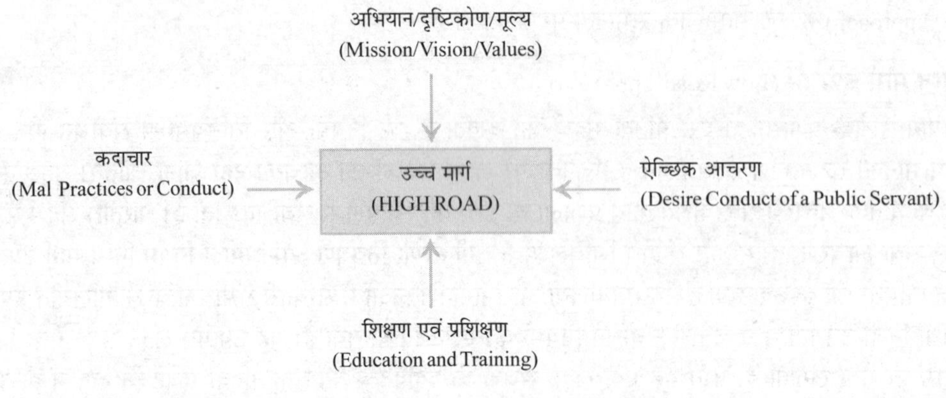

चित्र 11.2 : उच्च मार्ग उपागम

यह नैतिक ज्ञान के विकास के माध्यम से आंतरिक नियंत्रण पर बल देता है, जिसके फलस्वरूप लोक सेवक सह नैतिक एजेंटों का सृजन होता है। इस उपागम की जड़ें नव लोक प्रबंधन और सामाजिक समता के विचार में हैं। सभी नैतिकताएं व्यक्तिगत होती हैं, क्योंकि व्यक्ति स्वयं अपने व्यवहार के लिए नैतिक रूप से जिम्मेदार होता है। एक व्यक्ति अपने जीवन में अनेक भूमिकाओं का निर्वहन करता है, जैसे– एक पिता, एक पुत्र, एक सिविल सेवक, एक उपभोक्ता, एक नागरिक, आदि। मानवतावादी मनोविज्ञान सामान्य मूल्यों को अपने भीतर विकसित करने में सहायक होता है, जिससे इन सभी भूमिकाओं का सफलतापूर्वक निर्वहन किया जा सके। सरकार भी इस प्रकार की बहुआयामी नैतिकता को सिविल सेवकों में स्थापित करना चाहती है न कि उनकी नैतिक समझ को सीमित करना।

कई बार उच्च मार्ग उपागम बड़बोलेपन (Hyperbolism) के दोष से ग्रस्त हो जाता है, जो अनैतिकता से भी अधिक हानिकारक सिद्ध होता है। यह बड़बोलापन नैतिक संदेह करने की भावना को जन्म देता है। निम्न मार्ग और उच्च मार्ग दोनों ही उपागम चरम मार्ग हैं तथा संलयन उपागम (Fusion Approach) इन दोनों चरम मार्गों के बीच की ऐच्छिक स्थिति है।

तालिका 11.1 : लोक प्रशासन में नीतिशास्त्र के विभिन्न उपागमों के बीच तुलना

	निम्न मार्ग	उच्च मार्ग	संलयन
लक्ष्य	अनुपालन	सत्यनिष्ठा	दोनों
लक्षण	कानूनी (वैधानिक)	नियमात्मक	दोनों
परिणाम	वैध आचरण	नैतिक व्यवहार	दोनों
यंत्र	कानून, नियम, विनियम	अभियान, दृष्टिकोण, मूल्य	दोनों
प्रशिक्षण	शैक्षणिक	प्रौढ़ शिक्षा	दोनों

ये सैद्धांतिक मॉडल भारत में दक्षतापूर्ण प्रशासन लाने के लिए मूलभूत मार्गदर्शन प्रदान करते हैं। इन मॉडलों को जमीनी स्तर पर लागू करना एक दुरुह कार्य है। हम आगे ऐसा करने के लिए सर्वाधिक संभव प्रयासों की चर्चा करेंगे। नौकरशाहों को बार-बार प्रशिक्षण देकर लंबे समय तक मूल्य धारण करने के लिए प्रेरित करना तब तक संभव नहीं है जब तक ये मूल्य उनके द्वारा पूर्णत: स्वीकार नहीं किए जाएं और इन्हें आदत में शामिल कर लिया जाए। जैसा कि अरस्तु द्वारा इंगित किया गया है, "सद्गुण एक प्रकार का ज्ञान और आदत दोनों ही हैं।" इसका उत्तर नेतृत्व की खोज में निहित है और यह जिम्मेदारी अखिल भारतीय सेवाओं तथा केंद्रीय सिविल सेवाओं के अधिकारियों को लेनी होगी। राज्यों में यह नेतृत्व पदसोपान क्रम में होना चाहिए और नेतृत्व का पाठ ऊपर से नीचे की ओर आना चाहिए। इसके लिए सतत प्रयास की आवश्यकता है, जो कार्यालयीन बैठकों और सेमिनारों के माध्यम से संभव है। प्रत्येक पुनरीक्षण बैठक की शुरुआत टीम को मिशन, विजन और मूल्यों की पहचान कराने से होनी चाहिए। टीम को मात्र संख्यात्मक लक्ष्यों की प्राप्ति के लिए नहीं, बल्कि गुणात्मक प्रगति के लिए प्रेरित किया जाना चाहिए। इस प्रकार का अभ्यास हमारी नौकरशाही की मनोवृत्ति में परिवर्तन लाने में सफल हो सकता है। हमारी नौकरशाही की मनोवृत्ति को कौशल में परिवर्तित करने की आवश्यकता है। नौकरशाही के अलावा हमें इन गुणों का समावेश अपने राजनेताओं में भी कराना होगा। राजनेता हमारे राजनीतिक और सरकारी तंत्र के वास्तविक संचालक होते हैं, वे विधान बनाते हैं और देश की दिशा तय करते हैं। परंतु उनके प्रशिक्षण के बारे में कोई चर्चा नहीं होती। यदि कोई प्रशिक्षण दिया भी जाता है, तो वह नाममात्र का होता है, जिसका शासन के दर्शन से कोई वास्ता नहीं होता। राज्यसभा और लोकसभा में नैतिक समिति (Ethics Committee) गठित है। परंतु राज्यों की विधानसभाओं तथा विधानपरिषदों में या तो गठित नहीं की गई या निष्क्रिय पड़ी है। इन समितियों द्वारा हमारे चुने हुए जनप्रतिनिधियों को अकादमी की तरह नैतिकता का प्रशिक्षण दिया जाना चाहिए।

लोक सेवा एथोस (Public Service Ethos)

"एथोस" (Ethos) एक ग्रीक शब्द है, जिसका अर्थ होता है "शुभ जीवन" (Good Life)। लोक सेवा के संदर्भ में यह एक आदर्श होने के साथ-साथ एक मूल्य या मूल्यों का समूह है, जो लोक सेवा में परिलक्षित होता है। लोक सेवा एथोस अच्छी लोक सेवा या गुणवत्तायुक्त लोक सेवा से संबंधित है। कैडेन (Caiden) के अनुसार, 'लोक सेवा एथोस मूल्यों का आधार और रीढ़ है, साथ ही लोक सेवा में निष्ठा का आधार है।' डेनहार्ट (Denhardt) के अनुसार, एथोस किसी समूह के आधारभूत चरित्र या कार्य व्यवहार को प्रदर्शित करता है। यह उन आदर्शों को सरेखित करता है, जो समूह के सदस्यों के विश्वास और कार्य व्यवहार को सूचित करते हैं। एक वैचारिकता के रूप में लोक सेवा एथोस लोक हित को निजी हितों के ऊपर रखते हुए कार्य करने का विचार है, जो सर्वसाधारण के उभयनिष्ठ शुभ के लिए परोपकारितापूर्ण ढंग से कार्य करने से संबंधित है। यह निरंतर टीम भावना से कार्य करने का विचार है। यह लोक संबंधों में निष्ठा से

संबंधित है। नौकरशाही एथोस चिरकालीन लोक प्रशासन के सिद्धांतों से संबंधित है, जबकि लोकतांत्रिक एथोस नव लोक प्रशासन और नव लोक सेवा सिद्धांतों से संबंधित है।

नैतिक न्यूनतम और नैतिक अधिकतम (Ethical Minimum and Ethical Maximum)

उच्च मार्ग और निम्न मार्ग उपागम के मध्य विभाजन नैतिक न्यूनतम (Ethical Minimum) और नैतिक उच्चतम (Ethical Maximum) के मध्य अंतर स्थापित करने का आधार है। यह अंतर न्याय, एथोस और पारदर्शिता के आलोक में स्थापित किया जाता है। नैतिक न्यूनतम और नैतिक अधिकतम या निम्न मार्ग और उच्च मार्ग सततता (Continuum) अपने आदर्श मिश्रण द्वारा नियंत्रणों तथा मूल्यों में संतुलन स्थापित कर लोक सेवा ढांचे का निर्माण करते हैं। उच्च मार्ग और निम्न मार्ग उपागम दोनों ही चरम अवस्थाएं हैं। दोनों के ही अपने-अपने लाभ और हानियां हैं। खोजकर्ताओं द्वारा इनके मध्य के मार्ग की वकालत की जाती है, जिसे संलयन उपागम (Fusion Approach) के माध्यम से दोनों चरम उपागमों को एकीकृत कर प्राप्त किया जा सकता है। इन दोनों चरम उपागमों को जोड़कर एक उपयोगी मॉडल निकलकर आता है, जो अनुपालन-निष्ठा सततता (Compliance-Integrity Continuum) के रूप में प्राप्त होता है। अनुपालन नियमों और विनियमों पर आधारित होता है, जो बाह्य रोक को आरोपित करता है, जबकि निष्ठा मूल्यों और नैतिकता पर आधारित होती है। यह द्वैत (Dichotomy) चार भिन्न नैतिक प्रबंधन के दृष्टिकोणों को जन्म देता है, जो नैतिक न्यूनतम से नैतिक अधिकतम के बीच उपस्थित रहते हैं। लोक प्रशासन में ये चार प्रबंधन दृष्टिकोण हैं– नैतिक न्यूनतम, नीतिशास्त्र/नैतिकता प्रबंधन (Ethics Management), नैतिक प्रबंधन (Ethical Management) और नैतिक अधिकतम।

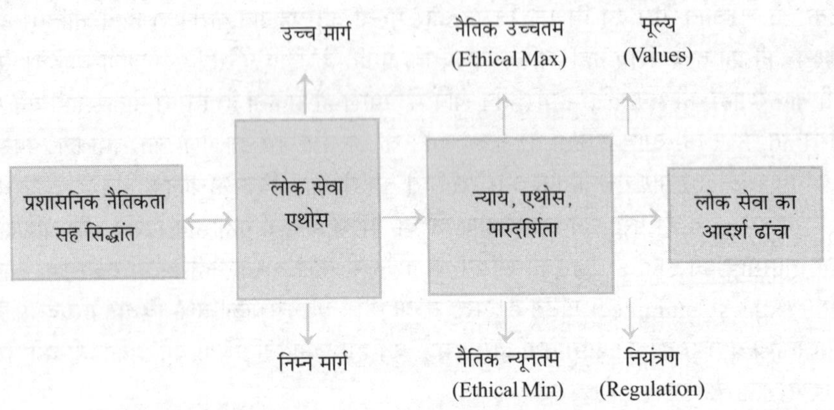

चित्र 11.3 : नैतिक न्यूनतम-उच्चतम सततता

स्रोत : Mantysalo. V. Ethical minimum or Ethical maximum source: https://osuva.uwasa.fi/bitstream/handle/10024/7695/isbn_978-952-476-657-9.pdf?sequence=1&isAllowed=y

नैतिक न्यूनतम (Ethics Minimum)

यह न्यून अनुपालन (Low Compliance) और न्यून सत्यनिष्ठा (Low Integrity) पर आधारित मॉडल है। यह बाह्य रोक विहीन स्थिति होती है। इसके अंतर्गत ऐच्छिक परिणामों की प्राप्ति के आधार पर प्रदर्शन का आकलन किया जाता है।

नीतिशास्त्र/नैतिकता प्रबंधन (Ethics Management)

यहां नीतिशास्त्र की भूमिका बाह्य रोक (External Check) के रूप में होती है, परंतु लोक सेवकों द्वारा नैतिकता को आत्मसात किए जाने पर कोई बल नहीं होता। कठोर नियमों और निर्देशों के माध्यम से उच्चतर अनुपालन पर अधिक

बल दिया जाता है। यदि कोई व्यवहार कानूनी रूप से सही है, तो उसे स्वीकार्य व्यवहार माना जाता है, चाहे इसके लिए किसी भी सीमा तक नैतिक समझौता किया गया हो।

नैतिक प्रबंधन (Ethical Management)

यह नैतिकता प्रबंधन का संशोधित रूप है, जिसमें मूल्यों और सत्यनिष्ठा की भूमिका बढ़ जाती है। संगठन के कुछ सदस्य मजबूत नैतिक कार्य प्रणाली का अनुसरण करते हैं। मूल्य आधारित नेतृत्व और नैतिक निर्णयन प्रशासन की पहचान होती है। परंतु एक सुपरिभाषित नैतिक संहिता के बिना यह स्थिति प्राप्त करना कठिन होता है। यदि इसे नैतिक एजेंटों के हाथ में छोड़ दिया जाए, तो आदर्श स्थिति को प्राप्त करना असंभव हो जाता है। इसके पीछे का कारण अनेक मानवीय कमजोरियां होती हैं।

नैतिक उच्चतम (Ethical Maximum)

यह कठोर अनुपालन और उच्च एवं अखंडित सत्यनिष्ठा का आदर्श मिश्रण होता है। यहां एजेंटों के नैतिक आचरण के लिए संस्थागत व्यवस्थाओं के पूरक के रूप में एजेंटों में सुदृढ़ नैतिक मूल्यों का समावेश किया जाता है। नैतिक उच्चतम में नेतृत्वकर्ता पारदर्शिता और जवाबदेही जैसे नैतिक मूल्यों को सक्रिय रूप से प्रोत्साहित करते हैं। यह सही कार्य को सही ढंग से करने से संबंधित है। नैतिक उच्चतम संलयन मार्ग उपागम (Fusion Road Approach) के समान अवधारणा है।

नैतिक दुविधा (Ethical Dilemma)

सरकार में नैतिक दुविधा (Ethical Dilemma in Government)

नैतिक दुविधा एक प्रकार की मन:स्थिति है, जिसमें किसी व्यक्ति को दो या दो से अधिक उपलब्ध विकल्पों में से किसी एक विकल्प का चयन करना होता है। ये सभी विकल्प नैतिक रूप से सही हो सकते हैं, परंतु यह संभव है कि इन विकल्पों के मध्य विरोधाभास हो। नीतिशास्त्र (Ethics) तथा नैतिकता (Morality) अवियोज्य हैं, क्योंकि दोनों ही "सही" तथा "गलत" के प्रश्नों को हल करने से संबंधित हैं। नीतिशास्त्र सम्मत व्यवहार की रचना करने वाले घटक सामाजिक और सांस्कृतिक नियमों से निर्धारित होते हैं, जबकि नैतिक व्यवहार की रचना करने वाले घटक व्यक्ति के स्वयं के सही और गलत की संवेदना के आधार पर लिए गए निर्णय से निर्धारित होते हैं। नैतिक दुविधा बहुत जटिल हो सकती है, जो अत्यधिक कठिन विकल्प के चयन का कारण बन सकती है। उदाहरण के लिए, एक चिकित्सक को इस स्थिति का सामना करना पड़ सकता है कि वह एक अत्यधिक बीमार और मरणासन्न मरीज का इलाज मरीज के परिजनों के निवेदन पर जारी रखे या नहीं। इलाज को निरंतर रखना मरीज के दर्द को बनाकर रखने और निष्फल खर्चे को बढ़ाने का कारण बनता है, वहीं दूसरी ओर, इलाज को रोकना मरीज को दर्द से छुटकारा दिला सकता है। परिजनों की इच्छा का सम्मान करना और मरीज के लिए बेहतर से बेहतर करने का प्रयास करना दोनों ही पेशेवर रूप से स्वीकार्य हैं तथा नैतिक रूप से सही हैं, यद्यपि सबसे सही क्रिया क्या होगी यह अत्यधिक व्यक्तिगत है और यह व्यक्तिगत नैतिकता से संबंधित है।

कुछ मामलों में नैतिक निर्देशों के अंतर्गत लिए गए निर्णयों और किए गए आचरणों की नैतिक छानबीन के उद्देश्य से उन्हें अत्यंत निकट से देखने की व्यक्तिगत जिम्मेदारी लेनी आवश्यक होती है। व्यवहारात्मक नीतिशास्त्र का विश्लेषण करते हुए लोग सामाजिक रूप से जिम्मेदारीपूर्वक व्यवहार करते हैं, जो बड़े स्तर पर समाज को प्रभावित करता है। कचरा फेंकना सामाजिक नैतिकता का एक सरलतम उदाहरण है। सड़क पर कचरा फेंक कर कोई व्यक्ति पर्यावरण संतुलन को बिगाड़ता है और सामाजिक जिम्मेदारी की भी उपेक्षा करता है।

नैतिक कौशल निम्नलिखित घटकों को शामिल करता है–

1. नैतिक समस्याओं की पहचान करने की योग्यता।
2. नैतिक मुद्दों पर तर्क करने की योग्यता।
3. व्यक्ति की स्वयं की नैतिक आकांक्षाओं को स्पष्ट करने की योग्यता।

इन उद्देश्यों की प्राप्ति के लिए प्रशिक्षण हेतु दो प्रकार के उपागमों का प्रयोग कर सकते हैं। *पहला*, सैद्धांतिक नियमात्मक (Theoritical-Normative) उपागम है, जिसका उद्देश्य नैतिक सिद्धांतों का ज्ञान प्रदान करना होता और सहभागियों को यह सिखाना कि किस प्रकार इन सिद्धांतों और नियमों को प्रयोग में लाया जाना चाहिए। *दूसरे*, प्रकार के उपागमों का उद्देश्य नैतिक दुविधा के बारे में तार्किक ढंग से किस प्रकार विचार किया जाए इसके लिए व्यक्ति के व्यवहार को प्रभावित करना होता है। इन दोनों उपागमों को मिलाकर नैतिक प्रशिक्षण कार्यक्रम की संरचना तैयार की जानी चाहिए। इसके लिए नैतिक दुविधाओं पर आधारित केस अध्ययनों के माध्यम से सिखाना सर्वाधिक प्रभावी विधि होती है।

तार्किक विचारण के माध्यम से हम यह समझ सकते हैं कि जब हम ऐसी परिस्थिति में हों जहां एक से अधिक कर्तव्य एक साथ एक ही समय पर प्रकट हो जाते हैं और उनमें से किसी एक का प्राथमिकता के आधार पर चयन करना होता है। एक व्यक्ति दूसरों के साथ अनेक संबंधों में रहता है और प्रत्येक संबंध इस बात का आधार प्रदान करता है कि किसी परिस्थिति में किस प्रकार की प्रतिक्रिया देनी है। हम एक-दूसरे से सामूहिक और व्यक्तिगत क्रियाओं के माध्यम से जुड़े हुए हैं या दूसरे शब्दों में किसी व्यक्ति के आसपास के लोग उस व्यक्ति के व्यवहार के संभाव्य लाभार्थी होते हैं। समस्त मानव जाति एक-दूसरे से इस प्रकार जुड़ी हुई है, जैसे 'वचनग्रहीता (Promises) वचनकर्ता (Promiser) से, उधार लेने वाला उधार देने वाले से, बच्चा अपने माता-पिता से, मित्र अपने मित्र से, देशवासी अपने देशवासी से और इसी प्रकार अन्य।'

उपरोक्त संबंधों में से प्रत्येक संबंध प्रथम दृष्टया (Prima Facie) कर्तव्य के लिए आधार का निर्माण करते हैं। यह वह कर्तव्य है, जो किसी परिस्थिति में सबसे पहले दृष्टिगोचर होता है। इसके उपरांत नैतिक निर्णयन प्रक्रिया में सभी प्रासंगिक प्रथम दृष्टया कर्तव्यों की तुलना और फिर आपस में उनकी तुलना की जाती है, ताकि यह ज्ञात किया जा सके कि कौन-सा कर्तव्य अन्य कर्तव्य की अपेक्षा वर्तमान परिस्थिति में अधिक महत्त्वपूर्ण है। प्रथम दृष्टया कर्तव्य वास्तविक कर्तव्य से भटकाने का प्रयास करता है। वह अन्य कर्तव्यों पर प्राथमिकता देने के लिए भ्रमित करता है। प्रथम दृष्टया कर्तव्य वास्तव में कोई कर्तव्य होता ही नहीं है, बल्कि यह वास्तविक कर्तव्य से इस तरह जुड़ा होता है कि यह स्वयं को ऐसे प्रस्तुत कर पाता है कि बिना किसी विलंब के इसे पूरा किया जाना सर्वाधिक महत्त्वपूर्ण है और अन्य कर्तव्य इससे कम महत्त्व के हैं। प्रथम दृष्टया कर्तव्य भ्रामक प्रकृति होते हैं और नैतिक रूप से तत्काल किए जाने का लबादा ओढ़कर रखते हैं। यह भ्रम सावधानीपूर्वक चिंतन करने से समाप्त हो जाता है।

दूसरी ओर, वास्तविक कर्तव्य को चिह्नित करने के लिए सुविचारित राय तक पहुंचना होता है। यह राय परिस्थिति के सावधानीपूर्वक परीक्षण, सामान्य ज्ञान और भूतकाल की घटनाओं के आधार पर किया जा सकता है। एक बार कोई व्यक्ति अपने कर्तव्यों की पहचान करना सीख जाए, तो नैतिक दुविधा होने की संभावनाएं काफी सीमा तक कम हो जाती हैं।

जैसा कि हम जानते हैं लोक सेवाएं गतिक प्रकृति की होती हैं। एक सिविल सेवक स्वयं को ऐसी परिस्थितियों में फंसा पाता है, जहां उसके पास एक से अधिक विकल्प हो जाते हैं। यदि वह किसी शुद्ध प्रशासनिक प्रक्रिया का समानुभूति और भावनात्मक बुद्धिमत्ता के बिना अनुसरण करता है, तो अंतिम परिणाम प्राप्त नहीं होगा, और दूसरी ओर अपने अंतःकरण की आवाज का अनुसरण करता है, तो कार्यालयीन मार्गदर्शी नियमों की अवहेलना होती है। सामान्यतः नैतिक दुविधा वहां प्रकट हो जाती है, जहां स्पष्ट मार्गदर्शी नियमों का पूर्ण अभाव होता है, और अत्यधिक

मात्रा में स्वविवेक शक्तियां चित्र में आती है। दुविधा कुछ भी नहीं है, बल्कि किसी समस्या के एक से अधिक विवश कर देने वाले उत्तर हैं, जो दैनिक प्रशासनिक गतिविधियों में आते रहते हैं। दुविधा से छुटकारा प्राप्त करने का सबसे बेहतर उपाय नियमों, अपनी कार्यालयीन प्रक्रियाओं, सीमाओं और अधिकारों का ज्ञान रखना है। किसी भी सिविल सेवक को ऐसे मुद्दे हाथ में नहीं लेने चाहिए, जो उसके क्षेत्राधिकार के बाहर के हों।

दुविधा उत्पन्न होने का कारण आदेशों की बहुश्रृंखला (Multipal Chains of Command) भी है, यदि बहुत सारे आदेशों के मध्य संगतता नहीं है, तो भी वे विरोधाभास की स्थिति उत्पन्न करेंगे। जितने अधिक निर्देश प्राप्त होते हैं उतनी ही अधिक दुविधा होने की स्थिति उत्पन्न होती है। कुछ सिविल सेवक नवाचार के नाम पर स्वयं का एजेंडा चलाने का कार्य करने लगते हैं। कई बार ऐसा करने से सरकार के कार्यक्रमों की उपेक्षा होने लगती है। ऐसे सिविल सेवक अपने एजेंडे के लिए इतने अधिक भावुक हो जाते हैं कि संपूर्ण सरकारी मानव बल को इसे पूरा करने में ही झोंक देते हैं। सिविल सेवकों को अपनी पहचान बनाने के लिए प्रशासनिक मशीनरी का दुरुपयोग नहीं करना चाहिए। उन्हें सुनियोजित और सुविचारित सरकारी कार्यक्रमों पर ही फोकस करना चाहिए, जिन्हें सरकार से वैधानिक स्वीकृति प्राप्त है।

निजी संस्थानों में नैतिक दुविधा (Ethical Dilemma in Private Institutions)

वर्तमान समय में निजी क्षेत्रक जनता को सेवाएं और वस्तुएं प्रदान करने में सरकार के समानांतर कार्य कर रहे हैं। निजी क्षेत्रक अधिकांशतः एडम स्मिथ के "मुक्त बाजार की क्रिया" (Free Market Mechanism) के दर्शन पर आधारित होते हैं, जो पूंजीवाद की वकालत करता है और इसे अर्थव्यवस्था की सबसे बेहतर पद्धति की संज्ञा देता है। परंतु सरकार की कुछ नागरिक जिम्मेदारियां भी होती हैं जो समाजवाद के दर्शन पर आधारित होती हैं। सरकार जनता की आवश्यकताओं को पूरा करने में असमर्थ होती है, क्योंकि ये आवश्यकताएं विविध प्रकृति की होती हैं, साथ ही इनकी मांग भी बड़ी मात्रा में होती है। इसलिए सरकार निजी संगठनों से सेवाएं लेती है और समुदाय की आवश्यकताओं को पूरा करती है। ये निजी संगठन मुनाफे पर आधारित होते हैं और इनके ऊपर जनता को सेवा प्रदान करने की कोई संवैधानिक या कानूनी बाध्यता नहीं होती। परंतु ये नैतिकता की सीमा में निम्नलिखित कारणों से आते हैं–

1. ये संस्थान अपनी गतिविधियां जनता के धन की सहायता से ही चलाते हैं।
2. पब्लिक लिमिटेड कंपनियां लोक धन का प्रयोग करने के लिए आरंभिक पब्लिक ऑफरिंग (IPO) और अन्य ऋण उपकरणों (IDR, GDR आदि) की सहायता लेती हैं।
3. मुक्त बाजार व्यवस्था मांग और आपूर्ति पर आधारित होती है। मांग एकाकी रूप से जनता द्वारा ही सृजित की जाती है और इसके बदले में होने वाली आपूर्ति भी लोक व्यवहार द्वारा सुनिश्चित होती है।
4. देश के संसाधन समुदाय की संपत्ति है और उस क्षेत्र में निवास करने वाले लोग ही वहां उपस्थित संसाधनों के वास्तविक स्वामी होते हैं। इन संसाधनों का प्रयोग निजी संगठनों द्वारा उत्पादन प्रक्रिया में किया जाता है। अतः निजी क्षेत्रक लोगों के पूर्णतः ऋणी होते हैं। इस प्रकार निजी क्षेत्रक समुदाय के प्रति नैतिक रूप से जवाबदेह हो जाते हैं। नैतिक सरोकार यहां सरकारी क्षेत्रकों के समान ही उभरकर आते हैं। लोगों की संतुष्टि को विचार में लेना अति आवश्यक है, फिर चाहे वे निजी क्षेत्रक के सीधे ग्राहक हों या परोक्ष ग्राहक। उनकी शिकायतों के निवारण के लिए एक सुदृढ़ ग्राहक सहायता सेवा (Customer Care Service) होना अनिवार्य है। इन संस्थानों द्वारा प्रयोग में लाए जाने वाले लोक धन की संपरीक्षा तथा व्यापार गतिविधियों का पर्यवेक्षण आवश्यक है। निजी कंपनियों का आचरण कानूनों, नियमों और नियंत्रणों के आलोक में जांचा जाना चाहिए। यह दर्शन ही कॉर्पोरेट शासन (Corporate Governance) की अवधारणा को जन्म देता है।

सामाजिक विज्ञान के विद्वानों द्वारा लंबे समय से यह विचार दिया जाता रहा है कि बाजार के गतिकों (Market Dynamics) और सरकारों पर आस्था सफल शासन व्यवस्था के लिए अनिवार्य है। हाल के कई सर्वेक्षणों में तत्कालीन आर्थिक स्थितियों और कॉर्पोरेट एवं राजनीतिक गिरावटों का कारण सरकार पर जनता की आस्था में कमी को बताया गया है। जेफरी सेश (Jeffrey Sachs) ने 2011 में अपनी पुस्तक *द प्रिंस ऑफ सिविलाइजेशन : रीअवेकनिंग अमेरिकन वर्च्यु एंड प्रोस्पेरिटी* (The Prince of Civilization:Reawakening American Virtue and Prosperity) में सामाजिक जिम्मेदारी में कमी और नैतिकता के महिमामंडन की पोल खोल दी। जैसा कि पिछले दशकों में एक परंपरा सी निर्मित हो गई थी। वर्तमान राजनीतिक और आर्थिक विलंब का कारण नैतिकता को सभी प्रकार की गतिविधियों से दूर रखने की अनिच्छा को माना जा सकता है। सेश जैसे विद्वानों के अनुसार, वर्तमान आर्थिक, राजनीतिक और वैश्विक समस्याओं का हल शासन व्यवस्था तथा लोक प्रशासन पर आस्था के बिना संभव नहीं है। परंतु इसकी भी कुछ सीमाएं हैं और निजी क्षेत्रकों में नैतिकता का समावेश तथा उनकी गतिविधियों में नवाचार की परंपरा को लाए बिना यह संभव नहीं है। ऐसे अनेक कारण हैं, जिन्होंने सरकार पर आस्था और निजी क्षेत्रक के नीतिशास्त्र के बीच विरोधाभासी सहचर (Contradictory Symbiosis) के बारे में सोचने पर मजबूर किया है।

केमिला स्टीवर्स ने अपनी पुस्तक *जेंडर इमेजेज इन पब्लिक एडमिनिस्ट्रेशन : लिजिटिमेसी एंड द एडमिनिस्ट्रेटिव स्टेट* (Gender Images in Public Administration: Legitimacy and The Administrative State) में यह विचार रखा है कि लोक प्रशासन द्वारा अपने वैज्ञानिक अस्तित्व को बनाए रखने के लंबे इतिहास में लोक और निजी जीवनों के मध्य द्वैतवाद को जन्म दिया गया है। यह द्वैतवाद निजी जीवन की सीमा का निर्धारण करता है और नैतिकता को लोक जीवन तक ही सीमित रखता है। इसी प्रकार ड्वाइट वाल्डो ने 1952 में प्रकाशित *डेवलपमेंट ऑफ थ्योरी ऑफ डेमोक्रेटिक एडमिनिस्ट्रेशन* (Development of Theory of Democratic Administration), जो एक अमेरिकन पॉलिटिकल साइंस रिव्यू था, में इस बात पर बल दिया कि नई शासन व्यवस्था ने ऐसे तंत्र को जन्म दिया है, जो बढ़ती हुई मांग और निजी क्षेत्रकों के दबाव के फलस्वरूप उत्पन्न संभव समस्याओं को भेदभाव रहित तथा हस्तक्षेप पर आधारित नियंत्रणकारी प्रक्रिया द्वारा हल करने में सक्षम है। 1970 के दशक के व्यवस्थागत झटकों और स्वतंत्र बाजार (Laissez-Faire) के चहुंओर प्रभाव में वैश्विक मंदी की स्थिति से निपटने में सरकारों की असमर्थता ने निजी क्षेत्रकों में नैतिकता का समावेश करने के लिए बाध्य किया।

लोक जीवन में वैश्वीकरण और बाजार आधारित मूल्यों में बढ़ोतरी तथा लोक स्थानों पर नैतिकता पर हमलों के कारण सामाजिक जिम्मेदारियों में कमी आई है। निजी स्वतंत्रता की खोज ने कर्तव्य और समुदाय प्रथम (Community First) जैसे विचारों की अनदेखी की है। स्ववाद तथा भौतिकवाद ने परस्पर सहयोग के विचारों को नष्ट कर दिया है। इस खतरे की पहचान हाल में नहीं की गई है, बल्कि पूर्व में भी समय-समय पर अनेक विद्वानों ने इसे उजागर किया था। विलहेल्म रोपके (Wilhelm Ropke) ने अपनी पुस्तक *ए ह्यूमन इकोनॉमी* (A Human Economy) में 1960 में नैतिक मूल्यों के मजबूत रोधन (Strong Insulation of Moral Values) की आवश्यकता को स्वतंत्र बाजार के कुप्रभावों से निपटने के लिए आवश्यक बताया था।

अंततः, बाजार आधारित विचार तथा नैतिकता और सामाजिक कर्तव्य की कल्पना एक तरह की दुविधा को जन्म देती है। मुक्त बाजार के विचार में परिभाषित मूल्य सरकार द्वारा परिभाषित सामाजिक जिम्मेदारी तथा नैतिकता से तालमेल नहीं रख पाते है। हम इसका एक कारण यह दे सकते हैं कि नैतिकता तथा सामाजिक जिम्मेदारी मुक्त बाजार प्रक्रिया में दीर्घकालीन निवेश की मांग करती है तथा मनुष्य इतनी लंबी अवधि के लिए धैर्य रखने के लिए तैयार नहीं है।

अंत में, हम इस बात से इनकार नहीं कर सकते कि नागरिकों का सरकार के सामर्थ्य पर से विश्वास उठ चुका है। बाजार के आकार वाली मूल्य आधारित शासन व्यवस्था, योग्यता तथा विश्वसनीयता पर बाह्य तथा आंतरिक आघात,

तथा नैतिकता और सामाजिक दायित्वों के निजी जीवन तक सीमित रहने जैसी घटनाओं ने सरकार तथा समाज में नैतिकता को उत्पन्न करने के सामर्थ्य को कम किया है।

इसलिए किसी नैतिक पुनर्जागरण या नैतिक बदलाव के विकास में निजी क्षेत्रकों में प्रेरणा की भावना की अहम् भूमिका होती है। नागरिकों की आस्था की पुनर्प्राप्ति कठिन है क्योंकि शासन "अत्यधिक निजी" (Too Private) हो चुका है। तथा निजी "अत्यधिक स्वकेंद्रित" (Too Ego-centric) हो चुका है। माइकल सैंडल ने 2009 में *जस्टिस : व्हाट इज द राइट थिंग टु डू* (Justice: What's the Right Thing To Do) में यह सुझाव दिया था कि यदि कोई व्यक्ति नैतिकता को इसलिए चुनता है, क्योंकि यह व्यापार के लिए लाभप्रद रहेगा तो वह या तो नैतिकता को गलत अर्थों में लेता है या वह नैतिक होने का इरादा नहीं रखता। किसी उद्देश्य की प्राप्ति के लिए नैतिक होना नैतिकता कदापि नहीं है। नैतिकता को फायदे के लिए उपयोग करना खतरनाक है। कॉर्पोरेट नैतिकता कार्ययोजना (Corporate Ethical Frameworks) जैसे संयुक्त राष्ट्र ग्लोबल कॉम्पेक्ट (United Nations Global Compact) तथा कॉक्स प्रिंसिपल्स (Caux Principles) एक उपयुक्त आधार प्रदान करते हैं परंतु यह पर्याप्त नहीं है।

निजी संस्थानों में नैतिक दुविधा सरकार में नैतिक दुविधा से थोड़ा हटकर होती है। यहां महत्त्वपूर्ण नैतिक सरोकार नैतिकता से अधिक संबंधित है न कि नियमों और विनियमों के पालन करने से। निजीकरण, वैश्वीकरण तथा उदारवाद के वर्तमान युग में निजी संस्थाएं विकासात्मक गतिविधियों के महत्त्वपूर्ण भाग हैं। ये संस्थाएं वस्तुओं तथा सेवाओं की आपूर्ति करने में महती भूमिका का निर्वहन करती हैं। अत: इन संस्थाओं द्वारा नैतिक निर्देशों का पालन करना अनिवार्य है तभी उपभोक्ताओं के सुख में वृद्धि संभव है। इन संस्थाओं के सम्मुख नैतिक दुविधाओं का उत्पन्न होना उचित है जैसा कि हमने सरकारी संस्थाओं के परिप्रेक्ष्य में देखा है। परंतु यहां स्थितियां इतनी जटिल तथा बहुआयामी प्रकृति की नहीं होती हैं। अधिकांशत: ये स्थितियां नैतिक दर्शनशास्त्र के परिणामवाद से संबंधित होती हैं। निजी संस्थाएं लाभ पर आधारित होती हैं तथा इनका उद्देश्य उपभोक्ताओं की संख्या बढ़ाना तथा बिक्री में वृद्धि लाने के लिए ग्राहकों की संतुष्टि के स्तर को बढ़ाना होता है। वस्तुएं तथा सेवाएं इन संस्थाओं के स्वयं के स्वामित्व के अधीन होती हैं। सरकारें इन संस्थाओं द्वारा अतार्किक ढंग से मूल्य बढ़ाने जैसे व्यवहार को नियंत्रित करने का प्रयास करती हैं। साथ ही सरकार मुक्त बाजार की क्रियाओं, आपूर्ति को रोककर रखने तथा व्यापार एकाधिकार जैसी गतिविधियों पर भी हस्तक्षेप करती हैं। निजी संस्थाएं सरकारी प्राधिकरणों को प्रभाव में लेने जैसी गतिविधियों में भी लिप्त होती हैं, ताकि वे इनका अनुचित लाभ लेकर अपने लाभ में वृद्धि कर सकें। यद्यपि सरकार ने पर्याप्त नियमों तथा कानूनों के माध्यम से, जैसे– अनिवार्य वस्तु अधिनियम (Essential Commidities Act), भारतीय प्रतिस्पर्धा आयोग (Competition Commission of India), कंपनी अधिनियम तथा विभिन्न नियंत्रणकारी संस्थाओं, जैसे– सेबी (SEBI), भारतीय रिजर्व बैंक (RBI), इरडा (IRDA) आदि की स्थापना करके मिलीभगत आधारित पूंजीवाद (Crony Capitalism) को नियंत्रित करने का प्रयास किया है।

यहां चर्चा का विषय निजी संस्थानों के लिए नियम और कानून का निर्धारण करना नहीं है, बल्कि उन स्थितियों का अन्वेषण करना है, जो इन निजी संस्थाओं तथा इनके अधिकारियों के सम्मुख दुविधा का कारण बनती हैं। हम उदाहरण के माध्यम से इसे समझने का प्रयास करते हैं। मान लीजिए किसी निजी विद्यालय का एक प्रतिभावान छात्र एक दुर्घटना में अपने माता-पिता को खो देता है तथा अब वह अपनी पढ़ाई को उस विद्यालय की भारी-भरकम शुल्क न दे पाने के कारण जारी रखने में असमर्थ हो जाता है। उस विद्यालय का प्रधानाचार्य छात्र की सहायता करना चाहता है। क्या प्रधानाचार्य को छात्र की संपूर्ण पढ़ाई का खर्चा माफ कर देना चाहिए? एक और वह अपने संगठन की वित्तीय जवाबदारी धारण करता है तो दूसरी ओर नैतिकता अनाथ छात्र की सहायता के लिए विवश करती है। एक और अन्य उदाहरण हो सकता है कि आप एक दवा बनाने वाली कंपनी के मालिक हैं और आपको ज्ञात होता है कि आपकी कंपनी एक ऐसी दवा बनाने में सक्षम है, जो एक जनजातीय समुदाय में फैली मृत्युदायक बीमारी (Deadly

Disease) के इलाज में कारगर सिद्ध हो सकती है। परंतु दवा का उत्पादन करना लाभदायक नहीं है, क्योंकि इसकी मांग अत्यधिक कम मात्रा में है तथा जनजातीय समुदाय इसकी कीमत चुकाने की क्रय शक्ति नहीं रखता। दूसरी ओर, आप इस पैसे से किसी अन्य रोग जो कि खतरनाक नहीं है, की दवा का इलाज करने के अनुसंधान में खर्च कर सकते हैं, जिसकी बाजार में अत्यधिक मांग होगी और कंपनी को बहुत अधिक लाभ होगा। अधिकांश समय दुविधा का दूसरा पक्ष लाभ, हानि तथा संगठन के अस्तित्व से संबंधित होता है।

अभ्यास प्रश्न

1. लोक सेवकों पर भारी नैतिक उत्तरदायित्व होता है, क्योंकि वे सत्ता के पदों पर आसीन होते हैं, लोक निधियों की विशाल राशियों पर कार्रवाई करते हैं और उनके निर्णयों का समाज और पर्यावरण पर व्यापक प्रभाव पड़ता है। ऐसे उत्तरदायित्व को निभाने के लिए, अपनी नैतिक सक्षमता पुष्ट करने हेतु आपने क्या कदम उठाए हैं? (UPSC 2014)
2. लोक सेवकों की अपने कार्य के प्रति प्रदर्शित दो अलग-अलग प्रकारों की अभिवृत्तियों की पहचान अधिकारीतंत्रीय अभिवृत्ति और लोकतांत्रिक अभिवृत्ति के रूप में की गई है। (UPSC 2015)
   (a) इन दो पदों के बीच विभेदन कीजिए और उनके गुणों-अवगुणों को बताइए।
   (b) अपने देश के तेजी से विकास की दृष्टि से बेहतर प्रशासन के निर्माण के लिए क्या दोनों में संतुलन स्थापित करना संभव है?
3. लोक प्रशासन में नैतिक दुविधाओं का समाधान करने के प्रक्रम को स्पष्ट कीजिए। (UPSC 2018)
4. संवैधानिक नैतिकता से आप क्या समझते है? संवैधानिक नैतिकता का अनुरक्षण कोई किस प्रकार करता है? (UPSC 2019)
5. अधिकांश समय लोक प्रशासन में दिखाई देने वाली नैतिक दुविधा कोई दुविधा नहीं होती। उदाहरणों के माध्यम से आलोचनात्क मूल्यांकन कीजिए।

अध्याय 12

नैतिक मार्गदर्शन के स्रोत

Source of Ethical Guidance

प्रस्तावना (Introduction)

नैतिकता के संबंध में जो आधारभूत सिद्धांत हैं, उनको लेकर नैतिक दार्शनिकों में पर्याप्त मतभिन्नता देखी जा सकती है, जबकि इन सिद्धांतों के आधार पर प्राप्त होने वाले परिणाम लगभग सभी द्वारा स्वीकार किए जाते हैं।

आम लोगों के लिए नैतिकता के स्रोत धर्मशास्त्र हैं, जो ईश्वर की इच्छा के रूप में लोगों द्वारा स्वीकार किए जाते हैं। नैतिक दर्शनशास्त्री नैतिकता को आम लोगों की दृष्टि से नहीं देखते और इस प्रकार के नैतिकता के स्रोतों की अनदेखी करते हैं। निश्चित रूप से यह कहा जा सकता है नैतिकता के स्रोत के रूप में ईश्वर को स्वीकार करना बहुत आसान होता है, क्योंकि ईश्वर का भय नैतिक आचरण को सुनिश्चित करने में सहायक होता है। इस प्रकार का विचार बहुत सरल है, परंतु क्या वास्तव में इसके आधार पर नैतिकता सुनिश्चित होती है। हम देख सकते हैं पारितोषिक (Rewards) और दंड (Punishments) नैतिक आचरण सुनिश्चित करने में वास्तविक रूप में कारगर सिद्ध हुए हैं न कि धार्मिकता। नैतिकता के स्रोत के रूप में धर्म को स्थापित करना भी एक प्रकार की तार्किक कठिनाई प्रस्तुत करता है। एक ओर यह माना जाता है कि नैतिकता का स्रोत धर्मशास्त्र हैं, जबकि दूसरी और नैतिकता को धर्मशास्त्र का आधार मानने से भी नकारा नहीं जा सकता। इस प्रकार नैतिकता और धर्मशास्त्र के बीच चक्रक दोष (Circular Fallacy) उत्पन्न होता दिखाई देता है। प्रत्येक काल में समाज की आवश्यकता के अनुसार शुभ प्रकार की नैतिकताओं का आगमन होता रहा है, परंतु इसकी व्युत्पत्ति के पीछे के तर्क की व्याख्या सर्वदा अधूरी रही है। दूसरे शब्दों में, नैतिकता की उत्पत्ति का वस्तुनिष्ठ स्रोत क्या है, जिससे नैतिक वाक्यों का उद्‌गम होता है अज्ञात रहा है अथवा विवादास्पद रहा है।

प्राचीन समय में नैतिकता का आधार सर्वोच्च शुभ का सिद्धांत (Doctrine of Eudaimonism) रहा और आधुनिक काल में अधिकतर इसे मुक्ति के सिद्धांत (Doctrine of Salvation) के रूप में देखा गया। सर्वोच्च शुभ की अवधारणा के अनुसार, सद्‌गुण (Virtuc) और सुख (Happiness) समरूप हैं। परंतु इस अवधारणा में सबसे बड़ी कठिनाई सद्‌गुण और सुख को एक साथ रखना और इनका सहजीवी होना था। मुक्ति के सिद्धांत ने सद्‌गुण और सुख को सहजीवी बनाने का प्रयास किया तथा यह घोषित किया कि सुख की उत्पत्ति सद्‌गुणों से होती है। प्राचीन नैतिक विचारकों में प्लेटो एकमात्र अपवाद के रूप में दिखाई देते हैं। प्लेटो सर्वोच्च शुभ (Eudaimonia) को अपने नैतिकता संबंधी विचार में स्थान नहीं देते। उनका नैतिकता संबंधी विचार वास्तव में रहस्यवादी प्रकृति का है। प्लेटो को छोड़कर लगभग सभी प्राचीन और आधुनिक नैतिक सिद्धांत सद्‌गुणों को परिणाम (End) के माध्यम (Wans) के रूप में स्थापित करते हैं। यदि कांट की नैतिक अवधारणा की भी कठोर छानबीन की जाए, तो कांट भी सर्वोच्च शुभ को नैतिकता से पूर्णतः बाहर करने में असफल दिखाई पड़ते हैं।

कांट का मानना है कि नैतिक कानून शुद्धतम रूप में अस्तित्व में होते हैं। कांट का यह विचार उनके संपूर्ण नैतिक अध्ययन का आधार है। कांट कानून शब्द की परिभाषा नागरिकों के बीच कानून के संदर्भ में देते हैं। कानून मानवीय स्वेच्छा (Human Volition) पर आधारित होता है और एक मानवीय संस्था के रूप में अस्तित्व में रहता है।

कानून, नियम और विनियम नैतिक मार्गदर्शन के स्रोत के रूप में

(Laws, Rules and Regulations as Source of Ethical Guidance)

हम यह देख चुके हैं कि नैतिक दुविधा की स्थिति में चाहे वह सरकारी संगठन से संबंधित हो या निजी संगठन से, व्यक्ति को कार्य करने के सही तरीके का स्पष्ट ज्ञान होना चाहिए। यह तरीका व्यक्ति की सूझबूझ और तार्किक शक्ति पर आधारित होता है। यहां सूझबूझ (Wisdom) से अभिप्राय संज्ञानात्मक शक्ति से है, जो व्यक्ति द्वारा कार्य करने के तरीके की वैज्ञानिकता को परिभाषित करने वाले उपलब्ध नियमों और विनियमों के ज्ञान से संबंधित होती है। कई बार व्यक्ति नियमों की अज्ञानता का शिकार होता है, ऐसी स्थिति में उसे धैर्य से काम करना चाहिए। उसे विषय के संबंध में अन्य लोगों से चर्चा करनी चाहिए और उचित नियमों तथा विनियमों का ज्ञान प्राप्त करके ही आगे की क्रिया करनी चाहिए। अब प्रश्न यह उठता है कि उन नियमों के पालन का आधार क्या है, जो तार्किकता से विरोधाभास रखते हैं? नियम और कानून सुविचारित होते हैं तथा लंबी कालावधि में आकार ग्रहण करते हैं। एक आम इनसान की ज्ञानात्मक योग्यता समाज या विधायिका के सामूहिक विचार के परे नहीं जा सकती। उसका ज्ञान सदैव अपूर्ण या आंशिक होगा। अत: यह सदैव बेहतर है कि पूर्व निर्धारित नियमों के अनुसार ही आचरण किया जाए। यदि परिणाम बुरे उत्पन्न होते हैं, तो नियमों का पालन व्यक्ति को ग्लानि से भी बचाता है। प्राचीन काल में कानून और नैतिकता में कोई बड़ा अंतर नहीं था। हिंदुत्व में कानून के मूलभूत स्रोत धार्मिक ग्रंथ, जैसे– *वेद* और *मनुस्मृति* थे। तत्पश्चात् मीमांसा दर्शन में कुछ उत्तरदायित्वों को लिखा गया। इसी प्रकार पश्चिम में ग्रीक लोगों ने "प्राकृतिक अधिकार" का सिद्धांत विकसित किया और रोमन लोगों ने "प्राकृतिक कानून" के नाम पर कानून की नींव रखी। ईसाई धर्मशास्त्र प्राकृतिक कानून के विचार का आधार था, जैसा कि हमने पिछले अध्याय में देखा है। पुनर्जागरण के बाद यूरोप में चर्च के प्रभाव की समाप्ति हुई और कानून एवं नैतिकता को भिन्न विचारों के रूप में देखा जाने लगा तथा यह माना जाने लगा कि कानून राज्य से निकलकर आते हैं न कि नैतिकता से, वहीं दूसरी ओर नैतिकता धर्म या अंत:करण (Conscience) से निकलकर आती है। प्राकृतिक कानून के सिद्धांत के आगमन के साथ ही 17वीं और 18वीं शताब्दी में पुन: कानून को नैतिकता के साथ जोड़कर देखा जाने लगा। आगे 19वीं शताब्दी में ऑस्टिन ने यह प्रतिपादित किया कि कानून का नैतिकता से कोई संबंध नहीं है। उनके अनुसार, कानून संप्रभु का आदेश होता है और नैतिक विषय विधिशास्त्र के अध्ययन के विषय नहीं है। ऑस्टिन का कानून का विचार राज्य की बलात् संप्रभु (Coercive Sovereign) इच्छा के विचार पर आधारित था, जिसने कानूनी सुधारों की प्रक्रिया में पूरी तरह प्रतिबंध लगा दिया। इस प्रकार की स्थिति ने फ्रांस और जर्मनी के कानूनी विद्वानों को विधायी दर्शनशास्त्र की ओर उन्मुख किया, ताकि एक विषय के रूप में कानून में स्थिरता अथवा ठहराव से उबरा जा सके। इसका परिणाम नैतिक या विधिशास्त्र की दार्शनिक शाखा के विकास के रूप में देखा गया।

नीतिशास्त्र सही और गलत के बीच विभेद के अंतर से संबंधित होता है। दूसरी ओर, कानून सामाजिक व्यवस्था पर प्रतिबंध लगाकर और न्याय को बनाए रखकर नियंत्रण में रखने का प्रयास करता है। उस समय तक कानून पुरानी सामाजिक परिपाटियों और पद्धतियों से संबंधित नहीं रह गया था, बल्कि इसने नैतिक सिद्धांत (Ought To) पर आधारित स्वतंत्र विषय का रूप ग्रहण कर लिया था। नैतिक विधि शास्त्र (Ethical Jurisprudence) की मूल विशेषता दार्शनिक या नैतिक परीक्षण पर आधारित न्याय की अवधारणा है तथा कानून और न्याय अंतर्संबंधित हैं। कानून न्याय के परिणामों को प्राप्त करने का माध्यम है।

ह्यूगो ग्रोटियस, कांट, फिच, हीगल और कोहलर नैतिक विधिशास्त्र के महत्त्वपूर्ण प्रचारक थे। ग्रोटियस के अनुसार, प्राकृतिक कानून मनुष्य की सामाजिक प्रकृति से निकलकर आता है और प्राकृतिक कानून तथा नैतिकता सही होने (Righteousness) के विचार पर आधारित हैं। मानवीय आचरण से संबंधित नियमों का उद्‌गम सटीक तार्किकता से होता है यही कारण है कि समाज उन्हें स्वीकार करता है। ये नियम इसलिए अस्तित्व में बने रहते हैं, क्योंकि इन्हें समुदाय की स्वीकार्यता प्राप्त होती है न कि इसलिए क्योंकि इन्हें राज्य की स्वीकार्यता प्राप्त है। कांट कहते हैं कि नैतिकता और कानून समान नहीं हैं, क्योंकि नैतिकता मनुष्य की आंतरिक प्रवृत्ति होती है, जबकि कानून मनुष्य के उन कर्मों से संबंधित हैं, जो उससे जबरदस्ती करवाए जाते हैं। नैतिकता आंतरिक जीवन को संचालित करती है, जबकि कानून मनुष्य के बाह्य जीवन को संचालित करता है। कांट के अनुसार, 'कानून उन सभी स्थितियों का महायोग है, जिनके अंतर्गत मनुष्य के व्यक्तिगत मूल्यों को दूसरे मनुष्य की व्यक्तिगत इच्छाओं के साथ स्वतंत्रता के सामान्य कानून के अनुसार सुलह की स्थिति में लाया जाता है।'

कांट का सुस्पष्ट आदेशात्मक का सिद्धांत (Doctrine of Categorical Imperative) यह स्पष्ट करता है कि नैतिक कानून सार्वभौमिक प्रकृति के होते हैं और सबसे ऊपर होते हैं। उनकी प्रसिद्ध उक्ति "कर्तव्य मात्र के लिए कर्तव्य" के अनुसार, कर्तव्य सदैव कर्तव्य होते हैं और बाध्यकारी होते हैं। वे इस निष्कर्ष पर पहुंचते हैं कि कानून को इस प्रकार परिभाषित किया जा सकता है– 'कानून उन सभी स्थितियों का समुच्चय है, जिसके अंतर्गत एक व्यक्ति की स्वेच्छा को दूसरे व्यक्ति की स्वेच्छा के साथ संयुक्त किया जा सकता है।' इस प्रकार कांट के कानून का विचार कानून को किसी भी परिस्थिति में अनुकरणीय मानता है और ऐसा करना नैतिक दायित्व मानता है। नैतिक न्याय वाक्य या कानून प्रागनुभाविक (Apriori) वाक्य होते हैं और वे "क्या" (What) से संबंधित नहीं होते, बल्कि "चाहिए" (Ought) से संबंधित होते हैं।

फिच अपना कानून संबंधी सिद्धांत एक तार्किक मनुष्य के अंत:करण (Conscience) के आधार पर देते हैं। वे कहते हैं कि यह प्रत्येक व्यक्ति का नैतिक दायित्व है कि वह अन्य व्यक्तियों की स्वतंत्रता का सम्मान करे। उनके अनुसार, राज्य द्वारा केवल उन अधिकारों का संरक्षण किया जाना चाहिए, जो व्यक्तिगत अस्तित्व के लिए आवश्यक हों। उनके अनुसार, कोई व्यक्ति किसी राज्य का सदस्य अपने नागरिक कर्तव्यों को पूरा करके ही बनता है। प्रोफेसर हर्बर्ट लियोने एडोल्फस हार्ट (1907) विधि तंत्र की व्याख्या प्राथमिक और द्वितीयक नियमों के संघ के रूप में करते हैं। वे ऐसे अनेक स्थानों को इंगित करते हैं, जहां नैतिकता और कानून सह-अस्तित्व में होते हैं।

आर्नड्ट (Arndt) के अनुसार, कानून और नैतिकता में विभेद होता है–

1. कानून मानव को एक व्यक्ति मानता है जो अपने संकल्प स्वातंत्र्य के अनुसार कार्य करता है, जबकि नैतिकता शुभ की प्राप्ति के उद्‌देश्य से कार्य करने से संबंधित होती है।
2. कानून में मनुष्य को तब तक ही विचार में लिया जाता है, जब तक वह समुदाय में रहता है, जबकि नैतिकता मनुष्य को तब भी कार्य करने के लिए निर्देशित करती है जबकि वह अकेला हो।
3. कानून आचरण से संबंधित है, जबकि नैतिकता आंतरिक इच्छाशक्ति और उद्‌देश्यों से संबंधित है।
4. कानून बाह्य दबाव द्वारा आचरण को नियंत्रित करता है, जबकि नैतिकता शुभ प्राप्ति की ओर मुक्त इच्छाशक्ति से संबंधित होती है।

पैटन (Paton) के अनुसार, नैतिकता या नीतिशास्त्र सर्वोच्च शुभ के अध्ययन से संबंधित होता है। कानून यह बताता है कि उस देशकाल में क्या सुविधाजनक है। नीतिशास्त्र व्यक्ति पर बल देता है न कि समुदाय पर, कानून एक व्यक्ति का दूसरे व्यक्तियों के साथ संबंध से संबंधित होता है न कि उसके चरित्र की व्यक्तिगत सर्वोच्चता से। नीतिशास्त्र उद्‌देश्य को महत्त्व देता है, जबकि कानून उद्‌देश्य की अधिक परवाह नहीं करता। यह कहना अत्यंत संकीर्ण होगा कि नैतिकता केवल व्यक्ति से संबंधित होती है और उसके आंतरिक चरित्र पर विचार करती है तथा कानून बाह्य

आचरण से संबंधित होता है। इसके अलावा, नैतिक दायित्व को समुदाय के अन्य व्यक्तियों के प्रति दायित्व के बिना नहीं देखा जा सकता।

मैकेंजी उपरोक्त बिंदुओं का संश्लेषण करते हैं और यह व्याख्या करते हैं कि किस प्रकार कानून नैतिक मार्गदर्शन के स्रोत के रूप में कार्य करता है। वे कहते हैं कि नीतिशास्त्र मानवीय आचरण में सही या शुभ के अध्ययन से संबंधित होता है। इसका अभिप्राय है कि किसी व्यक्ति के आचरण का उद्देश्य आदर्श की प्राप्ति होना चाहिए। यह उन कानूनों, नियमों और विनियमों के संगत होता है, जिनकी सहायता से व्यक्ति को इस उद्देश्य की प्राप्ति के लिए कार्य करना चाहिए। इस सिद्धांत के अनुसार कि कोई कानून नैतिक मानक होता है, नैतिकता कानून पर आश्रित हो जाती है। कोई आचरण कानून के निर्णय के अनुसार सही या गलत माना जाता है। यदि यह विधि सम्मत है तो यह सही है और यदि यह विधि से विरोधाभास रखता है तो यह गलत है। बाह्य कानूनों (External Laws) को चार प्रकार से बांटा जाता है, समुदाय का कानून (Law of Community), समाज का कानून (Law of Society), राज्य का कानून (Law of State) और ईश्वरीय विधि (Law of God)।

नैतिकता और कानून में पर्याप्त अंतर होने के बावजूद कुछ विद्वान नैतिकता को कानून का भाग मानते हैं। यह माना जाता है कि लागू कानून केवल नियमों और नियंत्रणों का निकाय मात्र नहीं है, बल्कि यह इसके साथ ही कुछ सिद्धांतों, जैसे– शुभ का सिद्धांत, समानता का सिद्धांत, आदि को भी धारण करता है। इन सिद्धांतों को सिद्धहस्त तरीके से कानूनी प्रक्रिया से जोड़ने का प्रयास किया जाता है, परंतु किसी कानून को केवल इस आधार पर नहीं नकारा जा सकता कि इसमें नैतिकता का अवयव अनुपस्थित है। लॉर्ड डेवलिन के अनुसार, लोक नैतिकता किसी समुदाय और कानून को जोड़ने में सहायक होती है। कोई भी मानवीय आचरण यदि पतित भावना, असहिष्णुता और घृणा फैलाता है, तो कानूनी शक्तियों के माध्यम से उसे दबा देना चाहिए और ऐसा करना सामाजिक एकता के हित में होता है। लॉर्ड डेवलिन के अनुसार, 'बुराई का दमन करना कानून का उतना ही बड़ा दायित्व है, जितना कि विनाशकारी गतिविधियों का दमन करना।'

नैतिक मार्गदर्शन के स्रोत के रूप में अंतःकरण

(Conscience as the Source of Ethical Guidance)

अंतःकरण या अंतरात्मा की आवाज (Conscience) शब्द की उत्पत्ति लैटिन शब्द "Conscientia" से हुई है, जिसका अर्थ होता है "साझा ज्ञान" (Sharing Knowledge)। इस शब्द के वस्तुतः अर्थ का ज्ञान के प्रकार और किसके साथ इसे साझा किया जाना है इन विषयों से कोई संबंध नहीं है। इसके अर्थ के पीछे का विचार नैतिक ज्ञान से संबंधित है, जिसे स्वयं को स्वयं से साझा करना है। यहां "स्व" का अर्थ है कि नैतिकता का स्रोत बाहर नहीं है, बल्कि स्वयं व्यक्ति के भीतर है। इस आंतरिक स्रोत के अनेक कारण हो सकते हैं, इसके स्रोत के रूप में धार्मिक दृष्टिकोण से ईश्वर को देखा जाता है जैसा कि ईसाई धर्म में माना जाता है तथा धर्मनिरपेक्ष वातावरण में किसी व्यक्ति की सांस्कृतिक परिस्थितियों, पालन-पोषण और सिगमंड फ्रायड के चित्त के संरचनात्मक मॉडल (Structural Model of the Psyche) के अंतर्गत प्रतिपादित "Super-ego" को माना जाता है। मनोवैज्ञानिक दृष्टिकोण से अंतःकरण के अंतर्गत स्व-आकलन (Self-evaluation), स्व-निरीक्षण (Introspection) और स्वयं के व्यवहार के प्रति जागरूकता (Awareness of Ones Behaviour) की प्रतिक्रिया शामिल होती हैं। ये तीन दृष्टिकोण एक जैसे प्रतीत होते हैं, परंतु इनका मनोवैज्ञानिक अर्थ भिन्न-भिन्न है।

नैतिकता से "स्व" (Self) की पहचान के अनेक आयाम हैं, जैसे कि नैतिक ज्ञान का स्वयं के साथ साझा किया जाना, ताकि इस बात की सजगता विकसित की जा सके कि व्यक्ति की स्वयं की नैतिकता उसके व्यवहार से मेल खाती है अथवा नहीं। इसका अर्थ किसी बाह्य नैतिकता से भी लगाया जा सकता है, जो व्यक्ति की तार्किकता के

विरुद्ध हो। यहां "स्व" के व्यापक अर्थ हैं, इसे व्यक्ति की आंतरिक आत्मा के रूप में या एक काल्पनिक मूकदर्शक की तरह किसी पारलौकिक सत्ता जैसे ईश्वर के रूप में लिया जा सकता है। इसे नैतिक मानकों के ज्ञान के रूप में भी परिभाषित किया जा सकता है।

सामान्यत: किसी मुद्दे पर, जिसमें स्पष्टता का अभाव हो या अंतरात्मा द्वारा जिस पर आपत्तियां हों ऐसे मुद्दे पर अपील अंतरात्मा की आवाज या अंत:करण से की जाती है। अंत:करण हमारे द्वारा गहराई से आत्मसात किए गए नैतिक सिद्धांतों के बारे में जागरूकता की आपूर्ति करता है। हम इन सिद्धांतों से प्रेरित होकर कर्म करते हैं और अपने कर्मों की तुलना उनके सापेक्ष करते हैं। एक नैतिक विचार के रूप में अंत:करण ग्रीक परिवेश में नगर राज्यों (City States) के पतन के उपरांत अस्तित्व में आया। उस समय तक नैतिकता के स्रोत के रूप में राजनीतिक सत्ता की उपस्थिति शून्य हो चुकी थी और इन परिस्थितियों में स्वयं के अंत:करण के मार्गदर्शन में स्व-आचरण की मांग उत्पन्न होने लगी थी। हम कह सकते हैं कि समाज में बाह्य नियंत्रक के अस्तित्व का संकट होने से अंत:करण के विचार को स्व-अनुशासन के लिए आश्रय के रूप में देखा गया। भारत छोड़ो आंदोलन के दौरान गांधी जी भी इस तरह की परिस्थितियों से गुजरे थे और उन्होंने जनता से अपील की थी कि जनता अपने अंत:करण के आदेशानुसार राष्ट्रीय आंदोलन में अपनी भूमिका निभाए। औपचारिक रूप से अंत:करण शब्द का प्रयोग इंग्लैंड में 17वीं शताब्दी में प्रयोग में आना प्रारंभ हुआ। उस काल में दार्शनिक और राजनीतिक चर्चाओं में अंत:करण की स्वतंत्रता की अपील की जा रही थी। साथ ही अंत:करण को धर्म के प्रभाव से मुक्त रखने की सलाह दी गई। अंत:करण की अवधारणा किसी विशिष्ट नैतिक विश्वास से संबंधित नहीं होती, बल्कि इसका उद्देश्य अंतरात्मा की आवाज के आलोक में व्यक्ति के अपने व्यवहार का आकलन करना होता है। यह कोई मनोवैज्ञानिक या नैतिक विश्वास नहीं है, बल्कि यह अनेक प्रकार के विश्वासों का गुच्छा है, जो व्यक्तिगत विचारों से संगतता प्रदर्शित करता है। यह आत्मनिष्ठता से पीड़ित होता है, क्योंकि यह किसी विशिष्ट सिद्धांत का अनुकरण नहीं करता।

अंत:करण नैतिक रूप से तटस्थ विचार है, क्योंकि अंत:करण के सम्मुख की गई अपील का नैतिकता के आधार पर परीक्षण नहीं होता, बल्कि इसका परीक्षण आंतरिक विश्वासों और व्यक्तिगत नैतिकता के आधार पर होता है चाहे उन्हें नैतिक माना जाए या अनैतिक। कोई वस्तु अंत:करण के परीक्षण मात्र द्वारा नैतिक रूप से सही या गलत, स्वीकार्य या अस्वीकार्य नहीं होती। उदाहरण के लिए, इच्छामृत्यु को लेकर नैतिकता या अनैतिकता का निर्धारण लोगों के अंत:करण पर आधारित चेतन विरोध या चेतन समर्थन द्वारा नहीं किया जा सकता। अंतत: हम यह घोषणा कर सकते हैं कि अंत:करण नैतिकता का आत्मनिष्ठ आयाम है। यद्यपि कुछ सीमा तक ऐसे नैतिक सिद्धांत हैं, जिन्हें वस्तुनिष्ठ माना जा सकता है। अंत:करण का तात्पर्य किसी बाह्य वस्तुनिष्ठ नैतिकता के बारे में व्यक्ति की स्वतंत्र सोच मात्र से है। जब कोई व्यक्ति अपनी अंतरात्मा की आवाज को पहचान लेता है, तो वह इसे अन्य व्यक्तियों पर थोपता नहीं है और इस बात से सहमत होता है कि अन्य लोग समान मुद्दे पर अपने अलग-अलग विचार रख सकते हैं। उदाहरण के लिए, मेरा अंत:करण मुझे यह विचार प्रदान करता है कि मैं रिश्वत स्वीकार नहीं कर सकता, परंतु मैं यह नहीं कह सकता कि अन्य लोगों द्वारा भी रिश्वत नहीं ली जानी चाहिए। यह मेरा व्यक्तिगत मामला है और अंत:करण कठोरतम रूप से (Strictly) केवल व्यक्तिगत मार्गदर्शन से संबंधित अवधारणा है।

अंत:करण एक न्यायाधीश की भांति कार्य करता है न कि एक मूकदर्शक की तरह। एडम स्मिथ के अनुसार, 'अंत:करण एक दार्शनिक है, जो व्यक्ति के आचरण को परखता है। यह मूकदर्शक नहीं है, बल्कि यह व्यक्ति में स्वीकृति या अस्वीकृति की भावनाओं को जन्म देता है।' कैथोलिक विचार के अनुसार, अंत:करण हमारे हृदय में ईश्वर के कानून का साक्षी है, और जॉन पॉल II के अनुसार, 'अंत:करण मनुष्य और उसके आचरण के बारे में दोषमुक्त करने या भर्त्सना करने का नैतिक निर्णय पारित करता है।' इसी प्रकार वे अंत:करण को एक आंतरिक न्यायालय के

रूप में देखते हैं। वे इसे प्रायोगिक तर्क के रूप में परिभाषित करते हैं, जो मनुष्य को उसके समक्ष प्रत्येक मामले में जो कानून के दायरे में आता है दोषमुक्त करने या न करने के कर्तव्य को धारण करता है। यह नैतिक स्व-जागरूकता है, जो हमारे प्रायोगिक तर्क द्वारा मानकीकृत नैतिक छानबीन के अंतर्गत आचरण का परीक्षण करने की स्वीकृति देती है। एक न्यायाधीश की तरह कार्य करते हुए कभी भी दंड प्रदान नहीं करती, बल्कि यह गहरे ज्ञान के साथ मामले से संबंधित एक भावना प्रदान करती है। व्यक्ति का व्यवहार सामान्यत: कुछ निश्चित नैतिक मापदंडों का अनुसरण करता है, और ऐसे मामलों में नकारात्मक भावनाएं व्यवहार के सही न होने का ज्ञान करा देती हैं। सिगमंड फ्रायड "Super-ego" की व्याख्या करते हुए कहते हैं कि 'यह हमारे व्यक्तित्व का वह हिस्सा है, जो निषेधों, रुकावटों और नैतिक अड़चनों पर गौर करता है तथा अंत:करण का रूप धारण करके आवेगों और मूल भावनाओं पर नकारात्मक आकलित भावनाओं (Negative Evaluative Feelings) को उत्पन्न करके उसी प्रकार नियंत्रण स्थापित करता है, जिस प्रकार अहंकार और ग्लानि के विरुद्ध रोष की भावना के द्वारा करता है।' अंत:करण नैतिकता से संबंधित ईश्वरीय कानूनों, सामाजिक रीतियों और परंपराओं के ज्ञान की आपूर्ति करता है। इस प्रकार का ज्ञान न ही अनुभवात्मक होता है और न ही तार्किक, बल्कि यह मध्यस्थता आधारित ज्ञान है। ज्ञान की प्राप्ति अंत:करण को शामिल किए बिना ही भीतर से होती है। अंत:करण नए नैतिक सिद्धांत को जन्म देने में असमर्थ है। यह अंत:करण से प्राप्त भावना का परीक्षण लागू करता है और हमें नैतिक ज्ञान तक सीधा पहुंचाता है। यह शुभ या अशुभ की प्रज्ञा (Intuition) के समान है। अंत:करण किसी बाह्य या पारलौकिक सत्ता, जैसे ईश्वर आदि को नैतिक कानून की प्राप्ति की प्रक्रिया के दौरान चित्र में नहीं लाता, बल्कि यह स्वयं के अंदर झांककर देखने से संबंधित होता है। जोसेफ रेटजिंगर के अनुसार, हम शुभ या सत्य के बारे में पूर्वनिर्मित स्मृति रखते हैं और अंत:करण आंतरिक प्रतिध्वनि को पुन: याद करने तथा सुनने की आंतरिक शक्ति है। अंत:करण की धर्मनिरपेक्ष व्याख्या व्यक्ति के स्वयं के संस्कारों और शिक्षा-दीक्षा पर बल देती है न कि किसी बाह्य दैवीय स्रोत, जैसे ईश्वर पर।

रूसो के अनुसार, अच्छी शिक्षा अंत:करण से भ्रष्ट प्रभाव को समाप्त करने में सक्षम है। वे आगे कहते हैं कि अंत:करण सार के रूप में उपस्थित ऐसी जन्मजात नैतिकता है, जिसमें से बचकानी त्रुटियों और लालन-पालन के दौरान उत्पन्न पूर्वाग्रहों को हटा दिया गया हो। यह न्याय के जन्मजात विचार और हृदय के भीतर के सद्गुण का आधार है, जिसकी सहायता से हम अपने नियमों के होते हुए भी अपने व्यवहार या दूसरों के व्यवहार का आलोचनात्मक आकलन कर पाते हैं। रूसो कहते हैं कि तर्क व्यक्ति को भ्रमित कर सकता है, परंतु अंत:करण ऐसा नहीं करता। अंत:करण एक सच्चा शिक्षक है और यह आत्मा के लिए उसी प्रकार कार्य करता है जिस प्रकार शरीर के लिए प्रज्ञा कार्य करती है। एक व्यक्ति जो अंत:करण का अनुसरण करता है वास्तव में वह सही अर्थों में प्रकृति का अनुसरण करता है और उसे पथभ्रष्टता का भय नहीं होना चाहिए। ह्यूम के अनुसार, 'तर्क पूर्णरूपेण निष्क्रिय होता है और यह अंत:करण के समान सक्रिय वस्तु को उत्पन्न नहीं कर सकता।' थेगार्ड और फिन के अनुसार, 'अंत:करण नैतिक प्रज्ञा का एक प्रकार है, जो ज्ञानात्मक और भावनात्मक दोनों होता है।'

अभ्यास प्रश्न

1. "अंत:करण की आवाज" से आप क्या समझते हैं? आप स्वयं को अंत:करण की आवाज पर ध्यान देने के लिए कैसे तैयार करते हैं?
(150 शब्द) (UPSC 2013)
2. "विवेक का संकट" से क्या अभिप्राय है? अपने जीवन की एक घटना बताइए, जब आपका ऐसे संकट से सामना हुआ और आपने उसका समाधान कैसे किया।
(UPSC 2013)

3. विधि एवं आचार नीति मानव आचरण को नियंत्रित करने वाले दो उपकरण माने जाते हैं, ताकि आचरण को सभ्य सामाजिक अस्तित्व के लिए सहायक बनाया जा सके।
   (a) चर्चा कीजिए कि वे इस उद्देश्य की किस प्रकार पूर्ति करते हैं।
   (b) उदाहरण देते हुए यह बताइए कि ये दोनों अपने उपागमों में किस प्रकार एक-दूसरे से भिन्न हैं। (UPSC 2016)
4. "अंत:करण का संकट" का क्या अभिप्राय है? सार्वजनिक अधिकार क्षेत्र में यह किस प्रकार अभिव्यक्त होता है? (UPSC 2019)
5. कानून किस प्रकार नैतिकता से अलग है? कुछ उदाहरणों के माध्यम से समझाइए।
6. अंत:करण एक प्रकार की नैतिक संस्था है, जो कि ज्ञानात्मक और भावात्मक दोनों होता है। समझाइए।
7. तर्क पूर्णत: निष्क्रिय है और यह अंत:करण जैसी सक्रिय वस्तु को उत्पन्न करने में असमर्थ होता है। समझाइए।

अध्याय 13

जवाबदेही

Accountability

प्रस्तावना (Introduction)

राज्य की अवधारणा के आगमन के साथ ही राज्य और नागरिकों के मध्य एक संविदा ने जन्म लिया। राज्य ने नागरिकों के कल्याण के वादे के बदले में उन पर नियंत्रण प्राप्त कर लिया। राज्य के विभिन्न अंगों द्वारा शक्ति का दुरुपयोग रोकने के लिए ही जवाबदेही की अवधारणा को अस्तित्व में लाया गया। राज्य और साथ ही समाज संविधान, कानून, नियम और विनियमों के दायरे में रहकर आचरण करने लगे। राज्य के विभिन्न संगठनों और समाजों को भिन्न-भिन्न दर्जा प्रदान किया गया तथा उन्हें विभिन्न संस्थाओं के लिए उत्तरदायी बनाया गया, ताकि रोक और संतुलन (Check and Balance) को स्थापित किया जा सके। आज के परिदृश्य में वैज्ञानिक प्रबंधन व्यवस्था (Scientific Management System) निजी प्रशासन की पद्धतियों को लोक प्रशासन में लाने का आधार बन गई है, ताकि जवाबदेही की अवधारणा को स्थापित किया जा सके।

जवाबदेही (Accountability) शब्द का संबंध "Account For" से है, जवाबदेही का आशय है कि कोई व्यक्ति किसी के प्रति किसी विषय के लिए प्रधान-एजेंट संबंध (Principal-agent Relation) के अंतर्गत जवाबदेह है। प्रधान (Principal) निगरानी करता है, निर्देश देता है और एजेंटों को औपचारिक या अनौपचारिक माध्यमों से नियंत्रित करता है। जवाबदेही की अवधारणा दो चीजों को शामिल करती है– जवाबदेही (Answerability) तथा प्रवर्तन (Enforcement। प्रधान को यह अधिकार होता है कि वह एजेंटों से उनके आचरण के लिए प्रश्न कर सके और उनके प्रदर्शन पर निरंतर निगरानी रखता रहे। इसके अलावा, प्रधान एजेंटों को आचरणों के औपचारिक सेट के अनुरूप कार्य करने के लिए विवश भी कर सकता है। जवाबदेही सुशासन का आधार है। यह सरकारी मशीनरी में प्रभावशीलता को सुनिश्चित करने का औपचारिक यंत्र है।

जवाबदेही को विशिष्ट अर्थों में उत्तरदायित्व (Responsibility) की परिभाषा के अंतर्गत समझा जाता है। उत्तरदायित्व के व्यापक अर्थ हैं, क्योंकि इसे न्यायिक, राजनीतिक और आर्थिक संबंधों के क्षेत्र में उपयोग में लाया जाता है। "विधि के सिद्धांत" (Theory of Law) के क्षेत्र में और मुख्य रूप से दंडात्मक विधि (Penal Laws) के परिप्रेक्ष्य में उत्तरदायित्व से संबंधित वृहद् साहित्य उपलब्ध है। उत्तरदायित्व के अनेक अर्थ हैं, परंतु लोक प्रशासन में हम इसे क्षमता (Capacity), जवाबदेही (Accountability), सद्गुण (Virtue) तथा देयता (Liability) के रूप में समझते हैं। यहां क्षमता का अभिप्राय किसी सिविल सेवक का एक अधिकरण (Authority) के रूप में कार्य करने की शक्तियों से है और उत्तरदायित्व कर्तव्यों के पालन में नियमावलियों, कानूनों तथा विनियमों के प्रयोग का अर्थ ग्रहण कर लेता है। देयता के रूप में उत्तरदायित्व सिविल सेवक के स्वयं के आचरणों या दूसरों के आचरणों, जो उसकी स्थिति में आते हैं, उन सभी के परिणामों को अपने ऊपर लेने से है। यदि सिविल सेवक एक कार्यालय को धारण करते हुए

कार्य करता है, तो उसे नकारात्मक परिणामों के लिए जिम्मेदार माना जाता है। उत्तरदायित्व को जवाबदेही के रूप में एक व्यवस्था के तौर पर माना जाता है, जो एक लोक सेवक को उसके वरिष्ठ अधिकारी, साथ ही कुछ बाह्य अधिकरणों के लिए, जो उसके कार्य की निगरानी के लिए बने हैं, उत्तरदायी बनाता है।

अब हम जवाबदेही की व्याख्या इसके आयामों के पदों में करेंगे। जवाबदेही के तीन प्रमुख आयाम हैं– ऊर्ध्वाधर, क्षैतिज तथा विकर्ण। ऊर्ध्वाधर आयाम जवाबदेही को ऊर्ध्वाधर रूप में निचले स्तर से ऊपरी स्तर की ओर पदसोपान की स्थिति में सुनिश्चित करने से संबंधित है। उच्च स्तर के अधिकरणों (Authorities) को निचले स्तर के अधिकरणों के प्रदर्शन के लिए उत्तरदायी बनाने की भूमिका दी जाती है। उदाहरण के लिए, लोक अधिकारी अपने उच्चाधिकारियों और मंत्री के प्रति जवाबदेह होते हैं और वह ऊपर से नीचे (Top-down) या प्रधान-एजेंट संबंध (Principal-Agent Reletionship) के रूप में कार्य करता है। वार्षिक प्रदर्शन मूल्यांकन रिपोर्ट (Annual Performance Appraisal Report), अनुशासनात्मक कार्यवाही और लोक हित में अनिवार्य सेवानिवृत्ति आदि कुछ औपचारिक संस्थागत यंत्र हैं, जो ऊर्ध्वाधर जवाबदेही को सुनिश्चित करते हैं।

संसद भी ऊर्ध्वाधर जवाबदेही को सुनिश्चित करने में महत्त्वपूर्ण भूमिका का निर्वहन करती है। संसद प्रधान है, और लोक सेवक एजेंट हैं। प्रधान-एजेंट संबंध को अनेक संसदीय समितियों का गठन करके और संसदीय प्रश्नों की प्रक्रिया के माध्यम से सुनिश्चित किया जाता है। ऊर्ध्वाधर जवाबदेही के माध्यम से संसद यह निगरानी करती रहती है कि कानूनों, नीतियों और कार्यक्रमों का ठीक ढंग से क्रियान्वयन हो रहा है अथवा नहीं। दूसरे अर्थों में, संसद नागरिकों की भी एजेंट है। मतदाताओं की ओर से विधायक और सांसद लोक सेवकों के प्रदर्शन की निगरानी करते हैं। चुनाव के समय मतदाता विधायकों और सांसदों की जवाबदेही निर्धारित करते हैं तथा अच्छा प्रदर्शन नहीं करने वालों को प्रतिस्थापित कर देते हैं। ऊर्ध्वाधर जवाबदेही को निर्धारित करने की एक और अनौपचारिक प्रक्रिया है, जिसके अंतर्गत लोग संगठन बनाकर सरकार और निजी क्षेत्रकों के लिए जुलूस, विरोध प्रदर्शन, पुतला दहन तथा नकारात्मक प्रचार के माध्यम से लोबिंग (Lobbying) करते हैं।

क्षैतिज जवाबदेही समानांतर अधिकरणों (Parallel Authorities) के मध्य रोक और संतुलन (Check and Balance) की प्रक्रिया से संबंधित है। अधोमुखी या ऊपर से नीचे (top-down) संबंध और प्रधान-एजेंट संबंध क्षैतिज जवाबदेही में अनुपस्थित होते हैं। क्षैतिज जवाबदेही का एक साधारण उदाहरण संसद और न्यायपालिका के मध्य संबंध है। न्यायपालिका को प्रदत्त संवैधानिक शक्ति, जिसके माध्यम से वह विधायिका द्वारा लिए गए निर्णयों का पुनरावलोकन (Review) करती है, क्षैतिज जवाबदेही को सुनिश्चित करती है। दूसरे रूप में विभाग के बाहर की मूल्यांकन एजेंसियां भी विभाग के प्रदर्शन पर निगरानी रखती हैं। उदाहरण के लिए, कैग (CAG), सतर्कता एजेंसी और अन्य संपरीक्षा (Audit) एजेंसियां इस प्रकार के संबंध के अंतर्गत आती हैं। जवाबदेही के इस आयाम के अंतर्गत उत्तरदायित्व औपचारिक रूप में उपस्थित होता है, परंतु इसकी प्रभाविता नैतिक आधार पर निर्धारित होती है। सामाजिक जवाबदेही एक अन्य प्रकार की क्षैतिज जवाबदेही है, जो वर्तमान समय में तेजी से लोकप्रिय होती जा रही है। इसे समाज संचालित क्षैतिज जवाबदेही कहा जाता है। यहां सामाजिक शब्द के अंतर्गत सिविल सोसाइटी, समुदाय पैरोकार (Community Advocates) तथा दबाव समूहों (Pressure Groups) को लिया जाता है, जो इस अवधारणा के मूल अभिकर्ता हैं।

जवाबदेही का एक अन्य आयाम विकर्ण जवाबदेही (Diagonal Accountability) है। इसको लेकर अनेक विरोधाभासी दृष्टिकोण हैं। सामान्यत: विकर्ण जवाबदेही का विचार अधिक समृद्ध और तीक्ष्ण सामाजिक जवाबदेही को निर्धारित करने के लिए आया है। विकर्ण जवाबदेही के मुख्य घटक निम्नलिखित हैं–

1. समुदाय पैरोकारों (Community Advocates) की क्षैतिज जवाबदेही प्रक्रिया में भागीदारी।
2. अच्छी तरह से सूचित समुदाय पैरोकार।

3. प्रभावी उत्तरदायित्व व्यवस्था।
4. प्रभावी प्रवर्तन व्यवस्था।

सामाजिक संपरीक्षा समितियां, अर्द्ध न्यायिक फोरम, सरकार द्वारा नियुक्त सिविल समितियां ऐसे उदाहरण हैं, जो जवाबदेही को सुनिश्चित करती हैं। इस प्रकार हम कह सकते हैं कि विकर्ण जवाबदेही कुछ नहीं, बल्कि प्रभावी सामाजिक उत्तरदायित्व को प्राप्त करने का विशिष्ट उपागम है। विकर्ण जवाबदेही कई बार प्रशासनिक कार्यपालकों के मार्ग में अवरोध उत्पन्न करती है और विकास की गति को धीमा करती है। कई बार समुदाय पैरोकार स्वयं को सरकारी अधिकारियों से ऊपर समझने लगते हैं और कार्यालयीन समय को अनावश्यक रूप से व्यर्थ करते हैं। वे सुविधाएं और गलत लाभ प्राप्त करने की चेष्टा भी करते हैं। वर्तमान लोक प्रशासन में यह एक समस्या के रूप में उभरकर आया है। विश्व बैंक ने इस बात पर बल देकर कहा है कि सामाजिक जवाबदेही अकेले ही विकर्ण जवाबदेही का कार्य भी पूरा कर सकती है।

जवाबदेही के प्रकार (Types of Accountability) : विद्वान भिन्न-भिन्न प्रकार की जवाबदेही निर्धारित करने के लिए अनेक अर्थ एवं प्रक्रियाएं बताते हैं। हम इन्हें निम्नलिखित प्रकारों में वर्गीकृत कर सकते हैं–

1. राजनीतिक जवाबदेही (Political Accountability)

राजनीतिक जवाबदेही के दो आयाम हैं– ऊर्ध्वाधर और क्षैतिज। ऊर्ध्वाधर आयाम के अंतर्गत लोक प्रशासनिक संरचना में शीर्ष स्तर पर पदासीन अधिकारियों को लिया जाता है, जिन्हें राजनीतिक विश्वास के अंतर्गत नियुक्त किया जाता है और हटाया जाता है। इसके अंतर्गत प्रधानमंत्री, राष्ट्रपति और उच्च स्तरीय नौकरशाह आते हैं। क्षैतिज आयाम के अंतर्गत राजनीतिक जवाबदेही सरकार और संसद के मध्य वैधानिक तथा संवैधानिक प्रावधानों के अंतर्गत जुड़ाव से संबंधित है। राष्ट्रपति प्रकार की राजनीतिक व्यवस्था में क्षैतिज संबंध अनुपस्थित होता है और इस प्रकार की राजनीतिक व्यवस्था पूर्णत: ऊर्ध्वाधर जवाबदेही से संचालित होती है। दूसरी ओर, संसदीय प्रकार की राजनीतिक व्यवस्था जवाबदेही से संचालित होती है। निंदा (Censure), महाभियोग (Impeachment), अविश्वास प्रस्ताव (No Confidence Motion) और उच्च अधिकरणों को हटाना, आदि क्षैतिज जवाबदेही के उदाहरण हैं।

राजनीतिक जवाबदेही की मुख्य विशेषताएं–

1. एजेंटों की स्वायत्तता या विवेकाधीन शक्तियां शामिल होती हैं।
2. मूल्यांकन मुख्यत: परिणामों के लिए किया जाता है
3. ऊर्ध्वाधर आयाम के अंतर्गत वैधानिक और राजनीतिक रूप में पदसोपान पर उच्चस्थ अधिकारी नियंत्रण के एजेंट होते हैं।
4. क्षैतिज आयाम के अंतर्गत संसद नियंत्रण की एजेंट होती है और मतदाता नियंत्रण तथा मूल्यांकन के अंतिम एजेंट होते हैं।

2. प्रशासनिक जवाबदेही (Administrative Accountability)

प्रशासनिक जवाबदेही के दो आयाम होते हैं– ऊर्ध्वाधर आयाम और क्षैतिज आयाम। इसके ऊर्ध्वाधर आयाम के अंतर्गत शासकीय कार्यालयों में उच्च अधिकारियों और अधीनस्थों के मध्य का संबंध शामिल होता है। दूसरी ओर, इसके क्षैतिज आयाम के अंतर्गत यह किसी लोक कार्यालय को धारण करने वाले व्यक्ति और नागरिकों के मध्य संबंध, साथ ही निगरानी और नियंत्रण का कार्य करने वाली अन्य बाहरी एजेंसियों, जैसे– कैग (CAG), लोकपाल, लोकायुक्त इत्यादि के लोक कार्यालय धारण करने वाले के मध्य संबंध को शामिल करता है। यह सुपरिभाषित होती है और इसमें राजनीतिक जवाबदेही की तुलना में अधिक समानता होती है। प्रशासनिक जवाबदेही वैधानिकता और

उत्तरदायित्व के चारों ओर घूमती रहती है तथा इसमें अधिक वस्तुनिष्ठता का पुट होता है। ऊर्ध्वाधर आयाम में कर्तव्यों और उत्तरदायित्वों का नियंत्रण सुपरिभाषित नियमावली के माध्यम से होता है। प्रशासनिक जवाबदेही की चिरकालीन अवधारणा की मुख्य विशेषताएं निम्नलिखित हैं–

1. लोक अधिकारियों और प्रशासनिक इकाइयों को विधियों, नियमों तथा विनियमों के विस्तृत सेट के अधीन रखना।
2. कठोर पदसोपानीय संबंध पर आधारित।
3. विभिन्न बाह्य एजेंसियों की स्थापना करना, जो लोक कार्यालयों के धारकों की मनमानी को क्षैतिज जवाबदेही के माध्यम से नियंत्रित कर सके।

3. पेशेवर जवाबदेही (Professional Accountability)

पेशेवर जवाबदेही को विकसित करने का श्रेय रोमजेक तथा डुबनिक को जाता है। यह लोक प्रशासन को पेशे के एक सुविकसित क्षेत्रक के रूप में विकसित करने की अवधारणा से संबंधित है। उच्च शिक्षित और प्रतिभाशाली लोगों के लिए एक आकर्षक पेशा होने के कारण लोक प्रशासन के क्षेत्र में वृद्धि और शासन में तकनीकी को अपनाने के कारण लोक प्रशासन पेशेवर जवाबदेही की मांग करता है, ताकि पेशेवर नौकरशाहों के आचरण और व्यवहार को नियंत्रित किया जा सके। अब लोक सेवाओं में इसने पेशेवरवाद (Professionalism) का रूप ग्रहण कर लिया है। इसके अंतर्गत स्व-विवेकाधीन शक्तियों के प्रयोग या संसाधनों का दोहन करते समय नैतिक प्रक्रियाओं के प्रयोग पर बल दिया जाता है। इस प्रकार की जवाबदेही व्यक्तिगत मानकों और तकनीकी ज्ञान के उपयोग को लोक प्रशासन में वैधानिक सीमा के अंदर निर्धारित करती है।

4. लोकतांत्रिक जवाबदेही (Democratic Accountability)

यह लोक सेवकों का समाज या नागरिकों के प्रति उत्तरदायित्व से संबंधित है। प्रशासनिक क्रियाकलाप समाज की स्वीकार्यता की मांग करते हैं और इनकी वैधानिकता समाज की लोकतांत्रिक इच्छा पर आश्रित होती है। लोक प्रशासन द्वारा नागरिकों को शासन की प्रक्रिया में शामिल करना पड़ता है, क्योंकि यह उनके हित के लिए ही कार्य करता है, और इससे लोकतांत्रिक जवाबदेही भी सुनिश्चित होती है। यह निर्णय प्रक्रिया और नीति निर्माण में नागरिक भागीदारी को शामिल करता है। यह जवाबदेही के आयाम के रूप में विकर्ण जवाबदेही को सुनिश्चित करता है। उदाहरण के लिए, जब भी सरकार कोई बड़ी योजना लाना चाहती है, तो वह लोगों का मत, विचार और सुझाव मांगती है। यह लोकतांत्रिक जवाबदेही के सामाजिक और विकर्ण आयामों से संबंधित प्रक्रिया है।

लोकतांत्रिक जवाबदेही लोक कार्यालय धारण करने वाले लोगों की संपूर्ण स्वायत्ता पर रोक लगाती है और सापेक्ष स्वायत्तता सुनिश्चित करती है। यह सापेक्ष इस अर्थ में है कि इसके अंतर्गत लोक समर्थन और सामाजिक समूहों का सहयोग प्राप्त किया जाता है यद्यपि उनके मतों या विचारों को शामिल करना बाध्यकारी नहीं होता। यह लोक प्रशासन में प्रदर्शन में वृद्धि करती है और देश में सुशासन की स्थापना करती है।

5. नव लोक प्रबंधन में जवाबदेही (Accountability in New Public Management)

हाल के वर्षों में प्रचलित प्रशासनिक सिद्धांत जिसकी हम पहले भी चर्चा कर चुके हैं उसे "सरकार का पुनर्आविष्कार" (Reinventing Government) या "नव लोक प्रशासन" का नाम दिया जाता है। भारत में इसे ग्रहण तो किया गया, परंतु यह अभी भी जमीनी स्तर पर आकार नहीं ले सका है। नव लोक प्रबंधन (NPM) की कुछ महत्त्वपूर्ण विशेषताएं निम्नलिखित हैं–

1. स्थापित नियमों और प्रक्रियाओं का पालन करने पर केंद्रित न होकर उससे हटकर प्रशासनिक मामलों के परिणामों पर केंद्रित होना।
2. अनावश्यक नियमों और प्रक्रियाओं में कमी लाकर प्रशासनिक कार्य को सरल, सुगम एवं नागरिक मित्र बनाना।
3. शक्ति और उत्तरदायित्व का विकेंद्रीकरण।
4. लोक सेवकों को सरकारी कार्यक्रमों के लक्ष्य को पूरा करने के लिए पर्याप्त स्वायत्ता और संसाधन प्रदान किए जाते हैं।
5. प्रशासनिक इकाइयों का आकार छोटा करना और वित्तीय विवेकपूर्णता (Financial Prudence) में वृद्धि लाकर खर्चों में कमी करना।
6. निजी क्षेत्रकों की प्रबंधकीय प्रक्रिया को अपनाना, लोक क्षेत्रक इकाइयों (PSUs) का निजीकरण, लोक क्षेत्रकों से मुक्त बाजार व्यवस्था पर हस्तक्षेप किए बिना प्रतियोगिता करना।
7. सरकारी कार्यक्रमों में वृहद् जनभागीदारी का आह्वान करना, ताकि सामाजिक विकास को समाज के हाथों में दिया जाए और सरकार केवल निगरानी करने एवं सहयोग करने का कार्य करे।

तालिका 13.1 : जवाबदेही के विभिन्न प्रकारों की विशेषताएं

	राजनीतिक (Political)	**प्रशासनिक** (Administrative)	**पेशेवर** (Professional)	**लोकतांत्रिक** (Democratic)
आधार (Basis)	सरकार द्वारा अपनाए गए राजनीतिक और ढांचागत प्रावधानों के अनुरूप कार्य प्रणाली	विधि सम्मत नियमों और विनियमों के अनुसार कार्य प्रणाली	पेशे में प्रयोग किए वाले अभ्यास और तकनीकी नियमों के अनुसार कार्य प्रणाली	वृहद् लोक आकांक्षाओं के अनुसार कार्य प्रणाली
आंतरिक रूप से जवाबदेही (Internal Accountable)	उच्चस्थ राजनीतिक प्राधिकरण	उच्चस्थ राजनीतिक कार्यपालक, जैसे मंत्री, मेयर, अध्यक्ष, प्रशासनिक वरिष्ठ अधिकारी	संगठन के तकनीकी प्रमुख, संगठन के प्रशासनिक प्रमुख	
बाह्य रूप से जवाबदेही (Externally Accountable)	संसद	बाह्य पर्यवेक्षण प्राधिकरण, जैसे सतर्कता (Vigilance), अंकेक्षण (Audit), नागरिक, न्यायालय	बाह्य पर्यवेक्षण प्राधिकरण	समुदाय पैरोकार (Community Advocates), सामाजिक समूह (Joint Groups)
परिणाम (Output)	राजनीतिक छानबीन त्यागपत्र (Resignation)/ सेवा समाप्ति (Dismissal)	भूतकाल की प्रशासनिक कार्रवाइयों का पुनः अवलोकन तथा संशोधन, नागरिकों की क्षतिपूर्ति, लिप्त अधिकारियों की पहचान और उन पर रोक लगाना	लिप्त अधिकारियों की पहचान और उन पर रोक लगाना	एक प्रशासनिक निर्णय लेना, किसी प्रशासनिक निर्णय का पुनरावलोकन, प्रशासनिक निर्णय का लोकतांत्रिक अनुमोदन

स्रोत : Antonio Bar Cendon. Accountability and Public Administration: Concepts, Dimensions, Developments. Source:https://docplayer.net/34154380-Accountability-and-public-administration-concepts-dimensions-developments-antonio-bar-cendon.html. Pg-33

नव लोक प्रबंधन (NPM) प्रशासनिक ढांचे में अत्यल्प नियंत्रण की वकालत करता है, अर्थात् लोक सेवकों के आचरण को बहुत कम नियमों और प्रक्रियाओं के माध्यम से नियंत्रित करता है। इसका यह अभिप्राय नहीं है कि यह लोक सेवकों को असीमित स्वतंत्रता का अवसर देता है, बल्कि इसमें मिश्रित मार्ग उपागम (Fusion Road Approach) के अंतर्गत नियम और कानून उपस्थित होते हैं। कठोर नियमों को अपेक्षाकृत शिथिल किया जाता है और इसके एवज में होने वाली क्षति को आचरण संहिता और नीति संहिता (Code of Conduct and Code of Ethics) द्वारा पूरा किया जाता है, जो उत्पीड़नकारी नहीं होते बल्कि आचरण से संबंधित अनेक समस्याओं का समाधान उपलब्ध कराते हैं।

जवाबदेही को इस प्रकार सुनिश्चित किया जाना चाहिए कि निजी क्षेत्रकों के शामिल होने से उत्पन्न होने वाली समस्याओं का समाधान संभव हो, और यदि कोई समस्या उत्पन्न हो रही हो तो उससे पलायन संभव हो। इस बात को नहीं भूलना चाहिए कि बाजार आधारित नव लोक प्रबंधन संविधान में वर्णित लक्ष्यों को धूमिल न करे और वस्तुनिष्ठता, तटस्थता, पारदर्शिता तथा सेवा के अन्य मूल्य बने रहें। ऊर्ध्वाधर जवाबदेही में कमी आए और जवाबदेही के विकर्ण एवं क्षैतिज आयाम वृहद् पैमाने पर सुनिश्चित हों। यद्यपि यह ज्ञात होना चाहिए कि निजी क्षेत्र प्रबंधन की पद्धतियां, जैसे– 360 डिग्री मूल्यांकन सरकारी तंत्र में पूर्णतः कारगर नहीं होतीं, यदि उन्हें उसी स्वरूप में प्रयोग में लाया जाए। निजी क्षेत्रकों में प्रचलित पद्धतियों को ठीक उसी रूप में लोक व्यवस्था में लाना सरकार में क्षति का कारण बन सकता है।

अभ्यास प्रश्न

1. लोक सेवा के संदर्भ में "जवाबदेही" का क्या अर्थ है? लोक सेवकों की व्यक्तिगत और सामूहिक जवाबदेही को सुनिश्चित करने के लिए क्या उपाय अपनाए जा सकते हैं? (UPSC 2014)
2. नव लोक प्रबंधन में जवाबदेही की प्रक्रिया किस प्रकार निर्धारित होती है? एक उदाहरण के माध्यम से समझाइए।
3. जवाबदेही के विभिन्न प्रकारों और इसके आयामों की व्याख्या कीजिए।
4. नव लोक प्रशासन में जवाबदेही की भूमिका की व्याख्या कीजिए।
5. विकर्ण जवाबदेही के विभिन्न घटक कौन-से हैं? समझाइए।
6. नैतिक शासन के निर्धारण में जवाबदेही कहां तक उपयोगी है?

अध्याय 14

शासन व्यवस्था में नीतिपरक व नैतिक मूल्यों का सुदृढ़ीकरण

Strengthening of Ethical and Moral Values in Governance

प्रस्तावना (Introduction)

किसी व्यक्ति के लिए लागू होने वाली नीतिशास्त्रीय क्रियाओं पर गहन चर्चा के उपरांत हम यह जान सके हैं कि समाज में भ्रष्ट व्यवहारों को दूर रखने और न्याय की स्थापना के लिए मूल्य प्रमुख निर्धारक हैं। हमारे लोक सेवकों को नीतिशास्त्र का प्रशिक्षण दिया जाना अनिवार्य है, ताकि उनके भीतर नैतिक मूल्य सुदृढ़ हो सकें और उनमें कर्तव्य की भावना का समावेश हो सके। अब हम वैश्विक प्रशासनिक विद्वानों के प्रयासों पर कुछ प्रकाश डालेंगे, जिनमें नैतिक मानकों के निर्माण और विभिन्न पदसोपानों (Hierarchies) पर स्थित लोक सेवकों के लिए प्रशिक्षण के तरीके विकसित किए गए हैं। लोक सेवक शब्द का व्यापक अर्थ है, जिसमें विधायिका और न्यायपालिका सहित संपूर्ण सरकारी मशीनरी शामिल है, जो लोक निधि से लाभ प्राप्त करती है। भारत में लोक सेवकों को नीतिशास्त्र या नैतिक दर्शनशास्त्र का प्रशिक्षण प्रदान करने का बुरा कार्य निष्पादन रिकॉर्ड रहा है। हाल के वर्षों में संघ लोक सेवा आयोग और कुछ राज्य लोक सेवा आयोगों ने सिविल सेवा प्रवेश परीक्षा में नीतिशास्त्र को एक प्रश्न पत्र के रूप में शामिल किया है। चिंता पुराने भर्ती हुए सिविल सेवकों और लोक सेवकों के एक बड़े हिस्से को लेकर है, जिन्हें नीतिशास्त्र की बारीकियों का ज्ञान नहीं है। हाल में भारत सरकार ने इस दिशा में सार्थक पहल करते हुए "मिशन कर्मयोगी" आरंभ किया है। हम यहां उन सभी संभव तरीकों की चर्चा करेंगे, जिनकी सहायता से लोक सेवकों के बड़े हिस्से को नीतिशास्त्र का प्रशिक्षण दिया जा सकता है। हम विश्व के विभिन्न देशों में नीतिशास्त्र के प्रशिक्षण के क्षेत्र में चल रहे विभिन्न अभ्यासों और पद्धतियों की भी चर्चा करेंगे। चहुंओर भ्रष्टाचार से पीड़ित देशों को उस समय अनेक चुनौतियों का सामना करना पड़ता है, जब वे इस दिशा में कोई समग्र और ठोस सुधार लाने का प्रयास करते हैं। वे सामान्यत: नीतिशास्त्र के प्रशिक्षण में लगने वाले संसाधन जुटाने के लिए संघर्ष करते हैं, और इन देशों के नागरिक भ्रष्टाचार से इतने अधिक परेशान हो चुके हैं कि वे भ्रष्ट लोक सेवकों के विरुद्ध आपराधिक मुकदमे दर्ज करने, उनकी गिरफ्तारी, उन पर अनुशासनात्मक कार्रवाई और उन्हें सेवा से हटाने जैसी कार्रवाई देखना चाहते हैं। चूंकि नीतिशास्त्र की स्थापना समय लेने वाली प्रक्रिया है और यह कम समय में कोई विशेष परिणाम देने में सक्षम नहीं होती है, इसलिए ये देश भ्रष्टाचार निषेध और निरोधक तरीकों पर आश्रित होते हैं। इन देशों में नीतिशास्त्र का प्रशिक्षण प्राथमिकता नहीं है और भ्रष्टाचार वाले माहौल में इस प्रकार के प्रशिक्षण पर धन खर्च करना भी जोखिम पूर्ण प्रतीत होता है।

इस दिशा में धीमी प्रगति का कारण राजनीतिक इच्छाशक्ति की कमी का होना है। विभिन्न देशों के राजनेता देश में नैतिक वातावरण की स्थापना और भ्रष्टाचार निरोध संबंधी प्रशिक्षण की प्रतिबद्धता प्रदर्शित करते हैं, परंतु वे स्वयं स्थायी लोक सेवकों को इस प्रकार का आचरण करने पर हतोत्साहित करते हैं। सर्वोच्च स्तर पर

नेतृत्व की अनुपस्थिति साथ ही सामान्य जीवन में भ्रष्ट कार्य पद्धति से युक्त वातावरण नैतिक प्रशिक्षण का मजाक बना देता है।

विश्व में नैतिकता के प्रदर्शन को भ्रष्टाचार रोकने के दूरगामी और टिकाऊ उपाय के रूप में पहचान प्राप्त हो चुकी है। अंतर्राष्ट्रीय संगठनों ने अनुशंसा की है कि देशों में लोक सेवकों को नैतिकता के क्षेत्र में शिक्षित किया जाना चाहिए। अनुदान देने वाली अंतर्राष्ट्रीय एजेंसियां इस प्रकार के प्रशिक्षण कार्यक्रम चलाने के लिए धन प्राप्त करने वाले देशों पर दबाव बनाती हैं। यद्यपि राजनीतिक संगठनों और समाज से इस प्रकार के प्रशिक्षण के लिए सहयोग मिलना आवश्यक है। उदाहरण के लिए, यूरोपीय यूनियन अपने सदस्य देशों में नैतिकता के प्रशिक्षण को प्रोत्साहित करने में महत्त्वपूर्ण भूमिका अदा करती है। यद्यपि राजनीतिक और सामाजिक सहयोग को बढ़ाने के लिए और अधिक प्रयासों की आवश्यकता है। अनेक जानकारों का यह मानना है कि नए और उन्नत उपागमों को नीतिशास्त्रीय प्रशिक्षण में शामिल किया जाना चाहिए तथा प्रशिक्षण की गुणवत्ता को बेहतर करना चाहिए। एस.आई.जी.एम.ए. अर्थात् सिग्मा (Support for Improvement in Governance and Management–SIGMA) यूरोपीय यूनियन (EU) और आर्थिक सहयोग और विकास संगठन (Organisation for Economic Co-operation and Development–OECD) की संयुक्त पहल है, जो मुख्यत: यूरोपीय यूनियन द्वारा वित्त पोषित है। SIGMA सरकारी तंत्रों और महत्त्वपूर्ण सरकारी संस्थाओं पर सावधानीपूर्वक निगरानी रखता है। यह देशों की विधायी संरचना और लोक प्रशासन में सुधार को लेकर बनाई जाने वाली कार्य योजना पर भी निगरानी रखता है। यह मनोवैज्ञानिक अनुसंधानों पर आधारित वैज्ञानिक विधियों और उपायों को लागू करने की सलाह प्रदान करता है, ताकि विभिन्न देशों द्वारा विधायी और प्रशासनिक सुधारों में गुणवत्ता को बढ़ाया जा सके।

लोक क्षेत्रकों में सत्यनिष्ठा के लिए ओ.ई.सी.डी. नेटवर्क सुधारों के लिए सरकारी कार्यालयों में सत्यनिष्ठा की सुरक्षा और भ्रष्ट तरीकों एवं रिश्वत लेने जैसे व्यवहारों में रोक लगाने पर बल देता है। यह भ्रष्टाचार के तरीकों की निगरानी करता है और उनको रोकने की प्रक्रिया हेतु सांख्यिकी तैयार करता है और उन्हें वैश्विक रूप में जारी करता है। सत्यनिष्ठा इस कार्यक्रम का केंद्र बिंदु है। यह ओ.ई.सी.डी. को मूल्यवान फीडबैक और सुझाव प्रदान करता है, ताकि ओ.ई.सी.डी. भ्रष्टाचार से लड़ने के लिए सुदृढ़ रणनीति बना सके। यह सत्यनिष्ठा, पारदर्शिता और जवाबदेही जैसे कोर मूल्यों को पुनर्परिभाषित करने से संबंधित मुद्दों को हल करता है और सरकार पर विश्वास स्थापित करता है। यह सार्वजनिक-निजी अंतर्संबंध, उपार्जन गठजोड़ (Procurement Lobbying) और हित संघर्ष जैसे संवेदनशील मामलों का भी परीक्षण करता है। लोक सेवकों के लिए नीतिशास्त्र का प्रशिक्षण सही अर्थों में सत्यनिष्ठा को आत्मसात करने के लिए अत्यंत आवश्यक है। ओ.ई.सी.डी. परिषद ने यह सुझाव दिया है कि सदस्य देश सरकारी संगठनों की कार्य प्रणाली में परिवर्तन लाने के लिए लोक सेवा में नैतिक आचरण को प्रोत्साहित करेंगे। ये सुझाव इस प्रकार थे–

1. कार्यालयीन प्रणालियों, नीतियों, कार्यक्रमों, प्रक्रियाओं और लोक सेवकों के नैतिक आचरण को प्रभावित करने वाले संगठनों को विकसित करना और समय-समय पर उनका पुनरीक्षण करना।
2. सरकारी कार्य प्रणाली और भ्रष्टाचार निरोधक प्रक्रिया में उच्च स्तर के आचरण को लोकप्रिय बनाना।
3. लोक सेवा में मूल्यों का समावेश करने के लिए प्रबंधकीय ढांचे में नैतिक दृष्टिकोण को शामिल करना।
4. नीतिशास्त्र प्रबंधन (Ethics Management) के मॉडल को विकसित करने के लिए अनुपालन आधारित उपागम में सत्यनिष्ठा आधारित दृष्टिकोण को जोड़ना।
5. लोक सेवकों के नैतिक आचरण पर लोक प्रशासनिक सुधारों के प्रभाव का विश्लेषण करना।
6. लोक सेवा में संलयन उपागम (Fusion Approach) के सिद्धांतों का प्रयोग करके उच्च मानकों वाले नैतिक आचरण को सुनिश्चित करना।

सुझावों के अंतर्गत नीतिशास्त्र के प्रबंधन के लिए 12 सिद्धांतों को भी शामिल किया गया था, जो इस प्रकार हैं–

1. लोक सेवा के लिए नैतिक मानक स्पष्ट और एकार्थी होने चाहिए।
2. वैधानिक ढांचे में नैतिक मानकों को शामिल होना चाहिए।
3. लोक सेवकों को नैतिक मार्गदर्शी सिद्धांतों का अच्छा ज्ञान होना चाहिए।
4. लोक सेवकों को लोक कार्यालय में चल रहे गलत कार्यों को उजागर करने से संबंधित अधिकारों और कर्तव्यों का ज्ञान होना चाहिए।
5. लोक सेवकों के नैतिक आचरणों के पूरक के रूप में नैतिक कार्य संस्कृति स्थापित करने के लिए राजनीतिक इच्छाशक्ति होनी चाहिए।
6. निर्णय प्रक्रिया पारदर्शी और लोक परीक्षण के लिए खुलीं होनी चाहिए।
7. लोक और निजी क्षेत्रकों के अंतर्संबंधों में स्वहितों से सुरक्षा के लिए स्पष्ट मार्गदर्शी नियम होने चाहिए।
8. लोक सेवकों द्वारा लोक सेवा में नैतिक आचरण का प्रदर्शन किया जाना चाहिए और उन्हें लोकप्रिय बनाने का प्रयास करना चाहिए।
9. सभी नीतियां, प्रक्रियाएं और प्रशासनिक कार्य प्रणालियां नैतिक पद्धतियों से चलनी चाहिए।
10. लोक सेवा शर्तों और मानव संसाधन प्रबंधन में कठोर नैतिक नियमों का पालन होना चाहिए।
11. लोक सेवा में सुदृढ़ जवाबदेही वाली कार्य प्रणाली होनी चाहिए।
12. भ्रष्टाचार के अवसरों से निपटने के लिए स्पष्ट प्रक्रिया और अनुशासनात्मक कार्रवाई के प्रावधान होने चाहिए।

लोक सेवकों के लिए नैतिक प्रशिक्षण

(Ethics Training for Public Servants)

लोक सेवकों के लिए नीतिशास्त्र का प्रशिक्षण वास्तविक अर्थों में सत्यनिष्ठा का समावेश कराने के लिए महत्त्वपूर्ण है। यू.एन. कन्वेंशन अगेंस्ट करप्शन (UN convention Against Corruption–UNCAC) इस बात पर बल देता है कि देशों द्वारा प्रशिक्षण कार्यक्रमों और शैक्षणिक कार्यशालाओं के माध्यम से लोक सेवकों में उचित तथा गौरवपूर्ण ढंग से कार्य करने की योग्यता निर्मित की जानी चाहिए। इसके लिए भ्रष्टाचार से उत्पन्न होने वाले जोखिमों और परिणामों का ज्ञान कराने के लिए विशेषीकृत प्रशिक्षण दिया जाना चाहिए। नैतिकता और सत्यनिष्ठा के विषयों पर प्रशिक्षण अनेक देशों में सरकारी अधिकारियों के पाठ्यक्रम का हिस्सा है। नैतिकता पर प्रभावी प्रशिक्षण बनाना और प्रदान करना एक बड़ा और जटिल कार्य है, विशेषकर जब लक्ष्य हजारों की संख्या में लोक सेवकों को प्रशिक्षित करना हो। इसमें असफल होने का अत्यधिक जोखिम शामिल है, क्योंकि केवल कक्षा आधारित प्रशिक्षण ही कार्यक्रम के उद्देश्य के साथ न्याय नहीं कर सकता। लोक सेवकों के लिए नैतिकता के अध्ययन का विचार ओ.ई.सी.डी. एंटी करप्शन नेटवर्क द्वारा प्रस्तुत किया गया था। परियोजना का विकास ओ.ई.सी.डी.–ई.यू. सिग्मा कार्यक्रम एंटी करप्शन नेटवर्क (Anti Corruption Network–ACN) और ओ.ई.सी.डी. पब्लिक इंटेग्रिटी नेटवर्क (OECD Public Integrity Network) के सहयोग से किया गया था। परियोजना निम्नलिखित चरणों को शामिल करती है–

1. सहभागी देशों में चल रहे नैतिक प्रशिक्षण कार्यक्रमों से संबंधित आंकड़ों को एकत्रित करना।
2. नीति का आकलन करना है और आवश्यक संशोधन लागू करने का सुझाव देना।
3. उपयोगी यंत्रों (Tools) के बारे में शिक्षित करने के लिए प्रकरण अध्ययनों (Case-Studies) का निर्माण करना।
4. प्रभावशाली प्रशिक्षण की आवश्यकतानुसार विषयों को शामिल करने के लिए चेक लिस्ट का निर्माण करना।

नैतिक प्रशिक्षण के प्रभावशाली क्रियान्वयन के लिए अनेक कारक जिम्मेदार होते हैं, ये कारक राजनीतिक, सामाजिक और आर्थिक होते हैं। नैतिक प्रशिक्षण को सभी भ्रष्टाचार निरोधक और सत्यनिष्ठा प्रोत्साहन वाली नीतियों एवं कार्यक्रमों के साथ जोड़कर चलाना चाहिए। इसके परिणाम दीर्घकाल में ही दिखाई देते हैं। नैतिक प्रशिक्षण में राजनीतिक सहयोग की अनदेखी नहीं की जानी चाहिए। राजनीतिक सहयोग नैतिक कार्यक्रम को ठोस उच्च स्तरीय नेतृत्व प्रदान करता है। ऊपर से इस प्रकार के नेतृत्व की कमी लोक सेवकों को हतोत्साहित करती है।

नैतिक प्रशिक्षण को भ्रष्टाचार पर बनी वृहद् लोक नीति से जोड़ना चाहिए और इसे कार्यक्रम के दस्तावेज में भली प्रकार दृष्टिगोचर होना चाहिए। लोक प्रशासन में इसे कानूनी आधार प्रदान करना चाहिए और इसके लिए एक केंद्रीकृत एजेंसी निर्धारित होनी चाहिए, जो संपूर्ण कार्य प्रणाली, जैसे– केंद्रीकृत आयोजना, समन्वय, मॉड्यूलों का विकास और परिणामों का मूल्यांकन सुनिश्चित करे। नैतिक प्रशिक्षण में यह चयन करना सबसे महत्त्वपूर्ण होता है कि "लक्षित प्रशिक्षु कौन है", क्योंकि बजट सीमित होता है, अत: प्राथमिकता के आधार पर लक्षित समूह का चयन आवश्यक हो जाता है। समूहों को लक्ष्य बनाने से विभिन्न विशिष्ट समूहों के कार्य की प्रकृति को देखते हुए प्रशिक्षण की प्रायोगिक आवश्यकता को जानना आसान हो जाता है। चयनित जन प्रतिनिधियों के लिए भी नैतिक प्रशिक्षण के मॉड्यूल निर्मित किए जाने चाहिए। अंतत:, मंत्रालयों में, विभागों में और जिला स्तर पर प्रशिक्षण प्राप्त नैतिक अधिकारी की पदस्थापना की जानी चाहिए तथा उन्हें ही नीचे के स्तर पर अधिकारियों को प्रशिक्षित करने के लिए मास्टर ट्रेनर की भूमिका में लाना चाहिए।

कार्य क्षेत्र में नैतिक जोखिम का मूल्यांकन और आवश्यकता के अनुरूप प्रशिक्षण कार्यक्रम की संरचना तैयार करने से नैतिक प्रशिक्षण प्रायोगिक बन जाता है। नीतिशास्त्र संबंधी विशिष्ट सर्वेक्षण इस प्रकार के मूल्यांकन के लिए उपयोगी यंत्र सिद्ध हो सकते हैं। प्रशिक्षण जितना अधिक हो सके प्रायोगिक होना चाहिए न कि औपचारिक। प्रशिक्षण अधिक लंबा नहीं होना चाहिए और प्रशिक्षण के लिए आवंटित समय अनुकूलतम होना चाहिए न अधिक और न कम। प्रशिक्षण में दार्शनिक दृष्टिकोण के संदर्भ में सिद्धांतों और डिजाइन किए गए प्रकरण अध्ययनों का मिश्रण होना चाहिए। मूल्यांकन विधि के आधार पर प्रतिभागियों द्वारा प्राप्त किए गए ज्ञान और प्रशिक्षण कार्यक्रम में आगे सुधार लाने के तरीकों को चिह्नित किया जाना चाहिए।

नीतिशास्त्र के प्रशिक्षण में लोक सेवकों के लिए किए गए विधायी और नैतिक प्रावधानों को भी शामिल किया जाना चाहिए। अधिकतर सरकारी कर्मचारियों को इनकी जानकारी नहीं होती और कई बार वे इन महत्त्वपूर्ण नियमों की अनदेखी कर देते हैं। उन्हें यह ज्ञात होना चाहिए कि "भ्रष्टाचार निरोधक सुधारों की आवश्यकता क्यों है।" उन परिस्थितियों में जहां नियम और कानून परंपराओं तथा रूढ़ियों से विरोधाभास प्रकट करें, वहां नैतिक व्यवहार से संबंधित प्रायोगिक मार्गदर्शन प्रदान करना भी महत्त्वपूर्ण है। ऐसे अनेक क्षेत्र हैं, जिनको लेकर पर्याप्त मार्गदर्शी नियम उपलब्ध नहीं हैं और नैतिक प्रशिक्षण के माध्यम से इन जोखिम वाली परिस्थितियों को हल किया जा सकता है।

अधिकतर देशों ने नैतिक प्रशिक्षण को अनिवार्य घटक बनाने के लिए रणनीतियां, कार्यक्रम और नीति दस्तावेज विकसित किए हैं। सत्यनिष्ठा और लोक प्रशासन में मूल्यों के लिए खतरों की पहचान करके नैतिक प्रशिक्षण को भ्रष्टाचार निरोधक रणनीतियों और सत्यनिष्ठा की रणनीतियों में शामिल करना अनिवार्य है। नैतिक प्रशिक्षण को नीति दस्तावेजों में शामिल कर भ्रष्टाचार को समाप्त करने और सुशासन की स्थापना करने का कार्य लोक प्रशासन के क्षेत्र में सकारात्मक संकेत है। यह रणनीति तभी सफल होगी जब कार्यक्रम से संबंधित सभी गतिविधियां समय पर की जाएं, इसके लिए पर्याप्त बजट का प्रावधान हो और इस संबंध में सरकार द्वारा कानूनी बाध्यता से संबंधित प्रावधान किए जाएं। अनेक देशों में नैतिक प्रशिक्षण प्राप्त करना लोक सेवकों का कानूनी अधिकार है। इन लोक सेवकों को समय-समय पर इस प्रकार के प्रशिक्षण कार्यक्रमों में शामिल होना पड़ता है। उदाहरण के लिए, संयुक्त राज्य अमेरिका

में कार्यपालकों को नैतिक प्रशिक्षण में पंजीयन कराना होता है, इसी प्रकार तुर्की में सभी लोक अधिकारियों के लिए यह प्रशिक्षण अनिवार्य है।

कुछ देशों में नैतिक प्रशिक्षण पर प्रत्यक्ष और अप्रत्यक्ष वैधानिक प्रावधानों के अतिरिक्त "नैतिक आयुक्त" (Ethics Commissioner) की नियुक्ति भी की जाती है, जो प्रत्येक विभाग में नैतिकता से संबंधित कार्यक्रम चलाता है। भारत में विभागों की सतर्कता शाखाओं (Vigilance Wings) को यह जिम्मेदारी दी जा सकती है। राजनेताओं के लिए इस प्रकार का प्रशिक्षण प्रभावशाली सिद्ध हो सकता है। ऑस्ट्रेलिया में मंत्रियों के राजनीतिक सलाहकारों को सत्यनिष्ठा पर विशेष प्रशिक्षण प्रदान किया जाता है। कई देशों में वहां के स्थानीय प्रशासन द्वारा अपने स्वयं के प्रशिक्षण कार्यक्रम हैं।

नैतिक प्रशिक्षण प्रदान करना एक प्रमुख लक्ष्य है और इसके लिए पर्याप्त वित्तीय प्रावधानों की आवश्यकता होती है, इसलिए इष्टतम परिणाम की प्राप्ति के लिए क्षेत्र विशेष की आवश्यकता का मूल्यांकन किया जाना महत्त्वपूर्ण है। आवश्यकता मूल्यांकन के माध्यम से प्रशिक्षण क्षेत्रों की प्राथमिकता तय की जा सकती है और व्यय प्रभावशीलता में सुधार किया जा सकता है। कई देश सर्वेक्षणों और अध्ययनों के माध्यम से लोक सेवकों की सत्यनिष्ठा के स्तर, जनता की लोक कार्यालयों पर आस्था और व्याप्त भ्रष्टाचार का मूल्यांकन करते रहते हैं। ये सर्वेक्षण सरकारी और गैर-सरकारी दोनों प्रकार की संस्थाओं द्वारा कराए जाते हैं। ये सर्वेक्षण सामान्य मुद्दों की पहचान करने में समर्थ हैं, परंतु नैतिक प्रशिक्षण की आवश्यकताओं का विश्लेषण करने के लिए पर्याप्त नहीं हैं। विभिन्न सर्वेक्षण जो लोक प्रशासन में नैतिकता के भिन्न-भिन्न आयामों पर केंद्रित हों, वे नैतिक प्रशिक्षण के लिए आवश्यक प्रारूपण को अधिक अच्छे से प्रस्तुत कर सकते हैं। उदाहरण के लिए, "सिविल सेवा में मूल्य", "सिविल सेवा की दक्षता", "जनता और लोक कार्यालयों के मध्य विश्वास में कमी", "सांठगांठ आधारित पूंजीवाद" (Crony Capitalism), आदि पर सर्वेक्षण नैतिक प्रशिक्षण का अच्छा प्रारूप तैयार करने में सहयोग प्रदान कर सकते हैं।

प्रशिक्षण में अधिकाधिक प्रकरण अध्ययनों को शामिल किया जाना चाहिए, ताकि नैतिक दुविधा से संबंधित परिस्थितियों से निपटने में दक्षता प्रदान की जा सके। मूल्य आधारित उपागम प्रत्येक मामले में प्रभावकारी सिद्ध नहीं होता। नैतिक दुविधाएं प्रायः प्रसंग पर आधारित होती हैं समान परिस्थितियों में भी इनके अनेक हल संभव हो सकते हैं, परंतु उपयुक्त हल प्रसंग पर आधारित होता है। प्रशिक्षण का उद्देश्य मामले की भली प्रकार से पहचान करने, व्यवस्थित तरीके से उसका विश्लेषण करने और उससे निपटने के लिए रास्ता ढूंढ़ने की दक्षता प्रदान करना है न कि कोई वस्तुनिष्ठ हल ढूंढ़ना। किसी जटिल परिस्थिति का कोई एक पूर्णरूपेण सही उत्तर नहीं होता, यद्यपि मार्गदर्शी मूल्य और सिद्धांत कुछ सीमा तक सही हल तक पहुंचा देते हैं। अंततः दैनिक जीवन में धारण किए जाने वाले मूल्य और दूसरों को भी ऐसा करने की प्रेरणा देना ही नैतिक कार्य संस्कृति को पोषित करने का प्रभावशाली तरीका है। नैतिक आयोग का संस्थानीकरण समय की आवश्यकता है। नैतिक प्रशिक्षण से संबंधित गतिविधियों का विकेंद्रीकरण सरकार में सत्यनिष्ठा प्रबंधन की दिशा में एक रणनीतिक कदम सिद्ध हो सकता है।

भारत में नैतिक प्रशिक्षण हेतु उठाए गए कदम

(Steps Taken in India for Ethics Training)

भारत में विशेष रूप से सरकार में नैतिक प्रशिक्षण की अवधारणा का जन्म दूसरे प्रशासनिक सुधार आयोग द्वारा ग्रुप A और ग्रुप B अधिकारियों के लिए "एथिक्स इन गवर्नेंस" (Ethics in Governance) विषय पर दिए गए सुझावों के आधार पर हुआ था। "प्रशासनिक सुधार और लोक शिकायत विभाग" (Department of Administrative Reforms and Public Grievances, DARPG-GOI) भारत सरकार की नोडल एजेंसी के रूप में केंद्र और राज्य सरकारों में प्रशासनिक सुधारों के लिए कार्य करता है। यह विभाग प्रशासनिक उत्कृष्टता और इस क्षेत्र में अंतर्राष्ट्रीय स्तर

पर सर्वश्रेष्ठ अभ्यासों से संबंधित ज्ञान को साझा करके सुशासन लाने का प्रयास करता है। दूसरे प्रशासनिक सुधार आयोग की चौथी रिपोर्ट (Ethics in Governance) के अनुसार, 'सुशासन को जमीनी स्तर पर हमारे संविधान में विदित और धार्मिक ग्रंथों में उपदेशित मजबूत नैतिक मूल्यों की सहायता से लाया जा सकता है।'

भारत सरकार के निर्देश पर एडमिनिस्ट्रेटिव ट्रेनिंग इंस्टीट्यूट (Administrative Training Institute–ATI) मैसूर ने इस आशय से मास्टर प्रशिक्षकों को प्रशिक्षित करने के लिए एक उप-समिति का गठन किया। प्रशिक्षण का उद्देश्य सहभागियों में दूसरे प्रशासनिक सुधार आयोग की आत्मा का ज्ञान कराकर नैतिकता की मजबूत नींव पर सुशासन की स्थापना करना था। इस प्रशिक्षण द्वारा सहभागियों को दैनिक लोक व्यवहार और सरकार में नैतिकता के घटकों की पहचान करने की योग्यता प्रदान करने का प्रयास किया जाता है। इस प्रशिक्षण का उद्देश्य लोक सेवकों के पदीय कर्तव्यों और शासन में उनकी भूमिका के आधार पर आकलन किए गए नैतिक मूल्यों की अवधारणा का ज्ञान कराना है। यह प्रशिक्षण सरकारी अधिकारियों को लोक सेवा में पारदर्शिता लाने के साधनों और विधियों से युक्त करता है, ताकि भ्रष्टाचार के विरुद्ध लड़ाई जीती जा सके। सेंटर फॉर गवर्नेंस (Centre for Governance) इस कार्यक्रम को इनीशिएटिव ऑफ चेंज (Initiative for Change) एशिया प्लेटू (Asia Plateau) पंचगनी (महाराष्ट्र) में चलाने के लिए नोडल एजेंसी है। सेवानिवृत्त नौकरशाह और गैर-सरकारी विशेषज्ञ इस कार्यक्रम के मुख्य सहभागी होते हैं। यू.एन.डी.पी. (UNDP) इस कार्यक्रम को वित्तीय सहायता प्रदान करता है। प्रशिक्षण को टीमों में विभाजित करके वर्गीकृत किया जाता है और ये टीमें राज्य स्तर पर स्थित प्रशासनिक प्रशिक्षण केंद्रों में प्रशिक्षण प्रदान करती हैं। कुछ प्रशिक्षक इसी तरह के मॉड्यूल बच्चों, आम जनता और निजी क्षेत्रकों के कर्मचारियों के लिए तैयार कर रहे हैं।

अभ्यास प्रश्न

1. शासन व्यवस्था में नीतिपरक मूल्यों की पहचान कीजिए।
2. लोक सेवा में नैतिक आचरण को प्रोत्साहित करने के सुझाव प्रस्तुत कीजिए।
3. लोक सेवकों के लिए नैतिक प्रशिक्षण क्यों आवश्यक है? स्पष्ट कीजिए।
4. भारत में लोक सेवकों के लिए नैतिक प्रशिक्षण हेतु क्या प्रावधान हैं? व्याख्या कीजिए।
5. क्या आप सहमत हैं कि नैतिक प्रशिक्षण के माध्यम से लोक सेवकों के भीतर नैतिक मूल्यों को सुदृढ़ किया जा सकता है? आलोचनात्मक व्याख्या कीजिए।

अध्याय 15

नैतिक दुविधा

Ethical Dilemma

प्रस्तावना (Introduction)

मेरी सारटन के अनुसार, 'नैतिक दुविधा (Moral Dilemma) अस्वीकार्य के साथ शांति स्थापित करना है।' (The Moral Dilemma is to Make Peace with the Unacceptable.) कई बार व्यक्ति ऐसी परिस्थितियों का सामना करता है, जिनमें वह इस कारण कोई निर्णय नहीं ले पाता, क्योंकि उसके सम्मुख दो या दो से अधिक विकल्प मौजूद होते हैं और आश्चर्यजनक रूप से सभी संभव विकल्प सही प्रतीत होते हैं। दुविधा ऐसी स्थिति नहीं होती, जिसमें किसी परिस्थिति के लिए सर्वाधिक सही उत्तर उपलब्ध हो और अन्य उत्तर मापदंडों के अनुरूप दूर-दूर तक वास्ता न रखते हों। नैतिक दुविधा के संदर्भ में आचरण के मार्ग में अवरोध अर्थपूर्ण नहीं हैं। सामान्यत: नैतिक दुविधा सममित (Symmetrical) परिस्थितियों में उत्पन्न होती है। दूसरे शब्दों में, नैतिक दुविधा वह स्थिति है, जिसमें किसी व्यक्ति को एक विशेष प्रकार का आचरण या कार्य करने के लिए दो या दो से अधिक उपलब्ध नैतिक आदेशों में से चयन करना पड़ता है, जो कि स्वीकार्य प्रतीत होते हैं। इसके अलावा, समस्या तब उत्पन्न होती है जब किसी एक आचरण को प्राथमिकता दी जाए और अन्य उपलब्ध आचरणों के नैतिक आदेशों को अलग-थलग कर दिया जाए। नैतिक दुविधा तब भी आती है, जब कोई आचरण दो या दो से अधिक उपलब्ध अस्वीकार्य प्रतीत हो रहे अनैतिक आदेशों में से अधिक अस्वीकार्य प्रतीत हो रहा हो। यह प्रदर्शित करता है कि कोई परिस्थिति उत्पन्न हो सकती है, जिसमें किसी व्यक्ति को सर्वाधिक नैतिक हल का चयन करना पड़े, तो दूसरी ओर ऐसी परिस्थिति भी उत्पन्न हो सकती है, जिसमें किसी व्यक्ति को न्यूनतम अनैतिक हल का चयन करना पड़े।

व्यक्ति को सदैव इस बात को मस्तिष्क में रखना चाहिए कि किसी नैतिक समस्या का कोई एकल सही उत्तर नहीं होता और सर्वाधिक सही उत्तर की खोज के लिए प्रयास करना चाहिए, जिसमें सर्वश्रेष्ठ परिणाम उत्पन्न करने की संभावना हो। सबसे अधिक बहस के कुछ नैतिक मुद्दों में गर्भपात, क्रमिक संपूर्णता (Graded Absolutism), दयालु की दुविधा (Samaritan's Dilemma), इच्छामृत्यु (Euthanasia), आत्महत्या करने का अधिकार, आदि है। इन मुद्दों से संबंधित दुविधा नैतिक सिद्धांतों के इर्द-गिर्द घूमती रहती है। इसे परिणाम निरपेक्षता (Deontology) और प्रयोजनमूलकता (Teleology) के बीच के विवाद की संज्ञा दी जाती है, या सरल शब्दों में क्रमश: "सही" (Right) तथा "शुभ" (Good) के बीच विवाद के रूप में देखा जाता है। जब हम नैतिक दुविधा के इतिहास में जाते हैं, तो हमें इसके प्रारंभिक उदाहरण *बाइबल* में प्राप्त होते हैं, इसी प्रकार के अनेक उदाहरण *महाभारत* तथा *रामायण* में भरे पड़े हैं। उदाहरण के लिए, अब्राहम को उस समय नैतिक दुविधा का सामना करना पड़ा जब ईश्वर ने उसके पुत्र ईसाक की कुर्बानी मांगी, यहां नैतिक दुविधा थी कि या तो वह अपने पुत्र की हत्या करता या ईश्वर के आदेश से विमुख होता। इसी प्रकार भगवान राम द्वारा पिता राजा दशरथ की आज्ञानुसार राज-पाट छोड़ना और बाद में लोक आलोचना

के कारण पत्नी सीता का त्याग करना, अर्जुन जैसे महान योद्धा द्वारा कुरुक्षेत्र में इस प्रकार की दुविधा का सामना करना, आदि ऐसे उदाहरण हैं, जो प्रयोजनमूलता और कर्तव्यवाद के मध्य के संघर्ष को प्रदर्शित करते हैं।

धार्मिक ग्रंथों के उदाहरण से परे हम पश्चिमी दार्शनिक विश्व के उदाहरण पर आते हैं। सुकरात ने एक नैतिक दुविधा प्रदर्शित करने के लिए ऋण वापस करने संबंधी नैतिक सिद्धांत लिया। वे कहते हैं कि यदि किसी व्यक्ति ने अपने मित्र से एक शस्त्र उधार लिया है और यदि शस्त्र उसके मित्र के पास रहे तो वह उसका दुरुपयोग कर सकता है और हिंसा फैला सकता है, तो उस शस्त्र को वापस करना गलत है। इस संबंध में अगला सबसे लोकप्रिय उदाहरण जीन पॉल सार्त्र के अस्तित्ववाद (Existentialism) से संबंधित है। सार्त्र उदाहरण देते हैं, एक युवा व्यक्ति अपनी मां की देखभाल करता है और उसका भाई देश की रक्षा करते हुए एक युद्ध में शहीद हो चुका है, तो क्या उसे भी विदेशी आक्रमण को रोकने के लिए युद्ध में जाना चाहिए, या अपनी मां की देखभाल करने के लिए रुकना चाहिए। नैतिक दुविधा से संबंधित अनेक प्रश्न दूसरे विश्व युद्ध के समय से उत्पन्न होने लगे, जैसे– युद्ध आरंभ करना, इच्छामृत्यु, हिपोक्रेटिक शपथ, आदि। हम इन मुद्दों पर पिछले अध्यायों में विस्तार से चर्चा कर चुके हैं।

किसी व्यक्ति के समक्ष नैतिक दुविधा तब उत्पन्न होती है, जब उसके पास आगे बढ़ने के लिए दो या अधिक प्रकार के व्यवहार करने के विकल्प मौजूद होते हैं। उनमें से कोई एक व्यवहार ही चुना जा सकता है तथा उपलब्ध सभी विकल्प विरोधाभासी हैं, परंतु सभी दृष्टिकोण से नैतिक हैं। उदाहरण के लिए, प्रायोगिक नीतिशास्त्र (Applied Ethics) के मुद्दे, जैसे– इच्छामृत्यु, मृत्युदंड और प्राथमिकता निर्धारण नैतिक दुविधा उत्पन्न करते हैं, जिनमें सभी संभव व्यवहार नैतिक हैं, परंतु विरोधाभासी हैं। उदाहरण के लिए, भारतीय दंड संहिता की धारा 302 के अंतर्गत यह प्रावधान है कि जो भी हत्या का अपराध करता है उसे मृत्युदंड या आजीवन कारावास तथा आर्थिक दंड दिया जाएगा, यहां कितना दंड देना है यह दुविधा का विषय है।

कांट नैतिक दुविधाओं जैसी परिस्थितियों की उत्पत्ति के विरोध में तार्किक दलील देते हैं। वे बल देते हैं कि कर्तव्य सुस्पष्ट आदेश के रूप में होते हैं और इस प्रकार वे समझने योग्य होते हैं, क्योंकि नियमों का पालन करने की अनिवार्यता होती है तथा इसमें किसी भी प्रकार के विपथन की कोई संभावना नहीं है। परंतु कांट पूर्णतः सही नहीं हैं, जैसा कि पूर्व में दिए गए धारा 302 के उदाहरण में उनका तर्क विफल होता देखा जा सकता है। कांट पुनः कर्तव्य के ऐसे विरोधाभासी आधारों की पहचान करते हैं और कहते हैं कि गहन तर्क तथा मस्तिष्क का प्रयोग करने पर अन्य आधार अपनी अपर्याप्तता प्रकट कर देते हैं तथा अंतिम आधार सर्वाधिक पर्याप्त आधार के रूप में उभरता है। कांट नैतिक दुविधा की व्याख्या करते हुए कहते हैं कि विरोधाभासी कर्तव्यों का अस्तित्व नहीं होता, बल्कि किसी कर्तव्य के विरोधाभासी आधार अस्तित्व में होते हैं। इस प्रकार की शंकाओं को दूर करने का प्रयास करना चाहिए। ऐसे व्यवहार या कर्म जो नैतिक अनिवार्यता के वर्ग में ही नहीं आते या नैतिक रूप से असंभव होते हैं, वे नैतिक रूप से अनुमत होते हैं, क्योंकि वे नैतिक रूप से तटस्थ (Neutral) हैं। इस प्रकार, सभी व्यवहारों को तीन वर्गों के अंतर्गत रखा जा सकता है– अनिवार्य, असंभव और अनुमत। कांट कर्तव्यों को दो समूहों के अंतर्गत परिभाषित करते हैं– संपूर्ण कर्तव्य (Perfect Duties) और असंपूर्ण कर्तव्य (Imperfect Duties)। संपूर्ण कर्तव्य वे कर्तव्य हैं, जो गैर-विरोधाभासी होते हैं, क्योंकि वे सभी संबंधित व्यवहारों को इस आशय के लिए अनिवार्य बनाते हैं। दूसरी ओर, असंपूर्ण कर्तव्य किसी व्यवहार को अनिवार्य घोषित नहीं करता, जिससे विवाद की संभावनाएं बढ़ जाती हैं और निर्णय लेने में आत्मनिष्ठता आने लगती है।

उपयोगितावादी उपागम (Utilitarian Approach) भी नैतिक दुविधा की संभावनाओं को नकार देता है। उपयोगितावादी दार्शनिक उपयोगिता को नैतिक कर्तव्यों के अंतिम स्रोत के रूप में देखते हैं और उपयोगिता उन मानकों को निर्धारित करती है, जो अवांछनीय व्यवहारों को छानकर अलग कर देते हैं। उपयोगितावाद में उपयोगिता को सुख, खुशी, संतुष्टि, अच्छाई इत्यादि के रूप में परिभाषित करते हुए इनको अधिकतम करने का प्रयास किया जाता है।

दुविधा को हल करने के क्रम में उपयोगितावाद के पास दो विकल्प उपलब्ध होते हैं या तो उपयोगिता की समानता स्थापित करते हुए (उपयोगिता का औसत वितरण) अतार्किक निम्नीकरण (Unresonable Reduction) की भेंट चढ़ जाना, या उपयोगिता की विषमता (Heterogeneity of Utility) को स्वीकार कर लेना, जिसमें विवाद को हल करने से प्राप्त होने वाले लाभ का त्याग करना पड़ता है।

हेयर नैतिक दुविधा को हल करने के लिए अंत:प्रज्ञावाद (Intuitionalism) पर बल देते हैं। वे नैतिक विवादों को प्रज्ञा के स्तर और आलोचना के स्तर पर विभाजित करते हैं। उनके अनुसार, प्रज्ञा के स्तर पर दुविधाएं अनिराकरणीय हैं, परंतु आलोचना के स्तर (Critical Level) पर इनका निराकरण करना पड़ता है। किसी विशेष क्रिया या व्यवहार को उसकी उपयोगिता के आधार पर सही या गलत ठहराए जाने के लिए आलोचनात्मक दृष्टिकोण अपनाकर उन्हें नियम के तौर पर स्थापित करने के लिए अर्थात् "ज्ञानमीमांसीय पूर्ववर्ती" (Epistemological Prior) रूप देने के लिए संयुक्त किया जाता है। प्रथम दृष्टया सिद्धांतों के रूप में उपयोग होने वाले नियमों का पूर्व निर्मित समुच्चय (Readymade Set) नैतिक समझ विकसित करने के लिए और दैनिक आधार पर आने वाली सामान्य परिस्थितियों के लिए मार्गदर्शी सिद्धांत निर्मित करने के लिए प्रयोग में लाया जाता है। ये सिद्धांत हमारे प्रज्ञात्मक निर्णयों का आधार होते हैं और बदले में अधिक सही एवं स्पष्ट निर्णय प्रदान करते हैं।

हीगल द्वारा कांट के कर्तव्य सिद्धांत "कर्तव्य मात्र के लिए कर्तव्य" (Duty for Duty Sake) पर लगाए गए आरोप का समर्थन किया जाता है। कर्तव्य सिद्धांत औपचारिक यंत्र है और वह कर्तव्यों के मध्य संघर्ष का निराकरण करने में असफल हो जाता है, जो दैनिक जीवन में आम बात है। कर्तव्य सिद्धांत कानून की अक्षुण्ण स्थिति पर बल देता है, परंतु हम ऐसे अनेक उदाहरण देख सकते हैं, जहां इन कानूनों को तोड़ना अनिवार्य हो जाता है। उदाहरण के लिए, कांट यह दावा करते हैं कि झूठ बोलना कभी भी सही आचरण नहीं हो सकता और इस परिस्थिति में "सत्यवादी बने रहने से ऊपर के कर्तव्यों" का निराकरण करने में असफल हो जाता है। ब्रेडले द्वारा हीगल के इस विचार कि स्व-वास्तविकीकरण (Self-realisation) ही मानव जाति के लिए अंतिम शुभ है और स्व-वास्तविकीकरण की प्रक्रिया में नैतिक संघर्षों की उत्पत्ति को रोका नहीं जा सकता, जो कि तीन आयामों के अंतर्गत जन्म लेते हैं–

1. मेरी स्थिति (Anchoring Position) और संबंधित कर्तव्य।
2. संसार की अपेक्षाओं से परे की स्थिति।
3. एक काल विशेष की नैतिकता किसी अन्य काल में नहीं होती।

ब्रेडले कहते हैं कि एक व्यक्ति किसी समुदाय का सदस्य होता है और किसी एक व्यक्ति के स्वयं का वास्तविकीकरण (Realisation of Oneself) दूसरे शब्दों में सामाजिक कर्तव्यों के रूप में सामुदायिक हितों के वास्तविकीकरण से ही संबंधित है। एक काल विशेष की नैतिकता किसी अन्य काल में नहीं होती परंतु "मेरी स्थिति तथा संबंधित कर्तव्य" (My Station and Its Duty) में फंसे रहने से यदि समुदाय दूषित होता है, तो इस स्थिति से परे जाना अनिवार्य है।

रास का आधुनिक संस्थावादी विचार दो प्रकार से कर्तव्यों को विभेदित करते हुए नैतिक दुविधा को हल करता है। पहले प्रकार के कर्तव्य को वे प्रथम दृष्टया (Prima Facie) कर्तव्य के रूप में और दूसरे प्रकार के कर्तव्य को अपवाद रहित (Without Exception) कर्तव्य के रूप में विभेदित करते हैं, जिसे उन्होंने "San Phrase" कहा है। वे पुन: बल देते हुए कहते हैं कि केवल प्रथम दृष्टया कर्तव्य ही संघर्षात्मक प्रकृति के होते हैं। ये न तो वास्तविक कर्तव्य होते हैं और न ही किसी वास्तविक कर्तव्य का भ्रम पैदा करते हैं, बल्कि ये मात्र किसी आचरण विशेषकर अभिवृत्तियों और सद्गुणों, जैसे– सत्यनिष्ठा (Fidelity), सुधार (Reparation), कृतज्ञता (Gratitude), न्याय (Justice), उपकार (Beneficance), स्व-संवर्धन (Self-improvement) तथा हानिरहितता (Non-maleficence) से संबंधित वस्तुनिष्ठ

तथ्य होते हैं। एक प्रथम दृष्टया कर्तव्य अपने ही किसी संदर्भ से संबंधित आचरण होता है। दूसरी ओर, वास्तविक कर्तव्य अपनी संपूर्ण प्रकृति के फलस्वरूप होने वाले आचरण से संबंधित होता है। हम वास्तविक नैतिक दुविधाओं से संबंधित कथनों को तीन वर्गों के अंतर्गत देख सकते हैं–

1. नैतिक भावनाओं से संबंधित कथन।
2. मूल्यों की बहुवचनता (Plurality) से संबंधित कथन।
3. एकल मूल्य संघर्षों (Single Value Conflicts) से संबंधित कथन।

नैतिक भावनाओं से संबंधित कथन भावनाओं के प्रकटीकरण से संबंधित होते हैं, जैसे– पश्चात्ताप (Regret), आत्मग्लानि (Remorse) आदि, जो नैतिक दुविधा को सुलझाने के परिणामस्वरूप उत्पन्न होते हैं। नैतिक दुविधाएं इच्छाओं के संघर्ष से समानता रखती हैं न कि तथ्यात्मक विश्वास के संघर्ष से। जब आपस में विरोधाभास रखने वाली इच्छाएं सामने आती हैं और जो अस्वीकार कर दी गई हैं परंतु हटी नहीं हैं तो स्मृति में पश्चात्ताप के रूप में आती हैं उन्हें बर्नार्ड विलियमसन अतार्किक और अनैतिक की संज्ञा देते हैं। ऐसे अनेक प्रकरण हो सकते हैं, जिनमें दोनों प्रकार के आचरण गैर-इच्छित परिणाम उत्पन्न करते तब भी पश्चात्ताप होता। मारकस के अनुसार, यदि हम वास्तविक नैतिक दुविधा के अस्तित्व पर विचार करें तो आत्मग्लानि ही प्रत्युत्तर के रूप में निकलकर आएगी। वे आगे कहते हैं कि आत्मग्लानि दुविधा से संबंधित परिस्थितियों को भविष्य में टाले जाने के लिए व्यक्ति को प्रोत्साहित करती है। मूल्यों की बहुवचनता (Plurality of Values) से संबंधित कथनों के अनुसार, वास्तविक नैतिक मूल्यों में बहुवचनता होती है और यह अनिवार्य भी है। "क्या करना चाहिए और क्या नहीं करना चाहिए" इस बिंदु तक पहुंचने के अनेक माध्यम हो सकते हैं। एक "चाहिए" कथन (Ought Statement) व्यक्ति की पिछली स्थिति, उसकी प्रतिबद्धता और व्यक्तिगत नैतिकता से निकलकर आता है। इस प्रकार एक स्थिति आबद्ध कर्तव्य किसी नैतिक सिद्धांत से विरोधाभास की स्थिति में हो सकता है। नगेल विकासशील बहुवचनीय कथन के पदों में यह दावा करते हैं कि वे संबंधों, उद्देश्यों, साधनों, अधिकारों, अभावग्रस्त न रहने की इच्छा और व्यक्तिगत प्रतिबद्धताओं से संबंधित दायित्वों पर आधारित विरोधाभासी और गैर-सुलह योग्य (Irreconcilable) मूल्य होते हैं। ये पांच मूल्य दो समूहों के अंतर्गत आते हैं– कारक केंद्रित (Agent Centred) मूल्य जो व्यक्तिगत होते है तथा परिणाम केंद्रित (Outcome Centred) मूल्य जो गैर-व्यक्तिगत होते हैं। नैतिक दुविधा की उत्पत्ति से संबंधित अंतिम कथन इस धारणा पर आधारित है कि एक अकेला नैतिक मूल्य कुछ परिस्थितियों के अंतर्गत स्वयं से ही विरोधाभास की स्थिति में होता है। मारकस यह सिद्धांत प्रतिपादित करते हैं और इसे एक उदाहरण के माध्यम से समझाने का प्रयास करते हैं। वे कहते हैं कि कोई व्यक्ति दो वादे कर सकता है और इसके पश्चात् वह जान पाता है कि वह एक ही समय में दोनों वादों को पूरा नहीं कर सकता। वे पुनः मासूम जीवनों की रक्षा के उदाहरण के माध्यम से इसे समझाते हैं। कोई ऐसा क्षण आ सकता है जब केवल एक जीवन को बचाया जा सकता है न कि सभी को। प्रत्येक प्रकरण में कोई एकल नैतिक मूल्य विरोधाभासी व्यवहारों से संबंधित होता है। ट्रॉली समस्या को इस वर्ग से संबंधित एक काल्पनिक समस्या के रूप में रेखांकित किया जा सकता है।

ट्रॉली समस्या (Trolley Problem)

ट्रॉली समस्या नैतिक दुविधा से संबंधित एक अनुप्रयोग है, जिसमें एक काल्पनिक परिस्थिति सृजित की गई है। यह एक आदर्श पहेली है, जो उपयोगितावाद और नियमात्मकता के बीच के विवाद को प्रदर्शित करती है। ट्रॉली समस्या कालानुसार विकसित हुई है, जो नैतिक दुविधा से संबंधित अनेक काल्पनिक परिदृश्यों को प्रदर्शित करती है। यह सभी संभव नैतिक तरीकों को चर्चा में लाने का प्रयास करती है, जिन्हें लोगों द्वारा विभिन्न परिस्थितियों में प्रयोग में

लाया जाना चाहिए। इस पहेली का मूल प्रारूप 1967 में फिलिपा फूट द्वारा दिया गया था। एक ट्रॉली रेलवे ट्रैक के ऊपर चल रही है। यह मुख्य ट्रैक कुछ दूर चलकर दो दिशाओं में चला जाता है। आप लीवर के पास खड़े हैं, जो ट्रॉली की दिशा में ट्रैक को दो मार्गों में से किसी एक मार्ग की ओर निर्देशित कर सकता है। आप देखते हैं कि एक मार्ग में पांच लोग ट्रैक पर बंधे हुए पड़े हैं और दूसरे मार्ग में एक व्यक्ति है। आपके पास दो विकल्प मौजूद हैं–

1. आप स्थिति में कोई छेड़छाड़ नहीं करेंगे और पांच लोगों को ट्रैक पर मरने देंगे।
2. लीवर को खींचकर ट्रॉली का मार्ग परिवर्तित कर देंगे और एक व्यक्ति ही मारा जाएगा।

इस परिस्थिति में सबसे उपयुक्त नैतिक व्यवहार क्या होगा? इस मूल समस्या को आगे थॉमसन (1967) ने विस्तारित किया तथा कोस्टा (1987) और अंगर (1992) ने इसमें परिमार्जन किया। ये विविध रूप विभिन्न नैतिक समस्याओं को प्रदर्शित करते हैं और वास्तविक जीवन की ऐसी समस्याओं के नैतिक उपायों की खोज के लिए विवश करते हैं।

ट्रॉली समस्या का एक अन्य रूप थॉमसन ने 1967 में प्रस्तुत किया। एक ट्रॉली ट्रैक पर दौड़ रही है, परंतु किसी भारी वस्तु से ट्रैक को बाधित करने से इसे ट्रैक पर बंधे पांच व्यक्तियों तक पहुंचने से रोका जा सकता है। आप एक मोटे आदमी के साथ ट्रैक के समीप खड़े हैं। ट्रॉली को रोकने का एकमात्र उपाय मोटे आदमी को चलती ट्रॉली के सामने धक्का देना है। आप एक आदमी की जान के बदले पांच लोगों की जान बचा सकते हैं। क्या आप इस विकल्प को प्रयोग में लाएंगे? इस स्थिति में एक अन्य परिवर्तन करते हैं, यदि आपके समीप खड़ा व्यक्ति अन्य पांच लोगों को ट्रैक पर बांधने के लिए जिम्मेदार है और वह उन्हें मारना चाहता है, तब क्या आप उसे चलती ट्रॉली के सामने धक्का देकर पांच बेगुनाह लोगों की जान बचाएंगे।

1987 में माइकल जे. कोस्टा द्वारा ट्रॉली समस्या का एक अन्य रूप प्रस्तुत किया गया। उनके द्वारा प्रस्तुत ट्रॉली समस्या की व्यवस्था में मोटे व्यक्ति को समीपवर्ती ट्रैक पर रखा गया जो आगे चलकर मुख्य ट्रैक से मिलता है, जिस पर पांच लोग बंधे हुए हैं। आप ट्रैक को बदलकर ट्रॉली को समीपवर्ती ट्रैक पर ला सकते हैं, जहां मोटा व्यक्ति ट्रॉली को रोक देगा और पांच लोगों का जीवन बच जाएगा। क्या आप ट्रॉली का मार्ग बदलेंगे?

ट्रॉली समस्या की शर्तों में कुछ परिवर्तन करते हैं। वे कहते हैं कि एक ट्रॉली ट्रैक पर दौड़ रही है और ट्रैक पर पांच लोग हैं, जो ट्रैक से हटने में असमर्थ हैं। ट्रॉली को किसी अन्य ट्रॉली से दुर्घटना कराके उसका मार्ग बदला जा सकता है, परंतु इसके फलस्वरूप ट्रॉली पहाड़ी के नीचे गिर जाएगी, जहां एक व्यक्ति सो रहा है और नीचे गिरती हुई ट्रॉली के कारण वह मारा जाएगा। क्या आप ऐसी परिस्थिति उत्पन्न होने देंगे?

उपरोक्त सभी पहेलियों का उत्तर तर्क के आधार पर यही होगा कि किसी एक व्यक्ति को मारना अन्य लोगों को मरने देने की अपेक्षा कम इच्छित है, क्योंकि पहले प्रकरण में सक्रिय हत्या है, जबकि बाद के प्रकरण में निष्क्रिय हत्या है। पहली ट्रॉली समस्या में लीवर को खींचने से पांच जीवन बचाए जा सकते हैं और एक व्यक्ति को मरने देना अप्रत्यक्ष घात है। दूसरे प्रकार की ट्रॉली समस्या में मोटे व्यक्ति की हत्या दोषपूर्ण और दंडनीय हत्या है, जिसमें उद्देश्य स्पष्ट रूप से प्रमाणित हो रहे हैं। इसे दोहरे प्रभाव के सिद्धांत (Principal of Double Effect) के रूप में स्पष्ट किया जाता है, जिसके अनुसार उच्चतम सुख की प्राप्ति के लिए अप्रत्यक्ष नुकसान पहुंचाना अनुमत है। यद्यपि किसी लक्ष्य की प्राप्ति के लिए चाहे वह किसी भी मात्रा में शुभ उत्पन्न करे प्रत्यक्ष नुकसान पहुंचाना अनुमत नहीं है। मनोवैज्ञानिक अध्ययनों से यह पता चलता है कि नैतिक अंत:प्रज्ञा का विकास समाज का एक अच्छा सदस्य बनने से प्राप्त सीख से होता है। यह लोगों को ऐसे कार्य करने से रोकता है, जिनमें व्यक्तिगत संपर्क द्वारा हिंसा (मोटे आदमी को पकड़कर ट्रैक पर धकेलना) शामिल हो। ट्रॉली समस्या विश्लेषण के लिए अवास्तविक प्रतीत होती है, परंतु वर्तमान संदर्भ में ड्रोन का प्रयोग, स्वचालित कार, इच्छामृत्यु, आदि ऐसे प्रकरण हैं, जहां यह एक वास्तविक समस्या के रूप में उभरकर सामने आती है और जिसका नैतिक परीक्षण आवश्यक है।

नैतिक दुविधा से कैसे निपटें (How to Handle Ethical Dilemma)

नैतिक दुविधा को नियंत्रित करने का तरीका इस बात पर निर्भर करता है कि आप स्वयं को इससे किस प्रकार संबंधित पाते हैं। किसी व्यक्ति द्वारा नैतिक दुविधा का सामना करने पर उसे निम्नलिखित चरणों का अनुसरण करना चाहिए–

1. नैतिक समस्या की संपूर्ण जानकारी विकसित करे और इसके संबंध में दक्षता प्राप्त करे।
2. मुद्दे का निपटारा करने के लिए सभी वैकल्पिक रणनीतियों की खोज करे।
3. सर्वश्रेष्ठ उपलब्ध रणनीति का चयन करे, जो उसे अधिकतम लक्ष्य तक लेकर जाए।
4. नैतिक साहस के साथ चयन की गई रणनीति का क्रियान्वयन करे।

तार्किक निर्णय सदैव नैतिक परिणाम तक नहीं पहुंचाते, क्योंकि तर्क अकेला न्याय की प्राप्ति का आश्वासन नहीं देता। प्रबंधन के दृष्टिकोण से व्यक्ति को नैतिक समस्याओं को हल करने का एक व्यवस्थित तरीका सीखना पड़ता है–

1. जल्दबाजी में कोई भी निर्णय न लें, मुद्दे को संपूर्णता में समझने के लिए पर्याप्त समय दें
2. अपने सहकर्मियों या वरिष्ठों से परिस्थिति के बारे में चर्चा करें।
3. समस्या पर सभी नैतिक सिद्धांतों के आधार पर प्रक्रिया आरंभ करें, परिणाम निरपेक्षी सिद्धांत से आरंभ करने का प्रयास करें, इसके पश्चात् प्रयोजनमूलकता के आधार पर और अंततः उत्तर आपके सद्गुणों के आधार पर प्राप्त होगा, जो अनुभव एवं मूल्यों के लिए प्रतिबद्धता द्वारा प्राप्त होते हैं।
4. इनपुट प्राप्त करते हुए और निर्णय लेते समय भावनात्मक रूप से बुद्धिमान रहें।
5. परिणाम निरपेक्षी परीक्षण के अंतर्गत आचरण संहिता और नियमावली की व्याख्या बिना किसी पूर्वाग्रह के करें।
6. प्रयोजनमूलक परीक्षण के अंतर्गत ऐसी नैतिक संहिता की व्याख्या करें, जो सामान्य प्रकृति की हो और क्रियाविधि का मर्म धारण करती हो।
7. निर्णय दें और उस पर अडिग रहें, इसे संबंधित लोगों के साथ साझा करें।
8. निर्णय के परिणाम पर नजर रखें और यह ज्ञात करें कि क्या इसे किसी अन्य तरीके से किया जा सकता था।

अभ्यास प्रश्न

1. लोक प्रशासन में नैतिक दुविधाओं का समाधान करने की प्रक्रिया को स्पष्ट कीजिए।
2. अधिकांश समय नैतिक दुविधा वास्तव में दुविधा नहीं होती। आलोचनात्मक व्याख्या कीजिए।
3. किसी लोक सेवक के दैनिक कार्यों में आने वाली प्रभावी दुविधाओं को वास्तविक जीवन के उदाहरणों के माध्यम से समझाइए।
4. नैतिक दुविधा अस्वीकार्य के साथ शांति की स्थापना करना है, समझाइए।

अध्याय

16

अंतर्राष्ट्रीय संबंधों में नैतिक मुद्दे

Ethical Issues in International Relations

प्रस्तावना (Introduction)

प्रत्येक देश अपने नीतिशास्त्र और नैतिक परंपराओं का निर्माण करते हुए विकसित होता है, जो सामान्यत: उसके नागरिकों के सामान्य व्यवहार में परिलक्षित होते हैं। संपूर्ण विश्व में आधारभूत नैतिकता लगभग समान होती है, परंतु वे विशेषताओं और विधियों के आधार पर भिन्नता लिए होते हैं। हम यहां विभिन्न देशों के नैतिक आचरणों के आधार को उजागर करने का प्रयास करेंगे, ताकि इस विचार में शामिल जटिलताओं को अंतर्देशीयता के क्रम में समझा जा सके। लंबे समय से सभी सभ्यताओं में नैतिक मार्गदर्शी सिद्धांतों का निर्माण होता आया है। अरस्तु के विचार, मैकियावेली की वैश्विक ग्राम की अवधारणा और इसी प्रकार के अन्य समान विचार विभिन्न विदेशी राज्यों के मध्य अंतराकर्षण की नैतिकता पर केंद्रित थे। युद्ध और शांति, व्यापार नियंत्रण, प्रवचन, धार्मिक गतिविधियों, इत्यादि से संबंधित नैतिक प्रश्नों को अंतर्राष्ट्रीय संबंधों के अध्ययन में मूलत: विचार में लिया जाता है। परंपरागत विचार अंतर्राष्ट्रीय संबंधों में नैतिकता की न्यूनतम भूमिका के पक्षधर रहे हैं। दूसरे विश्व युद्ध की समाप्ति के पश्चात् नैतिकता को प्रभावी देखा गया और पूर्व में बताए गए कानून एवं संबंधित संस्थाएं जो अंतर्राष्ट्रीय संबंधों को सुधारने के लिए जिम्मेदार थीं उन्हें "अनुपयुक्त नैतिकता" (Misplaced Morality) का नाम दिया जाने लगा। इसके पश्चात् वास्तववादी प्रतिमान (Realist Paradigm) जो नैतिकता को उपयोगी नहीं मानते थे वे मूल्यों से मुक्त एक सामाजिक वैज्ञानिक उपागम पर आधारित अंतर्राष्ट्रीय संबंधों पर बल देने लगे।

अब इतिहास में पीछे लौटते हैं, अंतर्राष्ट्रीय संबंधों के बारे में नैतिक प्रश्नों का जन्म सत्ता के विस्तार के काल में होने लगा। संत ऑगस्टिन के इस विचार ने कि रोम के राजाओं को ईसाइयों के साम्राज्य की रक्षा करनी चाहिए, "न्यायोचित युद्ध के सिद्धांत" (Just War Theory) को जन्म दिया। युद्ध के दौरान राष्ट्रों के मध्य अंतर्राष्ट्रीय संबंधों में नैतिकता चर्चा का विषय बन जाता है। कई बार अनैतिक युद्ध छेड़ने पर उस राष्ट्र के नागरिकों द्वारा ही राष्ट्र की आलोचना करते हुए देखा जाता है। नागरिकों द्वारा सशस्त्र विद्रोह किए जाने के बावजूद उनकी हत्या से परहेज, युद्ध के दौरान शहरों और गांव को लूटना, कैद में लिए गए सैनिकों को प्रताड़ना देना, आदि कुछ नैतिक प्रश्न हैं, जिन पर न्यायोचित युद्ध के सिद्धांत के प्रकाश में विचार किया जाता है। न्यायोचित युद्ध का सिद्धांत "युद्ध को उचित ठहराए जाने" (Jus ad Bellum) और "युद्ध किस प्रकार लड़ा जाना चाहिए" (Jus in Bello) इन दोनों के अध्ययन से संबंधित हैं।

न्यायोचित युद्ध के सिद्धांत का एक लंबा इतिहास है। मुख्य रूप से संत ऑगस्टिन और संत थॉमस एक्विनास ने इस सिद्धांत के बारे में अपने विचार प्रकट किए थे। उचित युद्ध का प्राचीन सिद्धांत "Jus ad Bellum" और "Jus in Bello" पर आधारित है। "Jus ad Bellum" उचित कारण के संदर्भ में न्यायोचितता को ठहराता है, जिसे वैधानिक प्राधिकरण ने उचित घोषित किया हो और उस प्राधिकरण के उद्देश्य उचित होने चाहिए। युद्ध को तभी अंतिम प्रश्रय

के रूप में देखा जाना चाहिए, जब विवाद हल करने के सभी विकल्प समाप्त हो चुके हों और युद्ध जीतने के पर्याप्त तर्क उपलब्ध हों। "Jus in Bello" युद्ध के दौरान आचरणों को प्रदर्शित करता है, जो कि भेदभाव और आनुपातिकता के सिद्धांत का अनुसरण करें। भेदभाव के सिद्धांत के अनुसार, युद्धकर्ताओं और गैर-युद्धकर्ताओं, जैसे नागरिकों एवं कैदियों के बीच अंतर किया जाना चाहिए। आनुपातिकता का सिद्धांत यह प्रदर्शित करता है कि युद्ध में प्रयोग में लाए गए माध्यम इतनी मात्रा में विध्वंस न करें कि युद्ध की समाप्ति के पश्चात् कुछ भी शेष न बचे और युद्ध के लक्ष्य को ही समाप्त कर दें। यद्यपि न्यायोचित युद्ध का सिद्धांत जो नैतिकता का आह्वान है अन्य आधारों पर प्रमाणित है। वास्तववादी यह मानते हैं कि युद्ध का नैतिकता से कोई संबंध नहीं है। नैतिकता सामान्य मनुष्यों के लिए सामान्य परिस्थितियों में बनाई जाती है। राजनेता सामान्य मनुष्य नहीं होते, वे असामान्य परिस्थितियों से निपटने के लिए कानून के बंधन से मुक्त होते हैं। परिणामवाद (Consequentialism) अंतिम परिणाम पर बल देता है। यदि अंतिम परिणाम अच्छा है, तो माध्यम की अनदेखी की जा सकती है। यह सिद्धांत युद्ध को उसके परिणाम के आधार पर न्यायोचित ठहराता है। न्यायोचित युद्ध के सिद्धांत का एक अन्य विरोध यह है कि जब कोई राज्य अन्य राज्य के विरुद्ध युद्ध छेड़ता है, तो दूसरे राज्यों का यह नैतिक कर्तव्य है कि वे पीड़ित राज्य के बचाव में एक साथ आएं।

अंतर्राष्ट्रीय समुदाय में मानव अधिकार केंद्रीय विचार के रूप में शीत युद्ध की समाप्ति के पश्चात् प्रकट हुए। उदारवादी राजनीतिक विचारकों, नारीवादियों और चरमपंथियों ने वास्तववाद और मूल्य मुक्त सामाजिक विज्ञान की आलोचना की तथा यह पक्ष रखा कि अंतर्राष्ट्रीय संबंधों में नैतिकता से संबंधित मुद्दों को जोर-शोर से उठाया जाना चाहिए। अंततः नीतिशास्त्र 1980 के दशक में एक व्यवस्थित अध्ययन के विषय के रूप में अपना स्थान बनाने में सफल रहा, जिस समय अंतर्राष्ट्रीय मंच पर नारीवादी उपागम अपने चरम पर था। अंतर्राष्ट्रीय संबंधों से संबंधित दुविधाओं को निम्न प्रकार से देखा जा सकता है–

1. अनेकवाद (Pluralism)
2. अधिकार और निष्पक्षता (Rights and Fairness)
3. उचित युद्ध (Just War)
4. हस्तक्षेप (Intervention)
5. नाभिकीय नैतिकता (Nuclear Ethics)
6. मानव अधिकार और नागरिकता (Human Rights and Citizenship)
7. नैतिक वैश्वीकरण (Ethical Globalisation)

अंतर्राष्ट्रीय संबंधों के लिए नैतिक सिद्धांत

(Ethical Theories of International Relation)

अब हम वैश्विक न्याय से संबंधित सिद्धांतों की चर्चा करेंगे। सर्वप्रथम हम जॉन राल्स के अंतर्राष्ट्रीय न्याय के सिद्धांत को संक्षेप में जानेंगे, जो मजबूती के साथ समुदाय उपागम की वकालत करता है। इसके बाद हम पीटर सिंगर के वैश्विक समाज के सर्वदेशीय उपागम (Cosmopolitan Approach) की चर्चा करेंगे।

जॉन राल्स का अंतर्राष्ट्रीय न्याय का सिद्धांत (John Rowls Theory of International Justice)

ए थ्योरी ऑफ जस्टिस (A Theory of Justice) जॉन राल्स की एक सुंदर साहित्यिक कृति है, जिसमें अंतर्राष्ट्रीय संबंधों की पूर्णतः अनदेखी की गई। इसके पश्चात् राल्स ने द *लॉ ऑफ पीपुल्स* (The Law of Peoples) नामक कृति की रचना की, जिसमें न्याय आधारित एक अंतर्राष्ट्रीय व्यवस्था का विचार शामिल किया। राल्स ने इस सिद्धांत के निर्माण में अग्रलिखित विचारों को आधार बनाया–

1. अंतर्राष्ट्रीय संबंधों में लोग प्रमुख कर्ता होते हैं न कि राज्य। राज्य के हित लोगों के हितों से पहले स्थान नहीं रखते।
2. सुव्यवस्थित समाज ही एक न्यायपूर्ण अंतर्राष्ट्रीय व्यवस्था की स्थापना कर सकते हैं। उन्होंने इन समाजों को "उदार लोगों" (Liberal Peoples) और सभ्य वंशवादी लोगों के रूप में वर्गीकृत किया। उदार लोग संविधान के अनुसार आगे बढ़ते हैं और अंतर्राष्ट्रीय जिम्मेदारी का भार उठाते हैं। वंशवादी लोग अहिंसक होते हैं, जो मानव अधिकारों का सम्मान करते हैं परंतु लोकतांत्रिक पद्धति का समर्थन नहीं करते। शेष बचे लोग गैर-उदार समाज (Non-liberal Societies) के रूप में होते हैं, जिनमें से कुछ कानून को न मानने वाले, कुछ अंतर्राष्ट्रीय शांति और न्याय में अपना योगदान देने में असमर्थ तथा कुछ अपने लोगों को राजनीतिक निर्णय लेने में भागीदारी से रोकने वाले होते हैं, यद्यपि वे उनके कुछ मानव अधिकारों की रक्षा करते हैं।

राल्स के अनुसार, उदार समाज "राजनीतिक और सामाजिक सहयोग की निष्पक्ष शर्तों" का निर्धारण करने के लिए अपनी ही तरह के अन्य समाजों से समन्वय स्थापित करने के लिए प्रवृत्त रहता है। वे तार्किक ढंग से अंतर्राष्ट्रीय समुदाय को चलाना चाहते हैं और सामूहिक रूप से कोर नैतिक सिद्धांतों का निर्धारण करते हैं, ताकि एक न्यायपूर्ण अंतर्राष्ट्रीय वातावरण का निर्माण संभव हो। पुन: जॉन राल्स उदार समाजों की आठ सिद्धांतों के अंतर्गत व्याख्या करते हैं–

1. लोग मुक्त और स्वतंत्र हैं तथा दूसरों की इस प्रकार की स्वतंत्रता का ध्यान भी रखते हैं।
2. लोग संधियों और वादों को मानते हैं।
3. लोग समान हैं और उभयनिष्ठ अनुबंधों से समान रूप से बंधे हुए होते हैं।
4. लोगों द्वारा अहस्तक्षेप का एक कर्तव्य की तरह पालन किया जाता है।
5. लोग आत्मरक्षा के अपवाद को छोड़कर अन्य स्थितियों में युद्ध आरंभ करने के अधिकार से वंचित हैं।
6. लोग मानव अधिकारों का सम्मान करते हैं।
7. लोग युद्ध के दौरान कुछ विशेष प्रतिबंधों का पालन करते हैं।
8. लोग उन लोगों की सहायता करेंगे जो शोचनीय स्थिति में जीवन जी रहे हैं और जिन्हें एक न्यायपूर्ण राजनीतिक और सामाजिक व्यवस्था को प्राप्त नहीं करने दिया जा रहा।

राल्स पुन: कहते हैं कि अपवादस्वरूप कुछ ऐसी स्थितियां निर्मित हो सकती हैं, जिनमें निरंकुश, हिंसक, अमानवीय, और अस्थिर समाजों से उपरोक्त सिद्धांतों का उल्लंघन करते हुए निपटना पड़ता है। संक्षेप में यह कहा जा सकता है कि समुदायवादी उपागम व्यवस्थित आचरण और नैतिक वातावरण पर अपने आप बल देता है। यदि महाशक्तियां अंतर्राष्ट्रीय राजनीतिक नैतिकता के अनुरूप कार्य करें, तो एक न्यायपूर्ण विश्व की स्थापना की जा सकती है।

सिंगर का विश्व न्याय का सिद्धांत (Singer's Theory of World Justice)

पीटर सिंगर एक अग्रिम पंक्ति के सर्वविश्ववादी दार्शनिक (Cosmopolitan Philosopher) थे, जिन्होंने विश्व की अर्थव्यवस्था, कानून और समाज की वैश्विक एकता पर बल दिया। वैश्वीकरण के बढ़ते प्रभाव ने राज्यों के मध्य प्रभावशाली आदान-प्रदान व्यवस्था स्थापित की है और यह राज्य के संप्रभु चरित्र को समाप्त कर रहा है। अब समय आ चुका है कि विश्व को एक "विश्वग्राम" के रूप में पुनर्गठित किया जाए। वे आगे कहते हैं कि एक नवीन अंतर्राष्ट्रीय नैतिकता समय की मांग है, जो वैश्विक नागरिकों के हितों का पोषण करने में सक्षम हो। सिंगर राज्यों के संप्रभु चरित्र की आलोचना करते हैं और इसकी नैतिक सार्थकता पर प्रश्नचिह्न लगाते हैं।

सिंगर की सर्वविश्ववादी परियोजना राज्यों की संस्कृति और राजनीति की विविधता को समाप्त नहीं करती, बल्कि यह लोगों के सार्वभौमिक जुड़ाव पर केंद्रित है। सामाजिक और सांस्कृतिक विविधता का सम्मान किया जाना चाहिए

तथा इसकी रक्षा की जानी चाहिए, परंतु एक सफल सार्वभौमिकता के लिए एक संस्कृति और एक समाज की मांग होती है। यह संतुलन प्रभावकारी वैश्विक संस्थाओं की सहायता से स्थापित किया जा सकता है। वे आगे कहते हैं कि इस ग्रह पर मौजूद घोर गरीबी की जिम्मेदारी समाज के धनाढ्य लोगों को समझनी चाहिए। सिंगर यहां तक मानते हैं कि इन लोगों को अपनी वार्षिक आमदनी का कुछ भाग गरीबी को समाप्त करने के लिए सहयोग के रूप में दे देना चाहिए। सिंगर का सर्वविश्ववादी विचार संपत्ति के पुनर्वितरण पर आधारित है और यह राज्यों की संप्रभुता के ऊपर मानव कल्याण को स्थान देता है।

अंतर्राष्ट्रीय संबंधों की विभिन्न वैचारिकताएं

(Different Ideologies of International Relation)

यथार्थवाद (Realism)

यथार्थवाद या वास्तववाद अंतर्राष्ट्रीय संबंधों की प्राचीन प्रासंगिक वैचारिकता है, जिसकी जड़ें प्राचीन ग्रीक संस्कृति के राजनीतिक विचारों में समाई है। थ्युसीडिडीज (Thucydides) जो *हिस्ट्री ऑफ द पेलोपोनेसियन वॉर* (History of the Peloponnesian War) के लेखक थे, उन्हें यथार्थवाद का जनक माना जाता है। संत ऑगस्टिन, निकोलो मैकियावेली तथा थॉमस हॉब्स जैसे सामाजिक राजनीतिक विचारकों ने यथार्थवाद को विकसित करने में सराहनीय योगदान दिया। इनके अलावा बटरफील्ड, कॉर, गिलपिन और केनन जैसे विद्वानों ने 20वीं शताब्दी में यथार्थवाद की प्रतिष्ठा को बढ़ाने में सहयोग किया। अनेक कमियों के बावजूद भी यथार्थवाद का स्थान अंतर्राष्ट्रवाद की राजनीतिक वैचारिकता के रूप में मजबूती के साथ बना हुआ है। इसके अंतर्गत मुख्य रूप से विश्व राजनीतिक व्यवस्था को बनाए रखने में शक्ति की प्राथमिकता, विश्व राजनीति में राज्य की स्थिति, स्वकेंद्रित मानव प्रकृति तथा नैतिक निर्णयों में परिणामवाद पर बल, आदि घटक शामिल हैं।

यथार्थवादियों के अनुसार मानव स्वकेंद्रित होते हैं और वे अपने हितों को अन्य लोगों के हितों के ऊपर रखते हैं, जिसके कारण विश्व व्यवस्था को बनाए रखना कठिन हो जाता है। यथार्थवादी इस स्थिति का हल वास्तविक माननीय प्रकृति से सहमति में देखते हैं न कि नैतिकता में। वे इसका हल राज्यों की शक्तियों के मध्य संतुलन और प्रतिसंतुलन में देखते हैं। वे शक्ति पर बल देते हैं और कहते हैं कि राजनीति चाहे घरेलू हो या अंतर्राष्ट्रीय मूल रूप में शक्ति की खोज है। एक केंद्रीय सत्ता के अभाव में यह और अधिक उभरकर आती है। वे पुनः कहते हैं कि यदि राजनेता शक्ति प्राप्त नहीं करते हैं तो वे दूसरों द्वारा पीड़ित होंगे, जो स्वयं ऐसा करने की चेष्टा करते हैं। यथार्थवाद राज्य केंद्रित उपागम पर ध्यान केंद्रित करता है और राष्ट्र राज्य को विश्व राजनीति में मुख्य भूमिका में देखता है। वे संप्रभु हैं और अपनी आर्थिक एवं सैन्य शक्ति को बढ़ाने में प्रयासरत रहते हैं, ताकि अन्य राष्ट्र राज्यों से शक्ति का संतुलन तथा प्रतिसंतुलन बना रहे। राष्ट्र राज्यों की इकाइयों पर आधारित यह वैश्विक संघवाद अंतर्राष्ट्रीय राजनीतिक व्यवस्था का निर्धारण करता है। यथार्थवाद यह मानता है कि विश्व समुदाय किसी भी वैश्विक नियंत्रणकारी अधिकरण को नहीं मानता और इसी कारण एक विकेंद्रीकृत और अराजकतावादी वातावरण का प्रदर्शन करता है या दूसरे शब्दों में, एक स्वावलंबी व्यवस्था की तरह चलता है। अंत में, यथार्थवाद परिणामवादी नैतिकता को प्रस्तावित करता है। इसके अंतर्गत राष्ट्रीय सुरक्षा को नैतिकता के ऊपर रखा जाता है, क्योंकि यह विदेशी मामलों में शक्ति संतुलन को मुख्य यंत्र के रूप में देखता है। यद्यपि यथार्थवाद अनैतिक या नैतिक रूप से तटस्थ दिखाई देता है, परंतु इसे यथार्थवाद का निष्पक्ष आकलन नहीं माना जाएगा। इसकी नैतिकता अलग प्रकार की है, जो राजनीतिक नैतिकता को व्यक्तिगत नैतिकता से अलग करती है और परिणामवाद के दृष्टिकोण से अंतिम निर्णय लेती है।

आदर्शवाद (Idealism)

आदर्शवाद की जड़ें भी प्राचीन दर्शनशास्त्र में हैं, यद्यपि इसका प्रयोग हाल की विश्व राजनीति में होना शुरू हुआ। थॉमस एक्विनास और दांते आदर्शवाद के दो बड़े आरंभिक दर्शनशास्त्री थे। वे दोनों ही अंतर्राष्ट्रीय समस्याओं के समाधान और विश्व राजनीतिक व्यवस्था को सुधारने के लिए तार्किकता को एक यंत्र की तरह देखते थे। एक्विनास के अनुसार, यद्धपि मानव जाति पाप को साथ लेकर चलती है, परंतु वह अंतर्राष्ट्रीय राजनीतिक न्याय से संबंधित प्राकृतिक कानून के निष्कर्ष तक पहुंचने में सक्षम है। दांते ने अंतर्राष्ट्रीय सरकार की स्थापना के विकास का विचार शामिल किया, हालांकि उन्होंने अंतर्राज्यीय विवादों को हल करने के लिए एक राजतंत्र के रूप में केंद्रीकृत राजनीतिक सत्ता की भूमिका की वकालत की। प्रसंविदावादी विचारकों ने राजनीतिक आदर्शवाद को राजनीतिक उदारवाद के रूप में विकसित किया। उनके अनुसार, मानव अधिकारों के संरक्षण के लिए सभी राजनीतिक प्रक्रियाएं, जो संवैधानिक सरकार के अंतर्गत हों, उनका आधार सहमति होनी चाहिए। इस सिद्धांत को अंतर्राष्ट्रीय संबंध के विचारकों द्वारा उदारवाद का नाम दिया जाता है। कांट अंतर्राष्ट्रीयता की व्याख्या आदर्शवाद के संबंध में करते हैं, वे एक अनौपचारिक संघवाद पर आधारित व्यवस्था को समर्थन देते हैं, जो राष्ट्र राज्यों द्वारा साझा गणतंत्रात्मक व्यवस्था से संबंधित होगी। परंतु इसमें कुछ मात्रा में अभिकेंद्रीयता भी उपस्थित होनी चाहिए, जो केंद्रीकृत वैश्विक शक्ति के रूप में संघीय गणतंत्र समाजों को नियंत्रित करेगी। वुडरो विल्सन भी वैश्विक संस्थाओं की स्थापना के पक्षधर थे और उन्होंने लीग ऑफ नेशंस की स्थापना में महत्त्वपूर्ण भूमिका निभाई थी। आदर्शवादियों को मानव जाति द्वारा अंतर्राष्ट्रीय वातावरण में कल्याण और शांति स्थापना की क्षमता पर अटूट विश्वास है।

यह यथार्थवाद से इन अर्थों में भिन्न है कि यथार्थवाद विदेशी मामलों में नैतिकता की अनदेखी कर शक्ति की प्राप्ति का प्रयत्न करता है, वहीं आदर्शवाद अंतर्राष्ट्रीय शांति और न्याय विकसित करने के लिए नैतिकता पर आश्रित होता है। यथार्थवाद परिणामवाद पर आधारित है, वहीं आदर्शवाद परिणाम निरपेक्षता (Deontology) का अनुसरण करता है। आदर्शवादी अधिकारों, स्वतंत्रता और मानवीय गरिमा का संरक्षण करते हैं तथा तानाशाही एवं निरंकुश व्यवस्था को नकारते हैं। वे संविधानवाद के प्रचार-प्रसार के समर्थक हैं और अंतर्राष्ट्रीय कानूनों एवं पार-राष्ट्रीय संस्थाओं (Transnational Institution) को प्राथमिकता देते हैं।

सैद्धांतिक यथार्थवाद (Principal Realism)

यह मध्यम मार्ग है, जो आदर्शवाद की नैतिकता और यथार्थवाद के शक्ति संतुलन दोनों को शामिल करता है। इसे नव-उदारवाद (Neo-Liberation) या यथार्थवादी आदर्शवाद (Realistic Idealism) भी कहते हैं। ई.एच. कार के अनुसार, अंतर्राष्ट्रीय राजनीति एक संतुलित उपागम की मांग करती है, जिसमें यथार्थवाद और आदर्शवाद दोनों का पुट हो। एक ओर यह अंतर्राष्ट्रीय राजनीति में नैतिक मूल्यों पर बल देता है, तो दूसरी ओर राष्ट्र राज्यों को यह सुझाव देता है कि शक्ति का प्रयोग जिम्मेदारी के साथ किया जाए। सैद्धांतिक यथार्थवाद यह मानता है कि लोकतांत्रिक संस्थाएं, जैसे– संविधानवाद, विधि का शासन, मानव अधिकार, सामाजिक न्याय, आदि अंतर्राष्ट्रीय राजनीति को संपूर्ण रूप में प्रभावित करते हैं। वे मानते हैं कि विदेश नीति में नैतिक मूल्यों का समावेश किया जाना चाहिए, परंतु सुरक्षा, शांति और लोक व्यवस्था से समझौता किए बिना।

अंतर्राष्ट्रीय वित्त पोषण में नैतिकता (Ethics in International Funding)

अंतर्राष्ट्रीय समुदाय अनेक देशों से मिलकर बना एक वैश्विक समाज है, जिनमें से कुछ देश विकसित हैं, कुछ विकासशील हैं और कुछ काफी गरीब हैं। यह विकसित देशों का नैतिक दायित्व है कि वे गरीब देशों की सहायता के लिए आगे आएं। पीटर सिंगर कहते हैं, 'हम वैश्वीकरण के युग से कितनी अच्छी तरह से गुजरते हैं यह शायद इस

बात पर निर्भर करेगा कि हम इस विचार के प्रति नैतिक रूप से किस प्रकार प्रतिक्रिया करते हैं कि हम इस दुनिया के निवासी हैं। धनवान राष्ट्रों के लिए वैश्विक नैतिक दृष्टिकोण को न अपनाना लंबे समय से नैतिक रूप से गलत माना जाने लगा है। अब यह लंबी अवधि में उनकी सुरक्षा के लिए खतरा भी है।'

अंतर्राष्ट्रीय वित्त पोषण को विकास संबंधी वित्त पोषण और आकस्मिक राहत हेतु वित्त पोषण के रूप में वर्गीकृत किया जाता है। विकास संबंधी वित्त पोषण उन राष्ट्रों के लिए किया जाता है, जो आर्थिक संसाधनों से वंचित हैं और तकनीकी प्रगति में पिछड़े हुए हैं। यह सहायता दीर्घ अवधि के लिए होती है, ताकि गरीबी को हटाया जा सके और आर्थिक विकास को बल दिया जा सके। इन राष्ट्रों की संवृद्धि नागरिक युद्ध से भी बुरी तरह प्रभावित होती है। सामाजिक अविश्वास, सांस्कृतिक पिछड़ापन और अत्यधिक भ्रष्टाचार जैसे घटक भी इसके लिए जिम्मेदार हैं। आकस्मिक राहत विदेशी सहायता (Foreign Aid) के रूप में प्राकृतिक आपदाओं, जैसे– भूकंप, सूखा या महामारियों के फैलाव आदि के मामलों में प्रदान की जाती है। उदाहरण के लिए, दिसंबर 2005 की सुनामी की घटना ने हिंद महासागर के तटीय देशों में भयंकर विध्वंस मचाया था, उस समय अन्य देशों ने संयुक्त राज्य अमेरिका (USA) के नेतृत्व में त्वरित रूप से सभी प्रकार की सहायता प्रभावित क्षेत्रों तक पहुंचाई थी।

विकास हेतु वित्त पोषण सामान्यत: न्यून ब्याज दरों, अनुदानों या द्विपक्षीय या बहुपक्षीय सहयोग के रूप में होता है। इसे औपचारिक विकास सहायता के रूप में जाना जाता है। इन सहायताओं का उद्देश्य गरीब राष्ट्रों की स्थिति में सुधार और वैश्विक आर्थिक न्याय को लेकर आना है। इस प्रकार की सहायता का गरीब राष्ट्रों के आर्थिक उत्थान में योगदान अध्ययन का विषय है। अनेक आर्थिक अध्ययन यह बताते हैं कि सहायता और आर्थिक संवृद्धि के मध्य सहसंबंध कोई सारगर्भित परिणाम प्रदान नहीं करते। इसका अर्थ यह है कि केवल विदेशी सहायता से विकास संभव नहीं है यदि राजनीतिक वातावरण विकास की गतिविधियों के अनुकूल नहीं है। यह भी देखा गया है कि सहायता का अनुचित ढंग से उपयोग भी चिंता का विषय रहा है। उदाहरण के लिए, इजरायल और मिस्र को संयुक्त राज्य एजेंसियों से अंतर्राष्ट्रीय विकास के लिए सहयोग प्राप्त हुआ था, परंतु इस धन का अत्यधिक दुरुपयोग हुआ जिसका परिणाम यह हुआ कि कोई सार्थक सुधार देखने को नहीं मिले। कई बार भ्रष्टाचार और आतंकवादी गतिविधियों में धन का दुरुपयोग होता है। अनेक देशों द्वारा धन एकत्रित करके अंतर्राष्ट्रीय वित्तीय संस्थाओं के माध्यम से धन का वितरण सहयोग की अपेक्षा अधिक प्रभावशाली सिद्ध होता है।

अभ्यास प्रश्न

1. अंतर्राष्ट्रीय संबंधों से संबंधित नैतिक मुद्दों की पहचान कीजिए।
2. अंतर्राष्ट्रीय संबंधों के लिए महत्त्वपूर्ण नैतिक सिद्धांतों की व्याख्या कीजिए।
3. अंतर्राष्ट्रीय वित्त पोषण में नैतिक मूल्यों का क्या महत्त्व है?
4. अंतर्राष्ट्रीय नैतिकता की अनुपस्थिति में विश्व शांति सुनिश्चित नहीं हो सकती। व्याख्या कीजिए।

अध्याय 17

कॉर्पोरेट शासन व्यवस्था

Corporate Governance

प्रस्तावना (Introduction)

नागरिकों के लिए वस्तुओं और सेवाओं की आपूर्ति के संबंध में सरकार की बढ़ती हुई भूमिका और निजी क्षेत्रकों का इस संबंध में बढ़ता महत्त्व कॉर्पोरेट क्षेत्रक की दिशा, नियंत्रण और प्रदर्शन को निर्धारित किए जाने का महत्त्वपूर्ण कारण रहा है। कॉर्पोरेट शासन व्यवस्था सभी संभव लाभार्थियों के फायदे को प्रबंधन द्वारा सुनिश्चित करने की प्रक्रिया से संबंधित एक संरचना है। प्रबंधन फर्म के हितधारकों, जो प्रधान होते हैं, के लिए फर्म चलाने का कार्य करता है। कॉर्पोरेट कार्य प्रणाली में अनेक लोगों के हित शामिल होते हैं, जो बोर्ड और नियंत्रक की सहायता से पूरे किए जाते हैं।

निदेशकों का बोर्ड (The Board of Directors) कॉर्पोरेट शासन में केंद्रीय भूमिका का निर्वहन करता है। यह हितधारकों, प्राथमिक योगदानकर्ताओं, साथ ही द्वितीयक योगदानकर्ताओं, जैसे– फर्म के कर्मचारी, आपूर्तिकर्ता और वित्तीय निवेशकों, आदि के संबंधों की देखरेख करता है। कॉर्पोरेट शासन की कार्य प्रणाली अनेक कानूनी, नियंत्रणकारी, और संस्थागत व्यवस्थाओं पर निर्भर करती है। नियंत्रकों द्वारा कानूनी मापदंडों के अंतर्गत नियम बनाए जाते हैं। दूसरे शब्दों में, कॉर्पोरेट शासन फर्म और उसके हितधारकों के हित में प्रबंधन को नियंत्रित करता है। ये अंशभागी (Shareholders) निदेशकों (Directors) और संपरीक्षकों (Auditors) का चुनाव करते हैं तथा विभिन्न मामलों में अपना मत डालते हैं। निवेशक लाभ कमाने का प्रयास करते हैं तथा दूसरी ओर, प्रबंधन गलत तरीकों से लाभ कमाने से रोकने के लिए नैतिक तरीकों को सुनिश्चित करने के लिए जिम्मेदार होता है।

मार्क जार्जन (2012) के अनुसार, कॉर्पोरेट शासन निवेशकों और प्रबंधकों के बीच हित संघर्षों से निपटता है। कॉर्पोरेट शासन मुख्यत: तीन समूहों को शामिल करता है, पहला, फर्म के हिस्सेदार जो धन का निवेश करते हैं और बड़े नीतिगत निर्णय एवं व्यापारिक लेन-देन को स्वीकृति देते हैं, दूसरा, निदेशक बोर्ड जिसका चुनाव शेयरधारकों द्वारा किया जाता है, यह बोर्ड प्रबंधन की निगरानी करता है, तथा तीसरे, उच्च वरिष्ठ कार्यपालक (Senior Executives) जो वास्तव में संगठन को चलाते हैं और दैनिक व्यापारिक निर्णयों के लिए जिम्मेदार होते हैं।

कॉर्पोरेट शासन के पीछे का सबसे बड़ा दर्शन उपरोक्त तीनों समूहों के बीच शक्तियों का आवंटन है। एक दक्ष कॉर्पोरेट शासन संरचना कंपनियों को उद्यमिता विकास एवं नए विचारों को लागू करने के लिए प्रेरणा देती है और उद्यम में शामिल जोखिमों को नियंत्रित करने की जवाबदेही भी निर्मित करती है।

कॉर्पोरेट शासन का नीतिशास्त्र (Ethics of Corporate Governance)

कॉर्पोरेट फर्मों में लोक हिस्सेदारी (Public Shareholding) के आगमन के साथ कॉर्पोरेट शासन में स्वामित्व और

प्रबंधन को अलग रखने से संबंधित कानूनी प्रक्रिया की स्थापना करनी पड़ी। 20वीं शताब्दी से बड़ी फर्मों की मांग होने लगी। ये फर्में एक बड़े निवेश पर आधारित थीं, जिन्हें पारिवारिक स्वामित्व के आधार पर चलाना असंभव था। प्राइवेट लिमिटेड से पब्लिक लिमिटेड में परिवर्तन सामान्यत: एक द्विस्तरीय कॉर्पोरेट पदसोपान के आधार पर हुआ। बोर्ड ऑफ गवर्नर्स या डायरेक्टर्स पहला स्तर है, ये लोग कंपनी के शेयरधारकों द्वारा चुने जाते हैं। दूसरा स्तर प्रबंधन का शीर्ष निकाय है, जो बोर्ड ऑफ डायरेक्टर्स/गवर्नर्स द्वारा लिए गए कर्मचारी होते हैं।

बोर्ड के निदेशकों का चयन हितधारकों द्वारा किया जाता है और ये निदेशक दो प्रकार के होते हैं– आंतरिक निदेशक (Inside Directors) और बाह्य निदेशक (Outside Directors) या स्वतंत्र निदेशक (Independent Directors)। आंतरिक निदेशक कंपनी में से चुने जाते हैं, वे कंपनी के वैतनिक कर्मचारी होते हैं। दूसरे प्रकार के निदेशक स्वतंत्र बाह्य निदेशक होते हैं, जो तटस्थ होते हैं और कंपनी के प्रत्येक मामले से असंबंधित होते हैं। दूसरे समूह वाले स्वतंत्र निदेशकों का विचार लोक पैरोकारी और लोक हित के लिए स्थापित किया गया है, ताकि कंपनी के भीतर नैतिक शासन स्थापित हो सके। निदेशक बोर्ड के अध्यक्ष (Chairman) का चयन करते हैं, जो कॉर्पोरेशन का नेतृत्वकर्ता होता है और बोर्ड के सुगम एवं प्रभावशाली संचालन के लिए जिम्मेदार होता है। यह बोर्ड की बैठकों की अध्यक्षता करता है और कंपनी के उच्च स्तर के कार्यपालकों से समन्वय स्थापित करता है। यह कॉर्पोरेट मूल्यों को बनाए रखता है और बोर्ड के प्रतिनिधि के रूप में व्यापार नीतियों को तैयार करता है। आंतरिक निदेशक वित्त, बजट और विपणन संबंधी उच्च नीतिगत फैसलों पर सामूहिक स्वीकृति देते हैं। कंपनी के आगे के विस्तार नए कामों और दूसरों के साथ व्यापार संबंधों के लिए स्वीकृति प्रदान करते हैं। यदि ये कंपनी की प्रबंधन टीम के भीतर के सदस्य हों, तो इन्हें कार्यपालक निदेशकों के नाम से भी जाना जाता है। बाहरी निदेशक हितधारकों के हितों और वृहद् रूप में समाज के हितों को सुनिश्चित करने के लिए आंतरिक निदेशकों की तरह ही कार्य करते हैं। इनको पूर्वाग्रह से मुक्त और बोर्ड में पारदर्शी दृष्टिकोण रखने के लिए नियुक्त किया जाता है। दूसरे शब्दों में, ये कंपनी के नैतिक संरक्षकों की तरह कार्य करते हैं।

किसी भी कंपनी का मुख्य लक्ष्य अपने मुनाफे को बढ़ाना और अपने प्रभाव को फैलाना है। यह लक्ष्य कंपनी द्वारा अनैतिक कार्य प्रणाली अपनाकर भी पूरा किया जा सकता है। हम इस प्रकार के अनेक मामले देखते हैं, जहां कंपनी का उच्च प्रबंधन और बोर्ड बेलेंस शीट में हेरफेर करता है सरकारी संसाधनों का दुरुपयोग करता है और कई बार खतरनाक गतिविधियों की घोषणा नहीं करता। कंपनी की मनमानी रोकने के लिए अन्य कानूनी प्रावधान किए गए हैं। हम कॉर्पोरेट शासन के नैतिक आयामों को कंपनी एक्ट, कॉर्पोरेट सोशल रिस्पांसिबिलिटी अथवा सी.एस.आर. (Corporate Social Responsibility–CSR) या कॉर्पोरेट (निगम) सामाजिक उत्तरदायित्व, नियंत्रणकारी कानून आदि के अंतर्गत समझने का प्रयास करेंगे।

भारत में कॉर्पोरेट शासन (Corporate Governance in India)

किसी भी कंपनी की समृद्धि उसकी पारदर्शी और नैतिक कार्य प्रणाली पर निर्भर करती है। भारत के कॉर्पोरेट क्षेत्रकों के बड़े-बड़े घोटालों ने देश की अर्थव्यवस्था को नुकसान तो पहुंचाया ही है साथ ही, कॉर्पोरेट मामलों में विश्वास की कमी का माहौल भी पैदा किया है। केतन पारीख घोटाला, सत्यम मैयटास मामला और इसी प्रकार के अन्य घोटालों ने एक मजबूत कॉर्पोरेट शासन प्रणाली की आवश्यकता को जन्म दिया। भारतीय कंपनी अधिनियम 2013 कुछ ऐसी प्रक्रिया की व्यवस्था करता है, जो हितधारकों के हितों की रक्षा करती है।

जिस कंपनी में मजबूत कॉर्पोरेट शासन होता है वह विश्वसनीयता को प्रदर्शित करती है। स्वतंत्र निदेशकों का संगठन जिसकी प्रतिष्ठा काफी अधिक हो तथा दृष्टिकोण नैतिक हो कंपनी के शेयरों के मूल्यों को सकारात्मक रूप से प्रभावित करता है। निवेशक इन लोगों पर विश्वास करते हैं और अपना धन लगाते हैं। इसी प्रकार बेहतर कॉर्पोरेट

शासन से विदेशी संस्थागत निवेश भी आकर्षित होता है। भारतीय कंपनी अधिनियम 2013 ने अंतर्राष्ट्रीय स्तर पर मान्यता प्राप्त कार्यप्रणालियों को शामिल किया, ताकि भारत में भी एक टिकाऊ कॉर्पोरेट क्षेत्रक विकसित हो। यह शेयरधारकों की अधिकाधिक भागीदारी को सुनिश्चित करता है और मूल्य आधारित व्यापार पद्धतियों पर बल देता है, जो अंततः संपूर्ण समाज के हितों का संरक्षण करती है।

भारत में पारिवारिक स्वामित्व वाले व्यापार घरानों का इतिहास रहा है, जिनमें परिवार के सदस्य उच्च प्रबंधकीय पदों पर आसीन होते हैं। ये व्यापार घराने स्वयं को स्टॉक एक्सचेंज में सूचीबद्ध कराते हैं, ताकि जनता के धन की सहायता से अपने व्यापार को बढ़ा सकें, परंतु अपनी कंपनी की कार्य प्रणाली में कोई प्रशासनिक सुधार करने के इच्छुक नहीं होते। प्रोत्साहनकर्ता (Promoters) कंपनी में अपना धन लगाते हैं और कंपनी के लाभ में से गैर-आनुपातिक लाभ प्राप्त करने का प्रयास करते हैं। ये अपनी अनुषंगी कंपनियों में कंपनी की पूंजी को विभिन्न तरीकों से, जैसे– आसान शर्तों पर विस्तारित लोन, आदि के माध्यम से निवेश कराते हैं। शेयरधारकों के अधिकारों की कीमत पर अपने परिवार के सदस्यों को आकर्षक वेतन पर रखते हैं। कंपनी अधिनियम 1956 में इन मामलों से निपटने का प्रयास किया गया था। इसके अंतर्गत यह अनिवार्य किया गया कि एक निश्चित सीमा से अधिक वेतन या अन्य लाभ प्रदान करने के लिए, निदेशकों को लोन देने के लिए भारत सरकार की अनुमति लेनी होगी और कंपनी में संबंधियों की नियुक्ति हेतु हितधारकों की स्वीकृति लेनी होगी।

पिछले दशकों में कॉर्पोरेट घोटालों और कॉर्पोरेट शासन की विफलता के अनेक उदाहरण प्रकाश में आए। अधिकतर कंपनियां केवल कागजों पर ही नियमों का पालन करती हैं। भाई-भतीजावाद नियुक्ति प्रक्रिया में आम बात है। सेबी (SEBI), जो कि भारत का पूंजी बाजार नियंत्रक है, ने बोर्ड के निदेशकों का मूल्यांकन करने का निर्देश दिया है। संशोधित कंपनी अधिनियम 2013 में स्वतंत्र निदेशकों की भूमिका को बढ़ाया गया है, शेयरधारकों के अलावा कंपनी के कर्मचारियों के हितों की भी निगरानी करेंगे। भारतीय कंपनियों के मुख्य कार्यकारी अधिकारियों के वेतन भी बहुत अधिक हैं, जो नैतिक रूप से ठीक नहीं है।

भारतीय कॉर्पोरेट जगत में कंपनी के संस्थापक सदस्य अपनी वैधानिक स्थिति से परे जाकर सभी नीतिगत निर्णयों में हस्तक्षेप करते हैं। वे कंपनी की उत्तराधिकारी योजना को भी प्रभावित करते हैं। भारतीय कंपनियों में निजता की नीति और डाटा संरक्षण प्रणाली भी काफी कमजोर है। भारतीय कंपनियों में इनसाइड ट्रेडिंग एक सबसे बड़ा खतरा रहता है। भारत में कंपनी कानून और सेबी के निर्देशों के माध्यम से अनेक संरचनात्मक और नियंत्रणकारी सुधार हुए हैं। आवश्यक नैतिक कार्य प्रणाली लाने के लिए सभी एजेंटों को पूरी तत्परता के साथ कार्य करना पड़ेगा।

सेबी (SEBI) द्वारा उदय कोटक की अध्यक्षता में 21 सदस्यीय एक पैनल का गठन किया गया, जिसका उद्देश्य कॉर्पोरेट शासन पर रिपोर्ट प्रस्तुत करना था। कमेटी के कुछ महत्त्वपूर्ण सुझाव निम्नानुसार थे–

1. सभी कंपनियों को जिनमें 40 प्रतिशत से अधिक पब्लिक होल्डिंग है, उन्हें कंपनी में चेयरमैन और मुख्य कार्यकारी अधिकारी (CEO) की भूमिकाओं को पृथक करना होगा। संयुक्त भूमिका में होने की स्थिति स्वयं की निगरानी करने जैसा है, जिसमें पद के दुरुपयोग की पर्याप्त संभावनाएं होती हैं। एक अलग चेयरमैन नियमों से विचलन की निगरानी कर सकता है और सुधारात्मक तरीकों का प्रयोग करके उन्हें ठीक कर सकता है।
2. बोर्ड के न्यूनतम आकार को बढ़ाकर 6 सदस्यीय होना चाहिए, जिनमें कम से कम एक महिला सदस्य स्वतंत्र निदेशक के रूप में हो।
3. सूचीबद्ध (Listical) कंपनियों के बोर्ड में कम से कम आधे सदस्य स्वतंत्र निदेशकों के रूप में होने चाहिए।

4. बोर्ड द्वारा उत्तराधिकार योजना और जोखिम प्रबंधन को लेकर वर्ष में कम से कम एक बार चर्चा करनी चाहिए।
5. निदेशकों को प्रत्येक वित्तीय वर्ष में हुई बोर्ड की कुल बैठकों में से न्यूनतम आधी संख्या में बोर्ड बैठक में शामिल होना चाहिए।
6. कंपनियों को निदेशकों के संबंधित कौशल का खुलासा पब्लिक डोमेन में करना चाहिए और गैर-कार्यपालक निदेशकों की आयु 75 वर्ष से अधिक नहीं होनी चाहिए।
7. कोई स्वतंत्र निदेशक आठ से अधिक कंपनियों को सेवाएं नहीं दे सकता और एक प्रबंधकीय निदेशक किन्हीं तीन कंपनियों में ही एक स्वतंत्र निदेशक के रूप में कार्य कर सकता है।
8. बोर्ड की बैठक वर्ष में कम से कम पांच बार आयोजित की जानी चाहिए। बोर्ड को प्रत्येक तीन माह में कंपनी की वित्तीय स्थिति पर चर्चा करने के लिए बैठक करनी चाहिए।
9. स्वतंत्र निदेशकों की बैठक का शुल्क आधा कम करके पचास हजार रुपये प्रति बैठक कर दिया जाना चाहिए।
10. सेबी (SEBI) के पास संपरीक्षकों (Auditors) के विरुद्ध कार्यवाही करने की शक्तियां होनी चाहिए।

कॉर्पोरेट सामाजिक उत्तरदायित्व (Corporate Social Responsibility)

प्रत्येक कॉर्पोरेट गतिविधि संसाधनों का उपयोग करती है और संपूर्ण समाज पर प्रभाव डालती है। समस्त संसाधन समाज की धरोहर हैं और सी.एस.आर. के पीछे का दर्शन समाज को व्यापार प्रक्रिया में होने वाली क्षति को पूरा करने से संबंधित होता है। इसके अतिरिक्त, कॉर्पोरेट फर्म भी राष्ट्र के कानूनी नागरिक हैं और उन्हें मानवता से संबंधित नैतिक मूल्यों को धारण करना चाहिए। सी.एस.आर. की कोई एक परिभाषा नहीं है, अलग-अलग संगठन इसकी अलग-अलग परिभाषा देते हैं। यूरोपीय परिषद (EC) कॉर्पोरेट सामाजिक उत्तरदायित्व को इस प्रकार परिभाषित करती है, 'समाज पर अपने प्रभावों के लिए फर्मों का उत्तरदायित्व है। प्रत्येक फर्म को सामाजिक, नैतिक, मानवीय एवं पर्यावरणीय चिंताओं को समग्र रूप में अपनी व्यापार प्रक्रिया और कोर रणनीतियों में एकीकृत करने की प्रक्रिया को शामिल करना चाहिए।' यहां यह समझना चाहिए कि सी.एस.आर. कोई चैरिटी या स्पांसरशिप नहीं है। यह न केवल संकीर्ण रूप में शेयरधारकों के कल्याण से संबंधित है, बल्कि वृहद् रूप में संपूर्ण समाज के सभी पहलुओं से संबंधित है।

भारत में सी.एस.आर. आरंभ में चैरिटी के रूप में लागू हुआ था और कई बार इसे नौकरशाहों की सनक द्वारा संकीर्ण विचारों के आधार पर प्रयोग में लाया जाता था। बाद में सी.एस.आर. गतिविधियों को संपूर्णता देने के लिए उसके क्रियान्वयन की प्रक्रिया तय की गई। कंपनी अधिनियम 2013 में अनुसूची VII के अंतर्गत सी.एस.आर. की अवधारणा को शामिल किया गया है। इसमें समुदाय के कल्याण के लिए गतिविधियों को वृहद् रूप में वर्गीकृत किया गया। भारत में सी.एस.आर. कंपनी अधिनियम 2013 के नियम 135 द्वारा शासित होता है। यह सी.एस.आर. के अंतर्गत उन कंपनियों को शामिल करता है, जिनका वार्षिक टर्नओवर 1000 करोड़ रुपये या उससे अधिक है। प्रत्येक कंपनी को एक सी.एस.आर. कमेटी का गठन करना होता है, जिसमें तीन या अधिक निदेशक होते हैं, जिनमें से एक स्वतंत्र निदेशक होता है। यह कमेटी कॉर्पोरेट सामाजिक उत्तरदायित्वों के लिए नीति बनाती है और सुझाव देती है। यह समय-समय पर सी.एस.आर. गतिविधियों की निगरानी भी करती है। कंपनी अधिनियम 2013 के निर्देशों के अनुसार, निम्नलिखित गतिविधियां सी.एस.आर. की परिधि में आती हैं–

1. चरम भुखमरी और गरीबी की समाप्ति।
2. शिक्षा को प्रोत्साहन।
3. लिंग समानता और महिला सशक्तीकरण को प्रोत्साहन।

4. बाल मृत्यु दर में कमी और मातृत्व स्वास्थ्य में सुधार लाना।
5. एच.आई.वी. (HIV) वायरस, एड्स (AIDS), मलेरिया तथा अन्य बीमारियों से लड़ाई।
6. पर्यावरणीय धारणीयता सुनिश्चित करना।
7. रोजगार बढ़ाने वाले व्यावसायिक कौशल।
8. सामाजिक व्यापारिक परियोजनाएं।
9. प्रधानमंत्री राहत कोष या केंद्र सरकार या राज्य सरकारों द्वारा सामाजिक-आर्थिक विकास और राहत, अनुसूचित जातियों एवं जनजातियों, अन्य पिछड़ा वर्गों, अल्पसंख्यकों और महिलाओं के कल्याण के लिए स्थापित कोष में योगदान।

2013 के अधिनियम के अंतर्गत इन कंपनियों को अपने पिछले तीन वर्षों के औसत नेट लाभांश का कम-से-कम 2 प्रतिशत सी.एस.आर. गतिविधियों में व्यय करना होगा और यदि वे ऐसा नहीं करती हैं, तो इसके कारणों का स्पष्टीकरण निदेशकों की रिपोर्ट में प्रस्तुत करना होगा। सी.एस.आर. गतिविधियां कंपनी के लाभ में से व्यय करके संचालित की जाती हैं और ऐसा लगता है कि इससे कंपनी की समृद्धि में कोई फायदा नहीं होता। जबकि सी.एस.आर. गतिविधियां न केवल सामाजिक लाभ प्रदान करती हैं, बल्कि ये सीधे कंपनी के व्यापार को लाभ पहुंचाती हैं। व्यापार वातावरण दिन-प्रतिदिन जटिल और प्रतिस्पर्धात्मक होता जा रहा है। हितधारकों की अपेक्षाएं असीमित हैं, ये अब न केवल उनके स्वयं के हितों से संबंधित हैं, बल्कि अन्य मामलों, जैसे- मानव संसाधन, कार्य प्रणाली, पर्यावरण चिंताओं, नैतिक व्यापार गतिविधियों आदि से भी संबंधित हैं। एक मजबूत सी.एस.आर. कार्यक्रम अत्यधिक प्रतिष्ठा प्रदान करता है, जिसके बहुत बड़े फायदे कंपनी को प्राप्त होते हैं। उनमें से कुछ निम्नानुसार हैं-

1. सी.एस.आर. समुदाय से व्यापार गतिविधियों की न केवल कानूनी, बल्कि वास्तविक स्वीकृति प्राप्त करने में सहायक होता है। कंपनी जमीनी स्तर पर तभी काम कर सकती है, जब उस क्षेत्र के समुदाय की स्वीकृति हो। व्यापार प्रक्रिया में कानून व्यवस्था से संबंधित अनेक प्रश्न शामिल होते हैं। कई बार स्थानीय समुदाय विभिन्न सामाजिक, पर्यावरणीय और आर्थिक कारणों से गतिविधियों का विरोध करता है। दूसरे शब्दों में, व्यापारिक गतिविधियों के लिए केवल सरकार ही लाइसेंस नहीं देती, बल्कि समुदाय की स्वीकृति आवश्यक होती है। इस प्रकार एक तेज सी.एस.आर. कार्यक्रम विश्वास की खाई को कम करता है और समस्या विहीन व्यापार कार्यक्रम के लिए मार्ग प्रशस्त करता है।
2. अनेक अध्ययन यह बताते हैं कि एक कंपनी जो मजबूत सी.एस.आर. कार्यक्रम चलाती है, उसकी प्रतिष्ठा नौकरी ढूंढ़ने वाली प्रतिभाओं के बीच अत्यधिक होती है, साथ ही उसमें काम करने वाले कर्मचारी भी गौरवान्वित महसूस करते हैं। इस आधार पर कंपनी अच्छी प्रतिभाओं को आकर्षित करने में सक्षम होती है।
3. कुछ सी.एस.आर. गतिविधियों के अंतर्गत कौशल विकास कार्यक्रम शामिल होते हैं, जो रोजगार हेतु कौशल विकसित करते हैं। ये लोग ही भविष्य में कंपनी में काम करने लगते हैं। एक कंपनी जो सी.एस.आर. के माध्यम से रोजगार सृजन करती है उसका स्थानीय समुदाय द्वारा स्वागत किया जाता है।
4. सी.एस.आर. गतिविधियां कंपनी को एक अच्छा कॉर्पोरेट नागरिक बनाती हैं और ऐसी कंपनियां अनेक ग्लोबल रेटिंग एजेंसियों द्वारा मान्यता प्राप्त होती हैं।

अभ्यास प्रश्न

1. कॉर्पोरेट सामाजिक उत्तरदायित्व कंपनियों को अधिक लाभ प्राप्त करने वाला और धारणीय बनाता है। विश्लेषण कीजिए। (UPSC 2017)
2. आप कॉर्पोरेट उत्तरदायित्व को समुदाय के लिए किस प्रकार देखते हैं? भारत सरकार द्वारा इसके लिए उठाए गए कदमों को समझाइए।
3. भारत में कॉर्पोरेट घोटालों में कमी लाने के लिए कुछ नवाचारी सुझाव प्रस्तुत कीजिए।
4. उन गतिविधियों से संबंधित एक रूपरेखा दीजिए, जिन्हें कॉर्पोरेट सामाजिक उत्तरदायित्व के अंतर्गत कॉर्पोरेट फर्में क्रियान्वित कर सकती हैं।
5. निजी क्षेत्रक अपनी उत्तरजीविता के लिए समाज के कर्जदार हैं। कॉर्पोरेट क्षेत्रकों के सामाजिक उत्तरदायित्व के परिप्रेक्ष्य में व्याख्या कीजिए।

अध्याय 18

लोक सेवाएं

Public Services

प्रस्तावना (Introduction)

"राज्य का दैवीय सिद्धांत" संप्रभु को एक दैवीय तत्त्व के रूप में विभूषित करता है। राजनीतिक विचारकों द्वारा इस दैवीय संस्थान का तत्त्वमीमांसीय परीक्षण आरंभ करने से यह काल्पनिक विचार धीरे-धीरे कमजोर पड़ने लगा। उन्होंने सामान्य नागरिकों के हित में इसे व्यर्थ सिद्ध कर दिया। यह माना जाने लगा कि राज्य एक वैधानिक व्यक्ति है, जिसमें जनता की शक्ति निहित है। अब संप्रभुता किसी व्यक्ति या तथाकथित दैवीय शक्ति जैसे कि शासक या शासिका के स्थान पर राज्य में निहित मानी जाने लगी।

राज्य के स्वरूप को लेकर विवादों का आरंभ राज्य के अस्तित्व में आने के साथ ही शुरू हो चुका था, जो कि अभी भी एक अनसुलझी पहेली बना हुआ है। राज्य निर्विवाद अत्यधिक शक्तिशाली है, लेकिन जनता वैधानिक आधार पर इसकी शक्ति को सीमित करने वाले सिद्धांतों की खोज में तत्पर रहती है। वर्तमान समय में शक्ति का प्रयोग शासितों पर अधिकार जमाने के लिए नहीं, अपितु कर्तव्यों के निर्वहन से संबंधित माना जाता है। संत ऑगस्टिन इस विचार के पक्ष में कहते हैं, 'जो आज्ञा देते हैं वास्तव में वे उनकी सेवा करते हैं जिन्हें वे आज्ञा देते प्रतीत होते हैं।' इसी प्रकार, वुडरो विल्सन महान युद्ध को परिभाषित करते हैं, 'यह मुक्ति का युद्ध है। इसे तब तक नहीं जीता जा सकता, जब तक कि व्यक्ति कहीं भी निरंतर भय से मुक्त होकर न जी सके, या जब वह अपने दैनिक क्रियाकलापों के लिए जाए तब मुक्त रूप से सांसें ले सके और यह माने कि सरकार उसकी नौकर है न कि स्वामी।' यदि राज्य की संप्रभुता अपने आप में संपूर्ण है और राज्य के पास अपनी इच्छानुसार शक्ति प्रदर्शन के पर्याप्त अधिकार हैं, तब राज्य ही स्वयं पर रोक लगा सकता है। दूसरे शब्दों में, प्रायोगिक रूप से राज्य की वैधानिक शक्तियां किसी भी नियंत्रणकारी प्रक्रिया के परे हैं।

राज्य की शक्तियों के सीमित होने से संबंधित अनेक सिद्धांत प्रचलित हैं इनमें स्टरनर का अराजकतावाद का सिद्धांत और रोबसपीयर का संपूर्णतावाद का सिद्धांत महत्त्वपूर्ण है। जर्मन विद्वानों ने "राज्य के स्व-मर्यादन का सिद्धांत" (The Doctrine of Self-limitation of State) विकसित किया, ताकि दो अति विपरीत विचारों के बीच का रास्ता निकल सके। इस सिद्धांत के अनुसार, राज्य स्व-निर्धारण की शक्ति धारण करता है, लेकिन यह स्वयं को अपने द्वारा बनाए कानून से सीमित कर सकता है और इसके स्वयं के कानून एवं प्रसंविदा के अधीन यह मर्यादित रहता है। लेकिन इस आधार पर कि वह स्वयं के ऊपर बंधन आरोपित करता है, इसकी संप्रभुता बाधित नहीं होती है। राज्य की स्वैच्छिक अधीनस्थता वास्तव में अधीनस्थता नहीं है। वास्तविक अर्थों में एक राज्य अपने ही बनाए कानूनों को परिवर्तित कर सकता है। अंतर्राष्ट्रीय कानून राज्य के लिए बनाए जाते है न कि राज्य इन कानूनों के लिए बना है।

उपरोक्त परिचर्चा राज्य की अधीनस्थता को नकार देती है और इसकी संप्रभुता अखंडित दिखाई देती है। राज्य मानव के मस्तिष्क की उपज है जो असीमित शक्तियां रखता है, परंतु व्यक्ति जिनमें लोक शक्ति निहित है, वे राज्य नहीं हैं। वे राज्य के अंग भी नहीं हैं, यद्यपि वे सामूहिक संप्रभुता के भाग दिखाई देते हैं। वे व्यक्ति, जो शक्तियों का प्रयोग करते हैं राज्य के नाम से विधि के शासन के अधीन कार्य करते हैं।

प्लेटो द्वारा बनाए गए कार्य के विभाजन के अनुसार, किसी समाज के सदस्यों में परस्पर वस्तुओं और सेवाओं के आदान-प्रदान हेतु एकजुटता होती है। कोई भी समाज इस प्रकार के लेन-देन (Quid Pro Quo) आधारित संबंध के बिना अस्तित्व में नहीं रह सकता, क्योंकि समाज के प्रत्येक सदस्य की अभिरुचि (Aptitude) भिन्न-भिन्न होती है। यह भिन्नता प्रत्येक सदस्य पर एक कर्तव्य का अधिरोपण करती है कि वह अपनी व्यक्तिगत गतिविधि और अभिवृत्ति को उन्नत करे तथा अपनी पूर्ण क्षमता के साथ समाज में योगदान करे। लोग सामाजिक विधि के अधीन होते हैं, जिस प्रकार संसार के समस्त प्राणी किसी न किसी कानून के अधीन हैं। इसमें अंतर मात्र इतना है कि मनुष्य इस अधीनता को मानता है, जबकि अन्य जंतु इससे अनभिज्ञ हो सकते हैं। वे व्यक्ति जो सत्ता का प्रयोग करते हैं, अन्य लोगों के समान ही हैं चाहे वे राजा, राष्ट्रपति या प्रधानमंत्री हों, वे दैवीय सत्ता के समान या सामान्य मानव से अलग असाधारण मनुष्य नहीं हैं। वे केवल इस अर्थ में भिन्न हैं कि वे अधिक शक्तियों को धारण करते हैं। उन्हें दिए गए कर्तव्यों के अनुसार ही कार्य करना होता है। ये कर्तव्य उनकी योग्यता और अभिवृत्ति के अनुरूप सामाजिक आवश्यकताओं को पूरा करने के लिए आवंटित किए जाते हैं। सत्तासीन व्यक्ति वैधानिक कर्तव्यों के अंतर्गत अपने संपूर्ण प्रयासों द्वारा समाज के सामूहिक हित के लिए कार्य करते हैं।

उपरोक्त चर्चा के आधार पर यह निष्कर्ष निकलता है कि लोक सेवा की मूल अवधारणा समाज के सामूहिक हित के लिए की गई गतिविधियां हैं, जो लोक अधिकारियों पर निरंतर कार्य करते रहने के लिए कर्तव्यों का आरोपण करती हैं। इस परिभाषा से यह विचार निकलकर सामने आता है कि अधिकारों को धारण करने वाले व्यक्ति गैर-बाधित रूप से लोक सेवा के क्रियान्वयन के समक्ष आने वाली बाधाओं के विरुद्ध दमनकारी शक्तियों का प्रयोग करने के लिए अधिकृत हैं। वे कानूनी तरीके से इन बाधाओं से निपट सकते हैं, परंतु वे शक्ति और संप्रभुता के स्वामित्व का दावा नहीं कर सकते। वे अपने कर्तव्यों का निर्वहन विधि के शासन के अनुसार करते हैं और इनके द्वारा नियंत्रित होने वाले वे लोग, जो इनकी आज्ञाओं का पालन करने के लिए बाध्य हैं, विधि के शासन के सम्मुख स्वयं को समर्पित करते हैं न कि व्यक्तियों द्वारा धारण की जाने वाली शक्तियों के सम्मुख। अतः अधिकार धारण करने वाला व्यक्ति तब तक लोगों की आज्ञाकारिता प्राप्त करता है, जब तक वे लोक हित में उसे आज्ञा देते हैं। यह विचार एक व्यवस्थित संस्था की आवश्यकता को जन्म देता है, जहां लोक हित के उद्देश्य की पूर्ति न करने वाले प्राधिकारियों के विरुद्ध शरण ली जा सके। फ्रेंच लोक विधि जिसे "Recour Pour Exces de Pourvoir" के नाम से जाना है इस संबंध में सबसे श्रेष्ठ उदाहरण है।

लोगों ने राज्य से अपनी सुरक्षा की मांग की थी और इसके बदले उन्हें केवल तीन सेवाएं प्राप्त हुईं। ये सेवाएं थीं–सीमा पर घुसपैठ से सुरक्षा प्रदान करने के लिए युद्ध की सेवा, आंतरिक शांति के लिए पुलिस सेवा, और सामाजिक व्यवस्था की स्थापना हेतु न्याय की सेवा। कालांतर में लोक सेवा का दायरा बढ़ता गया और सेवाओं की संख्या में वृद्धि होती गई। यह वृद्धि वैश्विक परिदृश्य में आर्थिक बदलाव के कारण घरेलू अर्थव्यवस्था के राष्ट्रीय अर्थव्यवस्था के रूप में परिवर्तित होने के कारण हुई। राज्य को अनेक लोक सवाओं की उपलब्धता सुनिश्चित करनी पड़ी, जैसे– यातायात, डाक और टेलीग्राफ, बैंकिंग, बिजली, आदि। यह संख्या दिन-प्रतिदिन बढ़ती ही जा रही है। दूसरी ओर, मानवीय गरिमा से संबंधित समाजिक चेतना ने अधिकारों को धारण करने वालों में नए कर्तव्यों का बोध कराया, जैसे– गरीबी उन्मूलन, शिक्षा, सामाजिक न्याय, आदि। सेवाओं के बढ़ते हुए प्रचलन ने राज्य की संप्रभु सत्ता को कम किया है। अब लोक कानूनों की सामान्य प्रकृति राज्य की कर्तव्यविमूढ़ता से निपटने तक

ही सीमित नहीं रह गई है, बल्कि इनका झुकाव एक ऐसी व्यवस्था के निर्माण की ओर हो गया है, जो दक्षतापूर्ण तरीके से लोक सेवा उपलब्ध कराए।

लोक सेवा के प्रावधानों के संबंध में राज्य की जिम्मेदारी की अवधारणा लोक कानूनों की परिधि में प्रवेश करने लगी है। संप्रभुता की अवधारणा के लोक सेवा की अवधारणा से निरंतर प्रतिस्थापन ने राज्य को एक जिम्मेदार इकाई के रूप में विकसित किया है। राज्य की लोक सेवा प्रदान करने की प्रतिबद्धता ने लोक सेवाओं की अनुपस्थिति या उसे प्रदान करने वाले संगठन की लापरवाही के कारण उत्पन्न होने वाली लोक शिकायतों का समाधान सुनिश्चित कराने की जिम्मेदारी भी उत्पन्न कर दी है। न्यायिक शरण का प्रावधान लोक सेवा की अवधारणा को पुष्ट करता है। लोक सेवा प्रदान करने में अपवाद की स्थितियों को छोड़कर प्राथमिकता के आधार पर कोई भेदभाव नहीं होना चाहिए। राज्य की अक्षमता के फलस्वरूप उत्पन्न लोक क्षति की प्रतिपूर्ति राज्य कोषालय से होनी चाहिए। इसी प्रकार यदि गलत तरीके से या अपवादस्वरूप गलत लाभ किसी व्यक्ति या व्यक्तियों को दिया जाता है, तो उन्हें वापस शासकीय कोषालय में उसे जमा कराना अनिवार्य है।

लोक सेवक शब्द से आप क्या समझते हैं? लोक सेवक की प्रत्याशित भूमिका पर विचार कीजिए।
–UPSC 2019

लोक सेवा में "लोक" शब्द का अर्थ (Meaning of Public in Public Service)

सामान्य अर्थों में "लोक" शब्द "निजी" का विपरीत है। इस शब्द का विभिन्न परिस्थितियों में अलग-अलग अर्थों में प्रयोग चर्चा का विषय है। "लोक" शब्द का "सेवा" के साथ प्रयोग के अर्थों में जनता को सेवाएं, लोक वस्तुओं की आपूर्ति की सेवाएं और सेवाओं के माध्यम से सेवाएं, आदि आते हैं। हम पहले ही चर्चा कर चुके हैं कि लोक सेवा एक राज्य की महत्त्वपूर्ण विशेषता है, जिसके लिए सरकार की जिम्मेदारी सुनिश्चित की जाती है। सेवाओं की संख्या में निरंतर वृद्धि और सरकार की सीमित क्षमता ने इस उद्देश्य की पूर्ति हेतु निजी क्षेत्रों के लिए मार्ग प्रशस्त किया है। अब प्रश्न यह उठता है कि इस प्रकार निजी क्षेत्रों द्वारा प्रदान की जाने वाली सेवाओं को "लोक सेवा" माना जाएगा या नहीं। एम. शमशुल हक ने सेवाओं के लोक होने की निम्नलिखित शर्तें बताई हैं–

1. किस सीमा तक यह निजी क्षेत्र से संबंधित है–इन सेवाओं का दावा करते समय गैर-पक्षपातपूर्णता, खुलापन, समानता और प्रतिनिधित्व जैसे लोक मूल्यों का सामने आना इनकी लोक विशेषताओं को निजीपन से अलग करता है।
2. सेवा में उद्देश्य और उपभोक्ताओं का प्रकार–उपभोक्ताओं की अधिकाधिक संख्या और वृहद् उद्देश्य इन सेवाओं को "लोक" विशेषता प्रदान करते हैं। सार्वभौमिक स्वीकार्यता के साथ साझा लोक हित इनकी लोक विशेषताओं की मात्रा में वृद्धि करता है।
3. सेवाओं का सामाजिक-आर्थिक निहितार्थ।
4. सरकार की इन सेवाओं की आपूर्ति के संबंध में जवाबदेही का परिमाण
5. इन सेवाओं को प्रदान करने के लिए जिम्मेदार संगठन पर लोगों के विश्वास का स्तर।

लोक प्रकृति को संख्यात्मक पैमाने पर नहीं, बल्कि गुणात्मक पैमाने पर परिभाषित किया जाना चाहिए। संख्यात्मक रूप से परिभाषित करने पर वर्तमान सरकारी क्रियान्वयन के अंतर्गत लोक सेवाओं की लोक प्रकृति कमजोर पड़ती जा रही है। नए प्रकार के राज्य चार प्रकार के क्षेत्रकों–रणनीतिक कोर, विशिष्ट गतिविधियां, सामान्य गतिविधियां और बाजार के लिए वस्तुओं एवं सेवाओं का उत्पादन–को देखते हैं। पहले दो क्षेत्रकों का स्वामित्व राज्य के अधीन

होना चाहिए। सामान्य गतिविधियों (Non-Exclusive) के अंतर्गत शिक्षा, स्वास्थ्य, अनुसंधान और संस्कृति आते हैं तथा ये गतिविधियां आधारभूत मानव अधिकारों से संबंधित होती हैं, अतः राज्य द्वारा इनका वित्त पोषण करना होता है। यद्यपि ये क्षेत्र राज्य की शक्तियों की मांग नहीं करते, इसलिए इन्हें राज्य से केवल वित्त की आवश्यकता होती है। गैर-शासकीय स्वामित्व इन सेवाओं के वितरण के लिए अनुकूल है। ये इसलिए लोक की परिभाषा में आती हैं, क्योंकि ये लोक हितों का पोषण करती हैं, ये सभी से संबंधित हैं, सभी के लिए हैं और ये लाभ आधारित नहीं होती हैं।

हम यह देख सकते हैं कि राज्य द्वारा दी जाने वाली कई सेवाएं उचित प्रभाव डालने में असफल रही हैं। इनकी असफलता का कारण यह रहा कि चुनी हुई सरकारों और लोक सेवकों के नेतृत्व में राज्य नेतृत्व एम. शमशुल हक द्वारा बताई गई परिभाषा के अंतर्गत लोक प्रकृति का दीर्घीकरण (Broaden) करने में असमर्थ रहे हैं।

लोक हित से क्या अभिप्राय है? सिविल कर्मचारियों द्वारा लोक हित में कौन-कौन-से सिद्धांतों और कार्यविधियों का अनुसरण किया जाना चाहिए? –UPSC 2018

लोक हित (Public Interest)

लोक हित शब्द का वृहद् अर्थों में प्रयोग अत्यधिक पुनरावृत्ति के साथ किया जाता है लेकिन इसकी कोई विशिष्ट परिभाषा उपलब्ध नहीं है। लोक हित शब्द इससे मिलते-जुलते शब्द "साझा हित या सामान्य हित" (Common Interest) का समानार्थी माना जा सकता है। साझा हित या सामान्य हित शब्द का प्रयोग ग्रीस में अरस्तु के काल में समान अर्थो में किया गया। इसी प्रकार की समान शब्दावलियों, जैसे– "साझा शुभ" या "सामान्य शुभ" (Common Good) का प्रयोग थॉमस एक्विनास तथा रूसो द्वारा और "लोक शुभ" (Public Good) का प्रयोग लॉक द्वारा किया गया।

समकालीन राजनीतिक और विधायी परिदृश्य में लोक हित को किसी राज्य विशेष के नागरिकों से संबंधित सभी प्रकार के हितों के समूह के रूप में परिभाषित किया जाता है। इसे जनता के विशिष्ट हितों से अलग सामान्य प्रकृति के हितों के संकीर्ण अर्थों में नहीं लेना चाहिए। लोक हित से संबंधित विषयवस्तु का दायरा पूर्णतः उन परिस्थितियों पर निर्भर करता है, जिनमें इन्हें परिभाषित किया जाना है। सामान्यतः इसका संबंध उन विषयों से है, जो समाज के कुशल और सफल संचालन तथा जनता के कल्याण के लिए सरकार द्वारा किए जाने वाले हस्तक्षेपों से संबंधित होते हैं। अन्य शब्दों में, "लोक हित" सामान्य वस्तुओं (Common Goods) के उचित और नियमपूर्वक वितरण तथा साथ ही साथ जनता की उन वस्तुओं तक पहुंच से संबंधित है। यह विशेष परिस्थितियों में लोगों के विशेष हितों को भी परिभाषित करता है।

नई परिभाषा के अंतर्गत लोक हित का विचार अपने दायरे को विकसित कर रहा है। यह समुदाय के साझा हित, समाज के सहमति आधारित सामूहिक उद्देश्यों और मूल्यों, निजी और विशिष्ट हितों के योगफल (Sum of All Private Interests and Special Interests) तथा व्यक्तियों द्वारा प्रयास किए जा रहे स्वहितों के अंतिम परिणामों से संबंधित है। कई बार सामान्य लोक हित और व्यक्तिगत हित के मध्य टकराव की स्थिति बन जाती है, तब लोक हित को निजी हितों के विरुद्ध संतुलित करके परिभाषित किया जाता है।

लोक हित की इसके आयामों, परिणामों, आगतों, प्रक्रियाओं और उपागतों के अंतर्गत व्याख्या की जा सकती है, यहां परिणाम का आशय लोक हित में लिए जाने वाले किसी निर्णय में निहित तत्त्व से है। ये निर्णय वृहद् जन अपेक्षाओं को पूरा करने के लिए होने चाहिए, न कि किसी एक विशेष समूह के लिए। इन निर्णयों द्वारा किसी निजी हित साधन के उद्देश्य से सामान्य वस्तुओं और सेवाओं के विस्थापन के फलस्वरूप किसी भी प्रकार से समुदाय के

लिए उन वस्तुओं और सेवाओं की मात्रात्मक एवं गुणात्मक कमी नहीं आनी चाहिए। लोक हित के आयाम के रूप में "आगतों" (Inputs) का अभिप्राय उन विषयों से है, जो इस बात का निर्धारण करते हैं कि कोई तत्त्व लोक हित के अंतर्गत परिभाषित होगा या नहीं। इस प्रकार विचार में लिए जाने वाले विषय को सभी कानूनी औपचारिकताओं को पूरा करना चाहिए, साथ ही इसका संबंध उचित उद्देश्यों के लिए शक्ति के प्रयोग से होना चाहिए। यह सरकार की नीतियों के अनुरूप और समस्त पूर्वाग्रहों से मुक्त होना चाहिए। लोक हित के संबंध में किसी विषय को निर्धारित करते समय प्रयोग में लाई जाने वाली प्रक्रिया पक्षपात रहित होनी चाहिए। लोक हित में लिए जाने वाले निर्णय राजनीतिक रूप से तटस्थ होने चाहिए या दूसरे शब्दों में, विवेकाधीन शक्तियों के प्रयोग में प्रक्रियात्मक विशेषताएं मुख्य निर्धारक होनी चाहिए। निर्णय लेते समय कीमत या धन का व्यय और लाभ से संबंधित तार्किकता पर विचार किया जाना चाहिए। सभी निर्णय कार्यालयीन प्रक्रिया का पालन करते हुए उचित छानबीन और संधारण के साथ लिए जाने चाहिए, ताकि भविष्य में इससे संबंधित जानकारी तक लोक पहुंच संभव हो सके।

प्रत्येक व्यक्ति या संगठन के अनेक प्रकार के हित होते हैं। ये आर्थिक, गैर-आर्थिक, अपरोक्ष या परोक्ष प्रकृति के हो सकते हैं। जब किसी हित विशेष के माध्यम से किसी अन्य के हितों को नुकसान पहुंचाया जा रहा हो, तो हित संघर्ष की स्थिति उत्पन्न हो जाती है। यहां हम किसी सिविल सेवक के जीवन में इस प्रकार की परिस्थितियों के बारे में विचार करना चाहते हैं। एक सिविल सेवक प्रायः एक पेशेवर ब्यूरोक्रेट होता है और लोक हित में भयमुक्त सेवा देने के बदले में उसे रोजगार की सुरक्षा का लाभ प्राप्त होता है। लोक सेवा के मूल्यों के अनुसार, एक सिविल सेवक को अपने प्रभाव के प्रयोग और लोक अधिकारों को धारण करने के प्रभाव के संदर्भ में स्वयं के हितों का पोषण नहीं करना चाहिए। किसी लोक कार्यालय को धारण करते हुए प्राप्त लोक अधिकारों का प्रयोग अपने निजी हित में करना अनैतिक है। एक सिविल सेवक द्वारा धारित पद में निहित समस्त शक्तियां केवल जन कल्याण के लिए हैं।

आज प्रत्येक देश के नागरिक अपनी सरकारों से शासकीय कार्य प्रणाली, सेबा प्रदाय मानकों और सिविल सेवा से संबंधित मूल्यों, जैसे– सत्यनिष्ठा, पारदर्शिता और सेवा के लिए समर्पण को लेकर अत्यधिक अपेक्षाएं रखते हैं। लोक सेवकों द्वारा वृहद् स्तर पर संसाधनों और अधिकारों का प्रयोग लोक हित में ही किया जाना चाहिए। एक लोक सेवक के निजी हित कभी भी लोक हितों से टकराव की स्थिति में नहीं होने चाहिए।

लोक क्षेत्रकों में हित संघर्ष की स्थिति तब उत्पन्न होती है, जब लोक सेवकों के निजी हित उनके लोक कर्तव्य के प्रदर्शन में गिरावट लाने लगते हैं। ऐसी स्थितियों की खोज करनी चाहिए और "वास्तविक" एवं "आभासी" हित संघर्ष की स्थितियों में विभेद करने वाले एक कानूनी ढांचे का निर्माण करना चाहिए।

शासन के क्षेत्र में निजी संगठनों की बढ़ती हुई भूमिका ने नई चुनौतियों को जन्म दिया है। किसी लोक कार्यालय को धारण करने वाले लोक सेवक के हाथों में लोक हितों को पूरा करने के लिए निर्णय लेने और कार्य करने की असीम शक्तियां होती हैं, परंतु इसके साथ ही वह एक निजी व्यक्ति भी होता है, जो जनता का सदस्य भी है एवं अन्य व्यक्तियों के समान ही अधिकारों और हितों की इच्छा रखता है। अपने गैर-तार्किक निजी हितों को पूरा करने के लिए अपनी कार्यालयीन स्थिति का दुरुपयोग न करने से संबंधित विश्वास आधारित दायित्व की प्रक्रिया मौजूद है। विश्वास भंग (Breach of Trust) की स्थिति ही हित संघर्ष को जन्म देती है। चित्र 18.1 में एक लोक सेवक की दोहरी भूमिका दर्शाई गई है।

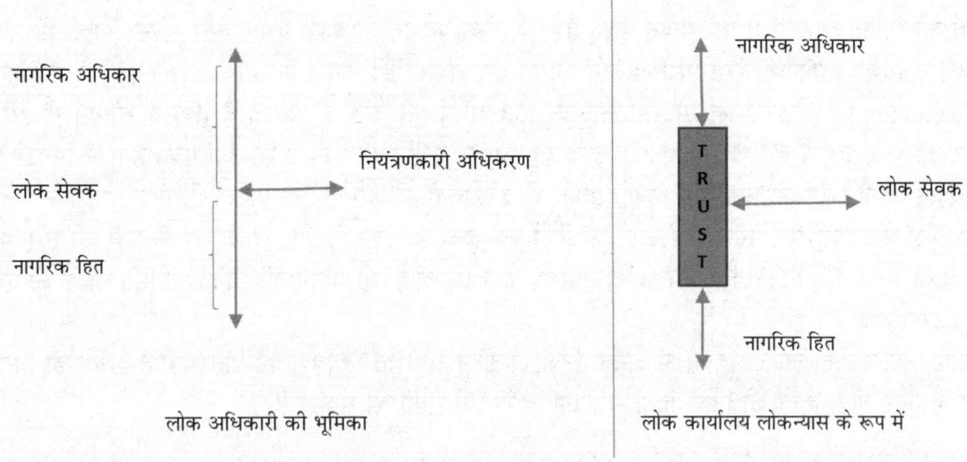

चित्र 18.1 : एक लोक सेवक की दोहरी भूमिका

किसी लोक कार्यालय पर एक लोक विश्वास होता है, जहां लोक सेवक को नागरिकों के अधिकारों और हितों को प्रभावित करने वाले निर्णय लेने के लिए न्यासित (Entrusted) किया जाता है। यहां "न्यास" शब्द से अभिप्राय है कि एक लोक सेवक सदैव अपने व्यक्तिगत या निजी हितों के प्रभाव में आए बिना अपनी पेशेवर सेवाएं देता रहेगा। लोक सेवा के मूल्यों को अक्षुण्ण बनाए रखने के लिए इस विश्वास को बनाए रखना बहुत आवश्यक है।

इन परिस्थितियों से उबरने का एकमात्र उपाय है कि सत्यनिष्ठा और लोक सेवा के अन्य मूल्यों को बनाए रखें। इसे हम चित्र 18.2 के माध्यम से समझ सकते हैं, जिसमें वास्तविक (Actual or Real) हित संघर्ष को प्रदर्शित किया गया है।

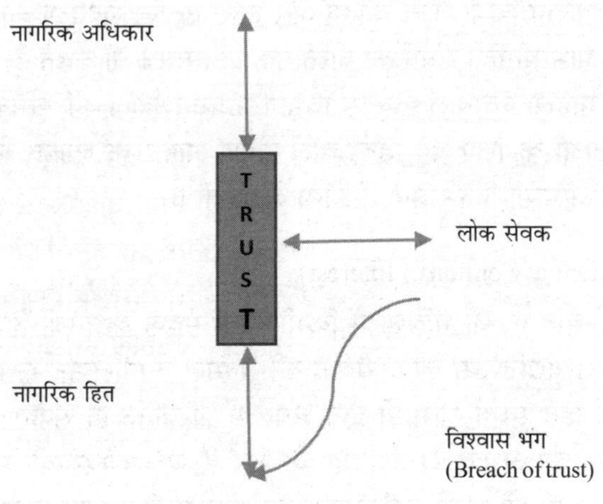

चित्र 18.2 : हित संघर्ष

जब यह विश्वास भंग हो जाता है और कार्यालयीन शक्तियों एवं संसाधनों का प्रयोग निजी लाभ के लिए किया जाने लगता है, तो हित संघर्ष भ्रष्टाचार का रूप धारण कर लेता है। हित संघर्ष की ऐसी परिस्थितियां सदैव बनी रहेंगी, यदि निजी हितों का त्याग नहीं किया जाता है। कई बार कुछ ऐसी परिस्थितियां भी निर्मित होती हैं कि जिस संगठन में

लोक सेवक नियोजित हैं, उसके संगठनात्मक हित लोक हितों से संघर्ष की स्थिति में आ जाते हैं। इसे संगठनात्मक हित संघर्ष की स्थिति के रूप में परिभाषित करते हैं। नव लोक प्रबंधन के बढ़ते प्रभाव और लोक क्षेत्रकों में निजी संगठनों की उत्तरोत्तर भागीदारी ऐसी परिस्थितियां निर्मित कर सकती हैं। नौकरशाही (Bureaucracy) में समानांतर प्रवेश (Lateral Entry) कुछ मामलों में संगठनात्मक हित संघर्ष को जन्म दे सकता है। किसी संगठन में उससे असंबंधित तटस्थ प्रशासक की पद स्थापना मुखिया के रूप में करने के चलन ने संगठनात्मक हितों से निपटने में सहायता प्रदान की है। संगठनात्मक हित अनेक प्रकार के हो सकते हैं, जैसे–काडर संख्या निर्धारण, अधिक संख्या में अधिकारियों को उच्च स्तर पर पदस्थ करने के लिए नए उच्च पदों का निर्माण, कुछ स्तर के पदों की समाप्ति, आदि। विधायी संगठनों में निहित विधायिका के सदस्यों के वेतन और भत्ते बढ़ाने की शक्ति भी हित संघर्ष का एक अच्छा उदाहरण है।

हित संघर्ष का प्रबंधन लोक सेवकों से अनेक निजी हितों से संबंधित नियंत्रण को प्रतिस्थापित करके ही किया जा सकता है और लोक हितों को निजी हितों से प्रभावित होने से रोका जा सकता है।

हित विरोधिता से क्या तात्पर्य है? वास्तविक और संभावित हित विरोधिताओं के बीच के अंतर को उदाहरणों द्वारा स्पष्ट कीजिए। (150 शब्द)

–UPSC 2018

आभासी हित संघर्ष (Apparent Conflict of Interest)

हम अनेक प्रकार के हित संघर्षों को अस्तित्व में आता हुआ देख सकते हैं, हित संघर्ष की इन स्थितियों में वास्तविक परिणाम उत्पन्न करने की क्षमता भी हो सकती है। ये सरकारी क्रियाकलापों पर जनता के विश्वास को गंभीर रूप से कमजोर करते हैं और साथ ही लोक सेवकों एवं सरकारी संगठनों की निष्ठा पर प्रश्नचिह्न लगा सकते हैं। आभासी हित संघर्ष की स्थितियों का आकलन किया जाना चाहिए और उनसे उत्पन्न शंकाओं का निराकरण सभी पक्षों को ध्यान में रखकर करना चाहिए। आभासी हित संघर्ष को वास्तविक हित संघर्ष भी कहते हैं। उदाहरण के रूप में, कोई व्यक्ति किसी राज्य सरकार के महिला एवं बाल विकास विभाग में परामर्शदाता की भूमिका में नियोजित है, उसका भाई बच्चों और गर्भवती महिलाओं के लिए बंद डिब्बे वाले पोषण आहार के व्यापार में लिप्त है। यद्यपि व्यक्ति ईमानदार है, लेकिन यह स्थिति आभासी हित संघर्ष को जन्म दे सकती है।

संभावनात्मक हित संघर्ष (Potential Conflict of Interest)

संभावनात्मक हित संघर्ष वह स्थिति है, जो भविष्य में किसी लोक सेवक के निजी हित के लोक हित के साथ टकराव से उत्पन्न हो सकती है। यद्यपि उस लोक सेवक की वर्तमान कार्यालयीन स्थिति उसके निजी हितों से संबंधित नहीं है। संभावनात्मक हित संघर्ष आभासी हित संघर्ष में परिवर्तित हो सकता है यदि संगठन में इसके निवारण के लिए पर्याप्त प्रक्रिया का अभाव है। उदाहरण के रूप में, एक व्यवसायी-सह-राजनेता को, जो एक विमानन कंपनी का मालिक है, कभी भी नागरिक विमानन मंत्रालय में मंत्री का पद ग्रहण नहीं करना चाहिए। इसी प्रकार रक्षा उपकरणों के आपूर्तिकर्ता के रूप में व्यवसाय करने वाले एक व्यक्ति को रक्षा मंत्रालय में मंत्री का पद ग्रहण नहीं करना चाहिए।

हित संघर्ष प्रबंधन (Conflict of Interest Management)

यद्यपि हित संघर्ष की स्थिति अपने आप में भ्रष्टाचार की स्थिति नहीं है, लेकिन लोक प्रशासन के वर्तमान परिप्रेक्ष्य

में लोक कार्यालय की छवि एवं दक्षता के लिए संभव खतरे के रूप में इसकी पहचान की जानी आवश्यक है। लोक क्षेत्रक में हित संघर्ष के प्रबंधन के लिए निम्नलिखित उपाय किए जा सकते हैं–

1. लोक सेवकों को वस्तुनिष्ठता और प्रकरण के गुण-दोष के आधार पर अपने निर्णय लेने चाहिए और सलाह देनी चाहिए न कि स्वहित, धर्म, संगठन, राजनीति एवं प्राथमिकताओं के आधार पर।
2. लोक सेवकों को ऐसे किसी निजी हित को धारण नहीं करना चाहिए, जो उसकी लोक कार्यों में तटस्थता को खतरे में डाले।
3. लोक सेवकों को निजी आधार पर ऐसे कार्यों में लिप्त नहीं होना चाहिए, जो उसके कार्यालयीन कर्तव्यों के निर्वहन के दौरान प्राप्त आंतरिक सूचनाओं के उपयोग पर आधारित हो।
4. लोक सेवकों द्वारा अन्य व्यक्तियों से ऐसा कोई भी गलत लाभ नहीं लेना चाहिए, जो उसके लोक कार्यालय को धारण करते हुए किए जाने वाले प्रदर्शन को प्रभावित करे।
5. लोक सेवकों को भूतकाल में किसी लोक कार्यालय को धारण करते हुए प्राप्त सूचनाओं के आधार पर कोई लाभ लेने की चेष्टा नहीं करनी चाहिए। विशेषकर सेवानिवृत्ति के बाद अन्य निजी संस्थाओं में नियोजित होने के उद्देश्य से ऐसा किया जाना वर्जित होना चाहिए।
6. लोक सेवकों और लोक संगठनों को इस प्रकार का आचरण करना चाहिए कि किसी भी लोक परीक्षण में खरे उतर सकें। उनके आचरण न केवल नियमानुसार होने चाहिए, बल्कि लोक सेवा मूल्यों, जैसे– निष्ठा, वस्तुनिष्ठता और गैर-भेदभावपूर्णता के अनुरूप भी होने चाहिए।
7. समस्त संभव क्षेत्रों को जिनमें निजी हित कार्यालयीन कर्तव्यों को समझौते की स्थिति में लाएं, उन्हें समय पूर्व ही रीति अनुसार सरकार के समक्ष उद्घोषित कर दिया जाना चाहिए।
8. लोक सेवकों को ऐसे चारित्रिक उदाहरण प्रस्तुत करने चाहिए, जो अन्य लोक सेवकों को प्रोत्साहित करें।
9. लोक सेवकों को अपने निजी कार्यों के प्रबंधन का उत्तरदायित्व इस प्रकार धारण करना चाहिए कि किसी लोक कार्यालय में विभिन्न क्षमताओं से कार्य करते हुए उसकी स्थिति से कोई हित संघर्ष की स्थिति उत्पन्न न हो और निजी हितों एवं लोक हितों के मध्य संतुलन बना रहे।
10. लोक सेवकों को आचरण और लोक कार्यालयों की कार्यनीति एवं प्रक्रियात्मक ढांचे को अखंडित रखते हुए पेशे के प्रति वचनबद्धता प्रदर्शित करनी चाहिए।
11. हित संघर्ष की स्थितियों को रोकने के लिए पर्याप्त प्रबंधन ढांचे पर विचार-विमर्श और अन्वेषण करने हेतु संगठन के भीतर एक स्वस्थ कार्य संस्कृति को बढ़ावा दिया जाना चाहिए।
12. हित संघर्ष की स्थितियों से निपटने के लिए संगठन के कर्मचारियों के लिए समय-समय पर प्रशिक्षण के प्रावधान होने चाहिए।

भारत में पेशेवर नौकरशाहों और जन प्रतिनिधियों के लोक जीवन में हित संघर्ष की स्थितियों से बचने के लिए अनेक उपाय किए गए हैं। नैतिक संहिता और आचरण संहिता के माध्यम से स्थायी कार्यपालकों के व्यवहारों को सीमित करने का प्रयास किया गया है। हम इसकी आगे के अध्याय में विस्तार से चर्चा करेंगे, लेकिन जन प्रतिनिधियों के संबंध में हित संघर्ष की स्थितियों के प्रबंधन के उपाय किए जाने भी महत्त्वपूर्ण हैं। जन प्रतिनिधियों के संबंध में भी इस आशय के कुछ प्रावधान किए गए हैं, यद्यपि वे इतने अधिक विस्तृत नहीं हैं, जितने हम लोक सेवकों के संदर्भ में पाते हैं लेकिन वे पर्याप्त रूप से लोक मूल्यों का समावेश करते हैं। राज्यसभा के सदस्यों से संबंधित आचरण संहिता में निम्नलिखित प्रावधान किए गए हैं–

1. यदि कोई सदस्य अपने कार्य के दौरान यह पाता है कि उसके निजी हितों और उसके द्वारा धारित लोक विश्वास के मध्य कोई संघर्ष की स्थिति है, तो इस स्थिति से इस प्रकार उबरना चाहिए कि लोक विश्वास सदैव निजी हितों के ऊपर हो।

2. सदस्यों और उनके परिवारों के निजी हित लोक हितों से संघर्ष की स्थिति में नहीं होने चाहिए और यदि ऐसी कोई स्थिति उत्पन्न हो भी जाए, तो इस समस्या के समाधान में लोक हित खतरे में न पड़ें।
3. सदस्यों को सदन में मताधिकार के प्रयोग के बदले में किसी भी प्रकार का लाभ स्वीकार नहीं करना चाहिए।
4. सदस्यों को ऐसा कोई भी उपहार स्वीकार नहीं करना चाहिए, जो उनके लोक कर्तव्यों के ईमानदारीपूर्वक निर्वहन के साथ संघर्ष की स्थिति उत्पन्न करे।

लोकसभा के सदस्यों के संदर्भ में भी इसी प्रकार के प्रावधान किए गए हैं, जो निम्नानुसार हैं–

1. सदस्यों को अपनी स्थिति का प्रयोग जनता के कल्याण के लिए करना चाहिए।
2. हित संघर्ष की स्थिति में लोक हित निजी हित के ऊपर होना चाहिए।
3. सदस्यों को नैतिकता, भद्रता और लोक मूल्यों के उच्च मानकों को धारण करना चाहिए।

भारत में उपरोक्त आचरण संहिताओं के अतिरिक्त, लोकसभा में राज्यसभा के समान ही सदस्यों के हितों की उद्घोषणा का प्रावधान किया गया है। उदाहरण के रूप में, राज्यसभा का सभापति यह नियम बना सकता है कि किसी विषय पर प्रक्रिया में भाग लेने के पूर्व कोई सदस्य संदर्भित विषय से संबंधित अपने सभी प्रकार के संभव हितों की उद्घोषणा करे।

लोकसभा में प्रक्रिया एवं कार्य संचालन के नियम के अनुसार स्पीकर किसी लोकसभा सदस्य के मत व्यवहार को प्रभावित करने वाले हित संघर्ष के विषयों की जांच करा सकता है। इससे एक कदम आगे, राज्यसभा में प्रक्रिया एवं कार्य संचालन के नियम 293 के अंतर्गत यह प्रावधान है कि राज्यसभा की एथिक्स कमेटी एक "सदस्यों के हितों का रजिस्टर" का संधारण करेगी। यह रजिस्टर लाभजन्य निदेशक स्थिति, लाभ आधारित नियमित गतिविधि, नियंत्रणात्मक प्रकृति की हिस्सेदारी, भुगतान आधारित परामर्श और सदस्यों की पेशेवर संलग्नता से संबंधित सूचनाएं रिकॉर्ड करेगा।

भारत का संविधान भी किसी विधायिका के सदस्य की लाभ का पद धारण करने के आधार पर सदस्यता समाप्ति का प्रावधान करता है।

लोक सेवा मूल्य (Public Service Values)

लोक कार्यालय को धारण करने वाले के लिए लोक सेवा मूल्य मानक के रूप में होते हैं। कानूनों, नियमों और विनियमों का एक जटिल तंत्र उन लोक सेवकों के आचरणों को नियंत्रित करने के लिए महत्त्वपूर्ण है, जो निचले स्तर के पदों को धारण करते है और जिन्हें बहुत अधिक अधिकार एवं विवेकाधीन शक्तियां प्राप्त नहीं होतीं। उच्च पदों पर बैठे लोक सेवकों के आचरणों को कानून और नियम के माध्यम से नियंत्रित करना असंभव है, क्योंकि उन्हें अत्यधिक विवेकाधीन शक्तियां देना मजबूरी है।

इन परिस्थितियों में, उच्च नैतिक मानक ही सफल हो सकते हैं। इस मानकों पर कार्य करने के लिए भूतकाल में अनेक समितियों का गठन किया गया है। इन समितियों ने लोक सेवकों के लिए अनेक आदर्श मूल्यों की रचना की है। इन्हीं प्रयासों में से एक लोक सेवा मूल्यों का मानकीकरण करने से संबंधित नोलन समिति अत्यधिक प्रसिद्ध है। यूनाइटेड किंगडम में लोक जीवन के मानकों की समिति निम्नलिखित सात मूल्य बताती है–

1. स्वार्थ रहितता (Selflessness) : एक लोक कार्यालय को धारण करने वाले लोक सेवकों को पूर्णतः लोक हित में ही विषयों का निर्धारण करना चाहिए। उन्हें किसी भी कीमत पर स्वहित से प्रेरित नहीं होना चाहिए। लोक सेवकों द्वारा लिया जाने वाला कोई भी निर्णय उनके स्वयं अथवा उनके नजदीकी व्यक्तियों के लाभ से संबंधित नहीं होना चाहिए।

2. निष्ठा (Integrity) **:** लोक कार्यालय धारण करने वाले लोक सेवकों का प्रदर्शन बाहरी व्यक्तियों या संस्थाओं के प्रभाव से मुक्त होना चाहिए। उनका व्यवहार बाहरी वित्तीय देयताओं या उन बाध्यताओं से मुक्त होना चाहिए, जो लोक सेवा के मानकों को दूषित कर सकती हैं।

3. वस्तुनिष्ठता (Objectivity) **:** लोक सेवकों द्वारा लिए जाने वाले सभी निर्णय गुण-दोषों पर आधारित होने चाहिए। एक लोक सेवक किसी लोक कार्यालय को धारण करते हुए अनेक कर्तव्यों का निर्वहन करता है, उनमें से कुछ महत्त्वपूर्ण कर्तव्य हैं–लोक कार्यालयों में रिक्त पदों के विरुद्ध उपयुक्त उम्मीदवारों का चयन, आमंत्रित निविदाओं के आधार पर प्रसंविदा करना, आदि। ये सभी चयन वस्तुनिष्ठता और पूर्वाग्रह से रहित होने चाहिए।

4. जवाबदेही (Accountability) **:** किसी लोक कार्यालय को धारण करने वाले सिविल सेवक को उसके निर्णय और व्यवहार के लिए विभिन्न माध्यमों से जवाबदेह बनाया जाना चाहिए। उसे अपने कार्यालय के होने वाले सभी प्रकार के लोक परीक्षण में सहयोग प्रदान करना चाहिए।

5. खुलापन (Openness) **:** किसी लोक सेवक द्वारा लिया जाने वाला निर्णय सदैव जितना संभव हो खुला होना चाहिए। सभी निर्णयों को रिकॉर्ड किया जाना चाहिए और वे कुछ अपवादों को छोड़कर समस्त जनता के लिए उपलब्ध होने चाहिए। एक लोक सेवक को उसके द्वारा लिए गए प्रत्येक निर्णय के पीछे के तर्क को दर्शाना चाहिए।

6. ईमानदारी (Honesty) **:** एक लोक सेवक को उन भावी परिस्थितियों का मूल्यांकन करने में सतर्क होना चाहिए, जहां उसके निजी और लोक हित संघर्ष की स्थिति में आ सकते हैं। उसे तत्काल ऐसी संभावनाओं की उद्घोषणा कर देनी चाहिए और लोक हित की संरक्षा के लिए इन स्थितियों से निपटने के लिए आवश्यक कदम उठाने चाहिए।

7. नेतृत्व क्षमता (Leadership) **:** एक लोक सेवक को उपरोक्त मानकों को प्रोत्साहित करने के प्रयास में नेतृत्व क्षमता के उदाहरण प्रस्तुत करने चाहिए।

अभ्यास प्रश्न

1. 'सर्वहित में ही हर व्यक्ति का हित निहित है।' इस कथन से आप क्या समझते हैं, सार्वजनिक जीवन में इस सिद्धांत का कैसे पालन किया जा सकता है? (150 शब्द, 10 अंक)
2. लोक सेवकों के समक्ष हित संघर्ष (कन्फ्लिक्ट ऑफ इंटरेस्ट) के मुद्दों का आ जाना संभव होता है। आप हित संघर्ष पद से क्या समझते हैं और यह लोक सेवकों द्वारा निर्णयन में किस प्रकार अभिव्यक्त होता है? यदि आपके सामने हित संघर्ष की स्थिति पैदा हो जाए तो आप उसका हल किस प्रकार निकालेंगे? उदाहरण के साथ स्पष्ट कीजिए।
3. सार्वजनिक क्षेत्र में हित संघर्ष तब उत्पन्न होता है, जब निम्नलिखित की एक-दूसरे के ऊपर प्राथमिकता रखते हैं-
   i. पदीय कर्तव्य
   ii. सार्वजनिक हित
   iii. व्यक्तिगत हित

प्रशासन में इस संघर्ष को कैसे सुलझाया जा सकता है? उदाहरण सहित वर्णन कीजिए। (150 शब्द)

4. हित संघर्ष से क्या तात्पर्य है? वास्तविक और संभावित हित संघर्षों के बीच के अंतर को उदाहरणों द्वारा स्पष्ट कीजिए। (150 शब्द)

अध्याय 19

शासन व्यवस्था में ईमानदारी

Probity in Governance

शासन का दार्शनिक आधार (Philosophical Basis of Governance)

हमने पिछले अध्याय में लोक सेवाओं और लोक हित के बारे में चर्चा की है। शासन की अवधारणा काफी सीमा तक लोक शब्द से संबंधित है और यह लोक की अवधारणा को प्रभावशाली ढंग से क्रियान्वित करने का एक यंत्र है। लोक की अवधारणा स्थापित करने के लिए संबंधित संगठन या राज्य को वैधानिक अधिकार प्रयोग में लाने होते हैं, जो लोक सेवा में शामिल लोगों के व्यवहार को नियंत्रित करने का कार्य करते हैं। वेबर अधिकरण (Authority) को तीन वर्गों में विभाजित करते हैं– परंपरागत अधिकरण (Traditional Authority) जो इतिहास से संबंधित है, चमत्कारी या आकर्षक अधिकरण जो व्यक्तित्व में छुपा होता है और वैधानिक अधिकरण जो तटस्थ तथा पूर्वाग्रहित नियमों पर आधारित होता है। लोकतंत्र में राजनीति शासन का अभिन्न अंग होती है। राजनीति लोगों के शासित होने की सामूहिक स्वीकृति को व्यक्त करने का एक माध्यम है। राजनीति के अतिरिक्त गैर-राजनीतिक कारक, जैसे– राज्य संस्थाएं, सिविल सोसायटी शासन के भाग होते हैं। राज्य संस्थाएं लोक प्रकृति की होती हैं, जबकि सिविल सोसायटी निजी प्रकृति की होती है। इस प्रकार शासन वह तरीका है, जिसके द्वारा ऊपर उल्लेखित संस्थाओं की सहायता से किसी देश में शक्तियों का प्रयोग किया जाता है। शासन को इस प्रकार से भी परिभाषित किया जा सकता है, 'राजनीतिक, आर्थिक और प्रशासनिक अधिकारों का मजबूत प्रयोग करके किसी देश के विकास के लिए संसाधनों का प्रबंधन। यह समाज के हितों की आवाज, राज्य के संस्थानों द्वारा शक्ति के प्रयोग के तरीकों और सामूहिक शुभ (Collective Good) की प्राप्ति में मतभेदों को हल करने की प्रक्रिया को शामिल करता है।'

संयुक्त राष्ट्र विकास कार्यक्रम (United Nations Development Programme–UNDP) के अनुसार, शासन के तीन स्तंभ हैं– आर्थिक, राजनीतिक और प्रशासनिक। आर्थिक शासन के अंतर्गत देश के भीतर और बाहर के मामलों को शामिल किया जाता है। यह देश के आर्थिक संसूचकों को देखता है और जीवन की गुणवत्ता में वृद्धि का प्रयास करता है। राजनीतिक शासन का संबंध सरकार के स्थायित्व, प्रतिष्ठा और विश्वसनीयता के नीति निर्माण में परिलक्षित होने से है। प्रशासनिक शासन इन नीतियों का प्रभावशाली ढंग से क्रियान्वयन करने के लिए परिदृश्य में आता है। वास्तव में, शासन निर्णय प्रक्रिया और इन निर्णयों के क्रियान्वयन से संबंधित होता है।

सामान्य अर्थों में शासन (Governance) तथा सरकार (Government) शब्दों को एक-दूसरे के लिए उपयोग में ले लिया जाता है परंतु दोनों का अर्थ भिन्न है। सरकार (Government) का संबंध अधिकारों का प्रयोग, नागरिकों पर शासन करने और लोगों के व्यवहार को नियंत्रित करने से है। दूसरी ओर, शासन (Governance) का संबंध विषयों का प्रबंधन है न कि बल प्रयोग करने से। सरकार कानून पर आधारित होती है, जबकि शासन प्रबंधन पर आधारित होता है, जो एक नियम आधारित नियंत्रणकारी प्रक्रिया न होकर एक परिकल्पना (Hypothesis) है। शासन सुझावों

और शिकायतों के रूप में आगतों (Inputs) का स्वागत करता है। यह समाज को प्रेरित करने और विकास के लक्ष्यों को पूरा करने के लिए नेतृत्व की मांग करता है। सरकार मुख्यत: कानून व्यवस्था या लोक शांति को बनाए रखने से संबंधित होती है। शासन की अवधारणा पर अनेकं अध्ययनों के आधार पर यह निष्कर्ष निकलता है कि शासन एक बहुस्तरीय घटना है। वैश्विक शासन पर आयोग (The Commission on Global Governance) शासन को परिभाषित करते हुए कहता है कि शासन लोगों और संस्थाओं, लोक और निजी द्वारा उनके उभयनिष्ठ या सामान्य मामलों के प्रबंधन के तरीकों का योग है। यह एक सतत प्रक्रिया है, जिसके द्वारा विरोधाभासी और विविध हितों को जगह दी जाती है तथा सहयोगात्मक कार्रवाई की जा सकती है। इसके अंतर्गत औपचारिक संस्थाएं और सत्ता जो पालन कराने के लिए कार्रवाई करती हैं तथा अनौपचारिक व्यवस्थाएं जो लोगों और संस्थाओं के हितों में दिखाई देती हैं, उन्हें शामिल किया जाता है।

इस प्रकार हम कह सकते हैं कि शासन का उद्‌देश्य समाज, संगठन राष्ट्र और विश्व की सामान्य समस्याओं को हल करना है। रोड्स (Rohdes) शासन को सात वृहद् वर्गों में विभाजित करते हैं–

1. कॉर्पोरेट शासन (Corporate Governance);
2. सुशासन (Good Governance);
3. नव लोक प्रबंधन (New Public Management);
4. नव राजनीतिक अर्थव्यवस्था (New Political Economy);
5. अंतर्राष्ट्रीय अंतर्निर्भरता (International Interdependence);
6. सामाजिक-साइबरनेटिक तंत्र (Socio-Cybernetic System); और
7. एकल केंद्रित शक्ति के अस्तित्व को परिभाषित करने वाला नेटवर्क (Network Which Defines the Existence of Monocentric Power)।

सुशासन (Good Governance)

शासन लोक सेवाओं से संबंधित विषयवस्तुओं के प्रबंधन की एक कला है। यह शुभ हो सकती है और अनेक बार अशुभ भी सिद्ध हो सकती है। एक निर्णयकर्ता के पास एक अच्छे प्रबंधक होने से संबंधित सभी सद्‌गुण होने चाहिए और उसे प्रभाव स्थापित करने वाली मनोवृत्ति, जल्दबाजी में निर्णय लेने, बुरी पद्धतियों और सनक से मुक्त होना चाहिए। प्लेटो ने चार प्रधान सद्‌गुण दिए हैं– विवेक, साहस, संयम और न्याय। ये सभी सद्‌गुण समाज में सुशासन लाने के लिए अनिवार्य हैं। किसी संगठन द्वारा अपने लक्ष्य को सही रीति से ही प्राप्त करना चाहिए। सुशासन की आठ प्रमुख विशेषताएं हैं। ये हैं– 1. भागीदारी (Participation), 2. कानून का शासन (Rule of Law), 3. अनुक्रियाशीलता (Responsiveness), 4. पारदर्शिता (Transparency), 5. सहमति उन्मुख (Consensus Oriented), 6. हिस्सेदारी और समावेशन (Equity and Inclusiveness), 7. प्रभावशीलता और दक्षता (Effectiveness and Efficiency), 8. जवाबदेही (Accountability)। सुशासन के लिए समाज के सभी वर्गों की भागीदारी और राजनीतिक, लोक, निजी तथा सिविल सोसायटी की गंभीर भागीदारी होनी चाहिए। सरकार का विकेंद्रीकरण सभी की अधिकाधिक भागीदारी को सुनिश्चित करने के लिए आवश्यक है। भारत में पंचायती राज संस्थाओं ने इसे संवैधानिक प्रावधानों के माध्यम से अधिक प्रोत्साहित किया है। प्रत्येक देश कानून व्यवस्था को बनाए रखना चाहता है, ताकि बेहतर शासन दिया जा सके। यह कानून के शासन के माध्यम से ही संभव है। शासन के पीछे का मूलभूत दर्शन कानून के शासन के अंतर्गत अधिकारों का अपने ऊपर प्रयोग करने की लोक सहमति की सामूहिक अवधारणा है। कानून का शासन एक प्रसिद्ध सिद्धांत है, जिसे डाइसी (Dicey) ने अपनी पुस्तक *द लॉ एंड द कंस्टीट्यूशन* (The Law and the Constitution) (1985) में दिया था। डाइसी कानून के शासन की व्याख्या तीन मूलभूत अवधारणाओं के अंतर्गत करते हैं– कानून

की सर्वोच्चता (Supremacy of Law), कानून के समक्ष समता (Equality Before Law) और कानून की आत्मा का वर्चस्व (Predominance of Legel Spirit)।

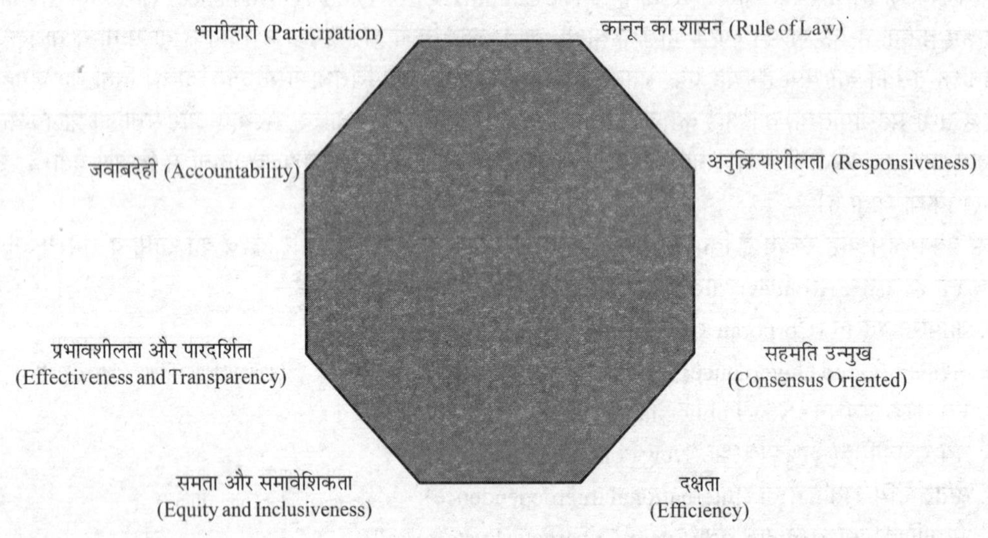

चित्र 19.1 : सुशासन की विशेषताएं
स्रोत : Governance for Sustainable Human Development UNDP Policy Document, 1997

कानून का शासन एक वैज्ञानिक सिद्धांत है, जो यह करार करता है कि राष्ट्र को कानून के माध्यम से संचालित होना चाहिए न कि व्यक्तियों की स्वेच्छा के माध्यम से। यह कानून को प्रधानता देता है। अरस्तु का कथन, "कानून के द्वारा शासित होना चाहिए" (Law Should Govern) इस सिद्धांत की पुष्टि करता है। प्रत्येक नागरिक, जिनमें विधि निर्माता भी शामिल हैं, कानून की परिधि के अंदर आते हैं। कानून का शासन पारदर्शिता, अस्तित्व, जवाबदेही और कानून द्वारा स्थापित प्रक्रिया को निर्धारित करता है। यह समय सीमा में न्याय की आपूर्ति का ध्यान रखता है। कानून के शासन की भारतीय अवधारणा औपचारिक और पर्याप्त दोनों है। यह सुशासन का अभिन्न अंग है। सुशासन को तभी सुशासन माना जाता है, जब यह सभी नागरिकों के प्रति अनुक्रियाशील हो और किसी भी प्रकार का विलंब या तत्परता में स्वैच्छिक विभेदन नहीं करता हो। पारदर्शिता अधिकरण के प्रति जनता के विश्वास में वृद्धि करती है और कानून व्यवस्था को मजबूत करती है। भारत में सूचना के अधिकार के आने के पश्चात् पारदर्शिता में अभूतपूर्व वृद्धि हुई है। नीति निर्माताओं द्वारा नीति निर्माण और लोक हित प्रदाय प्रक्रिया में जनता को शामिल करना चाहिए। पूर्वाग्रहों से बचने के लिए अल्पसंख्यकों की सहमति भी जान लेनी चाहिए। शासन द्वारा विकास की प्रक्रिया में सभी स्त्रियों और पुरुषों को शामिल करना चाहिए। उन्हें यह महसूस होना चाहिए कि वे देश के विकास की रफ्तार से चल रहे हैं। संसाधन सीमित हैं, परंतु हम उनका बेहतर दोहन करके प्रभावशीलता में वृद्धि कर सकते हैं। जनता के हित में लिए गए निर्णयों के लिए निर्णयकर्ताओं की जवाबदेही सुनिश्चित होनी चाहिए।

जवाबदेही सुशासन का महत्त्वपूर्ण घटक है। यह लोक हित में निजी संस्थाओं द्वारा लिए जाने वाले निर्णयों को भी शामिल करती है।

शासन में मुख्य चुनौतियां (Key Challenges in Governance)

शासन में निम्नलिखित मुख्य चुनौतियां हैं–

1. नीति निर्माण और उनका क्रियान्वयन एक बड़ी चुनौती है। भारत में राज्य मुख्य क्रियान्वयन एजेंसी है, परंतु कई बार मतभेदों के परिणामस्वरूप राज्य केंद्र द्वारा निर्मित नीतियों को क्रियान्वित करने में रुचि नहीं दिखाते।
2. सरकार के बदलते ही पुरानी नीतियों को प्रतिस्थापित कर दिया जाता है और समाज पर उसके प्रभाव को अनदेखा कर दिया जाता है।
3. कई बार नीतियां बना दी जाती हैं, परंतु पर्याप्त संसाधनों के अभाव में बजट और मानव संसाधन का आवंटन नहीं किया जाता।
4. भारत में आवश्यक आंकड़ों का अभाव है। जमीनी स्तर पर किए जाने वाले सर्वे सही आंकड़ों पर आधारित नहीं होते। नीति निर्माताओं को अधूरे या गलत आंकड़ों पर आश्रित रहना पड़ता है, जो नीतियों की विफलता का कारण बनता है।
5. नौकरशाही और लालफीताशाही नीति निर्माण से लेकर नीति के क्रियान्वयन के बीच लगने वाले समय को बढ़ा देती है। इसके अलावा नौकरशाही की कार्य प्रणाली में उपस्थित पुनरावृत्तियां नीति निर्माण में बाधा उत्पन्न करती हैं। यद्यपि इस समस्या को नीति आयोग की स्थापना के माध्यम से काफी हद तक हल कर लिया गया है।
6. शासन में नागरिकों की भागीदारी महत्त्वपूर्ण होती है। नीति निर्माण से नीति के क्रियान्वयन तक यह भागीदारी अनुपस्थित होती है।
7. शासन में भ्रष्टाचार भी एक बड़ी चुनौती है।

ईमानदारी का दार्शनिक आधार (Philosphical Basis of Probity)

Probity का राजनीतिक अर्थ गलत रूप में Honesty के अर्थ में लिया गया है और इसलिए Probity को राजनीतिक सद्‌गुण के स्थान पर नैतिक सद्‌गुण माना गया। नीत्शे Probity (Redlichkeit) को आत्मसात किए हुए सत्य के रूप में देखते हैं। Probity की चर्चा हम सत्यनिष्ठा शब्द के रूप में करेंगे। सत्यनिष्ठा की व्याख्या ग्रीक दर्शनशास्त्री मुख्यत: सिनिक दर्शनशास्त्रियों द्वारा मुक्त वाक् (Free Speech) या सत्य बोलने (Truth Telling) के रूप में की जाती है। नीत्शे द्वारा भी सत्यनिष्ठा की समान राजनीतिक व्याख्या की जाती है। यह सत्य से ऊपर है और यह लोक वातावरण में अस्तित्व में रहती है न कि अकेले। सत्यनिष्ठा का आकलन दूसरों द्वारा ही किया जाना चाहिए न कि स्वयं द्वारा, अत: यह केवल लोगों के बीच उभयनिष्ठ और सहभागी चरित्र के रूप में अस्तित्व में रहती है। यह किसी व्यक्ति का सर्वश्रेष्ठ चरित्र होता है, जो एक चरण के मूल्यांकन में नहीं आता बल्कि बार-बार स्व-मूल्यांकन के अनेक चरणों के साथ आता है। सत्यनिष्ठा उच्चतम सद्‌गुण है, जिसे अभी आकार लेना है। इसे किसी भी सत्य और उस सत्य के भीतर सच्चाई द्वारा मानकीकृत नहीं किया जा सकता। यह एक स्थिति है जो सद्‌गुण की क्षतिपूर्ति सुख के साथ करती है। सत्यनिष्ठा निर्माणशील (Becoming) है। यह अनंत विकासशील है और चरणबद्ध ढंग से अनेक मूल्यांकनों के उपरांत सद्‌गुण का सद्‌गुण (Virtue of Virtue) बनती है। सत्यनिष्ठा शुद्धतम चेतना है।

सत्यनिष्ठा शासन में महत्त्वपूर्ण भूमिका का निर्वहन करती है, क्योंकि शासन लोक संतुष्टि पर निर्भर करता है। शासन को सच्चाई और मुक्त वाक् अभिव्यक्ति पर निर्भर होना चाहिए। इसे सदैव सभी माध्यमों से लोक स्थल पर मूल्यांकन के लिए उपस्थित रहना चाहिए।

नीतिशास्त्रीय संहिता और आचरण संहिता (Code of Ethics and Code of Conduct)

यद्यपि समस्त नागरिकों को देश के कानून के अंतर्गत रखा जाता है, परंतु लोक सेवकों के मामले में ये कानूनी मानक कठोरतम स्थिति में होने चाहिए। कोई व्यक्ति जिसे आम नागरिकों के भविष्य को दिशा देने का अधिकार दिया गया है उसका नैतिक होना मात्र काफी नहीं है, बल्कि उसका नैतिक प्रतीत होना भी अनिवार्य है। ऐसी परिस्थिति से उबरने के लिए जहां लोक व्यवहार और निजी हित के मध्य संघर्ष उत्पन्न हो वहां नीतिशास्त्रीय संहिता और आचरण संहिता का होना आवश्यक होता है। नीतिशास्त्रीय संहिता वृहद् दार्शनिक उपदेशों को समाहित करती है, जो अच्छे व्यवहार और सुशासन के निर्धारण से संबंधित होते हैं। दूसरी ओर, एक अधिक विशिष्ट आचरण संहिता स्वीकार्य और अस्वीकार्य आचरणों की एक सूची प्रस्तुत करती है। नीतिशास्त्रीय संहिता और आचरण संहिता नैतिक पैमाना प्रस्तुत करती हैं, जो किसी संगठन के पेशेवरों का व्यवहार मापता है। सिविल सेवकों के लिए नीतिशास्त्रीय संहिता मूल्यों से संबंधित कथन के रूप में है, जो सिविल सेवकों के आदर्श आचरण को स्थापित करने के लिए कुछ रोक लगाते हैं। ये सामान्य दार्शनिक मार्गदर्शी सिद्धांत होते हैं, जिनमें मिशन, दृष्टिकोण और मूल्य से संबंधित कथन होते हैं। नीतिशास्त्रीय संहिता समाज में सिविल सेवकों की भूमिका पर बल देती है और इस भूमिका के निर्वहन के लिए उनके जीवन में अनेक आदर्शों की मांग करती है। प्रत्येक नागरिक और विदेशी व्यक्ति की सरकारी संस्थाओं पर आस्था होती है। एक सिविल सेवक को अपने आचरण से इन लोगों का विश्वास जीतना चाहिए। नीतिशास्त्रीय संहिता प्रयोजनमूलक कथनों पर आधारित होती है, जो सिविल सेवकों के सामान्य और दैनिक आचरण के संदर्भ में परिणाम पर बल देते हैं।

पेशेवरों के लिए एक निश्चित संहिता अनेक प्रकार से सहायता करती है। यह एक सकारात्मक और स्वस्थ कार्य संस्कृति का निर्माण करती है। यद्यपि इन्हें औपचारिकताओं के रूप में देखा जाता है और इनका प्रायोगिक रूप से कोई उपयोग नहीं है, परंतु वास्तविकता में ये नैतिक दुविधा और विभिन्न प्रकार के सामाजिक दबाव से बचने में काफी सहयोग करती हैं। ये अवैधानिक मांगों को मना करने के यंत्र हैं। कई बार ये मूल अधिकारों में कटौती करती प्रतीत होती हैं, परंतु जब हम इनके दर्शन की गहराई में जाते हैं तो हम जान पाते हैं कि ये एक सिविल सेवक के जीवन को समस्या मुक्त, आरामदायक तथा व्यवस्थित बनाए रखने के लिए अनिवार्य हैं। आचरण संहिता और नीतिशास्त्रीय संहिता के महत्त्वपूर्ण लाभ निम्नलिखित हैं–

1. ये संहिताएं दैनिक निर्णय और आयोजना में सहायता करती हैं। ये क्या नहीं करना है (निषिद्ध आचरण) का ज्ञान कराती हैं, जिससे ऐसी परिस्थितियों से उबरने में मदद मिलती है जहां "हां" या "नहीं" से संबंधित तर्क नहीं मिलते। उदाहरण के लिए, यदि कोई राजनीतिक गुट या धार्मिक गुट किसी के पास जुड़ाव के आधार पर अनुचित लाभ प्राप्त करने आता है, तो इन संहिताओं के बहाने इस अप्रिय स्थिति से बचा जा सकता है। एक सिविल सेवक किसी उपहार को स्वीकार करने से मना कर सकता है, जो उसके भविष्य के निर्णय को प्रभावित करें।
2. ये संहिताएं सिविल सेवकों के आदर्श व्यवहार को निर्धारित करती हैं, जो सरकार में उसकी ख्याति को बढ़ाता है। लोगों की सिविल सेवकों के चरित्र पर आस्था होती है, क्योंकि आचरण संहिता उन्हें गलत आचरण से निषिद्ध करती है। यह आस्था शांति स्थापित रखने और कानून व्यवस्था बनाए रखने में सहायक होती है।
3. अधीनस्थ कर्मचारी सिविल सेवकों के प्रति अधिकाधिक प्रतिबद्धता प्रदर्शित करते हैं, क्योंकि सिविल सेवकों द्वारा आदर्श आचरण प्रस्तुत करने से उनके प्रति सम्मान निर्मित होता है।
4. इन संहिताओं द्वारा आरोपित निषेधों से कानून के समक्ष वैधानिक जटिलताओं से बचने में सहायता मिलती है। कदाचार के फलस्वरूप कानूनी जटिलताएं आती हैं और कार्यालयीन कार्य में बाधा उत्पन्न होती है।

उदाहरण के लिए, किसी सिविल सेवक द्वारा रिश्वत लेने के मामले में न्यायालय के समक्ष सुनवाई के दौरान मामले से संबंधित परियोजना लंबे समय तक लटकी रहती है, जिससे सरकार को कई प्रकार की हानि होती है।

विभिन्न आचरण नियमों में दिए गए व्यवहार से संबंधित कोड कुछ सामान्य नियमों को नीतिशास्त्रीय संहिता के रूप में रखते थे, जैसे– 'कर्तव्य के प्रति निष्ठा और संपूर्ण प्रतिबद्धता को बनाए रखना तथा ऐसे किसी भी आचरण में लिप्त नहीं होना, जो सिविल सेवक की श्रेणी से बाहर करता हो।' ये किसी सिविल सेवक को निर्देशित करने के लिए पर्याप्त नहीं थे। आचरण नियम उस समय तक उन विशिष्ट व्यवहारों से संबंधित नियमों के समूह के रूप में थे, जो व्यवहार शासकीय सेवकों के लिए वर्जित माने जाते थे। भारत में ऐसी कोई नीतिशास्त्रीय संहिता नहीं थी, जो सामान्य दार्शनिक उपदेशों के रूप में हो, यद्यपि ऐसी संहिताएं अन्य देशों में अस्तित्व में थीं। विभिन्न श्रेणियों के सिविल सेवकों के लिए लागू आचरण नियम उद्देश्य की पूर्ति तो करते हैं, परंतु उनमें नीतिशास्त्रीय नियमों की कमी थी। कालांतर में, नीतिशास्त्रीय संहिता के रूप में अधिक सामान्य नियमों की आवश्यकता अनुभव हुई। इस प्रकार के मूल्यों का समावेश करने के लिए एक लोक सेवा बिल तैयार किया गया। तत्पश्चात्, केंद्रीय सिविल सेवा (आचरण) (तीसरा संशोधन) नियम, 2014 और समान प्रकार के नियमों का अखिल भारतीय सेवाओं के लिए प्रावधान किया गया, ताकि सामान्यीकृत नीतिशास्त्रीय संहिता की मांग को पूरा किया जा सके। नीतिशास्त्रीय संहिता को नियम 3, "सामान्य" के अंतर्गत केंद्रीय सिविल सेवा (आचरण) नियम, 1964 और अखिल भारतीय सिविल सेवा (आचरण) नियम, 1966 में डाला गया तथा समान प्रकार के नियम रेलवे सेवा और राज्य सिविल सेवा के सदस्यों के लिए बनाए गए। ये सामान्य प्रकृति के होते हैं और सिविल सेवा के लिए आवश्यक नैतिक मनोवृत्ति की व्याख्या करते हैं। इनमें से कुछ निम्नानुसार हैं–

1. प्रत्येक सरकारी सेवक सदैव
    1. पूर्ण रूप से सत्यनिष्ठ रहेगा।
    2. कर्तव्य परायण रहेगा, और
    3. ऐसा कोई कार्य नहीं करेगा, जो सरकारी कर्मचारी के लिए अशोभनीय हो।
    4. संविधान और लोकतांत्रिक मूल्यों के प्रति प्रतिबद्ध रहेगा और उनकी सर्वोच्चता को बनाए रखेगा।
    5. भारत की संप्रभुता और अखंडता, राज्य की सुरक्षा, लोक व्यवस्था, शालीनता एवं नैतिकता की रक्षा करेगा तथा बनाए रखेगा।
    6. उच्च नैतिक मानकों और ईमानदारी को बनाए रखेगा।
    7. राजनीतिक तटस्थता को बनाए रखेगा।
    8. योग्यता, पारदर्शिता, पक्षपात रहितता के सिद्धांतों को कर्तव्यों का पालन करते समय प्रोत्साहित करेगा।
    9. जवाबदेही और पारदर्शिता को बनाए रखेगा।
    10. जनता के प्रति, विशेष रूप से कमजोर वर्ग के प्रति, अनुक्रियावादी (Responsiveness) रहेगा।
    11. जनता के साथ सौजन्यता और अच्छा व्यवहार बनाए रखेगा।
    12. केवल लोक हित में निर्णय लेगा और लोक संसाधनों का उपयोग दक्षतापूर्ण, प्रभावशाली एवं मितव्ययिता से करेगा या करवाएगा।
    13. अपने लोक कर्तव्यों से जुड़े निजी हितों की घोषणा करेगा और किन्हीं विवादों को हल करने के लिए इस प्रकार से कदम उठाएगा, जिससे लोक हित संरक्षित रहें।

14. किसी व्यक्ति या संगठन के लिए स्वयं को किसी वित्तीय या अन्य जवाबदेही के अंतर्गत नहीं रखेगा, जो उसे उसके शासकीय कर्तव्यों के निर्वहन में प्रभावित कर सकती है।
15. एक सिविल सेवक की तरह उसकी स्थिति का दुरुपयोग नहीं करेगा और वित्तीय या भौतिक लाभों के लिए जो उसके परिवार या उसके मित्रों के लिए हों, उनके संबंध में निर्णय नहीं लेगा।
16. चयन, निर्णय और सुझाव केवल योग्यता के आधार पर करेगा।
17. पारदर्शिता और पक्षपात रहितता के साथ कार्य करेगा तथा किसी के भी साथ भेदभाव नहीं करेगा, विशेषकर गरीब और समाज के कमजोर लोगों के साथ।
18. अपने कर्तव्यों के पालन में अनुशासन को बनाए रखेगा और उसे नियमानुसार प्राप्त आदेशों को क्रियान्वित करने के लिए बाध्य होगा।
19. समय प्रवर्तन में रहने वाले किसी कानून द्वारा आवश्यक कार्यालयीन कर्तव्यों के निर्वहन में गोपनीयता को बनाए रखेगा, विशेष रूप से ऐसी सूचना के संबंध में जो भारत की संप्रभुता और अखंडता, राज्य की सुरक्षा, रणनीति, विज्ञान या आर्थिक हितों, विदेशों के साथ मित्रवत संबंधों को प्रभावित करे या किसी अपराध को उकसाने या किसी को अवैधानिक या गैर-कानूनी लाभ देने की ओर प्रवृत्त हो।
20. अपने कर्तव्यों का निर्वहन उच्च कोटि के पेशेवर की तरह अपनी सर्वश्रेष्ठ प्रतिबद्धता के साथ करेगा।

आचरण संहिता सिविल सेवकों के लिए एक वृहद् दस्तावेज है, जिसमें नियमों का एक सेट होता है, जो संगठन के किसी सदस्य के आचरण से संबंधित होते हैं। यह एक नियमावली है, जो नीतिशास्त्रीय संहिता को विस्तृत रूप में प्रदर्शित करती है। आचरण संहिता पेशे से संबंधित मुद्दों के प्रत्येक पहलू को शामिल करती है, जैसे– मीडिया के साथ कैसे व्यवहार करना है, वित्तीय व्यवहार और व्यक्तिगत संबंधों आदि में किस प्रकार का आचरण रखना है। यह सिविल सेवकों को आय के स्रोत रखने, उपहार स्वीकार करने, सरकारी संसाधनों के उपभोग और लोक स्थल पर आचरण से संबंधित दिशा-निर्देश प्रदान करती है। यह सिविल सेवकों पर लेखन और वाक् संबंधी असीमित स्वतंत्रता पर युक्तियुक्त निर्बंधन का प्रावधान करती है। यह सिविल सेवकों के राजनीतिक झुकाव पर भी रोक लगाती है। दूसरे शब्दों में, आचरण संहिता वैधानिक कथनों को धारण करती है, जो अनुमत (Dos) और गैर-अनुमत (Don'ts) से संबंधित होते हैं। इसमें विदित कुछ नियम निम्नलिखित संदर्भों में हैं–

1. कंपनी या फर्म में सरकारी सेवकों के नजदीकी रिश्तेदार के रोजगार के संदर्भ में।
2. राजनीति और चुनावों में हिस्सा लेना।
3. सरकारी सेवकों द्वारा संगठन का हिस्सा बनना।
4. प्रदर्शन और हड़ताल
5. प्रेस या अन्य मीडिया के साथ संबंध
6. सरकार की आलोचना
7. उपहार
8. निजी व्यापार या रोजगार
9. शासकीय सेवकों के सम्मान में लोक प्रदर्शन
10. चल, अचल और मूल्यवान संपत्ति
11. शराब या नशीले पदार्थों का प्रयोग।

यद्यपि नीतिशास्त्रीय संहिता और आचरण संहिता लोक सेवकों के मार्गदर्शन के लिए बनाई गई है, परंतु इनकी उपयोगिता पर प्रश्नचिह्न लगा हुआ है। जब तक सक्षम प्राधिकारी द्वारा अनुशासनात्मक कार्रवाई प्रारंभ न की जाए, तब तक ये आचरण नैतिक दबाव द्वारा प्रवर्तनीय होते हुए प्रतीत नहीं होते।

सिटीजन चार्टर (Citizen Charter)

सुशासन किसी भी देश के संपूर्ण विकास का आधार है। सुशासन की स्थापना के लिए प्रशासन के तीन मूलभूत घटक हैं– पारदर्शिता, जवाबदेही और अनुक्रियाशीलता (Responsiveness)। सुशासन की स्थापना के लिए जो भी रोडमैप तय किया जाए, वह अंतिम रूप से नागरिकों को असुविधा रहित सेवा से ही संबंधित होता है। नागरिकों तक लोक सेवा आसानी से उपलब्ध कराना और कई मामलों में उनके दरवाजे पर सेवा प्रदान करना सरकार का मुख्य ध्येय होता है। सिटीजन चार्टर या नागरिक अधिकार पत्र नागरिकों को दक्षतापूर्ण सेवा प्रदान करने के प्रावधानों से संबंधित अवधारणा है।

सिटीजन चार्टर के निर्माण के पीछे की अवधारणा स्वामी (नागरिक) और सेवक (लोक सेवक) के बीच के आपसी विश्वास को वास्तविकता में लाने से संबंधित है। सिटीजन चार्टर का विचार सर्वप्रथम यू.के. में जॉन मेयर द्वारा 1991 में दिया गया था। सिटीजन चार्टर का उद्देश्य नागरिकों का लोक सेवा प्रदाय को लेकर सशक्तीकरण होता है, जिसके छह मूलभूत सिद्धांत हैं– गुणवत्ता, चयन/पसंद, मानक, मूल्य, जवाबदेही और पारदर्शिता। इसे हम इस प्रकार परिभाषित करते हैं– यह लोक सेवाओं की गुणवत्ता में इसे सभी संभव स्थानों यहां तक कि दरवाजे तक उपलब्धता सुनिश्चित कर नागरिकों द्वारा पूर्वनिर्धारित मानकों के अनुरूप सेवा (पसंद) प्रदान करना और यदि ये मानक पूरे नहीं होते, तो एक सशक्त शिकायत निवारण प्रक्रिया द्वारा उन्हें पूरा कराने से संबंधित है। सरकार सेवा प्रदाय के लिए धन व्यय करती है। लोक धन का मूल्य भी सिटीजन चार्टर का प्रमुख तत्त्व है। लोक सेवकों और संगठन की जवाबदेही सुनिश्चित की जाती है, जो सेवा प्रदाय प्रक्रिया में शामिल होते हैं। लोक सेवा प्रदाय नियमों, प्रक्रियाओं और सूचना प्रौद्योगिकी की सहायता से प्रारंभ योजनाओं के माध्यम से सुनिश्चित किया जाता है।

लगभग सभी देशों ने सिटीजन चार्टर की समान अवधारणा अलग-अलग रूप में स्वीकार की है। भारत में सिटीजन चार्टर 1997 में ग्रहण किया गया। भारत के प्रधानमंत्री की अध्यक्षता में नई दिल्ली में 24 मई, 1997 को विभिन्न राज्यों के मुख्यमंत्रियों और केंद्र शासित प्रदेशों के प्रशासकों की एक संगोष्ठी का आयोजन किया गया और केंद्र एवं राज्यों के स्तर पर एक "प्रभावशाली तथा अनुक्रियाशील सरकार के लिए कार्य योजना" (Action Plan for Effective and Responsive Government) को अंगीकृत किया गया। वृहद् लोक हित वाली सेवाओं, जैसे– रेलवे, लोक वितरण व्यवस्था (PDS), सामाजिक न्याय, इत्यादि के संबंध में सिटीजन चार्टर के निर्माण का निर्णय लिया गया। सिटीजन चार्टर उन मानकों को शामिल करने वाले थे, जो सेवाओं का प्रदाय समय सीमा में करने और निम्न गुणवत्ता की सेवा की स्थिति में या सेवा प्रदाय न होने की स्थिति में शिकायत का निवारण करने से संबंधित थे।

भारत सरकार का प्रशासनिक सुधार और लोक शिकायत विभाग (The Department of Administrative Reforms and Public Grievances–DARPG) सिटीजन चार्टर को धरातल पर कार्य रूप में लाने के लिए मूल रूप से जिम्मेदार विभाग था। विभिन्न सरकारी विभागों को "क्या करना है", "क्या नहीं करना है" इससे संबंधित विस्तृत दिशा-निर्देश संसूचित कर दिए गए थे। प्रत्येक विभाग और एजेंसी को एक टास्क फोर्स का गठन करना था, जिसमें सामान्य उपयोगकर्ताओं, वरिष्ठ अधिकारियों और क्रियान्वयन करने वाले कर्मचारियों का प्रतिनिधित्व होना था। चार्टर में निम्नलिखित विषयवस्तु शामिल की जानी थी–

1. मिशन और विजन स्टेटमेंट; विभाग द्वारा प्रदान की जाने वाली सेवाओं का विवरण
2. सेवा उपयोगकर्ताओं/ग्राहकों का विवरण

3. उपयोगकर्ता समूहवार सेवाओं का विवरण; शिकायत निवारण प्रक्रिया के विवरण के साथ प्रावधान
4. सेवा उपयोगकर्ताओं/ग्राहकों की अपेक्षाओं का विवरण

सिटीजन चार्टर आम नागरिक के लिए बनाया गया था और सरकार का उद्देश्य था कि इसे अत्यधिक सरल भाषा में बनाया जाए न कि दार्शनिक भाषा में, ताकि एक आम नागरिक इसे समझ सके। इसमें सहायता डेस्क का प्रावधान भी किया गया, ताकि निरक्षर और कमजोर लोगों का मार्गदर्शन किया जा सके। इसके अंतर्गत यह प्रावधान भी था कि कर्मचारियों को प्रशिक्षित कर सिटीजन चार्टर के क्रियान्वयन हेतु अनुकूल वातावरण तैयार किया जाए और जनता एवं लोक सेवकों के बीच की दूरी को कम किया जाए। यह भी महत्त्वपूर्ण था कि केवल पात्र नागरिकों को ही लोक सेवाएं प्राप्त हों और अपात्र ग्राहकों को अलग किया जाए। इसका मुख्य संकेंद्रण सेवाओं की गुणवत्ता पर था। कुछ मानक ऐसे थे जो समयसीमा में गुणवत्ता युक्त सेवा प्रदाय करने के लिए तैयार किए गए थे। एक मजबूत शिकायत निवारण प्रक्रिया को सृजित किया जाना था, ताकि सेवा प्रदाय व्यवस्था में जवाबदेही सुनिश्चित हो सके। सिटीजन चार्टर को कार्यालयों की दीवार के बाहर प्रदर्शन के लिए लगाया जाना था और इस विचार के प्रचार-प्रसार हेतु पर्याप्त प्रावधान किए गए थे।

सिटीजन चार्टर की सामान्य संरचना के अंतर्गत संबंधित विभाग द्वारा दी जाने वाली सेवाओं में एक सटीक कथन होना चाहिए। इसके द्वारा सेवा प्रदाता और सेवा उपयोगकर्ता के बीच के संवाद के लिए खिड़की, डेस्क या अन्य कोई सुविधा प्रदान किए जाने की व्यवस्था भी की गई। चार्टर में यह सूचना उपलब्ध होनी चाहिए कि किसी सेवा विशेष के प्रदाय के लिए संबंधित व्यक्ति कौन है और वह कहां बैठता है? यदि सेवा प्रदाय सुनिश्चित नहीं हो रहा हो, तो चार्टर में उच्च अधिकरण के सम्मुख अपील की व्यवस्था भी होनी चाहिए। इसमें अपीलीय अधिकारी का नाम, संपर्क, पद और पता स्पष्ट रूप से अंकित होना चाहिए। चार्टर में सुधार के लिए नागरिकों की सहायता लेने का प्रावधान भी होना चाहिए। प्रत्येक मंत्रालय, विभाग या लोक क्षेत्रक इकाइयों द्वारा अपने-अपने सिटीजन चार्टर प्रस्तावित किए जाते हैं और इसके संपूर्ण क्रियान्वयन के लिए नोडल अधिकारी नियुक्त करते हैं। नोडल अधिकारी की नियुक्ति संबंधित अधिकारी की मनोवृत्ति (Attitude) की सावधानीपूर्वक जांच करके की जानी चाहिए। उसे भावनात्मक रूप से बुद्धिमान होना चाहिए।

सिटीजन चार्टर के निर्माण हेतु उत्तरदायी टास्क फोर्स में हितग्राहियों को भी शामिल किया जाना चाहिए, ताकि उनसे मूल्यवान सुझाव प्राप्त किए जा सकें। चार्टर को वृहद् प्रचार-प्रसार के साथ जागरूकता अभियान चलाकर लागू कराया जाना चाहिए। किसी भी चार्टर की सफलता संबंधित अधिकारियों की मनोवृत्ति पर निर्भर करती है। चार्टर को क्रियान्वित करने वाले अधिकारियों को प्रेरित करने और उनमें सकारात्मक मनोवृत्ति परिवर्तन के लिए प्रशिक्षण बहुत आवश्यक है। सिटीजन चार्टर के प्रदर्शन की निगरानी एक एकीकृत प्रक्रिया के माध्यम से निरंतर की जानी चाहिए। प्रदर्शन विश्लेषण को लोगों के सामने रखना चाहिए, जिसे त्रैमासिक या वार्षिक रिपोर्ट के रूप में रखा जा सकता है। संगठन के भीतर उच्च अधिकरणों द्वारा सतत रूप से चार्टर के प्रदर्शन का विश्लेषण किया जाना चाहिए। क्रियान्वयन में शामिल कर्मचारियों द्वारा स्व-मूल्यांकन भी इसके लिए लाभकारी है। सर्वे और फीडबैक के माध्यम से भी मूल्यांकन किया जा सकता है। सामाजिक अंकेक्षण के माध्यम से बाह्य मूल्यांकन भी एक प्रभावशाली तरीका हो सकता है।

एक अच्छा सिटीजन चार्टर प्रभावशाली शिकायत निवारण प्रक्रिया को शामिल करता है। लोगों की शिकायतें कमियों को ठीक करने की आवश्यकता का संकेत होती हैं। इसे टोटल क्वालिटी मैकेनिज्म (Total Quality Mechanism–TQM) की प्रक्रिया में सेवा प्रदाय गुणवत्ता को उच्च कोटि की बनाने में प्रयोग किया जा सकता है। प्रभावशाली शिकायत निवारण के लिए उपयुक्त सूचना प्रौद्योगिकी युक्त प्लेटफार्म महत्त्वपूर्ण भूमिका का निर्वहन कर सकता है। शिकायतें प्राप्त कर संबंधित अधिकारियों की ओर उन्हें प्रेषित कर दिया जाता है। शिकायत निवारण में हो रही प्रक्रिया में प्रत्येक चरण की समयावधि निश्चित होनी चाहिए और शिकायतकर्ता को प्रत्येक चरण में शिकायत पर

हुई कार्रवाई से अवगत होने का प्रावधान होना चाहिए। कोई भी शिकायत निवारण प्रक्रिया लोक सेवकों की उपयुक्त मनोवृत्ति के बिना सफल नहीं हो सकती। इसके संबंध में जानेल बारलो (Janelle Barlow) तथा क्लॉस मोलर (Claus Moller) ने एक अष्टपदीय मूलभूत विद्या को निर्मित किया है, जिसे "गिफ्ट फार्मूला" (Gift Formula) कहते हैं। यह गिफ्ट फार्मूला शिकायत को एक उपहार के रूप में स्वीकार करता है, जो सरकारी कार्यक्रम के प्रति लोगों के दृष्टिकोण को समझने में सहायक होता है। यह गिफ्ट फार्मूला प्रभावशाली सिद्ध हो सकता है।

गिफ्ट फार्मूला (Gift Formula)–

1. धन्यवाद कहिए।
2. आप फीडबैक लेना क्यों पसंद करेंगे, समझाइए।
3. गलती के लिए क्षमा मांगें।
4. समस्या पर तत्काल कुछ कार्रवाई करने का वादा करें। जिम्मेदारी स्वीकार करें।
5. आवश्यक सूचना प्राप्त करें।
6. गलती को त्वरित ढंग से ठीक करें।
7. ग्राहक की संतुष्टि को जानने का प्रयास करें।
8. भविष्य में गलतियों से बचें।

लोक निधि का उपयोग (Utilization of Public Funds)

लोक निधि देश की आम जनता का धन होता है। यह एक प्रचलित विचार है कि लोक निधि करदाताओं का धन होता है, जो वापस नागरिकों के पास सामाजिक कल्याण के रूप में वापस पहुंचना चाहिए। दूसरे शब्दों में, इस प्रक्रिया में उत्पन्न होने वाली देयताएं जनता के कल्याण के रूप में चुकता होनी चाहिए। यह लोक निधि के माध्यम से पूरा होता है। लोक निधि का उपयोग परोक्ष या अपरोक्ष रूप से केवल लोक हित में ही होना चाहिए। लोक सेवकों को लोक निधि का उपयोग करते समय कुछ सिद्धांतों को अपने दिमाग में रखना चाहिए। ये सिद्धांत "वित्तीय औचित्य के सिद्धांत" (Canons of Financial Propriety) के नाम से प्रसिद्ध हैं और प्रत्येक शासकीय अधिकारी को लोक निधि का व्यय करते हुए इन सिद्धांतों का अनुसरण करना चाहिए। लोक निधि का उपयोग करने से संबंधित कुछ महत्त्वपूर्ण सिद्धांत निम्नलिखित हैं–

1. प्रत्येक अधिकारी को लोक धन का उपयोग इस प्रकार करना चाहिए, जैसे एक सामान्य विवेक वाले व्यक्ति द्वारा उसके स्वयं के धन का उपयोग किया जाएगा।
2. किसी अवसर पर धन की जितनी मांग है उससे अत्यधिक गैर-आनुपातिक मात्रा में व्यय नहीं होना चाहिए।
3. लोक निधि का उपयोग किसी अधिकारी द्वारा उसके स्वयं के परोक्ष या अपरोक्ष लाभ के लिए नहीं किया जाना चाहिए।
4. लोक निधि से व्यय किसी विशेष वर्ग के लिए या किसी विशेष व्यक्ति के लिए नहीं किया जाना चाहिए यदि अपवादस्वरूप ऐसा करने के लिए नियमानुसार स्वीकृति प्राप्त हो।
5. लाभान्वित होने वाले व्यक्तियों को आर्थिक लाभ प्रदान करने के लिए व्यय नहीं किया जाना चाहिए, बल्कि ऐसा व्यय समय की मांग के अनुसार होना चाहिए।

लोक निधि के उपयोग में लिप्त व्यक्ति को लोक निधि का उपयोग करते समय पारदर्शिता, प्रतिस्पर्धा और वस्तुनिष्ठता को सुनिश्चित करना चाहिए। लोक निधि का उपयोग करते समय व्यवस्था में दक्षता, मितव्ययिता, प्रभावशीलता तथा जवाबदेही का पालन किया जाना चाहिए।

मितव्ययिता, दक्षता और प्रभावशीलता (Economy, Efficiency and Effectiveness)

सरकार में लोक धन का उपयोग समाज में समतामूलक विकास और सामाजिक न्याय की प्राप्ति के उद्देश्य से लोक सेवा प्रदाय में किया जाता है। इसका उद्देश्य कुछ गिने-चुने हाथों में धन के संचय को लगाकर, ड्यूटी और फीस लगाकर रोकना तथा इनसे प्राप्त धन को जनता के लाभ के लिए उपयोग करना होता है। इसके लिए की जाने वाली आयोजना (Planning) अत्यधिक महत्त्वपूर्ण होती है, परंतु इससे भी अधिक महत्त्वपूर्ण चरण है संबंधित योजना का जमीनी स्तर पर क्रियान्वयन और उससे प्राप्त होने वाले परिणाम। इसके लिए उपयोग में आने वाले आगतों (Inputs) को आवंटन (Allocation) कहते हैं, जिनके अंतर्गत मानव संसाधन, पूंजी, प्राकृतिक संसाधन और लोक धन शामिल है। परिणाम (Output) के अंतर्गत प्रदाय की जाने वाली सेवाएं, आधारभूत संरचनाएं और कई बार अतिरेक के रूप में लाभांश आते हैं।

मितव्ययिता (Economy) : सरकार में आयोजन किया जाता है और उसके अनुसार व्यय का निर्धारण होता है। यह बजट एक वृहद् सरकारी खजाने के रूप में होता है, जो विभिन्न व्ययों के अंतर्गत अनुमानित किया जाता है और ये व्यय लोक निधि पर आधारित होते हैं। इसमें मितव्यता से अभिप्राय लोक सर्वश्रेष्ठ मानव संसाधनों और उच्च कोटि की पूंजी के क्रय में पारदर्शिता सुनिश्चित करने से है। इस व्याख्या के दो घटक हैं, पहला घटक उचित मूल्य (Reasonableness) से संबंधित है और दूसरा घटक पारदर्शिता (Transparency) से संबंधित है। उचित मूल्य को न्यायोचित व्यय, जो न्यूनतम उपलब्ध कीमत के अंतर्गत हो, के रूप में परिभाषित करते हैं और पारदर्शिता को धन के व्यय में नियमानुसार प्रक्रिया का पालन करने के रूप में परिभाषित करते हैं। मितव्ययिता का अभिप्राय किसी मद में आवंटित राशि का 100 प्रतिशत उपयोग करना भी है, ताकि कार्यक्रम का उद्देश्य पूर्ण हो सके। सरकार द्वारा उठाए गए कदमों, जैसे- गवर्नमेंट ई-मार्केटप्लेस (Government E-Market Place–GEM) और ई-निविदा (E-Tendering) ने लोक क्षेत्रकों में मितव्ययिता लाने में अत्यधिक सहायता प्रदान की है।

दक्षता (Efficiency) : गणितीय रूप में सरकारी कार्यक्रम में दक्षता का अर्थ प्राप्त परिणाम और लगाए गए आगतों का अनुपात है। इस प्रकार दक्षता धन के मूल्य को सभी प्रकार के आदतों का सर्वश्रेष्ठ उपयोग करते हुए वास्तविकता में प्राप्त करना है। आगतों और परिणामों का मापन आसान कार्य नहीं है। आगत का एकमात्र घटक वित्तीय आवंटन नहीं है, बल्कि यह निम्नलिखित घटकों को भी शामिल करता है–

1. तकनीकी के संदर्भ में तकनीकी दक्षता जो प्रक्रिया में उपयोग में लाई जानी है।
2. गतिविधि के पैमाने से संबंधित पैमाना दक्षता (Scale Efficiency)।
3. प्राकृतिक संसाधनों का उपयोग करने से जुड़ा पर्यावरणीय मूल्य।
4. विकसित होने में हुई विफलताओं से जुड़ी मनोवैज्ञानिक कीमत।

प्रशासन के क्षेत्र में नई तकनीकों के प्रयोग से दक्षता की प्राप्ति की जा सकती है। सूचना प्रौद्योगिकी ने लोक प्रशासन के वर्तमान परिदृश्य में क्रांति ला दी है, लेकिन अभी भी इस क्षेत्र में काफी कुछ करना शेष है। यद्यपि निधि हस्तांतरण के लिए इलेक्ट्रॉनिक फंड मैनेजमेंट सिस्टम (Electronic Fund Management System–EFMS), डिजिटल सिगनेचर सर्टिफिकेट और जैम अथवा जन धन-आधार-मोबाइल (Jan Dhan-Aadhaar-Mobile–JAM) योजना के माध्यम से सत्यापन ऐसी तकनीकें हैं जो प्रयोग में लाई जा रही हैं, फिर भी संपूर्ण प्रशासनिक कार्यों को ई-ऑफिस के अंतर्गत लाने के लिए राजनीतिक इच्छाशक्ति का अभाव विचारणीय है। ई-ऑफिस का पूरी तरह प्रयोग फाइल संबंधी कार्यों में लगने वाले समय, उन पर अनुमोदन, फाइल का क्लीयरेंस और निधि का उपयोग, आदि में समय की बचत करने में सक्षम है। इसके अलावा जियो-टैगिंग, प्वाइंट ऑफ सेल (Point of Sale–POS), बायोमीट्रिक सत्यापन, आदि जैसी तकनीकों के प्रयोग से परिणाम का मापन (Measurement of Outcome) सुगम

हो गया है। इन तकनीकों की सहायता से किसी कार्यक्रम को क्रियान्वित करने में लगने वाले समय को काफी कम किया जा सकता है। पैमाना दक्षता (Scale Efficiency) को संसाधनों में वृद्धि की दर के सापेक्ष परिणाम में वृद्धि के रूप में परिभाषित किया जाता है।

प्रभावशीलता (Effectiveness) : यह एक ऐसी अवधारणा है, जो दीर्घकाल में लोक निधि के व्यय के सापेक्ष उत्पन्न लाभ को प्रभाव के रूप में परिभाषित करती है। उदाहरण के लिए, एक मेट्रो ट्रेन सेवा को 50 प्रतिशत अधिभोग (Occupancy) दर के विचार के साथ सेवा में लाया जाए तथा 50 प्रतिशत की समृद्धि प्राप्त हो, तो प्रभावशीलता 100 प्रतिशत मानी जाएगी। परंतु प्रभावशीलता के मापन में अन्य घटकों को भी विचार में लेना चाहिए। ये निम्नानुसार हैं–

1. समाज के सभी समूहों के बीच लाभ का समान वितरण।
2. वास्तविक लाभार्थी तक लाभ का पहुंचना।
3. नागरिकों की संतुष्टि का स्तर।
4. आर्थिक विकास के लक्ष्यों की प्राप्ति।

पहले तीन का विश्लेषण नागरिक रिपोर्ट कार्ड, जैसे– सामाजिक संपरीक्षा (Social Auditing) तथा नियंत्रक एवं महालेखा परीक्षक अथवा कैग (Comptroller and Auditor General–CAG) की प्रदर्शन संपरीक्षा (Performance Audit) के माध्यम से किया जा सकता है। इसे परिवारों के सर्वेक्षण द्वारा भी मापा जा सकता है। चौथे घटक का मापन सूक्ष्म उद्योगों और औद्योगिक क्षेत्रकों की आर्थिक सर्वेक्षण रिपोर्ट के माध्यम से किया जा सकता है। उदाहरण के लिए, विश्व आर्थिक मंदी के दौरान महात्मा गांधी राष्ट्रीय ग्रामीण रोजगार गारंटी अधिनियम अर्थात् मनरेगा (Mahatma Gandhi National Rural Employment Guarantee Act–MNREGA) की प्रभावशीलता को अनेक अध्ययनों में सिद्ध किया गया। यह रिपोर्ट बताती है कि भारत के आर्थिक मंदी के प्रभाव में भी खड़े रहने के पीछे का एक कारण ग्रामीण क्षेत्रों में मनरेगा से धन की श्रम बाजार तक पहुंच बनी रहना था। इससे घरेलू बाजार में मांग और उपभोग को प्रोत्साहन मिला। सीमेंट, लौह-इस्पात, श्रम और अन्य वस्तुओं की सतत मांग ने भारतीय घरेलू अर्थव्यवस्था को विश्व आर्थिक मंदी के दौरान बचाकर रखा।

शासन में ईमानदारी और भ्रष्टाचार की चुनौतियां

(Probity in Governance and Challenges of Corruption)

ईमानदारी का आशय है उच्चतम सच्चाई, शालीनता और नैतिक जीवन का पालन करना। शासन के संदर्भ में ईमानदारी शासकीय कार्यों में भ्रष्टाचार मुक्त मनोवृत्ति का प्रदर्शन होता है। लोक सेवक जनता के हितों के संरक्षक होते हैं इसलिए शासन में ईमानदारी एक दक्षतापूर्ण और प्रभावशाली तंत्र के निर्माण के लिए आवश्यक है भारत में सत्यनिष्ठा की कमी (Integrity Deficit) एक आम बात है, यहां तक कि कोई व्यक्ति यदि किसी सिविल सेवक की तरफ उंगली उठाए तो उस सिविल सेवक के भ्रष्ट होने की संभावना अधिक होती है।

भ्रष्टाचार लोक संसाधनों का दुरुपयोग या लोक जीवन में प्राप्त अधिकारों का निजी लाभ के लिए उपयोग करने से संबंधित घटना है। लोक जीवन में भ्रष्टाचार की संभावना तंत्र में कमियों के साथ बढ़ती है और सुदृढ़ सतर्कता तंत्र (Vigilance Mechanism) की अनुपस्थिति के साथ अत्यधिक स्व-विवेकाधीन शक्तियां इसे और अधिक बढ़ा देती हैं। भारत में पर्याप्त सतर्कता के प्रावधानों के बावजूद भी भ्रष्टाचार चहुंओर फैला हुआ है। नौकरशाहों और राजनेताओं द्वारा रिश्वत लेने के अनेक तरीके विकसित कर दिए जाते हैं। भारत में भ्रष्टाचार का कारण है– मूल्य व्यवस्था की पूर्ण अनुपस्थिति और साथ ही धनवान होने का आकर्षण, चाहे वह किसी भी तरीके से हो। ट्रांसपेरेंसी इंटरनेशनल के भ्रष्टाचार संवेदन सूचकांक में भारत की रेटिंग संतोषजनक नहीं है।

भ्रष्टाचार को नियंत्रित करने से संबंधित अनेक कानूनों के बावजूद भी भ्रष्टाचार की दर अत्यधिक उच्च है। ये प्रावधान अधिक से अधिक संख्या में भ्रष्टाचार के प्रकरणों को दर्ज करने पर केंद्रित हैं न कि भ्रष्टाचार का कोई निरोधक उपाय प्रस्तुत करने के। भ्रष्टाचार के अधिकांश मामले छोटे नौकरशाहों (Street Side Bureaucrats) पर ही दर्ज होते हैं। उच्च स्तर के अधिकारी और मंत्री इन कानूनों से नहीं डरते या इनसे संबंधित प्रावधानों का प्रबंधन करने में सफल हो जाते हैं। भ्रष्टाचार केवल भारत या दक्षिण एशियाई देशों में ही नहीं है अपितु यह संपूर्ण विश्व में है।

पश्चिमी देशों, जैसे– इटली, यूनाइटेड किंगडम, संयुक्त राज्य अमेरिका और जापान भी भ्रष्टाचार की समस्या से ग्रस्त हैं। परंतु दक्षिण एशिया के मामले में स्थिति अधिक भयावह है। यहां भ्रष्टाचार की धारा ऊपर से नीचे (Top-down) तथा नीचे से ऊपर (Bottom-up) दोनों ओर है। ऊपर के स्तर पर भ्रष्टाचार नीति निर्माण, विकास की रणनीति और निजी क्षेत्रकों को लोक संसाधनों के वितरण में होता है। इस प्रकार का भ्रष्टाचार नीचे के स्तर तक पहुंचकर निचले स्तर की नौकरशाही को शामिल करता है, जिनके द्वारा जमीनी स्तर पर योजनाओं और नीतियों का क्रियान्वयन किया जाता है। दूसरी ओर, नीचे से ऊपर की ओर भ्रष्टाचार का संचरण राजनेताओं और नौकरशाहों द्वारा निचले स्तर पर दबाव डालकर किया जाता है। लोक धन की कई स्थानों पर गलत तरीकों से हेराफेरी की जाती है और इसको ऊपर की ओर भेजा जाता है। उदाहरण के लिए, स्थानांतरण और पदस्थापना में, राजनीतिक गतिविधियों में भ्रष्टाचार होता है, बड़ी विकास परियोजनाओं में काम करने वाले ठेकेदारों का शोषण किया जाता है।

दक्षिण एशिया में अन्य देशों से भ्रष्टाचार के धन का निवेश राष्ट्र की अर्थव्यवस्था में न होकर बाहर (Safe Heavens) भेज दिया जाता है। जबकि अन्य राष्ट्रों में इस प्रकार का धन राष्ट्रीय अर्थव्यवस्था में निजी परियोजनाओं के वित्तीयन में होता है। भारत में भ्रष्टाचार एक अनिवार्य गतिविधि है और जो इसमें शामिल नहीं होता उसे परिणामों का सामना करना पड़ता है। भ्रष्ट नौकरशाह और राजनेता पदोन्नति प्राप्त करते हैं तथा अच्छी पदस्थापना पाते हैं, क्योंकि उनके पास अधिकारों को खरीदने की शक्ति होती है, पुनः ये लोग धन के बल पर प्राप्त शक्तियों से और ऊंचे पद प्राप्त कर और अधिक भ्रष्टाचार करते हैं। भ्रष्ट नौकरशाहों और राजनेताओं की अकूत संपत्ति को सील करने और उन पर मुकदमे चलाए जाने के मामले कम ही दिखाई देते हैं। निचले स्तर पर भ्रष्टाचार के मामलों पर मुकदमे दर्ज करके भ्रष्टाचार के विरुद्ध लड़ाई का दिखावा मात्र किया जाता है। भारत और दक्षिण एशियाई देशों में भ्रष्टाचार की मार गरीबों पर पड़ती है, जबकि दुनिया के अन्य देशों में धनी लोग भ्रष्टाचार की मार झेलते हैं। भारत में भ्रष्टाचार का अत्यधिक कुप्रभाव पड़ता है, जहां की प्रति व्यक्ति आय अत्यधिक कम है।

भ्रष्टाचार के दो आयाम हैं– पहला शोषणकारी भ्रष्टाचार और दूसरा सांठगांठ से किया जाने वाला भ्रष्टाचार। शोषणकारी भ्रष्टाचार तब होता है, जब लोक सेवक निरीह जनता से पैसे ऐंठते हैं। सांठगांठ से भ्रष्टाचार में लोग अपने लिए गलत वित्तीय लाभ प्राप्त करना चाहते हैं और सरकारी मशीनरी को इसके लिए भ्रष्ट बनाते हैं। इस प्रकार के भ्रष्टाचार में काला धन प्रयोग में लाया जाता है।

भारत बड़े अंतर्राष्ट्रीय निवेशकों को आकर्षित करने में असफल रहा, जिसका मुख्य कारण ऊपर से नीचे की ओर अत्यधिक भ्रष्टाचार रहा है। निवेशक राज्य से सभी अनुमतियां प्राप्त कर लेते हैं फिर भी स्थानीय नौकरशाह उनके कार्यों को रोकने में सक्षम होते हैं। लोक प्रशासन के क्षेत्र में भ्रष्टाचार एक अत्यधिक चिंता का विषय है। वास्तव में, यह समस्या काफी पुरानी है। प्राचीन समय में प्लेटो (The Republic), अरस्तु (The Politics), मैकियावेली (The Prince and the Discourses) जैसे पाश्चात्य दार्शनिकों ने और कौटिल्य ने भारत में इस समस्या पर गहन अध्ययन किया था। उन्होंने शासक वर्ग के लिए आम जनता की अपेक्षा अधिक स्तर के सद्गुणों का निर्धारण किया था। उस समय भ्रष्टाचार मूलतः राजनीतिक व्यवस्था से ही संबंधित रहा था, परंतु वर्तमान समय में यह जटिल प्रकृति का हो चुका है और समस्त क्षेत्रकों से जुड़ चुका है।

भ्रष्टाचार की सर्वाधिक लोकप्रिय परिभाषा है, 'भ्रष्टाचार किसी लोक सेवक द्वारा उसके निजी लाभ के लिए शक्ति का दुरुपयोग है'। भ्रष्टाचार को शासन में नैतिक मूल्यों के क्षरण का परिणाम माना जा सकता है। भ्रष्टाचार को आर्थिक और सामाजिक विकास के मार्ग में सबसे बड़ी बुराई के रूप में जाना जाता है। नैतिक मानकों में गिरावट का कारण है लोक अधिकारियों द्वारा यह मान लेना कि सरकारी संसाधनों पर उनका निजी स्वामित्व है और वे इन संसाधनों का उपयोग अपने अनुसार कर सकते हैं। संयुक्त राष्ट्र महासभा में 2003 में एक संकल्प ग्रहण किया गया था, जिसे संयुक्त राष्ट्र का भ्रष्टाचार के विरुद्ध सम्मेलन (United Nations Convention Against Corruption–UNCAC) के रूप में जाना जाता है। इस सम्मेलन के उद्‌देश्य निम्नलिखित थे–

1. भ्रष्टाचार को अधिक क्षमता के साथ रोकने और उसके विरुद्ध लड़ाई के लिए उपायों को प्रोत्साहन एवं मजबूती देना।
2. भ्रष्टाचार को रोकना, उसके विरुद्ध लड़ाई में अंतर्राष्ट्रीय सहयोग और तकनीकी सहयोग को प्रोत्साहन, सहायता तथा सहयोग प्राप्त करना।
3. सत्यनिष्ठा और जवाबदेही को प्रोत्साहित करना तथा लोक कार्यों और लोक संपत्ति का उचित प्रबंधन।

भारत में भ्रष्टाचार के स्तर का विश्लेषण ट्रांसपेरेंसी इंटरनेशनल की भ्रष्टाचार संवेदी सूचकांक रिपोर्ट के आधार पर किया जा सकता है। यह रिपोर्ट प्रतिवर्ष जारी की जाती है। केंद्रीय सतर्कता आयोग (Central Vigilance Commission–CVC) की रिपोर्ट के अनुसार, 2018 में आयोग को भ्रष्टाचार के 3133 प्रकरण प्राप्त हुए और आयोग ने 3162 प्रकरणों में अपनी सलाह दी। 2014 से 2018 के दौरान प्रकरणों का आरेख प्रदर्शित किया गया। 2018 में आयोग ने 1889 प्रकरणों में पहले चरण की सलाह प्रदान की। केंद्रीय अन्वेषण ब्यूरो या सी.बी.आई. (Central Bureau of Investigation–CBI) ने अपनी जांच के बाद 163 प्रकरणों में रिपोर्ट दी और केंद्रीय सतर्कता संगठनों ने 1726 प्रकरणों में रिपोर्ट दी। आयोग ने सी.बी.आई. जांच के 42 प्रकरणों में आपराधिक प्रक्रिया चलाने की सलाह दी और केंद्रीय सतर्कता संगठनों के 7 प्रकरणों में इसी प्रकार की सलाह दी। अन्य मामलों में दीर्घ शास्तियां (Major Penalties) और लघु शास्तियां (Minor Penalties) आरोपित करने की सलाह दी। 2018 में आयोग की सलाह पर विभिन्न सक्षम प्राधिकारियों ने 108 लोक सेवकों के विरुद्ध मुकदमे चलाए जाने की अनुमति प्रदान की और 1100 लोक सेवकों के विरुद्ध दीर्घ शास्ति आरोपित की। भ्रष्टाचार के संबंध में सूचना के मुख्य स्रोत लिखित पत्र और ऑनलाइन या टोल फ्री नंबर पर प्राप्त शिकायतें थीं। यद्यपि शिकायतें सूचना का अच्छा स्रोत है, परंतु अधिकांश शिकायतें झूठी, मनगढ़ंत और गैर-विशिष्ट श्रेणी की थीं, जो आयोग की सीमा के बाहर थीं।

अनेक शिकायतें अनाम (Anonymous) थीं और उनका उद्‌देश्य लोगों को परेशान करना था। अनाम शिकायतों पर आयोग द्वारा विचार नहीं किया जाता। 2018 में 33645 शिकायतें प्राप्त हुई, जिनमें से 2922 शिकायतें अनाम या छद्‌म (Pseudo) नाम से थीं।

भारत भ्रष्टाचार सर्वे 2019 लोकल सर्कल और ट्रांसपेरेंसी इंटरनेशनल इंडिया (Local Circles and Transparency International India) द्वारा संचालित कराया गया, जिसमें 248 जिलों के 190000 लोगों की राय ली गई। इनमें से 51 प्रतिशत नागरिकों ने यह स्वीकार किया कि पिछले 12 महीनों में उन्होंने कभी न कभी रिंश्वत दी थी, यद्यपि भारत में रिश्वत के मामलों में पिछले वर्ष की तुलना में 10 प्रतिशत की कमी देखी गई। 24 प्रतिशत नागरिकों ने स्वीकार किया कि उन्होंने कई बार रिश्वत दी थी और 27 प्रतिशत लोगों ने पिछले 12 महीनों में एक बार रिश्वत दी थी। नकद रुपया रिश्वत का बड़ा माध्यम रहा। कार्यालयों में सी.सी.टी.वी. (CCTV) कैमरों के लगे होने के बावजूद रिश्वत ली गई। यद्यपि भ्रष्टाचार और रिश्वत से संबंधित कानून कठोर हैं परंतु वे एक तरफा भी हैं। पुलिस और जांच एजेंसियां कार्यालयीन अनुमति प्राप्त किए बिना किसी भी लोक सेवक की जांच प्रारंभ नहीं कर सकती।

भ्रष्टाचार के नियंत्रण और सरकार में ईमानदारी सुनिश्चित करने के उपाय

(Measures for Curbing Corruption and Ensuring Probity in Governance)

भारत सरकार ने समय-समय पर अनेक उपाय किए हैं, परंतु इनका सही तरीके से क्रियान्वयन नहीं हुआ है। हम यहां कुछ महत्त्वपूर्ण उपायों की चर्चा करेंगे, जिनके माध्यम से भ्रष्टाचार को कम करने का प्रयास किया गया है। साथ ही हम उन उपायों की भी चर्चा करेंगे, जिन्हें सरकार में ईमानदारी को सुनिश्चित करने के लिए लाया जाना चाहिए।

1. बेनामी संव्यवहार (प्रतिषेध) अधिनियम, 1988
2. लोक कार्यालय का दुरुपयोग
3. गैर-कानूनी तरीके से एकत्रित की गई पूंजी को जब्त करना
4. लोक हित उद्घोषणा अधिनियम (Public Interest Disclosure Act)
5. सूचना की स्वतंत्रता अधिनियम (Freedom of Information Act)
6. लोकपाल
7. केंद्रीय सतर्कता आयोग
8. सिविल सेवा बोर्ड (Civil Services Board)
9. सरकार में नैतिकता के प्रवर्तन के लिए अधिनियम (An Act to Enforce Ethics in Government)
10. आपराधिक न्याय व्यवस्था को दुरुस्त करना।

बेनामी संव्यवहार (प्रतिषेध) अधिनियम, 1988

(Benami Transactions (Prohibition) Act, 1988)

"बेनामी संव्यवहार" का अर्थ इस अधिनियम में इस प्रकार है, 'ऐसा व्यवहार जिसमें किसी व्यक्ति को संपत्ति का अंतरण किसी अन्य व्यक्ति द्वारा संदत्त या उपलब्ध कराए गए प्रतिफल के लिए किया जाता है।' यह परिभाषा गलत नीयत से किए गए संव्यवहारों (लेनदेन) और सही नीयत से किए गए संव्यवहारों में अंतर को परिभाषित नहीं करती। समस्त संपत्ति जिसे बेनामी करार दिया गया है वह वैधानिक रूप से जब्त करने की शक्ति प्राप्त अधिकरण द्वारा जब्त की जाएगी।

लोक सेवकों के मामलों में इस अधिनियम में अलग से एक वृहद् कानून जोड़ा जाना चाहिए। इस प्रकार के प्रावधान होने चाहिए जो यह करार करें कि किन रीतियों के अधीन किसी लोक सेवक के पारिवारिक सदस्यों और नजदीकी संबंधियों द्वारा संपत्ति का संग्रह किया जा सकता है और यदि ऐसा व्यक्ति संबंधित लोक सेवक का बेनामीदार होने के संदेह में आता है, तो सिद्ध करने का भार (Burdon of Proof) संपत्ति के स्वामी का होगा। इसके अलावा सेवारत और सेवानिवृत्त लोक सेवक को संपत्ति का हस्तांतरण उचित कानून के अधीन परीक्षण के उपरांत ही होना चाहिए। इस प्रकार के संशोधन संपत्ति अंतरण अधिनियम, 1982 और रजिस्ट्रीकरण अधिनियम 1908 में जोड़े जाने चाहिए।

भ्रष्टाचार निरोधक अधिनियम 1988 और भारतीय दंड संहिता अथवा आई.पी.सी. (Indian Panel Code–IPC) में भी बेनामी संव्यवहारों के मामले से निपटने के प्रावधान किए जाने चाहिए। जब कभी भी कोई लोक सेवक बेनामीदार से संबंधित परीक्षण में दोषी पाया जाता है, तो उसके द्वारा इस प्रकार संचित की गई पूंजी को जब्त किया जाना चाहिए।

लोक कार्यालयों में अधिकारों का दुरुपयोग (Misfeasance of Authority in Public Offices)

भारत में लोक कार्यालय में अधिकारों का दुरुपयोग आम बात है। राजनीतिक कार्यपालकों (मंत्रियों) और नौकरशाहों द्वारा उन्हें प्राप्त विवेकाधीन शक्तियों का दुरुपयोग किया जाता है। भारत के सर्वोच्च न्यायालय ने उदारता (Largesse) के संबंध में निर्देश दिए हैं कि उदारता से संबंधित प्राधिकरण को पारदर्शी और वस्तुनिष्ठ तरीके से कार्य करना चाहिए तथा जो भी लोक कार्यालय का दुरुपयोग करके लोक हित को नुकसान पहुंचाता है इसके लिए जिम्मेदार ठहराया

जाए। यूनाइटेड किंगडम के उच्च न्यायालय द्वारा इस प्रकार की परिस्थिति को स्पष्ट करते हुए कहा गया है, 'लोक कार्यालय में दुरुपयोग का अपकृत्य (Tort) प्राधिकार के दुरुपयोग और लोक हित को उत्पन्न क्षति की पूर्ति से संबंधित है।' अपकृत्य को दो प्रकार से स्थापित किया जा सकता है–

1. जब कोई लोक अधिकारी जानबूझकर किसी कृत्य से वादी को क्षति पहुंचाता है, जो लोक अधिकारी द्वारा उसके कर्तव्यों को पूरा न करने से होती है।
2. जब वह कोई कृत्य यह जानकर करता है कि उसके पास ऐसा करने का कोई अधिकार नहीं है और वह जानता है कि इससे वादी (Plaintiff) को क्षति होगी।

भारत का सर्वोच्च न्यायालय यूनाइटेड किंगडम की अदालत के अनेक निर्णयों का अनुसरण करते हुए देखा जा सकता है और अपना दृष्टिकोण प्रस्तुत करते हुए कहता है, 'हमारे दृष्टिकोण से वैधानिक स्थिति में उस प्रकरण में जहां किसी लोक सेवक का कृत्य दमनकारी, मनमाना या असंवैधानिक है, तो दृष्टांत देने योग्य क्षति उस लोक सेवक को प्रदान की जा सकती है।' सर्वोच्च न्यायालय का यह निर्णय स्पष्ट रूप से कानून की स्थिति का वर्णन करते हुए कहता है कि कोई व्यक्ति कितना ही बड़ा क्यों न हो कानून उसके ऊपर है।

लोक हित प्रकटीकरण अधिनियम की स्थापना
(Enactment of Public Interest Disclosure Act)

भारत में व्हिसल ब्लोअर्स संरक्षण अधिनियम, 2011 लोक हित प्रकटीकरण अधिनियम के अंतर्गत लाया गया है, जिसमें कोई व्यक्ति किसी लोक कार्यालय से संबंधित कदाचार या अनुचित कार्यों को उचित लोक प्राधिकारी के समक्ष प्रस्तुत कर सकता है। ऐसे सूचनाकर्ता को आवश्यक संरक्षण दिया जाना चाहिए। यह भी सुनिश्चित करना उतना ही आवश्यक है कि व्हिसल ब्लोइंग का दुरुपयोग किसी कर्मचारी द्वारा व्यक्तिगत लाभ के लिए न हो। लोक कार्यालयों में सहकर्मी अपने प्रतिस्पर्धी की शिकायत करके उसकी जांच प्रारंभ करा देते हैं, ताकि सीमित उच्च पदों को प्राप्त किया जा सके।

सूचना की स्वतंत्रता अधिनियम (Freedom of Information Act)

सूचना तक पहुंच और सूचना का प्रसार वाक् स्वतंत्रता का एक भाग है, जिसकी गारंटी भारत के संविधान के अनुच्छेद 19(a)(1) में दी गई है। वाक् स्वतंत्रता किसी व्यक्ति की प्रगति के लिए अनिवार्य है। ज्ञान प्राप्त करना और ज्ञान में वृद्धि करना महत्त्वपूर्ण होता है। लोकतांत्रिक व्यवस्था में बोलने की स्वतंत्रता एक अनिवार्य अधिकार है। लोकतंत्र में सार्वभौमिकता लोगों में निहित होती है। जनता स्वामी है और सरकार उनकी सेवक है। सूचना का अधिकार लोगों को उनके अधिकारों के प्रयोग का अवसर प्रदान करता है। प्रेस और मीडिया सूचना का प्रसार करते हैं, परंतु उनका स्वामित्व व्यवसायियों के पास होता है तथा प्रेस और मीडिया अपनी उत्तरजीविता के लिए सरकार पर काफी सीमा तक निर्भर रहते हैं। एक ओर वे सरकार के प्रदर्शन की निगरानी भी करते हैं, तो दूसरी ओर वित्तीय एवं संस्थागत सहायता के लिए सरकार पर निर्भर रहते हैं। वाक् स्वतंत्रता की आवश्यकता को समझते हुए कुछ देशों ने सूचना की स्वतंत्रता अधिनियम का निर्माण किया, ताकि सूचना प्राप्ति और सूचना प्रदाय की स्वतंत्रता सुनिश्चित की जा सके। इन अधिनियमों का उद्देश्य लोक कार्यालयों में निष्पक्ष और पारदर्शी गतिविधियों को लाना है।

सूचना का अधिकार ने सरकारी दस्तावेजों तक जनता की पहुंच के अधिकार को सुनिश्चित करके युग परिवर्तनकारी प्रभाव डाला है, परंतु कुछ छद्म समुदाय पैरोकारों ने आर.टी.आई. (Right to Information–RTI) कार्यकर्ता बनकर इसका दुरुपयोग करना आरंभ कर दिया।

भ्रष्टाचार पर पूर्व सक्रिय सतर्कता (Proactive Vigilance on Corruption)

संथानम समिति की सिफारिशों के आधार पर भारत सरकार ने 1964 में केंद्रीय सतर्कता आयोग का गठन किया।

केंद्रीय सतर्कता आयोग का अधिकार क्षेत्र केंद्र सरकार के सभी लोक सेवकों, लोक क्षेत्रक इकाइयों (Public Sector Undertakings–PSUs) और राष्ट्रीयकृत बैंकों पर होने जा रहा था। सर्वोच्च न्यायालय ने 1997 में विनीत नारायण बनाम भारत संघ मामले में भारत सरकार को यह निर्देश दिया कि केंद्रीय सतर्कता आयोग को सी.बी.आई. और प्रवर्तन निदेशालय (Enforcement Directorate) के पर्यवेक्षण के लिए विधायी दर्जा प्रदान किया जाए। वर्तमान में केंद्रीय सतर्कता आयोग के पास सी.बी.आई. और प्रवर्तन निदेशालय के पर्यवेक्षण की अपार शक्तियां हैं। केंद्रीय सतर्कता आयोग के पास भ्रष्टाचार से संबंधित मामलों में काफी शक्तियां हैं, परंतु वे केवल सलाहकारी प्रकृति की हैं। मुख्य सतर्कता अधिकारी की सिफारिशें मानने के लिए विभाग प्रमुख बाध्यकारी नहीं है।

सतर्कता आयोग और सी.बी.आई. दोनों ही संस्थाएं भ्रष्टाचार के मामलों से संबंधित दो सूचियां तैयार करती हैं, जिनमें उन अधिकारियों को चिह्नित किया जाता है, जिन्हें संवेदनशील पदों से दूर रखना है। स्वीकार्य सूची (Agreed List) और संदेहपूर्ण सत्यनिष्ठा की सूची (List of Doubtful Integrity) तैयार की जाती है। स्वीकार्य सूची राजपत्रित अधिकारियों की सूची होती है, जिनके विरुद्ध उनकी ईमानदारी और सत्यनिष्ठा से संबंधित शिकायतें, संदेह और शंका उपस्थित हो। यह सूची संबंधित विभाग से परामर्श के उपरांत तैयार की जाती है। दूसरी सूची जिसे "राजपत्रित स्तर के लोक सेवकों की सूची जिनकी निष्ठा संदेहास्पद है" कहते हैं, जिसमें उन अधिकारियों के नाम होते हैं जिनकी जांच के पश्चात् या जांच के दौरान निष्ठा में कमी पाई जाती है। सूचीबद्ध अधिकारियों के विरुद्ध निम्नलिखित कार्रवाई की जा सकती है–

1. निष्ठा प्रमाण पत्र को रोक लेना।
2. संवेदनशील पद से स्थानांतरण।
3. किसी सेवा, ग्रेड या पद पर पदोन्नति नहीं करना, जिसके लिए वह योग्य है।
4. लोक हित में अनिवार्य सेवानिवृत्ति।
5. न तो सरकार में और न ही लोक क्षेत्रक इकाई में सेवा विस्तार या पुनर्नियोजन (Re-employment) का प्रतिषेध।
6. विदेश संबंधी कार्य/प्रतिनियुक्ति के लिए नाम प्रस्तावित न किया जाना।
7. सेवानिवृत्ति के उपरांत वाणिज्य पुनर्नियोजन की स्वीकृति न देना।

सिविल सेवा बोर्ड (Civil Services Board)

लोक सेवकों का बार-बार स्थानांतरण और कम अवधि में स्थानांतरण सुशासन के लिए हानिकारक है। लोक सेवक निश्चित कार्य अवधि के आश्वासन के बिना दक्षता और प्रभावशीलता लाने में स्वयं को अक्षम पाते हैं। सर्वोच्च न्यायालय ने 30 अक्टूबर, 2013 को एक जनहित याचिका की सुनवाई करते हुए अपना महत्त्वपूर्ण निर्णय दिया, जिसमें उसने केंद्र सरकार को यह आदेश दिया कि सिविल सेवकों के स्थानांतरण, पदस्थापना और अनुशासनात्मक कार्रवाई के लिए सिविल सेवा बोर्ड की स्थापना करे। विभिन्न राज्यों में अभी भी सिविल सेवा बोर्ड की स्थापना नहीं हुई है, और जिन राज्यों में स्थापित हो चुके है, वे पूर्ण स्वतंत्रता से कार्य नहीं कर रहे हैं। नौकरशाही की पदावधि के लिए किसी भी प्रकार की कोई निश्चितता नहीं है। स्थानांतरण राजनेताओं की इच्छानुसार किए जाते हैं, जिससे सिविल सेवा की संस्था का क्षरण हो रहा है।

लोकपाल बिल (Lokpal Bill)

शासन में ईमानदारी को सुनिश्चित करने के लिए लोकपाल एक माध्यम के रूप में सफल हो सकता है। प्रशासनिक सुधार आयोग की अनुशंसाओं के आधार पर 1966 में लोकपाल की स्थापना की गई। अनुशंसा के अनुपालन में चौथी लोकसभा में एक बिल लाया गया, परंतु यह बिल पास नहीं हो सका। एक भ्रष्टाचार निरोधक संस्था की स्थापना से संबंधित यह बिल आठ बार लाया गया। वर्तमान प्रारूप में यह बिल लोकपाल और लोकायुक्त बिल 2013 के अंतर्गत

था। इसे संसद के दोनों सदनों में पास कराया गया। इस बिल के अंतर्गत निर्मित कानून भ्रष्टाचार निरोधक ओंबड्समैन की स्थापना का प्रावधान करेगा, जिसे केंद्र में लोकपाल और राज्य स्तर पर लोकायुक्त कहा जाएगा। लोकपाल सभी वर्गों के लोक सेवकों को शामिल करेगा, जिसमें प्रधानमंत्री भी शामिल हैं। सशस्त्र सेना बलों को इससे बाहर रखा गया है। यह कानून भ्रष्टाचार के माध्यम से गैर-आनुपातिक ढंग से जमा की गई संपत्ति की जब्ती और उसे सरकारी स्वामित्व में लेने का प्रावधान भी करेगा।

लोकपाल के पास किसी भी जांच एजेंसी, जिसमें सी.बी.आई. भी शामिल है, के अधीक्षण और उन्हें दिशा-निर्देश देने के प्रावधान होंगे। लोकपाल के पास किसी भी लोक सेवक को सम्मन देने की शक्तियां होंगी, यदि उसके विरुद्ध कोई प्रथम दृष्टया प्रकरण बनता है। लोकपाल द्वारा प्रेषित प्रकरणों पर मुकदमे चलाने के लिए विशेष अदालतों की स्थापना का प्रावधान है। लोकपाल झूठी या गढ़ी गई शिकायतों के लिए 2 लाख रुपये तक का जुर्माना कर सकता है।

दूसरे प्रशासनिक सुधार आयोग की चौथी रिपोर्ट : सरकार में नैतिकता
(Ethics in Governance)

दूसरे प्रशासनिक सुधार आयोग (Administrative Reforms Commission–ARC) का गठन वीरप्पा मोइली की अध्यक्षता में एक संकल्प (Resolution) के माध्यम से कार्मिक, लोक शिकायत और पेंशन मंत्रालय के प्रशासनिक सुधार और लोक शिकायत विभाग द्वारा 31 अगस्त, 2005 को किया गया। अध्यक्ष के अतिरिक्त इस आयोग में पांच सदस्य थे। आयोग को देश में एक सक्रिय (Proactive), अनुक्रियाशील (Responsive), जवाबदेह (Accountable), धारणीय (Sustainable) और दक्ष (Efficient) प्रशासन लाने के लिए सिफारिशें करनी थीं। आयोग को निम्नलिखित बिंदुओं पर विशेष बल देना था–

1. भारत सरकार का संगठनात्मक ढांचा
2. सरकार में नैतिकता (Ethics in Governance)
3. कार्मिक प्रशासन का नवीनीकरण
4. वित्तीय प्रबंधन तंत्रों का सुदृढ़ीकरण
5. राज्य स्तर पर प्रभावशाली प्रशासन को सुनिश्चित करने के लिए कदम
6. जिला प्रशासन को प्रभावशाली बनाने के लिए कदम
7. स्थानीय स्व-शासन/पंचायत राज संस्थाएं
8. सामाजिक पूंजी, न्यास और भागीदारीपूर्ण लोक सेवा प्रदाय
9. नागरिक-केंद्रित प्रशासन
10. ई-गवर्नेंस को प्रोत्साहन

दूसरे प्रशासनिक सुधार आयोग ने अपनी चौथी रिपोर्ट को "सरकार में नैतिकता" (Ethics in Governance) शीर्षक दिया। आयोग के अनुसार, नैतिकता मांगों का एक समुच्चय है, जिन्हें समाज स्वयं पर लागू करता है और जो व्यवहार, चयन और कार्रवाई का मार्गदर्शन करने में सहयोग करता है (Ethics is a Set of Standards that Society Places on Itself and Which Helps to Guide Behaviour, Choice and Actions)। आयोग ने स्वीकार किया कि मानक अपने आप में नैतिक व्यवहार सुनिश्चित नहीं कर सकते, बल्कि इसके लिए सत्यनिष्ठा पर आधारित एक सुदृढ़ संस्कृति की आवश्यकता होती है। आयोग के अनुसार, नैतिकता के असफल होने का एक महत्त्वपूर्ण परिणाम भ्रष्टाचार के रूप में उजागर होता है। "भ्रष्ट" (Corrupt) शब्द का उदय लैटिन शब्द "Corruptus" अर्थात् "तोड़ना या नष्ट करना" (To Break or Destroy) से हुआ है। "Ethics" शब्द की उत्पत्ति ग्रीक शब्द "Ethikos" अर्थात् "आदत से उत्पन्न होना" (Arising from Habit) से हुई है। यह दुर्भाग्यपूर्ण है कि भ्रष्टाचार लोगों की आदत बन चुका है, जो उच्च पदों

पर बैठे लोगों द्वारा किए जा रहे विशाल भ्रष्टाचार से लेकर फुटकर भ्रष्टाचार तक को शामिल करता है और आम लोगों के जीवन को प्रभावित कर रहा है। अभी तक जो भी भ्रष्टाचार निरोधक अंत:क्षेप (Interventions) बनाए गए हैं, वे कारगर सिद्ध नहीं हुए हैं। बल्कि राजनीतिक लाभ प्राप्त करने और विरोधियों को परेशान करने के लिए इनका दुरुपयोग किया जा रहा है। भ्रष्टाचार व्यवस्था में इतनी गहराई तक घुस चुका है कि इसे आवश्यक माना जाने लगा है।

दूसरे प्रशासनिक सुधार आयोग ने अपनी इस रिपोर्ट के दूसरे अध्याय "नैतिक रूपरेखा" (Ethical Framework) में राजनीति में नैतिकता, लोक जीवन में नैतिकता, मंत्रियों और विधायिका के सदस्यों के लिए नैतिक रूपरेखा, लाभ का पद, सिविल सेवकों के लिए नैतिक संहिता, नियंत्रकों (Regulators) के लिए नैतिक संहिता और न्यायपालिका के लिएं नैतिक रूपरेखा पर अपने सुझाव दिए। इनमें से कुछ महत्त्वपूर्ण सुझाव निम्नलिखित हैं–

1. दल-बदल के आधार पर किसी सदस्य की निर्हता (Disqualification) के प्रकरण का निर्धारण निर्वाचन आयोग की सलाह पर राष्ट्रपति/राज्यपाल द्वारा किया जाना चाहिए।
2. लोक प्रतिनिधित्व कानून, 1951 (Representation of People Act, 1951) की धारा 8 में उन सभी लोगों की निर्हता के लिए निर्वाचन आयोग द्वारा सुझाए गए परिवर्तन के साथ संशोधन किया जाना चाहिए, जो गंभीर और जघन्य अपराधों और भ्रष्टाचार के आरोपों का सामना कर रहे हैं।
3. मुख्य निर्वाचन आयुक्त (Chief Election Commissioner) और निर्वाचन आयुक्तों (Election Commissioners) की नियुक्ति राष्ट्रपति द्वारा प्रधानमंत्री की अध्यक्षता में बने कोलेजियम, जिसमें लोकसभा के अध्यक्ष (Speaker), लोकसभा में विपक्ष के नेता, कानून मंत्री और राज्यसभा के उपसभापति होते हैं, की सिफारिशों के आधार पर की जानी चाहिए।
4. संविधान के अनुच्छेद 102(e) के अंतर्गत लोकसभा के सदस्यों की निर्हता की शर्तों को स्पष्ट करने के लिए उपयुक्त कानून बनाया जा सकता है। इसी प्रकार का कानून राज्य अनुच्छेद 198(e) के अंतर्गत बना सकते हैं।
5. चुनाव याचिकाओं और विवादों के 6 माह के भीतर त्वरित निपटारे के लिए भारत के संविधान के अनुच्छेद 323B के अंतर्गत केंद्रीय स्तर पर विशेष चुनाव न्यायाधिकरणों की स्थापना की जानी चाहिए। प्रत्येक न्यायाधिकरण में उच्च न्यायालय का एक न्यायाधीश और एक वरिष्ठ सिविल सेवक होना चाहिए, जिसे चुनाव कराने का न्यूनतम 5 वर्षों का अनुभव हो (भारत सरकार में अतिरिक्त सचिव/राज्य सरकार में प्रमुख सचिव)।
6. मंत्रियों के लिए वर्तमान में लागू आचरण संहिता के अतिरिक्त नैतिक संहिता भी होनी चाहिए, जो यह मार्गदर्शन प्रदान कर सके कि मंत्रियों को अपने कर्तव्यों के निर्वहन के दौरान किस प्रकार उच्चतम संवैधानिक मानक और नैतिक आचरण रखना चाहिए।
7. प्रधानमंत्री और मुख्यमंत्री के कार्यालय में नैतिक संहिता और आचरण संहिता के अनुपालन की निगरानी हेतु समर्पित इकाइयां स्थापित की जानी चाहिए।
8. प्रधानमंत्री या मुख्यमंत्री को मंत्रियों द्वारा नैतिक संहिता और आचरण संहिता का पालन किए जाने की निगरानी हेतु कर्तव्यबद्ध किया जाना चाहिए।
9. इन संहिताओं के पालन से संबंधित वार्षिक रिपोर्ट उपयुक्त विधायिका को जमा की जानी चाहिए। इस रिपोर्ट में अवहेलना से संबंधित विशेष प्रकरणों और उन मामलों में की गई कार्रवाई को शामिल किया जाना चाहिए।
10. नैतिक संहिता में अन्य बातों के अतिरिक्त मंत्री-सिविल सेवक संबंधों के मुख्य सिद्धांतों को और आचरण संहिता में विस्तृत विवरण को शामिल किया जाना चाहिए।

विधायिकाओं में नैतिक नियमों को प्रभावशाली बनाने के लिए आयोग द्वारा दिए गए सुझाव–

(a) संसद के प्रत्येक सदन द्वारा एक नैतिकता आयुक्त (Ethics Commissioner) का कार्यालय गठित किया

जाना चाहिए। यह कार्यालय स्पीकर/सभापति के अंतर्गत कार्य करेगा और नैतिकता पर समिति (Committee on Ethics) को कार्य करने में सहायता प्रदान करेगा, सदस्यों को आवश्यकता पड़ने पर सलाह देगा और आवश्यक रिकॉर्ड रखेगा।

(b) राज्यों के मामले में आयोग ने निम्नलिखित सिफारिशें की हैं–

1. सभी राज्य विधानसभाओं में एक नैतिक संहिता और सदस्यों के लिए एक आचरण संहिता को ग्रहण किया जा सकता है।
2. नैतिकता समितियों (Ethics Committees) का गठन कुछ सुपरिभाषित प्रक्रियाओं के साथ प्रावधानों के अतिक्रमण के प्रकरणों में रोक लगाने, विधायिका के सदस्यों के नैतिक आचरण को सुनिश्चित करने के लिए किया जा सकता है।
3. सदस्यों के हितों का रजिस्टर (Registers of Members Interests), जिसमें राज्य विधायिकाओं के सदस्यों के हितों की घोषणा की गई हो, का संधारण किया जा सकता है।
4. विस्तृत वार्षिक रिपोर्ट, जिसमें कदाचार के मामले शामिल हों, संबंधित सदन के पटल पर रखी जा सकती है।
5. राज्य विधायिकाओं के प्रत्येक सदन के लिए एक "नैतिकता आयुक्त" की स्थापना की जा सकती है। यह कार्यालय स्पीकर/सभापति के अंतर्गत कार्य करेगा।

सिविल सेवकों के लिए नैतिक संहिता से संबंधित सुझाव–

(a) लोक सेवा मूल्यों (Public Service Values), जिनकी प्राप्ति सभी लोक सेवकों को करनी चाहिए, को सरकार के सभी स्तरों (Tiers) के लिए परिभाषित किया जाना चाहिए और लागू किया जाना चाहिए। इन मूल्यों का किसी भी प्रकार का उल्लंघन कदाचार की श्रेणी में आना चाहिए और इसके लिए दंड का प्रावधान होना चाहिए।

(b) हित संघर्ष (Conflict of Interest) को अधिकारियों के लिए नैतिक संहिता और नैतिक आचरण के अंतर्गत शामिल किया जाना चाहिए। साथ ही, सेवारत अधिकारियों को लोक उपक्रमों के बोर्डों (Boards of Public Undertaking) में नामित नहीं किया जाना चाहिए। यद्यपि यह गैर-लाभ के लोक संस्थानों और सलाहकार बोर्डों के मामले में लागू नहीं होगा।

आयोग ने अपनी रिपोर्ट के तीसरे अध्याय "भ्रष्टाचार से लड़ने के लिए कानूनी रूपरेखा" (Legal Framework for Fighting Corruption) में निम्नलिखित सिफारिशें प्रस्तुत कीं–

(a) भ्रष्टाचार निवारण अधिनियम (Prevention of Corruption Act) के अंतर्गत निम्नलिखित प्रावधानों को रखना चाहिए–

1. संवैधानिक और लोकतांत्रिक संस्थाओं के मार्ग से पथभ्रष्ट होने, जिसके परिणामस्वरूप जानबूझकर कार्यालय की शपथ का उल्लंघन हुआ है।
2. किसी व्यक्ति को गलत लाभ देने या हानि पहुंचाने के लिए प्राधिकार का दुरुपयोग।
3. न्याय के मार्ग में बाधा।
4. लोक धन का गबन।

आयोग ने सांठगांठ आधारित रिश्वत के मामलों को कम करने के लिए निम्नलिखित सुझाव दिए–

(a) भ्रष्टाचार निवारण अधिनियम (Prevention of Corruption Act) की धारा 7 में सांठगांठ आधारित रिश्वत के विशेष अपराध के लिए संशोधन की आवश्यकता है। कोई अपराध सांठगांठ आधारित रिश्वत (Collusive Bribery) की श्रेणी में वर्गीकृत किया जा सकता है, यदि लेन-देन का परिणाम या ऐसा इरादा करने का परिणाम राज्य, लोक या लोक हित को हानि पैदा करे।

(b) इस प्रकार के प्रकरणों में यदि यह स्थापित हो जाता है कि राज्य हित या लोक हित को हानि हुई है, तो न्यायालय यह संज्ञान ले सकता है कि लोक सेवक और उसके निर्णय से लाभ प्राप्त करने वाले ने सांठगांठ आधारित रिश्वत का अपराध किया है।

(c) इस प्रकार के सांठगांठ आधारित रिश्वत के प्रकरणों में दंड का प्रावधान रिश्वत के अन्य प्रकरणों में दंड प्रावधानों से दोगुना होना चाहिए। इस आशय के लिए कानून में आवश्यकतानुसार संशोधन किया जा सकता है।

रिश्वत के प्रकरणों में अभियोजन की स्वीकृति के संबंध में आयोग ने निम्नलिखित सिफारिशें कीं–

(a) किसी लोक सेवक पर अभियोजन के लिए पूर्व स्वीकृति आवश्यक नहीं होनी चाहिए, जिसे रंगे हाथों पकड़ा गया है या जिसके स्वामित्व में ज्ञात स्रोतों से आय से अधिक संपत्ति का प्रकरण है।

(b) भ्रष्टाचार निवारण अधिनियम में यह सुनिश्चित करने के लिए कि स्वीकृति प्रदान करने वाले प्राधिकारियों की आवश्यकता न पड़े और इसके स्थान पर दस्तावेजों को प्राप्त किया जा सकता है और उपयुक्त प्राधिकारी द्वारा उन्हें न्यायालय में प्रस्तुत किया जा सके इस आशय का संशोधन किया जाना चाहिए।

(c) विधायिका के किसी सदन के पीठासीन अधिकारी (Presiding Officer) को सांसदों और विधायकों के मामले में स्वीकृतकर्ता प्राधिकारी नियुक्त किया जा सकता है।

(d) उन मामलों में, जिनमें भारत सरकार अभियोजन की स्वीकृति प्रदान करने की शक्तियां रखती है, इस शक्ति को एक विहित समिति (Empowered Committee), जिसमें सतर्कता आयुक्त (Vigilance Commissioner) और भारत सरकार के विभागीय सचिव हों, को प्रत्यायोजित किया जा सकता है। यदि भारत सरकार के किसी सचिव के विरुद्ध स्वीकृति चाहिए, तो विहित समिति में कैबिनेट सचिव और केंद्रीय सतर्कता आयुक्त (Central Vigilance Commissioner) होंगे। इसी प्रकार की व्यवस्था राज्य स्तर पर भी बनाई जा सकती है।

भ्रष्टाचार निवारण अधिनियम के अंतर्गत चल रही सुनवाई को तेज करने के लिए आयोग ने निम्नलिखित सिफारिशें कीं–

(a) सुनवाई के विभिन्न चरणों के लिए समय सीमा निर्धारित करने के लिए कानूनी प्रावधान बनाने की आवश्यकता है।

(b) भ्रष्टाचार निवारण अधिनियम के अंतर्गत प्रकरणों के तीव्र निपटारे के लिए विशेष न्यायाधीश घोषित किए जाने चाहिए।

(c) सर्वोच्च न्यायालय और उच्च न्यायालय इन मामलों की सुनवाई में अनावश्यक विलंब को रोकने के लिए मार्गदर्शी सिद्धांत बना सकते हैं।

आयोग ने निजी क्षेत्रकों द्वारा भ्रष्टाचार के मामलों पर भी अपनी सिफारिशें कीं–

(a) भ्रष्टाचार निवारण अधिनियम के अंतर्गत लोक उपयोगी सेवाएं (Public Utility Services) प्रदान करने वाले निजी क्षेत्रकों को लाने के लिए अधिनियम में आवश्यक संशोधन किए जाने चाहिए।

(b) गैर-सरकारी एजेंसियां, जो भारी मात्रा में वित्त प्राप्त करती हैं, भ्रष्टाचार निवारण अधिनियम के दायरे में लाई जानी चाहिए। ऐसे नियम बनाए जाने चाहिए कि जो संस्थाएं या इकाइयां अपने वार्षिक परिचालन व्यय का 50 प्रतिशत या एक करोड़ रुपये या उससे अधिक धन पिछले तीन वर्षों में से किसी वर्ष में प्राप्त करती हैं, तो उसे भारी मात्रा में वित्त (Substantial Fund) माना जाएगा।

आर्थिक अपराधों के नियंत्रण के लिए अनेक कानून हैं, जैसे– भारतीय दंड संहिता (Indian Penal Code), बैंकिंग रेगुलेशन एक्ट 1949, कंपनी कानून 1956, आयकर अधिनियम 1961 (Income Tax Act 1961), सीमा शुल्क

अधिनियम 1962 (Custom Act 1962), आवश्यक वस्तु अधिनियम 1955 (Essential Commodities Act 1955), आदि जिनमें अधिकांश कानूनों के अंतर्गत पुलिस द्वारा कार्रवाई की जाती है। कुछ राज्यों ने आर्थिक अपराध शाखाओं की स्थापना भी की है। केंद्रीय अन्वेषण ब्यूरो (सी.बी.आई.) द्वारा भी प्रकरणों की जांच की जाती है जब इन प्रकरणों को अन्य प्राधिकरणों द्वारा CBI को भेजा जाता है या सरकार या न्यायालय से दिशा-निर्देश प्राप्त होते हैं।

2003 में एक गंभीर धोखाधड़ी जांच कार्यालय अथवा एस.एफ.आई.ओ. (Serious Fraud Investigation Office–SFIO) की स्थापना एक विशेष संगठन के रूप में की गई। इसमें वित्तीय क्षेत्रक, पूंजी बाजार, बैंक, फॉरेंसिक ऑडिट, कराधान कानून, सूचना प्रौद्योगिकी, कंपनी कानून, सीमा शुल्क से संबंधित विशेषज्ञ होते हैं। गंभीर धोखाधड़ी जांच कार्यालय कंपनी कानून की धारा 235 से 247 के प्रावधानों के अंतर्गत अन्वेषण करता है। इस कार्यालय का कार्य अन्य कानूनों के उल्लंघन पर अन्वेषण रिपोर्ट को अभियोजन के लिए प्रेषित करना होता है।

आयोग ने गंभीर आर्थिक अपराधों को लेकर अपने सुझाव प्रस्तुत किए–

(a) गंभीर आर्थिक अपराधों पर एक नया कानून लाया जाना चाहिए।

(b) गंभीर आर्थिक अपराध को इस प्रकार परिभाषित किया जा सकता है–

1. जो 10 करोड़ से अधिक धनराशि से संबंधित हो; या
2. वृहद् लोक चिंता को उत्पन्न करता हो; या
3. इनका अन्वेषण और अभियोजन वित्तीय बाजार के उच्च विशेषीकृत ज्ञान की मांग करे; या
4. पर्याप्त अंतर्राष्ट्रीय आयाम को शामिल करे; या
5. जिसके अन्वेषण के लिए कानूनी, वित्तीय, निवेश और अन्वेषण कौशल को एक साथ लाने की आवश्यकता हो; या
6. केंद्र सरकार की दृष्टि से यह जटिल प्रतीत होता हो।

(c) एस.एफ.आई.ओ. को कैबिनेट सचिव के कार्यालय से जोड़ना चाहिए।

(d) इस प्रकार के गंभीर आर्थिक अपराधों के अन्वेषण और अभियोजन की निगरानी के लिए एक गंभीर धोखाधड़ी निगरानी समिति (Serious Fraud Monitoring Committee) का गठन किया जाना चाहिए।

(e) यदि किसी प्रकरण में किसी लोक सेवक का शामिल होना पाया जाता है, तो एस.एफ.आई.ओ. अपनी रिपोर्ट राष्ट्रीय लोकायुक्त को भेजेगा और उससे प्राप्त निर्देशों का पालन करेगा।

विधायिका के सदस्यों को प्राप्त उन्मुक्ति (Immunity Enjoyed by Legislators) के संबंध में प्रशासनिक सुधार आयोग ने संविधान की कार्य प्रणाली के पुनरीक्षण हेतु राष्ट्रीय आयोग (National Commission to Review the Working of the Constitution) के सुझाव, जिसके अंतर्गत भारतीय संविधान के अनुच्छेद 105(2) में उपयुक्त संशोधन करना आवश्यक बताया था, उसे सहमति प्रदान की। दूसरे प्रशासनिक सुधार आयोग ने इसी प्रकार के संशोधन राज्य विधानसभाओं के सदस्यों के मामले में अनुच्छेद 194(2) में बनाने का सुझाव भी दिया।

संविधान की कार्य प्रणाली के पुनरीक्षण हेतु राष्ट्रीय आयोग ने संविधान के अनुच्छेद 105(2) में संशोधन कर यह स्पष्ट करने का सुझाव दिया कि विधायिका के सदस्यों के सदन में कर्तव्यों या अन्य कर्तव्यों से संबंधित भ्रष्ट आचरणों को संसदीय विशेषाधिकार के अंतर्गत उन्मुक्तियां प्राप्त नहीं होनी चाहिए।

सिविल सेवकों के लिए संवैधानिक सुरक्षा का प्रावधान (Constitutional Protection to Civil Servants) संविधान के भाग XIV के अंतर्गत किया गया है। अनुच्छेद 309 यह कहता है कि संविधान के प्रावधानों के अंतर्गत उपयुक्त विधान द्वारा लागू कानून केंद्र या किसी राज्य के कार्यों से संबंधित लोक सेवाओं या पदों की भर्ती और सेवा शर्तों को नियंत्रित कर सकता है। अनुच्छेद 310 के अंतर्गत प्रत्येक व्यक्ति संघ की रक्षा सेवा या अखिल भारतीय सेवा या किसी

राज्य सेवा के पद को राष्ट्रपति के प्रसादपर्यंत धारण करता है। प्रसादपर्यंत के सिद्धांत (Doctrine of Pleasure) को यद्यपि अनुच्छेद 311 के प्रावधानों से सीमित किया गया है। अनुच्छेद 311 संघ या राज्य के अधीन सिविल हैसियत से नियोजित व्यक्तियों का पदच्युत (Dismissal) किया जाना, पद से हटाया जाना (Removal) या पंक्ति में अवनत किया जाना (Reduction in Rank)–

1. किसी व्यक्ति को, जो संघ की सिविल सेवा का या अखिल भारतीय सेवा का या राज्य की सिविल सेवा का सदस्य है अथवा संघ या राज्य के अधीन कोई सिविल पद धारण करता है, उसकी नियुक्ति करने वाले प्राधिकारी के अधीनस्थ किसी प्राधिकारी द्वारा पदच्युत नहीं किया जाएगा या पद से नहीं हटाया जाएगा।
2. यथापूर्वोक्त किसी व्यक्ति को, ऐसी जांच के पश्चात् ही, जिसमें उसे अपने विरुद्ध आरोपों की सूचना दी गई है और उन आरोपों के संबंध में सुनवाई का युक्तियुक्त अवसर दे दिया गया है, पदच्युत किया जाएगा या पद से हटाया जाएगा या पंक्ति में अवनत किया जाएगा, परंतु जहां ऐसी जांच के पश्चात् उस पर ऐसी शास्ति जांच के दौरान दिए गए साक्ष्य के आधार पर अधिरोपित की जा सकेगी और ऐसे व्यक्ति को प्रस्थापित शास्ति के विषय में अभ्यावेदन करने का अवसर देना आवश्यक नहीं होगा।

परंतु यह वहां लागू नहीं होगा,

(क) जहां किसी व्यक्ति को ऐसे आचरण के आधार पर पदच्युत किया जाता है या पद से हटाया जाता है या पंक्ति में अवनत किया जाता है, जिसके लिए आपराधिक आरोप पर उसे सिद्धदोष ठहराया गया है; या

(ख) जहां किसी व्यक्ति को पदच्युत करने या पद से हटाने या पंक्ति में अवनत करने के लिए सशक्त प्राधिकारी का यह समाधान हो जाता है कि किसी कारण से, जो उस प्राधिकारी द्वारा लेखबद्ध किया जाएगा, यह युक्तियुक्त रूप से नहीं है कि ऐसी जांच की जाए; या

(ग) जहां, यथास्थिति, राष्ट्रपति या राज्यपाल का यह समाधान हो जाता है कि राज्य की सुरक्षा के हित में यह समीचीन नहीं है कि ऐसी जांच की जाए।

3. यदि यथापूर्वोक्त किसी व्यक्ति के संबंध में यह प्रश्न उठता है कि खंड (2) में निर्दिष्ट जांच करना युक्तियुक्त रूप से साध्य है या नहीं तो उस व्यक्ति को पदच्युत करने या पद से हटाने या पंक्ति में अवनत करने के लिए सशक्त अधिकारी का उस पर विनिश्चय (निर्णय) अंतिम होगा।

आयोग ने सिविल सेवकों को प्राप्त संवैधानिक सुरक्षा के संबंध में निम्नलिखित सुझाव दिए–

(a) संविधान के अनुच्छेद 311 को समाप्त करना चाहिए।
(b) साथ ही, अनुच्छेद 310 को भी समाप्त कर देना चाहिए।
(c) अनुच्छेद 309 के अंतर्गत सेवा के लिए आवश्यक शर्तों और स्थितियों को प्रदान करने के लिए उपयुक्त कानून बनाया जाना चाहिए।
(d) अनुच्छेद 309 के अंतर्गत लोक सेवकों के विरुद्ध मनमाने ढंग से कार्रवाइयों से अनावश्यक सुरक्षा के लिए कानून बनाया जाना चाहिए।

सामाजिक अधोसंरचना (Social Infrastructure) का निर्माण देश के विकास के लिए अति आवश्यक है। सामाजिक अधोसंरचना के टिकाऊ होने और इसके भ्रष्टाचार की बलि न चढ़ने के लिए नागरिकों की आवाज को महत्त्व दिया जाना चाहिए। नागरिकों की आवाज को भ्रष्टाचार को उजागर करने, उसकी भर्त्सना करने और रोक लगाने के लिए प्रभावशाली ढंग से प्रयोग में लाया जा सकता है। भ्रष्टाचार की बुराइयों के बारे में नागरिकों को शिक्षित करने, उनकी जागरूकता के स्तर को बढ़ाने और उनकी भागीदारी प्राप्त करने के लिए उन्हें "आवाज" (Voice) प्रदान

करने के लिए सिविल सोसायटी और मीडिया को जोड़ा जाना आवश्यक है। इसके माध्यम से सरकार की जवाबदेही (Accountability) के एक नए आयाम का विकास होता है। यहां सिविल सोसायटी से अभिप्राय औपचारिक और अनौपचारिक इकाइयों दोनों से है, जिनके अंतर्गत निजी क्षेत्रकों, मीडिया, गैर-सरकारी संगठनों, पेशेवर संगठनों और जीवन के विभिन्न भागों से आने वाले अनौपचारिक जनसमूह को शामिल किया जाता है।

सिविल्ल सोसायटी समूहों द्वारा सरकार पर दबाव बनाया जाता है। उनकी भ्रष्ट कार्य प्रणालियों में सुधार लाने के लिए मजबूर किया जाता है। उन्हें भ्रष्टाचार को उजागर करने के लिए शिक्षित किया जाता है और इस कार्य के लिए जोड़ा जाता है। सिविल सोसायटी के सफल प्रयासों ने लोगों को शिक्षित करने और भ्रष्टाचार के विरुद्ध जागरूक करने की आवश्यकता को सरेखित किया है। यद्यपि इस प्रकार के प्रयास से परिणाम निकलकर सामने आते हैं, परंतु सरकार को इसके लिए अनुकूल वातावरण निर्मित करना पड़ता है। इसके लिए कुछ निम्नलिखित उपाय किए जा सकते हैं–

(a) सरकारी कार्यक्रमों पर निगरानी रखने के लिए सिविल सोसायटी को आमंत्रित करना।
(b) सेवा मानकों की स्थापना करना और उनका प्रचार-प्रसार करना।
(c) विश्वसनीय शिकायत प्रक्रिया की स्थापना।
(d) भ्रष्टाचार-निवारक संस्थाओं पर लोक विश्वास का आकलन करना और इस विश्वास के स्तर को बढ़ाने के लिए कार्यक्रम बनाना।
(e) सूचना तक लोगों की पहुंच सुनिश्चित करना।
(f) भ्रष्टाचार की घटनाओं के बारे में समाज को शिक्षित करना और सत्यनिष्ठा के प्रति नैतिक प्रतिबद्धता बनाए रखना।
(g) सामाजिक अंकेक्षण (Social Auditing)।
(h) शैक्षणिक पाठ्यक्रमों में भ्रष्टाचार विषय को शामिल करना।

भारतीय दंड संहिता में मौजूद प्रावधानों के अंतर्गत और अन्य किसी कानून में नागरिकों और सिविल सोसायटी समूहों को भ्रष्टाचार से होने वाली हानियों के लिए न्यायालय में जाने की पर्याप्त सुविधा उपलब्ध नहीं है। संयुक्त राज्य अमेरिका में "झूठे दावे अधिनियम" (False Claims Act) के अंतर्गत किसी भी तरह की वसूली के लिए, जो उसे भ्रष्टाचार के कारण हानि के लिए की जाती है न्यायालय में शरण ले सकता है। दूसरे प्रशासनिक सुधार आयोग ने अपने सुझाव में अमेरिका की तर्ज पर ही "झूठे दावे अधिनियम" की स्थापना पर बल दिया।

स्वतंत्र मीडिया की भूमिका भ्रष्टाचार पर रोक लगाने, निगरानी करने और उसे नियंत्रित करने में सदैव महत्त्वपूर्ण रही है। मीडिया लोगों को भ्रष्टाचार पर शिक्षित कर सकती है, सरकार में भ्रष्टाचार को उजागर कर सकती है। खोजी पत्रकारिता भ्रष्टाचार के बारे में सूचना प्रदान करने का महत्त्वपूर्ण स्रोत है। परंतु कई बार यह देखा जाता है कि प्रतिस्पर्धा के दबाव में मीडिया द्वारा लोगों के सामने रखे जा रहे आरोपों और सूचनाओं को सत्यापित नहीं किया जाता है। कई बार ये आरोप/शिकायतें प्रेरित प्रकार की होती हैं।

आयोग ने मीडिया की कार्य प्रणाली में सुधार के लिए कुछ सुझाव प्रस्तावित किए–

(a) मीडिया द्वारा लगाए गए सभी आरोपों/शिकायतों की उचित छानबीन की आवश्यकता से संबंधित नियमों और तरीकों को विकसित किया जाना आवश्यक है।
(b) इलेक्ट्रॉनिक मीडिया को एक आचरण संहिता और एक स्व-नियंत्रण प्रक्रिया को विकसित करना चाहिए।
(c) सरकारी एजेंसियां भ्रष्टाचार के विरुद्ध लड़ाई में मीडिया की सहायता करने के लिए भ्रष्टाचार के प्रकरणों की विस्तृत जानकारी नियमित रूप से प्रदान कर सकती हैं।

अमेरिकी अर्थशास्त्री रॉबर्ट क्लिटगार्ड (Robert Klitgard) भ्रष्टाचार को निम्नानुसार परिभाषित करते हैं–

एकाधिकार	+	विवेकाधिकार	–	जवाबदेही	=	भ्रष्टाचार
(Monopoly)		(Discretion)		(Accountability)		(Corruption)

भ्रष्टाचार से लड़ने के लिए दंडात्मक (Punitive) और निवारक (Preventive) दोनों तरह के उपायों का एक मिश्रित अनुकूलतम उपाय करना होगा। दंडात्मक उपाय प्रतिरोध का कार्य करते हैं, जबकि निवारक उपाय व्यवस्था को पारदर्शी बनाकर, जवाबदेही में वृद्धि करके, विवेकाधिकार कम करके, प्रक्रियात्मक कमी लाकर भ्रष्टाचार के अवसरों को कम करते हैं। सरकार द्वारा की जाने वाली गतिविधियों की संख्या और दायरा इतना बड़ा है कि कोई भी सार्थक सुधार लाने के लिए इन कार्यों का गहराई से अध्ययन करना पड़ता है। प्रतिस्पर्धा को प्रोत्साहन देकर काफी सीमा तक एकाधिकार को समाप्त किया जा सकता है। भारत में अधिकांश लोक सेवाओं पर सरकार का एकाधिकार है, जिसके कारण मनमाना और विभागीय वर्चस्व के लिए अनुकूल वातावरण निर्मित होता है, जो भ्रष्टाचार को बढ़ावा देता है। लोक सेवा में भ्रष्टाचार को नियंत्रित करने के लिए प्रतिस्पर्धा लाना एक महत्त्वपूर्ण यंत्र सिद्ध हुआ है। दूरसंचार क्षेत्र (Telecom Sector) में एकाधिकार की समाप्ति और किसानों को सरकार नियंत्रित मंडियों के बाहर अपने उत्पाद बेचने के लिए निजी क्षेत्रकों को मंजूरी देना इस प्रकार की प्रतिस्पर्धा को जन्म देने के अच्छे उदाहरण माने जा सकते हैं।

लोक सेवाओं में एकाधिकार की समाप्ति के लिए आयोग ने निम्नलिखित सुझाव प्रस्तुत किए–

(a) प्रत्येक मंत्रालय/विभाग को ऐसे क्षेत्रकों की पहचान करनी चाहिए, जहां एकाधिकार व्याप्त है और इस एकाधिकार को प्रतिस्पर्धा के माध्यम से दूर किया जा सकता है।

(b) जिन राज्यों द्वारा प्रतिस्पर्धा को बढ़ावा दिया जाता है, उनको प्रोत्साहन देने के लिए केंद्र सरकार प्रायोजित कुछ योजनाओं में संरचनात्मक परिवर्तन किए जाने चाहिए। अधिकांश सरकारें और उनकी एजेंसियां पदसोपान की संरचना में होती हैं। इस प्रकार की संरचना में प्रत्येक कार्यपालक को अपने अधीनस्थ कार्यपालकों की गतिविधियों का पर्यवेक्षण करना होता है। ऐसा देखा जाता है कि कई मामलों में भ्रष्ट अधिकारियों के विरुद्ध विभाग कोई कार्रवाई नहीं करता। इससे स्पष्ट होता है कि पर्यवेक्षण के कार्य को उतना महत्त्व नहीं दिया जाता, जितना आवश्यक है। किसी कार्यालय में भ्रष्टाचार पर लगाम लगाने की जिम्मेदारी कार्यालय प्रमुख की होती है। सामान्यत: यह देखा जाता है कि अनेक भ्रष्टाचार निवारक एजेंसियों की उपस्थिति के कारण कार्यालय प्रमुख यह मान बैठे हैं कि भ्रष्टाचार को नियंत्रित करना उनकी जिम्मेदारी नहीं है। यहां इस बात पर बल देना आवश्यक है कि बाहरी एजेंसियां सीमित संसाधनों के माध्यम से भ्रष्टाचार को रोकने में उतनी कारगर सिद्ध नहीं हो सकतीं, जितने कि विभाग में उच्च पदों पर बैठे अधिकारी कारगर तरीके से भ्रष्टाचार को नियंत्रित कर सकते हैं। वार्षिक प्रदर्शन रिपोर्ट (Annual Performance Report) में यह कॉलम होना चाहिए, जिसमें प्रत्येक अधिकारी को प्रविष्टि करनी पड़ेगी कि उसने अपने कार्यालय में भ्रष्टाचार रोकने के लिए क्या प्रयास किए और उन प्रयासों से क्या परिणाम प्राप्त हुए।

यह भी देखा गया है कि अधिकारियों के गोपनीय प्रतिवेदनों को लिखते समय सावधानी नहीं बरती जाती। रिपोर्टिंग अधिकारी किसी लोक सेवक की सत्यनिष्ठा पर कोई आत्मनिष्ठ टिप्पणी नहीं करते, जबकि उसके संज्ञान में यह होता है कि संबंधित अधिकारी द्वारा अनेक भ्रष्ट गतिविधियां की गई हैं। औचक निरीक्षण (Surprise Inspection) भी उस कार्यालय में चल रही गलत कार्य प्रणालियों को पकड़ने का अच्छा साधन है।

भ्रष्टाचार पर अग्र सक्रिय सतर्कता (Proactive Vigilance) काफी कारगर सिद्ध होती है। अग्र सतर्कता का मुख्य बल भ्रष्ट तत्त्वों की पहचान करना और यह सुनिश्चित करने के लिए प्रक्रिया निर्मित करना है कि उन्हें संवेदनशील पदों से दूर रखा जाए। इसके लिए निम्नलिखित यंत्र विकसित किए गए हैं–

(a) संदेहास्पद निष्ठा वाले अधिकारियों की सूची (List of Officers of Doubtful Intigrity):

उन अधिकारियों/कार्यपालकों के नामों की सूची तैयार की जाती है, जिनके विरुद्ध सतर्कता संबंधी प्रकरण में अनुशासनात्मक कार्रवाही लंबित है या जो सतर्कता संबंधी प्रकरण के अंतर्गत दंड की अवधि से गुजर रहे हैं।

(b) संदिग्ध अधिकारियों पर सहमति सूची (Agreed List of Suspect officers):

यह उन अधिकारियों/कार्यपालको की सूची होती है, जिनके भ्रष्टाचार में शामिल होने पर मजबूत संदेह होता है। यह सूची संगठन के मुख्य सतर्कता अधिकारी अथवा सी.वी.ओ. (Chief Vigilence Officer–CVO) और केंद्रीय अन्वेषण ब्यूरो द्वारा तैयार की जाती है। इन अधिकारियों पर निगरानी रखी जाती है।

(c) अनचाहे संपर्क सूत्रों की सूची (List of Undesirable Contactman):

केंद्रीय अन्वेषण ब्यूरो (CBI) बिचौलियों, दलालों (Touts) आदि की एक सूची तैयार करता है, जो संवेदनशील संगठनों से संबंधित होते हैं और वहां के वरिष्ठ अधिकारियों से "जानने की आवश्यकता के आधार" (Need to Know Basis) पर सूचनाओं को साझा करते हैं।

(d) वार्षिक संपत्ति रिटर्न (Annual Property Return)

(e) सतर्कता अनुमति (Vigilance Clearance)

बोर्ड स्तर की नियुक्ति या पदस्थापना के लिए भारत सरकार ने सतर्कता अनुमति प्राप्त करने की प्रक्रिया स्थापित की है। मुख्य सतर्कता आयुक्त से अनुमति प्राप्त होने पर ही लोक क्षेत्रक इकाइयों या बोर्ड स्तर पर नियुक्ति संभव होती है।

इसका विशेष ध्यान रखा जाना चाहिए कि सतर्कता गतिविधि से लोक सेवकों की प्रबंधन दक्षता और प्रभावशीलता में कमी न आए। जोखिम उठाना सरकारी कार्य प्रणाली का हिस्सा होना चाहिए। संगठन को होने वाली वित्तीय या गैर-वित्तीय प्रकृति की किसी भी प्रकार की हानि के लिए आवश्यक रूप से सतर्कता जांच को आमंत्रित नहीं करना चाहिए। इसका एक संभव परीक्षण यह हो सकता है कि एक सामान्य बौद्धिकता वाला व्यक्ति उन परिस्थितियों में लागू नियमों, विनियमों और निर्देशों की परिधि में किस प्रकार का निर्णय लेता है। सरकार के अलावा लोक क्षेत्रकों के उपक्रमों में भी प्रबंधकीय निर्णयों में इस बात की पर्याप्त संभावना बनी रहती है कि वह गलत सिद्ध हो जाए। केंद्रीय सतर्कता आयोग ने भी इस मुद्दे की पहचान की है।

ईमानदार लोक सेवकों की सुरक्षा को लेकर व्यवस्था की क्षमता पर वास्तविक संदेह है। यद्यपि एक ईमानदार सिविल सेवक के विरुद्ध आधारहीन, दुर्भाग्यपूर्ण और प्रेरित शिकायतों से सुरक्षा के लिए कानून में पर्याप्त प्रावधान हैं। आयोग ने इस मामले में अपने सुझाव दिए–

(a) भ्रष्टाचार के प्रत्येक आरोप की शिकायतों और स्रोतों की जांच एजेंसियों द्वारा गहराई से की जानी चाहिए और इसके पश्चात् ही किसी लोक सेवक के विरुद्ध जांच आरंभ करनी चाहिए। ऐसे प्रत्येक आरोप का विश्लेषण होना चाहिए कि वे विशेष प्रकार के हैं, विश्वसनीय हैं और सत्यापित किए जा सकते हैं।

(b) भ्रष्टाचार के आरोपों के संबंध में सीधे खुली जांच आरंभ नहीं होनी चाहिए। शिकायत सत्यापित हो जाए तो इसकी गोपनीयता बनाए रखनी चाहिए कि किस तरह से इसका सत्यापन किया गया।

(c) भ्रष्टाचार निवारक एजेंसियों को दक्ष बनाने के लिए प्रशिक्षण की व्यवस्था होनी चाहिए।

(d) जांच एजेंसी के पर्यवेक्षक अधिकारियों द्वारा यह सुनिश्चित किया जाना चाहिए कि केवल वे लोक सेवक ही दंडित हों, जिनके विरुद्ध मजबूत साक्ष्य मौजूद हैं।

अभ्यास प्रश्न

1. "शासन में ईमानदारी" का क्या अर्थ है? राष्ट्र में सुशासन लाने के लिए ईमानदारी किस प्रकार महती भूमिका का निर्वहन करती है?
2. सुशासन की आधारभूत विशेषताएं बताइए।
3. "विधि के शासन" की अवधारणा को समझाइए। इसके आधारभूत घटकों को उचित उदाहरणों के माध्यम से स्पष्ट कीजिए।
4. वर्तमान शासन व्यवस्था के समक्ष मुख्य चुनौतियां कौन-सी हैं?
5. "नैतिक संहिता" और "आचरण संहिता" के बीच अंतर को उचित उदाहरणों के माध्यम से समझाइए। (UPSC 2018)
6. लोक सेवा में मितव्ययिता, दक्षता और प्रभावशीलता की अवधारणा को समझाइए।

अध्याय 20

कार्य संस्कृति

Work Culture

प्रस्तावना (Introduction)

कार्य संस्कृति को कार्यालय या संगठन में लागू किए गए कार्य, प्रदर्शन, कार्य करने के तरीके और नौकरी से उम्मीदों आदि घटकों के फलन के रूप में परिभाषित करते हैं। कर्मचारी और नियोक्ता द्वारा ऐसा व्यवहार क्यों प्रदर्शित किया जा रहा है इस बात को प्राय: अनदेखा किया जाता है। जापानी कर्मचारियों और भारतीय कर्मचारियों में प्रतिबद्धता, समर्पण तथा ईमानदारी के संदर्भ में इतना अंतर होना अध्ययन का विषय है। जापानी लोग कार्य के महत्त्व से इतर अपने कार्य से प्रेम करते हैं, वहीं दूसरी ओर भारत में कर्मचारी अक्सर अपने काम को लेकर थोड़ा लापरवाह माने जाते हैं। यहां तक कि भारतीय मानक समय (Indian Standard Time– IST) को प्राय: "Indian Stretchable Time" की संज्ञा दी जाती है। कार्य संस्कृति सीधे रूप से किसी स्थान विशेष की संस्कृति से संबंधित होती है। टेलर संस्कृति को परिभाषित करते हुए कहते हैं, 'संस्कृति एक जटिल संपूर्णता है, जिसमें ज्ञान (Cognition), विश्वास (Belief), कला (Art), नैतिकता (Morality), रीति-रिवाज, कानून और समाज के सदस्यों की अन्य सभी आदतें तथा योग्यताएं समाहित होती हैं।' क्लुकहॉन (Kluckholn) तथा स्ट्रोड्टबैक (Strodtbeck) संस्कृति को इस प्रकार परिभाषित करते हैं, 'संस्कृति एक सुनिश्चित तरीके से सोचने, महसूस करने और प्रतिक्रिया देने की क्रियाओं को शामिल करती है, जो मुख्यत: चिह्नों (Symbols) द्वारा प्राप्त और प्रसारित होती है तथा कलाकृतियों में समाहित होती है।' संस्कृति के आवश्यक मूल में परंपरागत धारणाओं और विशेषकर उससे संबंधित मूल्यों को शामिल किया जाता है।

संस्कृति प्राकृतिक तरीके से बाल्यावस्था के दौरान ही सीखी जाती है। एक व्यवहार जो दंड का कारण बनता है, उसे पुन: करने से बचा जाता है और संस्कृति से हटा दिया जाता है। यह प्रक्रम सभी प्रकार की व्यवस्थाओं के लिए होता है चाहे वह राज्य हो या समुदाय, कार्य क्षेत्र, घर या संबंध। इस मामले में एडगर शेन (Edgar Schein) कहते हैं, संस्कृति एक स्वतंत्र रूप से परिभाषित सामाजिक इकाई का लक्षण होती है, जिसके सदस्य समस्याओं से उबरने के लिए अनुभव साझा करते हैं। संस्कृति लोगों को गढ़ती है और लोग संस्कृति को। दूसरे शब्दों में, लोग और संस्कृति आपस में जुड़े हुए हैं तथा ये सांस्कृतिक निर्माण अलग-अलग सांस्कृतिक विशेषताओं के कारण स्थानों के आधार पर भिन्नता लिए होते हैं। यहां तक कि एक देश के भीतर भी हम विभिन्न संस्कृतियां प्राप्त कर सकते हैं और इन विविध संस्कृतियों का कुल योग उभयनिष्ठ राष्ट्रीय संस्कृति का निर्माण करता है। उदाहरण के लिए, कन्नड़ बोलने वाले क्षेत्रों की संस्कृति कुमाऊं संस्कृति से भिन्न है, इसी प्रकार राजस्थान की संस्कृति महाराष्ट्र की संस्कृति से कई अर्थों में भिन्न है। परंतु इन सभी संस्कृतियों का औसत उभयनिष्ठ भारतीय संस्कृति के रूप में निकलकर आता है, जो विभिन्न स्थानीय संस्कृतियों की सामान्य विशेषताओं को लिए हुए है।

कार्य संस्कृति (Work Culture)

यहां हम कार्य संस्कृति की चर्चा करना चाहते हैं। कार्य संस्कृति नियोजक की नीतियों और कर्मचारियों की संस्कृति पर आधारित होती है। यह कार्य से संबंधित मूल्यों से अधिक रूप से संचालित होती है। गीर्ट होफस्टेड (Geert Hofstede) ने राष्ट्रीय संस्कृति के आयामों पर अत्यधिक लोकप्रिय अध्ययन किया है। ये चार आयाम विभिन्न देशों को कार्य संबंधी मूल्यों के आधार पर विभाजित करते हैं, जो निम्नानुसार हैं–

1. शक्ति दूरी (Power Distance)

इसे उच्च अधिकारी और अधीनस्थों के मध्य संबंध के रूप में परिभाषित किया जाता है। यह आयाम पदसोपान आधारित संरचना में अधिकरण के लिए आदर और उससे संबंध की व्याख्या करता है। शक्ति दूरी सूचकांक अथवा पी.डी.आई. (Power Distance Index–PDI) पदसोपान में स्तर के पदों में समानता और असमानता की कोटि को बताता है। उच्च शक्ति दूरी वाली कार्य संस्कृति अलग-अलग स्तर पर कार्य करने वाले कर्मचारियों के मध्य चौड़ी खाई को प्रदर्शित करती है। तालिका 20.1 में हमने उच्च पी.डी.आई. और न्यून पी.डी.आई. वाली संस्कृतियों के मध्य अंतर को बताया है।

तालिका 20.1: उच्च PDI और न्यून PDI वाली संस्कृतियों के मध्य अंतर

उच्च PDI	**न्यून** PDI
1. जिन लोगों के पास अधिकार है, वे अधीनस्थों का सम्मान नहीं करते और अपनी रेंक को खुले रूप में प्रदर्शित करते हैं।	1. उच्चाधिकारी अपने अधीनस्थों का सम्मान करते हैं।
2. निर्णय अत्यधिक केंद्रीकृत होते हैं।	2. निर्णय विकेंद्रीकृत होते हैं।
3. निचले स्तर को असफलता के लिए जिम्मेदार माना जाता है।	3. उत्तरदायित्वों को साझा किया जाता है और असफलता की जिम्मेदारी प्रायः उच्च स्तर द्वारा स्वीकार की जाती है।

स्रोत : Hofstede, Geert (1980), Culture's consequences Beverly Hills: Sage

2. अनिश्चितता परिहार्यता (Uncertainty Avoidance)

यह अनिश्चितता और अस्पष्टता को सहन करने के स्तर से संबंधित होता है। यह आयाम कठोर कानूनों, नियमों और विनियमों का पालन करने की प्राथमिकता के मापन से संबंधित है। उच्च अनिश्चितता परिहार्यता वाले देशों द्वारा विवादों से दूरी बनाए रखी जाती है और वे निश्चित परंपराओं से भटकते नहीं हैं, वहीं दूसरी ओर, न्यून अनिश्चितता परिहार्यता वाले देश परिवर्तन को स्वीकार करने के लिए तत्पर होते हैं। हम कह सकते हैं कि उच्च पी.डी.आई. न्यून नवाचार और न्यून परिवर्तन को प्रदर्शित करता है तथा न्यून पी.डी.आई. नौकरी में बदलाव, नई कंपनी शुरू करने आदि के लिए उच्चतम परिवर्तन का द्योतक है। उदाहरण के लिए, जापानी लोग अपने संपूर्ण जीवन काल में एक या दो नौकरियों में ही संलग्न रहते हैं। भारतीयों में शक्ति दूरी सूचकांक (PDI) मध्यम रूप में है। उच्च पी.डी.आई. तथा न्यून पी.डी.आई. के मध्य अंतर तालिका 20.2 में दिया गया है–

तालिका 20.2: कार्य संस्कृति में अनिश्चितता परिहार्यता के निहितार्थ

उच्च अनिश्चितता परिहार्यता (HUA)	**निम्न अनिश्चितता परिहार्यता** (LUA)
1. नवाचार आधारित विचारों का स्वागत नहीं किया जाता।	1. नवाचार आधारित विचारों को प्रोत्साहित किया जाता है।
2. पदोन्नति वरिष्ठता के आधार पर होती है।	2. पदोन्नति प्रदर्शन और शैक्षणिक स्तर के आधार पर होती है।
3. वेतन वरिष्ठता और निपुणता पर आधारित होता है।	3. वेतन प्रदर्शन पर आधारित होता है।
4. निर्णय कागजों और फाइलों पर होते हैं।	4. निर्णय को प्रभावित करने वाले नियमों की संख्या काफी कम होती है।

स्रोत : Hofstede, Geert (1980), Culture's consequences Beverly Hills: Sage

व्यक्तिगतवाद (Individualism)

यह किसी व्यक्ति विशेष के अधिकारों को किसी समूह के सापेक्ष अधिक महत्त्व देने वाली संस्कृति पर बल देने से संबंधित है। यह व्यक्तिगत प्रयासों और उपलब्धियों को सामूहिक प्रयासों या टीम वर्क तथा संपूर्ण उपलब्धियों पर वरीयता देता है। होफस्टेड (Hofstede) के अनुसार, व्यक्तिगतवाद एक सूचक के रूप में सामाजिक व्यवस्था का द्योतक है, जिसमें व्यक्तिगत लाभ सामूहिक उपलब्धियों से अधिक महत्त्वपूर्ण होता है। व्यक्तिगत कार्य संस्कृति संयुक्त राज्य अमेरिका में अत्यधिक उच्च है और भारत में मध्यम है। सामूहिक संस्कृति चीन, कोरिया और जापान में उच्चतम है।

पुरुषत्व/स्त्रीत्व (Masculinity/Femininity)

यह सूचकांक परंपरागत पुरुष आधारित कार्य को पुरुषों को ही देने की प्राथमिकता के परिमाण को प्रदर्शित करता है। इसके अंतर्गत नियंत्रण, शक्ति, हठधर्मिता, उपलब्धि और भौतिकवादी सफलता से संबंधित कार्यों को शामिल किया जाता है। दूसरी ओर, स्त्रीत्व की कोटि (Degree of Famininity) मानव संसाधन (Human Resources–HR) और उच्च गुणवत्ता युक्त जीवन के तुलनात्मक महत्त्व से संबंधित होती है। जिन देशों में उच्च पुरुषत्व पाया जाता है, उनमें सुपरिभाषित लैंगिक भूमिका होती है और कार्य आधारित मूल्य उपलब्धियों तथा प्रतिस्पर्धा पर बल दिया जाता है। दूसरी ओर, उच्च स्त्रीत्व की ओर झुकाव सदस्यों के संपूर्ण कल्याण पर बल देता है न कि प्रदर्शन पर।

तालिका 20.3 में कार्य संस्कृतियों की तुलना उपरोक्त वर्णित सूचकांकों के आधार पर की गई है।

तालिका 20.3 : विभिन्न देशों के कार्य संबंधी मूल्य

देश	शक्ति दूरी	अनिश्चितता परिहार्यता	व्यक्तिगतवाद	पुरुषत्व
अर्जेंटीना	49	86	46	56
ऑस्ट्रेलिया	36	51	90	61
ब्राजील	69	76	38	49
ग्रेट ब्रिटेन	35	35	89	66
इंडोनेशिया	78	48	14	46
भारत	77	40	48	56
इजरायल	13	81	54	47
संयुक्त राज्य अमेरिका	40	46	91	62

स्रोत : : Hofstede, Geert (1980), Culture's consequences Beverly Hills: Sage

अभ्यास प्रश्न

1. कार्य संस्कृति से क्या अभिप्राय है? कार्य संस्कृति में नैतिकता के महत्त्व पर प्रकाश डालिए।
2. 'संस्कृति एक स्वतंत्र रूप से परिभाषित सामाजिक इकाई का लक्षण होती है, जिसके सदस्य समस्याओं से उबरने के लिए अनुभवों को साझा करते हैं' –एडगर शेन

उपरोक्त कथन की व्याख्या उदाहरण देकर करें।

3. राष्ट्रीय संस्कृति के आयामों की चर्चा कीजिए।
4. कार्य संस्कृति में व्यक्तिगतवाद (Individualism) की भूमिका पर चर्चा करें।
5. आप किसी लोक संगठन के कार्यालय प्रमुख हैं। कार्यालय की कार्य संस्कृति को सुधारने के लिए आप क्या योगदान देना चाहेंगे?

अध्याय

21 सेवा प्रदान करने की गुणवत्ता

Quality of Service Delivery

प्रस्तावना (Introduction)

हमने पूर्व में लोक सेवा की अवधारणा और उन्हें प्रदान करने की राज्य की भूमिका पर चर्चा की है। निजी क्षेत्रक के विस्तार और बाजार मांग के विविधीकरण के फलस्वरूप लोक सेवाओं की संख्या में काफी गिरावट आई है। यद्यपि इन सेवाओं के प्रावधान में सीधी भूमिका कम हुई है, परंतु नियंत्रणकारी भूमिका अभी भी बनी हुई है। इस भूमिका में राज्य लोक हित में कटौती और बाजार के अतार्किक दोहन पर नजर रखता है। यद्यपि सेवा प्रदाय का एक बड़ा हिस्सा निजी क्षेत्रकों के हाथों में चला गया है, परंतु राज्य द्वारा मानव अधिकार के संरक्षण हेतु पर्याप्त उपाय किए गए हैं। राज्य का यह भी उत्तरदायित्व है कि वह बाजार एकाधिकार और निजी क्षेत्रकों की गुटबाजी, जो मांग-आपूर्ति समीकरण को प्रभावित कर सकती है, उसकी निगरानी रखे। राज्य को कुछ लोक क्षेत्रक उत्पादन और वस्तु एवं सेवा प्रदाय इकाइयों का संचालन करना पड़ता है, ताकि नागरिकों का न्यूनतम कल्याण सुनिश्चित किया जा सके। राज्य को विभिन्न संसाधनात्मक अवरोधों के कारण एक सीमित वित्तीय सीमा के भीतर ही लोक सेवाओं की आपूर्ति करनी होती है। लोक सेवाओं की आपूर्ति प्रभावशाली, दक्षतापूर्ण और मितव्ययी तरीके से की जानी अनिवार्य है। लोक सेवा प्रदाय के संबंध में प्रमुख कठिनाई सेवा के प्रकार और उनके वितरण के तरीके का विश्लेषण कर आपूर्ति का लक्ष्य सुनिश्चित करना है। हमने पहले यह चर्चा की है कि भारत में लोक सेवाओं को नौकरशाही मनोवृत्ति और लालफीताशाही ने बुरी तरह प्रभावित किया है। भारी लोक व्यय के बाद भी हम ऐच्छिक परिणाम पाने में असफल रहे हैं। इस असफलता के पीछे का प्रमुख कारण है लोक सेवकों की नागरिकों के प्रति यह मनोवृत्ति कि लोक सेवक स्वामी हैं और नागरिक उनके दास हैं। "शासन पुनर्निर्माण" (Reinventing Government) की अवधारणा के आगमन के साथ ही स्वामी-दास संबंध पलट गया और नागरिक प्रथम (Citzen First) का विचार सामने आया। हम लोक सेवकों की मनोवृत्ति में एक बड़ा परिवर्तन देख सकते हैं। अब उनके कार्य करने के तरीकों में भारी बदलाव आ चुका है। इस बड़े परिवर्तन का कारण निःसंदेह केंद्र और राज्य सरकारों में राजनीतिक नेतृत्व रहा है।

आर्थिक स्थिति और सेवाओं तक पहुंच के आधार पर समाज का विभिन्न स्तरों पर विभाजन देखने को मिलता है। कई बार आर्थिक रूप से संपन्न लोगों को भी ऐच्छिक सेवाएं प्राप्त नहीं हो पाती हैं, जिसका कारण अधोसंरचनात्मक कमी या अपर्याप्त सूचना हो सकता है। यह मामला तब और अधिक भयावह हो जाता है, जब हम गरीब आदमी की बात करते हैं, जिसके पास न तो क्रय शक्ति होती और न ही सेवाओं तक पहुंच के लिए आवश्यक सूचना उपलब्ध होती है। राज्य को इस प्रकार की समस्याओं को हल करने के लिए सक्रिय होना पड़ता है। कई बार लोक सेवकों द्वारा जानबूझकर सेवा प्रदाय को विफल कर दिया जाता है। हम इसे एक उदाहरण के माध्यम से समझने का प्रयास करते हैं। ग्रामीण क्षेत्रों में शिक्षक अपनी पूरी ऊर्जा के साथ छात्रों को जानबूझकर

नहीं पढ़ाते और उन्हें निजी ट्यूशन लेने के लिए मजबूर करते हैं। यह समस्या शिक्षा, स्वास्थ्य और इसी तरह के अन्य लोक क्षेत्रकों में आम तौर पर देखी जा सकती है। सरकार इसे हल करने में बुरी तरह से असफल सिद्ध हुई है। हम ऐसे अनेक उदाहरण देख सकते हैं, जहां गरीबों के लिए बनाई गई लोक सेवाओं का लाभ शक्तिशाली लोगों द्वारा उठाया जाता है, जबकि वे इन सेवाओं को प्राप्त करने के लिए पात्र नहीं होते। इन सेवाओं के लिए पात्रता का निर्धारण सामान्यत: गरीबी रेखा के भीतर आने वाले लोगों की सूची में नाम दर्ज होने के आधार पर होता है और गरीबी रेखा के नीचे आने वाले लोगों की सूची में नामों को जोड़ना और हटाना एक बड़ा भ्रष्टाचार बन चुका है। हाल के वर्षों में सरकार ने इन गलत कार्यविधियों पर रोक लगाने के लिए प्रशंसनीय सुधारात्मक तरीके अपनाए हैं। सामाजिक आर्थिक और जाति जनगणना अथवा एस.ई.सी.सी. (Socio Economic and Caste Census–SECC) पर आधारित पात्रता की नई शर्तों ने, जो परिवार की वंचितता के स्तर के आधार पर लाभार्थियों का चयन करती है, भ्रष्टाचार पर अंकुश लगाया है। यद्यपि इसमें भ्रष्टाचार पर रोक लगाई है, परंतु एस.ई.सी.सी. आंकड़ों में अत्यधिक त्रुटियों ने लोक सेवा प्रदाय को प्रभावित भी किया है।

गुणवत्तापूर्ण सेवा प्रदाय हेतु कार्य आयोजना (Framework for Quality Service Delivery)

सेवा प्रदाय में गुणवत्ता को सुनिश्चित करने की जवाबदेही नौकरशाहों की है। कुछ लोग इस क्षेत्र में प्रशंसनीय कार्य करते हैं और योजनाओं को सफल बनाते हैं। यह राज्य सरकारों की प्राथमिकता और गंभीरता पर भी निर्भर करता है। लोक सेवा प्रदाय गुणवत्ता को निम्नलिखित तरीकों से सुधारा जा सकता है–

1. गरीबों की आवाज और चयन (Voice and Choice) की सुनिश्चितता का प्रावधान, योजना की निर्माण प्रक्रिया और सेवा प्रदाय प्रक्रिया में उनकी भागीदारी का प्रावधान।
2. लोक सेवकों की लोक सेवा प्रदाय की जिम्मेदारी को लेकर पारितोषिक और दंड का प्रावधान।
3. सामाजिक अंकेक्षण/संपरीक्षा (Social Auditing) और प्रदर्शन संपरीक्षा (Performance Auditing) का तात्कालिक वर्ष में होने का प्रावधान।

एक दक्षतापूर्ण लोक सेवा प्रदाय निम्नलिखित कारकों पर निर्भर करता है–

1. लोक सेवक नागरिकों के लिए सुगम रूप में उपलब्ध हो। लोक सेवक निरंतर जमीनी स्तर का दौरा करें, लाभार्थियों से मिलें और लोक सेवा प्रदाय को सुनिश्चित करने के लिए आवश्यक कमियों तथा सुधारों के संबंध में लोगों से बैठक करें।
2. सिटीजन चार्टर के माध्यम से चहुंओर सूचना का फैलाव, लोक घोषणा (मुनादी) और लाभार्थियों के नाम की सूची आम जनता के समक्ष रखकर पारदर्शिता लाना, आदि।
3. उच्चतर जवाबदेही का आश्वासन पूर्ण करने के लिए विभागीय परीक्षण, शिकायत निवारण, आदि पर फोकस।
4. नागरिक समूहों की सक्रिय भागीदारी के माध्यम से लोक सेवा प्रदाय का विश्लेषण।
5. ई–गवर्नेंस के माध्यम से प्रभावशाली शिकायत निवारण प्रक्रिया। उदाहरण के लिए, मध्य प्रदेश में मुख्यमंत्री हेल्पलाइन इस संबंध में एक मील का पत्थर सिद्ध हुई है और अन्य राज्य भी इसी आधार पर कार्य करने की योजना अपना रहे हैं।
6. लोक सेवा प्रदाय प्रक्रिया को आसान बनाना और अत्यधिक दस्तावेजीकरण से मुक्त करना। यह प्रक्रिया सामुदायिक सत्यापन पर आधारित होनी चाहिए न कि अधिकरण के सत्यापन पर।
7. शक्तिशाली सतर्कता प्रक्रिया (Vigilance Mechanism) और भ्रष्टाचार के मामलों का शीघ्र निराकरण।
8. सूचना प्रौद्योगिकी पर आधारित तरीकों, जैसे– इलेक्ट्रॉनिक फंड मैनेजमेंट सिस्टम (Electronic Fund Management System–EFMS), "जैम" (JanDhan -Aadhaar-Mobile–JAM) के प्रयोग और ग्लोबल

पोजीशनिंग सिस्टम अथवा जी.पी.एस. (Global Positioning System–GPS) आधारित जियो-टैगिंग के माध्यम से प्रगति आकलन एवं भ्रष्टाचार निरोध।

आदर्श लोक सेवा प्रदाय व्यवस्था के क्रियान्वयन हेतु दो महत्त्वपूर्ण मॉडल निम्नलिखित हैं–

ETVX मॉडल – यह IBM द्वारा प्रतिपादित किया गया था, जहां "E" का तात्पर्य है Entry, "T" का तात्पर्य है Task, "V" का तात्पर्य है Verification and Validation और "X" का तात्पर्य है Exit।

Entry (E) – इसे आगत के रूप में परिभाषित किया जाता है, जो ऐच्छिक गुणवत्ता और मात्रा के संदर्भ में परिणाम उत्पन्न करने के लिए आवश्यक होते हैं। यह राज्य एजेंसियों की पहचान करने और कार्यक्रम को लागू करने के लिए संसाधनों का प्रावधान करने को शामिल करता है। प्रवेश (E) की शर्तें राजनीतिक कार्यपालकों द्वारा मंत्रालय और निदेशालय आदि की सहायता से निर्धारित की जाती हैं।

Task (T) – यह उन क्रियाओं की पहचान से संबंधित है, जो सेवा प्रदाय की संपूर्ण प्रक्रिया में भाग लेती हैं। इसके अंतर्गत नीति निर्माण, धन की व्यवस्था और मानव श्रम का निर्धारण, आदि शामिल होते हैं।

Verification and Validation (V) – यह कार्यक्रम को लागू करने के दौरान परीक्षण किए जाने बिंदुओं की पहचान करने से संबंधित होता है। यह उन कमजोर बिंदुओं को ज्ञात करने और कार्यक्रम के जोखिमों का अनुमान लगाने के लिए उपयोग में लाया जाता है, जो कार्यक्रम को विफल कर सकते हैं। यह Task (T) के प्रदर्शन की वैधता का निर्धारण करता है। यदि कोई कमी दृष्टिगोचर होती है, तो उसे प्राथमिकता के आधार पर ठीक किया जाता है।

Exit (X) – इसे गुणवत्ता और मात्रा के संदर्भ में प्राप्त परिणाम के आधार पर परिभाषित किया जाता है। सरकार में Exit को अधोसंरचना और संपत्ति के सृजन के संदर्भ में तथा समाज पर उनके प्रभाव के रूप में मापा जाता है। Task को सुविधानुसार छोटे-छोटे मॉड्यूलों में विभाजित कर सकते हैं और आगे इन्हें संपूर्ण प्रक्रिया से गुजारते हैं।

सेवोत्तम मॉडल (Sevottam Model)

Sevottam शब्द "सेवा" (Seva) और "उत्तम" (Uttam) से मिलकर बना है, जिसका अर्थ होता है "सेवा में उत्कृष्टता" (Excellence in Service)। यह एक गुणवत्ता प्रबंधन तंत्र अथवा क्यू.एम.एस. (Quality Management System–QMS) है, जिसे प्रशासनिक सुधार और लोक शिकायत विभाग अथवा डी.ए.आर.पी.जी. (Department of Administrative Reforms and Public Grievances–DARPG) भारत सरकार द्वारा निर्मित किया गया है। यह भारतीय मानक (IS) 15700:2005 से नियंत्रित होता है, जो मुख्यत: सरकार में सेवा प्रदाय उत्कृष्टता को प्रभावित करने के लिए निर्मित किया गया है।

इसके अंतर्गत तीन मॉड्यूलों की सहायता से सेवा प्रदाय कार्यक्रम की कमियों को ज्ञात किया जाता है, जो निम्नलिखित हैं–

1. सिटीजन चार्टर (Citzen Charter)
2. लोक शिकायत निवारण प्रक्रिया (Public Grievance Redressal Mechanism)।
3. सेवा प्रदाय योग्यता (Service Delivery Capability)।

सिटीजन चार्टर के बारे में हम विस्तार से चर्चा पूर्व के अध्याय में कर चुके हैं। लोक शिकायत निवारण प्रक्रम का उद्देश्य जनता की शिकायतों को प्रभावशाली तरीके से अनुमत समय सीमा में हल करना है। इसके अंतर्गत पंजीकृत शिकायतें योजना की कमियों का पता लगाने के लिए महत्त्वपूर्ण आंकड़े प्रदान करती हैं। इन फीडबैकों पर विचार किया जाता है और आवश्यक संशोधन किए जाते हैं, ताकि शिकायतों की संख्या में कमी आए। लोक शिकायत निपटारे के अंतर्गत शिकायतों का पंजीयन, शिकायतों का निवारण और शिकायतों को रोकना शामिल है। सेवा प्रदाय योग्यता के अंतर्गत संगठन द्वारा परिणाम देने की योग्यता और किस प्रकार यह परिणाम दिखाई देंगे इन्हें शामिल किया

जाता है। किसी संगठन की योग्यता को लोक संसाधन, वित्तीय प्रावधान और नई तकनीकी के आगतों के माध्यम से बढ़ाया जा सकता है।

सेवोत्तम मॉडल के माध्यम से गुणवत्तायुक्त लोक सेवा प्रदाय को सफलतापूर्वक लागू करने के लिए पर्याप्त संस्थागत व्यवस्थाओं की आवश्यकता होती है। किसी भी सरकारी कार्यक्रम की सफलता उच्च स्तर के अधिकारियों की प्रतिबद्धता पर निर्भर करती है। उत्कृष्टता के लिए राजनीतिक और नौकरशाही इच्छाशक्ति दोनों की आवश्यकता होती है। नीति निर्माण से लेकर क्रियान्वयन तक योजना के लाभार्थियों की भागीदारी सफलता में महत्त्वपूर्ण क्रांतिक घटक है।

अभ्यास प्रश्न

1. लोक सेवा प्रदाय को सुनिश्चित करने में आम नागरिकों की भूमिका को स्पष्ट कीजिए। क्या आप मानते हैं कि भारत में लोग इस हेतु अपनी जिम्मेदारी के प्रति सजग हैं? अपने मत की कुछ उदाहरणों के सहयोग से पुष्टि कीजिए।
2. विभिन्न मॉडलों को समझाइए, जो आदर्श लोक सेवा प्रदाय और निगरानी के लिए मार्गदर्शन प्रस्तुत करते हैं।
3. लोक सेवा प्रदाय में सम्मिलित होने वाले कारक कौन-से हैं? उदाहरणों के माध्यम से समझाइए।
4. क्या आप मानते हैं कि नौकरशाही मनोवृत्ति सेवा प्रदाय की गुणवत्ता को कम करती है? इस समस्या से निपटने के लिए सुझाव दीजिए।

अध्याय 22

केस अध्ययन

Case Study

विगत वर्षों में पूछे गए प्रश्न हल सहित

केस अध्ययन 2013

निम्नलिखित प्रश्नों में दिए गए प्रकरणों को ध्यानपूर्वक पढ़िए और उसके बाद पूछे गए प्रश्नों के उत्तर दीजिए।

प्रश्न 1. एक जन सूचना अधिकारी (Public Information Officer–PIO) को सूचना का अधिकार (Right to Information–RTI) अधिनियम के अंतर्गत एक आवेदन मिलता है। सूचना एकत्रित करने के बाद उसे पता चलता है कि वह सूचना स्वयं उसी के द्वारा लिए गए कुछ निर्णयों से संबंधित है, जो पूर्ण रूप से सही नहीं थे। इन निर्णयों में अन्य कर्मचारी भी सहभागी थे। सूचना प्रकट होने पर स्वयं उसके और उसके अन्य मित्रों के विरुद्ध अनुशासनिक कार्रवाई हो सकती है, जिसमें दंड भी संभावित है। सूचना प्रकट न करने या आंशिक सूचना उपलब्ध कराने पर कम दंड या दंड से मुक्ति भी मिल सकती है। जन सूचना अधिकारी अन्यथा एक ईमानदार व कर्तव्यनिष्ठ व्यक्ति है पर यह विशिष्ट निर्णय, जिसके संबंध में आर.टी.आई. आवेदन दिया गया है, गलत निकला। वह अधिकारी आपके पास सलाह के लिए आया है।

नीचे सुझावों के कुछ विकल्प दिए गए हैं। प्रत्येक विकल्प का गुण-दोष के आधार पर मूल्यांकन कीजिए–

(i) जन सूचना अधिकारी इस मामले को अपने वरिष्ठ अधिकारी को उसकी सलाह के लिए संदर्भित करे और कड़ाई से उसी के अनुसार कार्रवाई करे चाहे वह स्वयं उस सलाह से पूर्णतया सहमत न हो।

(ii) जन सूचना अधिकारी छुट्टी पर चला जाए और मामले को अपने उत्तराधिकारी (कार्यालय में) पर छोड़ दे, या सूचना आवेदन को किसी अन्य जन सूचना अधिकारी को स्थानांतरण का निवेदन करे।

(iii) जन सूचना अधिकारी सच्चाई के साथ सूचना प्रकट करने व अपनी जीविका पर उसके प्रभाव का मनन करके इस तरह उत्तर दे जिससे कि उस पर या उसकी जीविका पर जोखिम न आए, साथ ही सूचना की अंतर्वस्तु पर कुछ समझौता किया जा सकता है।

(iv) जन सूचना अधिकारी उन सहयोगियों, जो इस निर्णय को लेने में सहभागी थे, से परामर्श करे और उनकी सलाह के अनुरूप कार्रवाई करे।

अनिवार्य रूप से केवल उपरोक्त विकल्पों तक सीमित न रहते हुए आप अपनी सलाह दीजिए और उसके उचित कारण भी बताइए। (250 शब्द)

हल : 1. गुण तथा दोष - वह निर्णय लेने के बोझ से मुक्त हो जाएगा चाहे वह निर्णय अपने स्वयं के पक्ष में लेता है या विरोध में। वह हित संघर्ष की स्थिति से भी बचा रहेगा। परंतु इसका नकारात्मक पक्ष यह है कि यह नियम विरुद्ध है, क्योंकि जन सूचना अधिकारी का यह कर्तव्य है कि वह अपने कार्यालय को सूचना प्रदान करे। वह इस विषय को अपने वरिष्ठ अधिकारियों की ओर नहीं भेज सकता। साथ ही, यह लोक सेवा मूल्य "दृढ़ विश्वास के साहस" (Courage of Conviction) को भी प्रदर्शित नहीं करेगा।

2. गुण-दोष - इस स्थिति में भी वह निर्णय लेने के बोझ से मुक्त हो जाएगा चाहे निर्णय अपने पक्ष में लेता है या अपने विरोध में। वह हित संघर्ष की स्थिति को टाल देगा। परंतु इसका नकारात्मक पक्ष यह है कि अन्य जन सूचना अधिकारी द्वारा इस कार्य को संपन्न कराने से उस अन्य जन सूचना अधिकारी के अपने दायित्व प्रभावित होंगे।

3. गुण-दोष - वह अपने कॅरियर के साथ-साथ अपने अधीनस्थों के कॅरियर को भी बचा सकता है। परंतु यह लोक सेवक की सत्यनिष्ठा के विरुद्ध है। यह सूचना का अधिकार अधिनियम, 2005 (RTI Act, 2005) का उल्लंघन भी है। अधिनियम के प्रावधान उसे आगे मुसीबत में डाल सकते हैं।

4. गुण-दोष - सभी हितधारकों के साथ सर्वसम्मति से निर्णय तक पहुंचा जा सकता है। यह सूचना के प्रकटीकरण के फलस्वरूप उत्पन्न होने वाली अप्रिय स्थिति को दूर कर सकता है। परंतु यह एक आदर्श कार्यशैली नहीं है और यह लोक सेवा मूल्यों, जैसे- सत्यनिष्ठा, वस्तुनिष्ठता, पारदर्शिता और निर्णयन योग्यता आदि के विरुद्ध भी है। यह अंत:करण की आवाज को भी दबा देता है, जो कि जैसा भी परिणाम हो उसका सामना करने का साहस देती है।

5. मैं इस बात को ध्यान में रखते हुए जन सूचना अधिकारी को सलाह दूंगा कि वह एक ईमानदार और अंत:करण की आवाज सुनने वाला व्यक्ति है और सद्‌गुण नीतिशास्त्र के अनुसार एक सद्‌गुणी व्यक्ति कभी भी गलत निर्णय तक नहीं पहुंचता। यदि वह कोई निर्णय ले चुका है, तो उसकी स्थिति में कोई भी दूसरा व्यक्ति होता तो वह भी ऐसा ही निर्णय लेता।

मैं उसे सलाह दूंगा कि वह दस्तावेजों से छेड़छाड़ किए बिना सूचना का खुलासा करे। यह उसका कर्तव्य भी है। उसे जनता के समक्ष एक आदर्श आचरण प्रस्तुत करना चाहिए, जो उसके उच्चाधिकारियों, अधीनस्थों और सहकर्मियों के बीच उसकी ईमानदार, सत्यनिष्ठ एवं लोक सेवा मूल्यों का संरक्षक होने की छवि निर्मित करेगा। यदि उसके विरुद्ध कोई अनुशासनात्मक कार्रवाई प्रारंभ होती है, तो उसे उसका सामना करना चाहिए और जिन आधारों पर उसने उस समय निर्णय लिया था उन पर डटे रहना चाहिए। यहां स्टोइक द्वारा बताया गया सद्‌गुण लोगोस (Logos) स्थिति को बचाने में सहायक होगा।

प्रश्न 2. आप नगरपालिका परिषद के निर्माण विभाग में अधिशासी अभियंता के पद पर तैनात हैं और वर्तमान में एक ऊपरगामी पुल (Flyover) के निर्माण कार्य के प्रभारी हैं। आपके अधीन दो कनिष्ठ अभियंता हैं, जो प्रतिदिन निर्माण स्थल के निरीक्षण के उत्तरदायी हैं और आपको विवरण देते हैं तथा आप विभाग के अध्यक्ष, मुख्य अभियंता को रिपोर्ट देते हैं। निर्माण कार्य पूर्ण होने को है और कनिष्ठ अभियंता नियमित रूप से यह सूचित करते रहे हैं कि निर्माण कार्य परिकल्पना के विनिर्देशों के अनुरूप हो रहा है। लेकिन आपने अपने आकस्मिक निरीक्षण में कुछ गंभीर विसंगतियां एवं कमियां पाईं, जो आपके विवेकानुसार पुल की सुरक्षा को प्रभावित कर सकती हैं। इस स्तर पर इन कमियों को दूर करने में काफी निर्मित कार्य को गिराना और दोबारा बनाना होगा, जिससे ठेकेदार को निश्चित ही हानि होगी और कार्य समाप्ति में विलंब भी होगा। क्षेत्र में भारी ट्रैफिक जाम के कारण परिषद पर निर्माण शीघ्र पूरा करने के लिए जनता का बहुत दबाव है। जब आप स्थिति मुख्य अभियंता के संज्ञान में लाए, तो उन्होंने अपने विवेकानुसार इसे बड़ा गंभीर दोष न मानकर उपेक्षित करने की सलाह दी। उन्होंने परियोजना को समय से पूरा करने हेतु कार्य को आगे बढ़ाने के लिए कहा। परंतु आप आश्वस्त हैं कि यह गंभीर प्रकरण है, जिससे जनता की सुरक्षा प्रभावित हो सकती है और इसको बिना ठीक कराए नहीं छोड़ा जा सकता।

ऐसी स्थिति में आपके करने के लिए कुछ विकल्प निम्नलिखित हैं। इनमें से प्रत्येक विकल्प का गुण-दोष के आधार पर मूल्यांकन कर अंतत: सुझाव दीजिए कि आप क्या कार्रवाई करना चाहेंगे और क्यों? (250 शब्द)

(i) मुख्य अभियंता की सलाह मानकर आगे बढ़ जाएं।

(ii) सभी तथ्यों एवं विश्लेषण को देखते हुए स्थिति की विस्तृत रिपोर्ट बनाकर अपना दृष्टिकोण स्पष्ट करते हुए मुख्य अभियंता से लिखित आदेश का निवेदन करें।

(iii) कनिष्ठ अभियंताओं से स्पष्टीकरण मांगें और ठेकेदार को निश्चित अवधि में कमी को दूर करने के लिए आदेश दें।

(iv) इस विषय को बलपूर्वक उठाएं, ताकि यह मुख्य अभियंता के वरिष्ठजनों तक पहुंच सके।

(v) मुख्य अभियंता के अनम्य विचार को ध्यान में रखते हुए इस परियोजना से अपने स्थानांतरण के लिए आवेदन करें या बीमारी की छुट्टी पर चले जाएं।

हल : (i) गुण - कार्य के पूर्ण होने से नियमित यातायात सुविधा शीघ्र प्रारंभ हो सकेगी। यह मुख्य अभियंता (Chief Engineer) और ठेकेदार के बीच विरोधाभास को भी दूर करेगा।

दोष – इस फ्लाईओवर का उपयोग करने वालों के जीवन पर सदैव खतरा बना रहेगा। ऐसा आचरण सत्यनिष्ठा पर प्रश्न चिह्न है और मेरे भीतर साहस का दृढ़ विश्वास जैसे मूल्य की कमी को उजागर करेगा।

(ii) गुण – यह निकृष्ट गुणवत्ता वाले कार्य को उजागर करने की प्रक्रिया का अनुसरण होगा जो कि मेरा कर्तव्य भी है। मैं गलत कार्य में शामिल न होकर अपने कॅरियर को भी बचा सकता हूं।

दोष – फ्लाईओवर के निर्माण की गतिविधियों में रुकावट, ठेकेदार और मुख्य अभियंता के बीच विवाद।

(iii) गुण – यह कार्य की गुणवत्ता में सुधार लाएगा। मैं दस्तावेजों पर कनिष्ठ अभियंता (Junior Engineer) की जवाबदेही सुनिश्चित करूंगा। यह मुझे मेरे विरुद्ध हो सकने वाली कानूनी कार्रवाई से बचाएगा।

दोष – फ्लाईओवर के निर्माण की गतिविधियों में रुकावट, ठेकेदार तथा मुख्य अभियंता के मध्य विवाद।

(iv) गुण – मुद्दे को लेकर अधिक ध्यान आकर्षित किया जा सकता है, जिससे आगे की कार्रवाई संरेखित हो सकेगी और यह भविष्य में होने वाले बुरे परिणामों से बचने के लिए कुछ सुधारात्मक उपाय प्रदान करेगा।

दोष – यह विवाद को आमंत्रित करेगा और परियोजना की अवधि को बढ़ा देगा।

(v) गुण – मैं विवाद से दूर रहकर स्थिति से बच सकता हूं।

दोष – किसी भी भावी दुर्घटना के लिए मुझे जिम्मेदार ठहराया जा सकता है, क्योंकि यह कार्य मेरे कार्यकाल में हुआ है।

मैं क्रम से कुछ कार्रवाई करूंगा। सर्वप्रथम में ऊपर दिए गए विकल्प (iii) को लूंगा। यदि मुझे लगता है कि कनिष्ठ अभियंता और ठेकेदार द्वारा आवश्यक कदम नहीं उठाए जा रहे तो मैं तत्काल विकल्प (ii) का अनुसरण करूंगा। मैं कमियों को ठीक करने का एक अवसर दूंगा, क्योंकि मैं जानता हूं कि कई बार ध्यान न दे पाने के कारण कार्य की गुणवत्ता खराब हो जाती है, अन्यथा मैं कनिष्ठ अभियंता और ठेकेदार के विरुद्ध कार्रवाई करूंगा तथा इसके संबंध में मुख्य अभियंता को सूचित करूंगा। यदि मुख्य अभियंता इसे गंभीरता से नहीं लेता, तो मैं इस मुद्दे को उच्चाधिकारियों, जैसे- नगर निगम आयुक्त और मेयर के समक्ष प्रस्तुत करूंगा।

प्रश्न 3. तमिलनाडु में शिवकासी पटाखा और दियासलाई निर्माताओं के समूहों के लिए प्रसिद्ध है। यहां की स्थानीय अर्थव्यवस्था अधिकांशत: पटाखा उद्योग पर निर्भर है। इसी से इस क्षेत्र का आर्थिक विकास हुआ है और रहन-सहन का स्तर भी सुधरा है। जहां तक पटाखा उद्योग जैसे खतरनाक उद्योगों के लिए बाल श्रमिक नियमों का प्रश्न है, अंतर्राष्ट्रीय श्रम संगठन (International Labour Organisation–ILO) ने श्रम हेतु न्यूनतम आयु सीमा 18 वर्ष निर्धारित की है, जबकि भारत में यह आयु सीमा 14 वर्ष है। पटाखों की औद्योगिक क्षेत्र की इकाइयों को पंजीकृत और अपंजीकृत दो श्रेणियों में वर्गीकृत किया जा सकता है। घरों पर आधारित कार्यशालाएं एक विशिष्ट इकाई है। यद्यपि पंजीकृत/अपंजीकृत इकाइयों में बाल श्रमिक रोजगार के विषय में कानून स्पष्ट है, घरों पर आधारित कार्य उसके अंतर्गत नहीं आते। ऐसी इकाइयों में माना जाता है कि बालक अपने माता-पिता व संबंधियों की देखरेख में कार्य कर रहे हैं। बाल श्रमिक मानकों से बचने के लिए अनेक इकाइयां खुद को घरों पर आधारित कार्य बताती हैं और बाहरी बालकों को रोजगार देती हैं। यह कहने की आवश्यकता नहीं कि बालकों की भर्ती से इन इकाइयों की लागत बचती है, जिससे उनके मालिकों को अधिक लाभ मिलता है। आपने शिवकासी में एक इकाई का दौरा किया, जिसमें 14 वर्ष से कम आयु के लगभग 10-15 बालक काम करते हैं। उसका मालिक आपको इकाई परिसर में घुमाता है। मालिक आपको बताता है कि घर आधारित इकाई में वे बालक उसके संबंधी हैं। आप देखते हैं कि जब मालिक यह बता रहा है, तो कई बालक खीस निपोरते हैं। गहन पूछताछ में आप जान जाते हैं कि मालिक और बालक संतोषजनक रूप से परस्पर कोई संबंध सिद्ध नहीं कर पाए।

(a) इस प्रकरण में अंतर्ग्रस्त नैतिक विषय स्पष्ट कीजिए और उनकी व्याख्या कीजिए।

(b) इस दौरे के बाद आपकी क्या प्रतिक्रिया होगी? (300 शब्द)

हल : (a) इस प्रकरण में शामिल होने वाले नैतिक मुद्दों का विश्लेषण विभिन्न नीतिशास्त्रीय अवधारणाओं के प्रकाश में किया जाना चाहिए। यदि हम इस प्रकरण को नियमात्मक सिद्धांत (Deontological Theory) की दृष्टि से देखें, तो निम्नलिखित प्रश्न उत्पन्न होते हैं–

1. कानून का उल्लंघन वैधानिक दृष्टि से अनैतिक है।
2. बाल मजदूरी के संबंध में अंतर्राष्ट्रीय नियमों का उल्लंघन अंतर्राष्ट्रीय नैतिकता की भावना के विरुद्ध है।

प्रयोजनमूलक सिद्धांत (Teleological Theory) के मानकों के अंतर्गत यदि समीक्षा की जाए, तो यह क्रिया किसी प्रकार का शुभ परिणाम उत्पन्न नहीं करती। बच्चों को बहुत कम भुगतान किया जाता है और बच्चे इस कार्य में लगे होने के फलस्वरूप शिक्षा से वंचित रह जाते हैं। साथ ही इस कार्य में उनकी जान सदैव जोखिम में बनी रहती है। यह क्रिया सद्‌गुण पर आधारित भी नहीं है, क्योंकि यह लाभ कमाने की अत्यधिक भूख, अत्यधिक खतरे का शामिल होना और क्रूरता एवं लालच की पराकाष्ठा का उदाहरण प्रस्तुत करती है।

मेटा-नीतिशास्त्र के सिद्धांत, जैसे- भावनात्मकता (Emotivism) तथा निर्देशात्मकता (Prescriptivism) भी इस क्रिया को नकार देते हैं, क्योंकि बच्चों का इस कार्य में लिप्त होने का कोई नैतिक आधार नहीं है।

(b) मैं इस मामले को संवेदनशील तरीके से लूंगा और इसमें निहित महत्त्वपूर्ण बिंदुओं को जानने का प्रयास करूंगा। मैं फैक्ट्री के मालिकों से बात करूंगा और बच्चों को इस कार्य में लगाए जाने पर रोक लगाऊंगा। यदि फैक्ट्री के मालिक इसके लिए पर्याप्त कदम उठाते हुए दिखाई नहीं देते तो मैं उनके विरुद्ध कठोर कार्रवाई करूंगा। मैं बाल मजदूरी में लिप्त बच्चों के अभिभावकों से चर्चा करूंगा और उनमें जागृति लाने का प्रयास करूंगा। इसके लिए मैं राजनेताओं, सामाजिक कार्यकर्ताओं, समुदाय पैरोकारों और स्थानीय धर्मगुरुओं की भी सहायता लूंगा।

प्रश्न 4. आप देश के एक प्रमुख तकनीकी संस्थान के अध्यक्ष हैं। प्रोफेसरों के पद के चयन हेतु संस्थान आपकी अध्यक्षता में शीघ्र ही साक्षात्कार पैनल का आयोजन करने वाला है। साक्षात्कार से कुछ दिन पहले आपके पास एक वरिष्ठ शासकीय अधिकारी के निजी सचिव का फोन आता है, जिसमें आपसे उक्त पद के लिए उस अधिकारी के एक निकट संबंधी के पक्ष में चयन करने की अपेक्षा की जाती है। निजी सचिव यह भी बताते हैं कि आपके संस्थान के आधुनिकीकरण के लिए बहुत समय से लंबित महत्त्वपूर्ण वित्तीय अनुदान के प्रस्तावों का उन्हें ज्ञान है, जिन्हें अधिकारी द्वारा स्वीकृति दी जानी है। वे आपको उन प्रस्तावों का अनुमोदन कराने का आश्वासन देते हैं।

(a) आपके पास क्या-क्या विकल्प उपलब्ध हैं?

(b) प्रत्येक विकल्प का मूल्यांकन कीजिए और बताइए कि आप कौन-सा विकल्प चुनेंगे और क्यों? (250 शब्द)

हल : (a) मेरे पास निम्नलिखित विकल्प हैं–

1. पहला विकल्प है वरिष्ठ सरकारी कार्यपालकों की इच्छानुसार कार्य करना।
2. दूसरा विकल्प है अपनी सत्यनिष्ठा के साथ समझौता करने से नम्रतापूर्वक मना कर देना।
3. तीसरा विकल्प है उन्हें यह कह दूं कि मैं देखता हूं किस प्रकार सहायता कर सकता हूं।
4. मैं अनुरोध को अस्वीकार कर दूं और उस वरिष्ठ सरकारी कार्यपालक की शिकायत सक्षम अधिकारी से करूं।

(b) यदि मैं पहले विकल्प को लेता हूं, तो मुझे वरिष्ठ सरकारी कार्यपालक के समक्ष लंबित प्रस्तावों को आसानी से अनुमोदित कराने में सहायता मिलेगी। मैं अनामंत्रित परेशानियों से दूर रहने का प्रयास करूंगा। इस निर्णय से संबंधित बुरे प्रभाव यह होंगे कि मुझे अपनी सत्यनिष्ठा और मूल्य तंत्र से समझौता करना पड़ेगा। गलत और अक्षम उम्मीदवार प्राध्यापक के पद पर आ जाएगा। वह संगठन के मूल्य तंत्र को ध्वस्त कर सकता है। एक अक्षम व्यक्ति का प्राध्यापक के पद पर रहना छात्रों के भविष्य के लिए खतरनाक भी है।

यदि मैं दूसरे विकल्प को लेता हूं, तो यह निजी और पेशेवर नैतिकता के दृष्टिकोण से सर्वाधिक सही होगा। परंतु मेरा निर्णय मेरे संस्थान के भविष्य को खतरे में डाल देगा। मैं जानता हूं कि उल्लिखित सरकारी कार्यपालक सदैव उस पद पर नहीं बना रहेगा, मेरा प्रस्ताव विलंबित हो सकता है परंतु बाद में मैं अपनी निष्ठा और मूल्यों से समझौता किए बिना इसे अनुमोदित करा लूंगा।

तीसरा विकल्प लोगों द्वारा सर्वाधिक प्राथमिकता दिया जाने वाला विकल्प है। यह तत्काल उत्पन्न हो सकने वाली समस्याओं को तो दूर रखेगा, परंतु मेरी पेशेवर निष्ठा से समझौते की स्थिति पैदा कर देगा। यह मेरी निजी निष्ठा के भी विरुद्ध है। मुझे झूठ बोलने पर मजबूर होना पड़ेगा, जिसके अपने नकारात्मक परिणाम होते हैं। अंततः मैं अपनी सत्यनिष्ठा और मूल्य व्यवस्था को अखंडित रखने में असमर्थ हो जाऊंगा तथा मेरे प्रस्ताव पर अनुमोदन भी प्राप्त नहीं होगा।

अंतिम विकल्प सर्वाधिक उपयुक्त विकल्प है। परिणाम निरपेक्षता (Deontological) के दृष्टिकोण से नैतिक समस्याओं के समाधान तक तो पहुंच जाते हैं, परंतु यह भी देखना होगा कि प्रयोजनमूलकता के आधार पर यह कोई उपयोगिता उत्पन्न कर पा रहा

है अथवा नहीं। हम इस प्रकार के मामले जीवन में अनेक बार देखते हैं, परंतु हम स्वयं को इनमें शामिल नहीं कर सकते। साथ ही, सरकारी तंत्र और समाज को यह संदेश जाना भी आवश्यक है कि पुनर्विकसित शासन (Reinventing Governance) के नए युग में इस प्रकार की कार्य प्रणाली स्वीकार्य नहीं है। इस प्रकार मैं इस विकल्प के साथ आगे बढ़ूंगा।

प्रश्न 5. वित्त मंत्रालय में एक वरिष्ठ अधिकारी होने के नाते आपको सरकार द्वारा घोषित किए जाने वाले कुछ नीतिगत निर्णयों की गोपनीय एवं महत्त्वपूर्ण सूचना की जानकारी मिलती है। इन निर्णयों के भवन एवं निर्माण उद्योग पर दूरगामी प्रभाव हो सकते हैं। यदि भवन निर्माताओं को पहले ही यह जानकारी मिल जाती है, तो वे उससे बड़े लाभ उठा सकते हैं। निर्माताओं में से एक ऐसा है, जिसने सरकार के लिए अच्छी गुणवत्ता का काफी काम किया है और वह आपके आसन्न वरिष्ठ अधिकारी का घनिष्ठ है, जिन्होंने आपको यह सूचना उस निर्माता को देने के लिए संकेत भी दिया है।

(a) आपके पास क्या-क्या विकल्प उपलब्ध हैं?

(b) प्रत्येक विकल्प का मूल्यांकन करके बताइए कि आप कौन-सा विकल्प चुनेंगे? उसके कारण भी बताइए।

(250 शब्द)

हल : (a) मेरे पास निम्नलिखित विकल्प मौजूद हैं–

1. मैं भवन निर्माता को सूचना उपलब्ध करा दूं।
2. मैं सूचना प्रदान करने से मना कर दूं।

(b) यदि मैं पहले विकल्प को लेता हूं, तो मैं अपने वरिष्ठ अधिकारी से विवाद की स्थिति को बचा लूंगा और यह मेरे कॅरियर की उन्नति में भी सहायक होगा। परंतु इस स्थिति में व्याप्त दोष अधिक नुकसानदायक हैं, क्योंकि यह मेरी निष्ठा के साथ समझौता करने की स्थिति उत्पन्न कर रहा है। यह लोक सेवा के अन्य आधारभूत मूल्यों, जैसे- पक्षपात रहितता (Impartiality) और वैकल्पिकता (Objectivity) में भी कटौती करता है। यह एक प्रकार का भ्रष्टाचार है, क्योंकि यह सरकार में गलत तौर-तरीकों को विकसित करता है, जो किसी विशेष निजी व्यक्ति को गलत वित्तीय लाभ प्रदान करता है। यह लोक सेवकों के लिए निश्चित किए गए आचरण नियमों के विरुद्ध है।

यदि मैं दूसरे विकल्प के साथ आगे बढ़ता हूं, तो मैं लोक सेवा के मूल्यों को संरक्षित करने में सफल हो जाऊंगा। यह आचरण नियमों के उल्लंघन से भी बचा लेगा और मुझ पर किसी भी प्रकार की अनुशासनात्मक कार्रवाई की स्थिति को उत्पन्न नहीं होने देगा। परंतु इस विकल्प को लेकर आगे बढ़ने से कुछ बुरे परिणाम भी उत्पन्न हो सकते हैं, मुझे उनका सामना करने के लिए तैयार रहना होगा। यदि मेरे वरिष्ठ अधिकारी मुझे सूचना का खुलासा करने के लिए मजबूर करते हैं, तो मैं अपने सचिव को लिखित पत्र के माध्यम से अवगत कराऊंगा और मुझे किसी अन्य कार्यालय में स्थानांतरित करने का आग्रह करूंगा, क्योंकि मेरे पास संभावनाओं से युक्त सूचना है इसका मुझे ज्ञान हो गया है और मैं कभी भी भविष्य में संभाव्य हित संघर्ष की स्थिति में स्वयं को खड़ा देख सकता हूं। अत: मैं इस विकल्प के साथ आगे बढ़ूंगा।

प्रश्न 6. आप उभरती हुई एक ऐसी सूचना तकनीकी (Infotech) कंपनी के कार्यकारी निदेशक हैं, जो बाजार में नाम कमा रही है। कंपनी के स्टार प्रदर्शक, श्री "अ" मार्केटिंग टीम के प्रमुख हैं। एक वर्ष की अल्पावधि में उन्होंने कंपनी के राजस्व को दोगुना करने में योगदान दिया है और कंपनी के शेयर को उच्च मूल्य वर्ग में स्थापित किया है, जिसके कारण आप उन्हें पदोन्नत करने पर विचार कर रहे हैं। परंतु आपको कई स्रोतों से महिला सहयोगियों के प्रति उनके रवैये की, विशेषकर महिलाओं पर असंयत टिप्पणियां करने की आदत की, सूचना मिल रही है। इसके अतिरिक्त वे दल के अन्य सदस्यों, जिनमें महिलाएं भी शामिल हैं, को नियमित रूप से अभद्र संदेश भी भेजते हैं।

एक दिन देर शाम श्री "अ" के दल की एक सदस्या श्रीमती "ख" आपके पास आती हैं, जो बहुत परेशान दिखती हैं, और श्री "अ" के निरंतर दुराचरण की शिकायत करती हैं, जो उनके प्रति अवांछनीय प्रस्ताव रखते रहते हैं और अपने कक्ष में उन्हें अनुपयुक्त रूप से स्पर्श करने की चेष्टा तक की है। वह महिला अपना त्यागपत्र देकर कार्यालय से चली जाती है।

(a) आपके पास क्या-क्या विकल्प उपलब्ध हैं?

(b) इनमें से प्रत्येक विकल्प का मूल्यांकन कीजिए एवं जिस विकल्प को आप चुनते हैं, उसे चुनने के कारण दीजिए।

(250 शब्द)

हल : (a) मेरे समक्ष उपलब्ध विकल्प निम्नलिखित हैं–

1. मैं शिकायत की अनदेखी करूंगा, क्योंकि श्री "अ" कंपनी का स्टार प्रदर्शक है।
2. मैं शिकायत का संज्ञान लेकर श्री "अ" को तत्काल कंपनी से बाहर कर दूंगा।
3. मैं कंपनी की आंतरिक समिति (Internal Committee) की सहायता से महिलाओं का कार्यस्थल पर लैंगिक उत्पीड़न (निवारण, प्रतिषेध और प्रतितोष) अधिनियम, 2013 के अंतर्गत एक जांच प्रारंभ कराऊंगा।

(b) पहले विकल्प में कंपनी के भविष्य की समृद्धि से संबंधित गुणधर्म (Merit) निहित हैं, इसके अलावा कुछ भी नहीं। दूसरी ओर, यह कंपनी की संपूर्ण कार्य संस्कृति को खतरे में डाल देगा और यदि ऐसे प्रकरणों को हल करने में तत्परता नहीं दिखाई जाती, तो इसके कानूनी दुष्परिणाम हो सकते हैं। यह भी एक तथ्य है कि निजी क्षेत्रक में कर्मचारी अच्छा अवसर मिलते ही कंपनियां छोड़कर दूसरी कंपनियों में चले जाते हैं। श्री "अ" को कंपनी में रखना नैतिक रूप से और कानूनी रूप से कोई आधार प्रस्तुत नहीं करता।

दूसरा विकल्प प्राकृतिक न्याय के सिद्धांत के विरुद्ध है और यह कंपनी की एक पारदर्शी नियोजक वाली छवि को भी धूमिल करता है। परंतु ऐसे कठोर निर्णय कंपनी के अन्य कर्मचारियों को भी संदेश देते हैं।

इस प्रकार के मामलों से निपटने के लिए तीसरा विकल्प उचित प्रतीत होता है। इस विकल्प में समाहित गुणधर्म यह है कि यह परिणाम निरपेक्षता (Deontology) पर आधारित उपागम का अनुसरण करता है साथ ही अंतिम परिणाम सुखद हो इसके लिए प्रयोजनमूलकता को भी समाहित करता है। यदि आंतरिक समिति श्री "अ" को दोषमुक्त मानती है, तो मैं उसकी सेवा निरंतर रखूंगा अन्यथा उसे कंपनी से बाहर कर दूंगा।

केस अध्ययन 2014

निम्नलिखित प्रश्नों में दिए गए प्रकरणों को ध्यानपूर्वक पढ़िए और उसके बाद पूछे गए प्रश्नों के उत्तर दीजिए।

प्रश्न 1. आजकल समस्त विश्व में आर्थिक विकास पर अधिक बल दिया जा रहा है। इसके साथ ही साथ, विकास के कारण पैदा होने वाले पर्यावरणीय क्षरण के संबंध में चिंता भी बढ़ रही है। कई बार हमारे सामने विकास कार्यों और पर्यावरणीय गुणता के बीच सीधा विरोध दिखाई पड़ता है। विकास प्रक्रिया को रोक देना या उसमें काट-छांट कर देना भी साध्य नहीं है और न ही पर्यावरण के क्षरण को बढ़ने देना उचित है, क्योंकि यह हम सबके जीवन के लिए ही खतरा है।

ऐसी कुछ साध्य रणनीतियों पर चर्चा कीजिए, जिन्हें इस द्वंद्व का शमन करने के लिए अपनाया जा सकता हो और जो हमें धारणीय (सस्टेनेबल) विकास की ओर ले जा सकती हों। (250 शब्द)

हल : पर्यावरण संरक्षण वर्तमान समय में चर्चा का विषय बना हुआ है। कुछ विद्वानों के अनुसार, प्रकृति के साथ छेड़छाड़ नहीं करनी चाहिए, क्योंकि सभी वस्तुएं जो प्राकृतिक हैं और मानवीय हस्तक्षेप से मुक्त हैं शुभ होती हैं। पर्यावरणवाद की प्रयोजनमूलक परंपरा के अनुसार, प्राकृतिक पारिस्थिकीय तंत्र सुव्यवस्थित होता है, प्रत्येक प्राकृतिक वस्तु की उपयोगिता होती है। प्रयोजनमूलक विचार के विपरीत कुछ विद्वान यह मानते हैं कि सभी प्राकृतिक वस्तुएं शुभ और सुनियोजित नहीं हैं, बल्कि आकस्मिक रूप से व्युत्पन्न होती हैं।

उपयोगितावादी परंपरा के अनुसार, पर्यावरण नीतिशास्त्र का निर्धारण मानवीय हस्तक्षेप से उत्पन्न परिणामों के आधार पर होना चाहिए। उपयोगितावाद सुख की अधिकता या दुख की न्यूनता पर आधारित होता है। यदि पर्यावरण में कोई हस्तक्षेप मानव जीवन में अधिकतम सुख की उत्पत्ति करता है, तो यह अनुमेय है।

अन्य महत्त्वपूर्ण परंपरा परिणाम निरपेक्षता (Deontology) या कर्तव्य सिद्धांत है, जो कर्तव्य पर बल देता है न कि अंतिम परिणाम पर। यह व्याख्या करता है कि पर्यावरण संरक्षण एक कर्तव्य है और इसकी सुरक्षा मानव जीवन में इसकी उपयोगिता से अलग देखकर करनी चाहिए।

इन विरोधाभासों को निम्नलिखित रणनीतियों को अपनाकर कम किया जा सकता है–

1. हमें पर्यावरण एवं विकास संबंधों को लेकर और अधिक अनुसंधानों को प्रोत्साहित करना चाहिए। इनके परिणामों के आधार पर मानवीय गतिविधियों को नियंत्रित करना चाहिए। इस प्रकार हम कर्तव्यवाद तथा प्रयोजनमूलकता दोनों को ही साथ-साथ लेकर आगे बढ़ सकते हैं।

2. हमें लोगों में पर्यावरणीय सद्‌गुणों को विकसित करने का प्रयास करना चाहिए, ताकि जैव दबाव (Biotic Pressure) में कमी लाई जा सके।
3. बुद्ध द्वारा बताया गया मध्यम मार्ग और अरस्तु द्वारा व्याख्या किया गया स्वर्णिम माध्य का सिद्धांत पर्यावरण नीतिशास्त्र के विरोधी विचारों में आपसी तालमेल स्थापित करने में सक्षम है।

प्रश्न 2. मान लीजिए कि आपके निकट मित्रों में से एक, जो स्वयं सिविल सेवा में जाने के लिए प्रयत्नशील है, वह लोक सेवा में नैतिक आचरण से संबंधित कुछ मुद्‌दों पर चर्चा करने के लिए आपके पास आता है। वह निम्नलिखित बिंदुओं को उठाता है–

(i) आज के समय में, जब अनैतिक वातावरण काफी फैला हुआ है, नैतिक सिद्धांतों से चिपके रहने के व्यक्तिगत प्रयास, व्यक्ति के कॅरियर में अनेक समस्याएं पैदा कर सकते हैं। ये परिवार के सदस्यों पर कष्ट पैदा करने और साथ ही साथ स्वयं के जीवन पर जोखिम का कारण भी बन सकते हैं। हम क्यों न व्यावहारिक बनें और न्यूनतम प्रतिरोध के रास्ते का अनुसरण करें और जितना अच्छा हम कर सकें, उसे ही करके प्रसन्न रहें?

(ii) जब इतने अधिक लोग गलत साधनों को अपना रहे हैं और तंत्र को भारी नुकसान पहुंचा रहे हैं, तब क्या फर्क पड़ेगा यदि केवल कुछ लोग ही नैतिकता की चेष्टा करें? वे अप्रभावी ही रहेंगे और निश्चित रूप से अंततः निराश हो जाएंगे।

(iii) यदि हम नैतिक सोच-विचार के बारे में अधिक बतंगड़ (Fussy) बनाएंगे, तो क्या इससे देश की आर्थिक उन्नति में रुकावट नहीं आएगी? वास्तव में, उच्च प्रतिस्पर्धा के वर्तमान युग में, हम विकास की दौड़ में पीछे छूट जाने को सहन नहीं कर सकते।

(iv) यह तो समझ आता है कि भारी अनैतिक तौर-तरीकों में हमें फंसना नहीं चाहिए, लेकिन छोटे-मोटे उपहारों को स्वीकार करना और छोटी-मोटी तरफदारियां करना सभी के अभिप्रेरण में वृद्धि कर देता है। यह तंत्र को और भी अधिक सुचारु बना देता है। ऐसे तौर-तरीकों को अपनाने में गलत क्या है?

उपर्युक्त दृष्टिकोणों का समालोचनात्मक विश्लेषण कीजिए। इस विश्लेषण के आधार पर अपने मित्र को आपकी क्या सलाह रहेगी? (250 शब्द)

हल : व्यावहारिक होने से संबंधित पहला दृष्टिकोण यह है कि इससे जीवन परेशानियों से मुक्त और सुखी हो जाता है, परंतु ऐसा सुख मानव जीवन का लक्ष्य नहीं है। सर्वोच्च सुख (Eudaimonia) मानवीय मूल्यों, जैसे- बुद्धिमत्ता (Wisdom), साहस (Courage), इच्छा (Desire), संयम (Temperance), धैर्य (Fortitude) आदि में संतुलन का परिणाम होता है। लोग सिविल सेवा में उस सुख की प्राप्ति के लिए आते हैं, जो विषम परिस्थितियों से संघर्ष और समाज के कल्याण के लिए अच्छे कार्य के बदले में मिलने वाले सम्मान से प्राप्त होता है। न्यूनतम प्रतिरोध का विचार मध्यम मार्ग या स्वर्णिम माध्य के विचार से भी मेल नहीं खाता।

दूसरा दृष्टिकोण भी स्वीकार करने योग्य नहीं है, क्योंकि केवल कुछ लोग ही नेतृत्वकर्ता सिद्ध होते हैं और सिविल सेवा में उन्हीं की आवश्यकता है। यह सच है कि अशुभ की बड़ी मात्रा के बीच छोटी सी मात्रा में शुभ अप्रभावी रह जाता है, परंतु इसकी पहचान आसानी से हो जाती है। कर्तव्यवाद (Deontology) और कांट की सुस्पष्ट आदेशात्मकता (Categorical Imperative) नियमानुसार तथा दिए गए कर्तव्य के अनुरूप कार्य करने के लिए विवश करती है। सद्‌गुण नीतिशास्त्र भी दूसरे दृष्टिकोण को खारिज करता है।

तीसरा दृष्टिकोण पूरी तरह गलत है। सद्‌गुण नीतिशास्त्र स्पष्ट रूप से बताता है कि सद्‌गुण आधारित आचरण सुख को जन्म देता है और अशुभ आचरण दुख का कारण बनता है। हम अनेक उदाहरण देख सकते हैं, जो उपरोक्त दृष्टिकोण की आलोचना करते हैं। उपयोगितावादी (Utilitarianism) परंपरा भी यही बताती है कि कुछ लोगों के सुख का त्याग करके यदि संपूर्ण सुख को अधिकतम किया जा सकता है, तो इस प्रकार का त्याग किया जाना चाहिए।

चौथा दृष्टिकोण उपयोगितावादी सिद्धांत पर खरा उतरता है, परंतु यह परिणाम निरपेक्षता और सद्‌गुण सिद्धांत की अवहेलना करता है। कोई व्यक्ति अपने स्वयं के मानकों के आधार पर नीतिशास्त्र का निर्धारण नहीं कर सकता। आचरण नियमों का निर्माण भविष्य की दुविधाओं से बचने के लिए किया गया है। लोक सेवा मूल्य लोक सेवा के मानक (Hallmark) हैं और इनके साथ किसी भी प्रकार के समझौते की कोई संभावना नहीं है।

मैं अपने मित्र को सलाह दूंगा कि इस तरह से सोचना बंद करे और संवैधानिक नैतिकता का अनुसरण करने का प्रयास करे। सुख और दुख दो नैतिक प्रेरणाएं हैं। मैं उसे समझाऊंगा कि वह शीघ्र ही यह समझ जाएगा कि दीर्घावधिक सुख की प्राप्ति नैतिक तरीके से कार्य करने से ही होती है। मैं उसे नीतिशास्त्र और लोक सेवा मूल्यों से संबंधित साहित्य का अध्ययन एवं उन पर चिंतन करने की सलाह दूंगा। मैं कदाचार के बुरे परिणामों से अवगत कराके भी उसे सजग करूंगा।

प्रश्न 3. आप अनाप-शनाप न सहने वाले ईमानदार अधिकारी हैं। आपका तबादला एक सुदूर जिले में एक ऐसे विभाग के प्रमुख के रूप में कर दिया गया है, जो अपनी अदक्षता और संवेदनहीनता के लिए कुख्यात है। आप पाते हैं कि इस घटिया कार्य स्थिति का मुख्य कारण कर्मचारियों के एक भाग में अनुशासनहीनता है। वे स्वयं तो कार्य करते नहीं हैं और दूसरों के कार्य में भी गड़बड़ी पैदा करते हैं। सबसे पहले आपने उत्पातियों को सुधर जाने की, अन्यथा अनुशासनिक कार्रवाई का सामना करने की चेतावनी दी। जब इस चेतावनी का प्रभाव न के बराबर हुआ, तब आपने नेताओं को कारण बताओ नोटिस जारी कर दिया। इसके बदले में उन्होंने अपने बीच की एक महिला कर्मचारी को आपके विरुद्ध महिला आयोग में यौन उत्पीड़न की एक शिकायत दायर करने के लिए भड़का दिया। आयोग ने तुरंत आपका स्पष्टीकरण मांगा। आपको इससे आगे भी लज्जित करने के लिए मामला मीडिया में भी प्रसारित किया गया। इस स्थिति से निपटने के विकल्पों में से कुछ निम्नलिखित हो सकते हैं–

(i) आयोग को अपना स्पष्टीकरण दे दीजिए और अनुशासनिक कार्रवाई पर नरमी बरतिए।

(ii) आयोग को नजरअंदाज कर दीजिए और अनुशासनिक कार्रवाई को मजबूती के साथ आगे बढ़ाइए।

(iii) अपने उच्च अधिकारियों को संक्षेप में अवगत करा दीजिए, उनसे निर्देश मांगिए और उनके अनुसार कार्य कीजिए।

कोई अन्य संभव विकल्प सुझाइए। सभी का मूल्यांकन कीजिए और अपने कारण बताते हुए सबसे अच्छा विकल्प स्पष्ट कीजिए। (250 शब्द)

हल : विकल्प (i) में आयोग के समक्ष स्पष्टीकरण प्रस्तुत किया जाना अनिवार्य है, अन्यथा मेरे विरुद्ध एकतरफा निर्णय लिए जाने की प्रबल संभावना होगी, जिससे कोई उद्देश्य पूर्ण नहीं होगा। दूसरी ओर, कुख्यात कर्मचारियों के प्रति नरमी बरतने से उनके कदाचार और अक्षमता युक्त कार्य प्रणाली को आगे भी जारी रखने की प्रवृत्ति बनेगी। यद्यपि इससे यह राहत मिलने की संभावना है कि वे लोग मेरे विरुद्ध लगाए गए झूठे आरोपों को वापस ले लें और मेरे विरुद्ध षडयंत्र रचना बंद कर दें। परंतु यह वास्तविक उद्देश्य को कमजोर कर देगा और मेरी छवि एक कमजोर अधिकारी के रूप में निर्मित कर देगा। अंतत: यह विकल्प किसी भी तरह से प्रयोजनमूलक परंपरा का अनुसरण नहीं करेगा।

विकल्प (ii) को लेकर चलने से एक ओर तो मेरे कॅरियर को खतरा उत्पन्न हो जाएगा, वहीं दूसरी ओर मेरी छवि एक नियम विरुद्ध चलने वाले तथा मनमानी करने वाले अधिकारी के रूप में स्थापित हो जाएगी। यह परिणाम निरपेक्षता या कर्तव्य आधारित नैतिकता (Deontology) के विरुद्ध है।

विकल्प (iii) के अंतर्गत मेरे उच्चाधिकारियों को वास्तविक परिस्थिति से अवगत कराने से किसी प्रकार का प्रायोगिक लाभ प्राप्त नहीं होगा, क्योंकि मुझे दोषमुक्त सिद्ध कराने की जिम्मेदारी मेरी स्वयं की है।

अंतत: मैं अपने उच्च अधिकारियों को परिस्थिति से अवगत कराऊंगा और एक अच्छे विधिवेत्ता की सहायता से आयोग के सम्मुख अपने स्पष्टीकरण प्रस्तुत करूंगा। मैं अपनी कार्य प्रणाली में किसी भी प्रकार का परिवर्तन नहीं लाऊंगा। मैं दोषी व्यक्तियों की पहचान करूंगा और उनके कदाचारपूर्ण व्यवहार के लिए उन्हें दंड दिलवाऊंगा। मैं महिला कर्मचारी से बात करूंगा और अपनी वाक्पटुता के कौशल (जैसा कि स्टोइक इसे "Logos" के रूप में परिभाषित करते हैं) से उसे समझाने का प्रयास करूंगा। मैं उसे झूठी शिकायत के परिणाम से भी परिचित कराऊंगा। मुझे न्याय व्यवस्था पर पूर्ण विश्वास है और मैं जानता हूं कि सच अंतत: विजयी होता है। ऐसे मामले एक सिविल सेवक के जीवन में आना आम बात है, इसका यह अर्थ नहीं है कि हमें किसी भय से अपने मूल्य तंत्र से समझौता कर लेना चाहिए।

प्रश्न 4. मान लीजिए कि आप ऐसी कंपनी के मुख्य कार्यकारी अधिकारी (Chief Executive Officer–CEO) हैं, जो एक सरकारी विभाग द्वारा प्रयुक्त विशेषीकृत इलेक्ट्रॉनिक उपकरण बनाती है। आपने विभाग को उपस्कर (Equipment) की पूर्ति

के लिए अपनी बोली पेश कर दी है। आपके ऑफर की गुणता और लागत दोनों आपके प्रतिस्पर्धियों से बेहतर हैं। इस पर भी संबंधित अधिकारी टेंडर पास करने के लिए मोटी रिश्वत की मांग कर रहा है। ऑर्डर की प्राप्ति आपके और आपकी कंपनी, दोनों के लिए महत्त्वपूर्ण है। ऑर्डर न मिलने का अर्थ होगा उत्पादन रेखा को बंद कर देना। यह आपके स्वयं के कॅरियर को भी प्रभावित कर सकता है। फिर भी, मूल्य सचेत व्यक्ति के रूप में आप रिश्वत देना नहीं चाहते हैं।

रिश्वत देने और ऑर्डर प्राप्त कर लेने तथा रिश्वत देने से इनकार करने और ऑर्डर को हाथ से निकल जाने, दोनों के लिए वैध तर्क दिए जा सकते हैं। ये तर्क क्या हो सकते हैं? क्या इस धर्मसंकट से बाहर निकलने का कोई बेहतर रास्ता हो सकता है? यदि हां, तो इस तीसरे रास्ते की अच्छाइयों की ओर इंगित करते हुए उसकी रूपरेखा प्रस्तुत कीजिए।

(250 शब्द)

हल : सर्वप्रथम, यह नैतिक दुविधा का प्रकरण नहीं है, क्योंकि कोई दुविधा तब जन्म लेती है, जब दो या अधिक नैतिक दृष्टिकोणों का टकराव हो। यहां ईमानदार होना और भ्रष्टाचार के रास्ते को न अपनाना नैतिक कर्तव्य है।

मेरी कंपनी के भविष्य की समृद्धि सुनिश्चित हो और मेरा कॅरियर भी अच्छा चले इस प्रकार के परिणामों के उत्पन्न होने की संभावना रिश्वत देने से बन सकती है। यदि मैं किसी अधिकारी को रिश्वत देता हूं, तो मुझे अपने उत्पादों की गुणवत्ता से समझौता करना पड़ सकता है अन्यथा कंपनी अपने लाभ को बरकरार नहीं रख सकेगी। यह भी संभावना बन सकती है कि कंपनी के अधिकारियों और सरकार के अधिकारी के बीच सांठगांठ का खुलासा हो जाए और सरकार कंपनी को ब्लैक लिस्ट कर दे, यहां तक कि मुझे कानूनी परिणाम भी भुगतने पड़ सकते हैं।

रिश्वत देने से मना करना मुझे नैतिक पथभ्रष्टता से बचाता है। यह कानून के विरुद्ध भी है और रिश्वत न देना कर्तव्यवादी नीतिशास्त्र (Deontology) के अनुरूप भी होगा। उपयोगितावादी सिद्धांत यद्यपि ऐसे आचरण की अनुमति देता है, जो अधिकतम अच्छे परिणाम उत्पन्न कर सके चाहे माध्यम जो भी हो, परंतु यह तरीका दीर्घावधि में कंपनी की कार्य संस्कृति को दूषित करेगा। यह भी पूरी तरह से अविश्वसनीय सा लगता है कि कोई एक कार्यादेश (Work Order) इतना महत्त्वपूर्ण है कि वह प्राप्त नहीं होता तो कंपनी की उत्पाद शृंखला पूरी तरह से प्रभावित हो जाए। यदि मेरी कंपनी का उत्पाद उच्च कोटि का है, तो शीघ्र ही मुझे दूसरे ग्राहक मिल जाएंगे।

मैं पारदर्शी तरीके से ठेके प्राप्त करने का प्रयास करूंगा। यदि वे रिश्वत मांगते हैं, तो मैं भ्रष्टाचार विरोधी उपायों (सतर्कता या CBI) का सहारा लूंगा। मैं किसी दूसरी कंपनी को गलत तरीके से कार्यादेश प्राप्त नहीं करने दूंगा। यदि मेरी कंपनी का प्रशासन मुझे सहयोग नहीं करता, तो मैं नैतिक आधार पर इस्तीफा दे दूंगा। गलत तरीकों का सहारा लेकर अपने कॅरियर को बचाना मेरी अंतरात्मा की आवाज स्वीकार नहीं करती। मैं रिश्वत लेने वालों के काम करने के तरीकों को भी उजागर करूंगा और मीडिया को अपने इस्तीफे का कारण बताकर रिश्वतखोरी को उजागर करूंगा। यह मेरे ईमानदार व्यक्ति होने की छवि की प्रतिष्ठा को निश्चित रूप से बढ़ाएगा, जिसका भविष्य में मेरे कॅरियर को लाभ होगा।

प्रश्न 5. रामेश्वर ने गौरवशाली सिविल सेवा परीक्षा को सफलतापूर्वक पास कर लिया और वह ऐसे सुअवसर से अभिभूत था, जो सिविल सेवा के माध्यम से देश की सेवा करने के लिए उसको मिलने वाला था। परंतु, कार्यभार ग्रहण करने के शीघ्र बाद उसने अनुभव किया कि स्थिति उतनी अच्छी नहीं है, जितनी कि उसने कल्पना की थी।

उसने अपने विभाग में व्याप्त अनेक अनाचार पाए। उदाहरण के रूप में, विभिन्न योजनाओं और अनुदानों के अधीन निधियों का दुरुपयोग किया जा रहा था। सरकारी सुविधाओं का प्रयोग प्रायः अधिकारियों और स्टाफ द्वारा व्यक्तिगत आवश्यकताओं के लिए किया जा रहा था। कुछ समय के बाद उसने यह भी देखा कि स्टाफ को भर्ती करने की प्रक्रिया भी दोषपूर्ण थी। भावी उम्मीदवारों को एक लिखित परीक्षा देनी होती थी, जिसमें काफी नकलबाजी चलती थी। कुछ उम्मीदवारों को परीक्षा में बाहरी सहायता भी प्रदान की जाती थी। रामेश्वर ऐसी घटनाओं को अपने वरिष्ठों की नजर में लाया। परंतु, इस पर उसको अपनी आंखें, कान और मुख बंद रखने और इन सभी को नजरअंदाज करने की सलाह दी गई। यह बताया गया कि सब उच्चतर अधिकारियों की मिलीभगत से चल रहा था। इससे रामेश्वर का भ्रम टूटा और वह व्याकुल रहने लगा। वह सलाह के लिए आपके पास आता है।

ऐसे विभिन्न विकल्प सुझाइए, जो आपके विचार में ऐसी परिस्थिति में रामेश्वर के लिए उपलब्ध हैं। इन विकल्पों का मूल्यांकन करने और सर्वाधिक उचित रास्ता अपनाने में आप उसकी किस प्रकार सहायता करेंगे? (250 शब्द)

हल : इस परिस्थिति में उपलब्ध विभिन्न विकल्प इस प्रकार हैं–

1. उसे शांत रहना चाहिए और दूसरों की अनदेखी करके अपने कार्य का निर्वहन करते रहना चाहिए।
2. उसे आवाज उठानी चाहिए और उसके अधिकारों के अंतर्गत जो भी परिवर्तन ला सकता है उन्हें लाने का प्रयास करना चाहिए।

पहला विकल्प उसके लिए बेहतर सिद्ध हो सकता है यदि वह किसी बुरी परिस्थिति में फंसने से बचना चाहता है। उसे शांतिपूर्ण ढंग से जीवन को आगे बढ़ाना चाहिए, परंतु यह कार्य प्रणाली उसे लोक सेवा से प्राप्त होने वाली संतुष्टि से वंचित कर देगी। यह लोक सेवा मूल्यों, जैसे- सत्यनिष्ठा, पारदर्शिता, दृढ़ विश्वास का साहस और कर्मठता के विरुद्ध है। यह अंतरात्मा की आवाज का अनुसरण न करने जैसा होगा, जिससे मनोस्थिति में बेचैनी जैसी स्थिति पैदा होती रहेगी।

दूसरा विकल्प अपनाने से अंतरात्मा की आवाज का अनुसरण सुनिश्चित हो सकता है। वह व्यवस्था में परिवर्तन ला सकता है, परंतु यह समय और दृढ़ता की मांग करता है जैसा कि महात्मा गांधी ने कहा है, 'सौम्य तरीके से आप दुनिया को बदल सकते हैं।' वह एक व्हिसल ब्लोअर की तरह भी कार्य कर सकता है और सतर्कता संस्थान एवं अन्य प्रवर्तन एजेंसियों की सहायता भी ले सकता है, परंतु यह संपूर्ण समस्या का हल नहीं है। अंततः उसे व्यवस्था को स्वयं ही बदलने का प्रयास करना होगा। उसके विभाग में यदि कार्य ठीक ढंग से नहीं चल रहा है, तो यह उसकी स्वयं की विफलता है। उसे इस परिस्थिति को एक अवसर के रूप में देखना चाहिए और नकारात्मक तत्त्वों से संघर्ष करके एक सच्चे सिविल सेवक होने का परिचय देना चाहिए।

प्रश्न 6. हमारे देश में, ग्रामीण लोगों का कस्बों और शहरों की ओर प्रवसन तेजी के साथ बढ़ रहा है। यह ग्रामीण और नगरीय दोनों क्षेत्रों में विकट समस्याएं पैदा कर रहा है। वास्तव में, स्थिति यथार्थ में अप्रबंधनीय होती जा रही है। क्या आप इस समस्या का विस्तार से विश्लेषण कर सकते हैं और समस्या के लिए जिम्मेदार न केवल सामाजिक-आर्थिक, बल्कि भावनात्मक और अभिवृत्ति से संबंधित कारक बता सकते हैं? साथ ही, स्पष्ट रूप से उजागर कीजिए कि क्यों-

(a) शिक्षित ग्रामीण युवा शहरी क्षेत्रों में स्थानांतरित होने की कोशिश कर रहे हैं;

(b) भूमिहीन निर्धन लोग नगरीय मलिन बस्तियों में प्रवसन कर रहे हैं;

(c) यहां तक कि कुछ किसान अपनी जमीन बेच रहे हैं और शहरी क्षेत्रों में छोटी-मोटी नौकरियां पाकर वहीं बसने का प्रयास कर रहे हैं।

आप कौन-से साध्य उपाय सुझा सकते हैं, जो हमारे देश की इस गंभीर समस्या को नियंत्रित करने में प्रभावी होंगे? (250 शब्द)

हल : (a) शिक्षित ग्रामीण युवा शहरी क्षेत्रों में प्रतिस्थापित होना चाहते हैं, जिसके पीछे निम्नलिखित सामाजिक-आर्थिक कारक हैं–

1. शहर में नौकरी प्राप्त करने के अधिक अवसरों का होना।
2. ग्रामीण क्षेत्रों में जातिवाद, सामाजिक बुराइयों और शक्तिशाली लोगों द्वारा दमन जैसी सामाजिक स्थितियों का होना।
3. घर के नजदीक निम्न स्तर के कार्य करने का संकोच।

भावनात्मक और मनोवृत्ति (अभिवृत्ति) से संबंधित कारक–

1. आधुनिक जीवनशैली के प्रति आकर्षण और शहरों में अच्छी नौकरियों की उपलब्धता।
2. अपने शैक्षणिक जीवन के दौरान शहरों में निवास करने से शहरी जीवनशैली की आदत हो जाना और फिर ग्रामीण परिवेश से तालमेल न बैठना।
3. अच्छी स्वास्थ्य और शैक्षणिक सुविधाएं।
4. जन्म स्थान का निकट भविष्य में कोई बड़ी प्रगति न कर पाने का अनुमान होना।

(b) भूमिहीन गरीब लोगों द्वारा शहरी गंदी बस्तियों की ओर प्रवसन के सामाजिक-आर्थिक कारण हैं–

1. ग्रामीण क्षेत्रों में नौकरियों की कमी और शहरी क्षेत्रों में नौकरियों की प्राप्ति की असीम संभावनाएं।

2. ग्रामीण क्षेत्रों में न्यून मजदूरी दर।
3. मनरेगा (MNREGA) जैसी योजनाओं के अंतर्गत लोगों को रोजगार उपलब्ध कराने में सरकार की विफलता।

भावनात्मक और मनोवृत्ति संबंधी कारक हैं–

1. भूमि हीनता के फलस्वरूप अपने जन्म स्थान से विशेष लगाव का न होना।
2. शहरी क्षेत्रों में नौकरी प्राप्ति का आकर्षण।
3. शहरों में मजदूरी की उच्च दरें ।

(c) कुछ किसान अपनी भूमियों को बेचकर शहरी क्षेत्र में अच्छी नौकरियों के लिए प्रवसन कर रहे हैं, जिसके पीछे निम्नलिखित सामाजिक-आर्थिक कारक हैं–

1. कृषि कार्यों में घाटा और भूमि की घटती हुई उर्वरता कृषि को कम लाभ का काम बना रही है।
2. शहरी क्षेत्र में बच्चों को अच्छी शिक्षा की संभावनाएं एवं माता-पिता के लिए अपेक्षाकृत अच्छी स्वास्थ्य सुविधाओं की उपलब्धता।
3. ग्रामीण क्षेत्रों में बिगड़ता हुआ सामाजिक वातावरण, जैसे- लगातार झगड़े, वंचितता, आपसी दुराभाव आदि।

भावनात्मक और मनोवृत्ति संबंधी कारक–

1. कृषि कार्य घाटे का सौदा होने के कारण भूमि से लगाव में कमी।
2. आधुनिक जीवनशैली का आकर्षण तथा शहरी क्षेत्रों में निजता (Privacy) का होना।
3. शैक्षणिक महत्त्व को लेकर जागरूकता।

उपरोक्त स्थितियों में सुधार लाने के लिए सुझाव–

1. कृषि के आधुनिकीकरण हेतु गहन प्रयास, भूमिगत और सतह जल के संरक्षण की ओर सकारात्मक प्रयास।
2. कृषि अवसंरचनाओं, जैसे- खाद्य प्रसंस्करण उद्योगों का निर्माण, ताकि कृषि उत्पादों में मूल्य आवर्धन किया जा सके और कृषकों को उत्पादन के फलस्वरूप मोटा लाभ प्राप्त हो।
3. मनरेगा की पुनर्संरचना, जिससे ग्रामीणों को रोजगार की गारंटी प्राप्त हो और बेहतर पूंजी का सृजन किया जा सके।
4. ग्रामीण क्षेत्रों में बेहतर स्वास्थ्य और शिक्षा की उपलब्धता सुनिश्चित करना एवं डिजिटल तरीकों के प्रयोग से ग्रामीण-शहरी खाई को कम करना।

केस अध्ययन 2015

निम्नलिखित प्रश्नों में दिए गए प्रकरणों को ध्यानपूर्वक पढ़िए और उसके बाद पूछे गए प्रश्नों के उत्तर दीजिए।

प्रश्न 1. एक निजी कंपनी अपनी दक्षता, पारदर्शिता और कर्मचारी कल्याण के लिए विख्यात है। यद्यपि कंपनी का मालिक एक निजी व्यक्ति है, तथापि उसका आचरण सहकारिता वाला है जहां कर्मचारी स्वामित्व की भावना रखते हैं। कंपनी में लगभग 700 कार्मिक नियुक्त हैं और उन्होंने स्वेच्छापूर्वक संघ न बनाने का निर्णय लिया है। अचानक एक दिन सुबह एक राजनीतिक पार्टी के 40 आदमी जबरदस्ती फैक्ट्री में घुस आए और फैक्ट्री में नौकरी मांगने लगे। उन्होंने प्रबंधन और कर्मचारियों को धमकियां और गालियां भी दीं। कर्मचारियों का मनोबल गिरा। यह स्पष्ट था कि जो लोग जबरदस्ती घुस आए थे, वे कंपनी के वेतन-पत्रक (Payroll) में होना चाहते थे और साथ ही साथ पार्टी के स्वयंसेवक/सदस्य बने रहना चाहते थे।

कंपनी ईमानदारी के उच्च मानकों को बनाए रखती है और सिविल प्रशासन, जिसमें कानून प्रवर्तन अभिकरण भी शामिल है, का कोई अनुग्रह नहीं करती। इस प्रकार के प्रसंग सार्वजनिक क्षेत्रक में भी घटते हैं।

(a) मान लीजिए कि आप कंपनी के मुख्य कार्यकारी अधिकारी (सी.ई.ओ.) हैं। आप उपद्रवी भीड़ के गेट के अंदर जबरदस्ती घुस आने और कंपनी परिसर के भीतर धरना देने की तारीख की प्रचंड स्थिति को निष्प्रभावी करने के लिए क्या करेंगे?

(b) इस मामले में चर्चित मुद्दे का दीर्घकालीन समाधान क्या हो सकता है?

(c) प्रत्येक समाधान/कार्रवाई का, जिसको आप सुझाएंगे, आप पर (सी.ई.ओ. के रूप में), कर्मचारियों पर और कर्मचारियों के निष्पादन पर सकारात्मक और नकारात्मक प्रभाव पड़ेगा। अपने द्वारा सुझाई गई कार्रवाइयों में से प्रत्येक के परिणामों का विश्लेषण कीजिए। (250 शब्द)

हल : (a) सर्वप्रथम मैं भीड़ के गुस्से को शांत करने का प्रयास करूंगा। मैं 40 लोगों की भीड़ से बात करूंगा और उनसे आग्रह करूंगा कि उनमें से कोई एक व्यक्ति जो उनका नेतृत्व कर रहा है वह मुझसे कार्यालय में आकर बात करे तथा शेष लोग बाहर प्रतीक्षा करें। इसके पश्चात् मैं उनके नेता को समझाने का प्रयास करूंगा कि हम उनके अधिक से अधिक लोगों को रोजगार देने का प्रयास करेंगे, परंतु उसके लिए अधिकरण से बातचीत करनी होगी। हम मामले को आगे बढ़ाएंगे परंतु इसमें समय लगेगा और लोगों को धैर्य का परिचय देना होगा एवं सहयोग करना होगा।

(b) इस मुद्दे का दीर्घकालीन हल इस प्रकार हो सकता है–
मैं उच्च प्रबंधन से बात करूंगा कि बोर्ड स्तर के अधिकारी संबंधित मंत्री से बात करें और कंपनी की संपत्ति एवं कर्मचारियों की सुरक्षा सुनिश्चित कराएं। मैं जिले के कलेक्टर और पुलिस अधीक्षक से व्यक्तिगत मिलकर आवश्यक कार्रवाई के लिए आग्रह करूंगा। मैं कंपनी में निजी सुरक्षाकर्मियों की संख्या में वृद्धि करूंगा। कंपनी द्वारा किसी भी स्थिति में पीछे के दरवाजे से भर्ती (Back Door Entry) प्रक्रिया को नहीं होने दूंगा, क्योंकि ऐसा करने से भविष्य में इस प्रकार की घटनाओं को बढ़ावा मिलेगा।

(c) इसके निम्नलिखित परिणाम हो सकते हैं–

1. भीड़ पुनः और अधिक उग्र रूप धारण कर सकती है तथा कंपनी की संपत्तियों के साथ तोड़फोड़ कर सकती है।
2. ऐसा होना अब संभव नहीं होगा, क्योंकि हम पूर्ण रूप से तैयार होंगे। सरकार की सहायता और कंपनी के निजी संस्थानों के पुख्ता सुरक्षा इंतजाम होंगे।
3. कंपनी के कर्मचारियों में भय का वातावरण निर्मित हो सकता है, जिससे उनकी कार्य दक्षता पर विपरीत प्रभाव पड़ेगा।

प्रश्न 2. आप एक पंचायत के सरपंच हैं। आपके क्षेत्र में सरकार द्वारा चलाया जा रहा एक प्राइमरी स्कूल है। स्कूल में उपस्थित होने वाले बच्चों को मध्याह्न भोजन (मिड-डे मील) दिया जाता है। प्रधानाचार्य ने अब भोजन तैयार करने के लिए एक नया रसोइया नियुक्त कर दिया है। परंतु जब यह पता चलता है कि रसोइया दलित समुदाय का है, तो उच्च जातियों के लगभग आधे बच्चों के माता-पिता उन्हें भोजन करने की इजाजत नहीं देते। फलस्वरूप स्कूल में बच्चों की उपस्थित तेजी से घट गई। इससे मध्याह्न भोजन की योजना को समाप्त करने और उसके बाद अध्यापन स्टाफ को हटाने एवं बाद में स्कूल को बंद कर देने की संभावना पैदा हो गई।

(a) इस संघर्ष पर काबू पाने और सही एवं सुखद वातावरण बनाने की कुछ साध्य रणनीतियों पर चर्चा कीजिए।

(b) ऐसे परिवर्तनों को स्वीकार करने के लिए सकारात्मक सामाजिक सुखद वातावरण बनाने हेतु विभिन्न सामाजिक खंडों और अभिकरणों (Social Segments and Agencies) के क्या कर्तव्य होने चाहिए? (250 शब्द)

हल : (a) ग्रामीण क्षेत्रों में इस प्रकार के विवाद आम बात हैं, जहां जातीय कारक सरकारी कार्यक्रमों में अवरोध उत्पन्न करते हैं। मैं तत्काल विद्यालय के प्रधानाचार्य से चर्चा करूंगा और अभिभावकों एवं शिक्षकों की एक बैठक बुलाऊंगा। मैं अभिभावकों को समझाऊंगा कि वे अपने बच्चों को विद्यालय भेजें। मैं अनुनय (Persuasion) तथा मनोवृत्ति परिवर्तन (Attitude Change) के यंत्रों (Tools) के माध्यम से अभिभावकों की मानसिकता को बदलने का प्रयास करूंगा। इन प्रयासों के बाद भी यदि स्थिति सामान्य नहीं होती, तो मैं मामले को विकास खंड अधिकारी और उप मंडल दंडाधिकारी (Sub-divisional Magistrate–SDM) तक ले जाऊंगा तथा उनकी सहायता प्राप्त करूंगा। मैं गैर-सरकारी संगठन (Non-Governmental Organisation–NGO) और सामाजिक कार्यकर्ताओं तथा क्षेत्र के संभ्रांत एवं सम्मानीय लोगों की भी सहायता लूंगा। यदि क्षेत्रीय विधायक और सांसद तटस्थ एवं लोकप्रिय व्यक्तित्व वाले हैं, तो उनकी सहायता भी ली जा सकती है। इन सभी लोगों की सहायता से अभिभावकों को समझाया जा सकता है।
(b) विभिन्न सामाजिक धड़े और एजेंसियां, जिन्हें सामने आना चाहिए–

सामाजिक खंड : स्थानीय गैर-सरकारी संगठन, गांव के सफल व्यक्ति जो ग्रामीणों के बीच आदरणीय और लोकप्रिय हैं एवं धर्मगुरु, आदि।

इन लोगों को गांव में जाकर प्रत्येक ग्रामीण से बात करनी चाहिए और जातिवाद की सामाजिक कुरीति का बहिष्कार करना चाहिए तथा भाईचारे और मानवता की भावना को बढ़ाने एवं बच्चों के जीवन में शिक्षा के महत्त्व की वकालत करनी चाहिए। उनके द्वारा *रामायण* में भगवान राम और शबरी के बीच के प्रसंग का उदाहरण देकर जातिवाद पर चोट करनी चाहिए।

एजेंसियां : सरपंच, पंचायत के वार्ड सदस्य, शिक्षा विभाग, विकास खंड अधिकारी, उपमंडल मजिस्ट्रेट (सिविल प्रशासन), पुलिस, विधायक और सांसद, आदि।

इन एजेंसियों द्वारा उनकी शक्तियों और अधिकारों का प्रयोग पारितोषिक तथा दंड दोनों ही तरीकों से करना चाहिए, जैसा कि संत ऑगस्टिन ने उन्हें नैतिक प्रेरणा के रूप में प्रस्तुत किया है।

प्रश्न 3. एक प्रमुख भेषजिक कंपनी (Pharmaceutical Company) की अनुसंधान एवं विकास (Research and Development–R&D) प्रयोगशाला में कार्यरत एक वैज्ञानिक ने खोजा कि कंपनी की सर्वाधिक बिक्री होने वाली पशुचिकित्सकीय दवाइयों में से एक दवाई में वर्तमान में असाध्य लिवर रोग, जो जनजातीय क्षेत्रों में फैला हुआ है, का इलाज करने की संभाव्यता है। परंतु मनुष्यों के लिए उपयुक्त रूपांतर का विकास करने के लिए बहुत अनुसंधान और विकास की जरूरत थी, जिसमें 50 करोड़ रुपये तक का खर्च आ सकता था। इसकी संभावना कम थी कि कंपनी अपनी लागत को वसूल कर पाएगी, क्योंकि रोग केवल निर्धनताग्रस्त क्षेत्रों में फैला हुआ था, जिसका बाजार बहुत थोड़ा था। यदि आप सी.ई.ओ. होते तो–

(a) जिन विभिन्न कार्रवाइयों को आप कर सकते थे, उनकी पहचान कीजिए।

(b) अपनी प्रत्येक कार्रवाई के पक्ष-विपक्ष का मूल्यांकन कीजिए। (250 शब्द)

हल : (a) नैतिक दुविधा की इस स्थिति में एक ओर मुझे पेशेवर नैतिकता (Professional Ethics) का अनुसरण करना होगा, तो दूसरी ओर नैतिकता मुझे मानवीय दृष्टिकोण अपनाते हुए गरीब जनजाति लोगों के इलाज के लिए दवा का आविष्कार करने के लिए मजबूर करती है। इस परिस्थिति में मैं निम्न प्रकार से कार्रवाई करूंगा–

1. मैं कंपनी के बोर्ड को इस पर कार्य करने के लिए तैयार करूंगा। कंपनी के कॉर्पोरेट सोशल रिस्पांसिबिलिटी (Corporate Social Responsibility–CSR) या कॉर्पोरेट (निगम) सामाजिक उत्तरदायित्व की निधि से ऐसा किया जा सकता है।
2. मैं किसी सामाजिक संगठन को अनुसंधान और विकास के लिए वित्तीयन करने के लिए कंपनी के बोर्ड के अनुमोदन पर जोड़ने का प्रयास करूंगा।

मैं विज्ञान और तकनीकी विभाग, भारत सरकार को प्रस्तावित दवा के अनुसंधान एवं विकास के लिए अनुदान प्रदान करने के लिए प्रस्ताव भेज सकता हूं।

(b) उपरोक्त कार्रवाइयों के निम्नलिखित गुण-दोष हो सकते हैं–

1. पहली कार्रवाई से यह लाभ प्राप्त हो सकता है कि दवा का पेटेंट कंपनी के पास ही रहेगा और यदि भविष्य में संदर्भित बीमारी बड़े पैमाने पर फैलती है, तो कंपनी दवा उत्पादन से लाभ भी कमा सकती है। इससे दवा बाजार में कंपनी की साख भी बढ़ेगी। इस कार्रवाई का एकमात्र नकारात्मक पहलू यह है कि इससे विलंब की पर्याप्त संभावनाएं हैं।
2. दूसरी कार्रवाई में गुणों (Pros) के अंतर्गत अनुसंधान एवं विकास तेजी से आगे बढ़ेगा और बीमार लोगों को कम समय में दवा प्राप्त हो सकेगी। इसके दोष (Cons) के अंतर्गत हो सकता है कि सामाजिक संगठन प्रक्रिया में अनावश्यक हस्तक्षेप करें और कंपनी को पर्याप्त श्रेय मिलने में समस्या उत्पन्न हो, जो कंपनी के बोर्ड को स्वीकार्य न हो।
3. पहली कार्रवाई के बाद यह सबसे कारगर कार्रवाई हो सकती है। इससे दवा बाजार और सरकार दोनों में कंपनी की साख बढ़ेगी। इस तरीके से सभी रोगियों को शामिल किया जा सकता है, क्योंकि सरकार साथ में आ चुकी है। इसका दोष यह हो सकता है कि परियोजना की स्वीकृति में नौकरशाही मनोवृत्ति अवरोध उत्पन्न करे।

प्रश्न 4. एक आपदा-प्रवण राज्य है, जिसमें प्राय: भूस्खलन, दावानल, मेघ विस्फोट (Cloud Burst), आकस्मिक बाढ़ और भूकंप, आदि आते रहते हैं। इनमें से कुछ मौसमी हैं और प्राय: अननुमेय (Unpredictable) हैं। आपदा का परिमाण हमेशा अप्रत्याशित होता है। एक मौसम के दौरान, एक मेघ विस्फोट के कारण विनाशकारी बाढ़ और भूस्खलन हुए, जिनसे दुर्घटनाएं हुई। सड़कों, पुलों और विद्युत उत्पादन इकाइयों जैसी बुनियादी संरचना को वृहद् क्षति पहुंची। इसके फलस्वरूप 1,00,000 से ज्यादा तीर्थयात्री, पर्यटक और अन्य स्थानीय निवासी विभिन्न मार्गों और स्थानों पर फंस गए। आपकी जिम्मेदारी के

क्षेत्र में फंसे हुए लोगों में वरिष्ठ नागरिक, अस्पतालों में मरीज, महिलाएं और बच्चे, पदयात्री, पर्यटक, शासक, पार्टी के प्रादेशिक अध्यक्ष अपने परिवार सहित, पड़ोसी राज्य के अतिरिक्त मुख्य सचिव और जेल में कैदी शामिल थे।

राज्य के एक सिविल सेवा अधिकारी के रूप में आपका आदेश क्या होगा, जिसमें आप इन लोगों को बचाएंगे और क्यों? अपने उत्तर के पक्ष में तर्क दीजिए। (200 शब्द)

हल : मैं इन लोगों के बचाव की कार्रवाई निम्नलिखित क्रम में करूंगा–

सबसे पहले अत्यधिक कमजोर और असुरक्षित लोगों का बचाव किया जाएगा। आपदा के समय असुरक्षा और कमजोरी (Vulnerability) को परिस्थिति से निपटने की योग्यता शारीरिक सक्षमता, परिपक्वता और ज्ञान के पैमाने से मापा जाता है। इसके पश्चात् राष्ट्र के लिए मूल्यवान लोगों को प्राथमिकता दूंगा और अंततः आसपास के लोगों को जो आपदा में फंसे हैं उनका बचाव किया जाएगा। महिलाएं, बच्चे और अस्पताल में भर्ती मरीज सर्वाधिक कमजोर एवं असुरक्षित माने जा सकते हैं, परंतु उपयोगितावादी सिद्धांत (Utilitarian Theory) के आधार पर महिलाओं और बच्चों (क्षेत्रीय दल के अध्यक्ष के परिवार सहित) को प्रमुखता दी जानी चाहिए, क्योंकि बच्चे भविष्य होते हैं और सबसे अधिक निर्दोष होते हैं, दूसरी ओर अस्पताल के मरीज विभिन्न शारीरिक क्षमताओं वाले हो सकते हैं। महिलाओं और बच्चों के बाद मरीजों का बचाव किया जाएगा। इसके पश्चात् मैं वरिष्ठ नागरिकों का बचाव करूंगा, क्योंकि वे तीसरे सर्वाधिक कमजोर समूह से संबंधित हैं। इसके पश्चात् पड़ोसी राज्य के अतिरिक्त मुख्य सचिव को उनकी सरकार में पद सोपनीय स्थिति और राष्ट्रीय संपत्ति होने के कारण बचाव करूंगा। फिर सत्तारूढ़ दल के क्षेत्रीय अध्यक्ष, पर्यटकों और बचाव दल के नजदीकी पर्वतारोहियों (Hikers) तथा अंततः जेल के कैदियों का बचाव किया जाएगा।

प्रश्न 5. आप एक विशेष विभाग में जिला प्रशासन के शीर्षाधिकारी हैं। आपका वरिष्ठ अधिकारी आपको राज्य मुख्यालय से फोन करता है और आपको कहता है कि रामपुर गांव में एक भूखंड पर स्कूल के लिए एक भवन का निर्माण किया जाना है। दौरे की समयावली बना दी जाती है, जिसके दौरान वह मुख्य इंजीनियर और वरिष्ठ वास्तुकार के साथ स्थल का दौरा करेगा। वह चाहता है कि आप उससे संबंधित कभी कागजातों की जांच कर लें और सुनिश्चित कर लें कि दौरे की व्यवस्था उचित रूप से की गई है। आप उस फाइल को जांचते हैं, जो विभाग में आपके कार्यभार संभालने से पूर्व की है। भूखंड को स्थानीय पंचायत से नाममात्र की लागत पर उपार्जित किया गया था और कागजात दर्शाते हैं कि जिन तीन प्राधिकारियों को भूखंड की उपयुक्तता का प्रमाणपत्र देना होता है, उनमें से दो के दिए हुए अनुमति प्रमाणपत्र उपलब्ध हैं। वास्तुविद का कोई प्रमाणपत्र फाइल में उपलब्ध नहीं है। आप, जैसा कि फाइल में कहा गया है सब कुछ ठीक हालत में है, यह सुनिश्चित करने के लिए रामपुर जाने का निर्णय ले लेते हैं। जब आप रामपुर जाते हैं तब आप देखते हैं कि उल्लेख के अधीन भूखंड ठाकुरगढ़ किले का एक भाग है और कि दीवारें, परकोटे आदि उसके आर-पार बिछे हुए हैं। किला मुख्य गांव से काफी दूर है, इसलिए वहां पर स्कूली बच्चों के लिए गंभीर असुविधा होगा, परंतु गांव के नजदीक के क्षेत्र के विस्तार का एक बड़े आवासीय परिसर में परिवर्तित होने की संभावना है। किले में वर्तमान भूखंड पर विकास प्रभार अत्यधिक होंगे और विरासत स्थल के प्रश्न की ओर ध्यान नहीं दिया गया है। परंतु भूखंड के अधिग्रहण के समय सरपंच आपके पूर्वाधिकारी का एक रिश्तेदार था। समस्त कार्य संपादन कुछ निहित स्वार्थ के साथ किया गया प्रतीत होता है।

(a) सरोकार रखने वाले पक्षों के संभावित निहित स्वार्थों की सूची बनाइए।

(b) आपको उपलब्ध कार्रवाई के कुछ विकल्प नीचे दिए गए हैं। प्रत्येक विकल्प के गुणों-अवगुणों पर चर्चा कीजिए।

(c) आप वरिष्ठ अधिकारी के दौरे की प्रतीक्षा कर सकते हैं और उसको निर्णय करने देते हैं।

(d) आप लिखित रूप में या फोन पर उसकी सलाह ले सकते हैं।

(e) आप अपने पूर्वाधिकारी/सहकर्मियों से परामर्श कर सकते हैं और उसके बाद क्या करना है, इस बात का फैसला कर सकते हैं।

(f) आप मालूम कर सकते हैं कि क्या बदले में कोई दूसरा भूखंड प्राप्त किया जा सकता है और फिर एक सर्वसमावेशी लिखित रिपोर्ट भेज सकते हैं।

क्या आप कोई अन्य विकल्प उचित तर्कों के साथ सुझा सकते हैं? (250 शब्द)

हल : (a) सरोकार रखने वाले पक्षों के संभावित निहित स्वार्थ हो सकते हैं–

1. मुख्य गांव के पास की उपयुक्त भूमि अतिक्रमण के अंतर्गत आ सकती है और ग्राम पंचायत का सरपंच अतिक्रमणकारियों से किसी भी प्रकार का संघर्ष नहीं करना चाहता है।
2. विद्यालय के भवन का निर्माण गांव वालों की नजरों से दूर स्थित स्थान पर होने से घटिया गुणवत्ता वाला निर्माण कार्य करने में आसानी होगी।
3. मुख्य गांव से दूर विद्यालय भवन का उपयोग आपराधिक गतिविधियों के लिए किया जा सकता है

(b) उपलब्ध विकल्पों के गुण-दोषों को निम्नानुसार समझा जा सकता है–

1. पहले विकल्प को लेकर चलने से परेशानियों और विवादों से बचा जा सकता है। इस विकल्प का नकारात्मक पहलू यह है कि परियोजना दीर्घावधि तक लटकी रहेगी और इससे मेरे विरुद्ध अनुशासनात्मक कार्रवाई होने की संभावना बनेगी। मेरे द्वारा प्रदर्शित शिथिलता मेरी न्यून प्रशासनिक क्षमता को उजागर करेगी और मेरी बुरी छवि का निर्माण करेगी।
2. दूसरे विकल्प का चयन मेरी अनिर्णय की स्थिति को प्रदर्शित करेगा। समय सीमा वाले ऐसे प्रशासनिक कार्य को लेकर निर्णय न लेने से मुझे कमजोर प्रशासक माना जाएगा। यह एक प्रकार का नौकरशाही मनोवृत्ति का स्पष्ट उदाहरण है, जो राष्ट्र की धीमी प्रगति का कारण रहा है। इस विकल्प में निहित गुण मात्र यह है कि इससे संघर्ष और टकराव की स्थिति को टाला जा सकता है। इससे निर्णय लेने के लिए कुछ समय मिल जाएगा, परंतु इसकी संभावनाएं नगण्य प्रतीत होती हैं।
3. तीसरा विकल्प पुन: एक कमजोर प्रशासनिक अभिरुचि (Administrative Aptitude) की पहचान है। मेरे पूर्ववर्ती अधिकारी ने गैर-जिम्मेदाराना रवैया अपनाया था, जिसके पीछे उसके निजी स्वार्थ रहे होंगे, अत: वह मुझे भी भ्रमित करेगा। इस विकल्प का लाभ यह हो सकता है कि उससे मुझे कुछ मूल्यवान सुझाव प्राप्त हो जाए इसकी संभावना बहुत कम है।
4. चौथे विकल्प का लाभ यह हो सकता है कि इससे मुझे पहले की गलतियों को सुधारने का अवसर प्राप्त हो जाएगा। मुझे मामले को तेजी से हल करने और सरकार में मिली अच्छी छवि को स्थापित करने में सहायता मिलेगी। इस विकल्प को लेकर चलने से उन लोगों के साथ संघर्ष की स्थिति उत्पन्न हो जाएगी, जो विद्यालय को पुराने चयनित स्थान पर ही निर्मित कराना चाहते हैं। मैं कनिष्ठ अभियंता (Junior Engineer) तथा सहायक अभियंता (Assistant Engineer), जो उस क्षेत्र में कार्यरत हैं, उनके साथ एक राजस्व अधिकारी को भेजने के लिए संबंधित तहसीलदार से चर्चा करूंगा। मैं गांव के नजदीक के सभी संभावित और उपयुक्त स्थानों की खोज करवाऊंगा। इन स्थानों में से पंचायत के वार्ड सदस्यों और ग्रामीणों के बहुमत से एक उपयुक्त स्थान का चयन करवाऊंगा। यदि स्थान अतिक्रमण के अंतर्गत है, तो इसकी रिपोर्ट जिले के कलेक्टर और मुख्यालय को लिखित रूप से करूंगा तथा अतिक्रमण हटवाए जाने का अनुरोध करूंगा।

प्रश्न 6. आपको हाल में एक जिले में जिला विकास अधिकारी के रूप में नियुक्त किया गया है। उसके बाद जल्दी ही आपने पाया कि आपके जिले के ग्रामीण इलाकों में लड़कियों को स्कूल भेजने के मुद्दे पर काफी तनाव है। गांव के बड़े महसूस करते हैं कि अनेक समस्याएं पैदा हो गई हैं, क्योंकि लड़कियों को पढ़ाया जा रहा है और वे घर के सुरक्षित वातावरण के बाहर कदम रख रही हैं। उनका विचार यह है कि लड़कियों की न्यूनतम शिक्षा के बाद जल्दी से शादी कर दी जानी चाहिए। शिक्षा के बाद लड़कियां नौकरी के लिए भी स्पर्धा कर रही हैं, जो परंपरा से लड़कों का अनन्य क्षेत्र रहा है और पुरुषों में बेरोजगारी में वृद्धि कर रही हैं। युवा पीढ़ी महसूस करती है कि वर्तमान युग में लड़कियों को शिक्षा और रोजगार तथा जीवन निर्वाह के अन्य साधनों के समान अवसर प्राप्त होने चाहिए। पूरा क्षेत्र वयोवृद्धों और युवाओं के बीच तथा उससे आगे दोनों पीढ़ियों में पुरुषों-महिलाओं के बीच विभाजित है। आपको पता चलता है कि पंचायत या अन्य निकायों में या व्यस्त चौराहों पर भी, इस मुद्दे पर गरमागरम वाद-विवाद हो रहा है।

एक दिन आपको सूचना मिलती है कि एक अप्रिय घटना हुई है। स्कूल जाते हुए रास्ते में कुछ लड़कियों के साथ छेड़खानी की गई थी। इस घटना के फलस्वरूप कई सामाजिक समूहों के बीच झगड़े हुए और कानून-व्यवस्था की समस्या पैदा हो गई। गरमागरम वाद-विवाद के बाद बड़े-बूढ़ों ने लड़कियों को स्कूल जाने की अनुमति न देने और जो परिवार उनके आदेश का पालन नहीं करते हैं, ऐसे सभी परिवारों का सामाजिक बहिष्कार करने का सामूहिक निर्णय ले लिया।

(a) लड़कियों की शिक्षा में व्यवधान डाले बिना, लड़कियों की सुरक्षा को सुरक्षित करने के लिए आप क्या कदम उठाएंगे?

(b) पीढ़ियों के बीच संबंधों में समरसता सुनिश्चित करने के लिए आप गांव के वयोवृद्धों की पितृतंत्रात्मक अभिवृत्ति को किस प्रकार ठीक करेंगे। (250 शब्द)

हल : (a) मैं विकास खंड अधिकारी (Block Development officer–BDO) और उप मंडल दंडाधिकारी (Sub Divisional Magistrate) तथा संबंधित पुलिस अधिकारी से चर्चा करूंगा। मैं जिले के कलेक्टर और पुलिस अधीक्षक से भी बात करूंगा कि वे क्रमशः उप मंडल दंडाधिकारी तथा पुलिस अधिकारी को लड़कियों के साथ छेड़छाड़ करने वाले असामाजिक तत्त्वों को गिरफ्तार करने और आवश्यक सुरक्षा इंतजाम करने के निर्देश दें (यदि संभव हो तो महिला पुलिसकर्मियों को भी लगाएं)। मैं विकास खंड अधिकारी को निर्देश दूंगा कि वह सरपंच और ग्राम पंचायत के अन्य कर्मचारियों को साथ लेकर ग्रामीण लड़कियों के आने-जाने के समय पर गश्ती (Patrolling) करे। पंचायत गांव के कुछ स्वयं सेवकों (Volunteers) की भी सहायता ले सकती है। मैं ग्रामीण छात्राओं का आत्मविश्वास बढ़ाने के लिए उनको आत्मरक्षा का प्रशिक्षण भी आरंभ कराऊंगा।

(b) मैं अभिवृत्ति परिवर्तन (Attitude Change), अनुनय (Persuasion) और भावनात्मक बुद्धिमत्ता (Emotional Intelligence) के यंत्रों (Tools) का प्रयोग करूंगा और इनके प्रयोग से ग्रामीण वयोवृद्धों की पितृतंत्रात्मक अभिवृत्ति को परिवर्तित करने का प्रयास करूंगा। मैं ग्रामीणों के साथ एक चौपाल (बैठक) लगाऊंगा और वयोवृद्धों में व्याप्त भय तथा रूढ़ियों को समझने का प्रयास करूंगा। मैं गांव के वयोवृद्धों को समझाने के लिए गांव के युवाओं की भी सहायता लूंगा। मैं उन्हें बालिकाओं को शिक्षित करने के लाभ से अवगत कराऊंगा। मैं उन्हें बालिकाओं की सफलता की कहानियां सुनाकर बालिकाओं को विद्यालय भेजने के लिए प्रेरित करूंगा तथा यह भी बताऊंगा कि किस प्रकार लड़के अपने वृद्ध माता-पिता की देखभाल करने में कई बार विफल रहे हैं, तब लड़कियों ने माता-पिता की देखभाल की है।

केस अध्ययन 2016

निम्नलिखित प्रश्नों में दिए गए प्रकरणों को ध्यानपूर्वक पढ़िए और उसके बाद पूछे गए प्रश्नों के उत्तर दीजिए।

प्रश्न 1. इंजीनियरिग की एक नई स्नातक (ग्रेजुएट) को एक प्रतिष्ठित रासायनिक उद्योग में नौकरी मिली है। वह कार्य को पसंद करती है। वेतन भी अच्छा है। फिर भी, कुछ महीनों के पश्चात् इत्तफाक से उसने पाया कि उच्च विषाक्त अवशेष को गोपनीय तरीके से नजदीकी नदी में प्रवाहित किया जा रहा है। यह अनुप्रवाह में रहने वाले ग्रामीणों, जो पानी की आवश्यकता के लिए नदी पर निर्भर हैं, के स्वास्थ्य की समस्याओं का कारण बनता जा रहा है। वह विचलित है और वह अपनी चिंता सहकर्मियों को प्रकट करती है, जो लंबे समय से कंपनी के साथ रहे हैं। वे उसे चुप रहने की सलाह देते हैं, क्योंकि जो भी इस विषय का उल्लेख करता है, उसको नौकरी से निकाल दिया जाता है। वह अपनी नौकरी खोने का खतरा नहीं ले सकती, क्योंकि वह अपने परिवार की एकमात्र जीविका चलाने वाली है और उसे अपने बीमार माता-पिता एवं भाई-बहनों का भरण-पोषण करना होता है। प्रथमतः, वह सोचती है यदि उसके वरिष्ठ चुप हैं, तो वह ही क्यों अपनी गर्दन बाहर निकाले। परंतु उसका अंतःकरण नदी को एवं नदी पर निर्भर रहने वाले लोगों को बचाने के लिए कुछ करने की प्रेरणा देता है। अंतःकरण से वह महसूस करती है कि उसके मित्रों द्वारा दिया गया चुप रहने का परामर्श उचित नहीं है, यद्यपि वह उसके कारण नहीं बता सकती है। वह सोचती है कि आप एक बुद्धिमान व्यक्ति हैं तथा वह आपका परामर्श पूछती है।

(a) चुप रहना उसके लिए नैतिक रूप से सही नहीं है यह दर्शाने के लिए आप क्या तर्क प्रस्तुत कर सकते हैं?

(b) आप उसे कौन-सा रास्ता अपनाने की सलाह देंगे और क्यों देंगे? (250 शब्द)

हल : (a) मैं निम्नलिखित आधारों के अंतर्गत गांव के भोले-भाले और पूर्णतः अनभिज्ञ लोगों के जीवन की रक्षा हेतु आवाज उठाने के लिए उसका मार्गदर्शन करूंगा–

1. उपयोगितावादी विचार (Utilitarian Tradition) अधिकतम व्यक्तियों के लिए अधिकतम सुख की स्थापना पर बल देता है। यदि उसके सुख का त्याग करने से संपूर्ण मानवता के सुख में वृद्धि होती है, तब कंपनी के विरोध में खड़े होकर अपने हितों का त्याग करना सही होगा।
2. कर्तव्य आधारित या परिणाम निरपेक्षी विचार (Deontological Tradition) संवैधानिक नैतिकता को पुष्ट करता है,

जिसके अनुसार राज्य के प्रत्येक नागरिक के कुछ मूलभूत कर्तव्य होते हैं। उसे तत्काल जिला प्रशासन को इस संबंध में सूचित करना चाहिए।

3. सद्‌गुण नीतिशास्त्र (Virtue Ethics) एक व्यक्ति को सद्‌गुणों के अनुरूप व्यवहार करने पर विवश करता है। इस प्रकार की मुसीबत में व्यक्ति को ज्ञान (Wisdom), साहस (Courage) और न्याय (Justice) जैसे महत्त्वपूर्ण सद्‌गुणों को अपने आचरण में प्रदर्शित करना चाहिए।
4. "एक अपरीक्षित जीवन जीने योग्य नहीं है" (An Unexamined Life is Not Worth Living), यह सुकरात की प्रसिद्ध उक्ति है, जो व्यक्ति को उसके जीवन के उद्‌देश्य का विश्लेषण करने पर बल देती है और शुभ की स्थापना के लिए कुछ भी न्योछावर करने के लिए प्रेरित करती है। गांधी जी के अनुसार, "नैतिकता के बिना व्यवसाय" (Commerce Without Morality) एक महान पाप है।
5. व्यक्ति को अंतरात्मा की आवाज (Voice of Conscience) की अनदेखी नहीं करनी चाहिए, क्योंकि किसी भी प्रकार की दुविधा में यह सबसे सटीक मार्गदर्शन प्रदान करती है।

(b) मैं उसे सलाह दूंगा कि वह तत्काल अपने उच्चाधिकारियों को आने वाले खतरे के बारे में लिखे कि किस प्रकार नदी में जहरीला कचरा मिलकर नदी के जल को विषाक्त कर रहा है। उसे तत्काल जिला प्रशासन को भी इसके संबंध में सूचित करना चाहिए। यदि जिला प्रशासन कार्रवाई करता हुआ दिखाई देता है, तो जिला प्रशासन की जल को प्रदूषण मुक्त करने में सहायता करनी चाहिए। इसके विपरित, यदि जिला प्रशासन इसके संबंध में कोई प्रतिक्रिया नहीं दिखाता, तो उसे तत्काल संबंधित ग्राम पंचायत के सरपंच, स्थानीय जनप्रतिनिधियों से चर्चा कर वस्तुस्थिति समझानी चाहिए और लोगों को नदी के जल का सेवन करने से रोकना चाहिए। जन प्रतिनिधियों और स्थानीय ग्रामीणों के माध्यम से जिला प्रशासन एवं कंपनी पर दबाव बनाना चाहिए।

प्रश्न 2. खनन, बांध एवं बड़े पैमाने की अन्य परियोजनाओं के लिए आवश्यक भूमि अधिकतर आदिवासियों, पहाड़ी निवासियों एवं ग्रामीण समुदायों से अर्जित की जाती है। विस्थापित व्यक्तियों को कानूनी प्रावधानों के अनुरूप मौद्रिक मुआवजा दिया जाता है। फिर भी, भुगतान प्राय: धीमी गति से होता है। किसी भी हालत में विस्थापित परिवार लंबे समय तक जीवनयापन नहीं कर पाते। उन लोगों के पास बाजार की आवश्यकतानुसार किसी दूसरे धंधे में लगने का कौशल भी नहीं होता है। वे आखिरकार कम मजदूरी वाले आवर्जिक प्रवासी श्रमिक बन जाते हैं। इसके अलावा, उनके सामुदायिक जीवन के परंपरागत तरीके समाप्त हो जाते हैं। अत: विकास के लाभ उद्योगों, उद्योगपतियों एवं नगरीय समुदायों को चले जाते हैं, जबकि विकास की लागत इन गरीब असहाय लोगों पर डाल दी जाती है। लागतों एवं लाभों का यह अनुचित वितरण अनैतिक है।

यदि आपको ऐसे विस्थापित व्यक्तियों के लिए अच्छे मुआवजे एवं पुनर्वास की नीति का मसौदा बनाने का कार्य दिया जाता है, तो आप इस समस्या के संबंध में क्या दृष्टिकोण रखेंगे एवं आपके द्वारा सुझाई गई नीति के मुख्य तत्त्व कौन-कौन-से होंगे? (250 शब्द)

हल : मैं इस प्रकार की नीति बनाऊंगा, जिसमें आदिवासियों का पुनर्वास सुनिश्चित हो सके और न्यूनतम सामाजिक मूल्य पर बेहतर जीवन प्रदान किया जा सके। मैं पुनर्वास योजना में निम्नलिखित प्रावधान रखूंगा–

1. मैं भूमि के बदले भूमि देने का विकल्प रखूंगा न कि पूर्णत: मौद्रिक मुआवजा देने का, ताकि आदिवासी अपनी इच्छा से निर्णय ले सकें न कि किसी दबाव में।
2. मैं लगभग समान या बेहतर उर्वरता वाली भूमि को पुनर्वास के लिए खोजने का प्रयास करूंगा, साथ ही यह भी सुनिश्चित करूंगा कि वह स्थान बाजार केंद्र के समीप स्थित हो, ताकि पुनर्वास के बाद आदिवासी नजदीक ही आर्थिक गतिविधियां करने में सक्षम हों, छोटे-मोटे रोजगार कर सकें और शिक्षा स्वास्थ्य सुविधा प्राप्त कर सकें।
3. मैं पुनर्वास वाले स्थान पर आधारभूत संरचनाओं, जैसे- उच्च प्राथमिक विद्यालय, सामुदायिक भवन, पहुंच मार्ग, आंतरिक मार्ग, आदि की मनरेगा (MNREGA), प्रदर्शन अनुदान (Performance Grant) और पुनर्वास के लिए अलग से पैकेज की सहायता से निर्माण योजना बनाऊंगा।
4. मैं भूमि अधिग्रहण योजना में अनिवार्य विकास गतिविधियों को शामिल करूंगा, जिसमें कॉर्पोरेट क्षेत्रकों से कॉर्पोरेट सोशल रिस्पांसिबिलिटी (CSR) निधि से विकास करने की चर्चा होगी।

पुनर्वास नीति के पीछे के मूल विचार न्याय, समानुभूति, भावनात्मक बुद्धिमत्ता, मनोवृत्ति परिवर्तन, अनुनय, कमजोर वर्गों के प्रति दया और लोक सेवा के प्रति समर्पण होने चाहिए। न्याय का विचार आदिवासियों की भूमि के अधिग्रहण से उनके प्रति उत्पन्न होने वाली देयताओं (Dues) की पूर्ण भरपाई से संबंधित है। उन्हें ठीक वह वस्तु लौटानी होगी, जो उनसे छीनी जा रही है। विनिमयात्मक न्याय (Commutative Justice) और वितरणमूलक न्याय (Dustributive justice) के सिद्धांतों को पुनर्वास योजना में शामिल किया जाना चाहिए। आदिवासियों की पीड़ा और भावनाओं को समझना चाहिए, जो उनको अपनी जमीन को छोड़कर जाने से होगी। समानुभूति और भावनात्मक बुद्धिमत्ता का प्रयोग करना चाहिए तथा इस उद्देश्य के लिए वृहत् स्तर पर आदिवासियों का साक्षात्कार और व्यक्तिगत संवाद रिकॉर्ड किया जाना चाहिए। उन लोगों की मनोवृत्ति को बदलने के लिए लगातार परामर्श और उनका विश्वास जीतने का प्रयास करना चाहिए, क्योंकि प्राय: ऐसा देखा जाता है कि पुनर्वासित लोग पुन: लौटकर अधिग्रहण क्षेत्र के नजदीक आकर बस जाते हैं, जो खतरे की स्थिति उत्पन्न करता है।

प्रश्न 3. कल्पना करें कि आप एक सामाजिक सेवा योजना की क्रियान्विति के कार्य प्रभारी हैं, जिससे बूढ़ी एवं निराश्रय महिलाओं को सहायता प्रदान करनी है। एक बूढ़ी एवं अशिक्षित महिला योजना का लाभ प्राप्त करने के लिए आपके पास आती है। यद्यपि, उसके पास पात्रता के मानदंडों को पूरा करने वाले कागजात दिखाने के लिए नहीं हैं। परंतु उससे मिलने एवं उसे सुनने से आप यह महसूस करते हैं कि उसे सहायता की निश्चित रूप से आवश्यकता है। आपकी जांच में यह भी आया है कि वास्तव में वह दयनीय दशा में निराश्रित जीवन व्यतीत कर रही है। आप इस धर्मसंकट में हैं कि क्या किया जाए। उसे बिना आवश्यक कागजात के योजना में सम्मिलित किया जाना, नियमों का स्पष्ट उल्लंघन होगा। उसे सहायता के लिए मना करना भी निर्दयता एवं अमानवीय होगा।

(a) क्या आप इस धर्मसंकट के समाधान के लिए कोई तार्किक तरीका सोच सकते हैं?

(b) इसके लिए अपने कारण बतलाइए। (250 शब्द)

हल : (a) यहां एक ओर, कर्तव्य आधारित नियमात्मक और परिणाम निरपेक्षी परंपरा (Deontological Tradition) तथा दूसरी ओर, मानवीय दृष्टिकोण आधारित नैतिकता नैतिक दुविधा उत्पन्न कर रही है। मैं इस दुविधा को हल करने के लिए एक बीच का रास्ता निकालने का प्रयास करूंगा, जिससे नियमों का भी पालन हो जाए और निराश्रित महिला को लाभ प्राप्त हो जाए।
मैं समानुभति का गुण रखने वाले और योग्य अधीनस्थ कर्मचारियों का एक दल गठित करूंगा तथा उन्हें निर्देशित करूंगा कि महिला को योजना के अंतर्गत लाभ देने के लिए नियमों को पूरा करने हेतु सभी आवश्यक दस्तावेज जुटाएं, वह महिला योजना का लाभार्थी होने के लिए अर्ह (Eligible) है, परंतु उसके पास दस्तावेज उपलब्ध नहीं हैं। मैं स्थानीय निकाय (शहरी क्षेत्र में नगरीय निकाय/ग्रामीण क्षेत्रों में ग्राम पंचायत) से महिला की गरीबी रेखा, जाति, आय, भूमि का स्वामित्व आदि के संबंध में प्रमाण पत्र प्राप्त करूंगा तथा उसको योजना के अंतर्गत लेकर आऊंगा।

(b) उपरोक्त व्यक्तिगत प्रयासों के पीछे के विचार निम्नलिखित हैं–

1. मेरा कार्य वास्तविक लाभार्थी तक योजना का लाभ पहुंचाना है। वह महिला योजना का लाभ पाने से संबंधित सभी शर्तों को पूरा करती है, उसके पास दस्तावेज उपलब्ध नहीं हैं। अत: उसकी सहायता करना वास्तविक कर्तव्य (Actual Duty) और प्रथम दृष्टया कर्तव्य (Prima Facie Duty) दोनों है।
2. कमजोर वर्गों के प्रति दया का भाव रखना सिविल सेवा का एक महत्त्वपूर्ण मूलभूत मूल्य है।
3. सुशासन की अवधारणा में समावेशीयता (Inclusiveness) एक महत्त्वपूर्ण घटक है
4. उपरोक्त कार्य प्रणालियां कर्तव्य आधारित/परिणाम निरपेक्षता (Deontology) और प्रयोजनमूलकता (Teleology) के मध्य संतुलन स्थापित करने में सहायक होगी।
5. गांधी जी का दर्शन "अंतिम पंक्ति के व्यक्ति के बारे में सोचकर निर्णय लो" और पंडित दीनदयाल उपाध्याय की "अंत्योदय" की अवधारणा भी मेरे विचार को पुष्ट करती है।

प्रश्न 4. आप एक सरकारी कार्यालय में अपने विभाग के निदेशक के सहायक के रूप में कार्यरत एक युवा उच्चाकांक्षी एवं निष्कपट कर्मचारी हैं। जैसा कि आपने अभी पद ग्रहण किया है, आपको सीखने एवं प्रगति की आवश्यकता है। भाग्यवश

आपका उच्चस्थ बहुत दयालु एवं आपको अपने कार्य के लिए प्रशिक्षित करने के लिए तैयार है। वह बहुत बुद्धिमान एवं पूर्ण जानकार व्यक्ति है, जिसे विभिन्न विभागों का ज्ञान है। संक्षेप में, आप अपने बॉस का सम्मान करते हैं और उससे बहुत कुछ सीखने को उत्सुक हैं। जैसा कि आपके साथ बॉस के संबंध अच्छे हैं, वह आप पर निर्भर करने लगा है। एक दिन खराब स्वास्थ्य के कारण उसने आपको कुछ आवश्यक कार्य पूरा करने के लिए घर पर बुलाया। आप उसके घर पहुंचे एवं घंटी बजाने से पूर्व आपने जोर-जोर से चिल्लाने का शोर सुना। आपने कुछ समय प्रतीक्षा की। घर में प्रवेश करने पर बॉस ने आपका अभिनंदन किया और कार्य के बारे में बतलाया। परंतु आप एक औरत के रोने की आवाज से निरंतर व्याकुल रहे। अंत में आपने अपने बॉस से पूछा परंतु उसने संतोषप्रद जवाब नहीं दिया। अगले दिन आप कार्यालय में इसके बारे में आगे जानकारी पाने को उद्वेलित हुए एवं मालूम हुआ कि उसका घर में अपनी पत्नी के साथ व्यवहार बहुत खराब है। वह अपनी पत्नी के साथ मारपीट भी करता है। उसकी पत्नी ठीक से शिक्षित नहीं है और अपने पति की तुलना में एक सरल महिला है। आप देखते हैं कि आपका बॉस कार्यालय में अच्छा व्यक्ति है, परंतु इस स्थिति में, आपके सामने निम्नलिखित विकल्प बचे हैं। प्रत्येक विकल्प का परिणामों के साथ विश्लेषण कीजिए।

(a) इसके बारे में सोचना छोड़ दीजिए, क्योंकि यह उसका व्यक्तिगत मामला है।

(b) उपयुक्त प्राधिकारी को मामले को प्रेषित कीजिए।

(c) स्थिति के बारे में आपका स्वयं का नवप्रवर्तनकारी दृष्टिकोण। (250 शब्द)

हल : (a) मेरे उच्चस्थ का उसकी पत्नी के प्रति व्यवहार की उपेक्षा करने का लाभ यह होगा कि मुझे निरंतर अपने उच्चस्थ से सहयोग और कार्य अनुभव प्राप्त होता रहेगा। मैं उसके परिवार के प्रति उसके व्यक्तिगत आचरण के लिए जिम्मेदार नहीं हूं। यदि मेरे उच्चस्थ का कृत्य आचरण नियमों के उल्लंघन के अंतर्गत आता है, तो यह उच्च अधिकरणों का कार्य है। मेरे पास इस मामले के पर्याप्त साक्ष्य भी नहीं हैं। इस विकल्प को चुनने का दोष यह है कि इससे मेरे अच्छे नागरिक होने के चरित्र का प्रदर्शन नहीं होता और मैं एक स्वार्थी तथा अंतरात्मा की आवाज को न सुनने वाला व्यक्ति सिद्ध होता हूं। यह प्रयोजनमूलकता के विरुद्ध भी है, क्योंकि यदि मेरे उच्चस्थ के विरुद्ध कानूनी कार्रवाई हो गई तो मेरा उद्देश्य पूर्ण नहीं होगा।

(b) उपयुक्त पदाधिकारी को मामले को प्रेषित करने से मैं अनैतिक होने की ग्लानि से बच जाऊंगा। यह कानूनी रूप से और प्रयोजनमूलकता के आधार पर भी सही है। इस विकल्प के चयन से हानि यह हो सकती है कि मेरे उच्चस्थ से मेरे संबंध बिगड़ जाएंगे और इससे मेरा कॅरियर खराब हो सकता है।

(c) मैं एक बार की घटना के आधार पर किसी निष्कर्ष तक नहीं पहुंचूंगा, बल्कि मामले की और अधिक छानबीन करूंगा। मैं अपने उच्चस्थ के सहकर्मियों और अधीनस्थों से चर्चा करूंगा तथा वास्तविक स्थिति जानने का प्रयास करूंगा। यदि मुझे ज्ञात होता है कि मेरा उच्चस्थ पूर्णत: गलत है, तो मैं अवसर की तलाश करके उच्चस्थ से बात करूंगा। मैं उन्हें इसके दुष्परिणाम के बारे में सजग करूंगा और यह भी बताऊंगा कि मैं उनसे लगातार सीखते रहना चाहता हूं अत: उनके विरुद्ध किसी भी अप्रिय स्थिति के बनने से यह अवसर हाथ से निकल जाएगा। मैं उनका पड़ोसी नहीं हूं और न ही उनकी पत्नी को जानता हूं, मैं उनकी पत्नी के परिजनों को गुप्त रूप से सूचित कर दूंगा। मैं पुलिस या किसी अन्य अधिकारी को भी शिकायत करने की स्थिति में नहीं हूं, क्योंकि मैं न तो साक्षी हूं और न ही यह मेरा वास्तविक कर्तव्य है।

प्रश्न 5. ए.बी.सी. लिमिटेड एक बड़ी पारराष्ट्रीय (Transnational) कंपनी है, जो विशाल शेयरधारक के आधार पर विविध व्यापारिक गतिविधियां संचालित करती है। कंपनी द्वारा निरंतर विस्तार एवं रोजगार सृजन हो रहा है। कंपनी ने अपने विस्तार एवं विविधता कार्यक्रम के अंतर्गत विकासपुरी, जो एक अविकसित क्षेत्र है, में एक नया संयंत्र स्थापित करने का निर्णय किया है। नया संयंत्र ऊर्जा दक्ष प्रौद्योगिकी के प्रयोग के अनुरूप प्रारूपित किया गया है, जो कंपनी की उत्पादन लागत को 20 प्रतिशत बचाएगी। कंपनी के निर्णय सरकार की अविकसित क्षेत्रों के विकास के लिए निवेश को आकर्षित करने की नीति के अनुरूप हैं। सरकार ने उन कंपनियों को पांच वर्ष के लिए करों में छूट (टैक्स होलीडे) की घोषणा की है, जो अविकसित क्षेत्रों में निवेश करती हैं। फिर भी, नया संयंत्र विकासपुरी क्षेत्र के शांतिप्रिय निवासियों के लिए अव्यवस्था पैदा कर देगा। नए संयंत्र के परिणामस्वरूप जीवनयापन की लागत बढ़ेगी, क्षेत्र में विदेशी प्रवासन से सामाजिक एवं आर्थिक व्यवस्था प्रभावित होगी। कंपनी को संभावित विरोध का आभास होने पर उसने विकासपुरी क्षेत्र के लोगों एवं जनता को यह बताने का प्रयास किया कि कंपनी की कॉर्पोरेट सोशल रिस्पांसिबिलिटी (CSR) या कॉर्पोरेट (निगम) सामाजिक

उत्तरदायित्व की नीति विकासपुरी क्षेत्र के निवासियों की संभावित कठिनाइयों को रोकने में सहायक रहेगी। इसके बावजूद भी विरोध प्रारंभ होता है और कुछ निवासी इस आधार पर न्यायपालिका जाने का निर्णय करते हैं कि इससे पूर्व सरकार के सामने दिए गए तर्कों का कोई परिणाम नहीं निकला था।

(a) इस मामले में अंतर्निहित समस्याओं की पहचान कीजिए।

(b) आप कंपनी के लक्ष्यों एवं प्रभावित निवासियों की संतुष्टि के लिए क्या सुझाव दे सकते हैं। (300 शब्द)

हल : (a) इस प्रकरण में शामिल मुद्दा यह है कि विकासपुरी क्षेत्र के निवासियों को अपने सांस्कृतिक ह्रास का भय है। उन्हें भय है कि कंपनी के आने से समुदाय में सामाजिक बुराइयां प्रवेश करने लगेंगी और कंपनी के कर्मचारियों की महंगी जीवनशैली को विकासपुरी क्षेत्र के युवा अनुसरण करने की लालसा रखने लगेंगे।

इन मुद्दों को मनोवृत्ति परिवर्तन, अनुनय, भावनात्मक बुद्धिमत्ता और कॉर्पोरेट शासन व्यवस्था की नैतिकता द्वारा सुलझाया जा सकता है। विकासपुरी के निवासियों की मनोवृत्ति में परिवर्तन किया जाना संभव है। इनके साथ तार्किक और अर्थपूर्ण संवाद स्थापित करके यह भरोसा दिलाया जा सकता है कि कंपनी के आने से विकासपुरी क्षेत्र में रोजगार सृजन होगा और सी.एस.आर. गतिविधियों से क्षेत्र का तेजी से विकास होगा। कंपनी को लोगों की भावनाओं को सहानुभूतिपूर्वक समझना होगा। कंपनी के अधिकारियों द्वारा भावनात्मक बुद्धिमत्ता का प्रयोग करके इस समस्या का हल ढूंढ़ना होगा। स्थानीय निवासियों का उनकी सांस्कृतिक और आर्थिक गिरावट से संबंधित भय को बेरोजगार युवाओं एवं गणमान्य नागरिकों के साथ निरंतर संवाद स्थापित करके दूर किया जा सकता है। कंपनी के अधिकारी उन्हें यह विश्वास दिलाएं कि कंपनी के आने से रोजगार, शिक्षा और स्वास्थ्य सुविधाओं में बढ़ोतरी होगी तथा क्षेत्र को विकास की नई ऊंचाइयां प्राप्त होंगी।

(b) कंपनी को रोजगार सृजन की एक ठोस योजना का निर्माण करना चाहिए, जो इस बात पर फोकस करें कि कंपनी के आने से प्रति व्यक्ति आय कितनी बढ़ जाएगी तथा सी.एस.आर. गतिविधियों के अंतर्गत क्या कार्य किए जाएंगे। इस योजना को विकासपुरी के निवासियों के समक्ष प्रस्तुत करना चाहिए। कंपनी को यह वादा करना चाहिए कि स्थानीय निवासियों की एक समिति बनाई जाएगी, जिसे कंपनी का प्रबंधन प्रति तीन माह में अपने मुद्दे रखने के लिए आमंत्रित करेगा।

(c) गैर-सरकारी संगठनों (NGO) और सामाजिक कार्य संस्थाओं के उद्देश्यों को खतरे में डाले बिना उन पर नियंत्रण सुनिश्चित करने के लिए निम्नलिखित सुझाव हैं–

1. एन.जी.ओ. निर्माण और पंजीकरण में प्रारंभिक औपचारिकताएं कम से कम होनी चाहिए तथा ऑनलाइन माध्यम से होनी चाहिए। यदि कोई एन.जी.ओ. बिना सरकारी सहायता के कार्य करना चाहता है, तो उसे कठोर नियंत्रण से मुक्त होना चाहिए तथा इसके संचालन से संबंधित नियम तुलनात्मक रूप से शिथिल होने चाहिए।
2. इन संस्थानों की छानबीन से संबंधित प्रक्रिया विकसित होनी चाहिए, जो इन संस्थानों द्वारा किए गए कार्यों तथा समाज पर इनके प्रभाव के आकलन पर आधारित होना चाहिए। सरकार और इन संस्थाओं को निधि उपलब्ध कराने या आम जनता से इनको धन प्राप्त होने का एकमात्र आधार यही होना चाहिए।
3. इन एन.जी.ओ. द्वारा किए गए कार्यों का सामाजिक अंकेक्षण होना चाहिए। सामाजिक अंकेक्षण रिपोर्टों का गहनता से अध्ययन होने के उपरांत ही इनकी रेटिंग की जानी चाहिए या इनकी ब्लैकलिस्टिंग की जानी चाहिए।
4. इन संस्थाओं द्वारा किए गए कार्यों के अभिलेखीकरण को ऑनलाइन किए जाने का प्रावधान किया जाना चाहिए और उसे लोगों के लिए उपलब्ध होना चाहिए। जनता को इन कार्यों पर टिप्पणी और शिकायत करने की सुविधा प्राप्त होनी चाहिए।

प्रश्न 6. सरस्वती संयुक्त राज्य अमेरिका (यू.एस.ए.) में सूचना प्रौद्योगिकी की एक सफल पेशेवर थी। अपने देश के लिए कुछ करने की राष्ट्रभावना से प्रेरित होकर वह वापस भारत आई। उसने गरीब ग्रामीण समुदाय हेतु एक पाठशाला बनाने के लिए एक जैसे विचारों वाले कुछ मित्रों के साथ मिलकर एक गैर-सरकारी संगठन (NGO) बनाया। पाठशाला का लक्ष्य नाममात्र की लागत पर उच्च स्तरीय आधुनिक शिक्षा प्रदान करना था। उसने जल्दी ही पाया कि उसे कई सरकारी एजेंसियों से अनुमति लेनी होगी। नियम एवं प्रक्रियाएं बहुत अस्पष्ट एवं जटिल थीं। अनावश्यक देरियों, अधिकारियों की कठोर प्रवृत्ति एवं घूस की लगातार मांग से वह सबसे ज्यादा हतोत्साहित हुई। उसके एवं उस जैसे दूसरों के अनुभव ने लोगों को सामाजिक सेवा परियोजनाओं को लेने से रोका हुआ है। स्वैच्छिक सामाजिक कार्य पर सरकारी नियंत्रण के उपाय आवश्यक हैं। परंतु इन्हें बाध्यकारी या भ्रष्ट रूप में प्रयोग में नहीं लिया जाना चाहिए। आप यह सुनिश्चित करने के लिए

क्या उपाय सुझाएंगे कि जिससे आवश्यक नियंत्रण के साथ नेक इरादों वाले ईमानदार गैर-सरकारी संगठन के प्रयासों में बाधा नहीं आए? (300 शब्द)

हल : एन.जी.ओ. और सामाजिक कार्य संस्थाओं के उद्‌देश्यों को खतरे में डाले बिना उन पर नियंत्रण सुनिश्चित करने के लिए निम्नलिखित सुझाव हैं-

1. गैर-सरकारी संगठन (NGO) के निर्माण और पंजीकरण में प्रारंभिक औपचारिकताएं कम से कम होनी चाहिए तथा ऑनलाइन माध्यम से होनी चाहिए। यदि कोई एन.जी.ओ. बिना सरकारी सहायता के कार्य करना चाहता है, तो इसे कठोर नियंत्रण से मुक्त होना चाहिए तथा इसके संचालन से संबंधित नियम तुलनात्मक रूप से शिथिल होने चाहिए।
2. इन संस्थाओं की छानबीन से संबंधित प्रक्रिया विकसित होनी चाहिए, जो इन संस्थाओं द्वारा किए गए कार्यों और समाज पर उनके प्रभाव के आकलन पर आधारित होनी चाहिए। सरकार और इन संस्थाओं को निधि उपलब्ध कराने या आम जनता से इनको धन प्राप्त होने का एकमात्र आधार यही होना चाहिए।
3. इन एन.जी.ओ. द्वारा किए गए कार्यों का सामाजिक अंकेक्षण होना चाहिए। सामाजिक अंकेक्षण रिपोर्टों का गहनता से अध्ययन होने के उपरांत ही इनकी रेटिंग की जानी चाहिए या इनकी ब्लैकलिस्टिंग की जानी चाहिए।
4. इन संस्थाओं द्वारा किए गए कार्यों के अभिलेखीकरण को ऑनलाइन किए जाने का प्रावधान किया जाना चाहिए और उसे लोगों के लिए उपलब्ध होना चाहिए। जनता को इन कार्यों पर टिप्पणी और शिकायत करने की सुविधा प्राप्त होनी चाहिए।

केस अध्ययन 2017

प्रश्न 1. आप एक ईमानदार और जिम्मेदार सिविल सेवक हैं। आप प्राय: निम्नलिखित को प्रेक्षित (Observe) करते हैं-

(a) एक सामान्य धारणा है कि नैतिक आचरण का पालन करने से स्वयं को भी कठिनाइयों का सामना करना पड़ सकता है और परिवार के लिए भी समस्याएं पैदा हो सकती हैं, जबकि अनुचित आचरण जीविका लक्ष्यों तक पहुंचने में सहायक हो सकता है।

(b) जब अनुचित साधनों को अपनाने वाले लोगों की बड़ी संख्या होती है, तो नैतिक साधन अपनाने वाले अल्पसंख्यक लोगों से कोई फर्क नहीं पड़ता।

(c) नैतिक तरीकों का पालन करना वृहद् विकासात्मक लक्ष्यों के लिए हानिकारक है।

(d) चाहे कोई बड़े अनैतिक आचरण में सम्मिलित न हो, लेकिन छोटे-मोटे उपहारों का आदान-प्रदान प्रणाली को अधिक कुशल बनाता है।

उपर्युक्त कथनों की उनके गुणों और दोषों सहित जांच कीजिए। (250 शब्द)

हल : (A) कथन (a) में निहित गुण निम्नलिखित हैं-

1. इससे उच्चाधिकारियों और राजनेताओं से होने वाले संघर्ष से बचा जा सकता है।
2. बार-बार स्थानांतरण और बेकार पदस्थापनाओं की समस्या से मुक्ति मिल सकती है।
3. बात मानने वाला व्यक्ति (Yes Man) सदैव राजनेताओं और उच्चाधिकारियों की पहली पसंद होता है।
4. महत्त्वपूर्ण पदस्थापना और अच्छी जिम्मेदारियां पसंद के अधिकारियों को ही दी जाती हैं, जो कि उनके सेवाकाल में मील का पत्थर सिद्ध होती हैं।

इसमें निहित दोष निम्नानुसार हैं-

1. इस प्रकार की कार्यशैली किसी अप्रिय स्थिति को निर्मित कर सकती है।
2. यह लोक सेवा मूल्यों के विरुद्ध है।
3. यह परिणाम निरपेक्षता (Deontology), प्रयोजनमूलकता (Teleology) और सद्‌गुण नीतिशास्त्र (Virtue Ethics) के विरुद्ध है।

(B) कथन (b) में निहित गुण निम्नलिखित हैं-

1. जो व्यक्ति नैतिक नियमों में फंसे रहते हैं और बाद में अन्य लोगों की तरह हो जाते हैं तथा गलत माध्यमों का प्रयोग करना प्रारंभ कर देते हैं, वे अल्पसंख्यकों में नहीं रह जाते।

2. अल्पसंख्यकों में आने वाले लोग कोई अंतर उत्पन्न नहीं कर पाते और उनके प्रयासों की उपयोगिता शून्य रह जाती है। बहुसंख्यक अधिकारियों का अनुसरण करने से कम से कम व्यक्तिगत जीवन समृद्धिशाली और प्रसन्न हो जाता है।

इसके दोष हैं–

1. परिवर्तन सदैव एक नेतृत्वकर्ता द्वारा लाए जाते हैं, जो भीड़ से अलग, अनूठा और अपने कामों के लिए पहचाना जाने वाला व्यक्ति होता है। दूसरों की तरह बनना अपनी अंतरात्मा की आवाज के विरुद्ध जाने जैसा है।
2. यह एक सद्‌गुणी सिविल सेवक के सद्‌गुणों और अंत:प्रज्ञा (Intuitions) को दूषित करता है।

(C) कथन (c) में निहित गुण हैं–

1. अत्यधिक नैतिक कार्य प्रणाली काम की गति को धीमा कर देती है।
2. बहुत अधिक नैतिक अनुनय व्यक्ति को सनकी बना देता है, जो व्यक्ति को संदेही और अविश्वासी बनाता है। विश्वास में कमी की यह स्थिति निर्णय प्रक्रिया को धीमा कर देती है तथा यह वृहत् लक्ष्य को पूरा करने में बाधक बन जाती है।

इसके दोष निम्नानुसार हैं–

1. भंगुर सत्यनिष्ठा (Fragile Integrity), स्वहित (Self Interest), नैतिकता के साथ समझौता करने जैसी प्रवृत्तियां वृहत् लक्ष्य को प्राप्त नहीं करने देतीं।
2. स्वहित का अनुसरण करने से लोक उद्‌देश्य के लिए आवंटित धन नियमात्मकता और उपयोगिता दोनों को ही पूरा नहीं करता।

(D) कथन (d) में निहित गुण निम्नानुसार हैं–

1. यह स्नेहक (Lubricant) का कार्य करता है और लोक सेवकों की दक्षता में वृद्धि करता है।
2. यदि उच्च लक्ष्यों की प्राप्ति का श्रेय किसी को नहीं दिया जाता, तो वह व्यक्तिगत लाभ लेकर संतुष्ट होगा।
3. यह किसी बड़ी हानि का कारण नहीं बनेगा, क्योंकि आयोजना बढ़े हुए बजट के साथ की जाती है और दक्षतापूर्ण कार्यशैली के माध्यम से लोक प्रदाय की गुणवत्ता से समझौता किए बिना भी धन का कुछ हिस्सा बचाया जा सकता है।

इसके दोष निम्नानुसार हैं–

1. सत्यनिष्ठा तभी स्वीकार योग्य है, जबकि यह किसी भी प्रकार के संदेश के परे हो तथा किसी भी सीमा तक सत्यनिष्ठा से समझौता वास्तव में सत्यनिष्ठा नहीं है।
2. यदि कोई व्यक्ति भ्रष्ट गतिविधियों में लिप्त है चाहे वह किसी भी अनुपात में हो वह लोक कार्यालय की प्रतिष्ठा को हानि पहुंचाता है।
3. यहां तक कि छोटे उपहार लेने से भी व्यक्ति अनुगृहीत हो जाता है, जो हित संघर्ष का कारण बनता है।

प्रश्न 2. आप आई.ए.एस. अधिकारी बनने के इच्छुक हैं और आप विभिन्न चरणों को पार करने के बाद व्यक्तिगत साक्षात्कार के लिए चुन लिए गए हैं। साक्षात्कार के दिन जब आप साक्षात्कार स्थल की ओर जा रहे थे, तब आपने एक दुर्घटना देखी जहां एक मां और बच्चा जो कि आपके रिश्तेदार थे, दुर्घटना के कारण बुरी तरह से घायल हुए थे। उन्हें तुरंत सहायता की आवश्यकता थी।

आपने ऐसी परिस्थिति में क्या किया होता? अपनी कार्रवाई का औचित्य समझाइए। (250 शब्द)

हल : यह एक प्रकार की नैतिक दुविधा की स्थिति है, जिसमें एक ओर दो लोगों का जीवन दांव पर लगा है, तो दूसरी ओर मेरा कॅरियर (Career) और सपना दांव पर लगा है। अलग-अलग नैतिक सिद्धांत इस परिस्थिति में अलग-अलग हल प्रदान करेंगे। यह मेरी भावनात्मक बुद्धिमत्ता (Emotional Intelligence) की भी परीक्षा है। मैं सर्वाधिक संतुष्ट करने वाले उत्तर तक एक-एक करके मार्गदर्शी विचार प्रतिपादित करके प्राप्त करने का प्रयास करूंगा–

1. प्लेटो न्याय (Justice) को अपना-अपना काम करते रहने की स्थिति (Doing Your Own Things) के रूप में परिभाषित करते हैं। कार्यों को समाज के विभिन्न वर्गों के मध्य बांटा गया है। सरकार ने त्वरित आकस्मिक सेवा की स्थापना इस तरह के मामलों के लिए की है, जिनकी बराबरी मेरे द्वारा किया जाना संभव नहीं है। सरकार द्वारा स्थापित त्वरित सेवाओं को सूचित करना मात्र ही मेरे कर्तव्य की परिधि के अंतर्गत आता है, इसके आगे की कार्रवाई के लिए न तो मैं सक्षम हूं और

न ही जवाबदेह। सर्वसंबंधितों को सूचना देते ही मेरी भूमिका समाप्त हो जाती है। यह दृष्टिकोण प्रयोजनमूलक सिद्धांत के भी अनुकूल है।

2. मुझे अपने प्रथम दृष्टया कर्तव्य (Prima Facie Duty) और वास्तविक कर्तव्यों (Actual Duty) का ज्ञान होना चाहिए। एक ओर दुर्घटना के शिकार व्यक्ति की सहायता करना तथा दूसरी ओर साक्षात्कार के लिए भागना इन दोनों कर्तव्यों की तुलना करने पर दूसरा कर्तव्य महत्त्वपूर्ण बनकर उभरता है। मेरा वास्तविक कर्तव्य आई.ए.एस. (IAS) अधिकारी बनना और अपने सपनों को सच करना है, क्योंकि अनेक लोगों के प्रयास और उम्मीदें इस सपने के पूरा होने से जुड़ी हुई हैं। यह दृष्टिकोण प्रयोजनमूलक परंपरा के भी अनुरूप है।

मैं तत्काल घटनास्थल पर रुकूंगा और आपातकालीन सेवा (एंबुलेंस) तथा पुलिस को सूचित करूंगा। इसके पश्चात् मैं दुर्घटनाग्रस्त मां और बेटे के रिश्तेदारों को सूचित करूंगा। चूंकि मैं कोई चिकित्सक नहीं हूं अत: मैं स्वयं उनकी कोई सहायता नहीं कर सकता हूं यदि समय मिलता है, तो आपातकालीन सेवाओं की त्वरित पहुंच के लिए बातचीत करता रहूंगा। मैं सभी को सूचित करके अपने साक्षात्कार के लिए निकल जाऊंगा।

प्रश्न 3. आप किसी संगठन के मानव संसाधन विभाग के अध्यक्ष हैं। एक दिन कर्मचारियों में से एक का ड्यूटी करते हुए देहांत हो गया। उसका परिवार मुआवजे की मांग कर रहा था, किंतु कंपनी ने इस कारण मुआवजा देने से इनकार कर दिया, क्योंकि कंपनी को जांच द्वारा ज्ञात हुआ कि कर्मचारी दुर्घटना के समय नशे में था। कंपनी के कर्मचारी मृतक कर्मचारी के परिवार को मुआवजा देने की मांग करते हुए हड़ताल पर चले गए। प्रबंधन बोर्ड के अध्यक्ष ने आपसे इस संबंध में सलाह देने को कहा। प्रबंधन मंडल को आप क्या सलाह देंगे? अपनी दी गई सलाहों में से प्रत्येक के गुणों और दोषों की चर्चा कीजिए।

(250 शब्द)

हल : मैं निम्नलिखित सुझाव प्रस्तुत करूंगा–

1. मैं किसी भी प्रकार की क्षतिपूर्ति प्रदान किए जाने को पूर्णत: इनकार करूंगा, क्योंकि कर्मचारी कार्य के दौरान नशे की हालत में था।
2. मैं मृत कर्मचारी के परिवार के एक सदस्य को अनुकंपा नियुक्ति के आधार पर नौकरी देने का सुझाव दूंगा।

पहले सुझाव में निहित गुण यह है कि इससे संगठन के सभी कर्मचारियों के बीच एक मजबूत संदेश पहुंचेगा और कोई भी कर्मचारी भविष्य में इस प्रकार का कदाचार करने की हिम्मत नहीं करेगा। इस प्रकार का कृत्य पेशेवर नैतिकता (Professional Ethics) और कंपनी के कानून के विरुद्ध भी है। इस प्रकार यह सुझाव परिणाम निरपेक्षी परंपरा (Deontological Tradition) के अनुरूप भी है। मेरे पहले सुझाव में निहित दोष है कि हड़ताल की अवधि बढ़ सकती है, जिससे कंपनी को वित्तीय हानि होगी।

दूसरे सुझाव में निहित गुण कमजोर वर्ग के प्रति दया और सहानुभूति जैसे मानवीय मूल्यों को सुनिश्चित करने से संबंधित है। इससे यह संदेश जाएगा कि कंपनी नियमों के साथ किसी भी तरह का समझौता करने के लिए तैयार नहीं है, परंतु साथ ही अपने कर्मचारियों के कल्याण के लिए गंभीर है। दूसरे सुझाव में निहित दोष यह है कि अप्रत्यक्ष रूप से यह कर्मचारी के परिवार का भविष्य सुनिश्चित करेगा और कर्मचारी भविष्य में कंपनी के इस निर्णय का दुरुपयोग कर सकते हैं।

प्रश्न 4. आप एक स्पेयर पार्ट कंपनी "ए" के मैनेजर हैं और आपको एक बड़ी उत्पादक कंपनी "बी" के मैनेजर से सौदे के लिए बातचीत करनी है। सौदा अत्यधिक प्रतिस्पर्धात्मक है और आपकी कंपनी के लिए यह सौदा प्राप्त करना बहुत महत्त्वपूर्ण है। डिनर पर सौदा किया जा रहा है। डिनर के पश्चात् उत्पादक कंपनी "बी" के मैनेजर ने आपको अपनी गाड़ी से आपके होटल छोड़ने का प्रस्ताव किया। होटल जाते समय कंपनी "बी" के मैनेजर से एक मोटरसाइकिल को टक्कर लग गई, जिससे मोटरसाइकिल पर सवार व्यक्ति बुरी तरह घायल हो गया। आप जानते हैं कि मैनेजर तीव्र गति से गाड़ी चला रहा था और वह गाड़ी पर नियंत्रण खो बैठा था। विधि प्रवर्तन अधिकारी इस घटना की जांच करने के लिए आते हैं और आप इस घटना के एकमात्र प्रत्यक्ष साक्षी हैं। सड़क दुर्घटनाओं के कड़े कानूनों को जानते हुए आप इस बात से अवगत हैं कि आपके इस घटना के सच्चे बयान से कंपनी "बी" के मैनेजर पर अभियोग चलाया जा सकता है, जिसके परिणामस्वरूप सौदा होना खतरे में पड़ सकता है और यह सौदा आपकी कंपनी के लिए अत्यधिक महत्त्वपूर्ण है।

आप किस प्रकार की दुविधाओं का सामना करेंगे? इस परिस्थिति के बारे में आपकी क्या प्रतिक्रिया होगी?

(250 शब्द)

हल : यहां दुविधा इस बात से संबंधित है कि मैं दोषी को बचाऊं या मैं कानून का सहयोग करूं। वास्तविक अर्थों में, यह एक नैतिक दुविधा नहीं है, बल्कि यह हित संघर्ष से संबंधित दुविधा है। यहां एक ओर मेरा और मेरे संगठन का हित खतरे में पड़ता दिखाई देता है तथा दूसरी ओर कंपनी 'बी' के प्रबंधक द्वारा राज्य के विरुद्ध अपराध किया गया, जिसके लिए उसे मेरे बयान के आधार पर सजा मिल सकती है।

मैं सच बोलूंगा और विधि प्रवर्तन अधिकारी का पूर्ण सहयोग करूंगा। मेरे इस निर्णय के पीछे के निम्नलिखित कारण हैं–

1. कर्तव्यवादी नैतिकता (Deontological Ethics) के अनुसार, व्यक्ति को कानून का पालन करना चाहिए और कानून का सहयोग करना चाहिए।
2. सच बोलने की उपयोगिता यह है कि इससे कंपनी 'बी' के प्रबंधक को कानून द्वारा सजा मिलेगी और साथ ही इससे वह भविष्य में ऐसा कोई कृत्य नहीं करेगा। इस प्रकार मेरा निर्णय भविष्य में किसी बड़ी अशुभ घटना को रोक सकता है।
3. "एक अपरीक्षित जीवन जीने योग्य नहीं है" (An Unexamined Life is Not Worth Living) सुकरात का यह कथन मुझे स्व-आकलन के मूल्य और इसके निहितार्थ का ज्ञान कराता है।
4. मुझे यह समझना चाहिए यह प्रकरण निजी संबंधों के अंतर्गत परिभाषित नहीं हो रहा, बल्कि यह लोक संबंधों की परिधि में आता है। अत: मुझे लोक संबंधों में नैतिकता के अनुसार आचरण करना चाहिए।

प्रश्न 5. एक मकान, जिसे तीन मंजिल बनाने की अनुमति मिली थी, उसे निर्माणकर्ता द्वारा अवैध रूप से छह मंजिल बनाया जा रहा था और वह ढह गया। इसके कारण कई निर्दोष मजदूर, जिनमें महिलाएं व बच्चे भी शामिल थे, मारे गए। ये सब मजदूर भिन्न-भिन्न स्थानों से आए हुए थे। सरकार द्वारा तुरंत मृतक परिवारों को नगद मुआवजा घोषित किया गया और निर्माणकर्ता को गिरफ्तार कर लिया गया। देश में होने वाली इस प्रकार की घटनाओं के कारण बताइए। इस प्रकार की घटनाओं को रोकने के लिए अपने सुझाव दीजिए। (250 शब्द)

हल : इस प्रकार की घटनाओं के पीछे के कारण–

1. लंबवत विकास (Vertical Development) करने से भवन निर्माण में व्यय कम होता है और निर्माताओं को अधिक लाभ प्राप्त होता है।
2. अधिक मंजिलों के निर्माण की स्वीकृति के लिए निर्माण की गुणवत्ता हेतु मानक बढ़ जाते हैं, जैसे सुरक्षा नियमों का प्रावधान, पार्किंग के लिए अधिक स्थान, प्लॉट की अधिक चौड़ाई, पक्का पहुंच मार्ग आदि। इससे निर्माण व्यय बढ़ जाता है।
3. शहरी क्षेत्रों में राजस्व अधिकारियों, नगर निगम प्राधिकारियों और अभियंताओं की सांठगांठ से सुरक्षा मानकों की उपेक्षा तथा धरातल पर स्वीकृत प्रस्ताव अनुरूप कार्य न करके सस्ती निर्माण गतिविधियां चलती हैं।

इस प्रकार की घटनाओं को रोकने के उपाय–

1. निर्माण कार्यों के नियंत्रण में लोक सेवा मूल्य और भावनात्मक बुद्धिमत्ता को सुनिश्चित करना, क्योंकि आपदा की घटनाओं में आपदा के कारण नहीं बल्कि मानव निर्मित कमजोर संरचनाओं के ध्वस्त होने से दुर्घटनाएं होती हैं।
2. निर्माण गतिविधियों में मजबूत सतर्कता प्रावधान और निर्माण कार्य में लापरवाही करने पर कठोर दंड के प्रावधान करना। निर्माण कार्यों की स्वीकृति और विनियंत्रण में भ्रष्टाचार को कम करने के लिए कठोर नियम बनाए जाने चाहिए।
3. इस संदर्भ में रियल एस्टेट नियामक प्राधिकरण अर्थात् रेरा (Real Estate Regulatory Authority–RERA) एक मजबूत उपाय के रूप में उभरकर आया है, परंतु यह सुनिश्चित करना होगा कि यह संस्था भ्रष्टाचार से मुक्त रहे।
4. तटस्थ अभियंताओं के दल और सामाजिक अंकेक्षण दल द्वारा समय-समय पर चल रहे निर्माण कार्यों के सर्वेक्षण का प्रावधान करना चाहिए।
5. टेलीविजन और रेडियो के माध्यम से गहन आई.ई.सी. (Information, Education and Communication–IEC) गतिविधियां करके लोगों को निर्माण योजना और मानकों का ज्ञान कराना, ताकि वे भवन खरीदते समय जागरूक रहें।

प्रश्न 6. आप एक सरकारी विभाग में जन सूचना अधिकारी (Public Information Officer–PIO) हैं। आप जानते हैं कि 2005 का आर.टी.आई. (RTI) अधिनियम प्रशासनिक पारदर्शिता एवं जवाबदेही की परिकल्पना करता है। अधिनियम आमतौर पर कदाचित मनमाना प्रशासनिक व्यवहार एवं कार्यों पर रोक लगाने में कार्यरत है। किंतु एक पी.आई.ओ. के स्वरूप में आपने देखा है कि कुछ ऐसे नागरिक हैं, जो अपने लिए याचिका फाइल करने के बजाय दूसरे हितधारकों के लिए याचिका फाइल करते हैं और इसके द्वारा अपने स्वार्थ को आगे करते हैं। साथ ही, आर.टी.आई. भरने वाले कुछ ऐसे लोग भी हैं, जो नियमित रूप से आर.टी.आई. याचिकाएं भरते रहते हैं और निर्णयकर्ताओं से पैसा निकलवाने का प्रयास करते हैं। इस प्रकार की आर.टी.आई. गतिविधियों ने प्रशासन के कार्यकलापों पर प्रतिकूल प्रभाव डाला है और संभवत: विशुद्ध याचिकाओं को जोखिम में डाल दिया है, जिनका लक्ष्य न्याय प्राप्त करना है।

वास्तविक और अवास्तविक याचिकाओं को अलग करने के लिए आप क्या उपाय सुझाएंगे? अपने सुझावों के गुणों और दोषों का वर्णन कीजिए। (250 शब्द)

हल : आर.टी.आई. आवेदनों में विभेदन करने के लिए निम्नलिखित उपाय किए जा सकते हैं–

1. आर.टी.आई. आवेदनों के लिए ऑनलाइन पोर्टल विकसित करके आसानी से वास्तविक और अवास्तविक आवेदनों की छंटनी की जा सकती है। बार-बार आवेदन करने वाले लोगों को ढूंढ़कर ब्लैक लिस्ट किया जा सकता है।
2. मैं उचित माध्यम और उचित प्रकार से आने वाली याचिकाओं को रोकने के पक्ष में नहीं हूं। मैं एक ऐसी व्यवस्था स्थापित करने के पक्ष में हूं, जो यह पता करे कि प्राप्त याचिका आवेदनकर्ता के निजी हित से संबंधित या वृहद् लोकहित से संबंधित है अथवा अर्थहीन और दुरुपयोग के लिए है। आर.टी.आई. से संबंधित कार्य करने वाले कर्मचारियों को प्रशिक्षित करके इसे सुनिश्चित किया जा सकता है।
3. मैं सूचना को जितना अधिक हो सके लोगों की पहुंच में रखने का प्रयास करूंगा। यदि कोई सूचना पब्लिक डोमेन में है, तो उनसे संबंधित याचिकाओं को स्वीकार नहीं करूंगा।
4. मैं आर.टी.आई. अधिनियम पर कार्यशालाएं और सेमिनार आयोजित कराऊंगा, ताकि शासकीय कर्मचारियों को इस अधिनियम का अच्छा ज्ञान हो जाए। इसके आधार पर वास्तविक और अवास्तविक याचिकाओं को अलग करना आसान हो जाएगा। आर.टी.आई. के अंतर्गत किन सूचनाओं का खुलासा नहीं करना है इसका ज्ञान होना अति आवश्यक है (आर.टी.आई. अधिनियम की धारा 8)।

उपरोक्त सुझावों में निहित गुण –

इन सुझावों द्वारा स्टाफ पर कार्य का बोझ कम हो जाएगा। कपटपूर्ण याचिकाओं को हतोत्साहित किया जा सकता है। इससे लोक कार्यालयों की प्रतिष्ठा में वृद्धि होगी। जो व्यक्ति लोक कार्यालयों के विश्वासश्रित होकर कार्य करते हैं (Fudiciary Relation) उनकी सरकार पर आस्था बनी रहेगी और उन व्यक्तियों के हितों की गोपनीयता के आधार पर सुरक्षा संभव होगी।

उपरोक्त सुझावों में निहित अवगुण –

इन सुझावों में अवगुणों की उपस्थिति बहुत नगण्य है तथापि इनसे कुछ सीमा तक आर.टी.आई. अधिनियम की आत्मा पर कुठाराघात संभव है। ऑनलाइन आर.टी.आई. आवेदन स्वीकार करने से जनता को परेशानी उत्पन्न होगी। साथ ही, आवेदनों की अत्यधिक छानबीन की प्रक्रिया सूचना प्रदाय में विलंब का कारण बन सकती है।

केस अध्ययन 2018

प्रश्न 1. राकेश जिला स्तर का एक जिम्मेदार अधिकारी है, जिस पर उसके उच्च अधिकारी भरोसा करते हैं। उसकी ईमानदारी को ध्यान में रखते हुए सरकार ने उसे वरिष्ठ नागरिकों के लिए स्वास्थ्य देखभाल योजना के लाभार्थियों की पहचान करने का दायित्व सौंपा है।

लाभार्थी होने के लिए निम्नलिखित कसौटिया हैं–

(a) 60 वर्ष की या उससे अधिक आयु हो।
(b) किसी आरक्षित समुदाय से संबंधित हो।

(c) परिवार की वार्षिक आय एक लाख रुपये से कम हो।

(d) इलाज के बाद लाभार्थी के जीवन की गुणवत्ता में सकारात्मक अंतर होने की प्रबल संभावना हो।

एक दिन एक वृद्ध दंपति राकेश के कार्यालय में योजना के लाभ के लिए आवेदन पत्र लेकर आया। यह दंपति उसके जिले के एक गांव में जन्म से रहता आया है। वृद्ध व्यक्ति की बड़ी आंत में एक एसी दुर्लभ बीमारी का पता लगा, जिससे उसमें रुकावट पैदा होती है। परिणामस्वरूप, उसके पेट में बार-बार तेज दर्द होता है, जिससे वह कोई शारीरिक श्रम नहीं कर सकता। वृद्ध दंपति की देखरेख करने के लिए कोई संतान नहीं है। एक विशेषज्ञ शल्य चिकित्सक, जिससे वे मिले हैं, बिना फीस के उनकी शल्य चिकित्सा करने को तैयार है। फिर भी, उस वृद्ध दंपति को आकस्मिक व्यय, जैसे- दवाइयां, अस्पताल का खर्च, आदि जो लगभग एक लाख रुपये होगा, स्वयं ही वहन करना पड़ेगा। दंपति मानक "b" के अलावा योजना का लाभ प्राप्त करने की सारी कसौटियां पूरी करता है। फिर भी, किसी भी प्रकार की वित्तीय सहायता निश्चित रूप से उनके जीवन की गुणवत्ता में काफी अंतर पैदा करेगी।

राकेश को इस परिस्थिति में क्या अनुक्रिया करनी चाहिए। (250 शब्द)

हल : इस प्रकरण में वृद्ध व्यक्ति बीमारी से पीड़ित है। यद्यपि यह एक वास्तविक प्रकरण हो सकता है, परंतु वह लाभार्थी होने की कसौटी के मानक "b" को पूरा नहीं कर पाता। यह एक महत्त्वपूर्ण मानक है, क्योंकि योजना आरक्षित समुदायों के लिए ही बनाई गई है। इस मानक का उल्लंघन करना वैधानिक और तार्किक दृष्टि से अस्वीकार्य है। यह वैधानिक रूप से अस्वीकार्य है, क्योंकि योजना समाज के विशेष धड़े के लिए वैधानिक प्राधिकरण द्वारा बनाई गई है और तार्किक रूप से इसलिए अस्वीकार्य है, क्योंकि ऐसे अनेक लोग हो सकते हैं जो वास्तव में पीड़ित हैं तथा इस योजना का लाभ लेना चाहते हैं, परंतु वृद्ध व्यक्ति आरक्षित श्रेणी से संबंधित नहीं है और इसलिए उन्हें योजना का लाभ नहीं दिया जा रहा है। योजना का वास्तविक लाभार्थी इससे वंचित हो सकता है यह राकेश का वास्तविक कर्तव्य (Actual Duty) नहीं है। मानवीय आधार पर प्रत्येक व्यक्ति को सामाजिक कल्याण के लिए योगदान देना चाहिए, परंतु सरकारी योजनाओं का दुरुपयोग अनैतिक है। लोक सेवकों को इस प्रकार की दयालुता वाले कार्य करते समय सावधानी बरतनी चाहिए और सरकारी संसाधनों से ऐसा नहीं करना चाहिए। राकेश उस वृद्ध व्यक्ति की सहायता के लिए अस्पताल के प्रबंधन से चिकित्सा व्यय का कोटेशन (Quotation) ले सकता है और उसे किसी गैर-सरकारी संगठन के माध्यम से कराने का व्यक्तिगत प्रयास कर सकता है, परंतु इसमें उसे अपने लोक सेवक होने के प्रभाव को दूर रखना चाहिए, ताकि भविष्य में उसके पद और शक्तियों का दुरुपयोग न कर सके।

प्रश्न 2. अपने मंत्रालय में एक वरिष्ठ अधिकारी होने के नाते आपकी पहुंच महत्त्वपूर्ण नीतिगत निर्णयों और आने वाली बड़ी घोषणाओं, जैसे– सड़क निर्माण परियोजनाएं, तक जनता के अधिकार क्षेत्र में जाने से पहले हो जाती है। मंत्रालय एक बड़ी सड़क निर्माण योजना की घोषणा करने वाला है, जिसके लिए खाका तैयार हो चुका है। नियोजकों ने इस बात का पूरा ध्यान रखा है कि सरकारी भूमि का अधिक से अधिक उपयोग किया जाए, ताकि निजी भूमि का कम से कम अधिग्रहण करना पड़े। निजी भूमि के मालिकों के लिए क्षतिपूर्ति की दरें भी सरकारी नियमों के अनुसार निर्धारित कर ली गई हैं। निर्वनीकरण कम से कम हो इसका भी ध्यान रखा गया है। ऐसी आशा है कि परियोजना की घोषणा होते ही उस क्षेत्र और आसपास के क्षेत्र की भूमि की कीमतों में भारी उछाल आएगा।

इसी बीच, संबंधित मंत्री ने आपसे आग्रह किया कि सड़क का पुन: संरेखण (Realign) इस प्रकार किया जाए, जिससे सड़क मंत्री के 20 एकड़ के फार्म हाउस के पास से निकले। इसके साथ ही मंत्री ने यह भी सुझाव दिया कि वह आपकी पत्नी के नाम, प्रस्तावित बड़ी सड़क परियोजना के आसपास एक बड़ा भूखंड प्रचलित दरों पर जो कि नाममात्र की हैं, क्रय करने में सहायता करेंगे। मंत्री ने आपको यह भी विश्वास दिलाने का प्रयास किया कि इसमें कोई नुकसान नहीं है, क्योंकि भूमि वैधानिक रूप से खरीदी जा रही है। वह आपसे यह भी वादा करता है कि यदि आपके पास पर्याप्त धनराशि नहीं है, तो उसकी पूर्ति में भी आपकी सहायता करेगा। लेकिन सड़क के पुन: संरेखण में बहुत सी कृषि योग्य भूमि का अधिग्रहण करना पड़ेगा, जिससे सरकार पर काफी वित्तीय भार पड़ेगा और किसान भी विस्थापित होंगे। केवल यही नहीं, इसके चलते बहुत सारे पेड़ों को भी कटवाना पड़ेगा, जिससे पूरे क्षेत्र का हरित आवरण समाप्त हो जाएगा।

इस परिस्थिति का सामना होने पर आप क्या करेंगे? विभिन्न प्रकार के हित द्वंद्वों का समालोचनात्मक परीक्षण कीजिए और स्पष्ट कीजिए कि एक लोक सेवक होने के नाते आपके क्या दायित्व हैं। (250 शब्द)

हल : इस स्थिति में मैं निम्नलिखित कार्रवाई करूंगा–

1. मैं मंत्री महोदय को लोक निधि की हानि, पर्यावरण को होने वाले नुकसान और सड़क के पुन: संरेखण तथा पुनर्वास से उत्पन्न होने वाली समस्याओं का ब्यौरा दूंगा। मैं अपने वाक् सद्‌गुण (Virtue of Speech/Logos) का प्रयोग करके मंत्री महोदय को समझा लूंगा कि वह इस परियोजना को लोक हित में पूरा होने दें।
2. इसके बावजूद यदि मंत्री महोदय सहमत नहीं होते और मुझ पर दबाव बनाते हैं, तो मैं अपने वरिष्ठ अधिकारियों से बात करूंगा तथा उनका सहयोग मांगूंगा। यदि वे भी सहयोग करने से मना कर देते हैं, तो मैं किसी दूसरे मंत्रालय में अपना स्थानांतरण कराने का प्रयास करूंगा। इसके पश्चात् मैं व्हिसल ब्लोअर संरक्षण अधिनियम (Whistleblower Protection Act) के प्रावधानों का उपयोग करके मंत्री महोदय के कारनामों को उजागर करूंगा।

विभिन्न हित संघर्ष–

1. मेरे व्यक्तिगत हित बनाम लोक हित।
2. मंत्री के व्यक्तिगत हित बनाम लोक हित ।

पहले हित संघर्ष की स्थिति में वास्तविक (Actual) और संभावित (Potential) हित संघर्ष के पर्याप्त कारक उपस्थित हैं। चूंकि मेरे पास इस परियोजना का अपने अनुसार आयोजन करने का पर्याप्त अवसर है और मैं परियोजना संबंधी महत्त्वपूर्ण सूचनाओं का मूल्य जान चुका हूं अत: निश्चित रूप से यहां मेरे व्यक्तिगत हित तथा लोक हित के बीच संघर्ष की स्थिति बन चुकी है। मुझे जनता के लिए कार्य करना चाहिए, परंतु जैसे ही मैं संघर्ष की स्थिति में आ जाता हूं मुझे तत्काल मंत्रालय छोड़ देना चाहिए।

मुझे परियोजना को लोक हित और पर्यावरण हित को ध्यान में रखकर पूर्ण करना चाहिए। मंत्री को अपने व्यक्तिगत हित की घोषणा करनी चाहिए, क्योंकि उनकी निजी भूमि को परियोजना से लाभ प्राप्त होगा। मंत्रियों और विधायिका के सदस्यों के लिए बने आचरण नियमों में इस तरह के प्रावधान हैं। यदि मंत्री महोदय आचरण नियमों के अनुसार व्यवहार नहीं करते, तो भविष्य में वैधानिक दुष्परिणाम सामने आ सकते हैं।

एक लोक सेवक के रूप में मेरा कर्तव्य मंत्री को उनके व्यवहार से उत्पन्न हो सकने वाले दुष्परिणामों की जानकारी देना भी है। इससे हम दोनों को ही परेशानी का सामना करना पड़ सकता है।

प्रश्न 3. यह एक राज्य है, जिसमें शराबबंदी लागू है। अभी-अभी आपको इस राज्य के एक ऐसे जिले में पुलिस अधीक्षक नियुक्त किया गया है, जो अवैध शराब बनाने के लिए कुख्यात है। अवैध शराब से बहुत मौतें हो जाती हैं, कुछ रिपोर्ट की जाती हैं और कुछ नहीं, जिससे जिला अधिकारियों को बड़ी समस्या होती है।

अभी तक इसे कानून और व्यवस्था की समस्या के दृष्टिकोण से देखा जाता रहा है और उसी तरह इसका सामना किया जाता रहा है। छापे, गिरफ्तारियां, पुलिस के मुकदमे, आपराधिक मुकदमे इन सभी का केवल सीमित प्रभाव रहा है, समस्या हमेशा की तरह अभी भी गंभीर बनी हुई है।

आपके निरीक्षण से पता चलता है कि जिले के जिन क्षेत्रों में शराब बनाने का कार्य फल-फूल रहा है वे आर्थिक, औद्योगिक और शैक्षणिक रूप से पिछड़े हुए हैं। अपर्याप्त सिंचाई सुविधाओं का कृषि पर बुरा प्रभाव पड़ता है। विभिन्न समुदायों में बार-बार होने वाले टकराव अवैध शराब निर्माण को बढ़ावा देते हैं। अतीत में लोगों की स्थिति में सुधार लाने के लिए न तो सरकार द्वारा और न ही सामाजिक संगठनों द्वारा कोई महत्त्वपूर्ण पहलें की गई हैं।

समस्या को नियंत्रित करने के लिए आप कौन-सा नया उपागम अपनाएंगे? (250 शब्द)

हल : पारितोषिक (Rewards) तथा दंड (Punishment) नैतिक प्रेरणा के दो रूप हैं (संत थॉमस एक्विनास)। परंतु दंड की अपनी सीमाएं हैं और जब दंड अपना प्रभाव दिखाना बंद कर देता है, तब पारितोषिक कारगर सिद्ध हो सकता है। उपरोक्त परिस्थिति में छापामारी, गिरफ्तारी, पुलिस प्रकरण और आपराधिक मुकदमा जैसे तरीके सीमित प्रभाव छोड़ते हैं, क्योंकि समस्या की जड़ कहीं और है। इस समस्या को हल करने के लिए मैं पूरे जिले में आम व्यक्ति की तरह (पहचान छिपाकर) दौरे करूंगा और लोगों से बातचीत करके समझाने का प्रयास करूंगा। आम जनता का तटस्थ विचार जानकर मैं जिला मजिस्ट्रेट और कलेक्टर से बात करूंगा तथा उसे विधायकों, सांसदों एवं अन्य जनप्रतिनिधियों की बैठक आमंत्रित करने का प्रस्ताव दूंगा। मैं स्थानीय स्वशासन संस्थाओं (पंचायत, नगरीय निकाय) के प्रतिनिधियों, गैर-सरकारी संगठनों (NGOs) और सामाजिक सक्रिय समूहों (Social Activists Groups) को भी

आमंत्रित करूंगा। हम उनके दृष्टिकोण को जानने का प्रयास करेंगे। सामाजिक बदलाव केवल पुलिस द्वारा नहीं किया जा सकता, यह सभी विभागों के सहयोग से ही संभव है।

हम शराब की बिक्री को संस्थागत रूप से चलाने का प्रयास करेंगे और स्थानीय जनता को आबकारी नियमों के अनुसार इस कार्य से जुड़ने का आह्वान करेंगे। हम आदतन शराबी लोगों के लिए पुनर्वास कैंप (Rehabiliation Camp) लगाएंगे।

कृषकों को सरकारी योजनाओं का लाभ लेकर उन्नत कृषि करने के लिए प्रेरित करेंगे, जिसके लिए कृषि विभाग के अधिकारियों का सहयोग लेंगे। एक संपूर्ण कृषि पैकेज तैयार करेंगे, जिसमें भूमि सुधार, सिंचाई सुविधा, कृषि आदतों की आपूर्ति, जमीनी विवादों का निपटारा आदि का प्रावधान होगा और जिसे ग्रामीण विकास विभाग तथा कृषि विभाग की चल रही योजनाओं को समेकित करके तैयार किया जाएगा।

मैं मनोवृत्ति परिवर्तन (Attitude Change), अनुनय (Persuasion), सामाजिक प्रभाव (Social Influence), पारितोषिक, पारदर्शिता, पक्षपात रहितता (Impartiality) और भावनात्मक बुद्धिमत्ता (Emotional Intelligence) जैसी अवधारणाओं का प्रयोग करूंगा। मैं इन अवधारणाओं को प्रत्येक पुलिस कर्मचारी को समझाने और उनके द्वारा इन्हें प्रयोग करने का आह्वान करूंगा।

प्रश्न 4. एक बड़ा औद्योगिक परिवार बड़े पैमाने पर औद्योगिक रसायनों के उत्पादन में संलग्न है। यह परिवार एक अतिरिक्त इकाई स्थापित करना चाहता है। पर्यावरण पर दुष्प्रभाव के कारण अनेक राज्यों ने इसके प्रस्ताव को अस्वीकार कर दिया। किंतु एक राज्य सरकार ने, सारे विरोध को दरकिनार करते हुए, औद्योगिक परिवार की प्रार्थना को स्वीकार कर लिया और एक नगर के समीप इकाई स्थापित करने की स्वीकृति प्रदान कर दी।

इकाई को 10 वर्ष पूर्व स्थापित कर दिया था और अभी तक बहुत सुचारु रूप से चल रही थी। औद्योगिक बहि:स्रावों से पैदा हुए प्रदूषण से क्षेत्र में भूमि, जल और फसलों पर दुष्प्रभाव पड़ रहा था। इससे मनुष्यों और पशुओं में स्वास्थ्य संबंधी गंभीर समस्याएं भी आ रही थीं। परिणामस्वरूप, इकाई को बंद करने की मांग को लेकर शृंखलाबद्ध आंदोलन होने लगे। अभी-अभी एक आंदोलन में हजारों लोगों ने भाग लिया, जिससे पैदा हुई गंभीर कानून-व्यवस्था की समस्या से निपटने के लिए पुलिस को सख्त कदम उठाने पड़े। जनाक्रोश के पश्चात् राज्य सरकार ने फैक्ट्री को बंद करने का आदेश दे दिया। फैक्ट्री के बंद होने से न केवल वहां काम करने वाले श्रमिक ही बेरोजगार हुए, अपितु सहायक इकाइयों के कामगार भी बेरोजगार हो गए। इससे उन उद्योगों पर भी बुरा प्रभाव पड़ा, जो उस इकाई द्वारा उत्पादित रसायनों पर निर्भर थे।

एक वरिष्ठ अधिकारी होने के नाते, इस मुद्दे को संभालने का उत्तरदायित्व आपको सौंपा गया है। आप इस उत्तरदायित्व का निर्वाह किस प्रकार करेंगे? (250 शब्द)

हल : मेरी भूमिका फैक्ट्री के बंद होने से उत्पन्न होने वाले मुद्दों और समस्याओं को हल करना है। ये मुद्दे फैक्ट्री के बंद होने के कारण लोगों के बेरोजगार होने और गरीबी के शिकार होने से संबंधित हैं। अधिकतर श्रमिक शहरी इलाकों में रहते होंगे और कुछ श्रमिक ग्रामीण इलाकों से होंगे। मैं एक सूची तैयार कराऊंगा, जिसमें फैक्ट्री में काम करने वाले श्रमिक जो अब बेरोजगार हो गए हैं उनके नाम डाले जाएंगे। मैं इन लोगों की खोजबीन करके उन्हें नगरीय निकाय और संबंधित ग्राम पंचायतों के कार्यालय में बुलाऊंगा तथा उनके साथ बैठक करूंगा। मैं समानुभूति के साथ उनसे वार्तालाप करूंगा और उनकी योग्यता के अनुसार काम के अवसर ढूंढ़ने का प्रयास करूंगा। मैं उन लोगों के शैक्षणिक स्तर और कौशल को सूचीबद्ध करूंगा तथा अन्य उद्योगों और निजी संस्थाओं से उनके रोजगार के लिए चर्चा करूंगा। मैं इनमें से कुछ लोगों को व्यावसायिक प्रशिक्षण (Vocational Training) की व्यवस्था करूंगा, ताकि बाजार की मांग के अनुरूप उनमें कौशल विकसित किया जा सके। निरक्षर श्रमिकों के लिए मनरेगा और अन्य सरकारी योजनाओं के अंतर्गत अधिकतम कार्य दिवसों का रोजगार उपलब्ध कराने का प्रयास करूंगा। मैं इन्हें स्व-सहायता समूह और राष्ट्रीय ग्रामीण आजीविका मिशन (National Rural Livelihood Mission–NRLM) के माध्यम से रोजगार गतिविधियों से जोड़ने का प्रयास करूंगा।

प्रश्न 5. डॉक्टर "एक्स" शहर के एक प्रतिष्ठित चिकित्सक हैं। उन्होंने एक धर्मार्थ न्यास स्थापित कर लिया है, जिसके माध्यम से समाज के सभी वर्गों की स्वास्थ्य संबंधी आवश्यकताओं की पूर्ति के लिए एक उच्च विशेषज्ञता अस्पताल स्थापित करना चाहते हैं। संयोग से, राज्य के उस क्षेत्र की वर्षों से उपेक्षा रही है। प्रस्तावित अस्पताल उस क्षेत्र के लिए एक वरदान सिद्ध होगा।

आप उस क्षेत्र की कर अन्वेषण इकाई के प्रमुख हैं। डॉक्टर के क्लीनिक के निरीक्षण के दौरान आपके अधिकारियों को कुछ बड़ी अनियमितताएं ज्ञात हुई हैं। उनमें से कुछ बहुत गंभीर हैं, जिनके कारण बड़ी मात्रा में करों से प्राप्त धनराशि रुकी रही, जिसका भुगतान डॉक्टर को अब करना चाहिए। डॉक्टर सहयोग के लिए तैयार है। वे कर की राशि तुरंत अदा करने का वादा करते हैं।

लेकिन उनके कर भुगतान में कुछ और भी खामियां हैं, जो पूर्ण रूप से तकनीकी हैं। यदि अभिकरण द्वारा इन तकनीकी खामियों का पीछा किया जाता है, तो डॉक्टर का बहुत सारा समय और उसकी ऊर्जा कुछ ऐसे मुद्दों की तरफ मुड़ जाएगी जो न तो बहुत गंभीर हैं, न ही अत्यावश्यक और न ही कर भुगतान कराने में सहायक हैं। इसके अतिरिक्त, पूरी संभावना है कि इसके कारण अस्पताल के खोले जाने की प्रक्रिया भी बाधित होगी।

आपके समक्ष दो विकल्प हैं–

(i) व्यापक दृष्टिकोण रखते हुए, अधिकाधिक कर भुगतान अनुपालन सुनिश्चित करें और ऐसी कमियों को नजरअंदाज करें, जो केवल तकनीकी प्रकृति की हों।

(ii) मामले को सख्ती से देखें और सभी पहलुओं पर आगे बढ़ें, चाहे वह गंभीर हो या केवल तकनीकी।

कर अभिकरण (Agency) के प्रमुख होने के नाते, आप कौन-सी कार्रवाई का विकल्प अपनाएंगे और क्यों? (250 शब्द)

हल : उपरोक्त प्रकरण अध्ययन माध्यम और परिणाम के संघर्ष (Conflict of Means and Ends) से संबंधित है। वह धर्मार्थ न्यास जो भी कार्य करता हो, उसका प्रवर्तन एजेंसी (कर अभिकरण) से कोई सरोकार नहीं है। कर अभिकरण का प्रमुख होने के नाते मेरा कर्तव्य कानून का पालन करना और करवाना है। यदि तकनीकी खामियों को पूरा करने से डॉक्टर "एक्स" को कोई राहत मिलती है, तो मैं इसे पूरा कराने में तकनीकी सहयोग करूंगा, परंतु वैधानिक परिधि के अंदर रहकर।

परिणाम निरपेक्षी नैतिकता (Deontological Ethics) माध्यम (Means) पर बल देती है। सरकार में अधिकारियों को अलग-अलग प्रकरणों में अलग-अलग प्रक्रियाओं के पालन करने की छूट प्राप्त नहीं है। उन्हें गैर-भेदभावपूर्ण तरीके से पारदर्शी होकर कार्य करना होता है। यह न्यास अत्यधिक मात्रा में करों को रोके हुए है, जो उसके आचरण को शंका के घेरे में लाकर खड़ा करता है। मैं न्यास के मानवीय कार्यों के आधार पर उसे कर प्रदाय करने से छूट नहीं दे सकता।

यह सत्य है कि वर्तमान सरकारी नीतियां लोक सेवकों द्वारा सहयोग की पक्षधर हैं, परंतु प्रवर्तन एजेंसी के लिए इस विषय में बहुत कम संभावनाएं होती हैं। मैं न्यास को नियमों का ज्ञान कराने और तकनीकी समस्याओं का समाधान कराने तक का सहयोग कर सकता हूं। मैं यह आशा करूंगा कि कर का सही निर्धारण होने के बाद न्यास द्वारा तत्काल कर अदा कर दिया जाए।

प्रश्न 6. एडवर्ड स्नोडन, एक कंप्यूटर विशेषज्ञ और सी.आई.ए. (CIA) के पूर्व व्यवस्था प्रशासक, ने सरकार के निगरानी कार्यक्रमों के अस्तित्व के बारे में गोपनीय सरकारी दस्तावेजों का खुलासा प्रेस को कर दिया। अनेक विधि विशेषज्ञों और अमेरिकी सरकार के अनुसार, उसके इस कार्य से गुप्तचर्या अधिनियम 1917 (Espionage Act of 1917) का उल्लंघन हुआ है, जिसके अंतर्गत राज्य गुप्त बातों का सार्वजनीकरण राजद्रोह माना जाता है। इसके बावजूद कि स्नोडन ने कानून तोड़ा था, उसने तर्क दिया कि ऐसा करना उसका एक नैतिक दायित्व था। उसने अपने "जानकारी सार्वजनिक करने को (व्हिसल ब्लोइंग)" यह कहकर उचित ठहराया कि "जनता को यह सूचना देना कि उसके नाम पर क्या किया जाता है और उसके विरुद्ध क्या किया जाता है", बताना उसका कर्तव्य है।

स्नोडन के अनुसार, सरकार द्वारा निजता के उल्लंघन को वैधानिकता की परवाह किए बिना उसे उजागर करना चाहिए, क्योंकि इसमें सामाजिक क्रिया और सार्वजनिक नैतिकता के अधिक महत्त्वपूर्ण मुद्दे शामिल हैं। अनेक व्यक्ति स्नोडन से सहमत थे। केवल कुछ ने यह तर्क दिए कि स्नोडन ने कानून तोड़ा है और राष्ट्रीय सुरक्षा के साथ समझौता किया है, जिसके लिए उसे जवाबदेह ठहराया जाना चाहिए।

क्या आप इससे सहमत हैं कि स्नोडन का कार्य कानूनी रूप से प्रतिबंधित होते हुए भी नैतिकता की दृष्टि से उचित था? क्यों या क्यों नहीं? इस विषय में परस्पर स्पर्धी मूल्यों को तोलते हुए अपना तर्क दीजिए। (250 शब्द)

हल : नैतिकता अत्यधिक आत्मनिष्ठ (Subjective) विषय है। परंतु नैतिकता के दर्शन का सूक्ष्मता से अध्ययन करने पर हम जान जाते हैं कि क्या सही (शुभ) है और क्या गलत (अशुभ)। प्रत्येक व्यक्ति को समाज में कोई न कोई कर्तव्य दिए गए हैं और इन प्रदत्त कर्तव्यों से इतर आचरण करने से समाज में न्याय अस्त-व्यस्त होता है, जैसा कि प्लेटो ने इंगित किया है- "न्याय अपना-अपना कार्य

करने से संबंधित होता है" (Justice is about doing your own thing)। प्लेटो द्वारा दिए गए चार मूल सद्गुणों बुद्धिमत्ता (Wisdom), साहस (Courage), न्याय (Justice) और संयम (Temperence) में से न्याय की प्राप्ति सर्वाधिक कठिन होती है, क्योंकि यह संपूर्ण समाज के सहयोग और योगदान की मांग करता है। लोकतांत्रिक देश में सरकार एक व्यक्ति द्वारा नहीं चलाई जाती। सरकार का निर्णय सामूहिक होता है। स्नोडन एक जिम्मेदारीपूर्ण लोक कार्यालय को धारण करता था और उसे लोक कार्यालय से संबंधित नियमों तथा कर्तव्यों (Deontology) का पालन करना चाहिए। उसके द्वारा गोपनीय सूचनाओं का सार्वजनीकरण लोक विश्वास (Public Trust) में कटौती लाता है। व्हिसल ब्लोइंग एक अलग तरह की अवधारणा है, जो अन्यायपूर्ण कृत्य और लोक हित के विरुद्ध कार्यों एवं लोक निधि के दुरुपयोग को उजागर करने से संबंधित है।

स्नोडन के अंतःकरण (अंतरात्मा की आवाज) ने शायद उसे ऐसा करने के लिए उकसाया होगा, परंतु उसके अंतःकरण का लोकप्रिय सरकार के विरुद्ध जाना सही प्रतीत नहीं होता। सरकार की नीतियों से असहमति प्रकट करने के दूसरे तरीके होते हैं, परंतु कानून का उल्लंघन (इस प्रकरण में जासूसी अधिनियम– Espionage Act) करना ठीक नहीं है। स्नोडन का कृत्य नैतिकता की श्रेणी में आ सकता है, परंतु यह नीतिशास्त्र सम्मत नहीं है। स्नोडन नैतिक रूप से सही था लेकिन उसका तरीका सही नहीं था। उसने अपने जीवन का परीक्षण किया और निर्णय लिया जो नीतिशास्त्र के विरुद्ध रहा। सुकरात कहता है, "एक गैर-परीक्षित जीवन जीने योग्य नहीं है।" सुकरात सरकार से विमुख हुआ परंतु उसने सरकार का अनादर नहीं किया और यहां तक कि जब उसे कारागार से भागने का अवसर मिला, तो भी उसने इस अवसर को स्वीकार नहीं किया।

केस अध्ययन 2019

प्रश्न 1. गंभीर प्राकृतिक आपदा से प्रभावित एक क्षेत्र में आप बचाव कार्य का नेतृत्व कर रहे हैं। हजारों लोग बेघर हो गए हैं और भोजन, पेयजल एवं अन्य मूलभूत सुविधाओं से वंचित हो गए हैं। मूसलाधार वर्षा एवं आपूर्ति मार्गों के क्षतिग्रस्त होने से बचाव कार्य बाधित हो गया है। विलंबित और सीमित राहत कार्य से स्थानीय लोग बहुत क्रोधित हैं। जब आपका दल प्रभावित क्षेत्र में पहुंचता है, तब लोग दल के कुछ सदस्यों पर हमला बोल देते हैं यहां तक कि उनकी पिटाई भी कर देते हैं। आपके दल का एक सदस्य गंभीर रूप से घायल भी हो जाता है। संकट की इस स्थिति में, दल के कुछ सदस्य अपने जीवन को खतरे के डर से आपसे आग्रह करते हैं कि बचाव कार्य रोक दिया जाए।

इन विषम परिस्थितियों में आपकी क्या अनुक्रिया होगी? एक लोक सेवक के उन गुणों का परीक्षण कीजिए, जो ऐसी स्थिति को संभालने के लिए आवश्यक होंगे। (250 शब्द)

हल : इस परिस्थिति में मेरी अनुक्रिया इस प्रकार होगी–

(a) मैं अपने दल के सदस्यों को प्रेरित करूंगा कि वे विषम परिस्थितियों में भी आगे बढ़ें, क्योंकि लोक सेवा में सेवा के प्रति समर्पण एक महत्त्वपूर्ण विशेषता है। मेरा यह दृढ़ विश्वास है कि एक बार मेरे दल के सदस्य अपना संपूर्ण समर्पण प्रदर्शित कर देंगे, तो जनता की धारणा दल के प्रति सकारात्मक हो जाएगी।

(b) मैं प्रभावित क्षेत्र के स्थानीय जनप्रतिनिधियों और सम्माननीय लोगों से बातचीत करूंगा। मैं आपदा राहत में लगे सरकारी कर्मचारियों के प्रति सकारात्मक वातावरण बनाए जाने के लिए उनकी सहायता प्राप्त करने का प्रयास करूंगा। मैं उन्हें सभी संभव सहायता और त्वरित राहत सेवाएं उपलब्ध कराने का आश्वासन दूंगा।

इस प्रकार की परिस्थिति से निपटने के लिए एक सिविल सेवक में निम्नलिखित गुण होने चाहिए–

1. सत्यनिष्ठा (Integrity) **:** लोक सेवक को अपने कर्तव्यों और जिम्मेदारियों का निर्वहन समर्पण के साथ करना चाहिए। उसे एक पेशेवर की तरह आचरण करना चाहिए और अपने उच्चाधिकारियों, विधायिका के सदस्यों, मंत्रियों तथा जनता की आस्था को बनाए रखना चाहिए। उसे लोक निधि और संसाधनों का उपयोग सावधानीपूर्वक तथा संवेदनशील होकर करना चाहिए। उसे मीडिया के सामने तभी कोई वक्तव्य देना चाहिए, जबकि वह ऐसा करने के लिए प्राधिकृत हो।

2. पक्षपात रहितता (Impartiality) **:** पक्षपात रहितता एक ऐसी विशेषता है, जिसके अंतर्गत धर्म, जाति, नस्ल, क्षेत्र या किसी समूह से जुड़ाव (Belongingness) होने के आधार पर निर्णय लेने, अधीनस्थों को निर्देश देने या उच्चाधिकारियों को सलाह देने संबंधी कार्य प्रभावित नहीं होने चाहिए।

3. समानुभूति (Empathy) **:** समानुभूति पेशेवर कर्तव्य के पालन और व्यक्तिगत व्यवहार करने के लोक सेवक के तरीके से उत्पन्न होने वाले प्रभाव से संबंधित सूचना प्रदान करने का शक्तिशाली यंत्र है। कोई व्यक्ति अपने व्यवहार को दूसरों पर उस व्यवहार के प्रभाव और दूसरों की अपेक्षाओं को ध्यान में रखकर समायोजित कर सकता है।

4. दृढ़ता या डटे रहना (Perseverance) **:** यह लोक हित या लोक वस्तुओं के दक्षतापूर्ण सेवा प्रदाय तंत्र को प्राप्त करने से संबंधित होता है। लोक सेवकों को सेवा प्रदाय में आने वाले अवरोधों का ज्ञान होना चाहिए। ये अवरोध मूलत: कठोर नियमों और विनियमों के कारण और सरकारी तंत्र में प्रेरणा के अभाव और समाज की लगातार बेहतर होने की प्रवृत्ति के कारण उत्पन्न होते हैं।

5. लोक सेवा के प्रति समर्पण (Dedication to Public Service) **:** लोक सेवक को लोक वस्तुओं और सेवाओं का प्रदाय तत्परता के साथ सुनिश्चित कराने में योगदान देना चाहिए। लोक सेवा के प्रति समर्पण लोक सेवकों के कोर मूल्यों में से एक महत्त्वपूर्ण मूल्य है। लोक सेवक को अपने गुणवत्तापूर्ण समय, पूरा ध्यान और संपूर्ण प्रयास जनता के कल्याण में लगाना चाहिए।

6. कमजोर वर्ग के प्रति दया (Compassion Towards Weaker Section) **:** समाज का एक बड़ा वर्ग प्राकृतिक आपदा से प्रभावित होने पर बुरी तरह पीड़ित हो जाता है, क्योंकि उनके जीवन की परिस्थितियां सोचनीय स्थिति में हैं और प्राकृतिक आपदाओं को झेलने में सक्षम नहीं होतीं। समाज के कमजोर वर्ग विशेष को प्रशासनिक देखरेख की आवश्यकता है और उनके साथ सहानुभूतिपूर्वक व्यवहार करना चाहिए।

प्रश्न 2. ईमानदारी और सच्चाई एक सिविल सेवक के प्रमाणक (Hallmarks) हैं। इन गुणों से युक्त सिविल सेवक किसी भी सुदृढ़ संगठन के मेरुदंड माने जाते हैं। कर्तव्य निर्वहन के दौरान वे विभिन्न निर्णय लेते हैं। कभी-कभी इनमें से कुछ निर्णय सद्भाविक भूल (Bonafide Mistakes) बन जाते हैं। जब तक ऐसे निर्णय जानबूझकर नहीं लिए जाते हैं और व्यक्तिगत लाभ प्रदान नहीं करते, तब तक अधिकारी को दोषी नहीं कहा जा सकता है। यद्यपि कभी-कभी ऐसे निर्णयों के दीर्घावधि में अप्रत्याशित प्रतिकूल परिणाम उत्पन्न हो सकते हैं।

अभी हाल में कुछ ऐसे उदाहरण सामने आए हैं, जिनमें सिविल सेवकों को सद्भाविक भूलों के लिए आलिप्त किया गया है। उन्हें प्राय: अभियोजित और बंदित भी किया गया है। इन प्रकरणों के कारण सिविल सेवकों की नैतिक रचना को अत्यधिक क्षति पहुंची है।

यह प्रवृत्ति लोक सेवाओं के कार्य निष्पादन को किस तरह प्रभावित कर रही है? यह सुनिश्चित करने के लिए कि ईमानदार सिविल सेवक सद्भाविक भूलों के लिए आलिप्त नहीं किए जाएं, क्या उपाय किए जा सकते हैं? तर्कसंगत उत्तर दीजिए।

(250 शब्द)

हल : सिविल सेवकों को प्रतिस्पर्धा की एक बड़ी प्रक्रिया से गुजरने के पश्चात् चुना जाता है। लोक हित में निर्णय लेने में गलती और कदाचार की कोई संभावना नहीं है। इस प्रकृति के पेशे के कारण ही सिविल सेवकों को विशेषाधिकार प्राप्त हैं। यदि कोई सद्भाविक गलती हो जाती है, तो उसे अनदेखा किया जा सकता है, परंतु ऐसी गलती जो राज्य निधि को हानि उत्पन्न करे या कोई कदाचार की पुनरावृत्ति करे तो वह माफ करने योग्य नहीं है। वर्तमान व्यवस्था सुशासन की स्थापना और भ्रष्टाचार मुक्त प्रशासन चलाने पर आधारित है, जो सिविल सेवकों की कार्य प्रणाली के लिए खतरा पैदा करता है। ऐसे अनेक मामले देखे जा सकते हैं, जिनमें ईमानदार सिविल सेवकों की निष्कपट गलतियों के लिए उन्हें दंडित किया गया है। ये परिस्थितियां तब उत्पन्न होती हैं, जब सिविल सेवकों को प्राप्त विवेकाधीन (Discretionary) शक्तियों का प्रयोग भावनाओं में बहकर निष्कपट गलतियों का कारण बनता है। सतर्कता (Vigilance) की प्रचलित व्यवस्था नियमों और विनियमों के अनुपालन पर आधारित है। एक सिविल सेवक को किसी भी नियम की अनदेखी करके कार्य नहीं करना चाहिए और उसे अपने निर्णयों के नकारात्मक परिणामों का ज्ञान होना चाहिए।

यह सुनिश्चित करने के लिए कि सिविल सेवक सद्भाविक भूलों के लिए आलिप्त नहीं किए जाएं, निम्नलिखित उपाय किए जा सकते हैं–

1. सिविल सेवकों को कार्यालयीन पत्राचारों के माध्यम से और अनौपचारिक रूप से समय-समय पर इस बात की जानकारी मिलती रहनी चाहिए कि उनके प्रक्रिया के अनुरूप निर्णय नहीं लेने से नकारात्मक परिणाम उत्पन्न हो सकते हैं।
2. विजिलेंस और सी.बी.बाई (CBI) द्वारा युवा सिविल सेवकों को प्रशिक्षित करने और उन क्षेत्रकों की पहचान कराने, जहां निर्णयों में त्रुटि परेशानी का कारण बन सकती है, के बारे में शिक्षित करने के लिए समय-समय पर सेमिनारों तथा कार्यशालाओं का आयोजन।

3. युवा सिविल सेवकों के लिए चुने हुए अनुभवी वरिष्ठ सिविल सेवकों को मेंटर बनाने की व्यवस्था करना, ताकि नए सिविल सेवकों को समय-समय पर मार्गदर्शन प्राप्त होता रहे।

अंततः प्रत्येक सिविल सेवक को स्वयं ही प्रशिक्षित होकर अपनी संरक्षा के बारे में ध्यान देना होगा और ऐसे निर्णय लेने से बचना होगा, जो नियमों तथा प्रक्रियाओं के विरुद्ध हों।

प्रश्न 3. बड़ी संख्या में महिला कर्मचारियों वाली एक परिधान उत्पादक कंपनी के विक्रय में अनेक कारणों से गिरावट आ रही थी। कंपनी ने एक प्रतिष्ठित विपणन अधिकारी को नियुक्त किया, जिसने अल्पावधि में ही विक्रय बढ़ा दिया। लेकिन उस अधिकारी के विरुद्ध कार्य स्थल पर यौन उत्पीड़न में लिप्त होने की कुछ अपुष्ट शिकायतें सामने आईं।

कुछ समय पश्चात् एक महिला कर्मचारी ने कंपनी के प्रबंधन को विपणन अधिकारी के विरुद्ध यौन उत्पीड़न की औपचारिक शिकायत दायर की। कंपनी द्वारा अपनी शिकायत के प्रति संज्ञान लेने में उदासीनता को देखते हुए महिलाकर्मी ने पुलिस में प्राथमिकी दर्ज की।

परिस्थिति की संवेदनशीलता और गंभीरता को भांपते हुए कंपनी ने महिलाकर्मी को वार्ता करने के लिए बुलाया। कंपनी ने महिलाकर्मी को एक मोटी रकम देने के बदले में अपनी शिकायत और प्राथमिकी वापस लेने तथा यह लिखकर देने के लिए कहा कि विपणन अधिकारी प्रकरण में लिप्त नहीं था।

इस प्रकरण में निहित नैतिक मुद्दों की पहचान कीजिए। महिलाकर्मी के सामने कौन-कौन-से विकल्प उपलब्ध हैं?

(250 शब्द)

हल : इस प्रकरण में शामिल होने वाले नैतिक मुद्दे हैं–

1. कर्तव्यवाद/परिणाम निरपेक्षता (Deontology) से संबंधित कार्य स्थल पर महिलाओं का यौन उत्पीड़न (रोकथाम निषेध व निवारण) अधिनियम 2013
2. प्रयोजनमूलक मुद्दे (Teleological Issues)
   भविष्य में परिधान उत्पादक कंपनी के विपणन अधिकारी के व्यवहार से कंपनी का विक्रय प्रभावित होगा।
3. सद्गुण नीतिशास्त्र (Virtue Ethics)
   एक गैर-सद्गुणी (Non Virtuous) व्यक्ति पर विश्वास नहीं किया जा सकता। वह कंपनी के भविष्य को कभी भी खतरे में डाल सकता है।

महिलाकर्मी के सामने निम्नलिखित विकल्प उपलब्ध हैं–

1. उसे कंपनी द्वारा दिए जाने वाले प्रस्ताव को स्वीकार कर लेना चाहिए और शिकायत वापस ले लेनी चाहिए। यह अनैतिक होगा और यह सिद्ध करेगा कि शिकायतकर्ता चरित्रहीन महिला है और शिकायत झूठी तथा मनगढ़ंत है, जिसका उद्देश्य पैसे ऐंठना था। यह उस महिलाकर्मी के भविष्य में कॅरियर की संभावनाओं और सामाजिक प्रतिष्ठा को धूमिल कर देगा। यह कानून का उल्लंघन भी है। अन्य महिलाकर्मियों को इस प्रकार का व्यवहार करने के लिए प्रेरित करेगा, जिससे ऐसे प्रकरणों की संख्या बढ़ेगी।
2. उसे कंपनी के इस व्यवहार की तत्काल शिकायत करनी चाहिए। उसे नियोजक की ओर से आने वाले ऐसे किसी भी प्रस्ताव को सहन नहीं करना चाहिए, जो उसका अपमान करे और उसके अधिकारों में कटौती करे। इससे कानून की गरिमा भी स्थापित होगी।
3. उसे चुप रहना चाहिए और किसी दूसरी कंपनी में नौकरी के अवसर की प्रतीक्षा करनी चाहिए। यह उसकी समस्या से मुक्ति का एक तरीका हो सकता है, परंतु इस प्रकार की घटना उसके साथ अन्य कंपनी में भी घटित हो सकती है। यह साहस और दृढ़ता के मूल्यों का विरोधी आचरण भी है।

दूसरा विकल्प सर्वाधिक सही एवं उपयुक्त है, क्योंकि यह नैतिक और तार्किक दोनों है।

प्रश्न 4. आधुनिक लोकतांत्रिक राज्य व्यवस्था में, राजनीतिक कार्य पालिका और स्थायी कार्य पालिका की संकल्पना होती है। निर्वाचित जनप्रतिनिधि राजनीतिक कार्य पालिका का गठन करते हैं और अधिकारी तंत्र स्थायी कार्य पालिका का गठन करता है। मंत्रीगण नीति निर्माण करते हैं और अधिकारी उन नीतियों को क्रियान्वित करते हैं।

स्वतंत्रता के पश्चात् प्रारंभिक दशकों में, राजनीतिक कार्य पालिका और स्थायी कार्य पालिका के बीच अंतर्संबंध एक-दूसरे के क्षेत्र में हस्तक्षेप किए बिना, परस्पर समझ, सम्मान और सहयोग पर आधारित थे।

लेकिन बाद के दशकों में स्थिति में परिवर्तन आया है। ऐसे प्रकरण आए हैं, जहां राजनीतिक कार्य पालिका ने स्थायी कार्य पालिका पर अपनी कार्य सूची का अनुसरण करने का दबाव बनाया है। सत्यनिष्ठ अधिकारियों के प्रति सम्मान और सराहना में गिरावट आई है। इस प्रवृत्ति में उत्तरोत्तर वृद्धि हुई है कि राजनीतिक कार्य पालिका में नैत्यिक प्रशासनिक प्रसंगों में जैसे- स्थानांतरण, प्रस्थापन आदि में अंतर्ग्रस्त हाने की प्रवृत्ति बढ़ती जा रही है। इस परिदृश्य में "अधिकारी तंत्र के राजनीतिकरण" की ओर एक निश्चित प्रवृत्ति है। सामाजिक जीवन में बढ़ते भौतिकवाद और संग्रह वृत्ति ने राजनीतिक कार्य पालिका और स्थायी कार्य पालिका पर प्रतिकूल प्रभाव डाला है।

"अधिकारी तंत्र के इस राजनीतिकरण" के क्या-क्या परिणाम हैं? विवेचना कीजिए। (250 शब्द)

हल : अधिकारी तंत्र तथा राजनीतिक संस्थाएं एक-दूसरे के पूरक होते हैं और आपस में संतुलन स्थापित (Check and Balance) करते हैं। परंतु वर्तमान प्रवृत्ति (Trend) दोनों के मिश्रण के रूप में दिखाई देती है, जिससे संतुलन की अवधारणा क्षीण होती जा रही है। हम राजनीतिक कार्य पालिका को पूर्णत: दोषी नहीं ठहरा सकते, क्योंकि अधिकारी तंत्र भी इस प्रकार के कार्यों में बराबर लिप्त है। अधिकारी तंत्र के राजनीतिकरण को निम्नानुसार समझाया जा सकता है–

1. ईमानदार अधिकारी को राजनेता पसंद नहीं करते। लोचशील अधिकारी राजनेताओं की पहली पसंद होते हैं, क्योंकि उनसे आसानी से कार्य कराया जा सकता है। यह तरीका ईमानदार अधिकारियों को हतोत्साहित करता है।
2. अधिकारी तंत्र का राजनीतिकरण लोक कार्यालयों में फैले भ्रष्टाचार के लिए जिम्मेदार है।
3. लोक धन और अन्य संसाधनों का दुरुपयोग किया जाता है तथा राजनेताओं और अधिकारियों के लाभ के लिए उपयोग में लिया जाता है।
4. यह स्थिति मिलीभगत आधारित पूंजीवाद (Cromy Capitalism) को जन्म देती है, जो अधिक खतरनाक है, क्योंकि पूंजीवादी लोक संसाधनों का बड़े पैमाने पर भक्षण करने में समर्थ होते हैं।
5. अधिकारी तंत्र का राजनीतिकरण लोकतांत्रिक मूल्यों और पारदर्शी चुनाव प्रक्रिया के लिए भी हानिकारक है।
6. सत्तारूढ़ राजनीतिक दल लोक निधि का दुरुपयोग अपने दल के राजनीतिक विकास के लिए करते हैं।
7. अधिकारियों की भिन्न-भिन्न राजनीतिक दलों से जुड़े होने से संबंधित पहचान बन जाती है, यह प्रवृत्ति पक्षपात रहितता (Impartiality) और दलगत भेदभाव न करने के मूल्यों के विरुद्ध है।

प्रश्न 5. एक सीमांत राज्य के एक जिले में स्वापकों (नशीले पदार्थो) का खतरा अनियंत्रित हो गया है। इसके परिणामस्वरूप काले धन का प्रचलन, पोस्त की खेती में वृद्धि, हथियारों की तस्करी व्यापक हो गई है और शिक्षा व्यवस्था लगभग ठप्प हो गई है। संपूर्ण व्यवस्था एक प्रकार से समाप्ति के कगार पर है। इन अपुष्ट खबरों से कि स्थानीय राजनेता और कुछ पुलिस उच्चाधिकारी भी ड्रग माफिया को गुप्त संरक्षण दे रहे हैं, स्थिति और भी बदतर हो गई है।

ऐसे समय में, परिस्थिति को सामान्य करने के लिए, एक महिला पुलिस अधिकारी, जो ऐसी परिस्थितियों से निपटने के अपने कौशल के लिए जानी जाती है, को पुलिस अधीक्षक के पद पर नियुक्त किया जाता है।

यदि आप वही पुलिस अधिकारी हैं, तो संकट के विभिन्न आयामों को चिह्नित कीजिए। अपनी समझ के अनुसार, संकट का सामना करने के उपाय भी सुझाएं। (250 शब्द)

हल : इस संकट की स्थिति के विभिन्न आयाम हैं–

1. गैर-कानूनी गतिविधियों के कारण कानून और व्यवस्था (Law and Order) की समस्या उत्पन्न होती है। इससे अनेक सामाजिक बुराइयां और अपराध उत्पन्न होते हैं।
2. कमजोर आंतरिक प्रशासन और कानून-व्यवस्था राष्ट्रीय सुरक्षा के लिए घातक है। राज्य महत्त्वपूर्ण हैं, क्योंकि ये अंतर्राष्ट्रीय सीमाओं से अपनी सीमाएं साझा करते हैं। यदि इन राज्यों में कानून-व्यवस्था ठीक नहीं रहती, तो बाहरी घुसपैठ, सीमा पार आतंकवाद और आंतरिक विद्रोह की स्थितियां पनपने लगती हैं।
3. दूषित सामाजिक वातावरण के कारण युवा पीढ़ी बिगड़ सकती है और पथभ्रष्ट हो सकती है।

इस संकट का सामना करने के उपाय–

1. मुझे परिस्थितियों को सामान्य करने के लिए पदस्थ किया गया है, जिसका अभिप्राय है कि सरकार इस संकट को दूर करने के लिए काफी गंभीर है। मैं इस अवसर का पूरी तरह से दोहन करूंगी और गैर-कानूनी गतिविधियों में शामिल पुलिसकर्मियों और स्थानीय राजनेताओं का नाम उजागर करने के लिए जांच आरंभ करूंगी।
2. मैं ईमानदार और युवा अधिकारियों के एक दल का गठन करूंगी और उन्हें आवश्यक विशेषज्ञता प्रदान करने के प्रशिक्षण की व्यवस्था करूंगी।
3. मैं जिला मजिस्ट्रेट की सहायता भी लूंगी और स्थानीय जनप्रतिनिधियों, जो समाज में बदलाव लाने के इच्छुक हैं, उनका सहयोग भी प्राप्त करूंगी। इसके अलावा मैं गैर-सरकारी संगठनों और शिक्षित युवाओं को सूचना तंत्र का हिस्सा बनाने का प्रयास करूंगी।
4. मैं पोस्त की खेती करने वाले किसानों से बात करूंगी और उन्हें गैर-कानूनी तरीके से पोस्त का उत्पादन न करने का आग्रह करूंगी।
5. अंतत: मैं दोषी लोगों पर कड़ी कार्रवाई करूंगी और यह सुनिश्चित करूंगी कि उनके विरुद्ध ठोस सबूत एकत्रित हों, ताकि वे बच न सकें।

प्रश्न 6. भारत में हाल के समय में बढ़ती चिंता रही है कि प्रभावी सिविल सेवा नैतिकता, आचरण संहिताओं, पारदर्शिता उपायों, नैतिक एवं शुचिता व्यवस्थाओं और भ्रष्टाचार निरोधी अभिकरणों को विकसित किया जा सके। इस परिप्रेक्ष्य में, तीन विशिष्ट क्षेत्रों पर ध्यान देने की आवश्यकता महसूस की जा रही है, जो सिविल सेवाओं में शुचिता और नैतिकता को आत्मसात करने हेतु प्रत्यक्ष रूप से प्रासंगिक हैं। ये क्षेत्र निम्नलिखित हैं–

1. सिविल सेवाओं में नैतिक मानकों और ईमानदारी के विशिष्ट खतरों का पूर्वानुमान करना,
2. सिविल सेवकों की नैतिक सक्षमता को सशक्त करना और
3. सिविल सेवाओं में नैतिक मूल्यों और ईमानदारी की अभिवृद्धि के लिए प्रशासनिक प्रक्रियाओं एवं प्रथाओं का विकास करना।

उपरोक्त तीन मुद्दों का हल निकालने के लिए संस्थागत उपाय सुझाइए। (250 शब्द)

हल : लोक सेवा एथोस (Public Service Ethos) और सुशासन का वातावरण निर्मित करने के लिए अनेक उपाय किए गए हैं परंतु वे या तो अत्यंत कठोर हैं, जिनका अनुपालन काफी कठिन है या उनका क्रियान्वयन सही तरीके से नहीं हुआ। उपरोक्त समस्याओं को हल करने के लिए निम्नलिखित सुझावों को शामिल किया जा सकता है–

1. प्रत्येक विभाग और मंत्रालय में एक नैतिकता समिति (Ethics Committee) होनी चाहिए और इस समिति का मुखिया एक वरिष्ठ नौकरशाह होना चाहिए, जिसका सेवा रिकॉर्ड काफी अच्छा हो और जिसे भ्रष्टाचार के मामलों से संबंधित अच्छा अनुभव रहा हो। इस समिति को भ्रष्टाचार के संभावित क्षेत्रों का पता लगाने और अधिकारियों की निष्ठा एवं ईमानदारी को प्रभावित कर सकने वाले खतरों के ज्ञान पर पर्याप्त शोध करना चाहिए।
2. सिविल सेवकों में नैतिक दक्षता को मजबूत करने के उद्देश्य से नीतिशास्त्र विषय पर कार्यशालाओं या सेमिनारों का आयोजन होना चाहिए। नैतिकता समिति को अधिकारियों के नैतिक प्रशिक्षण की जिम्मेदारी दी जा सकती है।
3. सूचना प्रौद्योगिकी आधारित प्रशासनिक कार्य प्रणाली को प्रोत्साहन दिया जाना चाहिए। ई-ऑफिस और ऑनलाइन खरीदी प्रक्रिया को प्रत्येक सरकारी कार्यालय में लागू किया जाना चाहिए। सिविल सेवकों का स्थानांतरण और पदस्थापना ई-ऑफिस के माध्यम से एक समिति द्वारा की जानी चाहिए न कि किसी एक व्यक्ति द्वारा। लोक कार्यालय को धारण करने वाले अधिकारी को कार्यकाल की सुरक्षा (Security of Tenure) प्रदान की जानी अति आवश्यक है। यदि कोई ऐसी परिस्थिति उत्पन्न होती है, जिससे कार्यकाल समाप्ति के पूर्व ही स्थानांतरण किया जाना है, तो इससे संबंधित कारणों को फाइल पर दर्ज किया जाना चाहिए। इस प्रक्रिया में स्थानांतरण समिति के सदस्यों के बहुमत से ही होना चाहिए।

केस अध्ययन 2020

प्रश्न 1. राजेश कुमार एक वरिष्ठ लोक सेवक हैं, जिनकी ईमानदारी और स्पष्टवादिता की प्रतिष्ठा है, आजकल वित्त मंत्रालय के बजट विभाग के प्रमुख हैं। वर्तमान में उनका विभाग राज्यों को बजटीय सहायता की व्यवस्था करने में व्यस्त है, जिनमें से चार राज्यों में इसी वित्तीय वर्ष में चुनाव होने वाले हैं।

इस वर्ष के वार्षिक बजट ने राष्ट्रीय आवास योजना (एन.एच.एस.) को 8300 करोड़ रुपये आवंटित किए थे। यह समाज के कमजोर समूहों के लिए केंद्र प्रायोजित सामाजिक आवास योजना है। जून माह तक 775 करोड़ रुपये एन.एच.एस. हेतु लिए गए हैं।

निर्यात को बढ़ावा देने के लिए वाणिज्य मंत्रालय काफी समय से एक दक्षिणी राज्य में विशेष आर्थिक जोन (एस.ई.जेड.) स्थापित करने की पैरवी कर रहा है। केंद्र और राज्य के मध्य दो वर्षों तक चली विस्तृत चर्चा के बाद अगस्त माह में केंद्रीय मंत्रिमंडल ने इस योजना को स्वीकृति प्रदान कर दी। भूमि अधिग्रहण के लिए आवश्यक प्रक्रिया आरंभ कर दी गई।

अठारह माह पूर्व एक उत्तरी राज्य में क्षेत्रीय गैस ग्रिड के लिए एक प्रमुख सार्वजनिक क्षेत्र की इकाई (पी.एस.यू.) ने विशाल गैस प्रसंस्करण संयंत्र स्थापित करने की आवश्यकता बताई थी। सार्वजनिक क्षेत्र की इकाई के पास आवश्यक भूमि पहले से ही है। राष्ट्रीय ऊर्जा सुरक्षा रणनीति (National Energy Security Strategy) में यह गैस ग्रिड एक अनिवार्य घटक है। वैश्विक बोली (ग्लोबल बिडिंग) के तीन चरणों के बाद इस योजना को एक बहुराष्ट्रीय उद्योग (एम.एन.सी.) मैसर्स XYZ हाइड्रोकार्बन को आवंटित किया गया। दिसंबर में इस बहुराष्ट्रीय उद्योग को भुगतान की पहली किश्त देना निर्धारित है।

इन दो विकास योजनाओं को समय से 6000 करोड़ रुपये की अतिरिक्त राशि आवंटित करने के लिए वित्त मंत्रालय को कहा गया। यह निर्णय लिया गया कि पूरी राशि एन.एच.एस. आवंटन में से पुनर्विनियोजित करने की संस्तुति की जाए।

फाइल को समीक्षा और अग्रिम कार्रवाई के लिए बजट विभाग में प्रेषित कर दिया गया। फाइल का अध्ययन करने पर राजेश कुमार को यह आभास हुआ कि पुनर्विनियोजन करने से एन.एच.एस. योजना को क्रियान्वित करने में अत्यधिक विलंब हो सकता है, वरिष्ठ राजनेताओं द्वारा आयोजित सभाओं में इस योजना की काफी चर्चा हुई थी। दूसरी ओर, वित्त की अनुपलब्धता से एस.ई.जेड. में वित्तीय क्षति होगी और अंतर्राष्ट्रीय योजना में विलंबित भुगतान से राष्ट्रीय शर्मिंदगी भी।

राजेश कुमार ने इस प्रसंग पर अपने वरिष्ठ अधिकारियों के साथ विचार-विमर्श किया। उन्हें बताया गया कि राजनीतिक रूप से इस संवेदनशील स्थिति पर तुरंत कार्रवाई होनी चाहिए। राजेश कुमार ने अनुभव किया कि एन.एच.एस. योजना से राशि के विपथन (Diversion) पर सरकार के लिए संसद में कठिन प्रश्न खड़े हो सकते हैं।

इस प्रसंग के संदर्भ में निम्नलिखित का विवेचन कीजिए-

(a) कल्याणकारी योजना से विकास योजना में राशि के पुनर्विनियोजन में निहित नीतिपरक मुद्दे।

(b) सार्वजनिक राशि के उचित उपयोग की आवश्यकता को ध्यान में रखते हुए, राजेश कुमार के समक्ष उपलब्ध विकल्पों का विवेचन कीजिए। क्या पदत्याग एक योग्य विकल्प है? (250 शब्द)

हल : (a) कल्याणकारी योजना से विकास योजना में राशि के पुनर्वियोजन में निहित नीतिपरक मुद्दे निम्नलिखित हैं–

1. कर्तव्यवाद (Deontology) : पुनर्वियोजन यदि नियम सम्मत है, तो स्वीकार्य है। यदि नियमों का पालन करके कल्याणकारी योजना से विकास योजना में राशि डाली जा सकती है, तो यह कर्तव्यवाद आधारित/परिणाम निरपेक्षी नैतिकता के अनुकूल है।

2. प्रयोजनमूलकता (Teleology) : यदि पुनर्वियोजन इस प्रकार किया जाए कि राष्ट्रीय आवास योजना भी बजट की कमी से प्रभावित न हो और एस.ई.जेड. तथा बहुराष्ट्रीय उद्योग को भुगतान भी किया जा सके, तो यह प्रयोजनमूलक नीतिशास्त्र के अनुकूल है। अधिकतम लोगों को अधिकतम सुख उपयोगितावादी नीतिशास्त्र (Utilitarian Ethics) का उद्देश्य होता है। अत: बजट में से धन का आवंटन इस प्रकार किया जाए कि सभी योजनाएं चलती रहें।

3. सद्गुण नीतिशास्त्र (Virtue Ethics) : राजेश कुमार एक ईमानदार और स्पष्टवादी वरिष्ठ लोक अधिकारी है अत: वह जो भी निर्णय लेगा उसके व्यक्तित्व में निहित सद्गुणों के अनुरूप ही उसके परिणाम होंगे।

(b) विकल्प-I

राजेश कुमार द्वारा पुनर्वियोजन के प्रस्ताव से असहमति प्रस्तुत की जाए।

इस विकल्प के चयन से निम्नलिखित लाभ तथा हानियां हो सकती हैं–

लाभ– राष्ट्रीय आवास योजना को धन का अभाव नहीं रहेगा, सरकार को संसद में कठिन प्रश्नों का सामना नहीं करना पड़ेगा।

हानि– दो महत्त्वपूर्ण विकास योजनाएं धन के अभाव में विफल हो जाएंगी, रोजगार और ऊर्जा में बढ़ोतरी की संभावनाएं धूमिल हो जाएंगी, राजेश को राजनीतिक कार्यपालकों और वरिष्ठ अधिकारियों का कोप भाजन बनना पड़ सकता है।

विकल्प-II

धन का पुनर्वियोजन इस प्रकार से किया जाए कि सभी योजनाएं चलती रहें। यद्यपि राष्ट्रीय आवास योजना के लिए 8300 करोड़ रुपये का वित्तीय बजट स्वीकृत किया गया है, परंतु पहली तिमाही में भी केवल 775 करोड़ रुपये ही व्यय हुआ है। अत: इस योजना पर कितनी भी तेजी से कार्य आगे बढ़ाया जाए 3000 करोड़ से अधिक व्यय नहीं हो सकेगा। दूसरी ओर यदि इसमें से 6000 करोड़ रुपये निकालकर अन्य दो योजनाओं में दिया गया, तो आवास योजना विफल हो जाएगी। एस.ई.जेड. का कार्य अभी भूमि अधिग्रहण के स्तर पर है, जिसमें विलंब होने की पर्याप्त संभावना है, अत: 6000 करोड़ रुपये पूरे होना संभव दिखाई नहीं देता। राजेश एक तार्किक नोट लिखकर आवास योजना की प्रगति के आकलन के अनुसार 3000 करोड़ रुपये इस योजना के लिए रखकर शेष 5300 करोड़ रुपये अन्य दो योजनाओं के लिए पुनर्वियोजित कर सकता है।

लाभ– कर्तव्यवादी नैतिकता और प्रयोजनमूलक नैतिकता दोनों को सुनिश्चित किया जा सकता है।

सरकार को संसद में कठिन प्रश्नों का सामना नहीं करना पड़ेगा।

राजेश कुमार की प्रतिष्ठा में वृद्धि होगी।

हानि– यदि आवास योजना में अत्यधिक तीव्र प्रगति हुई, तो धन के अभाव में योजना विफल हो सकती है। जिसकी संभावना काफी नगण्य दिखाई देती है।

त्यागपत्र देना एक योग्य विकल्प नहीं है, क्योंकि यह लोक सेवा मूल्यों के विरुद्ध है। एक लोक सेवक में सत्यनिष्ठा, अटलता/दृढ़ता (Perseverance) का गुण होना चाहिए। साथ ही, 3Es (Economy, Effectiveness और Efficiency) का परिचय देते हुए इसका हल निकाला जाना संभव है, तो पदत्याग का प्रश्न उत्पन्न ही नहीं होता। एक लोक सेवक के जीवन में इस तरह के प्रकरणों से सामना होना सामान्य घटना है।

प्रश्न 2. भारत मिसाइल लिमिटेड (बी.एम.एल.) के अध्यक्ष टी.वी. पर एक कार्यक्रम देख रहे थे, जिसमें प्रधानमंत्री आत्मनिर्भर भारत के विकास की आवश्यकता पर राष्ट्र को संबोधित कर रहे थे। अवचेतन रूप में उन्होंने हामी भरी और मन ही मन मुस्कुराते हुए बी.एम.एल. की विगत दो दशकों की यात्रा की मानसिक पुनर्समीक्षा की। पहली पीढ़ी (फर्स्ट जेनरेशन) की एंटी-टैंक गाईडेड मिसाइल (ए.टी.जी.एम.) के उत्पादन में प्रशंसनीय रूप से आगे बढ़कर बी.एम.एल. अब अत्याधुनिक तकनीक पर आधारित ए.टी.जी.एम. हथियार प्रणालियों का डिजाइन और उनका उत्पादन कर रहा था, जो विश्व की किसी भी सेना के लिए ईर्ष्या का कारण होंगे। आह भरते हुए उन्होंने अपनी इस पूर्वधारणा के साथ समझौता किया कि संभवतया सरकार सैनिक हथियारों के निर्यात पर प्रतिबंध की यथास्थिति को नहीं बदलेगी।

उन्हें आश्चर्य हुआ कि अगले ही दिन महानिदेशक, रक्षा मंत्रालय से बी.एम.एल. द्वारा ए.टी.जी.एम. के उत्पादन में वृद्धि करने की रीतियों पर चर्चा करने के लिए उन्हें फोन आया, क्योंकि संभावना है कि एक मित्र देश को उनका निर्यात किया जा सकता है। महानिदेशक चाहते थे कि अध्यक्ष अगले सप्ताह दिल्ली में उनके अधिकारियों से विस्तृत चर्चा करें।

दो दिन बाद, एक संवाददाता सम्मेलन में, रक्षा मंत्री ने कहा कि अगले पांच वर्षों में वे वर्तमान हथियार निर्यात स्तरों को दोगुना करने का ध्येय रखते हैं। यह स्वदेशी हथियारों के विकास और निर्माण के वित्तपोषण को प्रोत्साहन देगा। उन्होंने यह भी कहा कि सभी स्वदेशी हथियार निर्माता राष्ट्रों का अंतर्राष्ट्रीय हथियार व्यापार में बहुत अच्छा रिकॉर्ड है।

बी.एम.एल. के अध्यक्ष के रूप में निम्नलिखित बिंदुओं पर आपके क्या विचार हैं-

a. हथियार निर्यातक के रूप में भारत जैसे उत्तरदायी देश के हथियार व्यापार में नीतिपरक मुद्दे क्या हैं?

b. विदेशी सरकारों को हथियारों के विक्रय संबंधी निर्णय को प्रभावित करने वाले पांच नीतिपरक कारकों को सूचीबद्ध कीजिए। (250 शब्द)

हल : (a) हथियार निर्यातक के रूप में भारत जैसे उत्तरदायी देश के हथियार व्यापार में नीतिपरक मुद्दे-

1. हथियारों का व्यापार केवल जिम्मेदार राष्ट्रों के साथ ही करना, ताकि वे इनका दुरुपयोग अपने यहां चल रहे किसी भी प्रकार के मानव अधिकार आंदोलनों को कुचलने में न करें।
2. हथियार गलत हाथों में न पड़ें और इन हथियारों का आगे व्यापार न हो।
3. मित्र राष्ट्र जिसे हथियार बेचे जा रहे हैं, भविष्य में वहां सरकार बदलने या अन्य कारणों से संबंध बिगड़ने पर हथियारों का उल्टा प्रयोग न करें।

(b) विदेशी सरकारों को हथियारों के विक्रय संबंधी निर्णय को प्रभावित करने वाले पांच नीतिपरक कारक–

1. राष्ट्रों द्वारा नागरिक अधिकारों और स्वतंत्रता का सम्मान किया जाता है अथवा नहीं।
2. जिन राष्ट्रों को हथियार बेचे जाएंगे उनकी आर्थिक और राजनीतिक स्थिति इस तरह की है कि वे इन हत्यारों को अपनी सुरक्षा के लिए रखने की योग्यता धारण करते हैं।
3. इससे क्षेत्रीय संतुलन तो नहीं बिगड़ जाएगा और तनाव की स्थिति तो पैदा नहीं होगी।
4. इससे किसी अंतर्राष्ट्रीय संधि या संयुक्त राष्ट्र संघ के किसी चार्टर के उल्लंघन की स्थिति तो निर्मित नहीं होगी।
5. खरीदी करने वाले राष्ट्र का युद्ध संबंधी निर्णयों का ऐतिहासिक रिकॉर्ड।

प्रश्न 3. रामपुरा, एक सुदूर जनजाति बहुल जिला, अत्यधिक पिछड़ेपन और दयनीय निर्धनता से ग्रसित है। कृषि स्थानीय आबादी की आजीविका का मुख्य साधन है, लेकिन बहुत छोटे भूस्वामित्व के कारण यह मुख्यत: निर्वाह-खेती तक सीमित है। औद्योगिक या खनन गतिविधियां यहां नगण्य हैं। यहां तक कि लक्षित कल्याणकारी कार्यक्रमों से भी जनजाति आबादी को अपर्याप्त लाभ हुआ है। इस प्रतिबंधित परिदृश्य में, पारिवारिक आय के अनुपूरण हेतु युवाओं को समीप स्थित राज्यों में पलायन करना पड़ रहा है। अवयस्क लड़कियों की व्यथा यह है कि श्रमिक ठेकेदार उनके माता-पिता को बहला-फुसलाकर उन्हें एक नजदीकी राज्य में बी.टी. कपास फार्मों में काम करने भेज देते हैं। इन अवयस्क लड़कियों की कोमल अंगुलियां कपास चुनने के लिए अधिक उपयुक्त होती हैं। इन फार्मों में रहने और काम करने की अपर्याप्त स्थितियों के कारण अवयस्क लड़कियों के लिए गंभीर स्वास्थ्य समस्याएं पैदा हो गई हैं। मूल निवास और कपास फार्मों के जिलों में स्वयंसेवी संगठन भी निष्प्रभावी लगते हैं और उन्होंने क्षेत्र के बाल श्रम और विकास की दोहरी समस्याओं हेतु कोई ठोस प्रयास नहीं किए हैं।

आपको रामपुरा का जिला कलेक्टर नियुक्त किया जाता है। यहां निहित नीतिपरक मुद्दों की पहचान कीजिए। अपने जिले के संपूर्ण आर्थिक परिदृश्य को सुधारने और अवयस्क लड़कियों की स्थितियों में सुधार लाने के लिए आप क्या विशिष्ट कदम उठाएंगे? (250 शब्द)

हल : यहां निहित नीतिपरक मुद्दे निम्नलिखित हैं–

1. बाल मजदूरी और गरीबी।
2. भ्रष्टाचार
3. लोक सेवा मूल्यों में गिरावट।
4. लैंगिक भेदभाव।

रामपुरा जिले में श्रमिक ठेकेदारों द्वारा बाल मजदूरी को प्रोत्साहन दिया जा रहा है, जिसका एक बड़ा कारण क्षेत्र में सरकारी योजनाओं का ठीक ढंग से क्रियान्वयन न होना है, जो गरीबी को दूर नहीं होने दे रहा। यहां स्पष्ट प्रदर्शित हो रहा है कि सरकारी योजनाओं में बड़े पैमाने पर भ्रष्टाचार होता रहा है और लोक सेवकों ने अपने कर्तव्य के प्रति लापरवाही का परिचय दिया है। यहां बालिकाओं से मजदूरी कराई जाती है, जो लैंगिक भेदभाव को स्पष्ट रूप से उजागर करता है।

अपने जिले के संपूर्ण आर्थिक परिदृश्य को सुधारने और अवयस्क लड़कियों की स्थिति सुधारने के लिए मैं तत्काल सभी विभागों के जिला प्रमुखों की बैठक आहूत करूंगा। ग्रामीण विकास विभाग के जिला प्रमुख (मुख्य कार्यपालक अधिकारी/जिला विकास अधिकारी) को निर्देश दूंगा कि तत्काल अपने जमीनी अमले को सक्रिय करें और सरकारी विकास तथा रोजगार योजनाओं, जैसे-मनरेगा, वाटर शेड योजना, राष्ट्रीय ग्रामीण आजीविका मिशन (NRLM) का लाभ देने के लिए एक समन्वित (Integrated) पैकेज

विकसित करें। उदाहरण के लिए, वन भूमि के पट्टे जारी करके भूमि की मेड बनाने, कुआं खोदने, पंप खरीदकर देने और उन्नत कृषि बीज तथा उर्वरक की आपूर्ति कर प्रति परिवार आय को बढ़ाने का प्रयास किया जाए।

बाल मजदूरी को तत्काल बंद कराया जाएगा। मैं बच्चियों के माता-पिता से चौपाल लगाकर चर्चा करूंगा और उन्हें शिक्षा के लिए स्कूल भेजने का आग्रह करूंगा। इसके लिए ग्राम पंचायतों के सरपंचों, स्थानीय जन प्रतिनिधियों और अच्छे सामाजिक संस्थानों के साथ चर्चा करके जिले में परिवर्तन की प्रक्रिया प्रारंभ करने का कार्य करूंगा।

प्रश्न 4. आप एक बड़े नगर के निगम आयुक्त हैं और आपकी छवि एक अत्यंत ईमानदार एवं कर्तव्यनिष्ठ अधिकारी की है। आपके नगर में एक विशाल बहुउद्देश्यीय मॉल निर्माणाधीन है, जिसमें बड़ी संख्या में दैनिक मजदूरी पाने वाले श्रमिक कार्यरत हैं। मानसून के दौरान एक रात छत का बड़ा भाग गिर जाता है, जिससे चार श्रमिकों की तत्काल मृत्यु हो जाती है, जिनमें दो अवयस्क हैं। अनेक श्रमिक गंभीर रूप से घायल हो गए और उन्हें तत्काल चिकित्सा सेवा की आवश्यकता थी। दुर्घटना से मचे हाहाकार ने सरकार को जांच के आदेश देने हेतु बाध्य किया।

आपकी प्रारंभिक जांच में अनेक विसंगतियों का खुलासा हुआ। निर्माण में लाई गई सामग्री निम्न गुणवत्ता की थी। स्वीकृत निर्माण योजना में केवल एक बेसमेंट की अनुमति थी, लेकिन एक अतिरिक्त बेसमेंट का निर्माण कर लिया गया। नगर निगम के इंस्पेक्टर द्वारा समय-समय पर किए गए निरीक्षण के दौरान इसको अनदेखा किया गया। अपनी जांच के दौरान आपने पाया कि मास्टर प्लान में उल्लिखित हरित पट्टी एवं एक अभिगम मार्ग (Slip Road) के प्रावधान के बाद भी मॉल के निर्माण को अनुमति प्रदान कर दी गई। मॉल के निर्माण की स्वीकृति पूर्व निगम आयुक्त द्वारा दी गई थी, जो न केवल आपके वरिष्ठ हैं और पेशेवर रूप से आपसे अच्छी तरह परिचित हैं, साथ ही आपके अच्छे मित्र भी हैं।

प्रथम दृष्टया, यह मामला नगर निगम के अधिकारियों और निर्माणकर्ता के बीच व्यापक सांठगांठ प्रतीत होता है। आपके सहकर्मी आप पर धीमी गति से जांच करने का दबाव डाल रहे हैं। निर्माणकर्ता, जो कि समृद्ध और प्रभावशाली है, राज्य मंत्रिमंडल के एक शक्तिशाली मंत्री का निकट रिश्तेदार है। निर्माणकर्ता आपको बड़ी राशि देने का वादा कर के मामले को रफादफा करने के लिए बहला-फुसला रहा है। वह यह भी इशारा करता है कि यदि जल्दी ही मामले को उसके हित में नहीं निपटाया जाता है, तो कार्यालय में कोई आपके विरुद्ध यौन उत्पीड़न कार्यस्थल अधिनियम (पोश एक्ट) के अंतर्गत मामला दर्ज करने का इंतजार कर रही है।

इस मामले में निहित नीतिपरक मुद्दों का विवेचन कीजिए। इस परिस्थिति में आपके पास कौन-कौन-से विकल्प उपलब्ध हैं? आपके द्वारा चयनित क्रियाविधि को स्पष्ट कीजिए। (250 शब्द)

हल : इस प्रसंग में निहित नीतिपरक मुद्दे हैं– 1. भ्रष्टाचार; 2. लोक सेवा मूल्यों में गिरावट; 3. समानुभूति (Empathy); 4. दृढ़ संकल्प का साहस (Courage of Conviction); 5. अंतरात्मा की आवाज।

मॉल के निर्माण में निम्न कोटि की घटिया निर्माण सामग्री का उपयोग, नगर निगम के अधिकारियों और कर्मचारियों की लापरवाही तथा निर्माणकर्ता द्वारा रिश्वत की पेशकश आदि भ्रष्टाचार से संबंधित नैतिक मुद्दे हैं।

इस प्रकार अध्ययन में सत्यनिष्ठा, पारदर्शिता, जवाबदेही, कमजोर वर्ग के प्रति दया, आदि लोक सेवा मूल्यों में गिरावट जैसे नीतिपरक मुद्दे भी शामिल हैं। निर्माणकर्ता और अधिकारियों में समानुभूति का स्पष्ट अभाव देखा जा सकता है। यहां पूर्व नगर निगम आयुक्त की निर्माणकर्ताओं से सांठगांठ को लेकर दृढ़ विश्वास और इस मामले में अंतरात्मा की आवाज के अनुरूप सही निर्णय लेने का साहस भी एक नीतिपरक मुद्दा है।

इस परिस्थिति में मेरे पास निम्नलिखित विकल्प उपलब्ध हैं–

1. निर्माणकर्ता द्वारा की गई रिश्वत की पेशकश को स्वीकार करना।
2. रिश्वत की पेशकश को ठुकराकर दोषियों के विरुद्ध कार्रवाई करना।

पहले विकल्प को लेकर चलने से मैं अनेक संभावित अप्रिय स्थितियों से बच सकता हूं। इस विकल्प से मेरी समस्या तो कम हो जाएगी, परंतु मैं प्रशासनिक रूप से कमजोर और नैतिक रूप से पतित अधिकारी की श्रेणी में आ जाऊंगा, जो कि सिविल सेवा आचरण के विपरीत है और पाप भी है।

दूसरे विकल्प को लेकर चलने से मैं स्वयं को अधर्मी और भ्रष्ट अधिकारी होने से बचा लूंगा। सिविल सेवा के मूलभूत मूल्यों, जैसे- सत्यनिष्ठा, जवाबदेही और कमजोर वर्ग के प्रति दया को संरक्षित करूंगा तथा अन्य सिविल सेवकों के लिए उदाहरण प्रस्तुत

कर सकूंगा। मुझे यदि इस बात का दृढ़ विश्वास है कि मैं सही ढंग से जांच करके दोषियों पर कार्रवाई सुनिश्चित करने में सफल रहूंगा, तो मुझे साहस का परिचय देते हुए अपने अंत:करण की आवाज का अनुसरण करना चाहिए। दूसरे विकल्प से संबंधित नकारात्मक परिणाम भी हो सकते हैं, जैसा कि स्पष्ट है मॉल निर्माणकर्ता धनी और रसूखदार है तथा उसने मुझे इशारा किया है कि यदि मैं उसके विरुद्ध काम करता हूं, तो वह मुझे यौन उत्पीड़न के झूठे मामले में फंसा देगा अत: इससे मुझे मानसिक रूप से प्रताड़ित होना पड़ सकता है।

मैं दूसरे विकल्प का चयन करूंगा और निम्न प्रकार की क्रिया विधि अपनाऊंगा–

1. सबसे पहले मैं जांच के दौरान स्वीकृत कार्य योजना और मौके पर हुए कामों का ब्यौरा लूंगा और यह भी स्पष्ट करूंगा कि कार्य योजना की स्वीकृति नियम सम्मत थी अथवा नहीं। यदि कार्य योजना में नियमों को ताक पर रखकर प्रावधान स्वीकृत किए गए थे, तो पूर्व नगर निगम आयुक्त को भी सहआरोपी बनाऊंगा।
2. मैं इस जांच का शीघ्र निपटारा करूंगा और अपने कार्यालय की सुरक्षा तथा निगरानी तंत्र को पुख्ता करूंगा। अपने कार्यालय में सी.सी.टी.वी. कैमरे लगवाऊंगा और इस बात से सजग रहूंगा कि विरोधी लोग मुझे किसी तरह के कदाचार मैं फंसाने का प्रयास करेंगे।
3. मैं लिखित रूप से मुख्य सचिव, पुलिस विभाग के प्रमुख और मुख्यमंत्री कार्यालय को गोपनीय रिपोर्ट दूंगा कि मुझे निर्माणकर्ता द्वारा यौन उत्पीड़न कार्यस्थल अधिनियम के अंतर्गत फंसाने की धमकी दी गई है।
4. मैं ईमानदारी और पारदर्शिता के साथ जांच को पूरा करूंगा तथा दोषियों पर कार्रवाई सुनिश्चित करके मृत श्रमिकों के परिवार वालों को न्याय दिलाऊंगा।

प्रश्न 5. परमल एक छोटा, लेकिन अविकसित जिला है। यहां की जमीन पथरीली है, जो कृषि योग्य नहीं है, यद्यपि थोड़ी जीविका कृषि जमीन के छोटे टुकड़ों पर की जाती है। क्षेत्र में पर्याप्त वर्षा होती है और सिंचाई की एक नहर वहां से बहती है। अमरिया एक मध्यम श्रेणी का शहर है, जो इस जिले का प्रशासनिक केंद्र है। यहां एक बड़ा जिला अस्पताल, एक औद्योगिक प्रशिक्षण संस्थान और कुछ निजी कौशल प्रशिक्षण केंद्र हैं। एक जिला मुख्यालय की सभी सुविधाएं यहां उपलब्ध हैं। अमरिया से लगभग 50 कि.मी. दूर एक मुख्य रेलवे लाइन गुजरती है। इसकी कमजोर संयोजकता (Poor Connectivity) यहां पर किसी भी प्रकार के बड़े उद्योग के अभाव का मुख्य कारण है। नए उद्योग को बढ़ावा देने के लिए राज्य सरकार ने 10 वर्षों के लिए करावकाश दे रखा है।

वर्ष 2010 में, एक उद्योगपति अनिल ने विभिन्न लाभों का फायदा उठाने के लिए नूरा गांव में, जो अमरिया से 20 कि.मी. दूर है, अमरिया प्लास्टिक वर्क्स (ए.पी.डब्ल्यू.) स्थापित करने का निर्णय लिया। जिस समय इस फैक्ट्री का निर्माण हो रहा था, तब अनिल ने आवश्यक मुख्य श्रमिकों को रोजगार देकर उन्हें अमरिया के कौशल प्रशिक्षण केंद्रों में प्रशिक्षित करवाया। उसके इस कृत्य से मुख्य श्रमिक ए.पी.डब्ल्यू. के प्रति बहुत वफादार हो गए।

नूरा गांव से ही सभी श्रमिकों को लेकर ए.पी.डब्ल्यू. ने 2011 में उत्पादन आरंभ किया। अपने घरों के पास ही रोजगार पाकर गांव वाले बहुत खुश थे और मुख्य श्रमिकों ने उन्हें उत्पादन के लक्ष्यों को उच्च गुणवत्ता के साथ पूरा करने के लिए प्रेरित किया। ए.पी.डब्ल्यू. ने अच्छा लाभ कमाना आरंभ किया, जिसका एक बड़ा भाग नूरा गांव में जीवन स्तर को सुधारने के लिए उपयोग में लिया गया। 2016 तक नूरा एक हरा-भरा गांव होने का और गांव के मंदिर के पुनर्निर्माण पर गर्व कर सकता था। स्थानीय विधायक से संपर्क कर अनिल ने अमरिया जाने के लिए गांव से बस सेवाओं की निरंतरता भी बढ़ा दी। सरकार ने नूरा गांव में ए.पी.डब्ल्यू. द्वारा निर्मित भवनों में एक प्राथमिक स्वास्थ्य केंद्र और प्राथमिक विद्यालय भी खोल दिया। अपने सी.एस.आर. कोष का उपयोग करते हुए ए.पी.डब्ल्यू. ने महिला स्वयं सहायता समूह स्थापित किए, गांव के बच्चों को प्राथमिक शिक्षा के लिए उपदान प्रदान किया और अपने कर्मचारियों तथा गरीबों के उपयोग के लिए एक एंबुलेंस प्राप्त की। 2019 में ए.पी.डब्ल्यू. में एक छोटी सी आग लगी। चूंकि फैक्ट्री में अग्नि शमन सुरक्षा की उपयुक्त व्यवस्था थी इसलिए आग को शीघ्र बुझा दिया गया। जांच में पता चला कि फैक्ट्री अपनी अधिकृत क्षमता से अधिक बिजली का उपयोग कर रही थी। इसे शीघ्र ही सुलझा लिया गया। अगले वर्ष, देशव्यापी लॉकडाउन के कारण उत्पादन की आवश्यकता में चार महीनों के लिए गिरावट आ गई। अनिल ने निर्णय लिया कि सभी कर्मचारियों को नियमित रूप से भुगतान किया जाएगा। उसने कर्मचारियों को वृक्षारोपण और गांव के प्राकृतिक वास को सुधारने के लिए काम में लिया।

ए.पी.डब्ल्यू. ने उच्च स्तरीय उत्पादन और अभिप्रेरित श्रमिक बल की ख्याति अर्जित की।

ए.पी.डब्ल्यू. की कहानी का आलोचनात्मक परीक्षण कीजिए और अंतर्निहित नीतिपरक मुद्दों का उल्लेख कीजिए। क्या आप ए.पी.डब्ल्यू. को पिछड़े हुए क्षेत्रों के विकास के लिए आदर्श मॉडल के रूप में देखते हैं? कारण दीजिए। (250 शब्द)

हल : नूरा गांव में ए.पी.डब्ल्यू. के रूप में उद्योग की स्थापना राज्य सरकार द्वारा घोषित 10 वर्षों के करावकाश की योजना का लाभ लेते हुए की गई। उद्योग की स्थापना से यहां के स्थानीय लोगों को रोजगार प्राप्त हुआ और उनका जीवन स्तर सुधरा। यह कॉर्पोरेट क्षेत्र में नैतिकता का एक बहुत अच्छा उदाहरण है। किसी भी निजी संगठन द्वारा अपनी कॉर्पोरेट सोशल रिस्पांसिबिलिटी को इसी तरह से पूरा किया जाना चाहिए। इस प्रकरण अध्ययन में अंतर्निहित नीतिपरक मुद्दे हैं–

1. न्याय, विशेष रूप से विनिमयात्मक न्याय (Commutative Justice)
2. निजी क्षेत्रकों के लिए नैतिकता और कॉर्पोरेट सोशल रिस्पांसिबिलिटी।
3 लोक सेवाएं (Public Services)
4. कार्य संस्कृति (Work Culture)

ए.पी.डब्ल्यू. द्वारा प्रस्तुत मॉडल निश्चित ही एक आदर्श है, जिससे देश के परमल जैसे अविकसित जिलों को विकास की मुख्यधारा से जोड़ा जा सकता है। सरकार द्वारा लोक सेवाओं और लोक वस्तुओं की आपूर्ति करने के कार्य की सीमाएं हैं। सरकार द्वारा बड़े पैमाने पर रोजगार उपलब्ध कराया जाना भी संभव नहीं है। निजी क्षेत्रकों का इन सभी जिम्मेदारियों में योगदान प्राप्त करके ही देश में विद्यमान विषमता को दूर किया जा सकता है। सरकार को परमल जैसे अविकसित क्षेत्रों में निजी क्षेत्रकों को निवेश करने के लिए आकर्षित करना चाहिए। इन क्षेत्रकों को भी यह ध्यान में रखकर लाभ कमाना चाहिए कि समस्त संसाधन जनता के हैं और इन संसाधनों का स्वामित्व एक न्यासी के रूप में प्राप्त है। जनता के श्रम से ही औद्योगिक उत्पादन संभव होता है अत: विनिमयात्मक न्याय सुनिश्चित करने के लिए जनता के प्रति उत्पन्न देयताओं (Dues) को चुकाने का एकमात्र तरीका सामाजिक जिम्मेदारी को पूरा करना और स्थानीय विकास करना है। देश में इस प्रकार की कार्य संस्कृति के बनने से निश्चित ही आर्थिक गतिविधियों को बल मिलेगा और देश की प्रति व्यक्ति आय एवं सकल घरेलू उत्पादन में वृद्धि होगी।

प्रश्न 6. नगरीय अर्थतंत्र के सहायक श्रमिक बल के रूप में मूक रहकर सेवा प्रदान करते हुए, प्रवासी श्रमिक सदैव हमारे समाज के सामाजिक-आर्थिक हाशिये पर रहे हैं। महामारी ने उन्हें राष्ट्रीय केंद्रबिंदु पर ला दिया है

देशव्यापी लॉकडाउन की घोषणा से, प्रवासी श्रमिकों की एक बड़ी संख्या ने अपने रोजगार के स्थानों से अपने मूल गांवों को लौटने का निर्णय लिया। आवागमन की अनुपलब्धता ने अपनी समस्याएं खड़ी कर दीं। इसके अलावा अपने परिवारों की भुखमरी और असुविधा का डर भी उन्हें सता रहा था। इनके चलते प्रवासी श्रमिकों ने अपने गांवों को लौटने के लिए मजदूरी और आवागमन की सुविधाएं मांगीं। उनकी मानसिक व्यथा एकाधिक कारणों से और भी बढ़ गई, जैसे- आजीविका का आकस्मिक नुकसान, भोजन के अभाव की संभावना और समय पर घर नहीं पहुंच पाने से रबी की फसल की कटाई में मदद नहीं करने की असमर्थता। उनकी आशंकाएं ऐसी खबरों से और भी बढ़ गईं, जिनमें रास्ते में कुछ जिलों में रहने और खाने के अपर्याप्त प्रबंध के बारे में बताया गया था।

जब आपको अपने जिले के जिला आपदा मोचन बल (डी.डी.आर.एम.) की कार्रवाई का संचालन करने की जिम्मेदारी दी गई थी, तो इस परिस्थिति से आपने अनेक सबक सीखे। आपके मतानुसार सामयिक प्रवासी संकट में क्या नीतिपरक मुद्दे उभरकर आए? एक नीतिपरक सेवा प्रदाता राज्य से आप क्या समझते हैं? समान परिस्थितियों में प्रवासियों की पीड़ाओं को कम करने में सभ्य समाज क्या सहायता प्रदान कर सकता है? (250 शब्द)

हल : अपने जिले में जिला आपदा मोचन बल का संचालन करने की जिम्मेदारी का निर्वहन करते हुए मुझे अपने अनुभव प्राप्त हुए। समाजिक प्रवासी संकट में निम्नलिखित नैतिक मूल्य उभरकर आए–

1. प्रवासी श्रमिकों के कारण ही क्षेत्रों का विकास संभव होता है। इन श्रमिकों के योगदान के बिना उत्पादन की क्रियाएं और विकास की धारा बंद हो जाएगी। संकट के समय इन श्रमिकों को निरीह स्थिति में छोड़ देना और उनको वापस घर पहुंचने के लिए मजदूरी और आवागमन की सुविधाएं उपलब्ध न कराना लोक तथा निजी दोनों क्षेत्रकों की विफलता है। यह विनिमयात्मक न्याय के सिद्धांत के विरुद्ध है। यह लोक सेवा में नैतिकता के अनुरूप नहीं है।

2. प्रत्येक व्यक्ति को गरिमामयी जीवन जीने का अधिकार है, जो उन्हें भारत के संविधान से प्राप्त होता है और इसको सुनिश्चित करने के लिए लोक सेवकों को कर्तव्य दिए गए हैं। इन कर्तव्यों को पूरा न करना भी नैतिकता की भावना के विरुद्ध है।

एक नीतिपरक सेवा प्रदाता राज्य ऐसा राज्य होता है, जो लोक सेवाएं प्रदान करने में सदैव तत्पर रहे। राज्य जनता का स्वामी मात्र नहीं है, बल्कि न्यासी भी है। राज्य द्वारा जनता के लिए ऐसी सुविधाओं का प्रावधान करने की नैतिक बाध्यता है, जो जनता के जीवन के अधिकार (Right to Life) से सीधे रूप से जुड़ी होती हैं। (विस्तृत अध्यन के लिए देखें अध्याय - लोक सेवाएं)।

समान परिस्थितियों में प्रवासियों की पीड़ाओं के लिए सभ्य समाज को आगे आना चाहिए। समाज का एक वर्ग पिछड़ जाता है और एक वर्ग समृद्ध होता है, क्योंकि समाज में संसाधनों के बंटवारे में न्याय की कमी है। अत: समृद्ध समाज का यह नैतिक कर्तव्य है कि वह पिछड़े वर्ग को योगदान करके न्याय को संतुलित करने का प्रयास करे। प्रवासियों की पीड़ा कम करने के लिए सभ्य समाज द्वारा निम्नलिखित सहायता प्रदान की जा सकती है–

1. मार्ग में भोजन और पानी की व्यवस्था।
2. आवश्यक दवाइयों का वितरण।
3. आवागमन के लिए ट्रांसपोर्टरों द्वारा निशुल्क बस सेवाएं उपलब्ध कराना।
4. मार्ग में जगह-जगह विश्राम करने के लिए अस्थायी टेंट की सुविधाएं उपलब्ध कराना।

केस अध्ययन 2021

प्रश्न 1. सुनील एक युवा लोक सेवक है और सक्षमता, ईमानदारी, समर्पण तथा मुश्किल और दुर्वह कामों के लिए अथक प्रयास हेतु उसकी प्रतिष्ठा है। उसकी प्रोफाइल को देखते हुए उसके अधिकारियों ने उसे एक बहुत ही चुनौतीपूर्ण और संवेदनशील कार्यभार संभालने के लिए चुना था। उसे अवैध बालू खनन के लिए कुख्यात आदिवासी बहुल जिले में तैनात किया गया। नदी पट्टी से, अनियंत्रित रूप से बालू उत्खनन करके ट्रकों से ढोकर उसको काला बाजार में बेचा जा रहा था। यह अवैध बालू खनन माफिया स्थानीय कार्यकर्ताओं और आदिवासी बाहुबलियों के सहयोग से काम कर रहा था, जो बदले में चुनिंदा गरीब आदिवासियों को रिश्वत देते रहते थे और उनको डरा और धमकाकर रखते थे।

सुनील ने एक तेज और ऊर्जावान अधिकारी होने के नाते जमीनी हकीकत पहचानकर और माफिया द्वारा कुटिल तथा संदिग्ध तंत्र के माध्यम से अपनाए गए उनके तौर-तरीकों को तुरंत पकड़ लिया। पूछताछ करने पर उसने पाया कि उसके अपने कार्यालय के कुछ कर्मचारियों की उनसे मिलीभगत है और उन्होंने उनके साथ घनिष्ठ अवांछनीय गठजोड़ विकसित कर लिया है। सुनील ने उनके खिलाफ कड़ी कार्रवाई शुरू की और उनके बालू से भरे ट्रकों की आवाजाही के अवैध संचालन पर छापे मारने शुरू कर दिया। माफिया भड़क गया, क्योंकि इससे पहले बहुत से अधिकारियों ने उनके विरुद्ध इतने बड़े कदम नहीं उठाए थे। कार्यालय के कुछ कर्मचारियों ने जो कथित रूप से माफिया के करीब थे, उनको सूचित किया कि अधिकारी उस जिले में माफिया के अवैध बालू खनन संचालन को साफ करने के लिए दृढ़ संकल्पित है और उन्हें अपूरणीय क्षति हो सकती है।

माफिया शत्रुतापूर्ण हो गया और जवाबी हमला शुरू किया। आदिवासी बाहुबली और माफिया ने उसको गंभीर परिणाम भुगतने की धमकी देनी शुरू कर दी। उसके परिवार (पत्नी और वृद्ध माता) का पीछा किया जा रहा था, वे उनकी वास्तविक निगरानी में थे, जिससे कि उन सभी को मानसिक यातना, यंत्रणा और तनाव हो रहा था। उस समय मामले ने गंभीर रूप धारण कर लिया जब एक बाहुबली उसके कार्यालय में आया और उसको छापे मारने इत्यादि बंद करने की धमकी दी और कहा कि उसका हाल उसके पूर्व अधिकारियों से अलग नहीं होगा (दस वर्ष पूर्व माफिया द्वारा एक अधिकारी की हत्या कर दी गई थी)।

(a) इस स्थिति को संभालने में सुनील के लिए उपलब्ध विभिन्न विकल्पों की पहचान कीजिए।
(b) आपके द्वारा सूचीबद्ध विकल्पों का आलोचनात्मक मूल्यांकन कीजिए।
(c) आपके विचार से उपर्युक्त में से कौन-सा विकल्प सुनील के लिए सबसे उपयुक्त होगा और क्यों?

(250 शब्द)

हल : (a) इस स्थिति को संभालने में सुनील के लिए उपलब्ध विभिन्न विकल्प-

1. अवैध बालू खनन करने वालों पर कार्रवाई करना बंद कर दे।
2. अपनी कार्रवाई को जारी रखे।
3. अवकाश पर चला जाए और अपना स्थानांतरण कहीं और करा ले।

(b) पहले विकल्प का चयन करने से सुनील को माफिया से मिल रही धमकियों और उसको तथा उसके परिवार को हो रही मानसिक यातना एवं तनाव से मुक्ति मिल जाएगी। परंतु यह विकल्प कर्तव्यवाद (Deontology) के विरुद्ध है। यह सिविल सेवा के मूलभूत मूल्यों, जैसे- सत्यनिष्ठा (Integrity), ईमानदारी (Honesty) तथा दृढ़ विश्वास का साहस (Courage of Conviction) के भी विपरीत है। सुनील को जिले में अवैध खनन गतिविधियों को रोकने की जिम्मेदारी दी गई है, जो कि साहस (Courage) की मांग करती है। प्लेटो ने साहस को एक महत्त्वपूर्ण सद्‌गुण माना है। अवैध बालू उत्खनन करने वालों पर कार्रवाई नहीं करना सुनील द्वारा अंतरात्मा की आवाज से विमुख होने जैसा होगा।

यदि सुनील दूसरे विकल्प का चयन करता है, तो उसकी बालू माफिया से शत्रुता और अधिक बढ़ जाएगी तथा उसे मिल रही मानसिक यातना से छुटकारा नहीं मिलेगा। इस विकल्प के अनेक खतरनाक परिणाम सामने आ सकते हैं। इस विकल्प का सकारात्मक पक्ष यह है कि सुनील एक जिम्मेदार और साहसी अधिकारी के रूप में अपनी पहचान स्थापित करेगा। यह कर्तव्यवाद (Deontology) और प्रयोजनमूलकता (Teleology) दोनों ही नैतिक सिद्धांतों के अनुरूप है। अपनी अंतरात्मा की आवाज (Voice of Conscience) के अनुसार कार्य करने से सुनील को कार्य संतुष्टि की प्राप्ति होगी।

तीसरे विकल्प का चयन करने से भी सुनील को मुसीबतों से छुटकारा प्राप्त हो जाएगा, परंतु उसका यह कदम भी उसकी छवि और व्यक्तित्व के अनुरूप नहीं है। यह विकल्प उसे एक कमजोर और डरपोक अधिकारी के रूप में स्थापित करेगा।

(c) उपर्युक्त विकल्पों में से दूसरा विकल्प सुनील के लिए सर्वाधिक उपयुक्त होगा। इस विकल्प का चयन करते हुए उसे साहस के साथ ही बुद्धिमत्ता (Wisdom), न्याय (Justice) और संयम (Temperance) (प्लेटो द्वारा दिए गए अन्य तीन मूल सद्‌गुण) जैसे सद्‌गुणों का प्रदर्शन भी करना होगा। उसे अपने परिवार की सुरक्षा के लिए तत्काल सरकार से सुरक्षा की मांग करनी चाहिए और धमकी दे रहे माफिया के विरुद्ध प्राथमिकी दर्ज करानी चाहिए। अपनी और परिवार की सुरक्षा सुनिश्चित करके कार्रवाई को और तेज करना चाहिए तथा बालू माफिया के संपूर्ण तंत्र को नष्ट करना चाहिए। उसके कार्यालय के जो कर्मचारी माफिया से मिले हुए हैं, उनका अन्यत्र स्थानांतरण करने के लिए सरकार को पत्र लिखना चाहिए और उन लोगों को कार्रवाई से संबंधित योजना से दूर रखना चाहिए।

प्रश्न 2. आप एक मध्यमवर्गीय शहर में डिग्री कॉलेज के उप-प्रधानाचार्य हैं। प्रधानाचार्य हाल ही में सेवानिवृत्त हुए हैं और प्रबंधन उनके प्रतिस्थापन की तलाश कर रहा है। यह भी माना जाता है कि प्रबंधन आपको प्रधानाचार्य के रूप में पदोन्नत कर सकता है। इस बीच वार्षिक परीक्षा के दौरान विश्वविद्यालय से आए उड़नदस्ते ने दो छात्रों की अनुचित तरीकों का उपयोग करते हुए रंगे हाथों पकड़ लिया। कॉलेज का एक वरिष्ठ व्याख्याता व्यक्तिगत रूप से इन छात्रों को इस कार्य में मदद कर रहा था। यह वरिष्ठ व्याख्याता प्रबंधन का करीबी भी माना जाता था। उनमें से एक छात्र स्थानीय राजनेता का बेटा था, जो कॉलेज को वर्तमान प्रतिष्ठित विश्वविद्यालय से संबद्ध कराने में मददगार रहा था। दूसरा छात्र एक स्थानीय व्यवसायी का बेटा था, जिसने कॉलेज चलाने के लिए अधिकतम धन दान दिया था। आपने इस दुर्भाग्यपूर्ण घटना के बारे में तुरंत प्रबंधन को सूचित किया। प्रबंधन ने आपको किसी भी कीमत पर उड़नदस्ते के साथ इस मुद्दे को हल करने के लिए कहा। उन्होंने आगे कहा कि इस घटना से न केवल कॉलेज की छवि खराब होगी, बल्कि राजनेता और व्यवसायी भी कॉलेज के कामकाज के लिए बहुत महत्त्वपूर्ण व्यक्ति हैं। आपको यह भी संकेत दिया गया था कि प्रधानाचार्य के रूप में आपकी आगे की पदोन्नति उड़नदस्ते के साथ मुद्दे को हल करने की क्षमता पर निर्भर करती है। इस दौरान आपके प्रशासनिक अधिकारी ने सूचित किया कि छात्र संघ के कुछ सदस्य इस घटना में शामिल वरिष्ठ व्याख्याता और छात्रों के खिलाफ कॉलेज के गेट के बाहर कर विरोध प्रदर्शन कर रहे हैं और दोषियों के खिलाफ सख्त कार्रवाई की मांग कर रहे हैं।

(a) इस मामले से संबंधित नैतिक मुद्‌दों पर चर्चा कीजिए।

(b) उप-प्रधानाचार्य के रूप में आपके पास उपलब्ध विकल्पों का आलोचनात्मक रूप से परीक्षण कीजिए। आप कौन-सा विकल्प अपनाएंगे और क्यों? (250 शब्द)

हल : (a) इस मामले से संबंधित नैतिक मुद्दे निम्नलिखित हैं–

1. नकल करके डिग्रियां प्राप्त कर रहे छात्र राष्ट्र के भविष्य के लिए खतरा हैं। किसी भी स्थिति में परीक्षा में नकल अनैतिक है।
2. एक ओर कॉलेज के भविष्य का मुद्दा है, तो दूसरी ओर मेरे द्वारा सही का पक्ष लेने का मुद्दा है इन दोनों विरोधाभासी स्थितियों ने दुविधा की स्थिति उत्पन्न कर दी है। यद्यपि यह एक प्रकार की मानसिक दुविधा मात्र है न कि नैतिक दुविधा। नैतिक दुविधा तब उत्पन्न होती है, जब दोनों विरोधाभासी पक्ष नैतिक हों और उनमें से सर्वाधिक उपयुक्त पक्ष का चयन करना पड़े।
3. शिक्षा व्यवस्था का नैतिक रूप से संचालन होना भी एक महत्त्वपूर्ण नैतिक मुद्दा है।

(b) उप-प्रधानाचार्य के रूप में मेरे पास उपलब्ध विकल्प हो सकते हैं–

1. उड़नदस्ते को ईमानदारी और पारदर्शिता के साथ काम करने दूं और दोषियों पर कार्रवाई हो।
2. उड़नदस्ते के सदस्यों को समझाकर किसी भी प्रकार की कार्रवाई न करने के लिए सभी संभव प्रयास करूं।
3. अपनी प्रशासनिक विफलता को देखते हुए नैतिक आधार पर इस्तीफा दे दूं।

पहले विकल्प का चयन करने से शिक्षा व्यवस्था के नैतिक संचालन को बल मिलेगा। कॉलेज के गेट के बाहर प्रदर्शन कर रहे छात्र संघ के सदस्य दोषियों के खिलाफ कार्रवाई होते ही शांत हो जाएंगे। इस विकल्प का चयन करने से कॉलेज को कुछ हानियां होंगी और कॉलेज के भविष्य पर बुरा प्रभाव पड़ सकता है। नकल कर रहे छात्रों के अभिभावक कॉलेज को सहयोग करना बंद कर देंगे। परंतु मेरी यह धारणा है कि कोई भी शिक्षण संस्थान इस प्रकार के अनैतिक सहयोग से लंबे समय तक नहीं चल सकता। यदि कॉलेज का प्रबंधन सही हाथों में है, तो गुणवत्तापूर्ण शिक्षा व्यवस्था और ईमानदारी के आधार पर कॉलेज के भविष्य को सुरक्षित रखा जा सकता है। देश की युवा पीढ़ी में नैतिक मूल्य पैदा करने में शिक्षण संस्थानों की महती भूमिका होती है। गलत अनुप्रयोगों की शिक्षा व्यवस्था में कोई जगह नहीं है।

पहले विकल्प के चयन से मेरी पदोन्नति पर बुरा प्रभाव पड़ सकता है, लेकिन मुझे इस तरह से अपनी प्रगति करना स्वीकार नहीं है। मेरी पदोन्नति का मापदंड मेरी प्रशासनिक और शैक्षणिक क्षमता होनी चाहिए न कि गलत मामलों में सहयोग करके उन्हें हल करने की क्षमता।

दूसरे विकल्प का चयन करने से कॉलेज का भविष्य सुरक्षित हो सकता है और मुझे पदोन्नति भी मिल सकती है लेकिन इससे विरोध प्रदर्शन बढ़ जाएगा। विरोध कर रहे छात्र संघ के सदस्य कॉलेज की नकारात्मक छवि को उछालेंगे जो कि हानिकारक सिद्ध होगा। शिक्षा व्यवस्था में अपराधीकरण बढ़ने के यही कारण हैं।

तीसरा विकल्प बिल्कुल भी नैतिक नहीं है, क्योंकि इसके चयन से मैं एक कायर और कमजोर प्रशासक कहलाऊंगा। परिस्थितियों का नैतिक रूप से डटकर सामना करना चाहिए तभी सद्गुणों और मूल्यों की पहचान होती है।

मैं पहले विकल्प को अपनाऊंगा, क्योंकि मुझे अपनी प्रशासनिक क्षमता और दृढ़ विश्वास के साहस (Courage of Conviction) पर पूरा विश्वास है। मैं जानता हूं कि नैतिक मूल्यों का परिचय देकर मैं कॉलेज के भविष्य को सुरक्षित रख सकता हूं और कॉलेज के प्रबंधन को अपने अनुनय (Persuasion) की योग्यता से यह समझा सकता हूं कि सही का साथ देने से ही कॉलेज की छवि अच्छी बनेगी।

प्रश्न 3. किसी राज्य विशेष की राजधानी में यातायात की भीड़ कम करने के लिए एक एलिवेटेड कॉरिडोर का निर्माण किया जा रहा है। आपकी पेशेवर क्षमता और अनुभव के आधार पर आपको इस प्रतिष्ठित परियोजना के परियोजना प्रबंधक के रूप में चुना गया है। अगले दो वर्षों में परियोजना को पूरा करने की समय सीमा 30 जून, 2021 है, क्योंकि इसका उद्घाटन मुख्यमंत्री द्वारा जुलाई 2021 के दूसरे सप्ताह में चुनाव की घोषणा से पहले होना है। निरीक्षण दल द्वारा औचक निरीक्षण करते समय, संभवत: खराब सामग्री के इस्तेमाल के कारण एलिवेटेड कॉरिडोर के एक पाये (Pier) में छोटी सी दरार देखी गई थी। आपने तुरंत मुख्य अभियंता को सूचित किया और आगे का काम रोक दिया। आपके द्वारा यह आकलन किया गया था कि एलिवेटेड कॉरिडोर के कम से कम तीन पायों को तोड़ना और उनका पुनर्निर्माण किया जाना है। परंतु यह प्रक्रिया परियोजना में कम से कम चार से छह महीने की देरी कर देगी। किंतु मुख्य अभियंता ने निरीक्षण दल के अवलोकन को इस आधार पर निरस्त कर दिया कि यह एक छोटी सी दरार है, जो किसी भी तरह से पुल की क्षमता और टिकाऊपन को प्रभावित नहीं करेगी। उसने आपको निरीक्षण दल के अवलोकन की अनदेखी कर उसकी गति और लय के साथ काम जारी रखने का आदेश दिया। उसने आपको सूचित किया कि मंत्री कोई देरी नहीं चाहते हैं, क्योंकि वे

एलिवेटेड कॉरिडोर का उद्घाटन मुख्यमंत्री से चुनाव की घोषणा होने से पहले करवाना चाहते हैं। यह भी सूचित किया कि ठेकेदार मंत्री का दूर का रिश्तेदार है और वे चाहते हैं कि वह इस परियोजना को पूरा करे। उसने आपको इशारा भी किया कि अतिरिक्त मुख्य अभियंता के रूप में आपकी आगे की पदोन्नति मंत्रालय के विचाराधीन है। तथापि आपने दृढ़ता से महसूस किया कि एलिवेटेड कॉरिडोर के पाये में छोटी सी दरार पुल की क्षमता और जीवनकाल पर प्रतिकूल प्रभाव डालेगी और इसीलिए एलिवेटेड कॉरिडोर की मरम्मत न करना बहुत खतरनाक होगा।

(a) दी गई शर्तों के तहत परियोजना प्रबंधक के रूप में आपके पास कौन-से विकल्प उपलब्ध हैं?

(b) वे कौन-सी नैतिक दुविधाएं हैं, जिनका परियोजना प्रबंधक सामना कर रहा है?

(c) परियोजना प्रबंधक द्वारा सामना की जाने वाली व्यावसायिक चुनौतियां क्या हैं और उन चुनौतियों से पार पाने के लिए उसकी प्रतिक्रिया क्या है?

(d) निरीक्षण दल द्वारा उठाए गए अवलोकन की अनदेखी के परिणाम क्या हो सकते हैं? (250 शब्द)

हल : (a) दी गई शर्तों के तहत परियोजना प्रबंधक के रूप में मेरे पास निम्नलिखित विकल्प उपलब्ध हैं–

1. मैं मुख्य अभियंता के निर्देशों के अनुसार काम को आगे बढ़ने दूं।
2. मैं गुणवत्ताहीन काम को तोड़कर पुनः कराऊं।
3. मैं परियोजना प्रबंधक के पद से इस्तीफा दे दूं।

(b) नैतिक दुविधाएं–

1. समय पर निर्माण कार्य को पूरा करना बनाम निर्माण की गुणवत्ता से समझौता न करना।
2. सरकार की महत्त्वपूर्ण परियोजना को समय पर पूरा करने के लिए मुझ पर सरकार की आस्था बनाम परियोजना को समय सीमा में गुणवत्ता के साथ पूरा करना।
3. दृढ़ विश्वास का साहस (Courage of Conviction)
4. समय पर जनता को एलिवेटेड कॉरिडोर समर्पित करना बनाम कॉरिडोर का गुणवत्तापूर्ण निर्माण।

इनके अलावा यह दुविधा भी हो सकती है कि मेरी पदोन्नति इस परियोजना को जैसा चल रही है वैसे ही पूरी करने पर टिकी हुई है। यद्यपि यह नैतिक दुविधा की श्रेणी में नहीं आती।

(c) परियोजना प्रबंधक के सामने सबसे महत्त्वपूर्ण व्यावसायिक चुनौती है कि समय रहते गुणवत्ताहीन कार्य को क्यों नहीं पकड़ा। एक परियोजना प्रमुख होने के नाते यह कर्तव्य है कि निर्माण एजेंसी को अपनी नेतृत्व क्षमता का परिचय देते हुए गुणवत्तापूर्ण कार्य करने के मूल्य का समावेश परियोजना के आरंभ से ही करना चाहिए। यदि घटिया निर्माण कार्य को पुनः करवाना है, तो निर्माण एजेंसी को अनुनय (Persuasion) के माध्यम से यह समझाना होगा कि भविष्य में निर्माण कार्य के ध्वस्त होने से जन-धन की हानि होगी, जिससे एजेंसी को ब्लैक लिस्ट किया जा सकता है। एक पेशेवर के सामने सबसे बड़ी चुनौती परियोजना को समय सीमा में पूरी गुणवत्ता के साथ पूरा करने की होती है।

इन चुनौतियों को पार करने के लिए मैं निर्माण एजेंसी के साथ बैठक करके यह समझाऊंगा कि छोटे से पुनर्निर्माण से एजेंसी को कोई बड़ा घाटा नहीं होगा। श्रमबल और मशीनरी को दोगुना करके समय सीमा में निर्माण कार्य पूरा करके भविष्य की परेशानियों से बचा जा सकता है। मैं उसे यह भी समझाऊंगा कि ये तर्क वह मंत्री महोदय और मुख्य अभियंता को भी बताए और उन्हें भी पुनर्निर्माण के लिए विश्वास में ले।

(d) निरीक्षण दल द्वारा किए गए अवलोकन की अनदेखी से भविष्य में एलिवेटेड कॉरिडोर के ध्वस्त होने की संभावना हो सकती है, जिससे बड़े जान-माल की हानि होगी। ऐसा होने पर निर्माण एजेंसी/ठेकेदार, अधिकारी और सरकार सभी कटघरे में आ जाएंगे। इससे सरकार की छवि खराब होगी और सभी संबंधित लोगों पर आपराधिक मामले बन सकते हैं।

प्रश्न 4. कोरोना वायरस (कोविड-19) महामारी तेजी से विभिन्न देशों में फैली है। 8 मई, 2020 तक भारत में कोरोना के 56342 पॉजीटिव मामले सामने आए थे। भारत को, जिसकी जनसंख्या 135 करोड़ से अधिक है, जनसंख्या में कोरोना वायरस के संचरण को नियंत्रित करने में कठिनाई आई थी। इस प्रकोप से निपटने के लिए कई रणनीतियां आवश्यक हो गई थीं। भारत के स्वास्थ्य और परिवार कल्याण मंत्रालय ने इस प्रकोप के बारे में जागरूकता बढ़ाई और कोविड-19 के प्रसार को नियंत्रित करने के लिए सभी आवश्यक कार्रवाइयां की हैं। भारत सरकार ने वायरस के संचरण को कम करने के लिए

पूरे देश में 55 दिनों तक लॉकडाउन लागू किया। स्कूलों और कॉलेजों में शिक्षण-सीखना-मूल्यांकन और प्रमाणीकरण के वैकल्पिक तरीके सामने आए। इन दिनों ऑनलाइन मोड लोकप्रिय हो गया।

भारत इस तरह के संकटपूर्ण अचानक हुए मामले के लिए तैयार नहीं था, क्योंकि मानव संसाधन, धन और ऐसी स्थिति में देखभाल करने के लिए बुनियादी ढांचे के रूप में अन्य सुविधाओं की कमी थी। इस बीमारी ने एक ओर तो जाति, पंथ, धर्म की परवाह किए बिना किसी को नहीं बख्शा और दूसरी ओर "अमीर-गरीब" दोनों को भी नहीं छोड़ा। अस्पताल में बिस्तर, ऑक्सीजन सिलेंडर, एंबुलेंस, अस्पताल के कर्मचारी और श्मशान की कमी सबसे महत्त्वपूर्ण पहलू थे।

आप ऐसे समय एक सार्वजनिक अस्पताल में अस्पताल प्रशासक हैं, जब कोरोना वायरस ने बड़ी संख्या में लोगों पर हमला किया और अस्पताल में मरीजों का दिन-रात आना-जाना लगा रहता था।

(a) पूरी तरह से जानते हुए कि यह अत्यधिक संक्रामक रोग है और संसाधन एवं बुनियादी ढांचे सीमित हैं, अपने नैदानिक और गैर-नैदानिक कर्मचारियों को रोगियों की देखभाल करने में लगाने के लिए आपके मानदंड और औचित्य क्या हैं?

(b) यदि आपका निजी अस्पताल है, तो क्या आपका औचित्य और निर्णय वैसा ही होता जैसा कि सार्वजनिक अस्पताल में?

(250 शब्द)

हल : (a) अपने नैदानिक और गैर-नैदानिक कर्मचारियों को रोगियों की देखभाल करने में लगाने के मानदंड और औचित्य-

1. उन कर्मचारियों को लगाऊंगा, जो वायरस के प्रसार से संबंधित सभी जानकारियों को समझते हैं और इससे बचने के लिए अनिवार्य प्रतिरोधी उपायों, जैसे- मास्क को सही तरीके से लगाने, उतारने, शरीर को सैनिटाइज करने का पूर्ण ज्ञान रखते हैं और इनका कठोरता से पालन करते हैं। इसका औचित्य यह है कि इन कर्मचारियों को संक्रमण से बचाकर रखना है अन्यथा अस्पताल में प्रशिक्षित कर्मचारियों की कमी हो जाएगी और रोगियों की देखभाल ठीक ढंग से करना चुनौतीपूर्ण हो जाएगा।
2. इन कर्मचारियों को तकनीकी और चिकित्सीय ज्ञान के अलावा भावनात्मक रूप से बुद्धिमान होना चाहिए। इन्हें अपनी भावनाओं पर नियंत्रण रखना आना चाहिए और मरीजों के प्रति समर्पित होना चाहिए। इसका औचित्य यह है कि केवल तकनीकी रूप से सुदृढ़ कर्मचारी इस माहौल में सफलतापूर्वक कार्य नहीं कर सकता यदि उसे मरीजों के प्रति सहानुभूति नहीं है। उसे पता होना चाहिए कि बीमारी से लड़ने के लिए मरीजों में भावनात्मक साहस कैसे पैदा किया जाए।

(b) यदि मैं निजी अस्पताल का प्रशासक हूं तो मेरा औचित्य और निर्णय उपरोक्तानुसार ही होता, क्योंकि सार्वजनिक और निजी अस्पताल दोनों का कार्य लोक सेवा प्रदाय करना है। दोनों ही संस्थाओं के कर्तव्य समान हैं। सरकार अकेले ही चिकित्सा सुविधा उपलब्ध नहीं करा सकती। निजी अस्पताल भी जनता के प्रति उतने ही उत्तरदायी (Accountable) हैं, जितने कि सरकारी अस्पताल। वर्तमान समय में लोक सेवाओं के प्रदाय में निजी संस्थाओं की भागीदारी और दायित्व बढ़े हैं और ये सरकारी संस्थाओं के समान ही लोक सेवा के लिए समर्पित माने जाते हैं।

प्रश्न 5. भारत में स्थित एक प्रतिष्ठित खाद्य उत्पाद कंपनी ने अंतर्राष्ट्रीय बाजार के लिए एक खाद्य उत्पाद विकसित किया और आवश्यक अनुमोदन प्राप्त करने के बाद उसका निर्यात शुरू कर दिया। कंपनी ने इस उपलब्धि की घोषणा की और यह संकेत भी दिया कि जल्द ही यह उत्पाद घरेलू उपभोक्ताओं के लिए लगभग समान गुणवत्ता और स्वास्थ्य लाभ के साथ उपलब्ध कराया जाएगा। तदनुसार, कंपनी ने अपने उत्पाद को घरेलू सक्षम प्राधिकारी द्वारा अनुमोदित कराया और उत्पाद को भारतीय बाजार में लांच किया। कंपनी ने समय के साथ बाजार में अपनी हिस्सेदारी को बढ़ाया और घरेलू तथा अंतर्राष्ट्रीय स्तर पर पर्याप्त लाभ अर्जित किया। हालांकि, निरीक्षण दल द्वारा किए गए यादृच्छिक नमूनों (रेंडम सैंपल) के परीक्षण में पाया गया कि सक्षम प्राधिकारी से प्राप्त अनुमोदन से भिन्न उत्पाद को घरेलू स्तर पर बेचा जा रहा है। आगे की जांच में यह भी पता चला कि खाद्य कंपनी न केवल ऐसे उत्पादों को बेच रही थी, जो देश के स्वास्थ्य मानकों को पूरा नहीं कर रहे थे, बल्कि अस्वीकृत निर्यात उत्पाद को भी घरेलू बाजार में बेच रही थी। इस प्रकरण ने खाद्य कंपनी की प्रतिष्ठा और लाभदायकता पर प्रतिकूल प्रभाव डाला।

(a) घरेलू बाजार के लिए निर्धारित खाद्य मानकों का उल्लंघन करने और अस्वीकृत निर्यात उत्पादों को घरेलू बाजार में बेचने के लिए खाद्य कंपनी के खिलाफ सक्षम प्राधिकारी द्वारा आप क्या कार्रवाई की कल्पना करते हैं?

(b) संकट को हल करने और अपनी खोई हुई प्रतिष्ठा वापस लाने के लिए खाद्य कंपनी के पास क्या क्रियाविधि उपलब्ध है?

(c) मामले में निहित नैतिक दुविधा की जांच कीजिए? (250 शब्द)

हल : (a) घरेलू बाजार के लिए निर्धारित खाद्य मांगों का उल्लंघन करने और अस्वीकृत निर्यात उत्पादों को घरेलू बाजार में बेचने के लिए खाद्य कंपनी के खिलाफ सक्षम प्राधिकारी द्वारा निम्नलिखित कार्रवाई की जानी चाहिए–

1. एक निरीक्षण दल गठित किया जाना चाहिए, जो उत्पादों के यादृच्छिक नमूने पुनः एकत्रित करके उनको परीक्षण हेतु प्रयोगशालाओं में भेजे।
2. प्रयोगशाला से प्राप्त रिपोर्ट के आधार पर यह निर्धारित किया जाए कि उत्पाद स्वास्थ्य मानकों को पूरा करता है अथवा नहीं।
3. यदि उत्पाद स्वास्थ्य मानकों को पूरा नहीं करता, तो उत्पाद को दिया गया लाइसेंस तत्काल निरस्त कर दिया जाएगा और यदि उत्पाद स्वास्थ्य मानकों को पूरा करता है, तो कंपनी के उत्पाद की गुणवत्ता ठीक होने का प्रेस नोट जारी किया जाए।

(b) संकट को हल करने और अपनी खोई हुई प्रतिष्ठा वापस लाने के लिए खाद्य कंपनी को अपने उत्पादों की गुणवत्ता स्वास्थ्य मानकों के अंतर्गत ही रखने का प्रयास करना चाहिए। यदि कंपनी के उत्पाद गुणवत्तापूर्ण हैं, और परीक्षण में खरे उतरते हैं, तो कंपनी को विहित प्राधिकारी से इस आशय का प्रेस नोट जारी करने के लिए आवेदन करना चाहिए। इस प्रेस नोट और परीक्षण रिपोर्ट के आधार पर उत्पादों का पुनः विज्ञापन करके खोई हुई प्रतिष्ठा वापस प्राप्त की जा सकती है।

(c) इस प्रकरण अध्ययन में कुछ दुविधाएं हैं, जो अलग-अलग व्यक्तियों के समक्ष उत्पन्न हो रही हैं। सक्षम प्राधिकारी के समक्ष दुविधा है कि उसने पूर्व में उत्पाद को स्वास्थ्य मानकों के अनुरूप पाकर उसे बेचने का लाइसेंस प्रदान किया, जबकि यादृच्छिक परीक्षण में नमूने स्वास्थ्य मानकों पर खरे नहीं उतरे। एक लोक सेवक होने के नाते वह अपने कर्तव्य के प्रति खरा नहीं उतरा। लाखों लोगों के स्वास्थ्य के साथ खिलवाड़ किया गया और सक्षम अधिकारी देखता रह गया।

इसके अलावा एक दुविधा यह भी है कि लाइसेंस प्रदान करना और समय-समय पर गुणवत्ता का परीक्षण करते रहने के लिए पर्याप्त संसाधनों का अभाव (परीक्षण के लिए पर्याप्त संख्या में प्रयोगशालाएं, नमूने एकत्रित करने के लिए कार्य बल आदि) होने की स्थिति से कैसे निपटा जाए।

प्रश्न 6. पवन पिछले दस वर्षों से राज्य सरकार में अधिकारी के पद पर कार्यरत है। नियमित स्थानांतरण के अंतर्गत उसे दूसरे विभाग में तैनात किया गया। उसने अन्य पांच साथियों के साथ एक नए कार्यालय में कार्यभार ग्रहण किया। कार्यालय का प्रमुख एक वरिष्ठ अधिकारी था, जो अपने कार्यालय की कार्य प्रणाली में निपुण था। सामान्य पूछताछ के दौरान पवन को पता चला कि वरिष्ठ अधिकारी का खुद का पारिवारिक जीवन अशांत होने के साथ-साथ वह कठोर और असंवेदनशील छवि वाला है। शुरू में लगा की सब ठीक चल रहा है हालांकि कुछ समय बाद ही पवन ने महसूस किया कि उसका वरिष्ठ अधिकारी सामान्य रूप से उसे अपमानित करता था और कभी-कभी अविवेकी था। बैठकों में पवन जो भी सुझाव देता था उन्हें सिरे से खारिज कर दिया जाता था और दूसरों की उपस्थिति में वरिष्ठ अधिकारी नाराजगी व्यक्त करता था। यह वरिष्ठ अधिकारी के कामकाज की शैली का तरीका बन गया, जिसमें उसे गलत ढंग से दिखाया जाता, उसकी कमजोरियों को उजागर किया जाता और सार्वजनिक रूप से अपमानित किया जाता था। यह स्पष्ट हो गया कि यद्यपि काम से संबंधित गंभीर समस्याएं/कमियां नहीं थीं, लेकिन वरिष्ठ अधिकारी हमेशा किसी न किसी बहाने से उसे डांटता और उस पर चिल्लाता। पवन के लगातार उत्पीड़न और सार्वजनिक आलोचना के परिणामस्वरूप उसके आत्मविश्वास, आत्मसम्मान और समभाव को नुकसान पहुंचा। पवन ने महसूस किया कि वरिष्ठ अधिकारी के साथ उसके संबंध और अधिक विषाक्त होते जा रहे हैं तथा वह निरंतर तनावग्रस्त, चिंतित और दबाव महसूस करने लगा है। उसका मन नकारात्मकता से भरा हुआ था और उसे मानसिक यातना, पीड़ा एवं व्यथा झेलनी पड़ रही थी। अंततः, इसने उसके व्यक्तिगत और पारिवारिक जीवन को बुरी तरह प्रभावित किया। घर पर भी वह अब उल्लसित, प्रसन्न और संतुष्ट नहीं रहता था, बल्कि बिना किसी कारण वह अपनी पत्नी और परिवार के अन्य सदस्यों के साथ अपना आपा खो देता था। पारिवारिक वातावरण सुखद और अनुकूल नहीं रह गया था। उसकी पत्नी, जो हमेशा उसका साथ देती थी, वह भी नकारात्मकता और शत्रुतापूर्ण व्यवहार का शिकार हो गई। कार्यालय

में उसके अपमान और उत्पीड़न के कारण उसके जीवन से आराम और खुशी लगभग गायब हो गई। इस प्रकार इसने उसके शारीरिक और मानसिक स्वास्थ्य को नुकसान पहुंचाया।

(a) इस स्थिति से निपटने के लिए पवन के पास कौन-से विकल्प उपलब्ध हैं?

(b) कार्यालय और घर में शांति, प्रशांति और सौहार्दपूर्ण वातावरण लाने के लिए पवन को क्या दृष्टिकोण अपनाना चाहिए?

(c) एक बाहरी व्यक्ति के रूप में वरिष्ठ अधिकारी और अधीनस्थ दोनों के लिए इस स्थिति से उबरने और कार्य निष्पादन, मानसिक तथा भावनात्मक स्वास्थ्य में सुधार के लिए आपके क्या सुझाव हैं?

(d) उपर्युक्त परिदृश्य में, आप सरकारी कार्यालयों में विभिन्न स्तरों के अधिकारियों के लिए किस प्रकार के प्रशिक्षण का सुझाव देंगे? (250 शब्द)

हल : (a) इस स्थिति से निपटने के लिए पवन के पास निम्नलिखित विकल्प उपलब्ध हैं–

1. वह अपने वरिष्ठ अधिकारी से इस बारे में बात करे कि कार्यालय का वातावरण और निजी जीवन दोनों पर ही उसके व्यवहार के नकारात्मक परिणाम हो रहे हैं।
2. अपने उच्चाधिकारियों से वरिष्ठ अधिकारी के व्यवहार के बारे में चर्चा करे।
3. लिखित रूप से अपने वरिष्ठ अधिकारी की शिकायत उच्च अधिकारियों को करे।
4. अपने अन्यत्र स्थानांतरण के लिए आवेदन करे।

(b) कार्यालय और घर में शांति, प्रशांति और सौहार्दपूर्ण वातावरण लाने के लिए पवन को अपने कार्य और जीवन में संतुलन बनाना सीखना होगा। इसका एक तरीका यह होता है कि वह अपने वरिष्ठ अधिकारी से अधिक क्षमतावान और दक्ष बनकर प्रदर्शन करे, ताकि तर्कों तथा सौम्य भाषा से वह उसकी बातों को निष्क्रिय कर सके। कार्यालय के बाद घर पर उसे अपना ध्यान व्यायाम, खेल-कूद और योगासन आदि पर लगाना चाहिए और कार्यालय की बातों को घर पर नहीं लाना चाहिए। इस तरह के कार्यालयीन तनाव लोक सेवक के जीवन में कभी-कभी आते हैं, जिनका बुद्धिमानी से सामना करना चाहिए।

(c) सुझाव–

1. कार्यालय में एक स्वस्थ्य कार्य संस्कृति का निर्माण करना।
2. टीम भावना के साथ काम करना।
3. वरिष्ठ अधिकारी को अपने अधीनस्थों के अभिभावक की भूमिका में होना चाहिए। नेतृत्वशीलता का परिचय तभी दिया जा सकता है, जब भावनात्मक रूप से बुद्धिमान बना जाए। भय और अपमान पर आधारित कार्यशैली तेजी से परिणाम तो देती है, परंतु यह टिकाऊ नहीं होती।
4. कार्यालय और घर को अलग-अलग रखना। कार्य स्थल का तनाव घर पर और घर का तनाव कार्य स्थल पर नहीं ले जाना चाहिए।
5. कार्यालयीन समय से अतिरिक्त समय में शारीरिक गतिविधियों, योग आदि को जीवनशैली का हिस्सा बनाना।

(d) उपर्युक्त परिदृश्य में, सरकारी कार्यालयों में विभिन्न स्तरों के अधिकारियों के लिए टीम भावना, नेतृत्वशीलता, भाईचारा और भावनात्मक बुद्धिमत्ता से संबंधित प्रशिक्षण दिया जाना चाहिए। यह प्रशिक्षण कक्षा कार्यक्रम पर आधारित न होकर फील्ड स्तर पर गतिविधियों के माध्यम से होना चाहिए। इन गतिविधियों में खेल प्रतियोगिताओं का आयोजन, ट्रैकिंग, साइकिलिंग, पिकनिक आदि का आयोजन शामिल किया जाना चाहिए।

केस अध्ययन 2022

प्रश्न 1. प्रभात एक प्रतिष्ठित बहुराष्ट्रीय कंपनी स्टर्लिंग इलेक्ट्रिक लिमिटेड में उपाध्यक्ष (विपणन) के रूप में कार्यरत था। लेकिन फिलहाल कंपनी मुश्किल दौर से गुजर रही थी, क्योंकि पिछली दो तिमाहियों से बिक्री में लगातार गिरावट का रुख दिखाई पड़ रहा था। उसका डिवीजन जो अब तक कंपनी के वित्तीय स्वास्थ्य (Financial Health) में एक प्रमुख राजस्व अंशदाता था, अब उनके लिए कुछ बड़े सरकारी ऑर्डर प्राप्त करने के लिए भरसक प्रयास कर रहा था। लेकिन उनके सर्वोत्तम प्रयासों को कोई सकारात्मक सफलता नहीं मिली।

उसकी कंपनी पेशेवर थी और उसके स्थानीय मालिकों पर उनके लंदन स्थित मुख्यालय की ओर से कुछ सकारात्मक परिणाम प्रदर्शित करने का दबाव था। कार्यकारी निदेशक (भारतीय प्रमुख) द्वारा की गई पिछली कार्य समीक्षा बैठक में उसे उसके खराब प्रदर्शन के लिए फटकार लगाई गई थी। उसने उन्हें आश्वासन दिया कि उनका डिवीजन ग्वालियर के पास एक गुप्त संस्थापन के लिए रक्षा मंत्रालय से विशेष अनुबंध पर काम कर रहा है और जल्द ही निविदा जमा की जा रही है।

वह अत्यधिक दबाव में था और बहुत परेशान था। जिस बात ने स्थिति को और बदतर बना दिया, वह थी ऊपर से एक चेतावनी कि यदि कंपनी के पक्ष में सौदा नहीं हुआ, तो उसका डिवीजन बंद करना पड़ सकता है और उसे अपनी लाभप्रद नौकरी छोड़नी पड़ सकती है।

एक और आयाम था, जो उसे गहरी मानसिक यातना और पीड़ा पहुंचा रहा था। यह उसके व्यक्तिगत अनिश्चित वित्तीय स्वास्थ्य से संबंधित था। वह स्कूल-कॉलेज जाने वाले बच्चों और अपनी बीमार बूढ़ी मां वाले परिवार में अकेला कमाने वाला था। शिक्षा व चिकित्सा पर भारी खर्च के कारण उसके मासिक वेतन वाले पैकेट पर भारी दबाव पड़ रहा था। बैंक से लिए गए गृह ऋण के लिए नियमित ई.एम.आई. अपरिहार्य थी और चूक करने पर उसे गंभीर कानूनी कार्रवाई के लिए उत्तरदायी होना होगा।

उपर्युक्त पृष्ठभूमि में वह किसी चमत्कार के घटित होने की उम्मीद कर रहा था। अचानक घटनाक्रम में बदलाव आ गया। उसके सचिव ने बताया कि एक सज्जन, सुभाष वर्मा उनसे मिलना चाहते हैं, क्योंकि उन्हें कंपनी में प्रबंधक के पद में दिलचस्पी है, जिसे कंपनी को भरना है। पुनः उसने उसे बताया कि उसका आत्मवृत्त रक्षा मंत्री के कार्यालय के माध्यम से प्राप्त हुआ है।

उम्मीदवार, सुभाष शर्मा के साक्षात्कार के दौरान उसने उसे तकनीकी रूप से मजबूत, साधन संपन्न और अनुभवी विक्रेता महसूस किया। ऐसा प्रतीत होता था कि वह निविदा प्रक्रिया से भली-भांति परिचित है और इस संबंध में अनुवर्ती कार्रवाई और अंतर्संबंधन (Liaising) में निपुण है। प्रभात को लगा कि उसकी उम्मीदवारी अन्य उम्मीदवारों की तुलना में बेहतर है, जिनका साक्षात्कार पिछले कुछ दिनों में उसने लिया था।

सुभाष वर्मा ने यह भी संकेत दिया कि उसके पास बोली दस्तावेजों की प्रतियां हैं, जिन्हें यूनिक इलेक्ट्रॉनिक्स लिमिटेड अगले दिन रक्षा मंत्रालय को उसकी निविदा के लिए प्रस्तुत करेगा। उसने उन दस्तावेजों को सौंपने की पेशकश की बशर्ते उसे कंपनी में उपयुक्त नियमों और शर्तों पर रोजगार दिया जाए। उसने स्पष्ट किया कि इस प्रक्रिया में स्टर्लिंग इलेक्ट्रिक लिमिटेड अपनी प्रतिद्वंद्वी कंपनी को पछाड़ सकती है और बोली प्राप्त कर सकती है तथा रक्षा मंत्रालय का भारी-भरकम ऑर्डर प्राप्त कर सकती है। उसने संकेत दिया कि यह उसकी और कंपनी दोनों के लिए जीत ही जीत होगी।

प्रभात बिल्कुल स्तब्ध था। यह सदमा और रोमांच की मिली-जुली अनुभूति थी। वह असहज होकर पसीना-पसीना हो गया। यदि प्रस्ताव स्वीकार कर लिया जाता है, तो उसकी सभी समस्याएं तुरंत गायब हो जाएंगी और उसे बहुप्रतीक्षित निविदा हासिल करने और कंपनी की बिक्री तथा वित्तीय स्वास्थ्य को बढ़ावा देने के लिए पुरस्कृत किया जा सकता है। वह भविष्य की कार्रवाई को लेकर असमंजस में था। अपनी खुद की कंपनी के कागजात को चोरी-छिपे हटाने और नौकरी के लिए प्रतिद्वंद्वी कंपनी को पेशकश करने में सुभाष वर्मा की हिम्मत पर आश्चर्यचकित था। एक अनुभवी व्यक्ति होने के नाते, वह इस प्रस्ताव/स्थिति के पक्ष-विपक्ष की जांच कर रहा था और उसने उसे अगले दिन आने के लिए कहा।

(a) इस मामले में संबंधित नैतिक मुद्दों पर चर्चा कीजिए।

(b) उपर्युक्त मामले में प्रभात के लिए उपलब्ध विकल्पों पर आलोचनात्मक परीक्षण कीजिए।

(c) उपर्युक्त में से कौन-सा विकल्प सर्वाधिक उपयुक्त होगा और क्यों? (250 शब्द)

हल : (a) इस मामले से संबंधित नैतिक मुद्दे निम्नलिखित हैं-

1. सबसे महत्त्वपूर्ण नैतिक मुद्दा ट्रेड सीक्रेट (Trade Secret) का है। यद्यपि भारत में इससे संबंधित कोई बड़ा कानून नहीं है, परंतु भारतीय संविधान का अनुच्छेद-19 भारतीय नागरिकों (कंपनी भी शामिल है) की गोपनीयता सुनिश्चित करता है। इसके अलावा सूचना प्रौद्योगिकी कानून 2000 और ऐसे ही कुछ अन्य कानून जो अनुबंध का खुलासा न करने, अनुबंध की विश्वसनीयता को बनाए रखने, ट्रेड सीक्रेट और बौद्धिक संपदा अधिकार (Intellectual Property Rights) से संबंधित हैं, जो इस प्रकरण अध्ययन से संबंधित महत्त्वपूर्ण नैतिक मुद्दे हैं।

2. कर्तव्यवाद (Deontology) माध्यम पर बल देता है परिणाम पर नहीं। गलत माध्यम का प्रयोग करके सफलता प्राप्त करना अनैतिक है।
3. सद्‌गुण नैतिकता (Virtue Ethics) के अनुसार, व्यक्ति जैसे गुण रखता है उसका आचरण भी वैसा ही परिणाम उत्पन्न करता है। सुभाष में निष्ठाहीनता, चोरी, बेईमानी और लालच जैसे दुर्गुण हैं अत: उसकी सेवाएं कभी भी लंबी अवधि के लिए लाभप्रद सिद्ध नहीं होंगी।

(b) प्रभात के लिए उपलब्ध विकल्प हैं–
1. सुभाष को कंपनी में प्रबंधक के पद पर रख ले और उसके पास उपलब्ध सूचनाओं का उपयोग करे।
2. सुभाष को कंपनी में न रखे और उसकी कंपनी यूनिक इलेक्ट्रॉनिक्स लिमिटेड को सूचित करे।

पहले विकल्प का चयन करने से प्रभात को रक्षा मंत्रालय से बड़ा सौदा प्राप्त हो सकता है, जो कंपनी और प्रभात दोनों के लिए लाभप्रद होगा। परंतु यह विकल्प अनैतिक है और गलत माध्यम के आधार पर अच्छे परिणाम प्राप्त नहीं होते। दीर्घावधि में यह कंपनी के मूल्यों में गिरावट प्रदर्शित करेगा और कंपनी में बुरी कार्य संस्कृति को बढ़ावा मिलेगा।

दूसरे विकल्प का चयन करने से हो सकता है कि प्रभात के हाथ से एक बड़ा अवसर निकल जाए, परंतु मूल्य आधारित कार्य प्रणाली और नैतिक आचरण किसी भी कंपनी के लंबे समय तक टिकने का आधार होते हैं। प्रभात अपनी योग्यता और सूझबूझ से भी इस तरह के अनेक ठेके प्राप्त कर सकता है। सुभाष से उपलब्ध सूचना के आधार पर केवल एक ठेका प्राप्त किया जा सकता है, जो कि पूरी कंपनी की साख को दांव पर लगाकर छोटा सा लाभ प्राप्त करने जैसा होगा। सुभाष की कंपनी को सूचित करना भी एक नैतिक जिम्मेदारी है, क्योंकि निजी क्षेत्रकों में भी सत्यनिष्ठा, ईमानदारी और पारदर्शिता उतनी ही आवश्यक है, जितनी कि लोक क्षेत्रक में।

(b) दूसरा विकल्प प्रभात के लिए सर्वाधिक उपयुक्त होगा, क्योंकि इससे निजी क्षेत्रकों में नैतिकता को बढ़ावा मिलेगा और कंपनी की साख बढ़ेगी। प्रभात को स्वयं की योग्यता से कंपनी का व्यापार बढ़ाने का अवसर प्राप्त होगा और कंपनी की सफलता उसकी स्वयं की सफलता होगी। यदि प्रभात गलत तरीके से रक्षा सौदा प्राप्त करता है और भविष्य में इसकी कोई शिकायत होती है, तो हो सकता है कि सौदा हाथ से निकल जाए और कंपनी की साख खराब हो।

प्रश्न 2. रमेश राज्य सिविल सेवा में अधिकारी है, जिन्हें 20 वर्ष की सेवाओं के बाद सीमावर्ती राज्य की राजधानी में तैनात होने का अवसर मिला है। रमेश की मां को हाल में कैंसर का पता चला है और उन्हें शहर के प्रमुख कैंसर अस्पताल में भर्ती कराया गया है। उनके किशोरवय दो बच्चों को भी शहर के सबसे अच्छे पब्लिक स्कूलों में से एक में प्रवेश मिला है। राज्य के गृह विभाग में निदेशक के रूप में अपनी नियुक्ति में व्यवस्थित हो जाने के बाद, रमेश को खुफिया सूत्रों के माध्यम से गोपनीय रिपोर्ट मिली कि अवैध प्रवासी पड़ोसी देश से राज्य में घुसपैठ कर रहे हैं। उन्होंने तय किया कि वे व्यक्तिगत रूप में अपने गृह विभाग की टीम के साथ सीमावर्ती चौकियों की आकस्मिक जांच करेंगे। उनके लिए आश्चर्य था कि उन्होंने सीमा चौकियों पर सुरक्षा कर्मियों की मिलीभगत से घुसपैठ करने वाले दो परिवारों के 12 सदस्यों को रंगे हाथों पकड़ा। आगे की पूछताछ और जांच में पाया गया कि पड़ोसी देश के प्रवासियों की घुसपैठ के बाद, उनके आधार कार्ड, राशन कार्ड और वोटर कार्ड जैसे जाली दस्तावेज बनाकर उन्हें राज्य के एक विशेष क्षेत्र में बसाया जाता है। रमेश ने विस्तृत और व्यापक रिपोर्ट तैयार कर राज्य के अतिरिक्त सचिव को सौंप दी। हालांकि एक सप्ताह बाद अतिरिक्त गृह सचिव ने उन्हें तलब किया और रिपोर्ट वापस लेने का निर्देश दिया। अतिरिक्त गृह सचिव ने रमेश को बताया कि उच्च अधिकारियों ने उनकी रिपोर्ट की सराहना नहीं की है। उन्होंने पुन: उन्हें सावधान किया कि यदि वह गोपनीय रिपोर्ट वापस नहीं लेते हैं, तो उन्हें न केवल राज्य की राजधानी की प्रतिष्ठित नियुक्ति से बाहर तैनात कर दिया जाएगा, बल्कि उनकी निकट भविष्य में होने वाली अगली पदोन्नति खतरे में पड़ जाएगी।

(a) सीमावर्ती राज्य के गृह विभाग के निदेशक के रूप में रमेश के पास कौन-से विकल्प उपलब्ध हैं?
(b) रमेश को कौन-सा विकल्प अपनाना चाहिए और क्यों?
(c) प्रत्येक विकल्प का आलोचनात्मक मूल्यांकन कीजिए?
(d) रमेश के सामने कौन-सी नैतिक दुविधाएं हैं?
(e) पड़ोसी देश से अवैध प्रवासियों की घुसपैठ के खतरे से निपटने के लिए आप किन नीतिगत उपायों का सुझाव देंगे

(250 शब्द)

हल : (a) सीमावर्ती राज्य के गृह विभाग के निदेशक के रूप में रमेश के पास निम्नलिखित विकल्प हैं-

1. वह अतिरिक्त गृह सचिव की बात मान ले और रिपोर्ट को वापस ले।
2. वह अपनी अंतरात्मा की आवाज को सुने और अपनी कार्रवाई जारी रखे।
3. वह सचिव और ऊपर के अधिकारियों से व्यक्तिगत मिले और उनकी राय जाने तथा तदनुसार कार्य करे।

(b) रमेश को दूसरा विकल्प अपनाना चाहिए, क्योंकि वरिष्ठ अधिकारी के मौखिक आदेश यदि गलत हों तो उन्हें माना नहीं जा सकता। साथ ही, अवैध घुसपैठ देश की शांति व्यवस्था और सुरक्षा के लिए खतरा है। इस बात की भी पुष्टि नहीं हुई है कि सचिव, मंत्री और मुख्यमंत्री का दृष्टिकोण इस विषय पर क्या है? चूंकि रमेश ने लिखित रूप से अपनी रिपोर्ट भेजी है अत: उसे वापस लेना भी उसके लिए खतरनाक हो सकता है।

(c) यदि वह अतिरिक्त गृह सचिव की बात मान ले और रिपोर्ट को वापस लेता है, तो उसकी पदस्थापना यथास्थान बनी रहेगी और उसको मानसिक तनाव से भी नहीं गुजरना पड़ेगा। परंतु ऐसा करने के दुष्परिणाम भी होंगे। ऊपर के अधिकारी जो इस घुसपैठ में शामिल नहीं हैं, जैसे- सचिव, मुख्य सचिव, गृह मंत्री और मुख्यमंत्री इस तरह की अवैध घुसपैठ से अनभिज्ञ रहेंगे और भविष्य में किसी बड़े खतरे के उत्पन्न होने से रमेश पर कठोर कार्रवाई हो सकती है।

यदि वह दूसरे विकल्प का चयन करता है, तो वह कर्तव्यवादी नैतिकता और प्रयोजनमूलक नैतिकता दोनों के अनुरूप होगा। यदि अतिरिक्त गृह सचिव अवैध घुसपैठ की गतिविधियों में स्वयं लिप्त है और ऊपर के अधिकारी इससे अनभिज्ञ हैं, तो यह विकल्प सही रहेगा।

तीसरे विकल्प को अपनाना भी ठीक नहीं है, क्योंकि अपने लोक कर्तव्यों के लिए दूसरों की राय के अनुसार कार्य करना सिविल सेवा मूल्यों के विपरीत है।

(d) रमेश के सामने निम्नलिखित नैतिक दुविधाएं हैं-

1. अपनी पदस्थापना को बनाए रखना बनाम राज्य की आंतरिक शांति व्यवस्था और सुरक्षा को खतरा।
2. अपने कर्तव्य का पालन करना बनाम अपने अधीनस्थ का आदेश मानकर रिपोर्ट वापस लेना।

(e) पड़ोसी देश से अवैध प्रवासियों की घुसपैठ के खतरे से निपटने के लिए नीतिगत सुझाव-

1. सीमा पर चौकसी बढ़ाना और ईमानदार कर्मचारियों की पदस्थापना करना।
2. सीमावर्ती क्षेत्रों में दस्तावेजों के निर्माण पर निगरानी रखना। ग्रामीण क्षेत्रों में ग्राम पंचायत और नगरीय क्षेत्रों में नगर पंचायत के कर्मचारियों को सख्त निर्देश जारी करना।
3. समय-समय पर औचक निरीक्षण कर कठोर कार्रवाई करना ।
4. एक शिकायत हेल्पलाइन नंबर चालू करना, जिस पर लोग संदिग्ध व्यक्तियों के बारे में सूचना दे सकें।
5. संवेदनशील क्षेत्रों और पदों पर ईमानदार लोगों की पदस्थापना करना।

प्रश्न 3. उच्चतम न्यायालय ने वन आवरण के क्षरण को रोकने और पारिस्थितिक संतुलन बनाए रखने के लिए अरावली पहाड़ियों में खनन पर प्रतिबंध लगा दिया है। हालांकि, कुछ भ्रष्ट वन अधिकारियों और राजनेताओं की मिलीभगत से प्रभावित राज्य के सीमावर्ती जिले में पत्थर खनन फिर भी चालू था। हाल में प्रभावित जिले में तैनात युवा और सक्रिय एस.पी. ने इस खतरे को रोकने के लिए खुद से वादा किया था। अपनी टीम के साथ अचानक जांच में उन्होंने खनन क्षेत्र से बचने की कोशिश कर रहा पत्थर से भरा ट्रक पाया। उसने इस ट्रक को रोकने की कोशिश की, लेकिन ट्रक चालक ने पुलिस अधिकारी को कुचल दिया, जिससे उसकी मौके पर ही मौत हो गई और वह इसके बाद वहां से भागने में सफल रहा। पुलिस ने प्रथम सूचना रिपोर्ट (एफ.आई.आर.) दर्ज की, लेकिन लगभग तीन महीने तक मामले में कोई सफलता नहीं मिली। अशोक, जो प्रमुख टी.वी. चैनल के साथ काम कर रहे खोजी पत्रकार थे, ने स्वत: संज्ञान से मामले की जांच शुरू की। एक महीने में ही अशोक को स्थानीय लोगों, पत्थर खनन माफिया और सरकारी अधिकारियों से बातचीत कर सफलता मिली। उन्होंने अपनी खोजी रिपोर्ट तैयार की और टी.वी. चैनल के सी.एम.डी. के सामने पेश की। उन्होंने अपनी जांच रिपोर्ट में भ्रष्ट पुलिस और सिविल अधिकारियों तथा राजनेताओं के आशीर्वाद से काम करने वाले पत्थर माफिया के पूरे गठजोड़ का खुलासा किया। माफिया में शामिल राजनेता कोई और नहीं, बल्कि स्थानीय विधायक थे, जो मुख्यमंत्री के अत्यधिक नजदीकी माने जाते हैं। जांच रिपोर्ट देखने के बाद सी.एम.डी. ने अशोक को सलाह दी कि वह इलेक्ट्रॉनिक

मीडिया के माध्यम से रिपोर्ट को सार्वजनिक करने का विचार छोड़ दे। उन्होंने सूचित किया कि स्थानीय विधायक न केवल टी.वी. चैनल के मालिक के रिश्तेदार थे, बल्कि अनौपचारिक रूप से चैनल के साथ 20 प्रतिशत के हिस्सेदार भी हैं। सी.एम.डी. ने अशोक को आगे बताया कि अगर वह जांच रिपोर्ट उन्हें सौंप दे, तो उनके बेटे की पुरानी बीमारी के लिए टी.वी. चैनल से उधार लिए 10 लाख रुपये के सॉफ्ट लोन के अलावा उनकी आगे की पदोन्नति और वेतन में बढ़ोतरी का ध्यान रखा जाएगा।

(a) इस स्थिति से निपटने के लिए अशोक के पास क्या विकल्प उपलब्ध हैं?

(b) अशोक द्वारा चिह्नित किए गए प्रत्येक विकल्प का समालोचनात्मक मूल्यांकन/परीक्षण कीजिए?

(c) अशोक को किन नैतिक दुविधाओं का सामना करना पड़ रहा है?

(d) आपको क्या लगता है कि अशोक के लिए किस विकल्प को अपनाना सबसे उपयुक्त होगा और क्यों?

(e) उपर्युक्त परिदृश्य में, आप ऐसे जिलों में तैनात पुलिस अधिकारियों के लिए किस प्रकार के प्रशिक्षण का सुझाव देंगे, जहां पत्थर खनन की अवैध गतिविधियां प्रचलित हैं? (250 शब्द)

हल : (a) इस स्थिति से निपटने के लिए अशोक के पास निम्नलिखित विकल्प उपलब्ध हैं–

1. अपने सी.एम.डी. की बात मान ले और रिपोर्ट को सार्वजनिक करने का विचार छोड़ दे।
2. वर्तमान टी.वी. चैनल को छोड़कर किसी दूसरे इलेक्ट्रॉनिक मीडिया से जुड़ जाए और रिपोर्ट को सार्वजनिक करे।

(b) यदि अशोक पहले विकल्प को लेकर चलता है, तो वह टी.वी. चैनल से लिए लोन से मुक्त हो जाएगा और उसे पदोन्नति और बढ़ा हुआ वेतन प्राप्त होगा। परंतु यह विकल्प पत्रकारिता के लिए नैतिक रूप से सही नहीं है। पत्रकारिता अशोक का पेशा है और यदि वह इस तरह से समझौताकारी आचरण करेगा, तो उसका कॅरियर ज्यादा समय तक नहीं टिकेगा। पत्रकारिता की भी कुछ नैतिक संहिताएं (Code of Ethics) होती हैं, जिनके अंतर्गत जनता तक सच को पहुंचाना भी शामिल है।

दूसरे विकल्प का चयन करने से अशोक को वित्तीय समस्याओं से जूझना पड़ सकता है। इसके अलावा अशोक के पास जो संवेदनशील सूचनाएं हैं उनके कारण उसे प्रतिरोध का सामना भी करना पड़ सकता है। यदि उसे दूसरे किसी इलेक्ट्रॉनिक मीडिया में काम मिल जाता है, तो काफी सीमा तक उसकी समस्या हल हो सकती है।

(c) अशोक को निम्नलिखित नैतिक दुविधाओं का सामना करना पड़ रहा है–

1. रिपोर्ट को जनता तक पहुंचाना बनाम अपने नियोजक के आदेशों का पालन करना।
2. टी.वी. चैनल को छोड़ना बनाम उस टी.वी. चैनल ने बुरे समय पर सॉफ्ट लोन दिया इसके लिए कृतज्ञ रहना।

(d) अशोक के लिए दूसरे विकल्प का चयन करना अधिक उपयुक्त होगा, क्योंकि वर्तमान टी.वी. चैनल उसे अपने पैशे को निष्ठा, पारदर्शिता और ईमानदारी से काम करने से रोक रहा है। ऐसे नियोजक के साथ काम करने से उसकी प्रगति रुक जाएगी और वह अपनी अंतरात्मा की आवाज के अनुसार आचरण न कर पाने के कारण कार्य संतुष्टि से भी वंचित रह जाएगा।

(e) उपर्युक्त परिदृश्य में ऐसे जिलों में तैनात पुलिस अधिकारियों को निम्न प्रकार के प्रशिक्षण दिए जाने चाहिए–

1. पुलिस के वरिष्ठ अधिकारी को पुलिस टीम का नेतृत्व करना चाहिए न कि स्वयं जोखिम उठाना चाहिए, क्योंकि वह इस प्रकार के कार्य के लिए पर्याप्त प्रशिक्षित नहीं होता। वरिष्ठ अधिकारी का कार्य रणनीति बनाना, टीम को प्रेरित करना, उनके साथ-साथ चलना तो है परंतु उतना ही साहस दिखाना चाहिए, जिसके लिए पर्याप्त योग्यता हो। प्लेटो भी साहस को एक महत्त्वपूर्ण सद्गुण मानते हैं, परंतु अति उत्साह को वर्जित करते हैं।
2. अवैध खनन करके जा रहे ट्रकों को नाकाबंदी आदि की रणनीति का प्रयोग करके रोकना न कि सामने आकर।
3. पर्याप्त पुलिस बल लेकर कार्रवाई करना।
4. मुखबिर तंत्र को शक्तिशाली बनाना।
5. अंतर्विभागीय समन्वय स्थापित करना।

प्रश्न 4. आपने तीन वर्ष पहले एक प्रतिष्ठित संस्थान से एम.बी.ए. किया है लेकिन कोविड-19 से उत्पन्न मंदी के कारण कैंपस प्लेसमेंट नहीं मिल सका। हालांकि, बहुत अनुनय और लिखित एवं साक्षात्कार सहित बहुत सारी प्रतियोगी परीक्षाओं की शृंखला के बाद आप एक अग्रणी जूता कंपनी में नौकरी पाने में सफल रहे। आपके वृद्ध माता-पिता हैं, जो आश्रित हैं और

आपके साथ रह रहे हैं। आपने भी हाल में यह शालीन नौकरी पाकर शादी की है। आपको निरीक्षण अनुभाग में नियुक्त किया गया था, जो अंतिम उत्पाद को स्वीकृति देने के लिए जवाबदेह है। पहले एक वर्ष में आपने अपना काम अच्छी तरह से सीखा और प्रबंधन द्वारा आपके प्रदर्शन की सराहना की गई। कंपनी पिछले पांच वर्ष से घरेलू बाजार में अच्छा कारोबार कर रही है और इस वर्ष यूरोप और खाड़ी देशों को निर्यात करने का भी निर्णय किया है। हालांकि, यूरोप के लिए एक बड़ी खेप को उनके निरीक्षण दल द्वारा कुछ खराब गुणवत्ता के कारण अस्वीकार कर दिया गया और वापस भेज दिया गया था। शीर्ष प्रबंधन ने आदेश दिया के घरेलू बाजार के लिए पूर्वोक्त खेप की स्वीकृति दी जाए। निरीक्षण दल के एक अंग के रूप में आपने स्पष्ट खराब गुणवत्ता को देखा और टीम कमांडर के संज्ञान में लाए। हालांकि, शीर्ष प्रबंधन ने टीम के सभी सदस्यों को इन कमियों को नजरअंदाज करने की सलाह दी, क्योंकि इतना बड़ा नुकसान प्रबंधन नहीं सह सकता। आपके अलावा टीम के बाकी सदस्यों ने स्पष्ट दोषों को नजरअंदाज करते हुए तुरंत हस्ताक्षर कर दिए और घरेलू बाजार के लिए खेप को स्वीकृति दे दी। आप फिर से टीम कमांडर के संज्ञान में लाए कि यदि इस तरह की खेप को घरेलू बाजार के लिए स्वीकृति दे दी जाती है, तो कंपनी की छवि और प्रतिष्ठा को धक्का लगेगा और लंबे समय में प्रतिकूल प्रभाव होगा। हालांकि, आपके शीर्ष प्रबंधन द्वारा आगे सलाह दी गई थी कि यदि आप खेप को स्वीकृति नहीं देते हैं, तो कंपनी कुछ अहानिकर (Innocuous) कारणों का हवाला देते हुए आपकी सेवा को समाप्त करने में संकोच नहीं करेगी।

(a) दी गई शर्तों के अंतर्गत, निरीक्षण दल के सदस्य के रूप में आपके लिए कौन-से विकल्प उपलब्ध हैं?
(b) आपके द्वारा सूचीबद्ध प्रत्येक विकल्प का समालोचनात्मक मूल्यांकन कीजिए?
(c) आप कौन-सा विकल्प अपनाएंगे और क्यों?
(d) आप किन नैतिक दुविधाओं का सामना कर रहे हैं?
(e) निरीक्षण दल द्वारा उठाई गई टिप्पणियों की अनदेखी के क्या परिणाम हो सकते हैं? (250 शब्द)

हल : (a) दी गई शर्तों के अंतर्गत निरीक्षण दल के सदस्य के रूप में निम्नलिखित विकल्प उपलब्ध हैं-

1. घरेलू बाजार के लिए खेप को स्वीकृति देना।
2. खेप को घरेलू बाजार के लिए स्वीकृति देने से असहमति प्रकट करना।
3. अपना मत निरीक्षण रिपोर्ट में लिखकर कुछ शर्तों के साथ सहमति देना।

(b) पहले विकल्प का चयन करने से मैं अपनी सेवा को समाप्त होने से बचा सकता हूं। इस विकल्प से मुझे अल्पकालीन लाभ प्राप्त हो सकेगा, परंतु यह विकल्प कंपनी द्वारा अनैतिक और गैर-पेशेवर तरीके से व्यापार करने पर मेरी सहमति माना जाएगा। यह ग्राहकों के साथ छल करना और ठगने की क्रिया के अंतर्गत आता है। यह मेरी अंतरात्मा की आवाज को दबाने जैसा आचरण है। इससे कंपनी को भी अल्पकालीन लाभ ही प्राप्त हो सकेगा। गुणवत्ताहीन उत्पाद बेचने से कंपनी के प्रति ग्राहकों की राय नकारात्मक होगी, जो भविष्य में कंपनी के व्यापार पर बुरा प्रभाव डालेगी।

दूसरे विकल्प का चयन करने से हो सकता है कि मेरी नौकरी चली जाए, परंतु मैं अपने आप में संतुष्टि महसूस करूंगा। यदि मेरे भीतर योग्यता है, तो मुझे दूसरी कंपनी में आसानी से काम मिल जाएगा। यदि कंपनी मेरी असहमति से संबंधित तर्कों को गंभीरता से लेती है, तो कंपनी का भविष्य निश्चित रूप से अच्छा रहेगा। मैं कंपनी को यह भी बताऊंगा कि कंपनी द्वारा गुणवत्ता निरीक्षण में असफल उत्पादों को घरेलू बाजार में न बेचने और नष्ट करने को सार्वजनिक रूप से प्रचारित करना चाहिए। इससे यह एक कॉर्पोरेट प्रकरण अध्ययन बनेगा और कंपनी की साख ग्राहकों के बीच बढ़ेगी।

तीसरे विकल्प का चयन करने से मैं अपनी नौकरी को सुरक्षित कर सकूंगा, परंतु यह मेरी वास्तविक प्रकृति और नैतिक मूल्यों के विरुद्ध है। मैं कुछ शर्तों के साथ अपनी सहमति दूंगा, जैसे- उत्पादों को कम मूल्य पर बेचना, उत्पादों की कमियों को उजागर करके बाजार में लाना आदि। इससे ग्राहक उत्पादों को खरीदते समय सजग होकर अपनी इच्छा से निर्णय ले सकेंगे। इससे कंपनी की साख भी अच्छी रहेगी और कंपनी को अपने नैतिक व्यवहार के लिए पहचान मिलेगी।

(c) मैं तीसरा विकल्प अपनाऊंगा, क्योंकि पहला और दूसरा विकल्प चरम मार्ग है। चरम मार्ग सदैव सही नहीं होता जैसा कि बुद्ध ने भी कहा है कि मध्यम मार्ग का अनुसरण करना चाहिए। तीसरा विकल्प एक मध्यम मार्ग है, जिससे मेरी सेवा भी कंपनी में निरंतर बनी रहेगी और कंपनी को भी लाभ प्राप्त होगा।

(d) मैं निम्नलिखित नैतिक दुविधाओं का सामना कर रहा हूं-

1. मेरी सेवा को निरंतर रखना बनाम कंपनी के शीर्ष प्रबंधन से असहमति।
2. ग्राहकों का हित बनाम कंपनी का हित (अल्पकालीन या दीर्घकालीन)।

(e) निरीक्षण दल द्वारा उठाई गई टिप्पणियों की अनदेखी करने से कंपनी की साख ग्राहकों के बीच खराब हो सकती है, जो दीर्घकाल में कंपनी को घाटे में ले आएगी।

प्रश्न 5. राकेश एक शहर के परिवहन विभाग में संयुक्त आयुक्त के पद पर कार्यरत थे। उनकी नौकरी प्रोफाइल के एक हिस्से के रूप में उन्हें नगर परिवहन विभाग के नियंत्रण और कामकाज की देखरेख का काम सौंपा गया था। नगर परिवहन विभाग के चालक संघ द्वारा बस चलाते समय ड्यूटी पर मारे गए एक चालक को मुआवजे के मुद्दे पर हड़ताल का मामला उनके सामने निर्णय के लिए आया था।

उन्होंने देखा कि मृत चालक बस संख्या 528 चला रहा था, जो शहर की व्यस्त और भीड़-भाड़ वाली सड़कों पर गुजरती थी। हुआ यूं कि रास्ते में एक चौराहे के पास एक अधेड़ उम्र के व्यक्ति द्वारा चलाई जा रही कार और बस की टक्कर में एक हादसा हो गया। पता चला कि बस और कार चालक के बीच कहासुनी हुई थी। दोनों के बीच तीखी नोकझोंक हुई और चालक ने उसे धक्का मार दिया। बहुत से राहगीर इकट्ठे हो गए और उन्होंने हस्तक्षेप करने की कोशिश की, लेकिन सफलता नहीं मिली। आखिरकार वे दोनों बुरी तरह घायल हो गए और बहुत खून बह रहा था तथा उन्हें पास के अस्पताल में ले जाया गया। हादसे में चालक ने दम तोड़ दिया और उसे बचाया नहीं जा सका। अधेड़ उम्र के चालक की भी हालत नाजुक थी, लेकिन एक दिन के बाद वह संभल गया और उसे छुट्टी दे दी गई। घटना की सूचना मिलते ही पुलिस मौके पर पहुंच गई और एफ.आई.आर. दर्ज कर ली गई। पुलिस जांच में सामने आया कि विवाद की शुरुआत बस चालक ने की थी और उसने शारीरिक हिंसा भी की थी। उनके बीच मारपीट हुई थी।

नगर परिवहन विभाग प्रबंधन मृतक चालक के परिवार को कोई अतिरिक्त मुआवजा नहीं देने पर विचार कर रहा है। नगर परिवहन विभाग प्रबंधन के भेदभाव और गैर-सहानुभूतिपूर्ण रवैये से परिवार बहुत व्यथित, उदास और आंदोलित है। मृतक बस चालक की उम्र 52 वर्ष थी, उसके परिवार में पत्नी और स्कूल-कॉलेज जाने वाली दो बेटियां हैं। वह परिवार का इकलौता कमाने वाला था। नगर परिवहन विभाग वर्कर्स यूनियन ने इस मामले को उठाया और जब प्रबंधन से कोई अनुकूल प्रतिक्रिया नहीं मिली, तो उसने हड़ताल पर जाने का निर्णय किया। यूनियन की मांग दोहरी थी। पहली, ड्यूटी के दौरान मरने वाले अन्य चालकों को दिया जाने वाला पूरा अतिरिक्त मुआवजा और दूसरी, परिवार के एक सदस्य को रोजगार दिया जाए। 10 दिनों से हड़ताल जारी है और गतिरोध बना हुआ है।

(a) उपर्युक्त स्थिति से निपटने के लिए राकेश के पास कौन-से विकल्प उपलब्ध हैं?

(b) राकेश द्वारा चिह्नित किए गए प्रत्येक विकल्प का समालोचनात्मक परीक्षण कीजिए?

(c) वे कौन-सी नैतिक दुविधाएं हैं, जिनका राकेश को सामना करना पड़ रहा है?

(d) उपर्युक्त स्थिति को दूर करने के लिए राकेश क्या कार्रवाई करेंगे? (250 शब्द)

हल : (a) उपर्युक्त स्थिति से निपटने के लिए राकेश के पास निम्नलिखित विकल्प हैं-

1. यूनियन की मांग को मानकर ड्यूटी के दौरान मरने पर प्राप्त होने वाला मुआवजा और परिवार के एक सदस्य को रोजगार दें।
2. यूनियन की मांग न मानकर अनुकंपा नियुक्ति (Compassionate Appointment) के नियमों के अनुसार ही प्रकरण पर निर्णय करें।

(b) पहले विकल्प को मानने से 10 दिनों से जारी हड़ताल समाप्त हो जाएगी, परंतु यह कर्तव्यवाद (Deontology) के विरुद्ध होगा, साथ ही इससे कोई बड़ा प्रयोजन (Teleology) सिद्ध नहीं होगा। इस प्रकार प्रकरण का निर्धारण करना यदि नियमों के विपरीत है, तो राकेश पर भविष्य में अनुशासनात्मक कार्रवाई हो सकती है। साथ ही, भविष्य में इस प्रकरण को उदाहरण मानकर (Precedent) दुरुपयोग करने लगेंगे।

यदि दूसरे विकल्प को लिया जाए, तो तार्किक ढंग से यूनियन के पदाधिकारियों को समझाया जा सकता है कि जो नियम में हैं उसके अनुसार ही लाभ दिया जा सकता है। नियमों से परे जाकर लाभ देने से उनकी स्वयं की नौकरी खतरे में पड़ सकती है। राकेश को अपनी अभिरुचि का परिचय देते हुए इस प्रकरण को हल करना चाहिए।

(c) राकेश के समक्ष नैतिक दुविधा है कि एक ओर मृतक चालक के परिवार के भरण-पोषण और बच्चों की शिक्षा पर उसके निर्णय से प्रतिकूल प्रभाव पड़ेगा, तो दूसरी ओर नियमों की अनदेखी होगी। इसके अलावा उसके समक्ष कोई बड़ी दुविधा नहीं

है। इस दुविधा पर भी यदि तार्किक ढंग से विचार किया जाए, तो यह दूर होती नजर आएगी। नियमानुसार अनुकंपा के लाभ देना और गलत लाभ न देना उसका वास्तविक कर्तव्य (Actual Duty) है, जबकि मृतक के परिवार को ध्यान में रखकर निर्णय देना प्रथम दृष्टया (Prima Facie) कर्तव्य है। प्रथम दृष्टया कर्तव्य को वास्तविक कर्तव्य पर वरीयता देना अनैतिक और नियम के विरुद्ध है।

(d) उपर्युक्त स्थिति को दूर करने के लिए राकेश को यूनियन के पदाधिकारियों से बात करनी चाहिए और इन्हें यह समझाना चाहिए कि वह नियमों से बंधा है, नियमानुसार निर्णय लेने के लिए ही सरकार ने उसे रखा है। वह गलत ढंग से भावुकता के आधार पर लोक धन का दुरुपयोग नहीं कर सकता। राकेश को यूनियन से हड़ताल समाप्त करने का आग्रह करना चाहिए और आश्वासन देना चाहिए कि शीघ्र ही वह मामले में सहानुभूतिपूर्वक निर्णय लेगा और अधिकाधिक लाभ देने का प्रयास करेगा।

प्रश्न 6. आपको पर्यावरण प्रदूषण नियंत्रण बोर्ड में अनुभाग का शीर्ष अधिकारी आयुक्त किया जाता है, ताकि अनुपालन सुनिश्चित हो और इसकी अनुवर्ती का पालन हो सके। इस क्षेत्र में बड़ी संख्या में लघु और मध्यम उद्योग थे, जिन्हें अनापत्ति दी जा चुकी थी। आपको पता चला कि यह उद्योग अनेक प्रवासी कामगारों को रोजगार उपलब्ध कराते हैं। अधिकांश औद्योगिक इकाइयों के पास पर्यावरणीय अनापत्ति प्रमाण पत्र हैं। पर्यावरणीय अनापत्ति उन उद्योगों और परियोजनाओं पर अंकुश लगाने के लिए हैं, जो इस क्षेत्र में पर्यावरण और जीवित प्रजातियों को कथित रूप से बाधित करती हैं। लेकिन व्यवहार में इनमें से अधिकांश इकाइयां वायु, जल और मृदा प्रदूषित इकाइयां बनी हुई हैं। ऐसे में स्थानीय लोगों को लगातार स्वास्थ्य समस्याओं का सामना करना पड़ रहा है।

यह पुष्टि की गई कि अधिकांश उद्योग पर्यावरणीय अनुपालन का उल्लंघन कर रहे थे। आपने नया पर्यावरणीय प्रमाण पत्र आवेदन करने और सक्षम अधिकारी से प्राप्त करने के लिए सभी औद्योगिक इकाइयों के लिए नोटिस जारी कर दिया। हालांकि, औद्योगिक इकाइयों के एक वर्ग, अन्य न्यस्तस्वार्थी लोगों और स्थानीय राजनेताओं के एक समूह से आपकी कार्रवाई को विरोध प्रतिक्रिया का सामना करना पड़ा। आपके प्रति कामगार भी अत्यंत शत्रुतापूर्ण व्यवहार करने लगा, क्योंकि उन्होंने सोचा कि आपकी कार्रवाई इन औद्योगिक इकाइयों को तालाबंदी की ओर ले जाएगी और इसके परिणामस्वरूप बेरोजगारी के कारण उनकी आजीविका असुरक्षित और अनिश्चित हो जाएगी। कई उद्योग मालिकों ने इस दलील के साथ आपके पास पहुंचकर प्रस्तावित किया कि आपको सख्त कार्रवाई शुरू नहीं करनी चाहिए, क्योंकि यह कार्रवाई उन्हें अपनी इकाइयां बंद करने के लिए मजबूर करेगी और भारी वित्तीय हानि तथा बाजार में उनके उत्पादों की कमी का कारण होगी। स्पष्ट है कि इससे मजदूरों और उपभोक्ताओं की परेशानी ज्यादा होगी। श्रमिक संघ ने भी आपको इकाइयों को बंद करने के खिलाफ प्रतिनिधित्व भेजा। आपको एक साथ अज्ञात कोणों से धमकियां मिलने लगीं। हालांकि, आपको अपने कुछ कर्मियों का समर्थन मिला, जिन्होंने आपको सलाह दी कि आप पर्यावरणीय अनुपालन को सुनिश्चित करने के लिए स्वतंत्र रूप से काम करें। स्थानीय गैर-सरकारी संगठनों ने भी आपका समर्थन किया और उन्होंने प्रदूषणकारी इकाइयों को तत्काल बंद करने की मांग पेश की।

(a) प्रदत्त स्थिति में आपके पास कौन-से विकल्प उपलब्ध हैं?

(b) आपके द्वारा सूचीबद्ध किए गए विकल्पों का आलोचनात्मक परीक्षण कीजिए?

(c) पर्यावरणीय अनुपालन सुनिश्चित करने के लिए आप किस प्रकार की क्रियाविधि का सुझाव देंगे?

(d) अपने विकल्पों का उपयोग करने में आपको किन नैतिक दुविधाओं का सामना करना पड़ा? (250 शब्द)

हल : (a) प्रदत्त स्थिति में मेरे पास विकल्प हैं–

1. जैसा चल रहा है वैसा चलने दूं और प्रदूषण कर रही इकाइयों पर पुनः नवीन पर्यावरण अनापत्ति प्रमाण पत्र लेने के लिए दबाव न बनाऊं।
2. उन इकाइयों को पुनः पर्यावरण अनापत्ति प्रमाण पत्र प्राप्त करने के लिए दबाव बनाऊं, जो प्रदूषण फैला रही हैं और पर्यावरण सुरक्षा के मानकों का पालन नहीं कर रही।

(b) पहले विकल्प को लेकर चलने से मुझे मिल रही धमकियां बंद हो जाएंगी और मुझे श्रमिक संघों के विरोध का सामना भी नहीं करना पड़ेगा। परंतु इससे स्थानीय लोगों के जीवन पर प्रदूषण का हानिकारक प्रभाव पड़ेगा और वे बीमार होंगे। यह

पर्यावरण नियमों की अनदेखी है, जिसका पालन कराने के लिए सरकार मुझे वेतन देती है। अतः यह कर्तव्यवादी नैतिकता (Deontological Ethics) और प्रयोजनमूलकता (Teleology) दोनों ही नैतिक आयामों के विपरीत है।

दूसरे विकल्प को लेकर चलने से मैं अपने कर्तव्यों का ईमानदारी से पालन कर सकूंगा, परंतु इसके व्यक्तिगत नुकसान मुझे झेलने पड़ सकते हैं। एक लोक सेवक को सरकार यदि कर्तव्य देती है, तो उसकी सुरक्षा का प्रावधान भी करती है। एक लोक सेवक के जीवन में ऐसे क्षण आना आम बात है। इसके साथ ही स्थानीय जनता और गैर-सरकारी संगठनों का सहयोग भी मुझे प्राप्त है। अतः मुझे दूसरे विकल्प को लेकर चलना चाहिए।

(c) पर्यावरणीय अनुपालन सुनिश्चित करने के लिए मैं सभी औद्योगिक इकाइयों के प्रबंधन, स्थानीय जनप्रतिनिधियों और गैर-सरकारी संगठनों की बैठक बुलाऊंगा और प्रबंधन को उन सभी पर्यावरण मानकों एवं उत्तरदायित्वों से अवगत कराऊंगा, जिनका पालन करने पर उन्हें अनापत्ति प्रमाण पत्र प्राप्त होता है। मैं अपनी भावनात्मक बुद्धिमत्ता का प्रयोग करके उन्हें समझाऊंगा कि यह उनकी कॉर्पोरेट सोशल रिस्पांसिबिलिटी (Corporate Social Responsibility–CSR) भी है कि स्थानीय पर्यावरण को उनकी औद्योगिक गतिविधियों से कोई नुकसान न पहुंचे। मैं उन्हें पुनः इन मांगों को पूरा करने के लिए पर्याप्त अंतिम अवसर प्रदान करूंगा।

यदि अंतिम अवसर देने पर भी वे औद्योगिक इकाइयां पर्यावरण प्रदूषण नहीं रोकती हैं, तो उन पर कड़ी कार्रवाई करूंगा।

पर्यावरण अनुपालन सुनिश्चित करने के लिए निम्नलिखित क्रियाविधि अपनाई जानी चाहिए–

1. सरकार द्वारा एक तटस्थ निगरानी दल का गठन किया जाना चाहिए, जो समय-समय पर औचक निरीक्षण कर अपनी रिपोर्ट सरकार के सामने रखे।
2. स्थानीय जनता में से कुछ चुने हुए लोगों, गैर-सरकारी संगठनों और पर्यावरण वैज्ञानिकों के दल द्वारा औद्योगिक इकाइयों की सामाजिक संपरीक्षा (Social Audit) का प्रावधान होना चाहिए।
4. पर्यावरण मानकों का पालन न करने वाली इकाइयों पर कड़ी कार्रवाई का प्रावधान होना चाहिए और इस प्रकार की पुनरावृत्ति करने वाली इकाइयों को ब्लैक लिस्ट करना चाहिए।
4. उपरोक्त दलों की रिपोर्ट को सार्वजनिक किया जाना चाहिए।

(d) उपरोक्त विकल्पों का उपयोग करने में नैतिक दुविधा इन इकाइयों में काम करने वाले श्रमिकों और कर्मचारियों का बेरोजगार होना बनाम स्थानीय लोगों के स्वास्थ्य पर प्रदूषण का प्रतिकूल प्रभाव पड़ना है।

संदर्भ ग्रंथ सूची
Bibliography

अध्याय 1

Crabtree, Vexen, "Do We Need Religion To Have Good Morals?" October 3rd, 2014 http://www.vexen.co.uk/religion/ethics.html (retrieved 20/02/18).

G.E.M. Anscombe. (1958), *Modern Moral Philosophy*. Vol. 33, No. 124, pp. 1-19 (19 pages). Cambridge University Press.

Haidt, Jonathan, (2006), The *Happiness Hypothesis: Finding Modern Truth in Ancient Wisdom.* Basic Books.

John Dewey. *Ethics.* October 29, 2014. Landor Press.

Julia Annas. (1995), *The Morality of Happiness.* Oxford University Press.

Myers, David. (2001), *Godliness and Goodliness.* Sightings (online public religion newsletter from the Martin Marty Center at the University of Chicago).

Peter Singer. *Neil Cooper's Concepts of Morality.* Journal Article. Mind. New Series, Vol. 80, No. 319 (Jul., 1971), pp. 421-423 (3 pages). Oxford University Press.

Ryan, Mckay, Harvey Whitehouse. (2014), "Religion and Morality". Psychological Bulletin.

अध्याय 2

Adams, R.M., (1976), *"Motive Utilitarianism"*. Journal of Philosophy.

Adams, R.M., (2001), *Scalon's Contractualism: Critical Notice of T.M. Scanlon, What we owe to each other.* Philosophical Review, 110(4): 563-586.

Adams, Robert Merrihew, (2006), *A theory of Virtue.* New York Oxford University Press.

Alexander, L., (1985), *"Pursuing the Good- Indirectly" Ethics,* 95(2): 315-332.

Allison, Henry, (2011), *Kant's Groundwork for the Metaphysics of Morals.*

Bloomfield, Paul, (2014), *The Virtue of Happiness: A Theory of Good Life.* New York Oxford University Press.

Gilligan C. (1982), *In A Different Voice: Psychological Theory and Women's Development.* Harvard University Press.

Hare, R.M., (1952), *The language of Morals.* Oxford: Oxford University Press.

Jackson Frank, (1998), *From Metaphysics to Ethics: A defence of Conceptual Analysis.*

John Rawls, (1971), *A Theory of Justice.* Cambridge: Harvard University Press.

Richard Brandt, (1959), *Ethical Theory.* Prentice Hall Chapter 15.

अध्याय 4

Clare W Graves, (2002), *Levels of Human Existence.* ECLET Publishing.

Milton Rokeach, (1973), *The Nature of Human Values.* The Free Press.

अध्याय 5

(1993), *Kural The Great Book.* Translated by Sri C. Rajgopalachari. Bharatiya Vidya Bhavan.

(2015), *The Collected Works of Sardar Vallabhbhai Patel Vol 9.* Pg. 20.. Konark Publishers Pvt.Ltd.

Andrew T. Babyak, ( ), *The Moral Leadership of Martin Luther King, Jr.* Chowan University.

Carlson, C (Ed.), (1998), *The Autobiography of Martin Luther King Jr.* New York, NY: Warner Books.

Das Shyamsundar, (1951), *Kabir Granthavali.* Kashi Nagari Pracharini Sabha, Fifth Edition.

Deendayal Upadhyaya, (1965), *Integral Humanism.* (New Delhi: Bhartiya Jan Sangh).

Jawahar Lal Nehru, (2008), *The Discovery of India.* Penguin.

John Frederick, Schroeder, D.D., (2015), *Maxims of Washington; Political, Social, Moral and Religious.* Andesite Press.

Mahatma Gandhi, (2015), *The Story of My Experiments with Truth.* Rajpal Publication.

Parameswaran P., (1978), *Gandhi, Lohia, Deendayal*. Pub. by Deendayal Research Institute, New Delhi.

S. Radhakrishnan, (1953), *History of Philosophy: Eastern and Western. Volume II.* Publisher: George Allen & Unwin, London.Source: E Book, Archaeological Survey of India, New Delhi.

Sisir kumar Das (Editor), (1996), *The English Writings of Rabindranath Tagore. Volume II and Volume III.*

Swami Vivekananda, (2013), *The Complete Works of Swami Vivekananda Vol II, III, IV.* BZ Editors.

Trigunayat Govind, (1957), *Kabir Ki Vichardhara.* Sahitya Niketan Kanpur, Second Edition.

West, T.C., (2008), *General Legacies of Martin Luther King Jr.'s Leadership, Theology Today.*

अध्याय 6

Ajzen, I. (2001). *Nature and Operation of Attitudes.* Annual Review of Psychology. Vol. 52:27-58. Source: https://www.annualreviews.org/doi/10.1146/annurev.psych.52.1.27.

Ajzen, I. and Fishbein, M., (2005), *The Influence of Attitudes on Behavior.* In: Albarracín, D., Johnson, B.T. and Zanna, M.P., Eds., The Handbook of Attitudes, Erlbaum, Mahwah, 173-221.

Ajzen, I., & Fishbein, M., (1980), *Understanding Attitudes and Predicting Social Behaviour.* Prentice-Hall

Ajzen, I., (2012), *Attitudes and Persuasion.* In K. Deaux & M. Snyder (Eds.), The Oxford handbook of personality and social psychology (pp. 367–393). Oxford University Press. Source: https://doi.org/10.1093/oxfordhb/9780195398991.013.0015

Albarracín, D. (2002). *Cognition in persuasion: An analysis of information processing in response to persuasive communications.* In M.P. Zanna (Ed.), *Advances in experimental social psychology,* Vol. 34, pp. 61–130). Academic Press. Source: https://doi.org/10.1016/S0065-2601(02)80004-1

Albarracín, D., Johnson, B.T., & Zanna, M.P. (Eds.). (2005). *The handbook of attitudes.* Lawrence Erlbaum Associates Publishers.

Anderson, N.H., (1974), *Cognitive Algebra: Integration Theory Applied to Social Attribution.* Academic Press.

Bassili, J.N., & Brown, R.D. (2005). *Implicit and Explicit Attitudes: Research, Challenges, and Theory.* In D. Albarracín, B.T. Johnson, & M.P. Zanna (Eds.), *The handbook of attitudes* (pp. 543–574). Lawrence Erlbaum Associates Publishers.

Fastinger, L., (1957), *A Theory of Cognitive Dissonance.* Stanford university Press.

Fazio, R.H., (1995), *Attitudes as Object-evaluation Associations: Determinants, Consequences, and Correlates of Attitude Accessibility.* In R. E. Petty & J. A. Krosnick (Eds.), *Attitude Strength: Antecedents and Consequences* (pp. 247–282). Lawrence Erlbaum Associates, Inc.

Fishbein, M., and Ajzen, I., (1975), *Belief, Attitude, Intention and Behaviour: An Introduction to Theory and Research.* Publisher: Reading, MA: Addison-Wesley.

Source:https://www.researchgate.net/publication/233897090_Belief_attitude_intention_and_behaviour_An_introduction_to_theory_and_research.

R. W. Connell., *(2007), The Origin of Political Attitude: An Introduction.* Pages 141-156 . Published online. Taylor and Francis online.

अध्याय 8

Cary Cherniss, Daniel Goleman, (2001), *The Emotionally Intelligent Work Place.* Jossey-Bass

Blickle, G., (1996), *Personality Traits, Learning Strategies, and Performance.* European Journal of Personality, 10(5), 337–352. Source: https://doi.org/10.1002/(SICI)1099-0984(199612)10:5<337::AID-PER258>3.0.CO;2-7.

Daniel Goleman, Richard Boyatzis, Annie Mckee. *Primal Leadership; Learning to Lead with Emotional Intelligence.* 2004.Harvard Business School Press.

Daniel Goleman. Working with Emotional Intelligence. 2000. Bantam.

अध्याय 10

Algra K, and J. Barnes, J. Mansfeld and M. Schofeld (1999). *The Cambridge History of Hellenistic Philosophy,* Cambridge University Press.

Aquinas, T., (1947), *Summa Theologica (In English).* Translated by Fathers of the English Dominican Province. Benziger Bros.

Barnabas, A., & Clifford, P.S., (2012), *Mahatma Gandhi – An Indian Model of Servant Leadership.* International

Journal of Leadership Studies, 7(2), 132–150. Retrieved March 30, 2022, from https://www.regent.edu/wp-content/uploads/2020/12/IJLS_Vol7Iss2_Barnabas_pp132-150.pdf.

Barnes J., (1985), *The Complete Work of Aristotle.* 2 vols. Princeton University Press.

Brook, R., (2007), "Deontology, Paradox, and Moral Evil," *Social Theory and Practice*, Article.33(3): 431–40.

Cooper, John M., (1997), *Plato: Complete Works.* Hackett Publishing Co, Inc.

Crawford, S. Cromwell, (1984), *Raja Rammohun Roy, His Era and Ethics.* Publisher: Arnold-Heinemann, New Delhi.

Gagarin M and P. Woodruf, (2008), *The Sophists.* Patricia Curd & Daniel W. Graham (eds.), The Oxford Handbook of Presocratic Philosophy. Oxford University Press.

Gandhi, M.K., (1948a), *Gandhi's Autobiography – The Story of My Experiments with the Truth,* translated from Gujarati by Mahadev Desai. Washington DC: Public Affairs Press.

Harman, G., (1977), *The Nature of Morali.* . Oxford University Press.

Hay, A., & Hodgkinson, M. (2006). *Rethinking Leadership: A Way Forward for Teaching Leadership?* Leadership & Organization Development Journal, 27(2),144–158. https://doi.org/10.1108/01437730610646642.

Hobbes, Thomas, (1651), *Leviathan.* London. In public domain.

Kangle, R. P., (2010) *The Kautilyan Arthashashtra, Part 2.,* Motilal Banarsidass Publishers.

Kant I., (2015), *The Metaphysic of Ethics,* Translated by J.W. Semple. Sagwan Press.

Kumar R., *Gandhi on Value Education.* Source: https://www.gandhiashramsevagram.org

Long A. A. and Sedley David, (2012), *The Hellenistic Philosophers.* vol. 2. Cambridge University Press.

Northouse, P.G., (2018), *Servant Leadership. In Leadership: Theory and Practice* (Eight, pp. 227–256). essay, SAGE Publications.

O'Donnel, James J., *(2013), Augustine: Confession.* Oxford University Press.

Purushottam Bilimoria, Joseph Prabhu and Renuka Sharma, (2007), *Indian Ethics: Classical Traditions and Contemporary Challenges.* Ashgate Publishing Limited.

S. Radhakrishn< (2009), *An Idealist View of Life.,* Harper Collins.

Sri Aurobindo, (2006), *The Life Divine.* Sri Aurobindo Ashram Publications Department.

Sri Aurobindo, (2010), *The Supramental Menifestation.* Sri Aurobindo Ashram Publications Department.

Swami Vivekananda. *The Complete Works of Swami Vivekananda Vol. 2,3 and 4. Kindle Edition 2013.*

V. K. Gupta, (1987), *Kautilyan Jurisprudence.* .B. D. Gupta Publishers.

Yogi Ramesh, (1997), "*Ethics of Chanakya*", *Sahni* Publications, New Delhi.

अध्याय 11

John A. Rohr, (1988), *Ethics for Bureaucrats.* CRC Press.

Patrick J. Sheeran, (1993), *Ethics in Public Administration: A Philosophical Approach.* Praeger.

Susan Wakefield, (1976*), Ethics and the Public Service : A Case for Individual Responsibility.* Public Administration Review. Vol. 36, No. 6 (Nov. - Dec., 1976), pp. 661-666 (6 pages). Published By: Wiley. Source:https://www.jstor.org/stable/975060.

Terry L. Cooper, (2012), *The Responsible Administrator: An Approach to Ethics for the Administrative Role,* 6th Edition. Jossey-Bass.

Venla Mantysalo, (2016), *Ethical Minimum to Ethical Maximum.* Publisher: University of Vaasa. Source:https://www.uwasa.fi/materiaali/pdf/isbn_978-952-476-657-9.pdf.

अध्याय 12

Arthur Scheller Jr., ((1953), *Law and Morality,* 36 Marq. L. Rev. 319. Source: http://scholarship.law.marquette.edu/mulr/vol36/iss3/12.

Dean Roscoe Pound (1924), *Law and Morals.* The university of North Carolina Press.

Fuller, Lon L., (1965), *The Morality of Law.* Yale University Press.

Llyod Lord, (2011), *Introduction of Jurisprudence, London. Seventh Edition.* By. M.D.A. Freeman, LL.M. Professor of English Law. University College London. Sweet and Maxwell ltd.

Mitchel, Basil, (1970), *Law, Morality and Religion in a Secular Society.* Oxford University Press.

अध्याय 13

A. Bar Cendón, *Accountability and Ethics: The Role of Values and Legal Procedures in Raising standards, in*

Accountability in Public Administration:Reconciling Democracy, Efficiency and Ethics. Proceedings of the 1999 Sunningdale Conference. (Brussels: IISA/IIAS, 2000), pp 59-78.

Antonio Bar Cendón. *Accountability and Public Administration: Concepts, Dimensions, Developments.* Source: https://docplayer.net/34154380-Accountability-and-public-administration-concepts-dimensions-developments-antonio-bar-cendon.html.

Bovens M., (1998), *The Quest for Responsibility: Accountability and Citizenship in Complex Organisations.* (Cambridge: Cambridge University Press).

M. Brereton, M. Temple, (1999), *The New Public Service Ethos: An Ethical Environment for Governance, Public Administration,*77:3 pp. 455-474.

O.P. Dwivedi, J.G. Jabbra, (1989), *Public Service Responsibility and Accountability,*in J.G. Jabbra, O.P. Dwivedi (eds.), Public Service Accountability: A Comparative Perspective. West Hartford, Conn.: Kumarian.

अध्याय 14

Ethics Training for Public Officials. *A Study Prepared by the OECD Anti-Corruption Network for Eastern Europe and central Asia (ACN), and SIGMA, a joint EU-OECD initiative, principally financed by the EU, in co-operation with the OECD Public Sector Integrity Network.* http://www.oecd.org/corruption/acn/resources/EthicsTrainingforPublicOfficialsBrochureEN.pdf.

Training Module on Ethics in Governance. Source: https://darpg.gov.in/sites/default/files/Ethics_in_Governance_2nd_ARC.pdf.

अध्याय 15

Christopher W. Gowans, (1987), *Moral Dilemmas.*New York Oxford, Oxford University Press.

Thomas Cathcart, (2013), *The Trolley Problem.* Workman Publishing.

अध्याय 16

John Cassidy, (2002), *"Helping Hands: How Foreign Aid Could Benefit Everybody".*The New Yorker.

Mark R. Amstutz, (2013), *International Ethics: Concepts, Theories, and Cases in Global Politics.* Rowman & Littlefield Publishers.

Peter Singer, (2004), *One World: The Ethics of Globalization.* Yale University Press.

Stanley Hoffmann, (1981), *Duties beyond Borders: On the Limits and Possibilities of Ethical International Politics.* Syracuse University Press.

Walzar, (2015), *Just and Unjust wars.* Basic Books.

अध्याय 18

Bailey, S., (1964), *Ethics and the Public Service.* Public Administration Review, Vol. 24, No. 4 (Dec., 1964), pp. 234-243. Published by: Wiley on behalf of the American Society for Public Administration Stable URL: http://www.jstor.org/stable/973314.

Bozeman, B., (2007), *Public Values and Public Interest: Counterbalancing Economic Individualism.* Published by: Georgetown University Press. Pages: 224. Source: https://www.jstor.org/stable/j.ctt2tt37c.

Fourth Report. *Second Administrative Reform Commission, Ethics in Governance. January 2007. Source:https://darpg.gov.in/sites/default/files/ethics4.pdf.*

Leon Duguit, (1923), *The Concept of Public Service.*Yale Law Journal, Vol. 32. Source: https://openyls.law.yale.edu/bitstream/handle/20.500.13051/11754/44_32YaleLJ425_1922_1923_.pdf?sequence=2&isAllowed=y.

Managing Conflict of Interest in the Public Service: OECD Guidelines and Country Experiences. https://www.oecd.org/gov/ethics/48994419.pdf.

अध्याय 20

CAPAM, (2011), Service Delivery, Governance and the Citizen. Commonwealth Association for Public Administration and Management 17(2), 10-13.

Guidelines for Designing and Implementing SEVOTTAM Compliant. August 2010. Source: https://darpg.gov.in/sites/default/files/Sevottam_RFD_Guidelines_August_2010.pdf.

Shah, Anwar, (2005), *"Public Service Delivery".* The World Bank, Washington D.C. Source:worldbank.org.